Ullstein Krimi

Ullstein Krimi
Lektorat: Martin Compart

Ullstein Buch Nr. 10325
im Verlag Ullstein GmbH,
Frankfurt/M – Berlin – Wien

Originalausgabe

Umschlagentwurf:
Hansbernd Lindemann

Printed in Germany 1985
Gesamtherstellung: Ebner Ulm
ISBN 3 548 10325 1

Oktober 1985

CIP-Kurztitelaufnahme der Deutschen Bibliothek

Walkhoff-Jordan, Klaus-Dieter:
Bibliographie der Kriminalliteratur 1945–1984
im deutschen Sprachraum /
Klaus-Dieter Walkhoff-Jordan.
Mit e. Vorw. von Friedhelm Werremeier. –
Orig.-Ausg. –
Frankfurt/M; Berlin; Wien:
Ullstein, 1985.
(Ullstein-Buch; Nr. 10325: Ullstein-Krimi)
ISBN 3-548-10325-1
NE: Bibliographie der Kriminalliteratur
neunzehnhundertfünfundvierzig bis neunzehnhundertvierundachtzig
im deutschen Sprachraum; GT

Klaus-Dieter Walkhoff-Jordan

Bibliographie der Kriminalliteratur 1945–1984

im deutschen Sprachraum

Mit einem Vorwort
von Friedhelm Werremeier

Ullstein Krimi

Dieses Buch widme ich Sabine Jordan.

Inhalt

Danksagung

Ohne die großzügige Unterstützung aller von mir angesprochenen Verlage, ohne den selbstlosen Einsatz der dortigen Lektorats- und PR-Mitarbeiter bei meiner Bitte um Hilfe, die oft an den Rand der Zumutbarkeit gegangen ist, ohne die Liebenswürdigkeit der Berliner Antiquare, ohne die Ratschläge der Stammtischrunde und ohne die anderen »stummen Helfer« an meiner Seite hätte ich diese Bibliographie niemals schreiben können. Mein Dank gilt daher nicht nur den nachstehend genannten Personen.

In den Verlagen:

Arena-Verlag:	Herr Dr. Gutzschhahn
Bastei-Verlag:	Frau Altmann, Frau Dumitru, Herr Görden, Frau Sellmann
(ehemals) Kurt Desch-Verlag:	Frau Seitz
dtv-Verlag:	Frau Simson, Herr Wachinger (Edition Langewiesche-Brandt), Herr Dr. Wolff
Diogenes Verlag:	Frau Doering, Frau Gyssler
Droemer-Knaur:	Frau Lang, Frau Netenjakob, Frau Vetterle
Fischer Verlag:	Frau Durrent, Frau Schöning, Frau Stümpel
Goldmann Verlag:	Frau Bruns, Herr Hofschuster, Frau Kreuzhage, Frau Moravitz, Frau Volz
Herder Verlag:	Frau Sabatini
Heyne Verlag:	Frau von Berlepsch, Frau Dethleffsen, Frau Gerwens, Herr Matt
Kelter Verlag:	Frau Schlee
Kiepenheuer & Witsch Verlag:	Herr Malchow
Verlagsgruppe Moewig-Pabel:	Frau Aufmwasser, Frau Haitz, Frau Holtz, Herr Müller-Reymann
Pelikan Verlag:	Herr Fey
Ravensburger Otto Maier Verlag:	Frau Königsberger
Rowohlt Verlag:	Herr Ebersberger, Frau Osterhoff
Scherz Verlag:	Frau Futschik, Frau Griessel, Frau Hügli

Franz Schneider Verlag:	Frau Jacob, Frau Schwarz, Frau Spiller
Ueberreuter Verlag:	Frau Berger
Ullstein Verlag:	Herr Compart
Weltkreis-Verlag:	Herr Dietrich, Herr van Ooyen

Besonders bedanke ich mich für die Zusammenarbeit mit den Verlagen in der DDR, die mich durch Überlassung der einschlägigen Bibliographien unterstützt haben:

Aufbau Verlag, Verlag Das Neue Berlin, Greifenverlag zu Rudolstadt, Verlag Neues Leben, Verlag Volk und Welt, Mitteldeutscher Verlag, Militärverlag der Deutschen Demokratischen Republik, Verlag der Nation, Philipp Reclam-Leipzig.

Antiquariate:
Herr Bartelt, Frau Guthke, Herr Hajnczyk in Lemgo, Herr Hennig, Herr Jeschke, Herr Kling, Herr Kreitling, Herr Kropf, Frau Manthei, Frau Mensinga, Frau Neumann, Frau Nickel, Frau Panienka, Frau Rosenfeld, Frau Sawhney, Herr Schnellbacher, Herr Schwarz, Herr Skodzik, Herr Stelter.

Stammtisch:
Rainer Domke, Heinz-Jürgen Ehrig, Volker Franke, Joachim Heinkow, Christian Hermenau, Gerd Hiller, Eberhard Kroll, Carsten Laqua, Marcus Luther, Horst Schattner, Peter Skodzik, Peter Walther in Meißner.

Ein weiterer besonderer Dank gebührt Frau Gerda Treche, die das Manuskript trotz meiner nicht immer lesbaren Schrift getippt und damit für die termingerechte Abgabe gesorgt hat.

Vorwort

Ich sehe es vor mir, als sei es gestern gewesen: gelegentlich eines Podiumsgesprächs über den Kriminalroman als solchen, zu dem der Ullstein Verlag 1983 eine Reihe von Autoren, Kritikern und Lektoren in die Berliner Akademie der Künste eingeladen hatte, fiel mir im Auditorium ein zierlicher, anscheinend recht intelligenter jüngerer Mensch auf. Entweder nickte er zu dem, was beredet wurde, beifällig und engagiert, oder er schüttelte (was häufiger vorkam) indigniert den Kopf; eine eigene Meinung hingegen formulierte er selten. Hin und wieder, immerhin, warf er etwa ein, daß es sich bei einem gerade erwähnten Roman nicht um ein Werk von Manfred Abel, sondern um ein ebensolches von Roland Abele handele – und alles in allem schien er auf differenzierte Art zum Ausdruck bringen zu wollen, daß er zwar die nicht ganz so mit der Materie vertrauten Anwesenden (uns, die Referenten, ausdrücklich eingeschlossen) nicht verprellen möchte, im Grunde jedoch alles besser wisse.

Gleich nach dem Ende der Veranstaltung fragte ich die Type, wie der Mann zwischenzeitlich von einem irritierten Berliner Kollegen genannt worden war, so hinterhältig wie möglich: »Sind Sie Autor?« Der Angesprochene schüttelte erstaunt den Kopf: »Um Gottes willen, ich bin Finanzbeamter!« Da fragte ich verschreckt weiter, ob er denn vielleicht als Sachbearbeiter für Kriminalromanproduzenten tätig und unter Umständen sogar in dieser Eigenschaft im Saal sei, was er entrüstet bestritt. Ich atmete auf, und dann endlich, als ich mich erkundigte, ob er sein erstaunliches Fachwissen vielleicht einfach aus der Lektüre ungewöhnlich vieler Krimis beziehe, kam eine erschöpfende Antwort – die überzeugende Auskunft eines nahezu einmaligen Zahlenmenschen: »Bis zur Stunde habe ich zehntausendeinhundertsiebenundvierzig Stück!«

Er sagte *habe,* was mir im ersten Moment nicht auffiel, und anschließend lud mich der möglicherweise umfassendste Krimi-Kenner der Jetztzeit – Klaus-Dieter Walkhoff-Jordan, wie er sich vorstellte – zu einem Drink ein. Dabei allerdings erfuhr ich von seinem Projekt einer »Deutschen Krimi-Bibliographie« und kapierte den feinen Unterschied zwischen *haben* und *kennen* – und als mir im Verlauf des Abends das Angebot widerfuhr, zu einer solchen Bestandsaufnahme auch meiner Arbeit ein Vorwort zu schreiben, brach sich zunächst ein gewisses Erschrecken Bahn: in diesem ganzen

Buch von 547 Seiten würden außer Namen, Daten, Fakten und einer »Gebrauchsanweisung« des Verfassers als eigentliche Lesefrucht nur die Zeilen stehen, die ich, wie's so schön heißt, dem Werk voranstellen sollte. Am Ende aber sagte ich zu – und ich vermute, daß mich dabei, alles in allem, außer dem Gefühl für *good sport* auch meine Lust am Absonderlichen bewegte: ich fand (und finde) es faszinierend, daß justament ein Finanzbeamter nicht unseren üblicherweise ebenso mageren wie nackten Einkunftsverhältnissen, sondern systematisch unseren und darüberhinaus sämtlichen Kriminalromanen nachspürte, die je in unserer Sprache als Taschenbuch publiziert worden sind.

Ein Bücherwurm war Klaus-Dieter Walkhoff-Jordan schon als Pennäler gewesen, wie er mir in den folgenden Monaten peu à peu erzählte, und seit langem sammelte er Weltliteratur des 18. und 19. Jahrhunderts in Erstausgaben. Durch die rasanten Preissteigerungen der letzten Jahre war aber nunmehr an eine beständige Erweiterung seiner Bibliothek nicht mehr zu denken, und deshalb ersann er sich ein neues, nicht so kostspieliges Sammelgebiet, das zudem noch Neuland und durch keinerlei bibliographische Hilfsquellen erschlossen war: jene vorgeblich martialischen Taschenbücher, aus denen, wie Krimi-Unwillige immer noch glauben, das Blut nur so spritzt. Er häufte, parallel zu den Neuerwerbungen, auch die entsprechende Fachliteratur an – und dies alles stellte den Fanatiker, zu dem Walkhoff-Jordan binnen kurzem geworden war, vor das Problem eines jeden Büchersammlers größeren Ausmaßes: Wohin mit seinen schließlich 14000 Krimis in deutscher Sprache und deren begleitende Texte? In dem Ausmaß jedenfalls, in dem er immer mehr Regale installierte, mußte er seine Wohnung effektiv von allen anderen verzichtbaren Möbeln »befreien«.

Ogottogott, erkannte Walkhoff-Jordan dann über seine nur einem Nichtsammler läppisch erscheinenden Raumprobleme hinaus sehr bald, was hatte er sich da vorgenommen! Praktisch DIE MEISTEN, wenn nicht ALLE Kriminalromane der Weltliteratur aufzulisten, JEDEM Autor gerecht zu werden, was seine Pseudonyme betrifft, SÄMTLICHE Verlage, die auf sich halten (welche täten's nicht?), auf Krimi-Ambitionen hin abzuklopfen – wahrhaftig, ein gigantisches Unterfangen! Der »leidenschaftliche Bibliomane«, wie der Mann mit dem Hobby sich inzwischen ironisch selbst nannte, war zu diesem Zeitpunkt bereits mit Peter Nussers angeblicher Standardarbeit »Der Kriminalroman« vertraut und hätte eigentlich doch wohl schon im Vorfeld gewarnt und geschreckt sein sollen: *Wer über den Kriminalro-*

man schreibt, meinte der Berliner Professor, in dem Punkt sicher zutreffend, *steht zunächst vor dem Problem, die Menge und die Internationalität dieser Literatur zu bewältigen.* Auch kannte Walkhoff-Jordan »seinen« Julian Symons, dessen hübsches Werk »Am Anfang war der Mord« seit eh und je zur Pflichtlektüre der Krimi-Fans gehört, und hatte gleich im Vorwort erfahren, was es da auseinanderzuhalten galt und immer noch gilt: Begriffe wie *Thriller, Shocker, Crime Novel, Locked-Room-Mystery, Gothic* und *Suspense Story* und was nicht alles, locker zu ergänzen durch einen verwirrenden Wortschatz solcher Begriffe wie *Detective-, Police-, Action-, Psycho-, Historic-* und neuerdings den albernsten von allen, den *Sozio*-Krimi allerdeutschester Prägung ...

Der »trivialliterarische Spürhund« jedoch – ein Ehrenname für Walkhoff-Jordan? Ein zeitweiliges Veräppelnwollen? Schierer Respekt? – las und las und las immer weiter: Krimi-Definitionen von Brecht, Benjamin, Boileau/Narcejac und Schulz-Buschhaus. Dann sortierte, katalogisierte und modifizierte er: beschloß, beispielsweise, Gorki und Dostojewski trotz ihrer kriminellen Sujets *nicht* in seine Mammutsammlung aufzunehmen, jedoch guten Jugendkrimis den ihnen zustehenden Raum zu geben. Und kämpfte heroisch den geistigen Streit, ob Morris L. West oder Alistair McLean in einer Krimi-Liste solchen Kalibers ihren Platz hätten, ebenso durch wie die Auseinandersetzung, ob die Auflistung von Gaunerkomödien und Kriminalparodien angebracht wäre ... kurz, er traf einsame und einsamste Entscheidungen und warf sie, oft genug gleich am nächsten Tag, voller Skepsis wieder um. Vollständigkeit hieß sein Ziel – aber wie, bitte, war es zu erreichen?

Klaus-Dieter Walkhoff-Jordan litt. Er litt an der Frage nach Sinn und Zweck seiner Arbeit, ahnte dunkel, daß ein erheblich größerer Nutzen hinter ihr stecken müsse als hinter dem Sammeln von Bierdekkeln – und war gleichwohl lange Zeit nicht imstande, ihn sichtbar zu machen. Und wenn ihm letztendlich nicht Martin Compart – Ullsteins Krimi-Herausgeber, ein ähnlich besessener Mensch wie er – immer auf's neue Mut gemacht und die vermißte Ethik des Unterfangens vermittelt hätte ... Walkhoff-Jordan wäre, wie ich vermute, auf den letzten Metern vielleicht doch noch resignierend steckengeblieben.

Allein der Umfang dieser Bibliographie, meinte Compart, lasse doch hochinteressante Schlüsse auf die ebenso große wie weitgehend ignorierte Verbreitung der Kriminalliteratur in Deutschland zu – und das, ein für allemal, gelte es sichtbar zu machen. Es gelte ebenso, beispielhaft die Tatsache anzuprangern, daß im deutschsprachigen Raum die wirklich wichtige Grundlagenforschung zur sogenannten Trivialliteratur zum großen Teil nicht von den dafür zuständigen Wissenschaftlern betrieben werde, sondern von Fans und Amateuren wie eben Walkhoff-Jordan. Und vor allem ein Übel könne durch dessen Einsatz definitiv aus der Welt geschafft werden: das ärgerliche Faktum, daß in der gesamten deutschen und internationalen Sekundärliteratur immer wieder ein und dasselbe Werk eines Autors selbst dann zum alleinigen Maßstab seiner Beurteilung gemacht werde, wenn der Betreffende zwanzig oder dreißig Bücher geschrieben habe!

Finanziell würde diese Bibliographie für den Ullstein Verlag möglicherweise nicht das ganz große Geschäft sein, sagte Compart frei heraus und gewiß zutreffend, und die Motivation, sie dennoch herauszubringen, sei schlicht und ergreifend »ein hohes Verantwortungsgefühl diesem wichtigsten Literaturzweig des 20. Jahrhunderts gegenüber«. Neben Hammett, Chandler, Ambler, MacDonald und Highsmith gebe es weiß Gott noch eine Unzahl weiterer Namen, bei denen eine analytische Beschäftigung lohne und überdies Genuß verspreche; auch hier nämlich sei es so, daß die Fans darüber Bescheid wüßten, die Forscher hingegen längst nicht immer.

Sprechen wir's an dieser Stelle denn aus, sprechen wir, in eigener Sache, im Namen sicherlich vieler Kollegen: Comparts Argumentation geht erheblich über den oft hochtrabenden *small talk,* der auch in dieser Szene seinen Platz hat, hinaus. Die Kriminalliteratur, insbesondere die deutsche, stellt für viele Kritiker und die große Mehrheit der Literaturprofessoren allenfalls ein lästiges Pflichtprogramm dar, das man – leider – nicht ganz und gar übergehen kann und deshalb mit häufig erschreckender Lieblosigkeit absolviert. Dabei werden die Interessen eines riesigen, gewiß nicht pauschal ignoranten Publikums oft rücksichtslos in die Ecke gestellt – und auch von daher ist es, mittlerweile längst weit entfernt von jeglicher Ironie, vorbehaltlos zu begrüßen, daß Walkhoff-Jordan nunmehr doch noch mit sich, dem Werk und der sicher mit Abstand kriminellsten Phase seines Lebens fertig geworden ist.

Nachdem ich sein Manuskript »gelesen« hatte, beeindruckter noch als an unserem ersten Abend in der Berliner Akademie der Künste, kam mir spontan ein Satz aus Peter Fischers 1969 geschriebenem Aufsatz »Neue Häuser in der Rue Morgue« in den Sinn: *Der Mord ist für die Literatur unentbehrlich.* Ich bin sicher, daß Walkhoff-Jordans Arbeit über und für den literarischen Mord binnen kurzem einen ebensolchen Unentbehrlichkeitswert haben wird – für die Germanisten des Genres, aber auch für alle Fans und die, die es werden möchten. Als Autor indessen, der sein Publikum braucht, wünsche ich Walkhoff-Jordan von Herzen eines: daß er, nachdem sein Werk nunmehr definitiv der geneigten Öffentlichkeit vorgelegt werden kann, endlich die Zeit finden möge, noch mehr seiner Schätze als bisher mit Genuß auch zu lesen.

Friedhelm Werremeier

Einleitung

Diesem Buch liegt die Idee zugrunde, alle Kriminalromane zu erfassen, die im deutschsprachigen Raum nach 1945 als Taschenbuch erschienen sind. Bei Beginn des Projektes hatte ich angenommen, dies sei ohne besondere Schwierigkeiten möglich und lediglich durch Auflistung der entsprechenden Bücher zu erreichen. Aber bei der Beschäftigung mit diesem Genre der Unterhaltungsliteratur habe ich feststellen müssen, daß beide Begriffe: »das Taschenbuch« und »der Kriminalroman« bisher nicht zufriedenstellend definiert werden konnten und deshalb sind die nachfolgenden Erklärungen entweder aus bereits bekannten Veröffentlichungen übernommen worden oder eben rein subjektiv.

1. *Taschenbuch:*
   Die Merkmale eines Taschenbuchs im Sinne dieser Bibliographie wurden der 1982 erschienenen »Taschenbuchfibel« von Sigrid Gent (Düsseldorf: Buchmarkt Werner, S. 11–19) entnommen: »Taschen«-Format, kartonierter Einband ohne gesonderten Schutzumschlag, Klebebindung (z. B. Lumbeck-Verfahren), Großauflage, Seriencharakter, regelmäßige Erscheinungsweise, niedriger Preis, Vertriebsform. Nicht jedes Merkmal für sich ». . . ist geeignet, ein Buch zum Taschenbuch zu machen. Vielmehr sind es alle diese Eigenschaften zusammengenommen, die Taschenbücher als Taschenbücher auszeichnen und erkennbar werden lassen.«

2. *Kriminalroman:*
   Der im deutschen Sprachraum bestehende Mangel einer Definition des Begriffes Kriminalroman liegt wahrscheinlich daran, daß die beiden Hauptbausteine dieses Sujets, nämlich »mystery« und »suspense« nicht übersetzbar sind. Aus diesem Grund stimme ich Herrn Friedrich A. Hofschuster zu (vgl. sein Vorwort zu: »Am Anfang war der Mord« von Julian Symons, München 1972, Wilhelm Goldmann Verlag, Taschenbuch Nr. 5228), wenn er bekennt, die deutsche Bezeichnung Kriminalliteratur könne für die englische Bezeichnung »crime-fiction« nur ein Notbehelf sein.
   Deshalb ist die Zu- und Einordnung von Werken in diese Bibliographie mit den subjektiven Maßstäben des Autors zu messen. Der Internationalität Rechnung tragend erfolgte eine strenge Anleh-

nung an die von Allen J. Hubin herausgegebene Bibliographie: Crime Fiction, 1749–1980: A Comprehensive Bibliography, New York & London, 1984.
Wegen der allgemein herrschenden üblichen Unklarheit des Begriffes Kriminalroman sei jedoch an dieser Stelle trotzdem darauf hingewiesen, was diese Bibliographie enthält und was nicht.

a. *enthalten sind:*
Kriminalromane, einschließlich der entsprechenden Jugendbücher;
Sammlungen von Kurzgeschichten;
Grenzfälle (z. B. zum Kriegsroman: Alistair MacLean, Die Kanonen von Navarone; zum Horror-Roman: R. L. Stevenson, Dr. Jekyll und Mr. Hyde; zum phantastischen Roman: Oscar Wilde, Das Bildnis des Dorian Gray; zum historischen Roman: H. D. Stöver, C.V.T. im Dienste der Cäsaren).
Damit die Vielfalt der unter einen Begriff zusammenzufassenden Literatur erkenntlich wird, will ich nochmals die im deutschsprachigen Raum am häufigsten verwendeten Begriffe aufzählen: Thriller, Detektivgeschichte, Polizeiroman, Spionageroman, Kriminalroman, Action-Roman, Action-Thriller, Sozio-Krimi, Lady Krimi, Romantic-Thriller, Kriminalparodie, Gaunerkomödie, Jugend-Krimi und viele andere Wortkoppelungen.

b. *nicht enthalten sind:*
Gespenster-, Grusel-, Horror- und phantastische Romane (sofern sie nicht zur Vervollständigung des Werkverzeichnisses eines Autors oder der Richtungsweisung in der Entwicklung der Unterhaltungsliteratur im Sinne dieser Bibliographie benötigt wurden), Thriller (sofern die kriminalistische Handlung von untergeordneter Bedeutung ist), Kurzgeschichten, Taschenbücher, die als Werbeträger dienten, sowie Taschenbücher der Buchgemeinschaften.

Benutzungshinweise
Der Umfang der bibliographischen Daten, die in diesem Werk verzeichnet und soweit erreichbar gewesen sind, wird an Hand der folgenden Beispiele eines deutsch- und eines englischsprachigen Autors demonstriert:

CHARTERIS, LESLIE 1
Richtiger Name: Leslie Charles Bowyer Yin (1907– 2
DIE RACHE DES »HEILIGEN« 3
engl. T. (Knight Templar, 1930) 4
am. T. (The avenging Saint, 1931) 5
SM 59, 1961; HCC 2082, 1984 6
vgl. *Die Rache des Saint* 7

1 Verfassername, unter dem der Roman in deutsch erschienen ist. Dies kann der Geburtsname des Autors sein, ein Pseudonym oder wie in diesem Fall ein Künstlername.
2 An dieser Stelle werden meist die Pseudonyme des Autors genannt oder der richtige Autorenname. Die Lebensdaten des Autors stehen in Klammern immer hinter dem Autorennamen.
3 Der deutsche Titel des Romans.
4 und 5 Sollten im englischen Sprachraum verschiedene Titel existieren, so sind diese mit dem Jahr der jeweiligen Erstausgabe genannt.
6 Erscheinungsnummer und Jahr der deutschen Taschenbuchausgabe, auf das Abkürzungsverzeichnis nach Taschenbuchreihen wird hingewiesen.
7 Wenn der Roman im deutschen Sprachraum noch unter einem anderen Titel erschienen ist, so wurde ein entsprechender Hinweis angebracht.

WERREMEIER, FRIEDHELM (1929– 1
Pseudonym: Jacob Wittenbourg 2
ICH VERKAUFE MICH EXKLUSIV (1968) 3
RTH 2526, 1980; HK 2035, 1983 4
s. *Jacob Wittenbourg* 5

1 Autorenname, Geburtsjahr
2 Hinweis auf Pseudonyme
3 Romantitel und Jahr der Erstausgabe. Steht hinter dem Romantitel (OA), so bedeutet dies, daß der Roman erstmalig in der unter 4 stehenden erstgenannten Taschenbuchreihe in dem zuerst aufgeführten Jahr erschienen ist.
4 Sämtliche Taschenbuchausgaben dieses Titels.
5 Hinweis für einen anderen Titel dieses Romans oder anderen Namen, unter dem der Roman ebenfalls bereits erschienen ist.

Eine Bitte an alle Leser und Benutzer dieser Bibliographie:
Um die Bibliographie bei Neuauflagen von Fehlern zu bereinigen oder fehlende Angaben zu ergänzen, wäre ich für jeden Hinweis dankbar. Dies gilt selbstverständlich auch für Kritik und Verbesserungsvorschläge.

Kontaktadresse: Klaus-Dieter Walkhoff-Jordan
c/o Verlag Ullstein GmbH,
Lektorat Kriminalromane,
Lindenstraße 76,
1000 Berlin 61.

Abkürzungsverzeichnis

Allgemeine Abkürzungen

A.	Autor
am.	amerikanische(r)
Aufl.	Auflage
Ausg.	Ausgabe
ausgew.	ausgewählt(e)
Bd.	Band
bzw.	beziehungsweise
ca.	cirka
EA	Erstausgabe
engl.	englische(r)
OA	Originalausgabe
o. J.	ohne Jahr(esangabe)
o. Nr.	ohne Nummer
o. O.	ohne Ort(sangabe)
s.	siehe
s. d.	siehe dort
T.	Titel
TH	Thriller
vgl.	vergleiche
Vlg.	Verlag
w. o.	wie oben

Abkürzungen der Taschenbuchreihen

AMS	Amsel-Kriro, Amsel Verlag, Berlin
ARCH	Arche Verlag AG, Raabe und Vital, Zürich
ARE	Taschengeldbücher, Arena Verlag, Georg Popp, Würzburg
AS	AS-Taschenbücher, Alfons Semrau Verlag, Hamburg
ATR	Adventure Taschenbuch-Reihe, Walter Lehning Verlag, Hannover
AUF	Der Aufwärts-Kriminalroman, Aufwärts-Verlag, Berlin
AWA	AWA-Verlag E. F. Flatau & Co., München
BAR	Allgemeine Reihe, Bastei-Verlag Gustav H. Lübbe, Bergisch-Gladbach

bb	bb-Taschenbücher, Aufbau-Verlag Berlin und Weimar
BBA	Österreichische und Schweizer Ausgabe der Bären-Bücherei, Druck und Verlagsg.mbH, Linz; später Rota Verlagsg.mbH, Wien
BBD	Deutsche Ausgabe von BBA, aber mit abweichender Numerierung
BD	Diagnose-Arztromane, Bastei-Verlag, w. o.
BEN	Ed Noon-Kriminalromanserie, Bastei-Verlag, w. o.
BER	Ein Berliner Taschenbuch, Berliner Taschenbuch-Verlag, Berlin
BEST	Bestseller-Taschenbücher (später 11000er-Reihe), Bastei-Verlag, w. o.
BEX	Exklusiv-Taschenbücher (später 12000er-Reihe), Bastei-Verlag, w. o.
BFK	Fernseh-Krimi, Bastei-Verlag, w. o.
BHOR	Horror-Bibliothek, Bastei-Verlag, w. o.
BHS	Hampton Stone-Serie, Bastei-Verlag, w. o.
BJC	Jerry Cotton-Serie, Bastei-Verlag, w. o.
BJL	Junge Leser-Taschenbuchreihe, Bastei-Verlag, w. o.
BK	Krimi-Taschenbücher (36000er-Reihe), Bastei-Verlag, w. o.
BKAM	Kamin-Taschenbuchreihe, Bastei-Verlag, w. o.
BKEL	Krimi-Elite, Bastei-Verlag, w. o.
BKR	Kriminalroman-Reihe (37000er-Reihe), Bastei-Verlag, w. o.
BL	Blaulicht-Kriminalromane, Kranich Verlag, Berlin
BLG	Blau-Gelb-Kriminalroman, Humanitas Verlag, Konstanz
BOUL	Boulevard-Taschenbücher, Bastei-Verlag, w. o.
BPAL	Palette-Taschenbuchreihe (später 14000er-Reihe), Bastei-Verlag
BPH	Phantastische Literatur, Bastei-Verlag, w. o.
BRA	Razzia-Kriminalroman, Bastei-Verlag, w. o.
BROK	Brokat-Roman, Bastei-Verlag, w. o.
BRS	Taschenbücher des Verlages Braun & Schneider, München
BSAN	San Antonio-Kriminalromanserie, Bastei-Verlag, w. o.
BSC	Shell Scott-Serie, Bastei-Verlag, w. o.
BSP	Spionage-Serie, Bastei-Verlag, w. o.
BSV	Bildschriften-Verlag GmbH, Aachen

BTH Thriller in der Allgemeinen Reihe des Bastei-Verlages mit gesonderter Numerierung (19000er-Reihe)
BÜR Bürger Taschenbücher, Alfons Bürger Verlag, Darmstadt. Dieser Verlag ist vom Ullstein-Verlag übernommen worden, daher sind die ersten Nummern beider Verlage identisch.
BUNT Unterhaltung Taschenbuch-Reihe, Bastei-Verlag, w. o.

CHR Christians Verlag, Hamburg

DC Detektiv-Club Serie, Detektiv Club Verlag, Wiesbaden
DCS Die Abenteuer des Saint, Detectiv Club Verlag, w. o.
DIE Kriminalromanreihe DIE (= Delikte, Indizien, Ermittlungen), Verlag Das Neue Berlin, Berlin
DIO detebe Taschenbücher, Diogenes Verlag, Zürich
DLV Deutscher Literatur Verlag, Otto Melchert, Hamburg
DOMF Domino-Romane, Karl Müller Verlag, Erlangen
DOMK Domino-Kriminalromane, Karl Müller Verlag, Erlangen
DOQ Domino-Taschenbücher exklusiv für Quelle, Herausgeber Xenos-Verlag, Hamburg
DRR Die Rote Reihe, Verlag Walter H. Schmitz, München
DRT Drei Türme Bücher, Eden-Verlag, Berlin
DTV dtv-Allgemeine Reihe, Deutscher Taschenbuch Verlag, München
DTVJ dtv-junior Reihe, Deutscher Taschenbuch Verlag, w. o.
DTVZ Reihe: dtv-zweisprachig, Deutscher Taschenbuch Verlag, w. o.

EDEN Eden-Bücherei, Eden-Verlag, Berlin
EHÜ Verlag Edition Hümer, München
ERB Anne Erber Verlag bzw. Erber + Luther Verlag, Sasbachwalden
EVF Edition VielFalt, Verlag Olle & Wolter, Berlin

FAR Allgemeine Reihe, Fischer Taschenbuch Verlag, Frankfurt/M.
FBO Fischer Boot, Taschenbücher für junge Leute, Fischer Taschenbuch Verlag, Frankfurt/M.
FOR Forum-Taschenbücher, Forum-Verlag, Frankfurt/M. – Wien

FRO	Verlag Frauenoffensive, München
GA	Action-Reihe, Goldmann Verlag, München
GAB	Abenteuer-Reihe, Goldmann Verlag, München
GAR	Allgemeine Reihe, Goldmann Verlag, München
GAS	Gaslicht-Taschenbuchreihe, Erich Pabel Verlag, Rastatt
GDA	Sammlung deutsche Autoren, Goldmann Verlag, München
GEW	Edgar Wallace-Jubiläumsausgabe im Goldmann Verlag, München, zum fünfzigjährigen Todestage des Schriftstellers
GR	Taschenbücher mit Großschrift, Goldmann Verlag, München
GHC	Luther's Grusel und Horror Cabinet, Wolfhart Luther Verlag, Sasbachwalden
GJU	Jugend-Buch Reihe, Goldmann Verlag, München
GK	Goldmann-Taschen-Krimis, später Goldmann's Rote Krimis, Goldmann Verlag, München
GKL	Klassiker-Reihe, Goldmann Verlag, München
GLIT	Literarische Krimis, Goldmann Verlag, München
GMK	Reihe: Meisterwerke der Kriminalliteratur, Goldmann Verlag, München
GREI	Greifenverlag zu Rudolstadt, Rudolstadt
GTH	Thriller (schwarz) in der Reihe GK
GUK	Urlaubs-Krimi (hellblau) in der Reihe GK (zwei Romane in einem Band)
HAC	»action« Reihe, Wilhelm Heyne Verlag, München
HAR	Allgemeine Reihe, Wilhelm Heyne Verlag, München
HBDW	Bestseller der Weltliteratur, Wilhelm Heyne Verlag, w. o.
HBV	Henry Burmester Verlag, Wildeshausen/Oldbg. b. Bremen
HCC	Crime Classics in der Reihe HK
HE	Heyne Extra, Wilhelm Heyne Verlag, München
HEK	Extra-Krimi in der Reihe HK
HEL	Horror-Expert, Wolfhart Luther Verlag, Sasbachwalden
HER	Allgemeine Reihe, Herder Verlag, Freiburg i. Br.
HGS	Simenon-Kriminalromane, Wilhelm Heyne Verlag, München
HJB	Heyne Jubiläums Band, Wilhelm Heyne Verlag, w. o.

HJU	Jugend-Taschenbücher, Wilhelm Heyne Verlag, München
HK	Heyne Kriminalromane, Wilhelm Heyne Verlag, München
HLK	Lady-Krimi in der Reihe HK
HNL	Neue Literatur, Wilhelm Heyne Verlag, München
HRO	Heyne Romantic Thriller, Wilhelm Heyne Verlag, München
HSF	Science Fiction-Reihe, Wilhelm Heyne Verlag, München
HTH	Thriller in der Reihe HK
HUB	Die Unheimlichen Bücher, Wilhelm Heyne Verlag, w. o.
ILL	Verlag Illu Press, Stuttgart
IT	Taschenbücher im Insel Verlag, Frankfurt/M.
JWV	Jürgen-Walloch-Verlag, Hamburg
KAL	Kaleidoskop-Bücher, Alfons Semrau Verlag, Hamburg
KEB	Kelter Buch, Martin Kelter Verlag, Hamburg
KEL	Allgemeine Reihe, Martin Kelter Verlag, Hamburg
KIEP	Verlag Gustav Kiepenheuer, Leipzig und Weimar
KK	Kaiser Krimis, Verlag Buch und Welt, Hans Kaiser Verlag bzw. Neuer Kaiser Verlag, Klagenfurt
KKR	Taschenbuch-Kriminalromane, Verlag Kiepenheuer & Witsch, Köln und Berlin
KIWI	Taschenbücher in der Allgemeinen Reihe, Verlag Kiepenheuer & Witsch, Köln
KNAR	Allgemeine Reihe der Knaur Taschenbücher, Droemersche Verlaganstalt Th. Knaur Nachf., München
KNFL	Reihe: Frauen und Literatur, Droemersche Verlagsanstalt, w. o.
KNJU	Knaur Jugendbücher, Droemersche Verlagsanstalt, w. o.
KNK	Knaur Kriminalromane, Droemersche Verlagsanstalt, w. o.
KÖN	König Verlag, Buch und Taschenbuch GmbH, München
KOMP	Kompaß-Taschenbücher, Verlag Neues Leben, Berlin
KRA	Kranich Taschenbücher, Walter Lehning Verlag, Hannover
KRÄ	Krähen Kriminalromane, Gebrüder Weiß Verlag, München und Berlin

KTR	Kriminal-Taschenbuch-Romane, Walter Lehning Verlag, Hannover
KVW	K(riminal)-Serie oder K-Reihe, Verlag Volk und Welt, Berlin
LEH	Ein Lehning-Buch, Walter Lehning Verlag, Hannover
LICH	Lichtenberg-Taschenbücher, Lichtenberg Verlag, München
LIST	List-Taschenbücher, Paul List Verlag, München
LL	Verlagsbuchhandlung Ludwig Liebel, Nürnberg
LOET	Erotic-Thriller, Verlag Friedrich W. Loh, Großhansdorf b. Hamburg
LONC	Nick Carter, Verlag Friedrich W. Loh, w. o.
LOTH	Top-Thriller, Verlag Friedrich W. Loh, w. o.
MEL	Verlag Otto Melchert, Hamburg – Wandsbek
MET	Metropol Kriminalroman, Jaegersche Buchdruckerei GmbH, Speyer a. Rh.
MIT	Die Mitternachtsbücher, Kurt Desch Verlag, München
MIV	Allgemeines Programm, Mitteldeutscher Verlag, Halle–Leipzig
MMV	Manfred Maluche Verlag, München
MOEA	Allgemeine Taschenbuch-Reihe, Moewig Verlag, München
MOEK	Kriminalroman-Reihe, Moewig Verlag, München
MOL	Molden-Taschenbuch-Verlag, Wien – München
MTB	Allgemeines Programm der Moewig Taschenbücher, München, später Rastatt
MV	Militärverlag der Deutschen Demokratischen Republik, Berlin
NB	Verlag Das Neue Berlin, Berlin
NBR	NB-Romanreihe, Verlag Das Neue Berlin, Berlin
NON	Non Stop Bücherei, München – Wien
NRK	Neue Revue Krimi, Erich Pabel Verlag, Rastatt
OTB	Omnibus Taschenbücher, Omnibus Verlag, Wien
PAN	Panther-Bücher, Walter Lehning Verlag, Hannover

PANS	Panther-Bücher-Sonderbände, Walter Lehning Verlag, Hannover
PBK	Pabel-Bestseller-Krimi, Erich Pabel Verlag, Rastatt
PEL	Pelikan Taschenbücher, Pelikan Verlag, Hannover
PFL	Fledermaus-Kriminalromane, Erich Pabel Verlag, Rastatt
PFS	Franco – Solo Kriminalromanserie, Erich Pabel Verlag, Rastatt
PFV	Paul Feldmann-Verlag, Marl-Hüls
PHOE	Phoenix-Shocker, Scherz Verlag, Bern und München
PKE	Krimi-Extra, Erich Pabel Verlag, Rastatt
PKX	Kommissar X Kriminalromane, Erich Pabel Verlag, w. o.
PLAY	Playboy-Taschenbücher, Moewig Verlag, München und Rastatt
PMD	Mister Dynamit Kriminalromane, Erich Pabel Verlag, Rastatt
PPOL	Plutonium Police Kriminalromanserie, Erich Pabel Verlag, Rastatt
PRO	Verlag Progreß, Moskau
PTB	Pabel Taschenbücher, Erich Pabel Verlag, Rastatt
RAB	Raben-Buch, Kinderbücher im Verlag R. Brockhaus, Wuppertal
RAR	Allgemeine Reihe, Rowohlt Taschenbuch Verlag, Reinbeck bei Hamburg
RAV	Ravensburger Taschenbücher, Otto Maier Verlag, Ravensburg
REL	Philipp Reclam Verlag, Leipzig
RES	Philipp Reclam Verlag, Stuttgart
RFA	Reihe: Roman für alle, Verlag der Nation, Berlin
RFJ	Romanreihe für Jedermann, Verlag Druckhaus Tempelhof, Berlin
RK	Rekord-Krimi, Rekord-Verlag, Viersen
RKL	Klassiker-Reihe, Rowohlt Verlag, Reinbeck bei Hamburg
ROT	Rotfuchs Jugendtaschenbücher, Rowohlt Taschenbuch Verlag, Reinbeck bei Hamburg
RTH	Rowohlt »thriller«, Rowohlt Verlag, w. o.
SB	Siegel Bücher, Siegel-Buch-Verlag, Hamburg

SCHE	Scherz-Kriminalromane, Scherz Verlag, Bern und München
SCHN	Schneider-Taschenbücher, Franz Schneider Verlag, München
SEPK	Kriminalromane, SEP-Verlag, Rüsselsheim
SEPSP	Spionageromane, SEP-Verlag, Rüsselsheim
SEPS	Reihe: Sam und Sally, SEP-Verlag, Rüsselsheim
SEPTH	Thriller, SEP-Verlg, Rüsselsheim
SERP	Serie Piper, R. Piper Verlag, München
SITTE	Kriminalromane im Selbstverlag des Verfassers Fritz Sitte, Villach
SM	Signum Taschenbuchreihe, Verlag Mohn & Co., Gütersloh
SUHR	Suhrkamp Taschenbücher, Suhrkamp Verlag, Frankfurt/M.
TAL	Top-Autoren Taschenbücher, Wolfhart Luther Verlag, Sasbachwalden
TEL	telstar-Verlag, Viganella – Lugano
TER	Terror-Krimi, Wolfhart Luther Verlag, Sasbachwalden
TK	Top-Krimi, Wolfhart Luther Verlag, Sasbachwalden
UAB	Abenteuer-Romane, Ullstein Verlag, Berlin – Frankfurt – Wien
UAR	Allgemeine Reihe, Ullstein Verlag, w. o.
UEB	Kriminalromanreihe »Little Krimi«, Verlag Carl Ueberreuter, Wien
UK	Ullstein Kriminalromane, Ullstein Verlag, w. o.
UKK	Ullstein Klett-Cotta, Ullstein Verlag, w. o.
VAMP	Vampir-Romane, Erich Pabel Verlag, w. o.
VKF	Verlag Kultur und Fortschritt, Berlin
WAL	Walter Verlag, Olten und Freiburg i. Br.
WAR	Allgemeine Reihe, Winther Verlag, Hamburg – Zürich – Wien
WELT	Weltkreis-Verlags-GmbH, Dortmund
WIK	Kriminalromane, Winther Verlag, w. o.
WKR	»Weltberühmte Kriminalromane«, Verlag I + H International (Europe) S.A., Belgium

WKTH	Kriminal-Thriller, Winther Verlag, w.o.
WTB	Gebrüder Weiß Verlag, Berlin und München
WV	Verlagsbuchhandlung Georg Wiesemann, Wuppertal-Barmen
XEB	Xenos-Bücher, Xenos Verlag, Hamburg
XEN	Super-Krimis (rot) und Super-Romane (grün), Xenos Verlag, Hamburg
XTK	Top-Krimis, Xenos Verlag, Hamburg
XTR	Top-Roman, Xenos Verlag, Hamburg
ZAU	Kriminalromane, Zauberkreis-Verlag, Rastatt
ZB	Zebra Buch, Franz Schneider Verlag, München
ZEB	Kriminalroman-Serie des Autors Ufornelli, TOUF GmbH, Bad Nauheim
ZEX	Zauberkreis-Exklusiv Kriminalromane, Zauberkreis Verlag, Rastatt

Lexikon der Autoren

AARONS, EDWARD S(IDNEY) (1916–1975)
Pseudonyme: Paul Ayres, Edward Ronns

DIE AMAZONAS-KÖNIGIN
(Assignment-Amazon Queen, 1973)
BSP 33026, 1974

DER BOMBENCOUP DES GENERALS
(Assignment-Carlotta Cortez, 1959)
BSP 8, 1973

DIE BRUDERSCHAFT DER NACHT
(Assignment-Palermo, 1966)
BSP 33023, 1974

DER CYKLOP IST LOS
(Assignment to disaster, 1955)
ATR 3, 1956

DUELL DER DUNKELMÄNNER
(Assignment-School for spies, 1966)
BSP 33017, 1974

DURELL UND DIE MILLIONENWITWE
(Assignment-Star stealers, 1970)
BSP 33025, 1974

DURELL UND DER TODESENGEL
(Assignment-Sulu Sea, 1964)
BSP 33021, 1974
vgl. *Unternehmen Südsee*

FLUCHT IN DIE LIEBE
(Escape to love, 1952)
KRA 20, 1956

FREIFAHRT IN DIE HÖLLE
(Don't cry beloved, 1952)
HK 1493, 1972

GEHEIMAUFTRAG ATOMMÄDCHEN
(Assignment-Nuclear nude, 1968)
BSP 2, 1972; XEN 115, 1981

GEHEIMAUFTRAG PEKING
(Assignment-Peking, 1969)
BSP 3, 1972

GEHEIMAUFTRAG TOKIO
(Assignment-Tokyo, 1971)
BSP 1, 1972; XEN 114, 1981)

EIN GRAB IM SCHWARZEN MEER
(Assignment-Ankara, 1961)
BSP 33022, 1974

DIE HEXE VON BANGKOK
(Assignment-Bangkok, 1972)
BSP 33019, 1974

HÖLLENJOB FÜR SAM DURELL
(Assignment-White Rajah, 1970)
BSP 6, 1973; XEN 144, 1982

DER IRRE VON CEYLON
(Assignment-Ceylon, 1973)
BSP 33024, 1974

KATIB, DER MÖRDER
(Assignment-Helene, 1959)
BSP 33018, 1974

KEINE CHANCE FÜR COLE
(Passage to terror, 1952)
LOET 14, 1969; XEN 59, 1978

KREUZFAHRT DES SCHRECKENS
(The sinners, 1953)
LOET 11, 1969;
vgl. *Schiff der Verlorenen*

EIN KREUZ HINTER DEM DATUM
(Gift of death, 1948)
HK 1363, 1969; XEN 23, 1977, DOQ 6, 1979

DER MANN IM BAMBUSKÄFIG
(Assignment-Burma Girl, 1959)
BSP 11, 1973

EIN MÄDCHEN WIRD GEJAGT
(Girl on the run, 1954)
KRA 27, 1956

DIE NACHT DER SCHILDKRÖTEN
(Come back, my love, 1953)
HTH 1300, 1968; XEN 84, 1980

NUR EIN TOTER HAT NOCH PLATZ
(No place to live, 1947)
HK 1351, 1969; XEN 5, 1976

OPERATION CASSANDRA
(Assignment-Lowlands, 1959)
BSP 33014, 1973
DIE PUPPE AUS DER MANDSCHUREI
(Assignment-Manchurian doll, 1959)
BSP 9, 1973
SAM DURELL UND DIE BALLERINA
(Assignment-Lili Lamaris, 1959)
BSP 33013, 1973
SCHEICHE, ÖL UND HEISSES BLEI
(Assignment-Zoraya, 1960)
BSP 33027, 1974
SCHIFF DER VERLORENEN
(The sinners, 1953)
PAN 48, 1956
vgl. Kreuzfahrt des Schreckens)
DIE SCHLANGE VON PAKURO
(Assignment-Golden Girl, 1971)
BSP 7, 1973
DER SCHWARZE WIKINGER
(Assignment-Black viking, 1959)
BSP 33012, 1973
SEIN BLONDER KÖDER
(Assignment-Sorento siren, 1963)
BSP 4, 1973
DER SILBERNE SKORPION
(Assignment-Silver scorpion, 1973)
BSP 33020, 1974
SLAGO, DER UNHEIMLICHE
(Assignment-Angelina, 1958)
BSP 10, 1973
SO GUT WIE TOT
(The art studio murders, 1950)
LOET 17, 1970; XEN 58, 1978
vgl. *Wenn Künstlerhände morden*
SPIONAGE:
siehe *Anhang Serien*
TANYA IN DER TIGERGRUBE
(Assignment-Moon girl, 1968)
BSP 33015, 1973
DER TOD IST MEIN SCHATTEN
(Death is my shadow, 1957)
HTH 1268, 1967; XEN 24, 1977
UNTERNEHMEN MARA TIRANA
(Assignment-Mara Tirana, 1960)
HTH 1223, 1966; XEN 86, 1977
UNTERNEHMEN SELBSTMORD
(Assignment-Suicide, 1956)
BSP 33016, 1974
UNTERNEHMEN SÜDSEE
(Assignment-Sulu Sea, 1964)
HTH 1235, 1967
vgl. *Durell und der Todesengel*
UNTERNEHMEN VENEZIA
(Assignment-The girl in the gondola, 1964)
HTH 1247, 1967; XEN 85, 1980
VERRAT IN WASHINGTON
(Assignment-Treason, 1956)
BSP 5, 1973; XEN 143, 1982
DER VOGEL MIT DER SCHWARZEN SEELE
(The decoy, 1951)
HK 1383, 1970; XEN 6, 1976
WEEKEND OHNE SONNTAG
(Nightmare, 1948)
HK 1326, 1968; KEL 1139, 1980
vgl. *Zum Weekend eine Leiche*
WENN KÜNSTLERHÄNDE MORDEN
(The art studio murders, 1950)
BRA 32070, 1974
vgl. *So gut wie tot*
DER WÜRGER
(Terror in the town, 1947)
HTH 1280, 1967
ZUM WEEKEND EINE LEICHE
(Nightmare, 1948)
XEN 12, 1976
vgl. *Weekend ohne Sonntag*

ABEL, MANFRED G.
BANKRAUB 12.55 H
DIE 132, 1972; KOMP 301, 1983

ABELE, ROLAND (1956–
JEDER HAT SEINEN PREIS (OA)
BKR 37015, 1983

UND ER FIEL UNTER DIE MÖRDER (OA)
BK 36045, 1981

ABBOT, ANTHONY (1893–1952)
Pseudonym von Charles Fulton Oursler
DAS RÄTSEL UM DIE ZIRKUSKÖNIGIN
(About the murder of the Circus Queen, 1932)
GK 127, 1957

ACUÑA, IGNACIO CÁRDENAS (1924–
RÄTSEL FÜR EINEN SONNTAG
KOMP 187, 1974

ADABASCHJAN, ALEXANDER (1945– UND NIKITA MICHALKOW (1945–
TRANSSIBIRIEN-EXPRESS
KOMP 282, 1981

ADAMOW, ARKADIJ (1920–
DIE BUNTE BANDE VON MOSKAU
GK 2278, 1967
EIN UHR NACHTS
KVW o. Nr., 1981
GIFT AUS DEM KISCHLAK
KVW o. Nr., 1973
KREISE AUF DEM WASSER (1970)
DIE 483, 1981
DIE SPUR DES FUCHSES
VKF o. Nr., 1967
DIE TOTE IN DER BAUGRUBE
(Petlja, o. J.)
KVW o. Nr., 1976
DER VERSCHWUNDENE HOTELGAST
(Zlym vetrom, o. J.)
KVW o. Nr., 1976

ADAMS, CLIFTON (1919–
Pseudonym: Jonathan Gant
GEHETZT
(Whom Gods destroy, 1953)
PAN 24, 1955
GEWALT KENNT KEINE GNADE
(Death's sweet song, 1955)
PAN 52, 1956

ADAMS, HERBERT (1874–1958)
Pseudonym: Jonathan Gray
DAS DOPPELLEBEN DER MISS PHOEBE
(Slippery Dick, 1954)
GK 217, 1960
DER GOLDENE AFFE
(The golden ape, 1930)
GK 158, 1958
JILL UND JACK
(The bluff, 1938)
GK 258, 1960
DER JUDASKUSS
(The Judas kiss, 1955)
GK 145, 1958
EIN MERKWÜRDIGES TESTAMENT
(John Brand's will, 1933)
GK 134, 1958
DAS RÄTSELHAFTE SPIEL
(The old Jew mystery, 1936)
GK 14, 1953
DER SCHATZ VON QUEEN'S GATE
(The Queen's Gate mystery, 1927)
GK 76, 1955
DER SCHLAFTRUNK
(The sleeping draught, 1951)
GK 228, 1960
EINE TASSE TEE
(A word of six letters, 1936)
GK 121, 1957
DIE VERRÄTERISCHE SPUR
(The damned spot, 1938)
GK 209, 1959
WAS WIRD AUS NONNA?
(The crooked lip, 1926)
GK 34, 1954
ZWISCHEN 10 UND 12
(Fate laughs, 1935)
GK 7, 1952

ADAMS, JOHN F(ESTUS) (1930–

KOMM AN MEIN HERZ UND LASS UNS MORDEN
(Two plus two equals minus seven, 1969)
SCHE 395, 1972

ADAMS, SHIPLEY

ICH WAR DER MÖRDER
(Murder in the first person, 1948)
MEL o. Nr., 1953

EIN UNGEKLÄRTER MORDFALL
(Murder unsolved, 1947)
AUF 66, 1955

ADDAMS, PETER

DIAMANT IM STORCHENNEST
MIV o. Nr., 1969

DIE ENTHAUPTETE MONA LISA
MIV o. Nr., 1965

DAS GEBORGTE GESICHT
NB o. Nr., 1973

A.D.G. (PSEUDONYM)

FLUCHT IST NICHTS FÜR TRÄUMER
(La marche truque . . ., 1972)
KÖN 20, 1973

DIE NACHT DER KRANKEN HUNDE
(La nuit des grands chiens malades, 1972)
KÖN 35, 1973

ADRIAN, RUDOLF

EIN GEWISSER HERR FABIAN
GK 2083, 1965

AFFORD, MAX (1906–

HINTER VERSCHLOSSENEN TÜREN
(Blood on his hands, 1952)
GK 2134, 1965

AGAPIT, MARC
(Pseudonym)

GAS
HEL 15, 1972

AIKEN, JOAN (DELANO) (1924–

ANSCHLAG AUF NANTUCKET
(n. e.)
DTVJ 7392, 1930

DIE INSEL DES SCHRECKENS
engl. T. (A cluster of separate sparks, 1972)
am. T. (The butterfly picnic, 1972)
HLK 1687, 1976

DIE KRISTALLKRÄHE
engl. T. (The ribs of death, 1967)
am. T. (The crystal crow, 1968)
DIO 76 = 20138, 1974; bb 512, 1983

DAS LÄCHELN DES FREMDEN
(The smile of the stranger, 1978)
HRO 2068, 1980

SCHATTEN DES UNHEILS
(Died on a rainy sunday, 1972)
HRO 1940, 1975

DAS TODESPARFÜM
engl. T. (The trouble with product X, 1966)
am. T. (Beware of the bouquet, 1966)
HLK 1524, 1973

TRÄUME SÜSS, KLEINE MEGGIE
(Nightfall, 1976)
HRO 2053, 1980

VERSCHWÖRUNG AUF SCHLOSS BATTERSEA
(Black hearts in Battersea, 1964)
ARE 1268, 1975

DIE VERSCHWUNDENE TANTE
(The embroidered sunset, 1970)
HRO 1953, 1975

WÖLFE UMS SCHLOSS
(The wolves of Willoughby Chase, 1962)
DTVJ 7146, 1974

AIRD, CATHERINE
Pseudonym von Kim Hamilton McIntosh (1930–
DIE ANTWORT STEHT IM TESTAMENT
(Slight mourning, 1975)
GK 4554, 1976
DER NONNENMÖRDER
(The religious body, 1966)
GK 4490, 1975
DAS PENDEL DES TODES
(His burial too, 1973)
GK 4439, 1975
SCHLOSSGEHEIMNISSE
(The complete steel, 1969)
GK 4504, 1975
SKELETT MIT FOLGEN
(A late Phoenix, 1970)
GK 4512, 1975
WER IST HENRIETTA?
(Henrietta who?, 1968)
GK 4493, 1975

AIRTH, RENNIE (1935–
DER SCHNAPP
(Snatch!, 1969)
RAR 1525, 1972
EIN SPION MIT SIEBEN LEBEN
(Once a spy, 1981)
SCHE 889, 1983

ALBENOVA, YURI
HINRICHTUNG UND WEITERE 11 ERZÄHLUNGEN
GHC 6, 1972
s. *Ernst Heyda*

ALBERT, MARVIN H(UBERT) (1924–
Pseudonyme: Mike Barone, Al Conroy, Albert Conroy, Ian MacAlister, Nick Quarry, Anthony Rome
DER DON IST TOT
(The Don is dead, 1972)
HAR 6336, 1984
vgl. *Nick Quarry: Mafia-Massaker*
DER ROSAROTE PANTHER
(The pink panther, 1964)
HAR 323, 1964
DER SCHNÜFFLER
(Tony Rome, 1960)
HAR 6390, 1984
vgl. *Anthony Rome: Miami Mayhem*
DIE SCHWARZE GÖTTIN
(The dark goddess, 1978)
PLAY 6111, 1980
VENDETTA
(The vendetta, 1973)
HAR 6302, 1983
YPSILON
(The Gargoyle conspiracy, 1975)
UAR 3424, 1978

ALBERTS, JÜRGEN
zusammen mit *Fritz Nutzke*
GEHIRNSTATION (1981)
HK 2089, 1984

ALBRAND, MARTHA
Pseudonym von Heidi Huberta Freybe Loewengard (1914–1981)
CODE ZÜRICH AZ 900
(Zurich/AZ 900, 1974)
PAL 14066, 1978
MORD IM PARK
(Manhattan North, 1971)
HLK 1639, 1975
DIE SPUR DES BLUTHUNDES
(A taste of terror, 1977)
BAR 14094, 1980

ALBRECHT, JOHANNES (1929–
DIE TODBRINGENDE MADONNA
MIV o. Nr., 1979

ALEEN, LESLIE
NUR EIN SATZ IM TAGEBUCH

(The windfall, 1970)
SCHE 440, 1974

ALEX, JOE
DER TOD SPRICHT IN MEINEM NAMEN
(Smierć mówi w moim imieniu, 1960)
DIE 464, 1980

ALEXANDER, DAVID (1907–1973)
DIE BESTEN KRIMINALGESCHICHTEN DES JAHRES (HRSG.)
(Tales for a rainy night, 1961)
HK 1418, 1970
BLUTBEFLECKT
(Bloodstain, 1961)
SM 2108, 1964
KILLER GESUCHT
(Paint the town black, 1954)
SM 2155, 1965
DER TOD IST FAVORIT
(The death of Humpty Dumpty, 1957)
SM 140, 1963
DAS TOLLHAUS AM WASHINGTON SQUARE
(The madhouse in Washington Square, 1958)
SM 2128, 1964
TOT, MAUSETOT
(Dead, man, dead, 1959)
SM 220, 1963
TOTE HUNDE BEISSEN NICHT
(Hush-a-bye murder, 1957)
SM 2158, 1965

ALEXANDER, G. M.
DIE NACHT DES SCHRECKENS
(Back street, o. J.)
PAN 168, 1960

ALEXANDER, JAN
Pseudonym von Victor Jerome Banis (1937–
DAS TÖDLICHE MISSVERSTÄNDNIS
(White jade, 1971)
HRO 1903, 1973; HRO 2108, 1982
TRÄNEN DER EINSAMKEIT
(Green willows, 1977)
HRO 2016, 1978

ALEXANDER, PATRICK (1926–
EINE KUGEL FÜR DEN TEUFEL
(Death of a thin-skinned-animal, 1976)
SCHE 741, 1980

ALEXANDER, P(AUL)
zusammen mit Maurice Roland
LONDON SEHEN UND STERBEN
(Voir Londres et mourir, 1957)
UK 768, 1959; HTH 1309, 1968

ALGREN, NELSON (1909–
DER MANN MIT DEM GOLDENEN ARM
(The man with the golden arm, 1949)
RAR 194, 1956; RAR 4156, 1978

ALISTER, JOHN
(Pseudonym)
TOD AUF DEN AZOREN (OA)
PHOE 113, 1972

ALLAN, MABEL ESTHER (1915–
DAS GEHEIMNIS DES KRAYMER-HAUSES
(The Kraymer mystery, 1969)
ARE 1378, 1980

ALLBEURY, TED (THEODORE EDWARD LE BOUTHILLIER ALLBEURY) (1917–
AGENTEN SIND TREUE FEINDE
(A choice of enemies, 1973)
UK 1884, 1978
DIE ALPHA-LISTE
(The Alpha-List, 1979)

UK 10053, 1980

DIE ANDERE SEITE DES SCHWEIGENS
(The other side of silence, 1981)
UK 10150, 1982

IN DER HAND DES KREML
(The twentieth day of January, 1980)
UK 10067, 1980

DER OMEGA-MINUS-PROZESS
(Palomino-Blonde, 1975)
UK 1970, 1979

OPERATION SCHNEEBALL
(Snowball, 1974)
UK 1923, 1978

PHANTOMHIRN FÜR DEN PRÄSIDENTEN
(The man with the President's mind, 1977)
UK 1947, 1979

QUADRILLE MIT TÖDLICHEM AUSGANG
(Moscow Quadrille, 1976)
UK 1909, 1978

DIE SAAT DER ANGST
(Consequence of fear, 1979)
UK 10083, 1981

SCHATTEN DER SPIONE
(Shadow of shadows, 1982)
UK 10216, 1983

SEITENWECHSEL
(The secret whispers, 1981)
UK 10192, 1983

VERGANGENHEIT IST NIE ZU ENDE
(The lantern network, 1978)
UK 10003, 1979

ALLINGHAM, MARGERY (LOUISE) (1904–1966)

ACHTEN SIE AUF DIESE DAME
(Look to the lady, 1931)
GK 3079, 1968

FÜR JUGENDLICHE NICHT GEEIGNET
(Flowers for the judge, 1934)
RTH 2055, 1964

DIE HANDSCHUHE DES FRANZOSEN
(5 Kriminalgeschichten)
(Mr. Campion and others, 1939)
DIO 20929, 1981

DAS HAUS AM GOLFPLATZ
(Safer than love, o. J.)
GK 3001, 1967

DIE LOCKENDE DAME
(The beckoning Lady, 1955)
RTH 2067, 1965

MÄDCHEN, NERZ UND DETEKTIVE
(The Allingham case-book, 1969)
SCHE 373, 1971

MODE UND MORDE
(The fashion in shrouds, 1938)
GK 3243, 1970

DIE PATIENTIN IN DER PFAUENVILLA
(The patient at Peacocks Hall, 1954)
GK 3251, 1970

SCHLAG MICH MIT BLINDHEIT
(Hide my eyes, 1958)
RTH 2045, 1964

DIE SPUR DES TIGERS
(The tiger in the smoke, 1952)
GK 4022, 1970

SÜSSE GEFAHR
(Sweet danger, 1933)
GK 2251, 1966

ALLWRIGHT, MICHAEL (1945–

DIE AUGEN AM FENSTER
(The roundabout, 1968)
GAR 2995, 1973

ALVERSON, CHARLES (1935–

STRIPTEASE MIT BESCHRÄNKTER HAFTUNG
(Goodey's last stand, 1975)
SCHE 626, 1977

TANZ DER GEWALT
(Fighting back, 1973)
SCHE 538, 1976

TOD AUF KRANKENSCHEIN
(Not sleeping, just dead, 1977)
SCHE 781, 1980

ALYSSE, AALLYN

DER TODESTRANK
(Devlyn, 1977)
HRO 2083, 1981

AMBLER, ERIC (1909–

DIE ANGST REIST MIT
(Journey into fear, 1940)
DIO 75/5 = 20181, 1975

ANLASS ZUR UNRUHE
(Cause for alarm, 1938)
DIO 75/14 = 20604, 1979

EINE ART VON ZORN
(A kind of anger, 1964)
DIO 75/3 = 20179, 1975

BESUCH BEI NACHT
engl. T. (The night-comers, 1956)
am. T. (State of siege, 1956)
DIO 75/11 = 20539, 1978
vgl. *Ungebetene Gäste*

BITTE KEINE ROSEN MEHR
(Send no more roses, 1977)
DIO 75/17 = 20887, 1980

DOKTOR FRIGO
(Doctor Frigo, 1974)
DIO 75/16 = 20606, 1979

DER DUNKLE GRENZBEZIRK
(The dark frontier, 1936)
DIO 75/12 = 20602, 1979

DER FALL DELTSCHEV
(Judgment on Deltchev, 1951)
DIO 75/2 = 20178, 1975

IM ERSTEN MORGENLICHT
(The light of day, 1962)
BKAM 28, 1968
vgl. *Topkapi*

DAS INTERCOM-KOMPLOTT
(The Intercom Conspiracy, 1969)
DTV 922, 1973; DIO 75/10 = 20538, 1978

DER LEVANTINER
(The Levanter, 1972)
DIO 75/6 = 20223, 1975

DIE MASKE DES DIMITRIOS
(The mask of Dimitrios, 1939)
UAR 171, 1957; UK 736, 1958; GK 3184, 1969; DIO 75/1 = 20137, 1974; DIE 125, 1980

MIT DER ZEIT
(The care of time, 1981)
DIO 21054, 1983

NACHRUF AUF EINEN SPION
(Epitaph for a spy, 1944)
DIO 75/15 = 20605, 1979
vgl. *Die Stunde des Spions*

SCHIRMERS ERBSCHAFT
(The Schirmer inheritance, 1953)
FAR 78, 1955; DIO 75/4 = 20180, 1975

SCHMUTZIGE GESCHICHTE
(Dirty story, 1967)
DTV 834, 1972; DIO 75/9 = 20537, 1978

SPIONE, SPIONE (HRSG.)
(6 SPIONAGEGESCHICHTEN)
(To catch a spy, 1964)
UAR 2799; FAR 2603, 1978

DIE STUNDE DES SPIONS
(Epitaph for a spy, 1938)
FAR 538, 1963; FAR 1270, 1972; FAR 1986, 1977

TOPKAPI
(The light of day, 1962)
FAR 1274, 1972; DIO 75/8 = 20536, 1978
vgl. *Im ersten Morgenlicht*

UNGEBETENE GÄSTE
(The night-comers, 1956)
HAR 303, 1964
vgl. *Besuch bei Nacht*

UNGEWÖHNLICHE GEFAHR
(Uncommon danger, 1941)
DIO 75/13 = 20603, 1979

WAFFENSCHMUGGEL
(Passage of arms, 1959)
RAR 540, 1963; DIO 75/7 = 20346, 1977

AMES, JENNIFER
Pseudonym von Maysie Greig (1902–
MICHIKO
(Cherry Blossom love, 1980)
XTR 1042, 1981

AMILA, JEAN
DIE AUSGESTOSSENEN
(Les loups dans la bergerie, o. J.)
MIT 481, 1970

AMIS, KINGSLEY (WILLIAM) (1922–
DIE FALLE AM FLUSS
(The riverside villas murder, 1973)
GAR 3428, 1976

AMLAU, HENRY
NENNEN SIE MICH KELIM (1961)
UK 923, 1963

AMSTERDAM, JOE
(Pseudonym)
EIN MANN MIT KANONE
PTB 109, 1963

ANATOL, ANDREAS (1934–
NACH EINEM LASTERHAFTEN LEBEN (OA)
RTH 2695, 1984
EIN TRAUM NAMENS NADINE (OA)
RTH 2606, 1982
DAS VERMÄCHTNIS DES RAMÓN AMADOR, DER VON ALLEDEM KEINE AHNUNG HATTE (OA)
RTH 2627, 1983

ANDERLAND, RAOUL
(Pseudonym)
VERRAT IST KEIN GESELLSCHAFTSSPIEL (1961)
RTH 2164, 1969

ANDERSON, JAMES (1936–
MAN BITTET ZUR ERMORDUNG
(The angel of death, 1978)
UK 10049, 1980
MEINES MANNES MÖRDER
(The alpha list, 1972)
HLK 1533, 1973

ANDERSON, J(OHN) R(ICHARD) L(ANE) (1911–
AUF EIS GELEGT
(Reckoning in ice, 1971)
GK 4486, 1975
HUMMERN UND HARPUNEN
(Redundancy pay, 1976)
GK 4615, 1977
TOD BEIM FESTIVAL
(Festival, 1979)
SCHE 867, 1982
TOD IN DER NORDSEE
(Death in the North Sea, 1975)
GK 4577, 1976
DER TOTE IN DER THEMSE
(Death in the city, 1977)
GK 4775, 1978

ANDERSON, REX
ACHTZEHN SCHWARZE ROSEN
(Cover her with roses, 1969)
HK 1417, 1970

ANDRÁS, LÁSZLÓ
DER FALL LAURENTIS
(Szépirodalmi könyvkiadó, 1966)
DIE 552, 1981
TOD AM DONAUUFER
(Halál a Dunaparton, 1971)
DIE 360, 1978

ANDREAS, FRED (1898–
DAS FREMDE ICH (1966)
HTH 1226, 1966

ANDREAS, PETER
TOD IM TESSIN (1973)
BPAL 14026, 1975

ANDRÉOTA, PAUL (1917–
DIE HEXE
(Le piège, 1972)
RTH 2401, 1976
LEBENSWANDEL MIT TODESFOLGE
(La pieuvre, 1970)
RTH 2280, 1973
MORD IM ZICKZACK
(Zigzags, 1970)
RTH 2240, 1972
SCHIZO
(Schizo, 1977)
RTH 2492, 1979
IN SCHUTT UND ASCHE
(La maison des oiseaux, 1976)
RTH 2457, 1978

ANDRESEN, THOMAS (1934–
DER ANONYME (OA)
GK 3200, 1969; GDA 5610, 1981
BIS ICH NICHT MEHR KANN (1971)
GK 4310, 1973; GDA 5633, 1983
FÜNF HERREN, EINANDER BELAUERND (OA)
RTH 2449, 1978
GEISTERSTUNDE (OA)
GK 4226, 1972
GROSSARTIG WIE DER TEUFEL (OA)
GK 4306, 1973
HERR STRUXDORF UND DAS SPIEL MIT BLUT (OA)
GDA 5644, 1984
HERR STRUXDORF UND DIE HIERARCHIE DER MORDE (OA)
GDA 5635, 1983
HÖRST DU DEN UHU? (OA)
GK 3169, 1969
DER NEBEL WIRD DICHTER (OA)
GK 3282, 1970; GDA 5615, 1981
NUR ÜBER MEINERS LEICHE (OA)
RTH 2375, 1976
SCHMUTZIGER HERBST (OA)
GK 4203, 1972; GDA 5641, 1984
DER SCHREI (OA)
GK 4139, 1972
DIE SPUR DES BÖSEN BRUDERS (OA)
GK 4153, 1972
EINE TOTE FRÜH UM FÜNF (OA)
RTH 2431, 1977
WACHS IN DEN HÄNDEN (1972)
GK 4365, 1974; RTH 2544, 1980
WER BADET NACHTS IN MEINEM SWIMMINGPOOL? (OA)
RTH 2350, 1975
DIE ZWEITE CHANCE (OA)
RTH 2587, 1982

ANDRESS, LESLIE
Pseudonym von Lawrence Sanders (1920–
DER GROSSE COUP
(Caper, 1980)
PLAY 6107, 1980

ANDREWS, DANE
FANGSCHUSS UM MITTERNACHT
(Missing – believed stolen, o. J.)
PAN 166, 1960

ANDREWS, V(IRGINIA) C(LEO)
DAS NETZ IM DUNKEL
(My sweet Andrina, 1982)
GAR 6764, 1984

ANDRIESSEN, CARL
zusammen mit Lothar Creutz
DAS SPIEL MIT DEM TODE
NBR 37, 1961

ANGEL, ROSS
ES WAR MORD
(It's murder she says, 1951)
KRA 14, 1956

ANGUS, SYLVIA (1921–
FEUER UND WASSER
(Arson and old lace, 1972)
GK 4268, 1973

ANKER, JENS
DER MORD IN DER VESTERBROSTRASSE
KTR 3, 1957

ANONYM
DIE SCHRECKLICHEN HUNDE
JWV o. Nr., 1977
ZASTERMONSTER
JWV o. Nr., 1977

ANROD, WERNER
EIN UNBEDEUTENDER FALL
KEL 1041, 1978

ANTKOWIAK, BARBARA UND ALFRED
DER FALL MIT DEM VERDREHTEN SCHAL (HRSG.)
DETEKTIV- UND KRIMINALGESCHICHTEN AUS FREMDEN LÄNDERN (2 BÄNDE)
KVW o. NR., 1966
DER MORD IN DER VIA BELPOGGIO (HRSG.)
DETEKTIV- UND KRIMINALGESCHICHTEN AUS FREMDEN LÄNDERN (2 BÄNDE)
KVW o. Nr., 1964

ANTHONY, EVELYN
Pseudonym von Bridget Patricia Stephens Ward-Thomas (1928–
BITTERER JASMIN
(The Persian ransom, 1975)
HAR 5748, 1980
MEUCHELMORD
(The assassin, 1970)
HAR 5521, 1979
DER SILBERFALKE
(The silver falcon, 1977)
BAR 10424, 1984
WEISSER MOND VON BARBADOS
(The Tamarind seed, 1971)
BAR 10414, 1984

ANTHONY, LEW
DIE TODESSPUR
(Dreadlock, 1981)
PLAY 6145, 1983

ANTONIO, SAN
s. Anhang Serien: San Antonio

ANTOON, BINT
MÄDCHENRAUB IN HAIFA (OA)
PTB 19, 1960

ANTRAK, GUNTER
IM GRIFF DER ANGST
MIV o. Nr., 1983

ANZENGRUBER, LUDWIG (1839–1889)
UNTER SCHWERER ANKLAGE
(Erzählung als Roman bearbeitet von André Mairock, 1961)
BAR 14102, 1980

APESTEGUY, PIERRE
VENUS AUF ABWEGEN
(Les hold-up de Vénus, o. J.)
GK 2010, 1964
VENUS FÄHRT INS WOCHENENDE
(Vénus et le chien secret, o. J.)
GK 1290, 1964
VENUS FLIRTET MIT DEM TOD
(Vénus flirte avec la mort, o. J.)
GK 1148, 1962
VENUS IN TEXAS
(Vénus au Texas, o. J.)
GK 1278, 1964
VENUS RETTET IHREN RUF
(Une fusée pour Vénus, o. J.)
GK 2016, 1964

APON, JAN
EIN GEWISSER MANUEL
(Een zekere Manuel, o. J.)
GK 26, 1953

ARCHER, FRANK
Pseudonym von Richard O'Connor (1915–1975)
Weiteres Pseudonym: Patrick Wayland
GRÜSSE VON HAUS ZU HAUS
(The turquoise spike, 1967)
HK 1327, 1968

ARCHER, JEFFREY (HOWARD) (1940–
ES IST NICHT ALLES GOLD WAS GLÄNZT
(Not a penny more, not a penny less, 1976)
RAR 4462, 1979

ARDAMATSKI, WASSILI
GEFÄHRLICHE MARSCHRICHTUNG
MV 40, 1963

ARD, LEO P.
(Pseudonym)
ROTER LIBANESE
WELT 322, 1984

ARDEN, WILLIAM
Pseudonym von Dennis Lynds (1924–
s. auch *Alfred Hitchcock*
DREI TOTE IN DIESER WOCHE
(Deal in violence, 1969)
HK 1433, 1971
VON KRANZSPENDEN BITTEN WIR ABZUSEHEN
(A dark power, 1968)
HK 1378, 1970

ARDIES, TOM (1931–
DER GROSSE BRUDER KOMMT
(Kosygin is coming, 1974)
SCHE 641, 1978

ARKHAM, CANDACE
Pseudonym von Alice Ramirez
DAS EWIGE BÖSE
(Ancient evil, 1977)
UAR 3371, 1977

ARLEY, CATHERINE (1935–
ABGRUND
(La baie des trepasses, o. J.)
HTH 1180, 1965
NETZ DER VERGELTUNG
(Le tallion, o. J.)
HTH 1165, 1965
TÖDLICHE FATA MORGANA
(La femme de paille, o. J.)
HAR 269, 1963
SEITENSPRUNG INS JENSEITS
(EA-Titel: Keine Tränen, Melfy) (n. e.)
HTH 1231, 1967

ARLISS, JOEN
FLITTERWOCHEN IN TODESANGST
(Shadow over seventh heaven, 1980)
GAS 66, 1981
DER GEIST DER LADY E
(Beloved victim, 1980)
GAS 63, 1981

ARLY, DOMINIQUE
DIE ABSCHEULICHEN
(Les abominables, o. J.)
HEL 17, 1972
DAS UNGEHEUER VON GREEN-CASTLE UND DREI WEITERE ERZÄHLUNGEN
HEL 12, 1972

ARMOUR, JOHN
Pseudonym von Lauran Bosworth Paine (1916–

MÖRDER AN DER ANGEL
(Run with the killer, 1969)
GK 4023, 1970

DER STADIONMÖRDER
(A killer's category, 1973)
GK 4340, 1974

ARMSTRONG, ANTHONY
Pseudonym von George Anthony Armstrong Willis (1897–1976)

MAN FAND IHN AUF DER STRASSE
(He was found in the road, 1952)
UK 769, 1959

SPUREN VON LIPPENSTIFT
(One jump ahead, 1972)
GK 4295, 1973

DAS ZEHN-MINUTEN-ALIBI
(zusammen mit Herbert Shaw)
(Ten minute alibi, 1933)
HCC 1716, 1976

ARMSTRONG, CHARLOTTE (1905–1969)
Pseudonym: Jo Valentine

DER BABYSITTER
(Mischief, 1950)
HTH 1287, 1968

DAS MÄDCHEN UND DAS GEHEIMNIS
(The girl with a secret, 1960)
KKR 60, 1962

EIN MANN FÜR MEINE NICHTE
(Something blue, 1959)
HK 1250, 1967

EIN SCHLUCK GIFT
(A dram of poison, 1956)
KKR 58, 1962

ARNAU, FRANK (1894–1976)

DAS ANDERE GESICHT (1960)
UK 825, 1961; GK 4516, 1976

AUCH SIE KANNTEN FELIX UMBALLER (OA)
LEH 23, 1953

DIE DAME IM CHINCHILLA (OA)
UK 849, 1961; BKEL 37002, 1974

DER GESCHLOSSENE RING (OA)
HK 1052, 1962; GK 4557, 1976

HEISSES PFLASTER – RIO (OA)
UK 763, 1958; GK 4532, 1976

HEROIN AG (OA)
UK 870, 1962; bb 209, 1970; GK 4500, 1975

IM SCHATTEN DER SPHINX (OA)
UK 899, 1962; GK 4508, 1975

JENSEITS ALLER SCHRANKEN (OA)
UK 748, 1958; BKEL 37009, 1975

LAUTLOS WIE SEIN SCHATTEN (OA)
UK 786, 1959; DIE o. Nr., 1971; GK 4540, 1976

DER LETZTE BESUCHER (OA)
UK 800, 1960; BRA 48, 1972; BK 36001, 1977

MIT HEULENDEN SIRENEN (1965)
UK 1081, 1967; GK 4580, 1976

DER MORD WAR EIN REGIEFEHLER (1963)
UK 954, 1964; GK 4572, 1976

MORDKOMMISSION HOLLYWOOD (OA)
UAR 149, 1957; UK 728, 1958; GK 4524, 1976

NUR TOTE ZEUGEN SCHWEIGEN (OA)
UK 777, 1958

PEKARI NR. 7 (OA)
UAR 104, 1956; UK 712, 1957; GK 4492, 1975

DAS RÄTSEL DER MONSTRANZ (OA)
UK 831, 1961

SCHUSS OHNE ECHO
(EA-Titel: Der perfekte Mord, o. J.)
UK 915, 1963

TANGER – NACH MITTERNACHT (OA)
UAR 142, 1957; UK 725, 1958; BKEL 37016, 1975

DAS VERBRANNTE GESICHT (1968)
UK 1219, 1969; BKEL 37006, 1975

VERWANDLUNG UM MITTERNACHT (OA)
HAR 229, 1963

ARNAUD, GEORGES
Pseudonym von Henri Georges Girard (1917–
LOHN DER ANGST
(Le salaire de peur, 1952)
GAR 326, 1954; KOMP 83, 1965; GK 4796, 1978; GA 5452, 1983
KUMMER MIT DER LEICHE
(Substitution, o. J.)
SEPTH 5, 1959
PHANTOM AUS DEM FEUER
(Tel un fantôme, o. J.)
SEPK 6, 1968

ARNO, MARC
TÖDLICHE MITGIFT
(La mort pour dot, o. J.)
SEPK 9, 1968

ARNOLD, ARMIN
KRIMINALGESCHICHTEN AUS DREI JAHRHUNDERTEN (HRSG.)
RES 9919, 1978

ARRIGHI, MEL (1933–
MORD IN BEAT
(Freak out, 1968)
SCHE 354, 1970

ARTHUR, ROBERT (1909–1969)
s. *Alfred Hitchcock*

ARTMANN, H. C. (1921–
DETECTIVE MAGAZINE DER 13 (HRSG.)
DTV 983, 1974

ARVONEN, HELEN
Pseudonym von Margaret Worth
DIE BOTSCHAFT DES STERBENDEN
(A sorrow for angels, 1973)
HRO 1910, 1974
DER SOMMER DES UNHEILS
(The summer of evil, 1965)
HLK 1630, 1975

ASH, WILLIAM (FRANKLIN) (1917–
SPIELBALL DER SPIONE
(Take-off, 1969)
UK 1423, 1971

ASHE, GORDON
Pseudonym von John Creasey (1908–1973)
Weitere Pseudonyme: M. E. Cooke, Norman Deane, Robert Caine Frazer, Patrick Gill, Michael Halliday, Charles Hogarth, Brian Hope, Colin Hughes, Kyle Hunt, Abel Mann, Peter Manton, J. J. Marric, Richard Martin, Rodney Mattheson, Anthony Morton, Jeremy York
EINE HANDVOLL NITRO
(Don't let him kill, 1960)
UK 893, 1962
INSPEKTOR PENFORD TIPPT DANEBEN
(Come home to death, 1958)
UK 873, 1962
ROCK IM ALLEINGANG
(Death in a hurry, 1952)
UK 862, 1962
TOD HOCH IM KURS
(Give me murder, 1947)
UK 936, 1963
TREFFPUNKT PICCADILLY
(Kill or be killed, 1951)
UK 929, 1963

ASHE, ROSALIND
NACHTFALTER
(Moths, 1976)
RAR 4475, 1980

ASHFORD, JEFFREY
Pseudonym von Roderic (Graeme) Jeffries (1926–

Weitere Pseudonyme: Peter Alding, Roderic Graeme, Graham Hastings

ANGLER TOT – PETRI HEIL!
(Murder is suspected, 1977)
SCHE 702, 1979

AUGENZEUGEN MÜSSEN BLIND SEIN
(Forget what you saw, 1967)
SCHE 296, 1968

DIE BESTE POSE
(The murder line, 1974)
SCHE 532, 1976

ECHTES GOLD AUF FALSCHEM KURS
(The C.I.D.-Room, 1967)
SCHE 321, 1969

FLITTERWOCHEN IN GEFAHR
(Three layers of guilt, 1975)
GK 4566, 1976

FREUNDE SIND GEFÄHRLICH
(To protect the guilty, 1970)
SCHE 391, 1972

FÜNF KAMEN AUS LONDON
(Murder among thieves, 1969)
SCHE 384, 1972

GEFÄHRLICHER KLIMAWECHSEL
(Hostage to death, 1977)
GK 4717, 1978

GEGEN ALLE REGELN
(Despite the evidence, 1971)
SCHE 417, 1973

KLEINE STADT IN ANGST
(Ransom town, 1979)
SCHE 793, 1981

KURZER PROZESS
(Investigations are proceeding, 1961)
SCHE 207, 1964

KLÜGER ALS DIE POLIZEI ERLAUBT
(Field of fire, 1973)
SCHE 482, 1975

MEINEID ZU HÖCHSTPREISEN
(Consider the evidence, 1966)
SCHE 274, 1967

MIT ALLEN WASSERN GEWASCHEN
(Circle of danger, 1968)
SCHE 360, 1971

DER MITWISSER
(Guilt without proof, 1970)
SCHE 405, 1972

NOCH 6 TAGE ZU LEBEN
(Six days to death, 1975)
SCHE 644, 1978

DER SCHÄNDER
(The hands of innocence, 1965)
SCHE 267, 1966

DAS SCHERBENGERICHT
(Enquiries are continuing, 1964)
SCHE 254, 1966

DIE TRESOR-FALLE
(Call back to crime, 1972)
SCHE 441, 1974

EIN TRICK FÜR KENNER
(Slow down the world, 1976)
GK 4634, 1977

WIDER BESSERES WISSEN
(Counsel for the defense, 1960)
SCHE 191, 1963

ZEUGEN GESUCHT
(Will anyone who saw the accident, 1963)
SCHE 229, 1965

ASIMOV, ISAAC (1920–

DIE BÖSEN GESCHICHTEN DER SCHWARZEN WITWER (8 STORIES)
(Tales of the black widowers, 1974)
HK 1701, 1976

EXPERIMENT MIT DEM TOD
(A whiff of death; The death dealers, 1958)
SCHE 357, 1970

DIE LETZTE POINTE SCHREIBT DER TOD
(Murder at the ABA, 1976)
SCHE 657, 1978

NEUES VON DEN »SCHWARZEN WITWERN«

(More tales of the »Black widowers«, 1976)
GK 4769, 1978

DIE »SCHWARZEN WITWER« BITTEN ZU TISCH
(Casebook of the »Black Widowers«, 1980)
GK 4922, 1982

SCIENCE-FICTION-KRIMINALGESCHICHTEN
(Asimov's mysteries, 1968)
HSF 3135, 1969

SEITE 13 UND ANDERE GESCHICHTEN AUS DEM UNION CLUB
(The Union Club mysteries, 1983)
GK 4953, 1984

ASTLEY, JULIET
Pseudonym von Norah (Robinson) Lofts (1924–

DAS SCHLOSS DES TODES
(Copsi castle, 1978)
HRO 2041, 1979

STURZ IN DEN ABGRUND
(The fall of Midas, 1975)
HRO 2000, 1977

ATKINSON, HUGH (1923–

MITTEN IM VISIER
(The man in the middle, 1973)
SCHE 475, 1974

ATTA, WINFRIED VAN

DER MANN MIT DER GARTENSCHERE
GK 2026, 1964

EIN SCHECK FÜR MR. TANKINS
GK 2033, 1964

DER TOD ZIEHT BILANZ
GK 4053, 1971

ATWOOD, MARGARET (1939–

DER LANGE TRAUM
(Surffacing, o. J.)
UAR 20139, 1981

VERLETZUNGEN
(Bodily harm, 1981)
KNFL 8015, 1984

AUDEMARS, PIERRE (1909–

DER BITTERE HAUCH DES TODES
(The delicate dust of death, 1973)
HK 1666, 1975

AUDOUARD, YVAN

ANTOINE, DER TUGENDHAFTE
(Le vertueux à tous les vices, 1965)
MIT 440, 1969

ANTOINES LETZTER COUP
(Antoine le vertueux, o. J.)
MIT 557, 1971

ENTFÜHRUNG IN TAHITI
(Le vertueux à Tahiti, o. J.)
MIT 568, 1972

AUF ANHIEB MORD (ANTHOLOGIE)
(12 Kurzkrimis)
Hrsg. Wortgruppe München
RAR 4090, 1977

D'AUREVILLE, JULES-AMADEE BARBEY (1808–1889)

DIE TEUFLISCHEN
(Les diaboliques, 1874)
GAR 744/745, 1961

AVALLONE, MICHAEL (ANGELO, JR.) (1924–
Pseudonyme: Nick Carter, Priscilla Dalton, Mark Dane, Jean-Anne de Pre, Dora Highland, Steve Michaels, Dorothea Nile, Edwina Noone, Sidney Stuart, Max Walker
s. auch *Anhang Serien: Ed Noon*

EIN BETT IN DER LEICHENHALLE
(The case of the bouncing Betty, 1956)
BEN 34015, 1974

DER BOLERO-MÖRDER
(The bedroom Bolero, 1963)
HK 1266, 1967

BLUMENKINDER MORDEN NICHT
(The flower-covered corpse, 1969)
BEN 3, 1973

DOLORES TRICKST DIE PROFIS AUS
(The tall Dolores, 1953)
BEN 34022, 1975

DYNAMIT UND HÄKELDECKCHEN
(Little Miss murder, 1971)
BEN 34010, 1974

DER FALSCHE ENGEL
(The crazy mixed-up corpse, 1957)
BEN 34005, 1973

DAS FALSCHE SPIEL DER ROTEN KITTY
(Dead game, 1954)
BEN 34019, 1974

EINE LADY TICKT FALSCH
(The alarming clock, 1961)
BEN 34017, 1974

DER LOOPING-MÖRDER
(The brutal kook, 1965)
BEN 34007, 1973

DIE LEBENDE BOMBE
(The living bomb, 1963)
BEN 1, 1973

DAS LUDER AUS LONDON
(London, bloody London, 1972)
BEN 34013, 1974

DIE MAGISCHE STRASSE
(Shock corridor, 1963)
HTH 1279, 1967

DIE MODE-MÖRDER
(The fat death, 1966)
BEN 34012, 1974

MORD À LA SHAKESPEARE
(There is something about a dame, 1963)
BEN 34004, 1973

DER MORD-EXPRESS
(The case of the violent virgin, 1957)
BEN 34021, 1975

DIE MORD-MARIONETTE
(Shoot it again, Sam, 1972)
BEN 34016, 1974

DIE NIXEN UND DER NASSE TOD
(Death dives deep, 1971)
BEN 34008, 1973

NOON, ED (SERIENHELD)
s. *Anhang Serien: Ed Noon*

PLAYBOYS STERBEN SCHNELLER
(The horrible man, 1968)
BEN 2, 1973

SATAN IN SAMT
(Violence in velvet, 1956)
BEN 34020, 1975

SCHADE UM DIE SCHÖNE DIVA
(Meanwhile back at the morgue, 1960)
BEN 34011, 1974

SÜSSES LEBEN – SCHNELLER TOD
(The girl in the cockpit, 1972)
BEN 34018, 1974

SOLO FÜR O.N.C.E.L.:
TAUSEND SÄRGE SIND ZUVIEL
(The man from U.N.C.L.E.: The thousand coffins affair, 1965)
HK 1260, 1967

TÖDLICHER STRIP
(Kill her – you'll like it, 1973)
BEN 34024, 1975

DIE WHISKY-FALLE
(The February doll murders, 1966)
BEN 34014, 1974

DER ZAUBER MIT DEN TOTEN PUPPEN
(The Voodoo murders, 1957)
BEN 34006, 1973

ZUM AUFTAKT EINE BOMBE
(Killer's highway, 1969)
BEN 34023, 1975

EIN ZWILLING ZUVIEL
(The splitting image, 1953)
BEN 34009, 1974

AVELINE, CLAUDE (1901–

DER BRIEFMARKENHÄNDLER

(Deutscher EA-Titel: Der Passagier der Linie U)
(L'abonné de la ligne U, 1947)
RAR 5012, 1982

DAS TIGERAUGE
(L'oeil-de-chat, 1970)
RAR 4078, 1977

WAGEN 7, PLATZ 15
(Voiture 7 place 15, 1937)
RAR 5171, 1983

AVENA, ROLF

MORDAFFÄRE MOLITOR
NBR 40, 1961

AWDEJENKO, ALEXANDER

DER FALL CLARK
KOMP 78, 1964

AXELROD, GEORGE (1922–

ERPRESSER
(Blackmailer, 1952)
PAN 27, 1955

AYER, FREDERICK, JR. (1916–1974)

DER FALSCHE ZWILLING
(The man in the mirror, 1965)
PHOE 46, 1968; KK 34, 1981

BAANTJER, A. C.

DE COCK UND DAS TÖDLICHE KOMPLOTT
(De Cock het en dodelijk akkord, 1980)
UK 10178, 1982

DE COCK UND DER ROMANTISCHE MORD
(De Cock en de romance in moord, 1977)
UK 10123, 1981

DE COCK UND DER TANZENDE TOD
(De Cock en de dansende dood, o. J.)
UK 10158, 1982

DE COCK UND DER TOTE HAMPELMANN
(De Cock en de dode harlekijn, o. J.)
UK 10213, 1983

BABBIN, (JACQUELINE) JOSEPHINE

TOD ZUR BESTEN SENDEZEIT
(Prime time corpse, 1972)
GK 4350, 1974

BABSON, MARIAN

ALLE JAHRE WIEDER . . .
(The twelve deaths of Christmas, 1979)
HK 1913, 1980

DAS KLEINE MÄDCHEN UND DER FREMDE MANN
(The Lord Major of death, 1977)
HK 1958, 1977

BACHELIN, ANITA

DIE MASKE DER ANGST
(Mask of death, 1978)
GAS 86, 1983

BACKHAUS, HELMUTH M. (1920–

GEHEIMNIS DES ROTEN LEUCHTTURMS
RAV 417, 1977

BAGBY, GEORGE

Pseudonym von Aaron Marc Stein (1906–
Weiteres Pseudonym: Hampton Stone, s. d.

DIE SCHÖNE GEISEL
(Dirty pool, 1966)
GK 4853, 1979

DER KILLER-BOY VOM CENTRAL PARK
(Killer Boy was here, 1970)
MIT 573, 1972

EIN GOLDFISCH UNTER HAIEN
(Innocent bystander, 1977)
GK 4768, 1978
EHRLICH, FLEISSIG, TOT
(Honest reliable corpse, 1969)
GK 4752, 1978
SECHS FUSS UNTER DER ERDE
(My dead body, 1976)
GK 4697, 1977
DER TOTE NEBEN MIR
(Evil genius, 1961)
GK 4727, 1978
TOTER MIT EMPFEHLUNGSSCHREIBEN
(better dead, 1978)
GK 4864, 1979

BAGLEY, DESMOND (1923–

ATEMLOS
(Flyaway, 1978)
HAR 6081, 1982
BAHAMA-KRISE
(Bahama-Crisis, 1980)
HAR 6253, 1983
BLINDLINGS
(Running blind, 1970)
BAR 17019, 1978
ERDRUTSCH
(Landslide, 1967)
FAR 1283,1972; GAR 6701, 1984
DER FEIND
(The enemy, 1977)
HAR 6296, 1983
DIE GNADENLOSEN
(High Citadel, 1965)
BKAM 34, 1968; HAR 6394, 1984
DER GOLDENE KIEL
(The golden keel, 1963)
BKAM 26, 1968; HAR 6456, 1984
IM SOG DES GRAUENS
(Wyatt's Hurricane, 1966)
RAR 1964, 1976; GAR 6748, 1984
KIDDER
(The tightrope men, 1973)
BAR 17004, 1977
LEBENSLÄNGLICH MIT RÜCKFAHRKARTE
(The freedom trap, 1971)
RAR 1912, 1976
SCHNEETIGER
(The snow tiger, 1975)
BAR 17029, 1977
DIE VERHÄNGNISVOLLE BOTSCHAFT
(The Vivero letter, 1968)
GAR 6714, 1984

BAHR, EDITH-JANE (1926–

DIE SCHRITTE DES UNHEIMLICHEN
(A nice neighborhood, 1973)
HLK 1735, 1977
DER TAG, AN DEM ICH STERBEN SOLLTE
(Help, please, 1975)
HLK 1803, 1978

BAHRE, JENS

DER STUMME RICHTER
DIE 422, 1979

BAILEY, H(ENRY) C(HRISTOPHER) (1878–1961)

7 FÄLLE FÜR MR. FORTUNE
(This is Mr. Fortune, 1938/Mr. Fortune here, 1940)
RTH 2036, 1963

BAKER, CARLOS

VOM HIPPIE, DER DEN KOPF VERLOR
(The gay head conspiracy, 1973)
RTH 2363, 1975

BAKER, (WILLIAM ARTHUR) HOWARD (1925–

Pseudonyme: W. A. Ballinger, William Arthur, Julie Wellsley, Richard Williams, Peter Saxon, s. d.
HEISSER JOB
(The guardians, 1967)
MMV 3, 1968
KAMPF IM ZWIELICHT

(The dirty game, 1967)
PHOE 79, 1970

BAKER, IVON

HEITER DAS LEBEN, TÖDLICH DIE KUNST
(The blood on my sleeve, 1979)
SCHE 907, 1983

MÖRDER MIT GEBRAUCHSANWEISUNG
(Days among the dead, 1971)
GK 4129, 1971

BALDERSON, BO

DER MINISTER UND DER TOD
(Statsradet och döden, o. J.)
KVW o. Nr., 1974

BÁLEK, FRANTIŠEK

VERSCHWÖRUNG DER SCHATTEN
KOMP 251, 1979

BALL, JOHN (DUDLEY, JR.) (1911–

FÜNF STÜCK JADE
(Five pieces of jade, 1972)
UK 1482, 1972

HEISSER MARKT FÜR MORD
(The killing in the market, 1978)
UK 1977, 1979

HEISSER MOND
(In the heat of the night, 1965)
UK 1062, 1966
vgl. *In der Hitze der Nacht*

IN DER HITZE DER NACHT
(In the heat of the night, 1965)
UK 10253, 1984
vgl. *Heißer Mond*

NICHT SCHIESSEN, JOHNNY!
(Johnny get your gun, 1969)
UK 1338, 1970

TOTES ZEBRA ZUGELAUFEN
(The cool cottontail, 1966)
UK 1116, 1967

UNTER DEN AUGEN BUDDHAS
(The eye of Buddha, 1976)
UK 1812, 1977

BALLARD, W(ILLIS) T(ODHUNTER) (1903–

Pseudonyme: P. D. Ballard, Neil MacNeil, John Sheperd

ALLE MEINE WITWEN
(Three for the money, 1963)
UK 1083, 1966

DER DUNKELMANN VON VEGAS
(Dealing out death, 1947)
UK 1256, 1969

FAHRT IN DEN TOD
(The death ride, 1960)
UK 1009, 1965

FEUERWASSER
(Hot dam, 1960)
UK 1061, 1966

GEFÄHRLICHE ERBSCHAFT
(Two guns for hire, 1959)
UK 1025, 1965

HOCHZEITSNACHT IM SARG
(Say yes to murder, 1943)
UK 1363, 1970

IM SCHATTEN DER ANGST
(Walk in fear, 1952)
PAN 25, 1955
vgl. *Kein Trumpf für Tracy*

KEIN TRUMPF FÜR TRACY
(Walk in fear, 1952)
UK 1305, 1970
vgl. *Im Schatten der Angst*

LAUTER NETTE LEUTE
(The spy catchers, 1966)
KEL 1171, 1980
vgl. *Zu scharf für zarte Kehlen*

LIEBE AUF DEN ERSTEN MORD
(Pretty Miss Murder, 1961)
UK 1050, 1966

MÖRDERISCHE STADT
(Third on a seesaw, 1959)
UK 1011, 1965

RUTSCHPARTIE IN MEXIKO

(Mexican slayride, 1962)
UK 1014, 1965

SIEBEN AUF EINEN SCHEICH
(The seven sisters, 1962)
UK 1123, 1967

START FREI FÜR MORD
(Murder can't stop, 1942)
UK 1353, 1970

EIN STROHMANN FÜR DEN HENKER
(Death takes an option, 1958)
UK 1043, 1966

TOD IN GOLDENER ROBE
(Lights, camera, murder, 1961)
UK 1381, 1971

ZU SCHARF FÜR ZARTE KEHLEN
(The spy catchers, 1966)
UK 1157, 1967
vgl. *Lauter nette Leute*

BALLINGER, BILL S(ANBORN) (1912–
Pseudonym: Frederic Freyer, B. X. Sanborn

AM 4. BEGINNT DIE EWIGKEIT
(The fourth of forever, 1963)
HTH 1234, 1967

AUF DEM SIEDEPUNKT
(Beacon in the night, 1958)
PHOE 49, 1968; KK 54, 1981

BIS ZUR LETZTEN CHANCE
(The wife of the red-haired man, 1957)
UK 802, 1960; GK 3047, 1967; NBR 69, 1969

DIE ERBSCHAFTSJÄGER
(The heir hunters, 1966)
GK 3118, 1968

DIE GROSSE ILLUSION
(The tooth and the nail, 1955)
UK 771, 1960; GK 3032, 1967; PBK 16, 1978

DIE HENKERSMAHLZEIT
(Heist me higher, 1969)
BRA 43, 1972

KEINER GING AN IHR VORBEI
(Portrait in smoke, 1950)
HTH 1138, 1964; HK 1542, 1973

DIE LÄNGSTE SEKUNDE
(The longest second, 1957)
HAR 68, 1960; HK 1016, 1960; HK 1510, 1973

LIEBE IST EIN TÖDLICHES SPIEL
(Not I, said the vixen, 1965)
HTH 1211, 1966

REZEPT FÜR EINEN MORD
(Formula for murder, 1958)
GK 3135, 1968

SAFARI IN DIE VERGANGENHEIT
(Source of fear, 1968)
GAB 27, 1969

DIE TOTENSHOW
(The body beautiful, 1949)
SCHE 394, 1972

EIN TALISMAN, DER UNGLÜCK BRINGT
(The body in the bed, 1948)
SCHE 310, 1968

BALLINGER, W. A.
Verlagspseudonym für H. Baker

TROMMELN DER FINSTERNIS
(Drums of the dark Gods, 1966)
HEL 5, 1971

BALLOT, HELMUT

DAS HAUS DER KROKODILE (1971)
DTVJ 7131, 1974

BALZAC, HONORÉ DE (1799–1850)

EINE DUNKLE BEGEBENHEIT (AUS: DIE MENSCHLICHE KOMÖDIE)
(Une ténébreuse affair, 1841)
GAR 1603, 1965

GESCHICHTE DER DREIZEHN (IN: FERRAGUS; GESCHICHTE DER DREIZEHN I UND VORREDE)
(Histoire des treize, 1833–35)
GAR 1803, 1960

DIE ROTE HERBERGE (AUS: DIE MENSCHLICHE KOMÖDIE)
(L'Auberge Rouge, 1842–48)
GAR 2472, 1968; BPH 72011, 1982
vgl. *Das rote Wirtshaus*
DAS ROTE WIRTSHAUS (IN: MYSTISCHE GESCHICHTEN)
(L'Auberge Rouge, 1842–48)
GAR 501, 1958
vgl. *Die rote Herberge*
VATER GORIOT (AUS: DIE MENSCHLICHE KOMÖDIE)
(Le père Goriot, 1834–35)
GAR 984/985, 1963; GKL 526, 1974; GKL 12526, 1975; DIO 20904, 1981

BANKHOFER, HADEMAR (1941–
zusammen mit Fritz Eckhardt
MAREK UND DER FRAUENMORD
BFK 38031, 1977

BANKS, OLIVER (T.)
WENN BILDER TRAUER TRAGEN
(The Rembrandt panel, 1980)
SCHE 875, 1982

BANNISTER, PAT
Pseudonym von Lou Ellen Davis (1936–
DIE AUGENZEUGIN
(Seven votes for death, 1964)
BRA 23, 1970

BANNISTER, WILLIAM
KÄTZCHEN LIEBT DIE HARTE TOUR!
(Counterfeit death, 1967)
BRA 19, 1970
DIE TOUR KENNE ICH
(Portrait of death, 1966)
BRA 16, 1970

BANNON, DON
Pseudonym von Lyle Kenyon Engel
MÖRDER AUF FREIEM FUSS
(Killer at large, 1975)
DOMK 4, 1977

BANNON, PETER
Pseudonym von Paul Durst (1921–
ICH SOLLTE STERBEN
(They want me dead, 1958)
PAN 158, 1960

BARAK, MICHAEL
Pseudonym von Michael Bar-Zohar (1938–
GOLDSPUR
(The Phantom conspiracy, 1980)
BAR 10303, 1983
NICHTS MEHR WIRD SEIN WIE FRÜHER
(Double cross, 1980), BAR 10418, 1984
OPERATION ENIGMA
(The Enigma, 1978)
BAR 10128, 1981

BARBETTE, JAY
Gemeinsames Pseudonym von Betty Coe Spicer und Bart Spicer (1918–, s. d.
DER GRÜNE SCHAL
(The deadly doll, 1958)
UK 866, 1962; GK 3025, 1967
ZWISCHEN DEN ZEILEN
(Look behind you, 1960)
UK 928, 1963; GK 3277, 1970

BARDIN, JOHN FRANKLIN (1916–
Pseudonyme: Douglas Ashe, Gregory Tree
GESTÄNDNIS AUF RATEN
(The last of Philip Banter, 1947)
DTV 1882, 1983

DAS TEUFELSRAD
(The deadly percheron, 1946)
DTV 1878, 1981
DIE BÄRENGRUBE
(Devil take the blue-tail fly, 1948)
DTV 1884, 1983

BARKER, ALBERT (W.) (1900–
BERLINER ORGIEN
(Gift from Berlin, 1969)
PHOE 98, 1971

BARLOW, JAMES (HENRY STANLEY) (1921–
KRONZEUGIN DER HAUPTVERHANDLUNG (TERM OF TRIAL, 1961)
LICH 29, 1963

BARNAIS, GEORGIUS JO
DER TOD IM THEATER
(Mort aux ténors, 1955)
MIT 5, 1958; MOEK 48, 1969

BARNARD, CHRIS
MAHALA
(Mahala, 1971)
BAR 10367, 1984

BARNARD, ROBERT (1936–
EIN TOTENHEMD AUS SCHNEE
(Death in a cold climate, 1980)
SCHE 819, 1981

BARNETT, JAMES
DAS ECHO JENER JAHRE
(The firing squad, 1981)
GLIT 5233, 1982

BARR, CHRISTOPHER
Pseudonym von Hans Gamber
SOLDATO, DER KILLER
KNK 4920, 1981
ZUM STERBEN ZU SCHÖN
KNK 4923, 1981

BARRETT, MICHAEL (JOHN) (1924–
EINE HALBE MILLION PESOS BELOHNUNG
(The reward, 1955)
PAN 110, 1958
HEUTE NACHT IN SACCARRA
(Tonight in Saccarra, 1972)
MIT 649, 1977

BARRON, ANN FORMAN
DIE SCHLANGE IM SCHATTEN
(Serpent in the shadows, 1973)
UAR 3504, 1978
DIE TODGEWEIHTE
(Bride of menace, 1973)
HRO 1939, 1975; XEN 160, 1982

BARRY, JAMES
Pseudonym von Claus Fischer
RENDEZVOUS MIT DEM TOD
PBK 23, 1979
TAGE DER RACHE
PBK 32, 1980

BARRY, JEROME (BENEDICT) (1894–1975)
DAS APPARTEMENTHAUS
(Fall guy, 1960)
GK 1014, 1961
MEINE FRAU WILL MICH VERLASSEN
(Strange relations, 1962)
GK 1189, 1962
SIE KOMMEN NIE ZURÜCK
(Extreme license, 1958)
GK 237, 1960

BARRY, MIKE
Pseudonym von Barry N. Malzberg (1939–
GEFANGEN UND ZUM TOD VERDAMMT
(Wolfskiller Nr. 5)
(Havana Hit, 1974)
NRK 43, 1977

MASSAKER IN MIAMI
(Wolfskiller Nr. 9)
(Miami marauder, 1974)
PBK 19, 1978

MÖRDERISCHE ABRECHNUNG
(Wolfskiller Nr. 6)
(Chicago slaughter, 1975)
PBK 4, 1977

DER RÄCHER RÄUMT IN BOSTON AUF
(Wolfskiller Nr. 3)
(Boston avenger, 1973)
NRK 38, 1976

RATTENJAGD
(Wolfskiller Nr. 1)
(Night raider, 1973)
NRK 32, 1976

RÜCKFAHRKARTE AUS BLEI
(Wolfskiller Nr. 7)
(Peruvian nightmare, 1974)
PBK 12, 1978

SHOWDOWN IN HARLEM
(Wolfskiller Nr. 10)
(Harlem showdown, 1975)
PBK 26, 1979

STADT DER TODESENGEL
(Wolfskiller Nr. 8)
(Los Angeles holocaust, 1974)
PBK 14, 1978

TÖDLICHE SPIELE
(Wolfskiller Nr. 4)
(Desert stalker, 1974)
NRK 40, 1976

TREIBJAGD IN FRISCO
(Wolfskiller Nr. 2)
(Bay prowler, 1973)
NRK 36, 1976

BARTH, RICHARD (1943–

DIAMANTEN IN NACHBARS GARTEN
(A ragged plot, 1981)
SCHE 956, 1984

PROFIJOB FÜR EINE ALTE DAME
(The rag bag Clan, 1978)
SCHE 788, 1981

BARTSCH, RUDOLF (1929–

DER MANN, DER ÜBER DEN HÜGEL STEIGT (1972)
DIE 230, 1975

BASTIAN, HORST

DIE BRUT DER SCHÖNEN SEELE (1976)
DIE 302, 1976
vgl. *Das Märchen vom Prinzen im Rollstuhl (1976)*

DAS MÄRCHEN VOM PRINZEN IM ROLLSTUHL (1976)
RTH 2574, 1981
vgl. *Die Brut der schönen Seele*

NICHT JEDEN TAG IST BEERDIGUNG (1980)
RTH 2615, 1982

BATCHELOR, REG

Pseudonym von Lauran Bosworth Paine (1916–; s. d.

JAGD AUF DRAHTZIEHER
(Murderer's row, 1970)
GK 4135, 1972

DER REBELL VON RUIDOSO
(The time of assassins, 1969)
GAB 56, 1972

SKANDAL IN FOREST HILL
(The triangle murder, 1973)
GK 4383, 1974

DER TOTE IM TEICH
(The murder game, 1970)
GK 4088, 1971

BAUDOUY, M. A.

DER FALL CARNAC
(Mystere à Carnac, 1962)
RAV 169, 1970

BAUMAN, CAROLYN (BUSEY)

DAS GEHEIMNIS DER BLAUEN BRIEFE
(The secret of Hoverly House, 1966)
HRO 1881, 1972

(A parade of cockeyed creatures, or did someone murder our wandering boy?, 1967)
RTH 2197, 1970

BAUMGARTEN, HARALD
DIE UNSICHTBARE MACHT
BL 5, 1962

BAUMRUCKER, GERHARD (1929–
DREI NAMEN (OA)
GDA 5627, 1983
MORD IM APRIL (OA)
GK 3240, 1970
MÜNCHNER ROULETTE (OA)
GK 4373, 1974
SCHWABINGER NÄCHTE (OA)
GK 2003, 1964
SKANDAL (OA)
GK 4130, 1971
TÖDLICHES RENDEZVOUS (OA)
GK 2087, 1965
DIE WEISE VON LIEBE UND MORD (OA)
GDA 5612, 1981

BAWDEN, NINA
Pseudonym von Nina Mary Mabey Kark (1925–
BEI GEFAHR DREIMAL KLOPFEN
(A handful of thieves, 1967)
HJU 179, 1979
VERHÄNGNISVOLLES SCHWEIGEN
(The solitary child, 1956)
UK 789, 1960

BAXT, GEORGE (1923–
EIN BRIEF AN SAPPHO
(Burning Sappho, 1972)
RTH 2317, 1974
FLIRT MIT SCOTLAND YARD
(The affair at Royalties, 1971)
RTH 2282, 1973
»ICH!« SAGTE DER DÄMON
(I! said the demon, 1969)
RTH 2219, 1971
KEIN ORPHEUS FÜR DIE UNTERWELT

BAYLEY, VIOLA
ABENTEUER AUF JERSEY
(Jersey adventure, 1969)
GJU 178, 1977
ABENTEUER IM LIBANON
(Lebanon adventure, 1962)
UEB 211, 1970
ABENTEUER IN GRIECHENLAND
(Greek adventure, 1972)
RAV 432, 1978
ABENTEUER IN ITALIEN
(Italian adventure, 1964)
UEB 204, 1969; GJU 171, 1976
ABENTEUER IN PARIS
(Paris adventure, 1962)
UEB 220, 1971
ABENTEUER IN WALES
(Welsh adventure, 1967)
RAV 240, 1972
KARIBISCHES ABENTEUER
(Caribbean adventure, o. J.)
GJU 181, 1977
SCHATTEN ÜBER PENDERWICK
(The shadow on the wall, 1964)
RAV 53, 1965
DIE SCHWARZE LATERNE
(The dark lantern, 1965)
RAV 107, 1967

BAZAL, JEAN
DAS HOTEL IN SAINT-TROPEZ
(Le diamant de la bourride, o. J.)
GK 2070, 1965

BAZNA, ELYESA
ICH WAR CICERO (1964)
(aufgezeichnet von Heinz Nogly)
HAR 5272, 1976

BEARE, GEORGE
DAS GEHEIMNIS DER SCHLANGE
(The snake in the grave, 1973)
GK 4314, 1973
DIE TEUERSTE ROSE
(Prey!, 1978)
GK 4843, 1979

BEATY, (ARTHUR) DAVID (1919–
Pseudonym: Paul Stanton
FLUCHT AUS KAJANDI
(Excellency, 1977)
GAR 6302, 1981
SIRENENGESANG
(The siren song, 1964)
HAR 499, 1967; GAR 3712, 1979
TESTFLUG
(The proving flight, 1956)
UAR 365, 1962
UM HAARESBREITE
(Wind off the sea, 1962)
GAR 3460, 1977
VORORTZUG
(Electric train, 1975)
BEST 11121, 1978
ZONE DES SCHWEIGENS
(Cone of silence, 1959)
UAR 459, 1964; GAR 3852, 1979

BECK, HEINZ (1920–
TREFFPUNKT MITTELKELLER
KOMP 260, 1980

BECKER, ALEXANDRA (1925–
s. *Becker, Rolf und Alexandra*

BECKER, JENS
EINE SÜNDE ZUVIEL
HAR 460, 1966

BECKER, ROLF (1923–) und ALEXANDRA (1925–
DICKIE, DICK, DICKENS (1959)
HAR 164, 1962
DICKIE GIBT KEIN FERSENGELD (1961)
HAR 251, 1963
FRACHTGUT FÜR DIE HÖLLE (1968)
BK 36014, 1978
GESTATTEN, MEIN NAME IST COX (1960)
SM 14, 1960; BK 36004, 1977
MORD AUF GEPÄCKSCHEIN 3311
(Gestatten, mein Name ist Cox – 2)
SM 67, 1962; BK 36009, 1978
RENDEZVOUS MIT MEINEM MÖRDER
BKEL 37032, 1977

BECKER, STEPHEN (DAVID) (1927–
MIT DEM TOD EINEN BUND
(A covenant with death, 1964)
BKAM 120, 1971; BAR 14016, 1974; KNAR 494, 1977

BECKER-RIEPEN, O. ROLF
LEICHTE BEUTE
SCHE 355, 1970

BECKMAN, GUNNEL
GEHEIMNIS UM DAS BLAUE MÄDCHEN
(Misstänkt, 1965)
ARE 1423, 1982

BEECHING, JACK (1922–
DAS DAKOTA-PROJEKT
(The Dacota Project, 1968)
RTH 2324, 1974; RTH 2633, 1983
DIE MACHT UND DIE GRAUSAMKEIT
(Death of a terrorist, 1981)
RTH 2654, 1983

BEER, OTTO F. (1910–
ICH, RODOLFO, DER MAGIER (1965)
DTV 1862, 1980

BEETZ, DIETMAR
Pseudonym von Dieter Beetz (1939–

MORD AM HIRSCHLACHUFER (OA)
GREI o. Nr., 1982

BEHAN, BRENDAN (1923–1964)
DER SPANNER
(The scarperer, 1965)
DTV 521, 1968; BKEL 37007, 1975; FAR 8107, 1984

BELING, CLAUS
KAMPEN SUCHT UND FINDET MEHR (OA)
HK 2103, 1984
MEDIZIN FÜR DEN TOD (OA)
HK 2068, 1983

BELL, I. C.
WIE STIRBT MAN IN ROM? (OA)
GK 2123, 1965

BELL, JOSEPHINE
Pseudonym von Doris Bell Collier Ball (1897–
ALTE LADYS MORDEN NICHT
(Victim, 1975)
GK 4591, 1976
AUTOPANNE IN FULHAM
(A flat tyre in fulham, 1963)
MIT 250, 1965
HEXENJAGD
(The upfold witch, 1964)
MIT 271, 1966
IN DUNKLEN KREISEN
(No escape, 1965)
MIT 315, 1966
MIT DEM TOD UNTERWEGS
(Adventure with crime, 1962)
MIT 231, 1965
MORD AUF DER PRIVATSTATION
(The trouble in hunter ward, 1976)
GK 4619, 1977
TÄUBCHEN UNTER WILDEN KATZEN
(A pigeon among the cats, 1974)
GK 4399, 1974
DIE TODESREISE
(The catalyst, 1966)
HLK 1675, 1975
EIN ZWILLING STIRBT SELTEN ALLEIN
(Double doom, 1957)
RTH 2064, 1965

BELLAIRS, GEORGE
Pseudonym von Harold Blundell (1902–
MORD MIT KLEINE FEHLERN
(Murder makes mistakes, 1958)
PAN 189, 1961
SKELETT IN DER WILDNIS
(Bones in the wilderness, 1959)
PAN 195, 1962
SPÄTE RACHE
(Death in the fearful night, 1960)
PAN 194, 1961
TOTENGLOCKEN FÜR SIR MARTIN
(Toll the bell for murder, 1959)
PAN 167, 1960

BELLAIRS, JOHN
DAS HAUS, DAS TICKTE
(The house with a clock in its walls, 1973)
DIO 131 = 20368, 1977

BENCHLEY, NATHANIEL (GODDARD) (1915–
DER MOND DES JÄGERS
(The hunters moon, 1972)
GK 4405, 1974

BEN-GAVRIÊL, M. Y. (1891–1965)
DIE SIEBEN EINFÄLLE DER THAMAR DOR
(1962)
FAR 1018, 1969

BENNETT, DOROTHEA
Pseudonym von Dorothea Bennett Young (1924–
ENDSTATION HÖLLE

(The jigsaw man, 1976)
SCHE 654, 1978

BENNETT, DOROTHY

DIE FOLTER
(The chaos makers, 1968)
PHOE 97, 1971; KK 80, 1982

BENNETT, JAY (1912–

Pseudonym: Steve Rand

ALLES GUTE FÜR DEN MÖRDER
(The birthday murderer, 1977)
UK 1921, 1978

EINES VON DIESEN MÄDCHEN
(Death is a silent room, 1965)
GK 2224, 1966

DAS GEHEIMNIS DER STATUETTE
(The killing tree, 1972)
HK 1876, 1980

INS EIGENE VERDERBEN
(Catacombs, 1959)
MIT 153, 1963

DER LANGE SCHWARZE MANTEL/AUGENZEUGE
(The long black coat/The dangling witness, 1973/1974)
UK 10087, 1981

TOD IN DEN KULISSEN
(Shadows offstage, 1974)
HK 1954, 1979

BENNETT, MARGOT (1912–

EINER BLIEB ZURÜCK
(The man who didn't fly, 1955)
UK 10162, 1982

JEMAND AUS DER VERGANGENHEIT
(Someone from the past, 1958)
UK 10174, 1982

SCHATTEN UM DEN KÖNIG
(Farewell Crown and goodbye King, 1953)
UK 10217, 1983

... UND PLÖTZLICH WAR SIE WITWE
(The widow of Bath, 1952)
UK 10142, 1982

BENNETT, W(ILLIAM) R(OBERT) (1921–

IM LIBANON WARTEN DIE MÖRDER
(Dossier on a Mantis, 1972)
MIT 633, 1973

BENSON, BEN(JAMIN) (1915–1959)

ALLE HABEN ANGST
(The girl in the cage, 1954)
GK 1016, 1961

ALLES IN EINER NACHT
(The huntress is dead, 1960)
GK 1116, 1962

ANHALTEN!
(The running man, 1957)
GK 1067, 1961

DAME MIT VERGANGENHEIT (2 ERZÄHLUNGEN) (The frightened ladies, 1960), GK 3296, 1970

DAS CHINESISCHE PFERD
(Beware the pale horse, 1951)
GK 1009, 1961

GEFÜHL IST UNMODERN
(The silver cobweb, 1955)
GK 1023, 1961

LOCKVOGEL IN SEIDE
(Target in Taffeta, 1953)
GK 250, 1960; GK 4372, 1974

DIE PARTIE STEHT UNENTSCHIEDEN
(Stamped for murder, 1952)
GK 1019, 1969

DAS PULVERFASS
(The black mirror, 1957)
GK 2151, 1966

REICHE LEUTE DÜRFEN ALLES
(Alibi at dusk, 1951)
GK 1028, 1961

REVOLTE IM ZUCHTHAUS
(The ninth hour, 1956)
GK 289, 1961; GK 4318, 1973; GK

4757, 1978
SEX IN SCHWARZ
(The blonde in black, 1958)
GK 2164, 1965; GK 4436, 1975
SIE LIEBTE DAS LEBEN
(Lily in her coffin, 1952)
GK 1041, 1961; GK 4348, 1974
SIEBEN SCHRITT NACH OSTEN
(Seven steps east, 1959)
GK 1080, 1962
DER SPECK IN DER FALLE
(The affair of the exotic dancer, 1958)
GK 3259, 1970; GK 4468, 1975
DER TICKENDE TOD
(The burning fuse, 1954)
GK 1001, 1961
WAS WILL SIE?
(The Venus death, 1953)
GK 1099, 1962
ZENTRALE RUFT WAGEN 28
(Broken shield, 1955)
GK 1034, 1961
VIER STUNDEN FEHLEN
(The end of violence, 1959)
GK 1087, 1962

BENTLEY, E(DMUND) C(LERIHEW) (1875–1956)
TRENTS LETZTER FALL
(Trent's last case, 1913)
UK 764, 1959; HCC 1423, 1970; HCC 1815, 1978

BENTON, KENNETH (CARTER) (1909–
EIN FRESSEN FÜR DEN JAGUAR
(Craig and the Jaguar, 1973)
UK 10008, 1979

BENTZ, HANS G. (1902–1968)
DAS FREMDE GESICHT (1969)
HAR 5072, 1974
KRIMINALDIREKTOR TÜRKS SCHWERSTER FALL (1964)
HAR 5102, 1974
SCHNELLER ALS DER TOD (1964)
HAR 5232, 1975

BÉRARD, MARGOT
DAS GEHEIMNIS VON CROW'S INN (OA)
GAS 77, 1982
DAS HAUS DER KOLIBRIS (OA)
GAS 10, 1977
LEBEN AUS ZWEITER HAND (OA)
GAS 79, 1983

BERCKMAN, EVELYN (DOMENICA) 1900–1978)
ANGELA SUCHT IHRE VERGANGENHEIT
(Blind girl's buff, 1962)
MOEA 90, 1970
AUS REINER BOSHEIT
(A simple case of ill-will, 1965)
GK 4299, 1973
DAS GEHEIMNIS JENER NACHT
(The fourth man on the rope, 1972)
HLK 1588, 1974
LEISE GEHT DER TOD UMS HAUS
(No known grave, 1958)
HK 1370, 1969
DIE SCHRULLEN DER ALTEN LADY
(Nightmare chase, 1975)
GK 4571, 1976
SIE HAT ES SO GEWOLLT
(She asked for it, 1969)
GK 4253, 1973
EIN ALBUM AUS ALTER ZEIT
(The Victorian album, 1973)
HRO 1959, 1976
SKRUPELLOS
(Do you know this voice?, 1960)
LICH 42, 1963; HTH 1284, 1968
DER TEUFLISCHE KREIS
(Stalemate, 1966), HTH 1291, 1968
WARTE NUR BALDE
(Wait, 1973)
GK 4305, 1973

BERGER, KARL HEINZ (1928–

GESCHÄFTSRISIKO (OA)
DIE 524, 1982

GETÜNCHTE GRÄBER (OA)
DIE 316, 1977
vgl. *Vergangenheit geteilt durch drei*

PREMIERE IN N. (OA)
DIE 430, 1980

WEIN FÜR EHRENWERTE MÄNNER (OA)
DIE 379, 1972

VERGANGENHEIT GETEILT DURCH DREI
RTH 2658, 1983
vgl. *Getünchte Gräber*

BERGER, THOMAS (LOUIS) (1924–

KILLING TIME ODER DIE ART ZU TÖTEN
(Killing time, 1967)
FAR 1295, 1972

BERGIUS, C. C. (1910–

DER AGENT
(Sand in Gottes Mühlen I)
HAR 5224, 1976

ENTSCHEIDUNG AUF MALLORCA
EA-Titel: Bluejeans und Petticoats. Ein Sommer auf Mallorca. (Vom Autor überarbeitete Ausg.)
GAR 3672, 1978

DER FÄLSCHER
HAR 5002, 1973; GAR 3751, 1979

LA BARONESSA
HAR 5797, 1981

DER REBELL
(Sand in Gottes Mühlen II)
HAR 5258, 1976

ROTER LAMPION
HAR 5047, 1973; GAR 6637, 1983

SCHAKALE GOTTES
GAR 3863, 1980

BERKELEY, ANTHONY
Pseudonym von A(nthony) B(erkeley) Cox (1893–1970)
Weiteres Pseudonym: Francis Iles, s. d.

GALGENVÖGEL
(Jumping Jenny, 1933)
UK 780, 1959; HCC 1692, 1976

DER KELLERMORD
(Murder in the basement, 1932)
HCC 1871, 1979

DER MORD UNTER DEM DACH
(Top storey murder, 1931)
HCC 1539, 1973

DIE VERGIFTETEN PRALINEN
(The poisoned chocolates case, 1929)
RTH 2019, 1962; HCC 1574, 1974

DER VERSCHENKTE MORD
(Trial and error, 1937)
HCC 1480, 1972

BERNA, PAUL

DAS PFERD OHNE KOPF
(Le cheval sans tête, 1955)
RAV 91, 1972

BERNANOS, GEORGES (1888–1948)

EIN VERBRECHEN
(Un crime, 1935)
UAR 179, 1958; DTV 213, 1964

BERNDORFF, HANS RUDOLF

DU SPIELST GEFÄHRLICH, WEISSE FRAU!
LEH 10, 1953

BERNHARDT, HORST

DER TEMPEL DER VERGELTUNG
NBR 4, 1953

BERNHEIM, NICOLE-LISE
zusammen mit Mireille Cardot

DIE RÄCHERINNEN VON PARIS

(Personne ne m'aime, romance policière, 1978)
FRO o. Nr., 1980

BERRY, ROLAND
s. *Anhang Serien:*
KOMMISSAR WILTONS KRIMINALBERICHTE;
Autor folgender Nummern: 1, 4, 7, 10, 12, 13, 16, 19, 22, 25, 28, 32, 35, 38, 41, 44

BERTHEL, WERNER (HRSG.)
DIE GROSSEN DETEKTIVE (I)
(Detektiv-Stories)
IT 101, 1975
DIE GROSSEN DETEKTIVE (II)
(Detektiv-Stories)
IT 368, 1980

BERTHOLD, WILL (1924–
DIE EHRENWERTEN DIEBE
HAR 5838, 1981
DIE HAUT AM MARKT (1961)
BAR 14073, 1978
HEISSES GELD
GAR 6540, 1983
HÖLLE AM HIMMEL (1978)
HAR 5452, 1978
DER KRIEG, DER NIE ZU ENDE GING
MTB 2110, 1981
DIE NACHT DER SCHAKALE (1981)
HAR 6034, 1982
NACHTS, WENN DER TEUFEL KAM (1959)
HAR 391, 1965; HAR 5690, 1980
SPION FÜR DEUTSCHLAND (1956)
HAR 5595, 1979

BERTL, SIEGFRIED (1933–
DIE BAR IN LONDON (OA)
GK 1266, 1964
SIEGESTOR 0 UHR 20 (OA)
GK 2085, 1965
DIE BERÜHMTESTEN DETEKTIVE DER WELT (SECHS KRIMINALFÄLLE)
RAV 300, 1974

BESUGLOW, ANATOLI
zusammen mit Juri Klarow
DER MORD AM BAHNDAMM (1972)
PRO, 1981

BETTERIDGE, DON
Pseudonym von Bernard (Charles) Newmann (1897–1968)
SPION IM NETZ
(Spy counter-spy, 1953)
KRA 11, 1955

BEVERLY, EDGAR
(Pseudonym)
SIR BASILS TEEROSEN
GK 74, 1955

BIALOT, JOSÉPH
DIE KINDERBANDE
(Le salon du prêt-à-saigner, 1978)
HK 1940, 1981
SIGMUND FRED ANTWORTET NICHT MEHR
(Sigmund Fred ne répond plus!, 1982)
HK 2085, 1984

BICKEL, ALICE (1925–
Pseudonym: Sandra King
ARGUSAUGE SUCHT AJAX (1971)
RAV 490, 1978
GEHEIMNISSE UM LA LUZ (1969)
GAR 3301, 1973
IN SACHEN DORNBUSCH (1971)
KAL 105, 1976
DAS VERSTECK IM FUCHSHOLZ (1977)
SCHN 146, 1978

BICKERS, RICHARD (LESLIE) TOWNSHEND (1917–
Pseudonym: David Richards

FUTTER FÜR DEN HAI
(Maraskar Bound, 1969)
GK 3248, 1970

BICKERTON, DEREK (1926–
MORD AM ZAHLTAG
(Payroll, 1959)
HK 1086, 1963

BIEBER, HORST (1942–
SACKGASSE (OA)
RTH 2598, 1982

BIEBRICHER, ROLF (1931–
DIE BEWUSSTE GESCHICHTE (OA)
GDA 5622, 1982
MORD! SCHAUPLATZ ZÜRICH (OA)
GK 1265, 1963
SCHADE, DASS SIE EINE LEICHE IST (OA)
GDA 5645, 1984

BIELER, MANFRED (1934–
DER PASSAGIER
DTV 10236, 1984

BIERCE, AMBROSE (GWINNETT)
(1842–Todesdatum unbekannt; nach 1912)
AN OCCURRENCE AT OWL CREEK BRIDGE AND OTHER STORIES
(Ein Vorfall an der Eulenfluß-Brücke und andere Erzählungen)
DTVZ 9157, 1979
MEIN LIEBSLINGSMORD
(Erzählungen)
IT 39, 1973
ZWISCHENFALL AUF DER EULENFLUSS-BRÜCKE
(Erzählungen)
REL 311, 1966
DER GNADENSTOSS
(Geschichten des Grauens)
RKL 184, 1962
DER MÖNCH UND DIE HENKERSTOCHTER
(18 Stories)
(The Monk and the hangman's daughter, 1968)
DTV 722, 1970; DTV 1863, 1970
DIE SPOTTDROSSEL
Auswahl aus: (The collected writing of A. B., 1946 und 1960)
DIO 106 = 20234, 1976

BIERNATH, HORST
DER TOD DES ZAUBERERS
UAR 3474, 1978

BIGGERS, EARL DERR (1884–1933)
CHARLIE CHAN MACHT WEITER
(Charlie Chan carries on, 1930)
HCC 2078, 1984
CHARLIE CHAN UND DAS SCHWARZE KAMEL
(The black camel, 1929)
HCC 2008, 1982
CHARLIE CHAN UND DER CHINESISCHE PAPAGEI
(The chinese parrot, 1926)
HCC 1952, 1981
vgl. *Der chinesische Papagei*
CHARLIE CHAN UND DIE VERSCHWUNDENEN DAMEN
(Behind that curtain, 1928)
HCC 2020, 1983
vgl. *Hinter jenem Vorhang*
CHARLIE CHAN VOR VERSCHLOSSENEN TÜREN
(The keeper of the keys, 1932)
HCC 2056, 1983
DER CHINESISCHE PAPAGEI
(The chinese parrot, 1926)
GK 125, 1957
vgl. *Charlie Chan und der chinesische Papagei*
DAS HAUS OHNE SCHLÜSSEL
(The house without a key, 1925)

AMS 7, 1953; GK 87, 1956; HCC 1534, 1973; HCC 1863, 1979

HINTER JENEM VORHANG
(Behind that curtain, 1928)
AMS 3, 1953; GK 84, 1956
vgl. *Charlie Chan und die verschwundenen Damen*

BINGHAM, JOHN (MICHAEL WARD) (1908–

BROCK
(Brock, 1981)
RTH 2632, 1983

DER DOPPELAGENT
(The double agent, 1966)
RTH 2143, 1968

DIE DRITTE HAUT
(The third skin, 1954)
RTH 2339, 1975

ES BRENNT IN DER PATON STREET
(The Paton Street case, 1955)
RTH 2034, 1963; RTH 2651, 1983

FINALE IN NORWEGEN
(Night's black agent, 1961)
GK 1152, 1962

FÜNF KURVEN IN DEN HIMMEL
(Five roundabouts to heaven, 1953)
GK 4403, 1974

GEIER IN DER SONNE
(Vulture in the sun, 1971)
RTH 2288, 1973

DIE HOCHZEITSNACHT ERLEBST DU NICHT
(The Marriage Bureau murders, 1977)
RTH 2473, 1979

DES LIEBEN GOTTES DESERTEUER
(God's defector, 1976)
RTH 2443, 1978

MARION
(Marion, 1957)
RTH 2002, 1961; RTH 2247, 1972

DER SECHSTE PLAN
(Murder plan six, 1958)
RTH 2080, 1965; RTH 2405, 1977

WARUM HABEN SIE GELOGEN, SIR?
(My name is Michael Sibley, 1952)
RTH 2024, 1963; RTH 2380, 1976

WARUM SAGEN SIE DAS JETZT ERST, SIR?
(I love, I kill, 1968)
RTH 2198, 1970

WO SIND DIE BEWEISE, SIR?
(A fragment of fear, 1965)
RTH 2112, 1967; RTH 2502, 1979

BINGHAM, ROGER
s. *Hawkey, Raymond*

BIRD, AL
(Pseudonym)

SOLO FÜR ZWEI SCHARFE BEINE
(Murder so real, 1978)
SCHE 745, 1980

BIRD, KENNETH (1916–
Pseudonym: Peter Bloxham

TRAUERMARSCH FÜR LYDIA
(The rainbow coloured hearse, 1970)
GK 4111, 1971

BIRKLEY, DOLAN
Pseudonym von (Julia Clara Catharine) Dolores (Birk Olson) Hitchens (1907–1972)

DAS MÄDCHEN VON NEBENAN
(The unloved, 1965)
GK 2290, 1967

BIRKNER, FRIEDE
Pseudonym von Frieda Stein, geb. Courths (1841–1985)

DER PANTOFFEL IN DER DACHRINNE
BAR 14086, 1980

BISHOP, JIM
(Pseudonym)

zusammen mit Richard H. Hoffmann

MORDFALL APPLEGATE
ATR 17, 1957

BISHOP, SHEILA (GLENCAIRN)

DAS TAGEBUCH DES TODES
(Long summer shadows, 1978)
HRO 2054, 1980

BLACK, DAVID

TOTES MÄDCHEN NUMMER 8
(The strangler, 1974)
NRK 19, 1975

BLACK, GAVIN
Pseudonym von Oswald (Morris) Wynd (1913–

BITTERER TEE
(The bitter tea, 1972)
MIT 660, 1974

EINEN DRACHEN ZUM FEST
(A dragon for Christmas, 1963)
MIT 304, 1966

MORD IN DER NEUJAHRSNACHT
(The eyes around me, 1964)
MIT 314, 1966

PIRATEN IN MALAYSIA
(A time for pirates, 1971)
MIT 620, 1973

WILLST DU STERBEN, JOHNNY?
(You want to die, Johnny?, 1966)
MIT 354, 1967

BLACK, IAN STUART (1915–

OHNE GNADE GEJAGT
(The high bright sun, 1962)
MIT 206, 1964; PKE 343, 1968

BLACK, LAURA

DAS GEHEIMNIS VON SCHLOSS GLENDRACO
(Glendraco, 1977)
RAR 4750, 1981

BLACK, LIONEL
Pseudonym von Dudley Barker (1910–
Weiteres Pseudonym: Anthony Matthews

DIE FULHAM-BANDE
(Swinging murder, 1969)
MIT 535, 1971

DAS LEERE BLATT
(Chance to die, 1965)
MIT 361, 1967

DER LOCKVOGEL
(The bait, 1966)
MIT 337, 1967

DIE NACKTE GEISEL
(Ransom for a nude, 1972)
UK 1531, 1973

DER SCHNELLE TOD DES PETER W.
(The life and death of Peter Ward, 1973)
UK 1615, 1974

SEUCHENALARM IN SOHO
(Outbreak, 1968)
UK 1289/*1290*, 1969

DIE STRAFEXPEDITION
(Arafat is next!, 1975)
UK 1711, 1975

TOD IM GLASHAUS
(Death has green fingers, 1971)
UK 1436, 1971

TOD IN VERONA
(Two Ladies in Verona, 1967)
MIT 375, 1968

TRAUTES HEIM MIT DYNAMIT
(The foursome, 1978)
UK 1934, 1978

TRIMM DICH FÜR DEN SIEG
(A healthy way to die, 1976)
UK 1753, 1976

BLACKBURN, JOHN (FENWICK) (1923–

DAS GRAUEN VOR DER TÜR
(A ring of roses, 1965)

MIT 324, 1967

DER MANN AUS PERU

(The young man from Lima, 1968)
MIT 438, 1969

DIE NACHTMENSCHEN VON DUNSTONHOLME

(Children of the night, 1960)
UK *1299*/1300, 1970

NICHTS ALS SCHWARZE NACHT

(Nothing but the night, 1968)
MIT 465, 1970

BLACKMON, ANITA (1893–

ADELAIDE LÄSST NICHT LOCKER

am. T. (Murder à la Richelieu, 1937)
engl. T. (Hotel Richelieu, 1939)
SM 122, 1963

BLACKMORE, JANE

JUGENDLIEBE

(Return to love, 1964)
XEN 139, 1981

DER LETZTE COUP

(Bitter honey, 1960)
HLK 1578, 1974

BLACKSTOCK, CHARITY

Pseudonym von Ursula Torday (1888–
Weiteres Pseudonym: Paula Allardyce

MISS FENNYS FREUNDE

engl. T. (Miss Fenny, 1957)
am. T. (The woman in the woods, 1958)
HK 1067, 1962; WKR 4, 1974

BLAGOWIDOW, GEORGE (1923–

IM NETZ

(The last train from Berlin, 1977)
GAR 6555, 1983

BLAISDELL, ANNE

Pseudonym von (Barbara) Elizabeth Linington (1921–

MIT BLUT GESCHRIEBEN

(Nightmare, 1961)
GK 1143, 1962

BLAKE, NICHOLAS

Pseudonym von Cecil Day-Lewis (1904–1972)

DAS BIEST

(The beast must die, 1938)
UK 783, 1959; GK 3069, 1968; GK 4889, 1980

EIN ENGEL SOLL STERBEN

(The sad variety, 1964)
GK 2293, 1967

DER GEDULDIGE MÖRDER

(Thou shell of death, 1963)
RTH 2042, 1964

DER MORGEN NACH DEM TOD

(The morning after death, 1966)
GK 3276, 1970; GLIT 5217, 1980

EIN PATRIARCH VERSCHWINDET

(The worm of death, 1961)
RTH 2049, 1964

SCHLUSS DES KAPITELS

(End of chapter, 1957)
RTH 2006, 1962

SCHUSS INS UNGEWISSE

(15 Kurzgeschichten von Nicholas Blake u. a.)
SCHE 403, 1972
vgl. *Der Kommissar empfiehlt*

SCOTLAND YARD REIST MIT

(The widow's cruise, 1959)
GK 2252, 1966

STIMMEN IM ZWIELICHT

(Whisper in the gloom, 1954)
RTH 2020, 1963

TAT AUF TAT

(There's trouble brewing, 1937)
GK 3159, 1969

DER TOTENVOGEL

(The deadly Joker, 1963)
SCHE 259, 1966

BLANC, SUZANNE (1915–

BLEIB WEG, WENN SIE PUTSCHEN
(The rose window, 1967)
RTH 2156, 1968

DIE GELBE VILLA
(The yellow villa, 1964)
RTH 2088, 1966

DER GRÜNE EDELSTEIN
(The green stone, 1961)
RTH 2043, 1964

DIE TOTE IN HONGKONG
(The sea troll, 1969)
RTH 2267, 1973

BLANKENSHIP, WILLIAM D(OUGLAS) (1934–

GROSSES GELD MIT TRAUERRAND
(The Leavenworth irregulars, 1974)
SCHE 676, 1978

TOD EINER UNWICHTIGEN PERSON
(The Helix file, 1972)
PBK 6, 1977

DER VERSCHLÜSSELTE MANN
(The programmed man, 1973)
SCHE 549, 1976

BLASIS, CELESTE DE (1946–

DER GEHEIMNISVOLLE SMARAGD
(Suffer a sea change, 1976)
FAR 2496, 1981

BLEECK, G. C.

EINE UNZUFRIEDENE BLONDINE
(Discontented Blonde, o. J.)
PAN 178, 1960

BLEECK, OLIVER

Pseudonym von Ross Thomas (1926–

BONBONS AUS BLEI
(The brass go-between, 1969)
UK 1316, 1970

KOPFPREIS EINE MILLION
(Protocol for a kidnapping, 1971)
UK 1425, 1971

DAS MORDPATENT PROCANE
engl. T. (The thief who painted sunlight, 1972)
am. T. (The Procane Chronicle, 1972)
UK 1494, 1972

EIN SCHARFES BABY
(The highbinders, 1974)
UK 1623, 1974

SCHREIE IM REGEN
(No questions asked, 1976)
UK 1789, 1976

BLEEKER, DON

(Pseudonym)

MAN STIRBT NUR EINMAL
PFV 612, 1963

BLETTENBERG, DETLEF (1949–

AGAVEN STERBEN EINSAM (OA)
GDA 5631, 1982

BARBACHS BILDER (OA)
UK 10280, 1984

WEINT NICHT UM MICH IN QUITO (OA)
GDA 5611, 1981

BLOCH, ROBERT (1917–

AMOK
(Terror, 1962)
HK 1306, 1968; PBK 30, 1979

BOTEN DES GRAUENS
(11 Horrorstories)
(The living demons, 1967)
HAR 800, 1970

DIE COUCH
(The couch, 1962)
MIT 320, 1967

DAS HAUS DER TOTEN
(American Gothic, 1974)

HRO 1960, 1976

HORROR-COCKTAIL
(8 Horrorstories)
(Tales in a jugular vein, 1965)
HAR 856, 1971

KENNWORT PSYCHO
(Psycho, 1959)
MIT 51, 1960
vgl. *Psycho*

MIT FEUER SPIELT MAN NICHT
(Firebug, 1961)
SCHE 334, 1969

EIN MYSTERIÖSER TOD
(Shooting star, 1958)
MIT 405, 1968

NACHT DER SCHRECKEN
(6 Erzählungen aus:)
(The night walker, Blood runs cold, 1961)
PHOE 31, 1968

NACHT DER SCHRECKEN
(3 Erzählungen aus:)
(The night walker, Blood runs cold, 1961)
KK 58, 1981

DIE PENSION DER VERLORENEN SEELEN
(3 Kurzgeschichten)
(Dragons and nightmares, 1969)
HAR 997, 1973

PSYCHO
(Psycho, 1959)
HK 1193, 1966; HAR 6374, 1984
vgl. *Kennwort Psycho*

PSYCHO 2
(Psycho II, 1982)
HAR 6287, 1983

DIE SAAT DES BÖSEN
(The dead Beat, 1960)
HTH 1204, 1966

DIE SCHRECKENSKAMMER
(9 Kriminal- und Horrorstories)
RTH 2548, 1981

DER SEIDENE SCHAL
(The scarf, 1947)
HK 1274, 1967

UNHEIMLICHE SCHATTENBILDER
(4 Erzählungen)
BAR 10393, 1983

WAHNSINN DER METHODE
(Night-World, 1972)
SCHE 502, 1975

EIN WIRKLICH SCHLECHTER FREUND
(14 Kriminalstories)
(The King of terrors, 1977)
RTH 2477, 1979

BLOCK, BELA VON (1922–

DER HONIGTIGER
(The worldrapers, 1972)
RAR 4029, 1977

BLOCK, LAWRENCE (1938–

Pseudonyme: Chip Harrison, Paul Kavanagh

ALTE MORDE ROSTEN NICHT
(A stab in the dark, 1981)
SCHE 952, 1984

BLUTGELD VON EINEM TOTEN
(Time to murder and create, 1976)
PBK 28, 1979

DOPPELSPIEL ZU DRITT
(The girl with the long green heart, 1965)
HTH 1265, 1967
vgl. *Mord im Hotel*

EVA STARB IM DOPPELBETT
(After the first death, 1969)
HTH 1397, 1970

FRISCH GEKLAUT IST HALB GEMORDET
(The burglar in the closet, 1978)
SCHE 779, 1980

EIN GENTLEMAN IN DER KLEMME
(Burglers can't be choosers, 1977)
PBK 21, 1978

HOT PANTS LASSEN MÖRDER KALT
(Two for Tanner, 1968)
HK 1486, 1972

IN DER MITTE DES TODES

(In the midst of the death, 1976)
PBK 13, 1978

DIE MÖRDER-LADY
(Mona, 1961)
HK 1425, 1970

MORD IM HOTEL
(The girl with the long green heart, 1965)
WKTH 1003, 1960
vgl. *Doppelspiel zu dritt*

MORD UNTER VIER AUGEN
(The sins of the fathers, 1976)
PBK 2, 1977

EIN PHILOSOPH MIT LANGEN FINGERN
(The burglar who studied Spinoza, 1980)
SCHE 964, 1984

DIE SPEZIALISTEN
(The specialists, 1969)
HK 1412, 1970

TÖDLICHE FLITTERWOCHEN
(Deadly honeymoon, 1967)
HK 1403, 1970

WER IMMER KLAUT, DEM GLAUBT MAN NICHT
(The burglar who liked to quote Kipling, 1979)
SCHE 888, 1983

ZWÖLF MÄDCHEN UND DER SUPERMANN
(Tanner's twelve swingers, 1967)
HK 1476, 1972

BLOOD, MATTHEW

ER WIRD UNS BEIDE TÖTEN
(The avenger, 1952)
PAN 93, 1957

BLYTON, ENID (1896–1968)

GEHEIMNIS UM EINE GIFTIGE FEDER
(The mystery of the poisoned feather, o. J.)
DTVJ 7462, 1982

GEHEIMNIS UM EIN HAUS IM WALDE
(The mystery of the hidden house, 1948)
DTVJ 70029, 1984

GEHEIMNIS UM EINEN NÄCHTLICHEN BRAND
(The mystery of the burnt cottage, 1970)
DTVJ 7248, 1977

GEHEIMNIS UM EINE SIAMESISCHE KATZE
(The mystery of the disappearing cat, 1954)
DTVJ 7378, 1980

GEHEIMNIS UM EIN VERBORGENES ZIMMER
(The mystery of the secret room, 1954)
DTVJ 7425, 1981

GEHEIMNIS UM EINE VERSCHWUNDENE HALSKETTE
(The mystery of the vanished necklace, o. J.)
DTVJ 7498, 1983

JULI UND DIE DREI VOM FLUSS
(Four cousins, 1972)
HJU 134, 1977

SECHS KINDER SUCHEN EINEN DIEB
SCHN 68, 1977

Folgende Bände wurden unter dem Namen Enid Blyton veröffentlicht, aber von Claude Voilier geschrieben

DIE BERÜHMTEN 5 IM FERNSEHEN
SCHN n. e., 1981

DIE BERÜHMTEN 5 UND DAS GEHEIMNIS DES BLAUBÄREN
(Le club des Cinq: Les Cinq vendent la peau de l'ours, 1977)
SCHN 264, 1980

DIE BERÜHMTEN 5 UND DAS GEHEIMNISVOLLE SCHIFFSWRACK
(Le club des Cinq: Les Cinq et le galion d'or, 1974)
SCHN 279, 1982

DIE BERÜHMTEN 5 UND DER GEHEIMNISVOLLE MEDIZINMANN
SCHN n. e., 1981

BOAS, HORST (1928–

DAMENTAUSCH (OA)
BKR 37005, 1983

DER FLUCHTEXPERTE (OA)
BK 36061, 1982

STEIG AUS, WENN DU KANNST! (OA)
BKR 37010, 1983

VERBRECHEN ZU ZWEIT (OA)
BK 36047, 1981

DAS VERRÄTERSPIEL (OA)
BKR 37017, 1983

VISA FÜR DEN TOD (OA)
BK 36055, 1982

WESTBESUCH (OA)
BKR 37023, 1984

BOBKER, LEE R. (1925–

DER GROSSE VERRAT
(Flight of a dragon, 1981)
PLAY 6144, 1983

SCHACH DEM MÖRDERN
(The unicorn group, 1979)
PLAY 6151, 1984

BOCHKO, STEVEN

COLUMBO UND DER WEEKEND-KILLER
(Murder by the book, 1976)
BFK 38015, 1976

BODELSEN, ANDERS (1937–

GELD ZUM ZWEITEN FRÜHSTÜCK
(Taenk pa et tal, 1968)
RTH 2189, 1970

IN GUTEN UND IN BÖSEN TAGEN
(Borte borte, 1980)
RTH 2611, 1982

PROFIS UND AMATEURE
Kriminalstories
(Lov orden, 1973)
RTH 2355, 1975

STRAUS ODER DER ZWEITBESTE KRIMINALSCHRIFTSTELLER VON DÄNEMARK
(Straus, 1971)
RTH 2421, 1977

BODER, WERNER B. (1939–

TÖDLICHES WIEDERSEHEN (OA)
GK 1273, 1964

BOGGON, MARTYN (1935–

MORD EN GROS UND EN DÉTAIL
(The inevitable hour, 1968)
RTH 2201, 1970

BOHLE, EDGAR (HENRY) 1909–

DER ZWEITE TOD DER MRS. HOLM
(The wife who died twice, 1962)
GK 4078, 1971

BOILEAU, PIERRE (-LOUIS) (1906–

Gemeinsames Pseudonym mit Thomas Narcejac: Arsène Lupin.

DER RUHENDE BACCHUS
(Le repos de Bacchus, 1943)
SCHE 223, 1964

SECHSMAL TÖDLICH
(Six crimes sans assassin, 1961)
SCHE 270, 1967

Die nachfolgenden Romane wurden zusammen mit Thomas Narcejac geschrieben:

ABSCHIED VON LUCIENNE
(Terminus, 1980)
RTH 2613, 1982

APPARTEMENT FÜR EINEN SELBSTMÖRDER
(La porte du large, 1969)
RTH 2209, 1971

ARSÈNE LUPIN SORGT FÜR GERECHTIGKEIT
(La justice d'Arsène Lupin, 1977)
UK 1962, 1979

ARSÈNE LUPINS ZWEITES GESICHT
(Le second visage d'Arsène Lupin, 1975)
UK 1782, 1976

AUF DEM ABSTELLGLEIS
(Carte vermeil, 1979)
RTH 2531, 1980

DER BÖSE BLICK/EIN SCHLOSS IN DER BRETAGNE
(2 Kriminalromane)
(Les mauvais œil/Au bois dormant, 1956)
RTH 2551, 1981

BRUDER JUDAS
(Frère Judas, 1974)
RTH 2435, 1967

DER COMMISSAIRE UND ANDERE UNFREUNDLICHE GESCHICHTEN (aus:)
(Manigances, 1971)
RTH 2364, 1975

13 STATIONEN
(Le train bleu s'arrête treize fois, 1967)
RTH 2150, 1968

DIE FRAU, DIE ES ZWEIMAL GAB
(Les victimes, 1964)
RTH 2082, 1965; RTH 2612, 1982

DAS GEHEIMNIS DES GELBEN GEPARDEN
(Maléfices, 1961)
RTH 2016, 1962; RTH 2232, 1971
vgl. *Hexenspuk*

GESICHTER DES SCHATTENS
(Les visages de l'ombre, 1953)
RTH 2005, 1961; RTH 2251, 1972; RTH 2655, 1983

DIE GLEICHUNG GEHT NICHT AUF
(L'ingénieur aimait trop les chiffres, 1958)
RTH 2643, 1983

EIN HELDENLEBEN
(La lèpre, 1976)
RTH 2450, 1978

HEXENSPUK
(Maléfices, 1961)
KVW o. Nr., 1975
vgl. *Das Geheimnis des gelben Geparden*

ICH BIN EIN ANDERER
(Les louves, 1955)
RTH 2014, 1962; RTH 2557, 1981

IDENTITÄTLICHKEITEN
Kriminalparodien
(Usurpation d'identité, 1980)
RTH 2600, 1982

DIE KARTEN LIEGEN FALSCH
(Maldonné, 1962)
RTH 2068, 1965

DAS LEBEN EIN ALPTRAUM
(La vie en miettes, 1972)
RTH 2319, 1974

LEICHE AUF URLAUB
(Opération primevère, 1973)
RTH 2371, 1976

MAMIE
(Mamie, 1983)
RTH 2673, 1984

DER MANN MIT DEM DOLCH
(Francois contre l'homme à la dague, 1971)
ARE 1356, 1979

MENSCH AUF RATEN
(. . . et mon tout est un homme, 1965)
RTH 2115, 1967

MORD BEI 45 TOUREN
(A cœur perdu, 1959)
RTH 2008, 1962; RTH 2624, 1983

PARFUM FÜR EINE SELBSTMÖRDERIN
(La mort a dit peut-être, 1967)
RTH 2174, 1969

DER PSYCHIATER UND ANDERE BÖSARTIGE GESCHICHTEN (aus:)
(Manigances, 1971)
RTH 2384, 1976

RACHE MIT 15
(L'âge bête, 1978)
RTH 2494, 1979

TOD NACH TERMINPLAN/DIE INSEL

(Zwei Kriminalromane)
(Délirium, 1969)
RTH 2506, 1979

TOTE SOLLTEN SCHWEIGEN
(Celle qui n'était plus, 1952)
RTH 2035, 1963; KVW o. Nr., 1974; RTH 2349, 1975

DIE TRAUERNDEN WITWER
(Les veufs, 1970)
RTH 2238, 1972

DIE UNBERÜHRBAREN
(Les intouchables, 1980)
RTH 2560, 1981

WENN EINE TOTE MIT ZWEI MÄNNERN LEBT
(Le tenaille, 1975)
RTH 2420, 1977

WERTHERS ZWEITER SELBSTMORD
(Box-office, 1981)
RTH 2666, 1984

BOLAND, (BERTRAM) JOHN (1913–

DAS FAST PERFEKTE VERBRECHEN
(The breakdown, 1968)
MIT 414, 1969

FORELLEN IM NETZ
(The catch, 1964)
HTH 1329, 1968; XEN 119, 1981

FLUCHT INS UNGEWISSE
(No refuge, 1956)
MIT 209, 1964

DER GEHEIMNISVOLLE MR. BIG
(The big job, 1970)
MIT 527, 1971

DIE GOLDENE FRACHT
(The Midas touch, 1960)
MIT 222, 1965

DIE HERREN EINBRECHER BRECHEN AUS
(The Gentlemen at large, 1962)
HK 1107, 1963; XEN 66, 1978

DIE HERREN EINBRECHER GEBEN SICH DIE EHRE
(The Gentlemen reform, 1961)
HK 1101, 1963; XEN 65, 1978

IM CLINCH
(The fourth grave, 1969)
PHOE 99, 1971

DIE JUWELENKISTE
(Inside job, 1961), MIT 627, 1973

EIN PAKET MIT TRAUERFLOR
(The mysterious way, 1959)
HK 1419, 1970
vgl. *Sei brav und töte*

SEI BRAV UND TÖTE
(The mysterious way, 1959)
MMV 2, 1968; XEN 149, 1982
vgl. *Ein Paket mit Trauerflor*

7000 £ UND EIN PENNY
(Bitter fortune, 1959)
XEN 150, 1982

DER TEUFELSSPIEGEL
(Negative value, 1960)
MIT 301, 1966; XEN 120, 1981

UNTERNEHMEN COUNTERPOL
(Counterpol, 1963)
MIT 266, 1965

VENDETTA
(Vendetta, 1961)
MIT 341, 1967; XEN 93, 1980

DER VERHÄNGNISVOLLE IRRTUM
(Fatal error, 1962)
MIT 238, 1965

BOLDT, BEATE, und Krahl, Gisela

GROSSE UND KLEINE FISCHE
Detektivgeschichten (Auswahl aus Loewes Detektivmagazin)
ROT 349, 1983

BONDAREW, JURIJ (1926–

DIE ZWEI
(Dwoje, 1962)
SERP 334, 1984

BONETT, JOHN & EMERY
Pseudonym von John Hubert

Arthur Coulson (1906– und Felicity Winifred Carter Coulson (1907–
MORD UNTER PALMEN
(Better dead, 1964)
SCHE 305, 1968

BONHOFF, OTTO (1931–
DIE MANNEQUINS DES HERRN CORDAGE (1972)
MV 168, 1976
PATENTRAUB AUF DER »VALENTINE« (OA)
KOMP 293, 1982

BONNECARRÈRE, PAUL (1927–1977)
DIE DOSIS
(Le triangle d'or, 1976)
BAR 11142, 1979
DIE TARNUNG
(Une victoire perdue, 1978)
BAR 11164, 1981
DAS ULTIMATUM
(Ultimatum, 1975)
BAR 11123, 1978
UNTERNEHMEN ROSEBUD
(zusammen mit Joan Hemingway, 1951–)
(Rosebud, 1974)
FAR 1651, 1975

BOOTON, (CATHERINE) KAGE (1916–
DIE FRAU DES MILLIONÄRS
(Andrew's wife, 1964)
MIT 272, 1966
REIN ZUFÄLLIG EIN MORD
(Quite by accident, 1972)
GK 4463, 1975
SCHATTEN DER VERGANGENHEIT
(Place of shadows, 1959)
MIT 60, 1961
DER WEG IN DEN ABGRUND
(Time running out, 1968)
MIT 454, 1969

BORCHGRAVE, ARNAUD DE
zusammen mit Moss, Robert
DIE FALSCHMELDER
(The spike, 1980)
UAR 20294, 1982

BORELL, ALEXANDER
ANRUF AUS NIZZA
KEL 210, 1974
AUCH EIN WASCHBÄR KANN SICH IRREN
HK 1099, 1963
DIE BLONDE WITWE
HK 1173, 1965; HK 1953, 1981
DAS EINSAME HAUS
HK 1251, 1967
DER ENGEL VON SANTA MARGUERITA
HAR 54, 1960; HK 1011, 1962
HIBISKUSBLÜTEN
HAR 93, 1959; HK 1003, 1962
MORD IN H-MOLL
HK 1120, 1964
DIE NACHT IN ISSY
HK 1111, 1963
DER TEUFEL MIT DEN BLONDEN HAAREN
BROK 53, 1969
DIE TOTE IM ROTEN CADILLAC
HK 1049, 1962
DER VERSOFFENE PAPAGEI
HK 1063, 1962

BORGE, BERNHARD
DER NACHTMENSCH
(Nattmennesket, o. J.)
UK 752, 1959; UK 10094, 1981
TOD IM BLAUSEE
(De Dødes Tjern, o. J.)
UAR 155, 1957; UK 731, 1958; UK 10094, 1981
TOTE MÄNNER GEHEN AN LAND
(Døde menn gar i land, o. J.)
UK 788, 1960; UK 10094, 1981

BORGENICHT, MIRIAM (1915–

FAHR NICHT ÜBER MEINE LEICHE
(Road block, 1973)
GK 4376, 1974

DIE HANDSCHRIFT DES MÖRDERS
(No bail for Dalton, 1974)
GK 4449, 1975

BORGES, JORGE LUIS (1899–
(Adolfo Bioy Casares alias Bustos Domecq)

ERZÄHLUNGEN
UAR 2914, 1972

SECHS AUFGABEN FÜR DON ISIDRO PARODI
(6 Kriminalgeschichten)
(Seis problemas para Don Isidro Parodi, 1942)
FAR 1202, 1971

BORK, TEDA

IM NAMEN EINER MUTTER
HAR 172, 1962

BORNEMAN, ERNEST (WILLIAM JULIUS)
Pseudonym: Cameron McCabe (1915–

AM APPARAT: DAS JENSEITS
(Something wrong, 1968)
SCHE 297, 1968

STUMME ZEUGEN LÜGEN NICHT
(The face in the cutting-room-floor, 1969)
SCHE 319, 1969

BORNICHE, ROGER (1919–

DER AMERIKANER
(Le ricain, 1979)
HK 1890, 1980

DUELL IN SECHS RUNDEN
(Flic story, 1973)
FAR 1883, 1977

DER ERZENGEL
(L'archange, 1978)
HK 1914, 1980

DER GRINGO
(Le Gringo, 1980)
HK 1943, 1981

DER MALTESER
(Le Maltais, 1981)
HK 2007, 1982

PIERROT LE FOU IST NICHT ZU FASSEN
(Le Gang, 1975)
FAR 2601, 1979

SCHACH UND MATT
(René la Canne, 1974)
FAR 1985, 1977

DER SPITZEL
(L'indice, 1980)
FAR 8061, 1983

TATORT CÔTE D'AZUR
(Le Playboy, 1958)
FAR 2619, 1981

DER TIGER
(Le tigre, 1982)
HK 2091, 1984

BOSETZKY, HORST
Pseudonym: – ky, s. d.

BOSI, CARLA FIORAVANTI

DAS GEHEIMNIS DES SAFEKNACKERS
(Vado, Contrabbando i diamanti e torno, 1980)
HK 1997, 1982

BOSSE, M(ALCOLM) J(OSEPH) (1926–

SCHON DAMALS IN NAHA
(The incident at Naha, 1972)
RTH 231, 1974

STERBEN IST DIE ERSTE BÜRGERPFLICHT
(The man who loved zoos, 1974)
RTH 2394, 1976

BOSTON, DON
(Pseudonym)

DIE BESTIE FLIEHT AUS ZELLE ZEHN
TER 2, 1972
GIFTGAS IN DER DUNKELKAMMER
TER 7, 1972
HAIE UND SCHLIMMERE BESTIEN
TER 14, 1972
HAST DU MUT, DANN MORDE!
TER 16, 1972
LOCKVOGEL MIT SAMTHAUT
TER 11, 1972
MIT IHR KAMEN LIEBE UND TOD
TER 13, 1972
DER MÖRDER, DEN DIE FRAUEN LIEBTEN
TER 1, 1972
NACKT UNTER MÖRDERN
TER 9, 1972
DIE NACKTE UND DER TOD
TER 5, 1972
DER TOD GEWINNT IMMER
TER 3, 1972
WIEDERSEHEN MIT EINEM TOTEN
TER 15, 1972
ZÄRTLICHKEIT WIE ZYANKALI
TER 17, 1972
ZUR MORDSAISON NACH FLORIDA
TER 18, 1973

BOSTON, HAL
(Pseudonym)
Autor der Kriminalroman-Serie *»Kommissar X«*, s. *Anhang*
Autor der Nummern: 403, 412

BOSWELL, C.
zusammen mit Thompson, L.
DER FALL HALL-MILLS
ATR 6, 1956

BOUCHER, ANTHONY
Pseudonym von William Anthony Parker White (1911–1968)
Weiteres Pseudonym: H. H. Holmes
KARUSSELL DES TODES
(The case of the Seven of Calcary, 1937)
MIT 246, 1965
NEUN MAL NEUN
Nine times nine, 1940)
GK 1292, 1964
TREFFPUNKT: BAKER STREET
(The case of the Baker Street irregulars, 1940)
MIT 172, 1963
DIE BESTEN KRIMINALSTORIES DES JAHRES (HRSG.)
HK 1184, 1965

BOULLE, PIERRE (1912–
EIN EHRENWERTER BERUF
(Un métier de seigneur, 1960)
RAR 478, 1962

BOWDLER, ROGER
MAGNUM: KEIN SCHNEE AUF HAWAII
(Magnum P. I.: Don't eat the snow in Hawaii, 1981)
HAR 6279, 1984
MAGNUM: STURM ÜBER HONOLULU
(Magnum P. I.: J. »Digger« Doyle, 1982)
HAR 6479, 1984

BOWSER, JIM
Pseudonym: Nick Carter, s. d.

BOX, EDGAR
Pseudonym von Eugene Gore Vidal (1925–
IMMER DIESE MORDE
(Death likes it hot, 1954)
RTH 2023, 1963; RTH 2484, 1979
TOD IN DER FÜNFTEN POSITION
(Death in the fifth position, 1952)
RTH 2015, 1962; RTH 2461, 1978
TOD VORM SCHLAFENGEHEN
(Death before bedtime, 1953)
RTH 2028, 1963; RTH 2434, 1977

BOYD, EDWARD
zusammen mit Parkes, Roger
DER DUNKLE ENGEL
(The dark number, 1973)
GK 4430, 1975

BOYER, RICK
UNTIEFE
(Billingsgate shoal, 1982)
UK 10246, 1984

BOYLE, ROBERT
Pseudonym von Jennifer Jenkins
AUF EIGENE FAUST
(Cry rape, 1976)
HK 1781, 1978
DER TÖDLICHE KREIS
(The Baby Sitter, 1975)
HK 1730, 1977

BRACK, W. F. A.
DER GLÄSERNE DOLCH
AS o. Nr., 1955 (?)
IN LETZTER MINUTE
AS o. Nr., 1955 (?)

BRACKEEN, STEVE
TÖDLICHE FEINDSCHAFT
(The guardians, 1964)
GK 2234, 1966

BRACKEN, C(ATHARINE) P(HILIPPA) (1918–
LERNE LESEN, OHNE ZU STERBEN
(Roman ring, 1968)
SCHE 344, 1970

BRACKETT, LEIGH (DOUGLAS)
Mrs. Edmond Hamilton (1915–1978)
ICH WAR DAS OPFER
(The tiger among us, 1957)
GK 1030, 1961
WO IST MEINE FRAU?
(An eye for an eye, 1957)
GK 1079, 1962

BRADDON, RUSSELL (1921–
DUELL OHNE WAFFEN
(End play, 1972)
RTH 2391, 1976

BRADLEY, MARION ZIMMER (1930–
DIE ZWEITE GRÄFIN
(Souvenir of Monique, 1967)
HRO 1843, 1970

BRADLEY, MURIEL (DEMENS)
DAS HAUS AUF DER INSEL
(Murder twice removed, 1951)
SM 2109, 1964

BRADY, NICHOLAS
Pseudonym von J(ohn) V(ictor) Turner (1900–1945)
Weit. Pseudonym: Davin Hume
NUR FÜR KENNER
(Inside job, 1978)
BTH 19014, 1982

BRAKER, HENRY
Pseudonym
SPUR EINES TOTEN (OA)
PAN 202, 1962

BRAMAH, ERNEST
Pseudonym von Ernest Bramah Smith (1868–1942)
MAX CARRADOS, DER BLINDE DETEKTIV
(8 Stories)
(Max Carrados, 1914)
HCC 1519, 1973

BRANCH, PAMELA (JEAN) (1920–1967)
LEICHEN IN NACHBARS GARTEN

(The wooden overcoat, 1951)
RTH 2078, 1965; RTH 2418, 1977

MORD JEDEN MONTAG
(Murder every Monday, 1954)
GK 2235, 1966

ONKEL HÄNGT AM FALSCHEN STRICK
(Lion in the cellar, 1951)
RTH 2110, 1967

BRAND, CHRISTIANNA
Pseudonym von Mary Christianna Milne Lewis (1907–
Weiteres Pseudonym: China Thompson

GANGSTER, GEISTER UND GANOVEN
(Stories)
(What dread hand, 1968)
RTH 2246, 1972
vgl. *Mörder, Monstren und Makabres*

GESTÄNDNIS OHNE SCHULD
(Suddenly at his residence, 1947)
GK 3170, 1969

KATZ UND MAUS
(Cat and mouse, 1950)
SCHE 40, 1951; GK 4292, 1973

KÖPFE ZU VERLIEREN
(Heads you lose, 1941)
GK 3149, 1968

LONDON IM NEBEL
(London particular, 1952)
GK 4304, 1973

MÖRDER, MONSTREN UND MAKABRES
(weitere Stories)
(What dread hand, 1968)
RTH 2229, 1971
vgl. *Gangster, Geister und Ganoven*

NARKOSE
(Green for danger, 1944)
DC 5, 1955

EIN TOAST AUF DEN MÖRDER
(Tour de force, 1955)
GK 3178, 1969

TOD AUF HOHEN STÖCKELN
(Death in high heels, 1941)
DC 12, 1955

EIN TOTER NIMMT RACHE
(Death of Jezebel, 1948)
GK 4696, 1977

BRANDON, BEATRICE
Pseudonym von Robert Wilson Krepps
(1919–1980)

STURM ÜBER DEN KLIPPEN
(The cliffs of night, 1974)
GK 4570, 1976

BRANSTON, FRANK (1939–

DER KOMMENDE MANN
(An up and coming man, 1977)
KOMP 286, 1982

BRATNY, ROMAN (1921–

DIE HUNDE
(Na bezdomne psy, 1977)
SUHR 877, 1983

BRAUN, FRANK F.

AKTE KORRENKAMP
GK 56, 1954

DIE GOLDENE DREIZEHN
BBA 11, 1950

DER GOLDENE KOFFER
LEH 52, 1955

ICH HABE DUBOIS ERSCHOSSEN
BBA 14; BBD 3, 1950

DIE LAWINE
BBA 8; BBD 2, 1950

DER LETZTE MANN
AUF 33, 1953

BRAUN, LILIAN (JACKSON)

AUF KATER KOKOS SPUR
(The cat who could read backwards, 1966)

GK 3030, 1967

KATER KOKOS ZWEITER FALL
(The cat who turned on and off, 1968)
GK 3260, 1970

BRAUN, M. G.
Alle Romane sind aus der Serie: Sam und Sally

EIN RUHIGES MÄDCHEN
(n. e.)
SEPS 2, 1969

VERBRECHEN IM SEE
(Malheur Lake, o. J.)
SEPS 4, 1969

ZWÖLF VOR ZWÖLF
(n. e.)
SEPS 1, 1969

BRAUNBURG, RUDOLF (1924–

DEUTSCHLANDFLUG (1975)
HAR 5422, 1978

BREAN, HERBERT (1907–1973)

DER FENSTERSTURZ
(The darker the night, 1949)
AUF 46, 1953

BEI NACHT UND NEBEL
(Wilders walk away, 1948)
AUF 61, 1954

DIE LETZTE PRÜFUNG
(A matter of fact, 1956)
GK 3167, 1969

TÖDLICHES ZWISCHENSPIEL
(The traces of Brillhart, 1960)
GK 2195, 1966

BREINERSDORFER, (AL)FRED (W.) (1946–

DER DIENSTAGMANN (OA)
RTH 2685, 1984

FROHES FEST, LUCIE (OA)
RTH 2562, 1981

DAS KURZE LEBEN DES K. RUSINSKI (OA)
RTH 2538, 1980

DAS NETZ HAT MANCHMAL WEITE MASCHEN (OA)
RTH 2642, 1983

NACH ZWEIFEL, HERR VERTEIDIGER? (OA)
RTH 2621, 1983

REICHE KUNDEN KILLT MAN NICHT (OA)
RTH 2517, 1980

DER SCHLANGENBISS (OA)
(zusammen mit Felix Huby, 1938–)
KNK 4921, 1981

BRENNAN, ALICE

SATANS ERBIN
(To kill a witch, 1972)
UAR 3300, 1976

BRENNAN, MICHAEL
(Pseudonym)
Autor der Kriminalroman-Serie: *»Kommissar X«;* s. *Anhang.*
Autor der Nummern: 522, 526

BRESLIN, JIMMY (JAMES) (1930–

DER MAFIA-BOSS HAT SCHEREREIEN
(The gang that couldn't shoot straight, 1969)
RAR 1746, 1974; MTB 2227, 1982

BRETT, MICHAEL (1921–

DIAMANTEN-COUP
(Diamond kill, 1977)
UK 1935, 1978

HASCHEN MIT DEM TOD
(Death of a Hippie, 1968)
UK 1293/*1294*

EIN HÖLLISCHER AUFTRAG
(Turn blue, you murderers, 1967)
PKE 357, 1969

IM DSCHUNGEL DER GEWALT
(Jungle, 1975)
UK 1849, 1977

KEINE CHANCE FÜR JOE DELEVAN
(Kill him quickly, it's raining, 1966)
PKE 356, 1969
EIN KILLER FÜR DEN BOSS
(The flight of the stiff, 1967)
PKE 358, 1969
LÜG DICH INS GRAB
(Lie a little, die a little, 1968)
UK 1400, 1971
MEIN MANN IST KEIN MÖRDER
(Another day, another stiff, 1968)
UK 1313/*1314,* 1970
PLATZT BEI SCHLAG UND STOSS
(Dead, upstairs in the tub, 1967)
UK 1297/*1298,* 1979
SANFT WIE EIN SKALPELL
(Slit my throat, gently, 1968)
UK 1327/*1328,* 1970
VON MORD WAR NICHT DIE REDE
(An ear for murder, 1967)
PTB 350, 1968
WIR, DIE KILLER
(We, the killers, 1967)
PTB 355, 1968

BRETT, SIMON (ANTHONY LEE) 1945–

BÜHNE FREI FÜR MORD
(Star trap, 1977)
GK 4693, 1977
GENERALPROBE FÜR MORD
(An amateur corpse, 1978)
GK 4826, 1979
TOD IM ERSTEN AKT
(Cast, in order of disappearence, 1975)
GK 4610, 1976
TOD BEIM FESTIVAL
(So much blood, 1976)
GK 4618, 1977

BREWER, GIL

AMOK
(A killer is loose, 1954)
KRA 4, 1955
ALS MICH DER TEUFEL HOLTE
(Sugar, 1959), PAN 155, 1959
BEZAHLE ODER STIRB
(The red scarf, 1958)
PAN 130, 1958
HAUS DES BÖSEN
(13 French Street, 1951)
KRA 15, 1955
HÖLLISCHES FINALE
(Flight to darkness, 1952)
KRA 12, 1955
EIN KOPF = 260000 DOLLAR
(The squeeze, 1955)
PAN 98, 1957
EIN MÄDCHEN SCHRIE
(And the girl screamed, 1956)
PAN 95, 1957
MORD OHNE MÖRDER
(Wild to possess, 1959)
PAN 142, 1959
ROTBLONDES GIFT
(Play it hard, 1961)
PAN 188, 1961
vgl. *Spiel mit oder stirb*
SATAN IST EIN WEIB
(Satan is a woman, 1951)
KRA 6, 1955
SPIEL MIT ODER STIRB
(Play it hard, 1961)
HTH 1195, 1966; HK 1813, 1978
vgl. *Rotblondes Gift*
UND DANN KAM DIE NACHT
(So rich, so dead, 1951)
PAN 1, 1954

BRINGLE, MARY

DER HUFEISEN-MORD
(The footpath murder, 1975)
GK 4629, 1977

BRINTON, HENRY (1901–

Pseudonym: Alex Traser

FAHRT IN DEN NEBEL
(An apple a day, 1958)
UK 843, 1961; GK 4245, 1973
EIN MANN SUCHT RACHE
(An ordinary day, 1959)
UK 865, 1962; GK 4252, 1978

BRINKMAN, GROVER
MORD IST VERTRAUENSSACHE
(The image-buster, o. J.)
LOET 5, 1969

BRISCO, PATTY (PATRICIA BRISCO MATTHEWS) (1927–
SATANS BRAUT
(House of the candles, 1973)
UAR 3098, 1973

BRISTOW, GWEN (1903–
Mrs. Bruce Manning
DER UNSICHTBARE GASTGEBER
(The invisible host, 1930; auch: The ninth guest, 1975)
HAR 23, 1959; HK 1004, 1962; HAR 979, 1973

BRITTON, R. J.
(Pseudonym)
FEIND IM DUNKEL (OA)
PANS 15, 1960
IHR MÖRDER LEBTE NEBEN IHR . . . (OA)
PANS 20, 1960

BRIX, JOHN
(Pseudonym)
Autor der Kriminalroman-Serie: *»Kommissar X«;* s. *Anhang.*
Autor der Nummern: 558, 571, 576

BROCK, ROSE (1923–
Pseudonym von Joseph Hansen
VERMÄCHTNIS DES BÖSEN
(Tarn house, 1971)
HRO 1896, 1973

BROCK, STUART
Pseudonym von Louis (Preston) Trimble (1917–
MORD NACH WAHL
(Killer's choice, 1956)
PAN 114, 1958
vgl. *Tod im Rollstuhl*
TOD IM ROLLSTUHL
(Killer's choice, 1956)
SB 8, 1957
vgl. *Mord nach Wahl*

BROCKHOFF, STEFAN
BEGEGNUNG IN ZERMATT
GK 61, 1955

BRODERICK, GERRY P., UND E. N. NISTLER
DER WEG INS NICHTS
(Roadside night, 1963)
LOTH 205, 1970

BRODIE, GORDON
SAGTE JEMAND DIAMANTEN?
(Who called diamonds?, 1970)
GK 4109, 1971

BROMUND, DIETER (1938–
DIE ERSTE REISE WAR ANGENEHM (OA)
GDA 5624, 1982
DIE KORSISCHEN FREUNDE (OA)
GDA 5640, 1983
SCHATTEN ÜBER DEM GOLF (OA)
GDA 5646, 1984
TOD FÜR DIE STARTBAHN WEST (OA)
GDA 5637

BRONSON, FRANK
(Pseudonym)
BIS DER MORD EUCH SCHEIDET
KEL 837, 1974
BOMBENALARM FÜR FLUG 411

KEL 843, 1974
KOMM AN BORD UND STIRB
KEL 846, 1975

BRONTE, LOUISA
Pseudonym von Janet Louise Roberts (1925–
DER UNHEIMLICHE GELIEBTE
(Her demon lover, 1972)
HRO 1950, 1975

BROOKS, BARNEY
(Pseudonym)
Autor der Serie: *Kommissar X;* s. *Anhang*
Autor der Nr. 626

BROWN, ANTONY
LIEBE PASST NICHT ZUM GESCHÄFT
(Slay me suddenly, 1968)
GK 4005, 1970

BROWN, CARTER
Pseudonym von Alan Geoffrey Yates (1923–1985)
Weiteres Pseudonym: Caroline Farr
ACKERBAU UND UNZUCHT
(Terror comes creeping, 1959)
UK 1201, 1968
ADLER SCHIESSEN NICHT
(The guilt-edged cage, 1962)
UK 1058, 1966
AL WHEELER UND DAS CALLGIRL
(Burden of guilt, 1970)
HK 1836, 1979
vgl. *Tod eines Callgirls*
AL WHEELER UND DAS FLOTTE MÄDCHEN
(The dream merchant, 1976)
HK 1763, 1977
AL WHEELER UND DAS KOMPLOTT
(The desired, 1959)
HK 1641, 1975
vgl. *Das Komplott*
AL WHEELER UND DAS KOSTBARE OPFER
(The victim!, 1959)
HK 1628, 1975
vgl. *Das kostbare Opfer*
AL WHEELER UND DAS PHANTOM
(Night Wheeler, 1964)
HK 1620, 1974; XEN 96, 1980
AL WHEELER UND DAS UNHEIMLICHE HAUS
(The dumdum murder, 1962)
HK 1633, 1975
AL WHEELER UND DAS VERBRECHEN IM MÄDCHENPENSIONAT
(The unorthodox corpse, 1957)
HK 1658, 1975; XEN 122, 1981
vgl. *Verbrechen im Mädchenpensionat*
AL WHEELER UND DER FALSCHE MANN
(Model for murder, 1979)
HK 1938, 1981
AL WHEELER UND DER SCHUSS IM NACHTCLUB
(The corpse, 1960)
HK 1623, 1974
vgl. *Der Schuß im Nachtclub*
AL WHEELER UND DER TANZ IN DEN TOD
(The dance of death, 1964)
HK 1776, 1978
vgl. *Tanz in den Tod*
AL WHEELER UND DER TOTE PARTYGAST
(The antique blonde, 1980)
HK 1965, 1981
AL WHEELER UND DIE BESESSENE
engl. und am. T. (The girl who was possessed, 1963) (OA-Titel: The sinners, 1963)
HK 1689, 1976; XEN 151, 1982
vgl. *Die Besessene*
AL WHEELER UND DIE CALLGIRLS
(Until temptation do us part, 1967)
MIT 367, 1968; HK 1698, 1976
AL WHEELER UND DIE FLOTTE BIENE
(Busted Wheeler!, 1977)

HK 1811, 1978

AL WHEELER UND DIE FÜCHSIN
engl. und am. T. (The velvet vixen, 1964) (OA-Titel: The vixen, 1964)
MIT 249, 1965; HK 1789, 1978

AL WHEELER UND DIE GEBORENE VERLIERERIN
(The born loser, 1973)
HK 1849, 1979

AL WHEELER UND DIE GESPENSTIGE LADY
(The Lady is transparent, 1962)
MIT 179, 1964; HK 1705, 1976

AL WHEELER UND DIE LETZTE PARTY
(The Dame, 1959)
HK 1681, 1976
vgl. *Die letzte Party*

AL WHEELER UND DIE MALERIN
engl. und am. T. (The Lady is available, 1963) (OA-Titel: The Lady is not available, 1963)
MIT 264, 1965; HK 1650, 1975

AL WHEELER UND DIE MILLIONÄRSTOCHTER
(The spanking girl, 1979)
HK 1877, 1980

AL WHEELER UND DIE NACKTE
(Wheeler fortune, 1974)
HK 1665, 1975

AL WHEELER UND DIE NACKTE
(Wheeler, dealer!, 1975)
XEN 97, 1980
vgl. *Al Wheeler und die nackte Blondine*

AL WHEELER UND DIE NACKTE BLONDINE
(Wheeler, dealer!, 1975)
HK 1737, 1977
vgl. *Al Wheeler und die Nackte*

AL WHEELER UND DIE NYMPHE EVA
(The hammer of Thor, 1967)
HK 1637, 1975
vgl. *Die Nymphe Eva*

AL WHEELER UND DIE TEUFELSBRUT
(W. H. O. R. E., 1972)
MIT 584, 1972

AL WHEELER UND DIE TOTE LADY
(The deep cold green, 1968)
MIT 439, 1969; HK 1713, 1976

AL WHEELER UND DIE VERFÜHRERIN
(The temptress, 1960)
HK 1751, 1977
vgl. *Die Verführerin*

AMOK DER AMAZONEN
(The angry Amazons, 1972)
UK 1569, 1973

DAS ATTENTAT
(The bombshell, 1960)
MIT 284, 1966

ATTENTAT AUF GEORGIA
(The blonde, 1958)
MIT 30, 1959; MIT 417, 1969

DAS BAND SPRICHT BÄNDE
(Murder is the message, 1969)
UK 1343, 1970

DIE BESESSENE
(The girl who was possessed, 1963)
MIT 193, 1964
vgl. *Al Wheeler und die Besessene*

BIS AUFS MESSER
(Play now . . . kill later!, 1966)
MIT 319, 1967

BLOND UND GEFÄHRLICH
(The up-tight blonde, 1969)
MIT 483, 1970

BLONDE ENGEL SIND GEFÄHRLICH
(The sad-eyed seductress, 1961)
UK 1027, 1965; UK 1847, 1977

BLONDER KUGELFANG
(Ride the Roller Coaster, 1975)
UK 1775, 1976

BLUT IST DICKER ALS SCHMINKE
(The Clown, 1972)
UK 1586, 1974

BOMBE IM BIKINI
(Murder wears a Mantilla, 1957)
UK 1142, 1967

EIN COWBOY AUS MANHATTAN

(Manhattan Cowboy, 1973)
UK 1636, 1974

DONOVAN UND DAS MÄDCHEN IN DER BAR
(Donovan, 1974)
HK 1674, 1975

DONOVAN UND DAS MÄDCHEN IM HOTEL
(Donovan's day, 1975)
HK 1725, 1977; XEN 123, 1981

DONOVAN UND DAS SÜSSE LEBEN
(Donovan's delight, 1979)
HK 1824, 1979

DONOVAN UND DIE EURASIERIN
(Chinese Donovan, 1976)
HK 1797, 1978

DRAMA IN HOLLYWOOD
(Blonde on the rocks, 1963)
MIT 220, 1964

DREI UNZEN AGONIE
(House of sorcery, 1967)
UK 1171, 1968

DUNKLE WÜNSCHE
(Target for their dark desire, 1966)
MIT 352, 1967

ENDSTATION BEI AL WHEELER
(A corpse for Christmas, 1965)
MIT 273, 1966

ERMORDEN SIE IHN UNAUFFÄLLIG
(The silken nightmare, 1963)
UK 1098, 1966

DIE ERPRESSERIN
(Nude – with a view, 1965)
MIT 276, 1966

ES GESCHAH IN HOLLYWOOD
(The jade-eyed jungle, 1963)
MIT 256, 1965

EIN FALL FÜR AL WHEELER
(The stripper, 1961)
MIT 199, 1964

DAS FALSCHE OPFER
(Angel!, 1962)
MIT 154, 1963; MIT 665, 1974

FALLTÜR – BITTE KLOPFEN
(No Blonde is an island, 1965)
UK 1159, 1967; UK 10038, 1980

FÜNF WÜNSCHEN IHREN TOD
(Zelda, 1961)
MIT 292, 1966

FÜR LEICHEN ZAHLT MAN BAR
(The passionate pagan, 1963)
UK 1016, 1965; UK 1936, 1978

GEFAHR FÜR AL WHEELER
(The exotic, 1961)
MIT 138, 1963; MIT 661, 1974

GESANG DER UNTOTEN
(And the undead sing, 1974)
UK 1670, 1975

GESPENSTER UM AL WHEELER
(The hellcat, 1962)
MIT 163, 1963

GESPENSTISCHE WARNUNG
(Die anytime, after Tuesday, 1969)
MIT 462, 1970

GESUCHT WIRD CHARITY
(Where did Charity go?, 1970)
MIT 536, 1971

GIFT UND GELD
(The brazen, 1960)
MIT 196, 1964

GROBER UNFUG MIT BLONDINEN
(Phreak-out!, 1973)
UK 1645, 1974

EIN GUTES JAHR FÜR ZWERGE?
(A good year for dwarfs?, 1971)
MIT 517, 1971

HASCHEN MIT HEXEN
(The coven, 1971)
UK 1449, 1972

HEISSE HÖSCHEN – KALTES BLUT
(The coffin bird, 1970)
UK 1417, 1971

HEXE AUF LEISEN SOHLEN
(Walk softly, witch, 1959)
UK 857, 1962; UK 1954, 1979

DIE HEXENFALLE
(Had I but groaned, 1968)
UK 1217, 1968

HÖLLE MIT VOLLPENSION

(True son of the beast!, 1970)
UK 1380, 1971

HULAMÄDCHEN AUF ABWEGEN
(The wayward Wahine, 1960)
UK 942, 1963; UK 1792, 1976

ICH KOMME VON CHARLIE!
(Charlie sent me!, 1963)
MIT 376, 1968

ICH ZÄHLE BIS DREI
(Only the very rich?, 1969)
UK 1286, 1970

IM KILLE-KILLE-KELLER
(The loving and the dead, 1959)
UK 1255, 1969

IMMER EINE FRAU AUF EIS
(The sometime wife, 1965)
UK 1079, 1966; UK 1882, 1978

IN DEN TOD GEJAGT
(The flagellator, 1969)
MIT 450, 1969

IN GOLDENEN KETTEN
(The streaked-blond slave, 1969)
MIT 492, 1970

INSEL DER SIEBEN SIRENEN
(The seven sirens, 1972)
UK 1506, 1972

INSEL DES TODES
(Lover don't come back!, 1962)
UK 1052, 1966; UK 1858, 1977

KALT WIE EIN BRILLANT
(The ice-cold nude, 1963)
UK 1008, 1965

KEINE PILLE GEGEN MORD
(Murder in the family way, 1971)
UK 1484, 1972

DAS KOMPLOTT
(The desired, 1959)
MIT 87, 1961
vgl. *Al Wheeler und das Komplott*

DAS KOSTBARE OPFER
(The victim, 1959)
MIT 70, 1961
vgl. *Al Wheeler und das kostbare Opfer*

L WIE LEICHE
(The pipes are calling, 1976)
UK 1867, 1977

EINE LADY VERSCHWINDET
(The invisible Flamini, 1971)
MIT 608, 1973

DIE LEICHE IM BADEZIMMER
(The creative murders, 1971)
MIT 553, 1971

LEICHE – OBEN OHNE
(The black lace hangover, 1966)
UK 1125, 1967; UK 1990, 1979

LEOLA
(Long time no Leona, 1967)
MIT 382, 1968

DIE LETZTE PARTY
(The Dame, 1959)
MIT 96, 1962
vgl. *Al Wheeler und die letzte Party*

LIEBE VOR DER KAMERA
(The pornbroker, 1972)
UK 1578, 1973

DER LIEBESTEMPEL
(The plush-lined coffin, 1967)
MIT 391, 1968

DER MANN IM KARTON
(The savage Salome, 1960)
UK 1180, 1968; UK 1918, 1978

MEMENTO FÜR MAYBELLE
(Remember Maybelle?, 1976)
UK 1815, 1977

DIE MEERJUNGFRAU
(The myopic mermaid, 1961)
MIT 384, 1968

MILLIONEN-BABY
(The Million Dollar Babe, 1961; Neuausgabe von: Cutie cashed his chips, 1955)
UK 1069, 1966; UK 1972, 1979

MISS MERMAID STEHT ZUR WAHL
(Graves I dig!, 1960; Neuausgabe von: Cutie wins a corpse, 1957)
UK 889, 1962; UK 1415, 1971

MINI-DAME MIT MAXI-SCHNITT

(The Mini-Murders, 1968
UK 1247, 1969

DER MÖRDER MIT DER SPRITZE
(Murder on high, 1973)
UK 1621, 1974

MÖRDER STERBEN NICHT IM BETT
(The early Boyd, 1975)
UK 1729, 1976

EIN MÖRDER UNTER UNS
(The murderer among us, 1962)
MIT 187, 1964

MÖRDERISCHER BLUES
(The ever-loving Blues, 1961)
UK 951, 1964; UK 1828, 1977

MORD IM LABOR
(The aseptic murders, 1972)
MIT 617, 1973

MORD IST KEIN GESCHÄFT
(Murder is a package deal, 1964)
MIT 241, 1965

MORD IST KEIN METIER FÜR MÄDCHEN
(Catch me a Phoenix!, 1965)
UK 1112, 1967

NACKT IN DER ZWANGSJACKE
(The star-crossed-lover, 1974)
UK 1682, 1975

NEHMEN SIE DOCH GIFT DARAUF!
(The bump and the grind murders, 1964)
UK 1192, 1968

NEPP FÜR NARREN
(The rip-off, 1979)
UK 1980, 1979

DIE NYMPHE EVA
(The hammer of Thor, 1965)
MIT 302, 1965
vgl. *Al Wheeler und die Nymphe Eva*

ORGIE IM MONDSCHEIN
(Blonde on a broomstick, 1966)
MIT 326, 1967

PLÖTZLICH DURCH GEWALT
(Suddenly by violence, 1959)
UK 875, 1962; UK 1781, 1976

DIE SATANSBRAUT
(Murder is so nostalgic!, 1972)
UK 1534, 1973

SCHARFE SACHEN FÜR DIE DIVA
(See it again, Sam, 1979)
UK 10013, 1979

EIN SCHLÜSSEL FÜR DEN MÖRDER
(Murder in the Key Club, 1962)
MIT 173, 1963

SCHNELL UND SCHMERZHAFT
(The savage sisters, 1976)
UK 1801, 1977

DER SCHUSS IM NACHTCLUB
(The corpse, 1958)
MIT 50, 1960; MIT 423, 1969
vgl. *Al Wheeler und der Schuß im Nachtclub*

SCHWERE LAST MIT LEICHTEN MÄDCHEN
(The strawberry-blonde jungle, 1978)
UK 1908, 1978

SEX IN DER DOSE
(Negative in blue, 1974)
UK 1714, 1975

DIE SEXKLINIK
(The Sex Clinic, 1971)
UK 1467, 1972

SEXPERTIN IN MORD
(Seidlitz and the Super-Spy, 1967)
UK 1236, 1969

DIE SKLAVIN MIT DEN MANDELAUGEN
(Nymph to the slaughter, 1963)
UK 1034, 1965; UK 1900, 1978

SO STIRBT KEIN HELD
(Lament for a lousy lover, 1960)
HK 1227, 1969

STARLET MONIKA
(The girl from outer space, 1965)
MIT 311, 1966

STRANDPARTY FÜR MÖRDER
(So move the body, 1973)
UK 1666, 1975

TÄGLICH FRISCHE LEICHEN
(None but the lethal heart, 1959;

auch: The fabulous, 1961)
UK 1152, 1967

TANZ IN DEN TOD
(The dance of death, 1964)
MIT 217, 1964
vgl. *Al Wheeler und der Tanz in den Tod*

DIE TIGERIN
(The tigress, 1958)
MIT 147, 1963; MIT 668, 1974

TOD EINES CALLGIRLS
(Burden of guilt, 1970)
MIT 543, 1971
vgl. *Al Wheeler und das Callgirl*

TOD EINER JUNGEN FRAU
(The hang-up kid, 1970)
MIT 500, 1970

DER TOD STEHT INS HAUS
(Tomorrow is murder, 1960)
UK 1265, 1969

DIE TODESBOTIN
(The iron maiden, 1975)
UK 1748, 1976

EINE TOTE IM ARM
(The never-was girl, 1964)
MIT 228, 1965

DAS UNHEIMLICHE HAUS
(The dumdum murder, 1962)
MIT 185, 1964
vgl. *Al Wheeler und das unheimliche Haus*

DER UNHEIMLICHE
(The body, 1957)
MIT 17, 1969; MIT 364, 1967

UNSANFT ENTSCHLAFEN
(The dream is deadly, 1960
UK 1133, 1967

UNTERNEHMEN HONGKONG
(The Hong Kong caper, 1962)
UK 1044, 1966

DER VAMPIR
(So what killed the vampire, 1966)
MIT 336, 1967

VAMPIRE TRINKEN ES
(The master, 1973)
UK 1616, 1974

VERBRECHEN IM MÄDCHENPENSIONAT
(The unorthodox corpse, 1957)
MIT 208, 1964
vgl. *Al Wheeler und das Verbrechen im Mädchenpensionat*

DIE VERFÜHRERIN
(The temptress, 1960)
MIT 104, 1962
vgl. *Al Wheeler und die Verführerin*

VERLORENES SPIEL
(The wanton, 1959)
MIT 110, 1962; MIT 655, 1974

VERRÄTERISCHE LIPPEN
(Sex trap, 1975)
UK 1762, 1976

DAS VERRÄTERISCHE TONBAND
(Who killed Dr. Sex?, 1964)
MIT 344, 1967

VOM ALPTRAUM VERFOLGT
(Girl in an shroud, 1963)
MIT 203, 1964

VOM DÄMON BESESSEN
(The wind-up doll, 1964)
MIT 237, 1965

VOR KATZEN WIRD GEWARNT
(The deadly kitten, 1967)
MIT 398, 1968

DER WEISSE BIKINI
(The white bikini, 1963)
MIT 212, 1964

WENN DIE WÜRFEL FALLEN
(The Mistress, 1959)
MIT 62, 1961

DIE WITWE
(The lover, 1958), MIT 295, 1966

EINE WITWE OHNE TRÄNEN
(No tears from the widow, 1966)
MIT 359, 1967

ZERO KOMMT GLEICH
(The scarlet flush, 1963)
UK 1084, 1966

DIE ZWILLINGSSCHWESTERN
(The passionate, 1959)
MIT 77, 1961

BROWN, FREDRIC (1906–1972)

DARIUS DER LETZTE
(His name was death, 1954)
HTH 1372, 1969
KLOPFZEICHEN 3 – 1 – 2
(Knock three – one – two, 1959)
HK 1122, 1964
DER RIPPER VON CHICAGO
(The screaming Mimi, 1949)
PTB 180, 1965
VENUS IN SCHWARZ
(The murderers, 1961)
HK 1140, 1964
WIR HABEN UNSERE OMA UMGEBRACHT
(We all killed Grandma, 1952)
HK 1429, 1970
ZWERGE STERBEN HALB SO SCHWER
(The dead ringer, 1948)
HK 1410, 1970

BROWN, HARRY (JOE, JR.)

KLAU, SCHAU, WEM?
(Duffy, 1968)
SCHE 364, 1971

BROWN, J(OHN) E(DWARD) (1920–

ZWISCHENFALL MIT ZEITZÜNDER
(Incident at 125 th Street, 1970)
RTH 2270, 1973

BROWN, PATRICK
(Pseudonym)

DAS JUWELENMÄDCHEN (OA)
PAN 182, 1960

BROWN, ROY

DAS GEHEIMNIS DER BRÜCKE
(The viaduct, 1967)
ARE 1327, 1978
DIE JUNGEN DETEKTIVE
(A Saturday in Pudney, 1966)
ARE 1179, 1971

BROWNE, GERALD A(USTIN)

DAS DIAMANTENSYNDIKAT
(11 Harrowhouse, 1972)
FAR 1654, 1975; PLAY 6112, 1980

BROWNE, HOWARD (1908–
Pseudonym: John Evans

IN EIGENER SACHE
(Thin air, 1954)
UK 850, 1961; GK 3042, 1967
TÖDLICHE SCHATTEN
(The taste of ashes, 1957)
HK 1057, 1962; GK 3077, 1968

BROWNE, MARSHALL

GNADENLOSE JAGD IN HONGKONG
(City of masks, 1981)
SCHE 939, 1983

BROWNE, NICHOLAS
Pseudonym: Nick Carter, s. d.

BROWNER, JOHN

TOD EINES PUNK
(Death of a Punk, 1980)
HK 1905, 1980

BROWNING, JOHN

MORD AUF BEFEHL
(A small organisation, 1971)
MIT 624, 1973
DAS SAFRANGELBE GEWAND
(The saffron robe, 1970)
MIT 588, 1972
DER STÄHLERNE HAI
(The sleeper, 1973)
PHOE 134, 1973
DER TOD WARTET NICHT

(If your cover is blown, 1970)
MIT 565, 1972

BRUCE, JEAN
Pseudonym von Jean Alexandre Brochet (1921–1963)

OSS 117: AM ABEND WERDEN MÖRDER FLEISSIG
(Tirez les ficelles, o. J.)
MOEK 54, 1969

OSS 117: EIN DUTZEND SÄRGE
(Travail sans filet, o. J.)
MOEK 18, 1967

OSS 117: EIN ENGEL BRAUCHT KEIN ALIBI
(Un as plus à Las Vegas, o. J.)
MOEK 17, 1967

OSS 117: E 213 STARB UMSONST
(OSS 117 Top Secret, o. J.)
MOEK 8, 1967

OSS 117: DIE FLIEGE
(OSS 117 tu le Taon, o. J.)
MOEK 19, 1967

OSS 117: GENTLEMEN MORDEN LEISE
(OSS 117 préfère les Rousses, o. J.)
MOEK 7, 1966

OSS 117: KOMM MIT MIR INS JENSEITS
(OSS 117 ici Paris, o. J.)
MOEK 9, 1967

OSS 117: DIE LEICHE SEINER EXZELLENZ
(OSS 117 à Mexico, o. J.)
MOEK 15, 1967

MÄNNER, FRAUEN UND GEFAHREN – OSS 117 LEBT NOCH –
OSS n'est pas mort, 1954)
UAR 158, 1957; UK 732, 1958

OSS 117: DER MANN AUS ODESSA
(OSS 117 à l'école, 1961)
MOEK 22, 1968

OSS 117: MAHLZEIT MIT DEM MÖRDER
(L'arsénal Sautera, o. J.)
MOEK 13, 1967

OSS 117: MR. SMITH VERGIBT EINEN JOB
(Valse Viennoise pour OSS 117, 1963)
MOEK 5, 1966

OSS 117: EIN NEUER BOSS FÜR KALKUTTA
(Lila de Calcutta, o. J.)
MOEK 1, 1966

OSS 117 DRINGT DURCH
(OSS 117 répond toujours, 1956)
UK 759, 1958

OSS 117: REISENDE IN SACHEN MORD
(Fidèlement votre . . ., o. J.)
MOEK 16, 1967

OSS 117: RESERVIEREN SIE EINEN SARG
(Rentre dans la danse, 1961)
MOEK 14, 1967

OSS 117: ROULETTE MIT EINEM KILLER
(OSS 117 au Liban, o. J.)
MOEK 2, 1966

OSS 117: SIE KENNEN KEIN ERBARMEN
(Chinoiseries pour OSS 117, 1957)
MOEK 26, 1968

OSS 117: SOLANGE DIE BOMBE TICKT
(Métamorphose à Formose, o. J.)
MOEK 10, 1967

OSS 117: SOLO FÜR KALIBER 45
(OSS 117 – Les sécrèts font la valise, o. J.)
MOEK 20, 1967

OSS 117: TEUFELSTANZ IN TOKIO
(A tout coeur à Tokyo, o. J.)
MOEK 11, 1967

OSS 117: DER TIGER KAM NACHTS
(Double bang à Bangkok, o. J.)
MOEK 4, 1966

OSS 117: TODESGRÜSSE VON MR. X
(Tortures, o. J.)
MOEK 3, 1966

OSS 117: EIN TOTER FÄLLT VOM HIMMEL
(Panique à Wake, o. J.)
MOEK 6, 1966

OSS 117: DIE WESPE
(Les monstres du Holy Loch, o. J.)
MOEK 38, 1968

OSS 117: WIE EINE RATTE IN DER FALLE
(Sous peine de mort, o. J.)
MOEK 30, 1968
OSS 117: ZUM ABSCHIED EINE LEICHE
(Affaire No. 1, 1954)
MOEK 12, 1967

BRUCE, LEO
Pseudonym von Rupert Croft-Cooke (1903–1979
AUCH ANGLER STERBEN
(Death of cold, 1956)
RTH 2142, 1963
DIE EILIGE ERBIN
(A bone and a hank of hair, 1961)
RTH 2103, 1966
EIN FALL FÜR DREI DETEKTIVE
(Case for three detectives, 1936)
HCC 2114, 1984
DIE SCHUHE DES TOTEN
(Dead man's shoes, 1958)
SM 2120, 1964
TOD AM ALBERT PARK
(Death in Albert Park, 1964)
RTH 2098, 1966
TOD AM SEE
(Death by the lake, 1971)
RTH 2370, 1976
DER TOTE IM STRANDPAVILLON
(Crack of doom, 1963)
RTH 2092, 1966

BRUNNER, BERNHARD
DAS GESICHT EINER NACHT
(The face of night, 1967)
BRA 10, 1969

BRUNNER, JOHN (KILIAN HOUSTON) (1934–
ANDERER LEUTE KASTANIEN
(Blacklash, 1969)
RTH 2316, 1974
REISE IN DIE HÖLLE
(Good men do nothing, 1970)
MIT 596, 1972
TÖDLICHE VISIONEN
(The gaudy shadows, 1970)
MIT 567, 1972

BRUSS, B. R.
WIR HABEN ALLE ANGST
(Nous avons tous peur, o. J.)
SEPTH 7, 1969

BRUSSEL, JAMES (ARNOLD) (1905–
WER SÜNDIGT MORDET AUCH
(Just murder Darling, 1959)
MOEK 42, 1968

BRUTSCHE, ALPHONSE
TÖDLICHE KÄLTE
(n. e., 1971)
HEL 13, 1972

BRYANT, MATT
TODESSPIEL AM BROADWAY
(Cue for murder, 1954)
PAN 104, 1957

BRYKCZYNSKI, TERRY
HINTER GITTERN
(Caged, 1980)
HK 1950, 1981

BUCHAN, JOHN (1875–1940)
DIE DREI GEISELN
(The three hostages, 1924)
DIO 83/4 = 20773, 1980
GRÜNMANTEL
(Greenmantle, 1916)
KÖN 31, 1973; DIO 93/2 = 20771, 1980
DIE NEUNUNDDREISSIG STUFEN
(The thirty-nine steps, 1915)
FAR 1115, 1970; DIO 93/1 = 20770, 1980)
MR. STANDFEST ODER IM WESTEN WAS

NEUES
(Mr. Standfest, 1919)
DIO 93/3 = 20772, 1980

BUCHANAN, JAMES (DAVID)
DUELL AM ABGRUND
(Red dog, 1971)
SCHE 825, 1981

BUCHANAN, PATRICK
Gemeinsames Pseudonym von Edwin Corley (1931–1981) und Jack Murphy
AMOKLAUF
(A parliament of owls, 1971)
PHOE 103, 1971; KK 82, 1982
DER HAI IM HAUS
(A requiem of sharks, 1973)
SCHE 568, 1976
EINE STADT IN ANGST
(A murder of crows, 1970)
PHOE 110, 1972

BUCHANAN, WILLIAM
DAS SCHLOSS MIT DEN GEHEIMGÄNGEN
(Doctor Anger's Island, 1961)
ARE 1172, 1971

BUCHARD, ROBERT (1931–
30 SEKUNDEN ÜBER NEW YORK
(Trente secondes sur New York, 1970), GAR 2966, 1972

BUCK, PEARL S(YDENSTRIKKER) (1892–1973)
TOD IM SCHLOSS
(Death in the Castle, 1965)
HAR 5063, 1973

BUCKINGHAM, NANCY
s. *Erica Quest*
GIFT DER LEIDENSCHAFT
(Victim of Love, 1967)
HRO 2012, 1978

BUCKLEY, WILLIAM (FRANK, JR.) (1925–
DIE RETTUNG DER KÖNIGIN
(Saving the Queen, 1976)
UAR 20375, 1983

BUDE, JOHN (1901–1957)
Pseudonym von Ernest Carpenter
DIE SPUR IN DEN KLIPPEN
(Twice dead, 1953)
AUF 53, 1954

BUDNICK, DOROTHEA RENATA (1919–
ABER DIE STEINE SCHWEIGEN NICHT
(OA)
MIV o. Nr., 1980

BUELL, JOHN (EDWARD) (1927–
HIGHWAY
(The Shrewsdale exit, 1972)
RAR 4036, 1977

BULL, R. C.
INSPEKTOR REEDER UND DIE MÖRDER
U. A. STORIES
(6 Stories)
(Great tales of mystery, 1960)
HCC 1724, 1977

BULWER-LYTTON, EDWARD (GEORGE EARLE) (1803–1873)
NACHT UND MORGEN
(n. e.)
DTV 1032/1033, 1974
WAS WIRD ER DAMIT MACHEN? NACHRICHTEN AUS DEM LEBEN EINES LORDS
(What will he do with it?)
DTV 1083/1084, 1975

BUNN, THOMAS (1944–
LEICHE IM KELLER

(Closet bones, 1977)
GK 4846, 1980

BURGER, KURT
PEDRO – DER SOHN DES SCHMUGGLERS
BJL 17, 1967

BURGER, NEAL R. UND GEORG R. SIMPSON
SPURLOS VERSCHWUNDEN
(Thin air, 1978)
BAR 10146, 1982

BURGER, RED
(Pseudonym)
Autor der Kriminalroman-Serie: *»Kommissar X«;* s. *Anhang.*
Autor der Nummern: 404, 411, 415, 420, 431, 443, 462, 472, 478, 523, 529, 537.

BURGESS, CHARLES
BUMERANG AUS GOLD
(Backfire, 1959)
HK 1246, 1967

BURK, MICHAEL (1928–
DANN GNADE DIR GOTT (1978)
HAR 5752, 1980
ICH BIN DER BOSS – UND DER BOSS IRRT NIE
HAR 5083, 1974
KANN EIN MANN NOCH BESSER SEIN?
(bearbeitete Fassung der beiden Werke »Ich bin der Boß – und der Boß irrt nie«, »Das Superding in Caracas«)
HAR 6134, 1982

BURKE, J(ACKSON) F(REDERICK) (1915–
KÖNIG KUNDE KILLT MAN NICHT
(Death trick, 1974)
GK 4567, 1976
MIT PIANO UND PISTOLE
(Crazy, Woman Blues, 1978)
SCHE 729, 1979
PUST' IHN UM, JOE
(The Kama Sutra Tango, 1977)
SCHE 694, 1979
STICH INS WESPENNEST
(Kelly among the nightingales, 1979)
SCHE 762, 1980
WEST SIDE HOTEL
(Location shots, 1974)
GK 4559, 1976

BURKE, JAMES WAKEFIELD (1916–
FRAU KOMM
(The big rape, 1952)
AMS 9, 1953

BURKE, JOHN (FREDERICK) (1922–
Pseudonyme: Jonathan Burke, Harriet Esmond, Martin Sands
PROTOKOLL EINER NACHT
(Guilty party, 1962)
SCHE 278, 1967
DIE TODESKARTEN DES DR. SCHRECK
(Dr. Terror's house of horror, 1965)
HAR 418, 1966

BURKE, JONATHAN
Pseudonym von John (Frederick) Burke (1922–
Weitere Pseudonyme: Harriet Esmond, Martin Sands
DREI TOLLE TAGE
(Deadly downbeat, 1962)
GK 1215, 1963
EIN SPIEL FÜR HARTE MÄNNER
(Only the ruthless can play, 1965)
GK 2168, 1966

BURKLEY
(Pseudonym)
KOMMISSAR BURKLEY: DIE ERBEN
LL 9, 1960
KOMMISSAR BURKLEY: DER GROSSE DREH
LL 1, 1960
KOMMISSAR BURKLEY: DAS RÄTSEL DER WEISSEN NARZISSE
LL 5, 1960
KOMMISSAR BURKLEY: DIE ROTE MASKE
LL 7, 1960
KOMMISSAR BURKLEY: DIE SPINNE
LL 3, 1960

BURLEY, J. W.
s. *W. J. Burley*

BURLEY, W(ILLIAM) J(OHN) (1914–
GRUSS AUS DER VERGANGENHEIT
(The schoolmaster, 1977)
SCHE 723, 1979
MEHR ALS EIN MOTIV
(Guilt edged, 1971)
GK 4395, 1974
TRAUTES HEIM, MORD ALLEIN
(Wycliffe and the scapegoat, 1978)
SCHE 756, 1980
TOD EINER KATZE
(To kill a cat, 1970)
SCHE 396, 1972
UND WILLST DU NICHT MEIN MÖRDER SEIN . . .
(The three-toed Pussy, 1968)
SCHE 358, 1970
UNTERRICHT IN ANGST UND SCHRECKEN
(Wycliffe and the schoolgirls, 1976)
SCHE 650, 1978
WENN TOTE ZEUGEN REDEN
(Wycliffe in Poul's Court, 1980)
SCHE 826, 1981

BURMESTER, CHARLY
ALLE ZEUGEN MUSSTEN STERBEN – KEINER ENTKOMMT DEM FINANZAMT
PANS 6, 1959

BURNETT, GEORGE (STANLEY) (1918–
AUF DER SCHWARZEN LISTE
(Dead account, 1966)
GK 4096, 1971

BURNETT, W(ILLIAM) R(ILEY) (1899–1982)
Pseudonym: John Monahan
ASPHALT-DSCHUNGEL
(The asphalt jungle, 1949)
MIT 153, 1963
vgl. *. . . da waren es nur noch zwei*
. . . DA WAREN ES NUR NOCH ZWEI
(The asphalt jungle, 1950)
BK 36019, 1979
vgl. *Asphalt-Dschungel*
EIN GEFÄHRLICHER WEG
(Vanity row, 1952)
MIT 178, 1964
DER GEZEICHNETE
(Underdog, 1957)
MIT 280, 1966
GOODBYE CHICAGO
(Good-bye, Chicago, 1981)
HK 2030, 1983
HIGH SIERRA
(High Sierra, 1940)
DIO 21208, 1984
DER KLEINE CÄSAR
(Little Caesar, 1929)
HCC 1680, 1976
vgl. *Kleiner Cäsar; Little Caesar*
KLEINER CÄSAR
(Little Caesar, 1929)
MIT 137, 1963
vgl. *Der kleine Cäsar; Little Caesar*
LITTLE CAESAR
(Little Caesar, 1929)

DIO 21061, 1983
vgl. *Der kleine Cäsar; Kleiner Cäsar*

EIN MANN NAMENS CONANT
(Conant, 1961)
MIT 117, 1962

NACHTCLUB VOLARI
(Round the clock at Volari's, 1961)
MIT 198, 1964

SPÄTERER MORD NICHT AUSGESCHLOSSEN
(Nobody lives forever, 1943)
HK 1395, 1970; HCC 1819, 1978

VON VIELEN HUNDEN GEHETZT
(The cool man, 1968)
MIT 424, 1969

BURNS, REX (RAOUL STEPHEN SEHLER) (1935–

DER ALVAREZ-CLAN
(The Alvarez Journal, 1975)
RTH 2480, 1979

EINER MUSS GESUNGEN HABEN
(The Farnsworth score, 1977)
RTH 2516, 1980

DIE INFORMATION
(Angle of attack, 1979)
RTH 2561, 1981

DER SCHLÜSSEL ZUM TOD
(Speak for the dead, 1978)
RTH 2524, 1980

BURON, ROLF

MORD IN STUDIO 12 (OA)
KEL 813, 1971

SCHATTEN ÜBER VENEDIG (OA)
SCHN 172, 1979

BURTON, GEORGE W.
(Pseudonym)
Autor der Kriminalroman-Serie: *»Kommissar X«;* s. *Anhang.*
Autor der Nummern: 517, 520, 547, 560, 581.

BURTON, JOHN
(Pseudonym)

WER SÜNDIGT, MORDET AUCH (OA)
KEL 1024, 1978

BUSCH, KARL-HEINZ

KÖNIG DER GELDSCHRANKKNACKER – ER STAHL 16 MILLIONEN OHNE EINEN SCHUSS (OA)
PANS 3, 1959

VIER JAHRE TODESZELLE – DER MANN, DER FÜNFZEHNMAL STARB (OA)
PANS 9, 1959

ZARTE FRACHT FÜR HARTE WÄHRUNG (OA)
PANS 5, 1959

BUSCH, K. H.
zusammen mit Hay, Stephan

ALLEN DROHTE DER TOD (OA)
PANS 4, 1959

BUSH, CHRISTOPHER (1885–1973)
Pseudonym: Michael Home

GRAB OHNE TOTEN
(The case of the extra grave, 1961)
SCHE 196, 1963; KK 3, 1980

BIS GRAS DARÜBER WUCHS
(The case of the happy warrior, 1950), SCHE 212, 1964

DER MANN, DER ZWEIMAL STARB
(The case of the counterfeit Colonel, 1952), SCHE 230, 1965

BUTLER, GERALD (ALFRED) (1907–

DER TOD KOMMT, ELISABETH
(There is a death, Elizabeth, 1972)
MIT 654, 1974

BUTLER, GWENDOLINE (WILLIAMS) (1922–
Pseudonym: Jennie Melville

das brennende haus
(THE BRIDES OF FRIEDBERG, 1977)
HRO 2058, 1980
saison für einen guten onkel
(COFFIN'S DARK NUMBER, 1969)
HK 1452, 1971

BUTLER, MICHAEL (1941– UND DENNIS SHRYACK

DER MANN, DER NIEMALS AUFGIBT
(The gauntlet, 1977)
PBK 22, 1978

BUTTERWORTH, MICHAEL (1924–

Pseudonym: Carola Salisbury

BLUMEN FÜR EINE TOTE HEXE
(Flowers for a dead witch, 1971)
UK 1933, 1978

GRAUEN UNTER ZYPRESSEN
(Villa on the shore, 1973)
UK 1904, 1978

HERZDAME IN SCHWARZ
(The black look, 1972)
UK 1854, 1977

DER LAUTLOSE SCHREI
(The soundless scream, 1967)
HTH 1303, 1968; UK 10112, 1981

LEICHEN ERHALTEN DIE FREUNDSCHAFT
(Remains to be seen, 1976)
UK 10084, 1981

DER LETZTE SONG IST FÜR DEN TOD
(Festival!, 1976)
UK 1874, 1978

LÖSEGELD FÜR MARX
(X marks the spot, 1978)
UK 1975, 1979

MIT LEICHEN SPIELT MAN NICHT
(Vanishing act, 1969)
UK 1892, 1978

BUTTLAR, JOHANNES VON

DAS ALPHA-FRAGMENT (OA)
GAR 6492, 1983

BYRD, MAX

SCHNEE AUS ÜBERSEE
(Fly away, Jill, 1981)
HK 2023, 1983

DIE WURZELN DES ÜBELS
(California Thriller, 1981)
HK 1979, 1982

CADE, ROBIN

Pseudonym von Christopher Robin Nicole (1930–

DER SCHWIMMENDE VULKAN
(The fear dealers, 1974)
GK 4527, 1976

CADELL, (VIOLET) ELIZABETH (1903–

Pseudonym: Harriet Ainsworth

DIE DAME LIEBT DIAMANTEN
(Game in diamonds, 1976)
RAR 4613, 1980

CADENBACH, JOACHIM (1925–

INSEL OHNE SCHATTEN (OA)
GDA 5626, 1982

CAIDIN, MARTIN (1927–

VERSCHWUNDEN IM BERMUDA-DREIECK
(Three corners to nowhere, 1975)
HAR 5709, 1980

CAILLOU, ALAN

Pseudonym von Allan Lyle-Smythe (1914–

DIE DIAMANTENROUTE
(Diamonds wild, 1979)
PBK 34, 1980

MITTEN INS VERDERBEN
(Assault on loveless, 1969)
PHOE 124, 1973

CAIN, JAMES M(ALLAHAN) (1892–1977)

DAS BABY IM EISSCHRANK
[5 Stories: Pastorale / Das Baby im Eisschrank / Toter Mann / Eine Reise ins Glück / Das Geld und die Frauen (= Der Betrüger)]
(The Baby in the icebox, 1981)
(5 Stories: Pastorale / The Baby in the icebox / Dead man / Joy in the Glory/The embezzler)
GLIT 5244, 1983
vgl. *Der Defraudant*

BLUTIGER SCHMETTERLING
(The butterfly, 1947)
RTH 2231, 1971; GLIT 5249, 1984

DER DEFRAUDANT
(The embezzler, 1940)
RAR 30, 1952; RTH 2148, 1968
vgl. *Das Baby im Eisschrank*

ES BEGANN AM SACRAMENTO
(Past all dishonor, 1946)
RAR 1585, 1973

DEN HAIEN ZUM FRASS
(Double indemnity, 1943)
BRA 5, 1969; BKEL 37003, 1974; BK 36020, 1979

DER HASS KANN NICHT SCHLAFEN
(The root of his evil, 1952)
BKAM 87, 1970

IM DUNKEL JENER NACHT
(Galatea, 1953)
BOUL 47, 1972

EINE JUNGE SCHÖNE WITWE
(Mignon, 1962)
RAR 1743, 1974

KARRIERE IN C-DUR
(Career in C Major, 1943)
GLIT 5256, 1984

DAS MÄDCHEN, DAS VOM HIMMEL FIEL
(Rainbow's end, 1975)
RTH 2423, 1977

MORD IN RENO
(Jealous woman, 1950)
GK 4506, 1975

DIE RECHNUNG OHNE DEN WIRT
(The postman always rings twice, 1934)
RAR 30, 1951; UAR 116, 1956; UK 718, 1957; RTH 2168, 1969; HCC 1779, 1978
vgl. *Wenn der Postmann zweimal klingelt*

SERENADE IN MEXIKO
(Serenade, 1937)
FAR 13, 1952; BKAM 57, 1969; BUNT 13024, 1972

DAS SÜNDIGE MÄDCHEN
(Sinful woman, 1948)
BOUL 40, 1972

TÖDLICHE BEGIERDE
(The magicians wife, 1965)
BKAM 99, 1970

WENN DER POSTMANN ZWEIMAL KLINGELT . . . (The postman always rings twice, 1934)
HK 1960, 1981; HAR 5938, 1981
vgl. *Die Rechnung ohne den Wirt*

ZARTE HÄNDE HAT DER TOD
(The institute, 1976), GLIT 5224, 1981

CAIRD, JANET (HINSHAW) (1913–

IM SARG LIEGT MAN SICHER
(Murder remote, auch: The shrouded way, 1973), GK 4342, 1974

CAIRNE, PITT
(Pseudonym)

DER FALL MAUD LISTER
KTR 10, 1958

CALDE, MARK A(UGUSTINE) (1945–

DER SCHATTENBOXER

(Shadowboxer, 1976)
SCHE 725, 1979

CALDWELL, (JANET MIRIAM) TAYLOR (HOLLAND) (1900–

DIE GESELLSCHAFT IM BLIZZARD
(The late Clara Beame, 1963)
GK 3010, 1967; GAR 3350, 1973

CALEF, NOEL (1907–

FAHRSTUHL ZUM SCHAFOTT
(Ascenseur pour l'échafaud, 1956)
MIT 10, 1958; HCC 1855, 1979

DAS GEHEIMNIS DER »JUANITA«
(Les oursseloups, 1958)
MIT 40, 1960

DEN TOD IN DER HAND
(Echec au porteur, 1956)
MIT 19, 1959

CALLAGAN, MIKE

(Pseudonym)
Alle Titel unter der Serie:
Mr. Brooklyn – Der Schnüffler von New York bzw. Mike Callagan der Schnüffler

AASGEIER
KEL 1084, 1979

BYE-BYE, GINGER BALOU
KEL 1095, 1979

CHARTER INS NIRWANA
KEL 1115, 1979

DRIVE-IN FÜR KESSE KATZEN
KEL 1107, 1979

ER JAGTE JOHNNIES MÖRDER
KEL 854, 1977

EIN JOB FÜR LEBENSMÜDE
KEL 1052, 1978

JUNGE WITWEN ZAHLEN BAR
KEL 1032, 1978

K.O. FÜR EINEN KILLER
KEL 1063, 1979

REQUIEM FÜR JOHN LANCASTER
KEL 1100, 1979

CALVIN, HENRY

Pseudonym von Clifford Hanley (1922–

DEM DOPPELGÄNGER AUF DER SPUR
(Take two popes, 1972)
MIT 643, 1973

IN EINER KLEINEN FRIEDLICHEN STADT
(A nice friendly town, 1967)
MIT 460, 1969

DAS ITALIENISCHE ABENTEUER
(The Italian gadget, 1966)
MIT 420, 1969

DAS LABOR DES DR. CADDER
(The D. N. A. Business, 1967)
MIT 446, 1969

MIRANDA MUSS STERBEN
(Miranda must die, 1968)
MIT 475, 1970

DIE UNHEIMLICHE REISE
(It's different abroad, 1963)
MIT 432, 1969

CAMBON, RENE

DES TEUFELS KASSIERER
(Le cassier du diable, 1968)
GK 3235, 1969

DER TOD GING AN IHM VORÜBER
(Machination pour un cocu, 1972)
MIT 662, 1974

CAMERON, LOU (1924–

IM TRÜBEN IST GUT MORDEN
(The amphorae pirates, 1970)
HK 1472, 1972

TIZIANROT UND TOT
(File on a missing redhead, 1968)
HK 1439, 1971

CAMPBELL, KAREN

Pseudonym von Betty Beaty
(1922–

IM SOG
(Wheel fortune, 1973)
BAR 15038, 1976
LANDUNG VORAUSSICHTLICH 23 UHR
(Suddenly, in the air, 1969)
BUNT 15, 1972

CAMPBELL, R. WRIGHT

STICHE IM DUNKELN
(Malloy's subway, 1981)
BTH 19024, 1983
UNTERNEHMEN OSCAR
(Killer of kings, 1979)
BTH 19030, 1983

CANN, AL

(Pseudonym)
Autor der Kriminalroman-Serie: *»Kommissar X«;* s. *Anhang.*
Autor der Nummern: 394, 399
AFFÄRE SCOTT
DLV 750, 1966
ENTFÜHRT
KEL 782, 1969
DIE FRAU MIT DER SPINNENHAND
KEL 773, 1968
GOLD AUS CAMPIONE
KEL 786, 1969
DER GROSSE COUP
KEL 761, 1967
IN DEN FÄNGEN DER MAFFIA
DLV 754, 1966
LUSTMORD
KEL 778, 1969
DER MANN MIT DEM GRÜNEN GESICHT
KEL 758, 1967
EIN MANN NAMENS DILLINGER
KEL 794, 1969
DER MÖRDER DER RUTH HOLLOWAY
KEL 768, 1968
DER NADELSTICH
KEL 805, 1970
TÖTE ODER STIRB
KEL 807, 1970
URLAUB ZUM STERBEN
KEL 777, 1968

CANNAN, JOANNA

Pseudonym von Joanna Maxwell Cannan Pullein-Thompson (1898–1961)
ALTE SÜNDEN
(Long shadows, 1955)
UK 823, 1961
... IM PREIS INBEGRIFFEN
(Murder included, 1950)
UK 798, 1960
... UND DOCH EIN SCHURKE SEIN
(And be a villain, 1958)
UK 1102, 1967

CANNING, VICTOR (1911–

AUF DER SPUR
(The rainbird pattern, 1972)
BAR 14047, 1977
DAS BRENNENDE AUGE
(The burning eye, 1960)
BKAM 22, 1968; GAR 3859, 1979
DER CHARLIE-BAZILLUS
(The doomsday carrier, 1976)
GAR 6661, 1984
DER DRACHENBAUM
(The dragon-tree, 1958)
auch: (The captives of Mora Island, 1958)
BKAM 88/89, 1970; BAR 12034, 1975
ERPRESSUNG DURCH SCORPIO
(The Scorpio letters, 1964)
BKAM 48, 1969; BKEL 37014, 1975
EXPERIMENT MIT DEM TERROR
(The melting man, 1968)
PHOE 111, 1972
GEHEIMNIS FÜR DREI
(Vanishing point, 1982)
GK 4950, 1984
DAS HAUS ZU DEN SIEBEN FLIEGEN

(The house of the seven flies, 1952)
GK 3246, 1970

HINTER DER LIMBO-LINIE
(The Limbo-Line, 1963)
BKAM 72, 1969; GAR 6422, 1982

KENNWORT: PYTHONSCHLANGE
(The Python Project, 1967)
BKAM 152/153, 1972; GAR 3479, 1977

DIE OPIUMBARKE
(Doubled in diamonds, 1966)
BKAM 96, 1970; BAR 14019, 1974

QUERVERBINDUNGEN
(The satan sampler, 1979)
GLIT 5207, 1980

DER RAUB DER FURIEN
(A delivery of furies, 1961)
BKAM 29, 1968; GAR 6463, 1982

RIVALEN AM RIFF
(The manasco road, 1957)
GK 3267, 1970

SCHACH DER KÖNIGIN
(Queen's pawn, 1969)
BAR 12013, 1973

SCHWARZER FLAMINGO
(Black Flamingo, 1962)
GAB 34, 1970

SCHWARZER PANTHER
(Panther's moon, 1948)
GK 3265, 1970

DAS SÜNDENMAL
(The Kingsford Mark, 1975)
GTH 4779, 1978

TOCHTER DES SATURN
(The finger of Saturn, 1973)
GAR 3413, 1976

DAS VERBORGENE GESICHT
engl. T. (Hidden face, 1956)
am. T. (Burden of proof, 1956)
GK 3263, 1970

DER VERLORENE FREITAG
(Firecrest, 1971)
BAR 14036, 1976

DIE WAHRHEIT ERFAHREN SIE SPÄTER
(The mask of memory, 1974)
GK 4584, 1976

CANNON, CURT (1926–
Pseudonym von Evan Hunter
Weitere Pseudonyme: Hunt Collins, Ezra Hannan, Ed McBain, Richard Marsten; s. d.

TÖDLICHE LÜGEN
(I'm Cannon – for hire, 1958)
PAN 136, 1959

CANNON, ELLIOTT
Pseudonym Arthur Elliott-Cannon
Weiteres Pseudonym: Nicholas Forde

RISKANTE SACHE
(Element of risk, 1975)
GK 4606, 1976

CAPOTE, TRUMAN (1924–

KALTBLÜTIG
(In cold blood, 1965)
RAR 1176, 1969

CARABATSOS, STEVE UND CHESTER KRUMHOLZ

KOJAK: ULTIMATUM FÜR KOJAK
(Birthday party, 1976)
BFK 38036, 1978)

CARDOT, MIREILLE
s. *N.-L. Bernheim*

CARLINO, LEWIS JOHN (1932–

DES PATEN NACHTGESANG
(The mechanic, 1972)
SCHE 465, 1974; KK 74, 1982

CARLON, PATRICIA (BERNARDETTE)

EIN KILLER ZU GAST

(Betray me – if you dare, 1966)
RTH 2175, 1969

STERBEN IST KEIN KINDERSPIEL
(Hush, it's a game, 1967)
RTH 2184, 1969

CARMEL, JACQUELINE U. SHIMSHON

DER PLAN
(The Arab take-over bid, 1976)
MOL 116, 1979

CARMICHAEL, HARRY

Pseudonym von Leopold Horace Ognall (1908–1979)
Weiteres Pseudonym: Hartley Howard, s. d.

AFFÄRE DR. H.
(The link, 1962)
GK 3056, 1968

BITTER WIE STRYCHNIN
(Suicide clause, 1966)
GK 4085, 1971

ENDE DER FLITTERWOCHEN
(Justice enough, 1956)
GK 4474, 1975

ETWAS BITTER IM GESCHMACK
(A slightly bitter taste, 1968)
GK 4091, 1971

FALSCHER GLANZ UND ECHTE STEINE
(Money for murder, 1955)
GK 4465, 1975

DAS FERNGELENKTE ALIBI
(Remote control, 1970)
GK 4019, 1970

FRAU IM LABYRINTH
(Flashback, 1964)
GK 4595, 1976

GEBURTSTAGSTORTE MIT NACHGESCHMACK
(Candles for the dead, 1973)
GK 4354, 1974

GEFÄLSCHTE INDIZIEN
(False evidence, 1976)
GK 4611, 1976

GEFAHR FÜR MADELEINE
engl. T. (Put out that star, 1957)
am. T. (Into thin air, 1957)
GK 2236, 1966

GEFLOHEN AUS DARTMOOR
(The condemned, 1967)
GK 4012, 1970

EIN GRAB FÜR ZWEI
(A grave for two, 1977)
GK 4737, 1978

KÖDER MIT HAKEN
(Most deadly hate, 1971)
GK 4138, 1972

LADY IN DER SCHLINGE
(Noose for a Lady, 1955)
BLG 41, 1960

LIEBE, MORD UND FALSCHE ZEUGEN
(Confession, 1961)
GK 4847, 1980

MEHR SCHATTEN ALS LICHT
engl. T. (Requiem for Charles, 1960)
am. T. (The late unlamented, 1960)
GK 2244, 1966

MIT TÖDLICHER KONSEQUENZ
(The motive, 1974)
GK 4456, 1975

MORD KENNT KEINE SCHWEIGEPFLICHT
(Life cycle, 1978)
GK 4892, 1980

NACH DEM SCHOCK
engl. T. (Stranglehold, 1959)
am. T. (Marked man, 1959)
GK 4447, 1975

NOTAUSGANG
(Emergency Exit, 1957)
BLG 31, 1959
vgl. *Notausstieg*

NOTAUSSTIEG
(Emergency Exit, 1957)
GK 4489, 1975
vgl. *Notausgang*

SAFE-GEHEIMNISSE
(Safe secret, 1964)
GK 4482, 1975

TOD IN FLAGRANTI
(Naked to the grave, 1972)
GK 4344, 1974

DER TOD ZÄHLT BIS DREI
engl. T. (Death counts three, 1954)
am. T. (The screaming rabbit, 1954)
GK 4785, 1978

DIE TRÄNEN KOMMEN ZU SPÄT
(Too late for tears, 1973)
GK 4289, 1973

DAS VERFAHREN IST EINGESTELLT
(Death trap, 1970)
GK 4107, 1971

DER ZWEITE FEHLER
(The quiet woman, 1971)
GK 4186, 1972

CARNAC, CAROL

Pseudonym von Edith Caroline Rivett (1894–1958)
Weiteres Pseudonym: E. C. R. Lorac

DOPPELTES SPIEL
(A policeman at the door, 1953)
MIT 127, 1962

DER MANN IM SCHATTEN
engl. T. (Long shadows, 1958)
am. T. (Affair at Helen's Court, 1958)
MIT 33, 1960

MORD IM GÄSTEHAUS
(Murder among members, 1955)
MIT 24, 1959

DER TOTE IM FEUER
(The burning question, 1957)
MIT 120, 1962

CAROFF, ANDRE

FBI JAGT BLOND UND BRAUN
(n. e.)
SEPK 13, 1969

MISS ATOMOS GEGEN KU-KLUX-KLAN
(Miss Atomos contre K. K. K.)
TK 17, 1973

DIE MONSTREN DER MADAME ATOMOS
(Les monstres de Madame Atomos, o. J.)
TK 15, 1972

PISTOLE IN POSTAMT VIER
(Meurtres en commun, o. J.)
SEPK 3, 1968

DIE RATTE VON RIO
(Le rat de Rio, o. J.)
SEPTH 12, 1969

DAS UNHEIMLICHE SANATORIUM
(Nevrose, 1972)
HEL 26, 1973

DAS TIER
(Mme. Atomos cherche la petite bête, o. J.)
HEL 18, 1972

CARPENTER, CLIFF

Autor der Kriminalroman-Serie: *»Kommissar X«;* s. *Anhang.*
Autor der Nummer 556

CARR, A(LBERT) H. Z(OLOTKOFF) (1902–1971)

SEIN FREUND DER MÖRDER
am. T. (Finding Maubee, 1971)
engl. T. (The Calypso murders, 1971), HK 1485, 1972

CARR, GLYN

Pseudonym von (Frank) Showell Styles (1908–

DER TOTE IM KAMIN
(Fat man's agony, 1969)
GK 3291, 1970

CARR, JOHN DICKSON (1905–1977)

Pseudonyme: Carr Dickson, Carter Dickson, Roger Fairbairn

. . . AUF DASS IHR NICHT GERICHTET WERDET
engl. T. (The seat of the scornful, 1941)
am. T. (Death turns the tables, 1941)
UK 989, 1964

DER BLINDE BARBIER
(The blind barber, 1934)
UK 1026, 1965

DER CLUB DER MASKEN
engl. T. (The waxworks murder, 1932)
am. T. (The corpse in the waxworks, 1932)
MIT 102, 1962; HCC 1740, 1977

DIE DOPPELGÄNGERIN
(The burning Court, 1937)
SCHE 83, 1956; UK 1035, 1965

DER FLÜSTERER
(He who whispers, 1946)
SCHE 2, 1947; UK 1151, 1967

DAS GESPENST DER GEZEITEN
(The witch of the low-tide, 1961)
SCHE 167, 1962

DIE GRÜNE HÖLLE
(The problem of the green capsule, 1939)
BBA 30, 1950
vgl. *Die grüne Kapsel*

DIE GRÜNE KAPSEL
(The problem of the green capsule, 1939)
SCHE 70, 1954; UK 1046, 1966
vgl. *Die grüne Hölle*

IHR ERGEBENER HALSABSCHNEIDER
(Captain Cut-throat, 1955)
SCHE 161, 1961

DES KAISERS SCHNUPFTABAKDOSE
(The Emperor's snuff-box, 1942)
UK 996, 1964

DER MAGISCHE STEIN
(To wake the dead, 1938)
SCHE 180, 1962; SCHE 636, 1978

MORD AM NETZ
(The problem of the wire cage, 1939)
UK 1254, 1969
vgl. *Carter Dickson: Tennisspieler und Seilakrobaten*

ROULETT DER RÄCHER
(Dark of the moon, 1967)
SCHE 366, 1971; XEN 40, 1977; SCHE 684, 1978

SCHATTEN DER VERGANGENHEIT
(The eight of swords, 1934)
UK 1015, 1965

DIE SCHLAFENDE SPHINX
(The sleeping sphinx, 1947)
SCHE 11, 1948; KK, 1980

DIE SCHMUTZIGE STADT
(The demoniacs, 1962)
SCHE 213, 1964

DIE SCHWARZEN LILIEN VON DELYS HALL
(Deadly Hall, 1971)
UK 1510, 1972

DAS SKELETT
(The skeleton in the clock, 1948)
SCHE 242, 1965

DIE STRASSE DES SCHRECKENS
(The lost gallows, 1931)
SM 40, 1961

DER TOD EINES ZAUBERERS
(Patrick Butler for the defense, 1956)
XEN 7, 1976
vgl. *Der Zauberer*

EINE UHR STEHT STILL
(The bowstring murders, 1933)
SCHE 25, 1949; UK 1303, 1970

DAS UMGEKEHRTE KREUZ
(Below suspicion, 1949)
SCHE 50, 1952; UK 1553, 1973

DER UNSICHTBARE
engl. T. (The three coffins, 1935)

am. T. (The hollow man, 1935)
SCHE 59, 1953; UK 1074, 1966

DER VERGOLDETE UHRZEIGER
(Death-watch, 1935)
SCHE 133, 1960

DAS VERHEXTE HAUS
(The man who could not shudder, 1940)
UK 1013, 1965

DIE VERSCHLOSSENE TÜR
(The dead man's knock, 1958)
SCHE 116, 1959

VERWIRRUNG AUF SCHLOSS SHIRA
(The case of the constant suicides, 1941)
SM 84, 1962

DIE VOODOO-KÖNIGIN
(Papa Là-Bas, 1968)
UK 1284, 1970

VORHANG AUF FÜR DEN MÖRDER
(Panic in Box C, 1966)
SCHE 329, 1969

DER WAHRSAGER UND DIE WAHRHEIT
(Till death do us part, 1944)
SM 51, 1961

WER DIE ANTWORT SCHULDIG BLEIBT . . .
(The nine wrong answers, 1952)
SCHE 670, 1978
vgl. *Carter Dickson: Die schuldige Antwort*

DER ZAUBERER
(Patrick Butler for the defense, 1956)
SCHE 105, 1958; SCHE 620, 1977
vgl. *Der Tod eines Zauberers*

DAS ZEICHEN IM BRUNNEN
(Hag's nook, 1933)
SM 63, 1961

DAS ZIMMER DER ROTEN WITWE
(The red widow murders, 1935)
UK 1344, 1970
vgl. *Carter Dickson*

ZWEIMAL ERMORDET
(The four false weapons, 1937)
SCHE 93, 1957; KK 29, 1980

CARR, J(OHN) D(WIGHT)
(Pseudonym)

DER GELBE SCHLÜSSEL
SM 2154, 1965; KEL 1025, 1978

MIT EINEM MESSER IM KNOPFLOCH
KEL 1020, 1978

MORDE À LA MANILA
KEL 1068, 1979

DAS TAGEBUCH EINES MÖRDERS
HK 1070, 1962; KEL 1055, 1978

TOD ANGEKÜNDIGT
BBA 65, 1953

DIE VIER SMARAGDE DER DONA SERAFINA
BBA 36, 1951

DIE WEISSE SCHLANGE
KEL 853, 1977

CARR, LARRY
(Pseudonym)
Autor der Serie: *Fledermaus;* s. *Anhang.*
Autor der Nummern: 341, 345, 353

CARR, MARGARET
Pseudonyme: Martin Carroll, Carole Kerr

DER LOCKVOGEL
(Sitting duck, 1972)
HLK 1538, 1973

VERRÄTERISCHES BLUT
(Blood will out, 1975)
HRO 1999, 1977

CARRICK, JOHN
Pseudonym von Hugh Provan Crosbie (1912–

DER GEIER
(The vulture, 1964)
RTH 2100, 1966

CARROLL, JOY

DAS ZIMMER DES VERGESSENS
(Soul's end, 1974)
HRO 1974, 1976; HRO 2170, 1984

CARSTAIRS, JOHN PADDY (1910–

GARDENIEN VERWELKEN SCHNELL
(Gardenias bruise easily, 1958)
GK 4105, 1971

GEFÄHRLICHER IRRTUM
(Pardon my gun, 1962)
MMV 6, 1968
vgl. *Der Nachmittag eines Mörders*

MP IN ZARTEN FINGERN
(No thanks for the shroud, 1967)
GK 4082, 1971

DER NACHMITTAG EINES MÖRDERS
(Pardon my gun, 1962)
GK 4075 1971
vgl. *Gefährlicher Irrtum*

TREFFPUNKT ST. TROPEZ
(Touch a French pom-pom, 1960)
GK 4099, 1971

CARSTENS, FRED

CHERUBIM – DER ENGEL MIT DER MASKE
KEL 1049, 1978

GORDON ZIEHT ALLE REGISTER
KEL 1145, 1980

CARTER, HOWARD
(Pseudonym)

DIE BESTIE
ERB 25, 1974

DER CHEF, DER VON DRÜBEN KAM
ERB 36, 1975

GELIEBTER MÖRDER
ERB 19, 1974

GIFT IM DUNKELN
ERB 28, 1974

HAIE
ERB 32, 1975

KEINE CHANCE GEGEN DEN TOD
ERB 26, 1974

LOCKVOGEL
ERB 29, 1974

MILTON IM ZWIELICHT
ERB 37, 1975

MIT IHR KAM DAS VERDERBEN
ERB 30, 1974

MORDSAISON
ERB 38, 1975

NACKT UND TOT
ERB 27, 1974

PUBLICITY MIT EINEM TOTEN
ERB 17, 1974

RENDEZVOUS MIT EINEM TOTEN
ERB 34, 1975

CARTER, MAX

SIEBEN JAHRE UND DREI TAGE
(Call me killer, 1953)
BRA 53, 1973

CARTER, NICK
(Pseudonym)

ATTENTAT AM ÖLTURM
(The green wolf connection, 1976/ A: Dennis Lynds)
UK 1820, 1977

ATTENTAT AUF HAWAII
(The doomsday formula, 1969/ A: Jon Messmann)
UK 1508, 1972

AUFGESPÜRT UND ABSERVIERT
(Operation starvation, 1966/ A: Nicholas Browne)
MOEK 62, 1969

BENGALISCHES FEUER
(Night of the avenger, 1973/ A: Dan Streib & Chet Cunningham)
UK 1610, 1974

BLUT AUF ALLAHS SCHWERT
(The death of the falcon, 1974/ A: Jim Bowser)
UK 10021, 1980

DER BLUTIGE BUDDHA
(Temple of fear, 1968/A: Manning Lee Stokes)
UK 1424, 1971

DIE BOMBE IM OSTEREI
(Jewel of doom, 1970/A: George Snyder)
UK 1455, 1972

BOMBEN IN BOSTON
(The snake flag conspiracy, 1976/ A: Saul Wernick)
UK 1845, 1977

CORRIDA DER KILLER
(Code name: Werewolf, 1973/ A: Martin Cruz-Smith)
UK 1719, 1975

COUNTDOWN AUF DEN BAHAMAS
(Target: Doomsday Island, 1973/ A: Richard Hubbard)
UK 1605, 1974

DIAMANTEN FÜR KATMANDU
(The Katmandu contract, 1975/ A: James Fritzhand)
UK 1868, 1977

DR. TOTENKOPF
(Dr. Death, 1975/A: Craig Nova)
UK 1774, 1976

DIE DRACHENLADY VON HONGKONG
(The vulcan disaster, 1976/ A: George Warren)
UK 1880, 1978

DER 13. AGENT
(The 13th spy, 1965/A: Valerie Moolman)
MOEK 61, 1969

DUELL IM INKATEMPEL
(The Inca Death Squad, 1972/ A: Martin Cruz-Smith)
UK 1574, 1973

DIE EISZEITFALLE
(Ice trap terror, 1964/A: Jeffrey M. Wallmann)
UK 1964, 1979

ENGEL DER GRÜNEN HÖLLE
(The Amazon, 1969/A: Jon Messmann)
UK 1437, 1971

FISCHMENSCHEN
(Moscow, 1970/A: George Snyder)
UK 1539, 1973

GEISTERZUG NACH TIFLIS
(Strike Force terror, 1973/ A: Ralph Eugene Hayes)
UK 1630, 1974

DIE GIFTKLAUEN VON NIZZA
(The man who sold death, 1974/ A: Lawrence van Golder)
UK 1671, 1975

DIE GRAUSAMEN PUPPEN
(The terrible ones, 1966/A: Valerie Moolman)
MOEK 59, 1969

HEISSE TAGE IN HAVANNA
(A bullet for Fidel, 1965/A: Valerie Moolman)
LONC 4, 1969

HEROIN FÜR SAIGON
(The mark of Cosa Nostra, 1971/ A: George Snyder)
UK 1516, 1973

IM HAREM DES TEUFELS
(am. T.: The Arab plague, 1970, engl. T.: The slave master, 1970/ A: Jon Messmann)
UK 1796, 1977

IM KÄFIG DER DRUIDEN
(Assault on England, 1972/ A: Ralph Eugene Hayes)
UK 1563, 1973

INFERNO IM KORALLENMEER
(The executioners, 1970/A: Jon Messmann)
UK 1665, 1975

IN RIO WARTET DER TOD
(Checkmate in Rio, 1964/A: Valerie Moolman)
LONC 2, 1969

DER JAGUAR VON YUKATAN
(Assignment: Intercept, 1976/ A: Marilyn Granbeck)
UK 1808, 1977

JET NACH JAVA
(Time clock of death, 1970/ A: George Snyder, 1970)
UK 1485, 1972

KAMIKAZE DER JUMBOS
(The sign of the prayer shawl, 1976/A: David Hagberg)
UK 1928, 1978

EINE KARAFFE IN CARACAS
(Agent counter agent, 1973/ A: Ralph Eugene Hayes)
UK 1696, 1975

KARATE-KILLER
(The China Doll, 1964/A: Michael Avallone)
LONC 6, 1969

KEIN LÖSEGELD FÜRS SUPERHIRN
(The turncoat, 1976/A: Leon Lazarus)
UK 1905, 1978

DIE KRÜPPEL VON DEN KURILEN
(The death strain, 1970/A: Jon Messmann)
UK 1473, 1972

DER LÖWE VON ERITREA
(The Z document, 1975/A: Homer Morris)
UK 1761, 1976

DIE MAFIA VON KAIRO
(The Cairo Mafia, 1972/A: Ralph Eugene Hayes)
UK 1558, 1973

MARZIPAN MIT HEROIN
(The devil's dozen, 1973/A: Martin Cruz Smith)
UK 10009, 1979

MASSAKER IM WEISSEN HAUS
(The fanatics of Al Asad, 1976/ A: Saul Wernick)
UK 1893, 1978

MENSCHENOPFER FÜR DIE TODESGÖTTIN
(The Nichovev plot, 1976/A: Craig Nova)
UK 1856, 1977

MENSCHENRAUB AM PERLFLUSS
(The defector, 1969/A: George Snyder)
UK 1532, 1973

DIE MÖRDER STEHEN SCHLANGE
(Run, spy, run, 1964/A: Michael Avallone)
LONC 1, 1969

DIE PEST VOR TRINIDAD
(Death message: Oil 74–2, 1976/ A: Dee Stuart & Ansel Chapin)
UK 1832, 1977

ROTER MOHN AUS ISTANBUL
(Istanbul, 1965/A: Manning Lee Stokes)
MOEK 58, 1969

ROTER STAUB IN RHAMAS
(The Jerusalem file, 1975/A: Linda Stewart)
UK 1707, 1975

SAFARI DES TODES
(Safari for spies, 1964/A: Valerie Moolman)
LONC 5, 1969

DER SCHARLACHROTE GEIER
(Assassin: Code name Vulture, 1974/A: Ralph Eugene Hayes)
UK 1940, 1978

DIE SCHMUTZIGEN FÜNF
(The filthy five, 1967/A: Manning Lee Stokes)
MOEK 64, 1970

SCHUSSFAHRT IN DEN TOD
(The Spanish connection, 1973/ A: Bruce Cassiday)
UK 1917, 1978

SECHS BLUTIGE SOMMERTAGE
(Six bloody summer days, 1975/ A: DeWitt S. Copp)

UK 1750, 1976

SECHS KOFFER AUS VENEZUELA
(The death-head's conspiracy, 1973/A: Robert Colby)
UK 1640, 1973

DIE SKLAVEN DER KOBRA
(Sign of the cobra, 1974/A: James Fritzhand)
UK 1952, 1979

DIE STRASSE DER TOTEN MÄNNER
(Dragon flame, 1966/A: Manning Lee Stokes)
MOEK 63, 1969

SÜSSES GIFT WIRKT SCHNELLER
(The Judas spy, 1968/A: William L. Rohde)
MOEK 66, 1970

TAKE-OFF IN DEN TOD
(The Aztec Avenger, 1974/A: Saul Wernick)
UK 1731, 1976

DAS TAL DER GELBEN KILLER
(The red guard, 1967/A: Manning Lee Stokes)
MOEK 60, 1969

TERROR DER PARASITEN
(The Omega terror, 1972/A: Ralph Eugene Hayes)
UK 1684, 1975

TOD DER ROTEN KOBRA
(The Cobra kill, 1969/A: Manning Lee Stokes)
UK 1418, 1971

DAS TODESDREIECK
(Tripple cross, 1976/A: Dennis Lynds)
UK 10041, 1980

EIN TOTER FÜR MADAME
(Saigon, 1964/A: Michael Avallone)
LONC 3, 1969

UNTERNEHMEN JÜNGSTES GERICHT
(Assignment: Israel, 1967/A: Manning Lee Stokes)
MOEK 65, 1970

UNTERNEHMEN MONDRAKETE
(Operation moon rocket, 1968/A: Lew Louderback)
MOEK 56, 1969

VANDALEN IM VATIKAN
(Vatican Vendetta, 1974/A: Ralph Eugene Hayes)
UK 1784, 1976

VENDETTA IN DER GEISTERSTADT
(The code, 1973/A: Larry Powell)
UK 1652, 1974

VERSCHWÖRUNG AUF KORFU
(The liquidator, 1974/A: Richard Hubbard)
UK 1976, 1979

ZWISCHENFALL IN BEIRUT
(Beirut incident, 1974/A: Forrest V. Perrin)
UK 1988, 1979

CARTER, (P.) YOUNGMAN (1904–1969)
Ehemann von Margery Allingham (1904–1966)

TRICK 17
(Mr. Campion's falcon, 1970)
GK 3283, 1970

DER ZWEITE ANRUF
(Mr. Campion's Farthing, 1969)
GK 4003, 1970

CARTIER, L. T.

EIN MITTELMÄSSIGER MORD (OA)
KNK 4918, 1981

CARTON, MARTINE (1944–

APOLLO UND DIE GAUKLER
(Apollo en de kunstenmakers, 1980)
FAR 8068, 1983

MARTINA ODER JAN-KEES VERLIERT SEINEN KOPF
(Martina en de Medelanders,

1982)
FAR 8113, 1984

MEDUSA UND DIE GRÜNEN WITWEN
(Medusa en de groene weduwen, 1978)
FAR 8023, 1982

NOFRETETE UND DIE REISENDEN EINER KREUZFAHRT
(Nefertete en de cruisevaarders, 1978)
FAR 8038, 1982

VICTORIA UND DIE ÖLSCHEICHE
(Victoria en de oliesjeiks, 1981)
FAR 8067, 1983

CARTWRIGHT, JUSTIN

MIT SCHIRM, CHARME UND MELONE: JOHN STEED UND DIE GRÜNEN TEUFEL
(Fighting men, 1977)
BFK 38039, 1978

CARVIC, HERON (?–1980)

ALTER SCHÜTZT VOR GAUNERN NICHT
(Picture Miss Seeton, 1968)
RTH 2205, 1970

MISS SEETON KANN'S NICHT LASSEN
(Miss Seeton draws the line, 1969)
RTH 2223, 1971

VON FREMDEN HERREN NIMMT MAN NICHTS
(Odds on Miss Seeton, 1976)
SCHE 695, 1979

CASPARY, VERA (1899–

BALLETT DES SCHRECKENS
(Evvie, 1960)
HRO 2075, 1981

DIE FRAU AUS DEM NEBEL
am. T. (The secret of Elizabeth, 1979)
engl. T. (Elizabeth X., 1978)
HRO 2060, 1980

DER GATTE
(The husband, 1957)
UK 806, 1960; HTH 1324, 1968

DIE GEFÄHRLICHE WAHRHEIT
(Stranger than truth, 1946)
UK 159, 1957; UK 733, 1958; GK 3018, 1967; DIE 57, 1970

LAURA
(Laura, 1943)
UAR 113, 1956; UK 717, 1958; GK 2276, 1967; HCC 1891, 1980

CASSELS, JOHN

Pseudonym von W(illiam) Murdoch Duncan (1909–1975)
Weitere Pseudonyme: John Dallas, Neill Graham, Martin Locke, Peter Malloch, Lovat Marshall, s. d.

DAS GEHEIMNIS DER NAMENLOSEN
(The league of nameless men, 1948)
MIT 205, 1964

DER GEHEIMNISVOLLE
(The grey ghost, 1951)
AUF 60, 1954
vgl. *Der graue Geist*

DER GRAUE GEIST
(The grey ghost, 1951)
GK 269, 1960
vgl. *Der Geheimnisvolle*

DER GRAUE KREIS
(The circle of dust, 1952)
AUF 51, 1954
vgl. *Der Nebelkreis*

METAXAS A. G.
(Salute Inspector Flagg, 1953)
GK 79, 1956

DER NEBELKREIS
(The circle of dust, 1950)
GK 128, 1957
vgl. *Der graue Kreis*

DIE SCHWARZEN TRÄNEN
(The waters of sadness, 1950)
GK 102, 1957

TREFFPUNKT: ALTE EICHE

(Case for Inspector Flagg, 1954)
GK 85, 1956

DER WÜRGENDE TOD
(The bastion of the damned, 1946)
AUF 45, 1953

CASSIDAY, BRUCE (BINGHAM) (1920–
Pseudonyme: Carson Bingham, Nick Carter, Mary Anne Drew, Annie Laurie McAllister, Annie Laurie McMurdie, Michael Stratford, s. d.

PANIK AUF HAWAII
(The girl in the trunk, 1973)
SCHE 505, 1975

TREIBGUT
(The floater, 1960)
SM 194, 1963

CASTILLO, MICHEL DEL

DIE NACHT DER ENTSCHEIDUNG
(La nuit du décret, 1981)
HAR 6317, 1984

CASTLE, FRANK
Pseudonym: Steve Thurman

AM ENDE DAS NICHTS
(Lovely and lethal, 1957)
UK 876, 1962

EIN SARG FÜR MR. HAIG
(The sowers of doom)
LOET 6, 1969

CATTO, MAX(WELL JEFFREY) (1909–
Pseudonym: Simon Kent

DIE BEUTE DER LÖWEN
(The lions at the kill, 1959)
HTH 1189, 1965

MÄNNER WIE TIGER
(The tiger in the bed, 1962)
HAR 425, 1966

UNWIDERRUFLICH
(The killing frost, 1959) auch (Trapeze, 1959)
SM 4, 1960

CAUDWELL, CHRISTOPHER

DAS PERFEKTE ALIBI
(The perfect alibi, o. J.)
KVW o. Nr., 1975

CAVANAUGH, ARTHUR (1926–

ALS DIE KINDER VERSCHWANDEN
(The children are gone, 1966)
RAR 1568, 1972

CAVE, EMMA

DER SCHRECKLICHE SCHWUR
(The blood bond, 1979)
HRO 2106, 1982

CAVE, PETER (LESLIE) (1940–
Pseudonym: Peter Maxwell

MIT SCHIRM, CHARME UND MELONE: DAS MORDPROGRAMM
(House of cards, 1976)
BFK 38038, 1978

CAVENDISH, MARK
(Pseudonym)

FÜR JEDE LEICHE EINEN GARANTIESCHEIN (OA), KEL 810, 1971

ČECHOV, ANTON
s. *Tschechow, Anton*

CELIER, FRANCOIS

DER TANZ DER DELPHINE
(Les chevaliers de l'océan, 1969)
DTVJ 7138, 1974

CERAMI, VINCENSO (1940–

NUR EIN KLEINBÜRGER
(Un vorghese piccolo piccolo, 1976)
RAR 4616, 1980

CERIO, CLARETTA
Pseudonym von Clara Cerio (1927–
BLUT IM CHIANTI (OA)
(Kriminalstories)
RTH 2493, 1979
DER NANNO STIRBT UND ANDERE KRIMINALGESCHICHTEN (OA)
RTH 2662, 1984

CERNIK, THEODOR
SAISON FÜR MÖRDER
MOEK 52, 1969

CHABER, M. E.
Pseudonym von Kendell Foster Crossen (1910–1981)
Weitere Pseudonyme: Bennett Barlay, Richard Foster, Christopher Monig, Clay Richards, s. d.
GEHEIMAUFTRAG FÜR MILO MARCH
(Green grow the graves, 1970)
MIT 508, 1970
GESUCHT: EIN TOTER MANN
(Wanted: Dead man, 1965)
MIT 340, 1967
HÄNDE WEG, ODER . . .
(The bonded dead, 1971)
MIT 589, 1972
EINE HANDVOLL JUWELEN
(The day it rained diamonds, 1966)
MIT 355, 1967
IM DUNKLEN LOS ANGELES
(The flaming man, 1969)
MIT 463, 1970
IN HONGKONGS DUNKLEN GASSEN
(A man in the middle, 1967)
MIT 397, 1968
LEISE DURCH DIE NACHT
(Softly in the night, 1963)
MIT 239, 1965
EIN MANN ZERSTÖRT SICH SELBST
(The man inside, 1954)
MIT 75, 1961; MOEK 25, 1968
DER MILLIONENRAUB
(Six who ran, 1964)
MIT 365, 1967
DER SKANDAL
(A lonely walk, 1956)
MIT 204, 1964
DAS VERRÄTERISCHE TAGEBUCH
(As old as Cain, 1954)
MIT 85, 1961; MOEK 39, 1968

CHABREY, FRANCOIS
SAFE MIT KNALLEFFEKT
(Compte à rebours pour matt, 1976)
SCHE 664, 1978

CHABRIS, PIERRE
(Pseudonym)
DIE LEICHE OHNE HAND
OTB 4225, 1979
DAS LETZTE MITTAGSMAHL
OTB 4226, 1979
DIE RATTE SCHLÄGT ZU
OTB 4214, 1979
DER WOLF GEHT IN DIE FALLE
OTB 4224, 1979

CHADWICK, JOSEPH (L.)
Pseudonyme: Josely Chadwick, John Conway, Joe Anne Creighton, John Creighton, Elizabeth Grayson
BLONDINE IM ZWIELICHT
(The golden frame, 1955)
PAN 70, 1956
MORGEN BIST DU TOT, SHANNON!
(The spy who was not with it, o. J.)
LOET 9, 1969

CHALATSCHEW, MARIN
ZEUGEN IN HANDSCHELLEN
KVW o. Nr., 1983

CHAMBERS, Peter
Pseudonym von Dennis (John Andrew) Phillips (1924–
EINE ANTWORT FÜR ZEHN DOLLAR
(You're better off dead, 1965)
GK 2127, 1965
BLITZLICHT IM STRAND-CLUB
(Murder is for keeps, 1961)
GK 1126, 1962
DIE BÖSEN STERBEN JUNG
(The bad die young, 1967)
GK 3117, 1968
ES KANN DER BÖSE NICHT IN FRIEDEN LEBEN
(No peace for the wicked, 1968)
GK 3168, 1969
GOLD SUCHT EINEN BESITZER
(No gold when you go, 1966)
GK 2256, 1966
JUANITA AUS MEXIKO
(The big goodbye, 1962)
GK 1201, 1963
DAS MÄDCHEN MIT DREI NAMEN
(Lady, this is murder, 1963)
GK 1285, 1964
NACH VIELEN JAHREN
(This 'll kill you, 1964)
GK 2056, 1964
DER SCHALLPLATTENJOCKEI
(Down-Beat kill, 1963)
GK 2005, 1964
SIE WOLLTE ZUM FILM
(Wreath for a readhead, 1962)
GK 1141, 1962
STUDIO 6
(Speak ill of the dead, 1968)
GK 3216, 1969
TRAUER IM BIKINI
(Nobody lives forever, 1964)
GK 2110, 1965

CHAMIER, JOHN (EDWIN DES CHAMPS)
MANN OHNE KOPF
(Cannonball, 1966)
GK 3209, 1969

CHANCE, JOHN NEWTON (1911–
Pseudonym: J. Drummond, John Lymington, s. d.
BETROGEN SIND SIE ALLE
(The love-hate relationship, 1973)
GK 4362, 1974
DER FALL SEESTERN
(The starfish affair, 1974)
GK 4402, 1974
FALSCHE NAMEN UND GESICHTER
(The girl in the crime belt, 1974)
GK 4438, 1975
GEFANGEN IM FUCHSBAU
(The mists of treason, 1970)
GK 4112, 1971
DIE LEITUNG IST UNTERBROCHEN
(The farm villains, 1973)
GK 4294, 1973
LETZTER ZUG IN DIE HÖLLE
(Last train to Limbo, 1972)
GK 4229, 1972
DAS SCHATTENSCHLOSS
(The house of the dead ones, 1977)
GK 4701, 1977
SKANDAL UNERWÜNSCHT
(The shadow of a killer, 1974)
GK 4521, 1976
VERGELTUNG HAT VIELE NAMEN
(A bad dream of death, 1972)
GK 4315, 1973
WENN DIE TOTEN SPRECHEN
(The dead tale-tellers, 1972)
GK 4303, 1973
WETTLAUF MIT DEM MÖRDER
(The devil drives, 1936)
KRA 10, 1955

CHANCE, STEPHEN
Pseudonym von Philip William Turner (1925–

SEPTIMUS UND DAS GEHEIMNIS VON DANEDYKE
(Septimus and the Danedyke mystery, 1971)
RAV 312, 1974

SEPTIMUS UND DER SPUK IM MÜNSTER
(Septimus and the Minster ghost, 1972)
RAV 334, 1975

CHANDLER, RAYMOND (THORNTON) (1888–1959)

BETROGEN UND GESÜHNT
(Farewell my lovely, 1940)
MIT 2, 1958; MIT 351, 1967
vgl. *Lebwohl, mein Liebling*

EINER WEISS MEHR
(The Lady in the lake, 1943)
UAR 59, 1955; UAR 2618, 1967; UK 10025, 1979
vgl. *Die Frau am See*
vgl. *Die Tote im See*
vgl. *Mord bei Regen*

ENGLISCHER SOMMER
(Geschichten, Skizzen usw. aus dem Nachlaß)
(The notebooks of Raymond Chandler and English Summer, a gothic romance, 1976)
DIO 70/13 = 20754, 1980

ERPRESSER SCHIESSEN NICHT
(3 Stories)
(Nevada Gas; The pencil; Blackmailers don't shoot)
UK 813, 1960

ERPRESSER SCHIESSEN NICHT
(Ausgew. Kriminalstories 1933–1936)
KVW o. Nr., 1984

FINGER MAN (1946)
(Gesteuertes Spiel)
DTVZ 9125, 1977

DIE FRAU AM SEE
(The Lady in the lake, 1943)
NBR 61, 1967
vgl. *Einer weiß mehr*

GEFAHR IST MEIN GESCHÄFT
(Stories)
(Trouble is my business; auch: The simple art of murder, 1950)
UK 773, 1959

GEFAHR IST MEIN GESCHÄFT
(Erzählungen III)
DIO 70/12 = 20753, 1980

GEFAHR IST MEIN GESCHÄFT
(Ausgew. Kriminalstories 1936–1959)
KVW o. Nr., 1984

DER GROSSE SCHLAF
(The big sleep, 1939)
DIO 70/1 = 20132, 1974
vgl. *Der tiefe Schlaf*

DAS HOHE FENSTER
(The high window, 1942)
UAR 124, 1956; UK 721, 1958
KVW o. Nr., 1970; DIO 70/3 = 20208, 1975; UK 10146, 1981

DIE KLEINE SCHWESTER
(The little sister, 1949)
UAR 154, 1957; UK 730, 1958
DIO 70/2 = 20206, 1975

DER KÖNIG IN GELB
(3 Stories)
(Der König in Gelb / Zu raffinierter Mord / Gesteuertes Spiel) aus (The simple art of murder, 1950)
UK 784, 1959; UK 10147, 1981

DER KÖNIG IN GELB
(Erzählungen II)
(The smell of fear, 1965)
DIO 70/11 = 20752, 1980

DER LANGE ABSCHIED
(The long goodbye, 1954)
UAR 109, 1956; UK 715, 1958; KVW o. Nr., 1972; DIO 70/4 = 20207, 1975; UK 10120, 1981

LEBWOHL, MEIN LIEBLING

(Farewell, my lovely, 1940)
DIO 70/7 = 20312, 1976; KVW o. Nr., 1980
vgl. *Betrogen und gesühnt*

MORD AUS DEM HANDGELENK
(2 Kriminalstories)
(No crime in the mountains / Bay City Blues) aus: (Killer in the rain, 1964)
UK 1200, 1968

MORD BEI REGEN
(3 Kriminalstories)
(Murder in the rain / The man who liked dogs / The Lady in the lake) aus: (Killer in the rain, 1964)
UK 1195, 1968

MORD IM REGEN
(Erzählungen)
(Killer in the rain, 1964)
DIO 70/9 = 20314, 1976

MORD IN DER SALBEISCHLUCHT
(3 Kriminalstories)
(The curtain / Try the Girl / Mandarin's Jade) aus: (Killer in the rain, 1964)
UK 1239, 1969

PLAYBACK
(Playback, 1958)
DIO 70/8 = 20313, 1976; KVW o. Nr., 1981
vgl. *Spiel im Dunkel*

PROFESSOR BINGOS SCHNUPFPULVER / DIE BRONZETÜR
(2 Erzählungen)
UAR 3199, 1976; UK 10119, 1980

DIE SIMPLE KUNST DES MORDENS
(Briefe, Fragmente)
DIO 70/5 = 20209, 1975

SPANISCHES BLUT
(4 Stories)
aus: (The simple art of murder, 1950)
UK 790, 1960; UK 10242, 1984

SPIEL IM DUNKEL
(Playback, 1958)
MIT 8, 1958; MIT 345, 1967
vgl. *Playback*

DER TIEFE SCHLAF
(The big sleep, 1939)
UAR 94, 1956; UK 709, 1958; UAR 2705, 1969; UK 10226, 1983
vgl. *Der große Schlaf*

DER TIEFE SCHLAF/CHANDLER ÜBER CHANDLER
(The big sleep/Briefe, Notizen, Essay)
KVW o. Nr., 1976

DIE TOTE IM SEE
(The Lady in the lake, 1944)
DIO 70/6 = 20311, 1976; KVW o. Nr., 1982
vgl. *Einer weiß mehr*
vgl. *Die Frau am See*

CHANNEL, A. R.

SPION IN DER ARKTIS
(Arctic spy, 1962)
RAV 588, 1980

CHAPIN, ANSEL

Pseudonym: Nick Carter, s. d.

CHAPMANN, ROBERT (ALEC MARK) (1916–

ES GEHT UM EINE HALBE MILLION
(The hot half-million, 1963)
MIT 269, 1965

ICH WÜNSCHE DEINEN TOD
(Wish you were dead, 1960)
MIT 213, 1964

CHARBONNEAU, LOUIS (HENRY) (1924–

HEISSE NÄCHTE IN HOLLYWOOD
(Way out, 1966)
GK 2273, 1967

NACHT IM MOTEL
(The trapped ones, 1959)

HTH 1219, 1966

POKER MIT GEZINKTEN KARTEN
(And hope to die, 1970)
GK 4073, 1971

CHARLES, ROBERT (1938–
Pseudonym von Robert Charles Smith
Weiteres Pseudonym: Charles Leader

SECHS STUNDEN NACH DEM MORD
(Dead before midnight, 1975)
GK 4760, 1978

TERROR AUF HOHER SEE
(The scream of the dove, 1976)
UK 1803, 1977

TERROR AUF OFFENER STRASSE
(The hour of the wolf, 1974)
UK 1778, 1976

TERROR AUS DER LUFT
(The venom of the cobra, 1977)
UK 1855, 1977

TERROR AUS DER TIEFE
(A clash of hawks, 1975)
UK 1836, 1977

TERROR GEGEN NEW YORK
(The snarl of the Lynx, 1977)
UK 1873, 1978

TERROR GEGEN TERRORISTEN
(The prey of the falcon, 1977)
UK 1818, 1977

TERROR ÜBER DEN WOLKEN
(The flight of the raven, 1975)
UK 1791, 1976

CHARLESTON, WALLY

MAUS MIT TIGERHERZ
(The hero rat, 1975)
SCHE 619, 1977

CHARPENTIER, JULES
(Pseudonym)
Autor der Serie: *Kommissar Wiltons Kriminalberichte;* s. *Anhang.*
Autor folgender Nummern: 2, 5, 8, 11, 14, 17, 20, 23, 26, 31, 34, 37, 39, 42, 45

CHARTERIS, LESLIE (1907–
Richtiger Name: Leslie Charles Bowyer Yin

ALIAS DER SAINT
(Alias the Saint, 1931)
DCS 6, 1954

DER AUFTRITT DES SAINT
(Enter the Saint, 1930)
DCS 5, 1954

BEGEGNUNG MIT DEM TIGER
(Meet the tiger; auch: The Saint meets the tiger, 1928)
DCS 1, 1954

DER »HEILIGE« GEGEN SCOTLAND YARD
(Kriminalstories)
(The Saint vs. Scotland Yard; auch: The holy teror, 1932)
SM 89, 1962

DER »HEILIGE« GREIFT EIN
(The Saint intervenes, 1934)
SM 186, 1963

DER »HEILIGE« IN LONDON
engl. T. (The misfortunes of Mr. Teal, 1934)
am. T. (The Saint in London, 1941)
SM 162, 1963

DER »HEILIGE« IN NEW YORK
(The Saint in New York, 1935)
SM 2104, 1964; HCC 1980, 1982
vgl. *Der Saint in New York*

DER »HEILIGE« IST SCHLAUER
(The brighter buccaneer, 1933)
SM 138, 1963

DER »HEILIGE« KOMMT DAVON
(Saint's getaway, 1932)
SM 104, 1962

DER »HEILIGE« MACHT WEITER
(The Saint goes on, 1934)
SM 203, 1963

DER »HEILIGE« ÜBER BORD
(The Saint overboard, 1936)
SM 2114, 1964; HCC 2004, 1982

DER »HEILIGE« UND DIE DAME JILL
engl. T. (She was a Lady, 1931)
am. T. (Angels of doom, 1932)
auch (The Saint meets his match, 1945)
SM 75, 1962; HCC 1941, 1981

DER »HEILIGE« UND MISTER TEAL
engl. T. (Once more the Saint, 1933)
am. T. (The Saint and Mr. Teal, 1933)
SM 123, 1963

KENNEN SIE DEN »HEILIGEN?«
(The last hero, 1930) auch (The Saint closes the case, 1941)
SM 55, 1961; HCC 1935, 1981
vgl. *Der letzte Held*

DER LETZTE HELD
(The last hero, 1930)
DCS 2, 1954
vgl. *Kennen Sie den »Heiligen«?*

DIE RACHE DES »HEILIGEN«
(The avenging Saint, 1931)
SM 59, 1961; HCC 2082, 1984
vgl. *Die Rache des Saint*

DIE RACHE DES SAINT
engl. T. (Knight Templar, 1930)
am. T. (The avenging Saint, 1931)
DCS 3, 1954
vgl. *Die Rache des »Heiligen«*

DER SAINT IN NEW YORK
(The Saint in New York, 1935)
DCS 4, 1954
vgl. *Der »Heilige« in New York*

CHARYN, JEROME (1937–

DIE ERZIEHUNG DES PATRICK SILVER
(The education of Patrick Silver, 1976)
HK 2071, 1984

PING, PONG, PÄNG!
(Blue eyes, 1974)
HK 2037, 1983

DIE WILDE MARILYN
(Marilyn the wild, 1976)
HK 2017, 1983

CHASE, JAMES HADLEY

Pseudonym von René Brabazon Raymond (1906–1985)
Weitere Pseudonyme: James L. Docherty, Ambrose Grant, Raymond Marshall

ABSTURZ INS PARADIES
(So what happens to me?, 1974)
UK 1680, 1975

ALIBI AUF TONBAND
(The sucker punch, 1954)
UK 848, 1961; UK 1397, 1971; UK 10148, 1981

AN EINEM FREITAG UM HALB ZWÖLF
(The world in my pocket, 1959)
UK 818, 1961; UK 1834, 1977

DIE ANDERN SIND TOT . . .
(Twelve chinks and a woman, 1940; auch: Twelve Chinamen and a woman, 1950; auch: The doll's bad news, 1970)
UK 967, 1964

AUGE UM AUGE
(I'll bury my dead, 1953)
UK 960, 1964; UK 1697, 1975

BEDARF GEDECKT
(He won't need it now, 1939)
UK 1210, 1968; UK 1894, 1978

BRILLANTEN FÜR DIE BESTIE
(An ear to the ground, 1968)
UK 1222, 1969; UK 1912, 1978

CADE
(Cade, 1966)
UK 1251, 1969; UK 10046, 1980

DAME MIT BESCHRÄNKTER HAFTUNG
(Hit and run, 1958)
UK 841, 1961; UK 1822, 1977

EIN DOUBLE FÜR DIE FALLE

(You can say that again, 1980)
UK 10122, 1981

DUMME STERBEN NICHT AUS
(Just another sucker, 1961)
UK 912, 1962; UK 1474, 1972

EINEN KOPF KÜRZER
(You must be kidding, 1979)
UK 10079, 1981

EINMAL PRAG UND ZURÜCK
(Have this one on me, 1967)
UK 1203, 1968

ER SCHWIEG BIS ZULETZT
(The fast buck, 1952)
UK 1135, 1967; GK 4668, 1977

ES TUT NICHT WEH, BABY
(Well now, my pretty, 1967)
UK 1144, 1967; UK 1799, 1976

FALLS SIE IHR LEBEN LIEBEN . . .
(Want to stay alive? 1971)
UK 1479, 1972; UK 10187, 1983

GEIER SIND GEDULDIG
(The vulture is a patient bird, 1969)
UK 1301, 1970; UK 1984, 1979

GELD STINKT NICHT
(Strictly for cash, 1951)
UK 1154, 1967; UK 1864, 1977;
UK 10276,1984

GEMEINGEFÄHRLICH
engl. T. (Not safe to be free, 1958)
am. T. (The case of the strangled starlet, 1958)
UK 1064, 1966; UK 1776, 1976

GESUCHT WIRD: MALLORY
(Mallory, 1950)
UK 1374, 1971; UK 10101, 1981

GLEICH BIST DU EINE LEICHE
(Consider yourself dead, 1978)
UK 1974, 1979

EIN GRAB FÜR ZWEI
(But a short time to live, 1951)
UK 1127, 1967

EIN GRAB VOLL ROTER ORCHIDEEN
(The flesh of the orchid, 1948)
UK 1401, 1971

GUT GEPLANT IST HALB GEMORDET
(Just a matter of time, 1972)
UK 1490, 1972

HALLO, IST DA JEMAND?
(Just the way it is, 1944)
UK 1242, 1969; UK 10011, 1979

EIN HAUCH VON GEWALT
(The paw in the bottle, 1949)
UK 1051, 1966; GK 4645, 1977

HURRIKAN DER LEIDENSCHAFTEN
(Believe this-you'll believe anything, 1975)
UK 1743, 1976

JACHT DER TOTEN
(There's a Hippie on the Highway, 1970)
UK 1362, 1979

JAGT DEN KILLER
(We'll share a double funeral, 1982)
UK 10240, 1984

JEFF BARRATTS RATTEN
(Figure it out for yourself, 1950: auch: The marijuana mob, 1952)
UK 807, 1960; UK 1439, 1971; UK 10113, 1981

DIE KANAILLE
(You find him – I'll fix him, 1956)
UK 1020, 1965

DIE KATZE IM SACK
engl. T. (Lay her among lilies, 1950)
am. T. (Too dangerous to be free, 1951)
UK 803, 1960; UK 1732, 1976

KEINE ORCHIDEEN FÜR MISS BLANDISH
(No orchids for Miss Blandish, 1939; auch: The villain and the virgin, 1948; Neufassung unter dem alten Titel, 1961)
UK 1085, 1966; UK 10163, 1982

KEINE VERSICHERUNG GEGEN MORD
(Tell it to the birds, 1963)
UK 1000, 1965; UK 1617, 1974;

UK 10148, 1981

KEIN TAG WIE JEDER ANDERE
(One bright summer morning, 1963)
UK 998, 1965; UK 1664, 1975

LEICHEN SIND LÄSTIG
(Make the corpse walk, 1946)
UK 1431, 1971; UK 10058, 1980

LOHNGELDER FÜR PITTSVILLE
(I would rather stay poor, 1962)
UK 992, 1964; UK 1654, 1974

LOTOSBLÜTEN FÜR MISS QUON
(A lotos for Miss Quon, 1961)
UK 926, 1963; UK 10175, 1982

MAKE-UP FÜR EINE SOMNAMBULE
(You never know with women, 1949)
UK *1320*/1321, 1970; UK 1571, 1973

MAN MUSS FÜR ALLES ZAHLEN
(There is always a price tag, 1956)
UK 1005, 1965; KEB 11, 1982

DER MANN MIT DEM BLAUEN GESICHT
(The things men do, 1953)
UK 1267, 1969; UK 10034, 1980

DER MINI-KILLER
(The way the cookie crumbles, 1965)
UK 1091, 1966; UK 10136, 1982

MORD AM CANALE GRANDE
(Mission to Venice, 1954)
UK 982, 1964; KEB 2, 1982

NACH GEBRAUCH VERNICHTEN
(This is for real, 1965)
UK 1174, 1968

NETT WIE EIN LOCH IM KOPF
(Like a hole in the head, 1970)
UK 1411, 1971; UK 10085, 1981

NICHT MEIN BIER
(No business of mine, 1947)
UK 1073, 1966

NOCH EIN AS IM ÄRMEL
(An ace up my sleeve, 1971)
UK 1453, 1972

NUR STREICHHÖLZER
(The guilty are afraid, 1947)
UK 799, 1960; KEB 14, 1982

PLÖTZLICH UND UNERWARTET
(Shock treatment, 1959)
UK 1029, 1965; UK 1763, 1976

RASTHAUS DES TEUFELS
(Come easy – go easy, 1960)
UK 977, 1964; UK 1751, 1976

DER RING DES BOGENSCHÜTZEN
(Why pick on me? 1951)
UK 1542, 1973

ROLLENDES DYNAMIT
engl. T. (The dead stay dumb, 1939)
am. T. (Kiss my fist! 1952)
UK *1291*/1292, 1969; UK 1583, 1974

SAREKS SORE
(In a vain shadow, 1951)
UK 1185, 1968

EIN SARG AUS HONGKONG
(A coffin from Hong Kong, 1962)
UK 922, 1963; UK 1720, 1975

SATAN IN SATIN
(More deadly than the male, 1946)
UK 1106, 1967; UK 1810, 1977

DER SCHARLACHROTE MUND
(The wary transgressor, 1952)
UK 1346, 1970

DER SCHLÄCHTER VON DEAD END
(This way for a shroud, 1953)
UK 1164, 1968; UK 1948, 1979

EIN SCHLUMMERTRUNK VOM BOSS
(I'll get you for this, 1946)
UK 1276, 1969; UK 1876, 1978

SCHÖNER ABEND FÜR GANOVEN
(Have a nice night, 1982)
UK 10212, 1983

SCHWARZE PERLE AUS PEKING
(You have yourself a deal, 1966)
UK 1113, 1967

SEI SO GUT UND STIRB
(Do me a favour – drop dead,

1976)
UK 1846, 1977

STIER BEI DEN HÖRNERN
(Tiger by the tail, 1954)
UK 947, 1964; GK 4637, 1977

SÜSSES PARFÜM GOLD
(The whiff of money, 1969)
UK 1285, 1970

EIN TICKET FÜR DIE TODESZELLE
(Lady here's your wreath, 1940)
UK 1386, 1971; UK 10148, 1981

DIE TODESZELLE
(Believed violent, 1968)
UK 1231, 1969; UK 1966, 1976

TÖDLICHER TAPETENWECHSEL
(Have a change of scene, 1973)
UK 1634, 1974

DER TOD KLOPFT AN DIE TÜR
(Knock, knock! Who's there? 1973)
UK 1639, 1974

TOTE REDEN NICHT
engl. T. (Safer dead, 1954)
am. T. (Dead ringer, 1955)
UK 956, 1964; UK 1672, 1975

TOTE SIND EINSAM
(You're lonely when you're dead, 1949)
UK 837, 1961; UK 1631, 1974

TRAU KEINEM SCHURKEN
(Try this one for size, 1980)
UK 10153, 1982

VIER ASSE AUF EINMAL
(I hold the four aces, 1977)
UK 1902, 1978

WAS IST BESSER ALS GELD?
(What's better than money, 1960)
UK 871, 1962; UK 1462, 1972

WAS STECKT HINTERM FEIGENBLATT?
(Hand me a fig leave, 1981)
UK 10197, 1983

WENN DER FILM REISST
(The soft centre, 1964)
UK 1194, 1968; GK 4660, 1977

WO SOLL EIN GOLDFISCH SICH VERSTECKEN?
(Goldfish have no hiding place, 1974)
UK 1705, 1975

ZAHLE ODER STIRB
(Mission to Siena, 1955)
UK 882, 1962; UK 1427, 1971

ZU HOCH HINAUS
(You've got it coming, 1955)
UK 1038, 1965; UK 1930, 1978

CHASTAIN, THOMAS

Pseudonym: Nick Carter

DIE DIAMANTENBÖRSE
(The diamond exchange, 1981)
GA 5435, 1982

DIE ENTFÜHRTE LEICHE
(Vital statistics, 1977)
HK 1809, 1978

DAS GROSSE BLACKOUT
(High voltage, 1979)
GA 5433, 1982

DER GROSSE DREH
(Pandora's box, 1974)
HK 1686, 1976

KINDER DER NACHT
(Nightscape, 1982)
HK 2076, 1964

TODESPIRSCH
(Death stalk, 1971)
PBK 25, 1979

WETTLAUF GEGEN DIE ZEIT
am. T. (911, 1976)
engl. T. (The Christmas Bomber, 1976)
HK 1746, 1977

CHAZE, (LEWIS) ELLIOTT

UNSER MANN AM TATORT
(Wettermark, 1969)
HK 1420, 1970

IM GELD ERSTICKT
(One for my money; auch: Black

wings has my angel, 1953)
HK 1129, 1964

CHEATHAM, LILLIAN

DAS GEHEIMNIS VON SARAMOUNT
(The secret of Saramount, 1978)
UK 1987, 1979

CHEEVER, JOHN (1912–

DIE BÜRGER VON BULLET PARK
(Bullet Park, 1967)
RAR 1853, 1975

CHESSMANN, CARYL (WHITTIER) (1921–1960)

TODESZELLE 2455
(The kid was a killer, 1960)
HAR 53, 1960

CHESTER, PETER

Pseudonym von Dennis (John Andrew) Phillips (1924–
Weiteres Pseudonym: Peter Chambers

LASS DAS MÄDCHEN AUS DEM SPIEL
(Blueprint for Larceny, 1964)
GK 3095, 1968

CHESTERTON, G(ILBERT) K(EITH) (1874–1936)

DER DICHTER UND DIE VERRÜCKTEN
(The poet and the lunatics, 1929)
HER 121, 1962

DAS GEHEIMNIS DES PATER BROWN
The secret of Father Brown, 1927)
FAR 92, 1955; KNAR 130, 1966
vgl. *Pater Brown und das schlimmste Verbrechen der Welt*

DER GEHEIMNISVOLLE KLUB
(The club of queer trades, 1905)
HER 111, 1961; KNAR 207, 1969

DER HAMMER GOTTES
Ausgewählte Detektivgeschichten)
DTV 179, 1964

DER MANN, DER DONNERSTAG WAR
(The man who was thursday, 1908)
FAR 397, 1961; KNAR 252, 1971

DER MANN, DER ZUVIEL WUSSTE
(The defendant = The man who knew too much and other stories, 1922)
HER 63, 1960; KNAR 323, 1973

DAS PARADIES DER DIEBE
(Erzählungen)
(The wisdom of Father Brown, 1914)
FAR 339, 1960; KNAR 305, 1973

PATER BROWN UND DAS BLAUE KREUZ
(Erzählungen)
(The innocence of Father Brown, 1911)
DIO 212/1 = 20731, 1980

PATER BROWN UND DAS SCHLIMMSTE VERBRECHEN DER WELT
(Erzählungen) aus: (The secret of Father Brown, 1927; The scandal of Father Brown, 1935)
DIO 212/3 = 20733, 1980
vgl. *Das Geheimnis des Pater Brown* und *Skandal um Pater Brown*

PATER BROWN UND DER FEHLER IN DER MASCHINE
(Erzählungen) aus: (The wisdom of Father Brown, 1914; The incredulity of Father Brown, 1926)
DIO 212/2 = 20732, 1980
vgl. *Das Paradies der Diebe*

SKANDAL UM PATER BROWN
(The scandal of Father Brown, 1935)
HER 23, 1958
vgl. *Pater Brown und das schlimmste Verbrechen der Welt*

CHEYNEY, PETER (REGINALD SOUTHOUSE CHEYNEY (1896–1951)

ACHTUNG – KURVEN!

engl. T. (Dangerous curves, 1939)
am. T. (Callaghan, 1973)
BLG 13, 1956; SM 2110, 1964
vgl. *Die gefährlichen Wege des Slim Callaghan*

AUF BEFEHL DES FBI ...
(You'd be surprised, 1940)
MIT 67, 1961

BENIMM DICH, MÄDCHEN
engl. T. (Lady behave! 1950)
am. T. (Lady beware, 1950)
BLG 6, 1955; SM 2131, 1964

DARK BAHAMA
(Dark Bahama, 1950; auch: I'll bring her back, 1952)
BLG 17, 1957; SM 148, 1963; KK 35, 1981; HCC 2016, 1982

DIESER MANN IST GEFÄHRLICH
(This man is dangerous, 1936)
MIT 54, 1960; HCC 1652, 1975

DIE DUNKLE STRASSE
(The dark street, 1944, auch: The dark street murders, 1946)
HCC 1999, 1982

EINER GIBT NICHT AUF
(Try anything twice, 1948) auch (Undressed to kill, 1959)
MIT 9, 1958

1:0 FÜR LEMMY
(Your dead, my lovely, 1941)
HCC 2036, 1983

ES KOMMT GANZ ANDERS
(You can call it a day, 1940)
MIT 25, 1959
vgl. *Guten Abend, gute Nacht...*

FRAUEN SIND KEINE ENGEL
(Can ladies kill? 1938)
BLG 1, 1955; SM 228, 1963
vgl. *Lemmy schießt nicht auf Blondinen*

GEFÄHRLICHE KURVEN FÜR CALLAGHAN
vgl. *Achtung, Kurven!*

DIE GEFÄHRLICHEN WEGE DES SLIM CALLAGHAN
(Erzählungen)
(Mr. Caution – Mr. Callaghan, 1941)
MIT 71, 1961

EIN GEFÄHRLICHES LEBEN
engl. T. (Another little drink, 1940)
am. T. (A trap for Bellamy, 1941)
auch (Premeditated murder, 1943)
MIT 35, 1960

DIE GEHEIMAKTEN
(I'll say she does!, 1945)
MIT 94, 1962
vgl. *Wer Lemmy eine Grube gräbt*

GUTEN ABEND, GUTE NACHT ...
engl. T. (You can call it a day, 1949)
am. T. (The man nobody saw, 1949)
HCC 1899, 1980
vgl. *Es kommt ganz anders*

GUT VERSTECKT IST HALB GEWONNEN
(You can always duck, 1943)
HCC 1927, 1981

HIEBE AUF DEN ERSTEN BLICK
(Poison ivy, 1937)
HCC 1911, 1980

IM BANNE DER GRÜNEN AUGEN
(Never a dull moment, 1942)
UK 753, 1959
vgl. *Lemmy läßt die Puppen tanzen*

IN DIE FALLE GEGANGEN
(Dressed to kill, 1952)
MIT 151, 1963

JEDER IST VERDÄCHTIG
engl. T. (Sorry, you've been troubled, 1942)
am. T. (Farewell to the Admiral, 1943)
MIT 16, 1959

EINE JUNGFRAU LIEGT SELTEN ALLEIN
(Dark wanton, 1948)

HCC 1956, 1981

LEMMY LÄSST DIE PUPPEN TANZEN
(Never a dull moment, 1942)
HCC 1988, 1982
vgl. *Im Banne der grünen Augen*

LEMMY SCHIESST NICHT AUF BLONDINEN
(Can ladies kill? 1938)
SM 2145, 1964
vgl. *Frauen sind keine Engel*

LEMMY WEISS MEHR ALS SCOTLAND YARD
(G-man at the Yard, 1946)
MIT 184, 1964

NACH IHNEN, MEINE DAMEN
(Uneasy terms, 1946)
BLG 9, 1956; SM 2118, 1964; KK 15, 1980

ROTE LIPPEN, BLAUE BOHNEN
(Don't get me wrong, 1939)
UAR 133, 1957; UK 723, 1958; HCC 1887, 1980

SERENADE FÜR ZWEI PISTOLEN
(Dames don't car, 1937)
UAR 145, 1957; UK 726, 1958

SLIM CALLAGHAN UND DIE 3 MÄDCHEN
(You can't keep the change, 1940)
MIT 83, 1961

SO ODER SO IST DAS LEBEN
(One of those things, 1949) auch (Mistress murder, 1951)
BLG 2, 1955; SM 2136, 1964; HCC 2074, 1984

TANZ OHNE MUSIK
(Dance without music, 1947)
BLG 36, 1959; SM 133, 1963; HCC 2048, 1983

UNTER DUNKLEN STERNEN
(The stars are dark, 1943) auch (The London spy murders, 1944)
HCC 1983, 1982

DAS VERHÄNGNISVOLLE TESTAMENT
(The urgent hangman, 1938)
MIT 42, 1960

WER LEMMY EINE GRUBE GRÄBT
(I'll say she does!, 1945)
HCC 1944, 1981
vgl. *Die Geheimakten*

CHILDERS, (ROBERT) ERSKINE (1870–1922)

DAS RÄTSEL DER SANDBANK
(The riddle of the sands, 1903)
DIO 20211, 1984

CHILDS, MARQUIS (WILLIAM) 1903–

DOPPELSPIEL IN SIBAI
(Taint of innocence, 1967)
GAR 3344, 1973

CHIMENTI, FRANCESCA

DAS GEHEIMFACH
(The web of Allyngrood, 1977)
HRO 2052, 1980

CHITTENDEN, FRANK (ALBERT) 1910–

DER UNGELADENE GAST
(The uninvited, 1954)
GK 108, 1957

VERHÄNGNISVOLLE HEIMKEHR
(Strange welcome, 1949)
GK 93, 1956

CHRISTENSEN, C.

DAS GESPENSTERHAUS
BBA 56, 1952

EINE PARTIE SCHACH
BBA 50, 1952

SIR AUGUSTUS LIEBT DEN NEBEL
BBA 64, 1953

CHRISTIE, AGATHA (1890–1976)

ABSCHIEDSVORSTELLUNG FÜR MONSIEUR P.
(The labours of Hercules II, 1947)
GK 4054, 1971
vgl. *Die Arbeiten des Herkules II*

ALIBI
(The murder of Roger Ackroyd, 1926)
GK 12, 1952; bb 191, 1968; GMK 6202, 1984

ALTER SCHÜTZT VOR SCHARFSINN NICHT
(Postern of fate, 1973)
SCHE 817, 1981

DIE ARBEITEN DES HERKULES I
(The labours of Hercules I, 1947)
SCHE 103, 1958
vgl. *Monsieur P. ist neugierig;*
vgl. *Die ersten Arbeiten des Herkules*

DIE ARBEITEN DES HERKULES II
(The labours of Hercules II, 1947)
SCHE 104, 1958
vgl. *Die letzten Arbeiten des Herkules;*
vgl. *Abschiedsvorstellung für Monsieur P.*

AUCH PÜNKTLICHKEIT KANN TÖTEN
(6 Stories)
(Poirot's early cases and Murder in the mews, 1923)
SCHE 590, 1977; SCHE 798, 1981

AUF DOPPELTER SPUR
(The clocks, 1963)
SCHE 243, 1965; XEN 1, 1976; SCHE 561, 1976; KK 003, 1983; SCHE 927, 1983

DER BALLSPIELENDE HUND
engl. T. (Dumb witness, 1937)
am. T. (Poirot loses a client, 1937)
SCHE 120, 1959; SCHE 689, 1978

BERTRAMS HOTEL
(At Bertram's hotel, 1965)
SCHE 313, 1969; SCHE 822, 1981

DER BLAUE EXPRESS
(The mystery of the blue train, 1928)
SCHE 89, 1957; SCHE 593, 1977

BLAUSÄURE
engl. T. (Sparkling cyanide, 1945)
am. T. (Remembered death, 1945)
SCHE 20, 1949; SCHE 891, 1983

DIE BÜCHSE DER PANDORA
(Partners in crime, 1929)
SCHE 231, 1965; UK 1590, 1974; SCHE 715, 1979

DER DIENSTAGABEND-KLUB
(13 Kriminalgeschichten)
(The thirteen problems, 1932)
SCHE 175, 1961; UK 1584, 1974; SCHE 859, 1982

EIN DIPLOMATISCHER ZWISCHENFALL UND ANDERE FÄLLE
(6 Stories)
(The adventure of the Christmas Pudding; The hound of death, 1960)
SCHE 283, 1967; SCHE 880, 1982

13 BEI TISCH
engl. T. (Lord Edgware dies, 1933)
am. T. (Thirteen at dinner, 1933)
GK 66, 1955

DUMMHEIT IST GEFÄHRLICH
(The mirror crack'd from side to side, 1962)
SCHE 221, 1964; SCHE 548, 1976
vgl. *Mord im Spiegel oder ...*

ELEFANTEN VERGESSEN NICHT
(Elephants can remember, 1972)
SCHE 467, 1974; SCHE 708, 1979

DIE ERSTEN ARBEITEN DES HERKULES
(The labours of Hercules I, 1947)
SCHE 733, 1979
vgl. *Die Arbeiten des Herkules I*
vgl. *Monsieur P. ist neugierig*

DAS EULENHAUS
(The hollow, 1946)
SCHE 1, 1947; UK 1122, 1967; SCHE 425, 1973

DAS FAHLE PFERD
(The pale horse, 1961)
SCHE 183, 1962; SCHE 578, 1977

DER FALL DER ENTTÄUSCHTEN HAUSFRAU

(6 Kriminalgeschichten = 1. Teil aus DIO 71)
DIO 20826, 1982
vgl. *Villa Nachtigall*, DIO 71 sowie 20825

FATA MORGANA
(They do it with mirrors, 1952)
SCHE 111, 1958; SCHE 665, 1978

DAS FEHLENDE GLIED IN DER KETTE
(The mysterious affair at styles, 1920)
SCHE 125, 1959; SCHE 485, 1974; SCHE 988, 1984

FEUERPROBE DER UNSCHULD
(Ordeal of innocence, 1958)
SCHE 275, 1967; SCHE 761, 1980

EIN GEFÄHRLICHER GEGNER
(The secret adversary, 1922)
MIT 14, 1959; MIT 356, 1967; SCHE 541, 1976; SCHE 795, 1981

DAS GEHEIMNIS DER GOLDMINE
(A pocket full of rye, 1953)
SCHE 88, 1956; SCHE 497, 1975

DAS GEHEIMNIS DER SCHNALLENSCHUHE
engl. T. (One, two, buckle my shoe, 1940)
am. T. (The patriotic murders, 1941)
SCHE 39, 1951; WKR 6, 1974

DAS GEHEIMNIS VON SITTAFORD
engl. T. (The Sittaford mystery, 1931)
am. T. (Murder at Hazelmoor, 1931)
GK 73, 1955

DIE GROSSEN VIER
(The big four, 1927)
SCHE 190, 1963; SCHE 902, 1983

DAS HAUS AN DER DÜNE
(Peril at End House, 1932)
GK 98, 1956

HERCULE POIROT, MISS MARPLE AND . . .
(3 Whodunits)
(Hercule Poirot, Miss Marple und . . . (3 Fälle)
DTVZ 9118, 1976

HERCULE POIROT SCHLÄFT NIE
(Murder in the mews, 1937)
SCHE 984, 1984

HERCULE POIROT'S GRÖSSTE TRIUMPHE
(Yellow iris, o. J.)
SCHE 968, 1984

HERCULE POIROT'S WEIHNACHTEN
(Hercule Poirots Christmas, 1938)
SCHE 163, 1961; SCHE 627, 1977

KARIBISCHE AFFÄRE
(A Caribbean mystery, 1964)
SCHE 255, 1966; SCHE 726, 1979

DIE KATZE IM TAUBENSCHLAG
(Cat among the pigeons, 1959)
SCHE 150, 1961; SCHE 489, 1974

DIE KLEPTOMANIN
(Hickory, Dickory, Dock, 1955)
SCHE 100, 1958; SCHE 511, 1975; SCHE 660, 1978

DAS KRUMME HAUS
(Crooked house, 1949)
SCHE 37, 1951; SCHE 506, 1975

KURZ VOR MITTERNACHT
(Towards zero, 1944)
SCHE 36, 1950; SCHE 633, 1977

LAUTER REIZENDE ALTE DAMEN
(By the pricking of my thumbs, 1968)
SCHE 378, 1971; SCHE 843, 1982

DIE LETZTEN ARBEITEN DES HERKULES
(The labours of Hercules, 1947)
SCHE 734, 1979
vgl. *Die Arbeiten des Herkules II;* vgl. *Abschiesvorstellung für Monsieur P.*

DER LETZTE JOKER
(The seven dials mystery, 1929)
SCHE 569, 1976

LETZTES WEEKEND
engl. T. (Ten little niggers, 1939)
am. T. (And then there were none,

1940)
UK 747, 1958

DER MANN IM BRAUNEN ANZUG
(The man in the brown suit, 1924)
SCHE 200, 1963; SCHE 738, 1979

DIE MAUSEFALLE UND ANDERE FALLEN
(6 Stories)
(Three blind mice, 1950) auch
(The mouse trap, 1960)
SCHE 262, 1966; GK 4300, 1973

DIE MEMOIREN DES GRAFEN
(The secret of Chimneys, 1925)
SCHE 134, 1960

MIT OFFENEN KARTEN
(Cards on the table, 1936)
SCHE 67, 1954; SCHE 613, 1977

MÖRDERBLUMEN
(The Listerdale mystery, 1934)
SCHE 913, 1983

MÖRDERGARN
(7 Kriminalstories)
(The regatta mystery, 1939)
SCHE 936, 1983

DIE MÖRDER-MASCHEN
(Miss Marple's final cases, 1979)
SCHE 874, 1982

MONSIEUR P. IST NEUGIERIG
(6 Kriminalgeschichten)
(The labours of Hercules I)
GK 4047, 1971
vgl. *Die Arbeiten des Herkules I;*
vgl. *Die ersten Arbeiten des Herkules*

MORD AUF DEM GOLFPLATZ
(Murder on the links, 1923)
GK 9, 1952

DIE MORDE DES HERRN ABC
(The ABC murders, 1936)
SCHE 170, 1962; SCHE 750, 1980

MORD IM PFARRHAUS
(Murder at the vicarage, 1930)
SCHE 45, 1952; SCHE 648, 1978;
bb 429, 1979

MORD IM SPIEGEL ODER DUMMHEIT IST GEFÄHRLICH
(The mirror crack'd from side to side)
SCHE 957, 1984
vgl. *Dummheit ist gefährlich*

MORD IN MESOPOTAMIEN
(Murder in Mesopotamia, 1936)
SCHE 62, 1954; SCHE 516, 1975

MORD NACH MASS
(Endless night, 1967)
SCHE 323, 1969; SCHE 785, 1980

EIN MORD WIRD ANGEKÜNDIGT
(A murder is announced, 1950)
SCHE 79, 1955; SCHE 603, 1977

MORPHIUM
(Sad cypress, 1940)
SCHE 49, 1952; GK 206, 1959;
SCHE 448, 1974

NIKOTIN
(Three act tragedy, 1935)
GK 64, 1955

POIROT RECHNET AB
(Kriminalgeschichten
(Poirot investigates, 1958)
MIT 23, 1959; MIT 369, 1968;
SCHE 566, 1976; XEN 2, 1976;
XEN 8, 1976; SCHE 775, 1980
vgl. *Poirots raffinierte Fälle*

POIROTS RAFFINIERTE FÄLLE
(Poirot investigates, 1924)
KK 001, 1983
vgl. *Poirot rechnet ab*

DER PRÜGELKNABE
(5 Erzählungen)
KK 002, 1983
vgl. *Zeugin der Anklage / Der Prügelknabe*

RÄCHENDE GEISTER
(Death comes at the end, 1945)
SCHE 4, 1947; SCHE 474, 1974

RÄTSEL UM ARLENA
(Evil under the sun, 1941)
SCHE 26, 1949; UK 1184, 1968;
SCHE 480, 1974

DER ROTE KIMONO x
engl. T. (Murder on the Orient-Express, 1934)
am. T. (Murder in the Calais-Coach, 1934)
GK 62, 1955)

ROTKÄPPCHEN UND DER BÖSE WOLF
(N or M?, 1941)
SCHE 140, 1960; SCHE 443, 1974

RUHE UNSANFT
(Sleeping murder, 1976)
SCHE 767, 1980

DIE SCHATTENHAND
(The moving finger, 1943)
SCHE 17, 1948; GK 210, 1959;
NBR 51, 1964

SCHNEEWITTCHENPARTY
(The Halloween party, 1969)
SCHE 410, 1973; SCHE 849, 1982

DAS SCHICKSAL IN PERSON
(Nemesis, 1971)
SCHE 438, 1974; SCHE 680, 1978

EIN SCHRITT INS LEERE
engl. T. (Why didn't they ask Evans?, 1934)
am. T. (The boomerang clue, 1934)
GK 70, 1955

16 UHR 50 AB PADDINGTON
engl. T. (4.50 from Paddington, 1957)
am. T. (What Mrs. McGillicuddy saw! 1957)
SCHE 129, 1960; SCHE 429, 1973;
SCHE 981, 1984

DER SELTSAME MR. QUIN
(The mysterious Mr. Quin, 1930)
SCHE 869, 1982

SIE KAMEN NACH BAGDAD
(They came to Baghdad, 1951)
SCHE 52, 1953; SCHE 941, 1984

DIE SPANISCHE TRUHE
(The spanish chest, 1939)
KK 13, 1980

DAS STERBEN IN WYNCHWOOD
engl. T. (Murder is easy, 1939)
am. T. (Easy to kill, 1939)
SCHE 30, 1950; SCHE 533, 1976

DER TOD AUF DEM NIL
(Death on the Nile, 1937)
SCHE 114, 1959; SCHE 787, 1981

TOD IN DEN WOLKEN
engl. T. (Death in the clouds, 1935)
am. T. (Death in the air, 1935)
Titel 1935
GK 4, 1952

DER TOD WARTET
(Appointment with death, 1938)
SCHE 58, 1953; SCHE 961, 1984

DER TODESWIRBEL
engl. T. (Taken at the flood, 1948)
am. T. (There is a tide . . ., 1948)
SCHE 34, 1950; UK 1249, 1969;
SCHE 453, 1974

DIE TOTE IN DER BIBLIOTHEK
(The body in the library, 1942)
SCHE 41, 1951; SCHE 651, 1978

DER UNFALL UND ANDERE FÄLLE
(7 Kriminalerzählungen)
SCHE 210, 1964; GK 4308, 1973

DER UNHEIMLICHE WEG
engl. T. (Destination unknown, 1954)
am. T. (So many steps to death, 1954)
SCHE 107, 1958; SCHE 639, 1978

DAS UNVOLLENDETE BILDNIS
engl. T. (Five little pigs, 1943)
am. T. (Murder in retrospect, 1943)
SCHE 96, 1957; SCHE 524, 1975

DIE VERGESSLICHE MÖRDERIN
(Third girl, 1966)
SCHE 302, 1968; SCHE 809, 1981

DIE VERSCHWUNDENE DAME
(n. e.)
KK 31, 1981

x Mord im Orientexpress

VIER FRAUEN UND EIN MORD
(Mrs. McGinty's dead, 1952)
SCHE 82, 1956; SCHE 621, 1977

VILLA NACHTIGALL
(13 Kriminalgeschichten)
DIO 71, 1974
vgl. *Der Fall der enttäuschten Hausfrau,* DIO 20826; sowie *Villa Nachtigall,* DIO 20825

VILLA NACHTIGALL
(7 Kriminalgeschichten = 2. Teil aus DIO 71)
DIO 20825, 1982
vgl. *Der Fall der enttäuschten Hausfrau,* DIO 20826; sowie *Villa Nachtigall,* DIO 71

VORHANG
(Curtain, 1975)
SCHE 700, 1979

DER WACHSBLUMENSTRAUSS
engl. T. (After the funeral, 1953)
am. T. (Funerals are fatal, 1953)
SCHE 71, 1955; SCHE 545, 1976

DAS WESPENNEST
(6 Erzählungen)
(The wasp's nest, 1924)
XEN 39, 1977; KK 4, 1980

WIEDERSEHEN MIT MRS. OLIVER
(Dead man's folly, 1956)
SCHE 117, 1959; SCHE 526, 1975

ZEHN KLEINE NEGERLEIN
(Ten little niggers or The last weekend, 1939)
SCHE 22, 1949
vgl. *Letztes Weekend*

ZEUGIN DER ANKLAGE / DER PRÜGELKNABE
(The witness for the prosecution, 1933 / The Underdog, 1948)
SCHE 146, 1961; SCHE 645, 1978

CLAD, NOEL (CLOVIS) (1924–1962)

DIAMANTEN GEFÄLLIG?
(A taste for brilliants, 1964)
MIT 299, 1966

DER WILDE
(The savage, 1958)
UK 819, 1961

CLARK, BRUCE

DIE FALSCHE NUMMER
(Deathtalk, 1980), BTH 19021, 1983

CLARK, DOUGLAS (ca. 1920–
Pseudonym: James Ditton

GIER IST ALLER LASTER ANFANG
(The Gimmel flask, 1977)
SCHE 942, 1984

EINE IDYLLE ZUM STERBEN
(Heberden's seat, 1979)
SCHE 838, 1982

LEISER TOD ZUM WOCHENENDE
(Poacher's bag, 1980
SCHE 861, 1982

DER STRANDWÜRGER
(Deadly pattern, 1970)
RTH 2261, 1972

DIE VERGANGENHEIT STEHT AUF
(Golden rain, 1980)
SCHE 918, 1983

CLARK, ERIC (1937–

EIN SPION KRIEGT KEINE RENTE
(The sleeper, 1979)
SCHE 868, 1982

CLARK, LYDIA BENSON
Pseudonym von Eloise Meaker (1915–
Weiteres Pseudonym: Amanda McAllister

DIE HEXE
(Yesterday's evil, 1974)
GAS 62, 1981

CLARK, MARY HIGGINS (1931–
s. *Mary Higgins-Clark*

CLARKE, ANNA (1919–
EIN MÄDCHEN WILL TÖTEN
(A mind to murder, 1971)
MIT 612, 1973

CLARKE, ROBERT
Pseudonym von Lauran Bosworth Paine (1916–
Weitere Pseudonyme: s. L. B. Paine
AKTEN FÜR DEN STAATSANWALT
(A synonym for murder, 1972)
GK 4291, 1973
DIE MAFIA HAT TAUSEND OHREN
(Death of a Flower Child, 1970)
GK 4064, 1971

CLAY, JULIEN
DIE FÄLSCHUNG
(Du sang sur le grand livre, 1966)
MIT 349, 1967
DAS GEHEIMNIS DES TAGEBUCHS
(Du ramdam dans l'édition, 1968)
MIT 452, 1969
LIEBHABER UNTER SICH
(Il n'y a pas de justice, 1964)
MIT 303, 1966

CLEARY, DENIS UND FRANK MAHER
KILLER IM BUSCH
(The capricorn run, 1978)
UK 1963, 1979

CLEARY, JON (STEPHEN) (1917–
DER HAFTBEFEHL
(The High Commissioner, 1966)
GAR 3306, 1973
IM AUGE DES HURRIKANS
(Vortex, 1977)
FAR 8011, 1982
DER TREFFPUNKT
(The safe house, 1975)
RAR 4250, 1978
ZWIELICHT
(A sound of lightning, 1976)
KNAR 579, 1978

CLEEVE, BRIAN (BRENDON TALBOT) (1921–
ALARM AUS ANGST
(Violent death of a bitter Englishman, 1967)
PHOE 73, 1970
DIE FÜCHSIN
(Death of a wicked servant, 1963)
SCHE 269, 1966
IM TEUFELSKREIS
(The Judas goat, 1966)
PHOE 58, 1969; KK 44, 1981
DIE LADY STARB NICHT LADYLIKE
(Death of a painted lady, 1962)
SCHE 276, 1967
UNTERNEHMEN HOCHVERRAT
(Vote X for treason, 1964)
PHOE 19, 1967

CLEMENT, HENRY
COLUMBO: COLUMBOS SCHWIERIGSTER FALL
(By dawn's early light, 1976)
BFK 38011, 1976

CLEMENTS, CALVIN
SCHIFF DER HÖLLE
(Hellship to Kuma, 1954)
ATR 20, 1957

CLEWES, HOWARD (CHARLES VIVIAN) 1916–
NEBEL AM LONDON RIVER
(The long memory, 1951)
SM 35, 1961

CLIFFORD, FRANCIS
Pseudonym von Arthur Leonhard

Bell Thompson (1917–1975)

AGENTENSPIEL
(All men are lonely now, 1967)
HAR 6176, 1983
vgl. *Männer sind einsam*

AUF GEDEIH UND VERDERB
(Amigo, Amigo, 1973)
PLAY 6156, 1984
vgl. *Auf Gedeih und Verderb*

DAS DOPPELMOTIV
(The Grosvenor Square goodbye, 1974)
HAR 5547, 1979

DER FEIGE HELD
(Another way of dying, 1968)
UAR 3027, 1974

DIE GRÜNEN GEFILDE VON EDEN
(The green fields of Eden, 1962)
UAR 2729, 1969

DIE LETZTE MEILE
(EA-Titel: Die letzte Meile ist die längste)
(The hunting-ground, 1962)
PHOE 51, 1969

MÄNNER SIND EINSAM
(All men are lonely now, 1967)
FAR 1215, 1971
vgl. *Agentenspiel*

DER MANN AM DRAHT
(The naked runner, 1966)
auch (The naked spur, 1966)
PHOE 62, 1969; BRA 51, 1972; BKEL 37035, 1977; HAR 5777, 1980

DER PENDLER
(Drummer in the dark, 1976)
HAR 5636, 1979

EINE SCHWÄCHE FÜR DAS LEBEN
(The blind side, 1971)
MTB 2209, 1982

SEINE EHRE WAR VERRAT
(Amigo, Amigo, 1973)
HAC 29, 1976
vgl. *Auf Gedeih und Verderb*

DIE VERGELTUNG
(A wild justice, 1972)
HAR 5888, 1981

DIE ZEIT LAUERT IM HINTERHALT
(Time is an ambush, 1962)
UAR 2775, 1970

204 – ÜBERFÄLLIG
(Overdue, 1957)
UAR 2665, 1968

CLIFTON, BUD
Pseudonym von David Derek Stacton (1925–1968)
Weiteres Pseudonym: David West

ER SOLL HÄNGEN
(Let him go hang, 1961)
HK 1071, 1962

COATMEUR, JEAN-FRANCOIS

EIN GEWISSER JOHNNY
(On l'appelait Johnny, 1979)
RTH 2546, 1981

NUR KEIN SKANDAL!
(La bavure, 1980)
RTH 2580, 1981

SECHZEHN JAHRE SIND KEIN LEBEN
(Baby-foot, o. J.)
SCHE 462, 1974

SIRENEN UM MITTERNACHT
(Les sirènes de minuit, 1976)
RTH 2463, 1978

COBB, (GEOFFREY) BELTON (1892–1971)

ANFÄNGER HABEN GLÜCK
(Death with a difference, 1960)
GK 268, 1960

AUF ANWEISUNG DES ARZTES
(Suspicion in triplicate, 1971)
GK 4370, 1974

BELÜGE NICHT DIE POLIZEI
(Don't lie to the police, 1960)
GK 262, 1960

DETEKTIV AUF URLAUB
(Corpse at Casablanca, 1956)
GK 110, 1957

GIFT AUS DER APOTHEKE
(No charge for the poison, 1952)
GK 2167, 1965

EIN GUTES TEAM
(Catch me – if you can, 1970)
GK 4352, 1974

MITGEFANGEN – MITGEHANGEN
(I fell among thieves, 1971)
GK 4334, 1974

EINE SELTSAME FIRMA
(The lunatic, the lover, 1950)
GK 161, 1958

SKANDAL IN SCOTLAND YARD
(Scandal at Scotland Yard, 1969)
MIT 520, 1971

COBURN, ANDREW (1932–

DER BABYSITTER
(The babysitter, 1979)
BTH 19002, 1981

IN GEHEIMER GESELLSCHAFT
(Company secrets, 1982)
BTH 19032, 1984

DIE SCHWARZARBEITER
(Off duty, 1980)
BTH 19006, 1981

COE, TUCKER

Pseudonym von Donald E(dwin) Westlake (1933–
Weitere Pseudonyme: Curt Clark, Timothy J. Culver, Richard Stark

AUF TOTEM GLEIS
(Kinds of love, kinds of death, 1966)
UK 1220, 1969

DAS HAB ICH NICHT GEWOLLT
(Murder among children, 1967)
UK 1225, 1969

KEINE SCHONZEIT FÜR WIDDER
(A jade in Aries, 1970)
UK 1410, 1971

SAG DIE WAHRHEIT, KOLLEGE
(Don't lie to me, 1972)
UK 1585, 1974

DER WACHSAPFEL
(Wax apple, 1970)
UK 1340, 1970

COFFEY, BRIAN

Pseudonym von Dean R(ay) Koontz (1945–
Weitere Pseudonyme: David Axton, Deanna Dwyer, K. R. Dwyer, Leigh Nichols, Anthony North

... ALIAS MIKE TUCKER
(Blood risk, 1973)
RTH 2399, 1976

MIKE TUCKER AUF TAUCHSTATION
(Surrounded, 1974
RTH 2415, 1977

MIKE TUCKER UND DER MAYA-FRIES
(The wall of masks, 1975)
RTH 2438, 1977

COFFMAN, VIRGINIA (EDITH) (1914–

Pseudonym: Victor Cross

BLUMEN DER ANGST
(The secret of Shower Tree, 1966)
HRO 1806, 1967; HRO 2070, 1980

DAS DORF DER VERFLUCHTEN
(A haunted place, 1968)
HRO 1838, 1970

ERBSCHAFT IM ZWIELICHT
(Curse of the island pool, 1965)
HRO 1885, 1973; HRO 2093, 1981

DER FALSCHE HERZOG
(The shadow box, 1967)
HRO 2008, 1978

GEFÄHRLICHES DOPPELSPIEL
(Mistress Devon, 1972)
HRO 1914, 1974

GRAUEN OHNE ENDE
(Hyde place, 1974)

HRO 1968, 1976; HRO 2152, 1984

DIE HOCHZEIT MIT DEM FEIND
(Enemy of love, 1976)
HRO 2026, 1979

SCHLOSS MOURA
(Moura, 1959)
HAR 274, 1963; HRO 2119, 1982

SPUK UM MITTERNACHT
(The beckoning, 1965)
HRO 1873, 1972; HRO 2116, 1982

DIE STADT DER TOTEN
(A haunted place, 1968)
GAS 38, 1979

DIE TODESDIAMANTEN
(The master of Blue Mire, 1971)
HRO 1880, 1972

TÖDLICHE ERBSCHAFT
(The alpine coach, 1976)
HRO 1990, 1977

DIE TOTE AUF DER TREPPE
(The house on the moat, 1972)
HRO 1906, 1973

DER TURM DER DÄMONEN
(The demon tower, 1966)
HRO 1832, 1969

DIE UNHEIMLICHE KATZE
(The smalt tawny cat, 1967)
HRO 2169, 1984

VERGISS, WENN DU ES NOCH KANNST
(The house at Sandalwood, 1974)
HRO 1947, 1975

VERMÄCHTNIS DER ANGST
(Legacy of fear, 1973)
GAS 53, 1980

DER VIKAR DES BÖSEN
(The devil's vicar, 1966, auch: The vicar of Moura, 1972)
HRO 1947, 1975

WOLKEN ÜBER SCHLOSS BARRA
(Castle Barra, 1966)
HRO 1801, 1966; HRO 2074, 1980

COHANE, M. E.

MORD, EUER EHREN
(Murder one! 1975)
GK 4646, 1977; XEN 146, 1982

COHEN, OCTAVUS R(OY) (1891–1959)

DREIMAL KAM DER TOD
(Lost lady, 1951)
PAN 69, 1956

MASKERADE IN MIAMI
(The corpse that walked, 1951)
PAN 78, 1967

COHEN, STANLEY (1928–

DAS DIANA-SPIEL
(The Diana Game, 1973)
BTH 19036, 1984

330 PARK AVENUE
(330 Park, 1977)
BTH 19025, 1983

EIN ROTKOPF WIRD GEKIDNAPPT
(Taking Gary Feldman, 1970)
RTH 2249, 1972

COLBY, (LINDA) LYDIA

BEGEGNUNG IM ZWIELICHT
(The touch of evil, 1977)
UAR 3566, 1979

COLBY, ROBERT

Pseudonym: Nick Carter, s. d.

KILLER!
(Murder times five, 1972)
BRA 32063, 1973

PUPPEN À LA CARTE
(Make mine vengeance, 1959)
BRA 45, 1972

... SONST STIRBT DEINE PUPPE!
(Run for the money, 1960)
BRA 25, 1970

COLE, G(EORGE) D(OUGLAS) H(OWARD) (1889–1959)

s. *G. D. H.*

COLE, MARGARET (1893–1980)
s. *G. D. H.*

COLLANI, EVA
MORD IST NICHTS FÜR KLEINE MÄDCHEN (OA)
BK 36017, 1979

COLLIER, JOHN (HENRY NOYES) (1901–
BLÜTEN DER NACHT
(13 befremdliche Geschichten) (aus: Fancies and goodnights, 1951)
RAR 1324, 1970
MITTERNACHTSBLAUE GESCHICHTEN
(aus: Fancies and goodnights, 1951)
RAR 1559, 1972

COLLIGNON, ILSE (1913–
INSEL DER ZÄRTLICHEN SPIELE (1977)
HRO 2045, 1979

COLLINS, (INSPEKTOR)
INSPEKTOR COLLINS: DIE DRITTE SPUR
LL 2, 1960 (?)

COLLINS, FRANK
EIN TOTER WIRD GEJAGT
ZAU 25, 1977

COLLINS, LARRY (1929– UND DOMINIQUE LAPIERRE (1931–
DER FÜNFTE REITER
(The fifth horsemann; auch: Le cinquième cavalier, 1980)
GAR 6524, 1982

COLLINS, MICHAEL
Pseudonym von Dennis Lynds (1924–
Weitere Pseudonyme: William Arden, Nick Carter, John Crowe, Carl Decker, Maxwell Grant, Mark Sadler
BLUTZOLL FÜR FALSCHE TRÄUME
(The blood-red-dream, 1976)
UK 1850, 1977
EIN DOLCH FÜR DIE BRAUT
(The brass rainbow, 1969)
UK 1317, 1970
FREAK
(Freak, 1983)
UK 10259, 1984
LADY, SIE STERBEN NUR EINMAL
(Night of the toads, 1970)
UK 1366, 1970
LETZTER AUSWEG MORD
(Act for fear, 1966)
UK 1311, 1970
MORD GEHT AUF SPESEN
(Blue death, 1975)
UK 1766, 1976
PILLEN FÜR SCHMUTZIGE GESCHÄFTE
(The nightrunners, 1978)
UK 10036, 1980
SCHACH MIT DEM BLAUEN CHINESEN
(Shadow of a tiger, 1972)
UK 1579, 1973
DER SCHLÄCHTER
(The slasher, 1980)
UK 10139, 1982
TOCHTER DES SCHWARZEN WINDES
(Walk a black wind, 1971)
UK 1498, 1972
TOTALE GIER
(The silent scream, 1973)
UK 1653, 1974

COLLINS, (WILLIAMS) WILKIE (1824–1889)
DER ERMORDETE KOMMT WIEDER
(John Jago's ghost or the dead alive, 1874),
HER 843, 1981
vgl. *Der geheimnisvolle Palazzo*
DIE FRAU IN WEISS

(The woman in white, 1860
DTV 500/501, 1968

GEFALLENE BLÄTTER
(The fallen leaves, 1879
DTV 1181, 1976

DAS GEHEIMNISVOLLE HOTEL
(The haunted hotel, 1877)
HER 772, 1980
vgl. *Der geheimnisvolle Palazzo*

DER GEHEIMNISVOLLE PALAZZO
(enthält: Der geheimnisvolle Palazzo / John Jagos Geist / Der verschwundene Erbe)
(The haunted hotel, 1877 / John Jagos ghost, 1874 / No thoroughfare, 1867), HER 1106, 1982

ICH SAGE NEIN
(I say no, 1884)
KNAR 2016, 1983

LUCILLA
(Poor Miss Finch, 1872)
FAR 1201, 1971

DER MONDDIAMANT
(The moonstone, 1868)
HBDW 2, 1968; HAR 862, 1971; DTV 905/906, 1973

DER POLIZIST UND DIE KÖCHIN
(Alte Londoner Kriminalfälle)
HER 954, 1982

DER ROTE SCHAL
(Armadale, 1866)
DTV 714/715, 1970; FAR 1993, 1978

EIN SCHAUERLICHES FREMDES BETT UND ANDERE GRUSELGESCHICHTEN
DIO 188 = 20589, 1979

DER VERSCHWUNDENE ERBE
Alter Titel: Nicht aus noch ein
(No thoroughfare, 1868)
HER 878, 1981
vgl. *Der geheimnisvolle Palazzo*

COLLMARY, FREDERICK F.
(Pseudonym)

MENSCHENFALLE MAROKKO (OA)
KTR 5, 1958

COMER, RALPH

DIE HEXENJÄGER
(The witchfinders, 1968)
HEL 19, 1972

DER SPIEGEL DES DIONYSOS
(The mirror of Dionysos, o. J.)
HEL 22, 1972

COMPORT, BRIAN (1938–

MORD NACH ART DES HAUSES
(Mumsy, Nanny, Sonny & Girly, 1970)
FAR 1006, 1970

COMPTON, (DAVID) GUY (1930–

ANGST IM NACKEN
(The quality of mercy, 1965)
PHOE 36, 1968; KK 41, 1981

CONDE, PHILLIP

GANGSTER DER LUFT
(Vultures of the sky, 1935)
EDEN 7, 1955 (?); PAN 120, 1958

CONDON, RICHARD (THOMAS) 1915–

BOTSCHAFTER DER ANGST
(The Manchurian candidate, 1959)
RAR 549–550, 1963

DER DANDY-GAUNER
(Bandicoot, 1978)
BAR 10195, 1982

NUR GELD ZÄHLT
(Mile high, 1969)
HAR 6235, 1983

DER PATRIARCH
(Winterkills, 1976)
HAR 6161, 1983

RENDEZVOUS IN MADRID

(The oldest confession, 1958)
RAR 542, 1963

CONNELL, EDWIN

DUELL MIT EINER TOTEN
(I had to kill her, 1966)
HTH 1288, 1968

CONELLI, CLARK

Autor der Kriminalroman-Serie: *»Kommissar X«;* s. *Anhang.* Autor der Nummern: 607, 620, 627.

CONNOLLY, PAUL

Pseudonym von Tom (Thomas Grey) Wicker (1926–

VERSCHWINDE!
(Get out of town, 1951)
PAN 72, 1957

CONNOLLY, VIVIAN (1925–

Pseudonym: Andrea Harris

DIE GEHEIMNISVOLLE KÜSTE
(South coast of danger, 1973)
HRO 2159, 1984

DIE UNHEIMLICHE PROPHEZEIUNG
(The fires of Ballymorris, 1975)
GAS 59, 1981

CONRAD, JOSEPH (JOSEF TEODOR KONRAD KORZENIOWSKI) (1857–1924)

DER GEHEIMAGENT
(The secret agent, 1907)
FAR 1216, 1971; DIO 66/2 = 20212, 1975

MIT DEN AUGEN DES WESTENS
(Under western eyes, 1911)
FAR 5780, 1984

CONRADI, PETER

Pseudonym von Werner Holm (1917–

MORD IM MILIEU (OA)
BK 36040, 1980

CONRADS, DIETER

Pseudonym von Dietrich Conrads (1924–

D-C FALL 1: DER SCHATZ DER ALTEN DAME (OA)
SCHN 61, 1976

D-C FALL 2: SCHWARZER LACK AUF FREMDEN AUTOS (OA)
SCHN 62, 1976

D-C FALL 3: HALTET DEN HUNDEDIEB! (OA), SCHN 73, 1977

D-C FALL 4: VOR MAIGLÖCKCHEN WIRD GEWARNT! (OA), SCHN 145, 1978

CONROY, AL

Pseudonym von Marvin H(ubert) Albert (1924–
Weitere Pseudonyme: Mike Barone, Albert Conroy, Jan McAlister, Nick Quarry, Anthony Rome

SERIE: SOLDATO – EIN MANN GEGEN DIE MAFIA

NR. 1 DAS TODESURTEIL
(Soldato! 1972)
NRK 16, 1974

NR. 2: DAS GROSSE STERBEN
(Death grip, 1972)
NRK 20, 1975

NR. 3: SÄRGE FÜR EIN DUTZEND NIETEN
(Strangle hold, 1973)
NRK 24, 1975

NR. 4: DIE KILLERPARTY
(Murder mission, 1974)
NRK 27, 1975

NR. 5: KRIEG UM WEISSES PULVER
(Blood run, 1973)
NRK 35, 1976

CONROY, ALBERT

Pseudonym von Marvin H(ubert) Albert (1924–

Weitere Pseudonyme: s. Al Conroy

ENDSTATION VERZWEIFLUNG
(The road's end, 1952)
PAN 59, 1956

FREIE FAHRT INS JENSEITS
(The mob says murder, 1958)
HAR 151, 1962; HK 1044, 1963

IM AUFTRAG DER REBELLEN
(The looters, 1961)
HAR 206, 1963

NETTE JUNGENS MÜSSEN STERBEN
(Nice guys finished dead, 1957)
HK 1060, 1962

TEUFEL IN BLUE JEANS
(Devil in Dungarees, 1960)
MIT 90, 1961

ZU TODE GEHETZT
(The chiselers, 1953)
PAN 63, 1956

CONSTANTINE, K. C.
(Pseudonym)

FILME FÜR DEN STAATSANWALT
(The man who liked to look at himself, 1973)
GK 4390, 1974

MORD IN EINER KLEINEN STADT
(The Rocksburg Railroad murders, 1972)
GK 4382, 1974

TOMATEN VON UNTEN
(The man who liked slow tomatoes, 1982)
GLIT 5250, 1984

CONTA, MANFRED VON (1931–

DER TOTMACHER (1969)
DTV 843, 1972; DIO 20962, 1982)

CONTY, JEAN-PIERRE

ES WAR ALLES GANZ ANDERS
(Le ciel m'est témoin, o. J.)
UK 127, 1956

CONVAY, TROY
s. *Anhang: Serien: »Coxeman«*

COOK, ROBIN (1940–

DER FLUCH DER SPHINX
(Sphinx, 1979)
KNAR 748, 1981

COOKSON, CATHERINE (ANN MCMULLEN) (1906–
Pseudonym: Catherine Marchant

EIN FREUND FÜRS LEBEN
(The nice bloke, 1969)
RAR 4167,1978

ERNTE DER LEIDENSCHAFT
(Feathers in the fire, 1971)
BAR 17009, 1983

DER SPIELER
(The gambling man, 1975)
RAR 4572, 1980

WAGNIS DES HERZENS
(The long corridor, 1965)
HAR 5182, 1975

COONEY, CAROLINE B. (1947–

ALPTRAUMFAHRT NACH DISNEY-WORLD
(Rear-view mirror, 1980)
RTH 2604, 1982

COOPER, COLIN
Pseudonym von Colin Robertson (1906–1980)

AUF TOTE SCHIESST MAN NICHT
(Killer's mask, 1966)
SCHE 292, 1968

EIN EREIGNISREICHER VORMITTAG
(Murder in the morning, 1957)
SCHE 162, 1961

GRIFF INS LEERE
(Conflict of shadows, 1963)
SCHE 226, 1965

STAHL AUF STAHL
(Clash of steel, 1965)
PHOE 26, 1967
VERHEXTER MOND
(Demon's moon, 1951)
SCHE 261, 1966
VIEL ZEIT FÜR DEN MÖRDER
(Time to kill, 1961)
SCHE 198, 1963

COOPER, CRAIG
FLUCHT VOR DEM SCHATTEN
(Running scared, 1972)
GK 4271, 1973
GOLDFISCH AN DER ANGEL
(Value for murder, 1972)
GK 4263, 1973

COOPER, MIKE
EISKALTE RACHE
(Les nerfs qui lâchent, 1964)
GK 2205, 1966
SEI ZÄRTLICH SATAN
(La clef de l'enfer, 1963)
HTH 1162, 1965; BEST 10, 1978

COOPER, WILL (1929–
DER TOD HAT TAUSEND TÜREN
(Death has a thousand doors, 1976)
SCHE 667, 1978

COPP, DE WITT (S.)
Pseudonym: Nick Carter, s. d.

COPPEL, ALFRED (1921–
Pseudonym: A. C. Marin
DER DRACHE
(The dragon, 1977)
HAR 5801, 1981
HASTINGS ZWEI
(The Hastings conspiracy, 1982)
PLAY 6155, 1984
34° OST
(Thirty-four east, 1974)
FAR 1690, 1976; GAR 6672, 1984

COPPER, BASIL (1924–
DER ACHT-STUNDEN-FALL
(A voice from the dead, 1974)
GK 4411, 1974
DIE BOMBENSICHERE ERBSCHAFT
(Impact, 1975)
GK 4569, 1976
EIN BOURBON FÜR DIE NERVEN
(A good place to die, 1975)
GK 4600, 1976
DUELL ZU DRITT
(Dead file, 1970)
GK 4166, 1972
DER DUNKLE SPIEGEL
(The dark mirror, 1966)
GK 4200, 1972
DER EIDECHSENMANN
(The year of the dragon, 1977)
GK 4709, 1978
ERSTE TÜR RECHTS
(No letters from the grave, 1971)
GK 4190, 1972
DER GEHEIMNISVOLLE MR. CHOU
(Shock-wave, 1973)
GK 4368, 1974
DER GEISTERBAHNMÖRDER
(Crack in the sidewalk, 1976)
GK 4658, 1977
GELD SPIELT (K)EINE ROLLE
(The big rip-off, 1979)
GA 5410, 1980
EIN GUTES JAHR ZUM STERBEN
(A great year for dying, 1973)
GK 4321, 1973
IN SCHLECHTER GESELLSCHAFT
(The lonely place, 1976)
GK 4608, 1976
KEINE BLUMEN FÜR DEN GENERAL
(No flowers for the general, 1967)
GK 4158, 1972
DIE MAUER DES SCHWEIGENS

(The high wall, 1975)
GK 4510, 1975

MIKE FARADAYS VISITENKARTE
(The breaking point, 1973)
GK 4378, 1974

MORD ERSTEN GRADES
(Murder one, 1978)
GA 5408, 1980

MORDVERSUCH IN STUDIO B
(Feedback, 1974)
GK 4442, 1975

NACHTFROST
(Night frost, 1966)
GK 4207, 1972

SCHLECHT INVESTIERT
(Tight corner, 1976)
GK 4692, 1977

DER SCHWARZE RITTER
(The big chill, 1972)
GK 4255, 1973

SCHWARZES GIFT – BLOND SERVIERT
(Flip side, 1980)
GA 5439, 1982

SECHS PATRONEN IM MAGAZIN
(The marble orchard, 1969)
GK 4136, 1972

TOD IN DER GALERIE
(Strong – arm, 1972)
GK 4266, 1973

EIN TOTER MUSS STERBEN
(Death squad, 1977)
GK 4753, 1978

UNSCHULD IM REGEN
(Ricochet, 1974)
GK 4451, 1975

CORBETT, REX
Pseudonym von Rolf Ulrici, s. d.

DIE DIAMANTEN VON SOHO
ZB 2, 1957

DER VERSCHWUNDENE BUS
ZB 1, 1957
vgl. Rolf Ulrici, *Eine Klasse ist verschwunden*

CORBY, JANE (IRENITA) (1899–
Pseudonyme: Jean Carew, Joanne Holden

EIN SCHLOSS FÜR DIE LIEBE
(Girl in the tower, 1966)
XTR 1050, 1981
vgl. *Das Mädchen im Turm*

DAS MÄDCHEN IM TURM
(Girl in the tower, 1966)
UAR 30018, 1979
vgl. *Ein Schloß für die Liebe*

CORDELL, ALEXANDER
Pseudonym von George Alexander Graber (1914–

EISKALTES LUDER
(The bright cantonese, 1967)
PHOE 84, 1970

CORDES, ALEXANDRA (1935–

DIE NACHT DER KATZEN (1970)
HRO 1866, 1972

EINE TOTE WILL NICHT STERBEN (OA)
HRO 1927, 1974

CORONER, CLET

EIN MANNEQUIN TAUCHT AUF
(Echappement libre, 1963)
MIT 309, 1966)

CORONER, GILLES

VERBRECHEN IN ROM
(L'homme au casque d'or, 1963)
MIT 234, 1965

CORSARI, LY

DER MANN, DEN ES NICHT GAB
(De man die er niet was, o. J.)
SM 64, 1961

MORD UND MARIONETTEN
(Moorden en Marionetten, o. J.)
SM 80, 1962

CORTE, ANTONIO
(Pseudonym)
DIE SCHÖNE VON AMALFI
KNAR 765, 1981

CORTEN, CORNELIUS
DER FALL BORELL (1963)
UK 1028, 1965

CORVIN, CELIA
DER SILBERNE LEUCHTER
AWA 32, 1957

CORY, DESMOND
Pseudonym von Shaun (Lloyd McCarthy (1928–
Weiteres Pseudonym: Theo Callas
ACHTUNG – ORCHIDEE HÖRT MIT!
(Feramontov, 1966)
UK 1324, 1970
DER HENKER IN SCHWARZ
(Johnny goes west, 1958)
UK 1320/*1321,* 1970
KENNWORT ZEITBLOCKADE
(Timelock, 1967)
UK 1339, 1970
KILLER IM LAMBO
(A bit of shunt up the river, 1974)
UK 1688, 1975
KÜSTE DER GIFTBLÜTEN
(Safe house, 1972)
UK 1520, 1973
DAS MÄDCHEN MIT DEM SPRENGKÖRPER
(Johnny goes south, 1959)
UK 1334/*1335,* 1970
DER SCHATTEN ÜBER MADRID
(Shockwave, 1963)
UK 1299/*1300,* 1970
EIN TELEFON VOLL NITRO
(Even if you run, 1971)
UK 1513, 1973
TIEFSEEFALLE
(Undertow, 1962)
UK *1295*/1296, 1969
TOD AUS DER SPRITZE
(The bad trip, 1972)
UK 1511, 1972
DER TODESSPRINGER VON ALICANTE
(Deadfall, 1965)
UK 1291/*1292,* 1969
EIN TOTER BRAUCHT KEINEN PASS
(The swastika hunt, 1956)
UK 1357, 1970
UNTERNEHMEN SONNENSTURM
(Sunburst, 1971), UK 1441, 1972

COSTA, HERMA
DIE PARTY IN STARNBERG (OA)
GK 1261, 1963
TÖDLICHER FLIEDER (OA)
GK 2027, 1964

COSTELLO, PAUL
ANLEIHE AUF MORD
(Mortgage for murder, 1960)
UK 872, 1962; GK 4237, 1973
DER BLAUE DIAMANT
(Blue diamond, 1962)
UK 918, 1963
GESUCHT WIRD LYDIA
(Front cover man, o. J.)
MIT 267, 1965
DER ROTBART
(The red beard, 1958)
UK 832, 1961
TIEFES SCHWEIGEN
(The long silence, 1957)
UK 852, 1961; GK 4244, 1973
EINE ZELLE AUF MALLORCA
(The cat and the fiddle, 1961)
GK 4260, 1973

COSTIGAN, LEE
AUF LEBEN UND TOD
(The new breed, 1962)
MIT 183, 1964
GROSS-ALARM
(Never kill a cop, 1959)
MIT 106, 1962

COTTON, JERRY
s. *Anhang: Serien*

COTTON, WILL
EIN TOTER KEHRTE ZURÜCK
(The night was made for murder, 1959)
PAN 145, 1959

COUGHLIN, WILLIAM J(EREMIAH) 1924–
NUR EIN BETRIEBSUNFALL
(The grinding mill, 1973)
RTH 2456, 1978

COULTER, STEPHEN (1913–
Pseudonym: James Mayo
GIGANT IM MEER
(Offshore!, 1966)
GAB 26, 1969

COURTIER, SIDNEY H(OBSON) (1904–1974)
DREI ROTE ROSEN
(Let the man die, 1961)
GK 2077, 1965
FALSCHE SIGNALE
(Ligny's lake, 1971)
GK 4131, 1971
EIN GAST ZUVIEL
(The ringnecker, 1965)
GK 2169, 1966
GEFALLEN WIE LUZIFER
(Murder's burning, 1967)
GK 3164, 1969
DAS GESICHT AM FENSTER
(Come back to murder, 1957)
GK 2042, 1964
HAUS OHNE MENSCHEN
(A corpse at least, 1966)
GK 3043, 1967
KEIN DENKMAL FÜR EMILY
(No obelisk for Emily, 1970)
GK 4044, 1971
EINE MASKE AM SARG
(Gently dust the corpse, 1960)
GK 2113, 1965
SCHWARZE VÖGEL ÜBER CHICKOWEE
(Some Village Borgia, 1971)
GK 4164, 1972
DIE SEKUNDE VOR DEM TOD
(A window in chunking, 1975)
GK 4507, 1975
DIE STROHPUPPE
(Swing high, sweet murder, 1962)
GK 2061, 1964
TRÄUME ZU VERKAUFEN
(Death in dream time, 1959)
GK 2095, 1965
ÜBERLEBENSCHANCE NULL
(See who's dying, 1967)
GK 3119, 1968
VERBRECHEN HANDGEWEBT
(Listen to the mocking bird, 1974)
GK 4418, 1974
DER VOGELMORD
(Mimic a murderer, 1964)
GK 2118, 1965
ZURÜCK IN DIE FALLE
(Dead if I remember, 1972)
GK 4218, 1972

COUSINS, E(DMUND) G(EORGE) (1893–
HOCHZEIT MIT DEM TOD
(Death by marriage, 1959)
PAN 161, 1960
DAS MÄDCHEN SAPHIR
(Sapphire, 1959)
KKR 56, 1961

COX, JONATHAN
JUDASKÜSSE
(Kiss of the raven, 1981)
BTH 19020, 1982

COX, WILLIAM R(OBERT) (1901–

MORDGEFLÜSTER IN LAS VEGAS
(Death on location, 1962)
BRA 54, 1973

COXE, GEORGE H(HARMON) (1901–

DIE ABGEBROCHENE NADEL
(The hollow needle, 1948)
GK 1015, 1961

DER AUGENBLICK DER GEWALT
(Moment of violence, 1961)
GK 1127, 1962

BITTE NICHT STÖREN!
(Fashioned for murder, 1947)
GK 1039, 1961

BLITZLICHT UND SCHATTEN
(Four frightened woman, 1939)
GK 4140, 1972

DAS BLONDE ZIGARETTENMÄDCHEN
(The big gamble, 1958)
GK 1079, 1962

DER BRIEF AN DER TÜR
(Suddenly a widow, 1956)
GK 272, 1960

COCKTAIL ZUR PREMIERE
(The glass triangle, 1940)
GK 1177, 1962

DREISSIG TAGE BEDENKZEIT
(The frightened fiancée, 1950)
GK 1004, 1961

DR. HORWATH WIRD ERPRESST
(Error of judgment, 1961) auch
(One murder too many, 1969)
GK 1113, 1962

EINE MINUTE ZU SPÄT
(An easy way to go, 1969)
GK 3232, 1969

EIN GLAS ZUVIEL
(Deadly image, 1964)
GK 2024, 1964

ES BLEIBT IN DER FAMILIE
(No time to kill, 1941)
GK 1186, 1962

FLUGKARTE NACH PANAMA
(Death at the Isthmus, 1954)
GK 1047, 1961

DAS FOTO DES JAHRES
(Murder for two, 1943)
GK 1252, 1963

FOTO-FINISH
(The camera clue, 1937)
GK 4241, 1973

EINE FRAU MIT PISTOLE
(Woman with a gun, 1972)
GK 4212, 1972

DER FÜNFTE SCHLÜSSEL
(The fifth key, 1947)
GK 3204, 1969

GEFÄHRLICHE ERBSCHAFT
(Fenner, 1971)
GK 4113, 1971

GEFÄHRLICHE LADY
(Venturous lady, 1948)
GK 1138, 1962

GESCHÄFTSREISE NACH CARACAS
(One minute past eight, 1957)
GK 1103, 1962

EIN GESICHT FÜR ZWEI
(Double identity, 1970)
GK 4027, 1970

GLEICHUNG MIT EINER UNBEKANNTEN
(The widow had a gun, 1951)
GK 292, 1961

HOCHZEIT IM HAUSE CANNING
(The crimson clue, 1953)
GK 1154, 1962

HOCHZEITSREISE IN DEN TOD
(The groom lay dead, 1944)
GK 4249, 1973

JEDER BRAUCHT GELD
(Never bet your life, 1952)
GK 1227, 1963

JOHN KEELERS NEGATIVE
(The man who died too soon, 1962)
GK 1172, 1962

JULIAS GROSSER BLUFF

(Uninvited guest, 1953)
GK 1066, 1961

KAPITÄN GESUCHT
(Inland passage, 1949)
GK 1024, 1961

EINE KLEINE GEFÄLLIGKEIT
(The last commandment, 1960)
GK 1107, 1962

EIN KOFFER VOLL MORD
(The reluctant heiress, 1965)
GK 2185, 1966

KÜHLER JAZZ UND HEISSE SPUREN
(The Lady is afraid, 1940)
GK 3236, 1969

DER LADYKILLER
(Lady killer, 1949)
GK 1032, 1961

MISSION DER ANGST
(Mission of fear, 1962)
GK 3180, 1969

MIT DEM RÜCKEN ZUR WAND
(The inside man, 1974)
GK 4434, 1975

MIT HARTER HAND
(Murder on their minds, 1957)
GK 1235, 1963

MÖRDER SIND KAMERASCHEU
(Silent are the dead, 1942)
GK 3194, 1969

MORD OHNE REUE
(The candid imposter, 1967)
GK 3173, 1969

SCHATTEN SCHLAGEN ZU
With intend to kill, 1965)
GK 2221, 1966

SCHNAPPSCHUSS IM DUNKEL
(Focus on murder, 1954)
GK 287, 1961

SONDERAUFTRAG VOM CHEF
(Top assignment, 1955)
GK 1287, 1964

DIE STIMME AM TELEFON
(Eye witness, 1950)
GK 1056, 1961

STRIPTEASE MIT REVOLVER
(No place for murder, 1975)
GK 4602, 1976

DER TOD EINES SPIELERS
(Murder for the asking, 1939)
GK 3225, 1969

UM KOPF UND KRAGEN
(The hidden key, 1963)
GK 3186, 1969

DIE UNGESTÜME GELIEBTE
(The impetuous Mistress, 1958)
GK 1072, 1962

WEEKEND AUF BARBADOS
(One hour to kill, 1963)
GK 2057, 1964

WIR HEIRATEN, WENN . . .
(Man on a rope, 1956)
GK 1007, 1961

EIN ZEUGE SCHWEIGT
(The silent witness, 1973)
GK 4330, 1974

DAS ZIMMER IM ERSTEN STOCK
(Slack tide, 1959)
GK 1088, 1962

ZUTRITT VERBOTEN
(The ring of truth, 1966)
GK 2239, 1966

ZWEI TAGE GENÜGEN
(One way out, 1960)
GK 1219, 1963

CRAIG, DAVID
Pseudonym von (Allan) James Tucker (1929–

DIE ANGST KEHRT STETS ZURÜCK
(Bolthole, 1973)
GK 4421, 1975

JILL UND DIE BOYS
(Whose little girl are you? 1974)
GK 4407, 1974

CRAIG, JOHN (ERNEST) (1921–

GESCHÄFT MIT DER TODESANGST
(If you want to see your wife again,

1971)
UK 1504, 1972
KNAPP VORBEI IST AUCH DANEBEN
(Close does'nt count, 1975)
GK 4662, 1977

CRAIG, JONATHAN
Pseudonym von Frank E. Smith (1919–
ALS ES MORGEN WURDE
(The case of the beautiful body, 1957)
SB 15, 1958
ANRUF BEI NACHT
(The case of the brazen beauty, 1966)
HK 1263, 1967
BLUTIGER NEBEL
(Red-headed sinners, 1953)
BRA 58, 1973; BK 36026, 1979
CALLGIRLS WEINEN NICHT
(Case of the cold coquette, 1957)
MIT 631, 1973
vgl. *Mr. Macklins zweites Leben*
DREI TÖDLICHE TAGE
(Case of the petticoat murder, 1958)
MIT 639, 1973
GEWALT UND GESETZ
(Alley girl, 1954) auch: (Renegade Cop, 1959)
MIT 377, 1968
MR. MACKLINS ZWEITES LEBEN
(Case of the cold coquette, 1957)
PAN 108, 1957
vgl. *Callgirls weinen nicht*
DAS NACKTE MÄDCHEN
(Case of the nervous nude, 1959)
MIT 388, 1968
NUR AUF BEWÄHRUNG
(Come night, come evil, 1957
BRA 47, 1972
SEIN LETZTER MORD
(So young, so wicked, 1957)
WIK 7, 1966
TOD FÜR VENUS
(Morgue for Venus, 1956)
PAN 76, 1957
DEN TOD IM NACKEN
(The dead darling, 1955)
MIT 291, 1966

CRAIG, MARY (1923–
Pseudonym: Mary Francis Shura
DER RÄTSELHAFTE FREMDE
(A candle for the dragon, 1973)
HRO 1948, 1975; XEN 161, 1982; HRO 2134, 1983
DER UNSICHTBARE FEIND
(Mistress of Lost River, 1966) auch (Ten thousand several doors, 1973)
GAS 89, 1984

CRANE, CAROLINE (1930–
DIE KINDER SIND WEG
(The girls are missing, 1981)
BTH 19028, 1983
DER SÜSSE DUFT DES STERBENS
(Coast of fear, 1981)
BTH 19018, 1982
DER UNSCHULDSENGEL
(Summer girl, 1979)
BTH 19013, 1982
DIE ZWEITFRAU
(Wife found slain, 1981)
BTH 19039, 1984

CRANE, FRANCES (1896–
DAS GEHEIMNIS DER GOLDENEN DOSE
(The golden box, 1942)
SCHE 47, 1952; KK 39, 1981
DAS GELBE VEILCHEN
(The yellow violet, 1942)
SCHE 54, 1953; KK 49, 1981
DER HIMMELBLAUE LADEN
(The turquoise shop, 1941)
SCHE 42, 1951; KK 53, 1981

DIE LILA BRILLE
(The amethyst spectacles, 1944)
KKR 82, 1964

DER ROSENROTE SCHIRM
(The pink umbrella, 1943)
SCHE 74, 1955

DER SCHOCKIERENDE ROSA HUT
(The shocking pink hat, 1946)
KKR 74, 1963

CRANE, LESTER

GERETTET
LL 10, 1960 (?)

HYÄNEN IN COPPER BEACH
LL 8, 1960 (?)

MISS SLAUGHTER GEHT VERLOREN
LL 4, 1960 (?)

CRAWFORD, CHRISTINA

DIE SCHWARZE WITWE
(Black widow, 1982)
BAR 10268, 1983

CRAWFORD, PETRINA

SAAT DES BÖSEN
(Seed of evil, 1973)
HEL 8, 1971

CRAWFORD, ROBERT

Pseudonym von Hugh C(rauford) Rae (1935–
Weitere Pseudonyme: R. B. Houston, Stuart Stern

IM SCHUSSFELD
(The shooting gallery, 1972)
HK 1546, 1973

KOMM MIT UND STIRB
(The marksman, 1971)
HK 1479, 1972

MORD IM MOOR
(A few small bones, 1968
HK 1571, 1974

MORD NACH TAUSEND TAGEN
(Cockleburr, 1969)
HK 1449, 1971

DIE PISTOLEN-LADY
(The badger's daughter, 1971)
HK 1464, 1971

TOT BIST DU AM SCHÖNSTEN
(Kiss the boss goodbye, 1971)
HK 1458, 1971

TOTENHEMD GMBH
(The Shroud Society, 1969)
HK 1443, 1971

CREASEY, JOHN (1908–1973)

Pseudonyme: Gordon Ashe, M. E. Cooke, Norman Deane, Robert Caine Frazer, Patrick Gill, Michael Halliday, Charles Hogarth, Brian Hope, Colin Hughes, Kyle Hunt, Abel Mann, Peter Manton, J. J. Marric, Richard Martin, Rodney Matheson, Anthony Morton, Jeremy York

ATTENTAT AUF DENKMASCHINEN
(Gideon's power, 1969)
UK 1927, 1978

DICKE LUFT IN SCOTLAND YARD
(Insepctor West at home, 1944)
SM 2117, 1964
vgl. *Inspektor West unter Verdacht*

EIN MORD KOMMT SELTEN ALLEIN
(Look three ways at murder, 1964)
MIT 537, 1971

DAS ERSTE FEUER
(Gideon's fire, 1961)
XTK 2004, 1979

FANFAREN DES TODES
(A blast of trumpets, 1975)
UK 1897, 1978

FIRNIS AUS BLUT
(Gideon's art, 1971)
UK 1795, 1976

GEFÄHRLICHER ALLEINGANG
(A clutch of coppers, 1967)
MIT 579, 1972

GEFAHR FÜR INSPEKTOR WEST

(A part for a policeman, 1970)
MIT 544, 1971

DIE GLÄSERNE SPUR
(A splinter of glass, 1972)
MIT 628, 1973

GROSSE FRACHT IN FALSCHE HÄNDE
(Gideon's badge, 1965)
UK 1946, 1979

IM NETZ DER VERRÄTER
(A nest of traitors, 1970)
UK 1983, 1979

INSPEKTOR WEST IN SCHWIERIGKEITEN
(Policeman's triumph, 1948)
MIT 564, 1972

INSPEKTOR WEST MUSS HANDELN
(Inspector West takes charge, 1942)
MIT 551, 1971

INSPEKTOR WEST UND DER JUWELENRAUB
(The scene of the crime, 1961)
MIT 603, 1972

INSPEKTOR WEST UND DER ÖLSCHEICH
(A Prince for Inspector West, 1956)
MIT 529, 1971

INSPEKTOR WEST UNTER VERDACHT
(Inspector West at home, 1944)
MIT 619, 1973
vgl. *Dicke Luft in Scotland Yard*

DIE KLEINEN SOLLEN HÄNGEN
(Hang the little man, 1963)
MIT 667, 1974

KLUB DES VERBRECHENS
(So young to burn, 1968)
MIT 555, 1971

DIE KUGEL GING DANEBEN
(Holiday for Inspector West, 1946)
MIT 587, 1972

MALLOWS GEHEIMNIS
(Two for Inspector West, 1955)
MIT 571, 1972

MORD AUF DEN SCHIENEN
(Murder on the line, 1960)
MIT 636, 1973

SCHREI HINTER DER TÜR
(Inspector West alone, 1950)
UK 1837, 1977

SCHREI IN DER NACHT
(A scream of murder, 1969)
MIT 595, 1972

SCHWARZFAHRER TOD
(Gideon's ride, 1963)
UK 1783, 1976

SIEG, PLATZ – TOD
(Gideon's sport, 1970)
UK 1825, 1977

TATORT THEMSE
(Gideon's river, 1968)
UK 1910, 1978

DER TOD KOMMT MIT DER POST
(Parcels for Inspector West, 1956)
MIT 611, 1973

DER TOFF UND DAS MAMMUT
(Fool the Toff, 1950)
GK 107, 1957

DER TOFF UND DIE LADY
(The Toff and the Lady, 1946)
GK 114, 1957

UNTERNEHMEN KÄNGURUH
(Gideon's fog, 1975)
UK 1875, 1978

WER ERPRESST WEN?
(Puzzle for Inspector West, 1951)
MIT 644, 1973

ZUM NACHTISCH GIFT
(Gideon's drive, 1976)
UK 1965, 1979

ZU SCHLAU FÜR DIE FALLE
(Gideon's risk, 1960)
UK 10010, 1979

ZWEI KUGELN FÜR INSPEKTOR WEST
(Battle for Inspector West, 1948)
MIT 652, 1973

CREIGHTON, JOHN
Pseudonym von Joseph L. Chadwick

Weitere Pseudonyme: Joselyn Chadwick, John Conway, Jo Anne Creighton

DIE ANGST HAT VIELE NAMEN
(The mask of evil, 1973)
KEL 1073, 1979

BÖSE IST DIE NACHT
(Evil ist the night, 1959)
DLV 753, 1966

MORDWAFFE: EIN MESSER
(n. e.), KEL 1121, 1980

TATWAFFE: BLAUER CADILLAC
(Trial by perjury, 1958)
NRK 13, 1974

CREUTZ, LOTHAR
s. *Carl Andrießen*

CRICHTON, (JOHN) MICHAEL (1942–
Pseudonym: Jeffery Hudson

DER GROSSE EISENBAHNRAUB
(The great train robbery, 1975)
RAR 4311, 1979

DIE INTRIGE
(A case of need, 1968)
PLAY 6122, 1981

CRIPS, WILLIAM

LÜGEN HABEN SCHÖNE BEINE
(Spytrap, 1982)
SCHE 974, 1984

CRISP, N(ORMAN) J(AMES) (1923–

RENDEZVOUS MIT DEM PATEN
(The London deal, 1978)
SCHE 770, 1980

ZWEI NUMMERN ZU GROSS
(The Gotland deal, 1976)
SCHE 686, 1978

CRISPIN, EDMUND
Pseudonym von Robert Bruce Montgomery (1921–1978)

ANONYME BRIEFE
(The long divorce, 1951)
UK 835, 1961
vgl. *Giftbriefe*

BEGRÄBNIS AM DONNERSTAG
(Buried for pleasure, 1948)
UK 888, 1962
vgl. *Der Pfarrer und sein Poltergeist*

GIFTBRIEFE
(The long divorce, 1951)
GLIT 5245, 1983
vgl. *Anonyme Briefe*

MIT GEHEIMTINTE
(Love lies bleeding, 1948)
UK 794, 1960

DER MOND BRICHT DURCH DIE WOLKEN
(The glimpses of the moon, 1977)
GLIT 55205, 1980; spätere Aufl. 5205; GMK 6201, 1984

MORD IM 1. STOCK
(The moving toyshop, 1946)
HK 1614, 1974

MORDE – ZUG UM ZUG
(16 Stories)
(Beware of the trains, 1953)
GLIT 5214, 1981

MORD VOR DER PREMIERE
(The case of the gilded fly, 1944)
HCC 1720, 1976

DER PFARRER UND SEIN POLTERGEIST
(Buried for pleasure, 1948)
GLIT 5248, 1984
vgl. *Begräbnis am Donnerstag*

SCHWANENGESANG
(Swan song, 1947)
UK 781, 1959; GLIT 5238, 1983

SEHT DAS MOTIV UND NICHT DIE TAT
(Holy disorders, 1945)
GLIT 5226, 1982

... VORM TOR DER LEICHENWAGEN
(Frequent hearses, 1950)
UK 740, 1958

CROFT-COOKE, RUPERT (1903–1979)
Pseudonym: Leo Bruce
DREI IN EINER ZELLE
(Three in a cell, 1968)
HK 1387, 1970
RACHE FÜR JULIE
(Nasty piece of work, 1973)
HK 1565, 1973
DER ZWEITE TRANSPORT
(Clash by night, 1962)
HK 1409, 1970

CROFTS, FREEMAN WILLS (1879–1957)
ES WAR MORD
(The Groot Park murder, 1923)
MIT 38, 1960
DIE FRAU IN DEM FASS
(The cask, 1920)
HCC 1579, 1974
INSPEKTOR FRENCHS SCHWIERIGSTER FALL
(Insepctor French's greatest case, 1925)
HCC 2070, 1984
DAS SCHWARZWEISSE LOCH IM ALIBI
(Fatal venture, 1939)
HCC 1456, 1971; HK 1847, 1979
DAS VERBRECHEN VON GUILDFORD
(Crime at Guildford, 1935)
HCC 1749, 1977

CROMWELL, ELSIE
Pseudonym von Elsie Lee (1912–
DER GRAF UND DIE GOUVERNANTE
(The governess, 1969)
HRO 1929, 1974

CRONIN, A(RCHIBALD) J(OSEPH) (1896–1981)
HINTER DIESEN MAUERN
(Beyond this place, 1953)
UAR 437, 1963; KNAR 1043, 1983

CRONIN, MICHAEL
Pseudonym von Brendan Leo Cronin (1907–
Weiteres Pseudonym: David Miles
VERGRABEN UND VERGESSEN
(Unfinished business, 1977)
SCHE 691, 1979

CROSS, AMANDA
Pseudonym von Carolyn Gold Heilbrun (1926–
IN BESTEN KREISEN
(The James Joyce murder, 1967)
MIT 410, 1968

CROTTET, ROBERT (1908–
HEUTE IN VIERZEHN TAGEN
(La vache qui pleure, 1957)
FAR 8092, 1974

CROUDACE, GLYNN (1917–
DER SCHARLACHROTE BIKINI
(The scarlet bikini, 1970)
GK 4011, 1970
DAS ZEICHEN DES MÖRDERS
(Blackadder, 1969)
GK 3266, 1970

CROWE, CECILY
REICHE FRAUEN STERBEN FRÜHER
(The talisman, 1979)
HRO 2100, 1982

CROWE, JOHN
Pseudonym von Dennis Lynds (1924–
Weitere Pseudonyme: William Arden, Nick Carter, Michael Collins, Carl Decker, Maxwell Grant, Mark Sadler
BLUTGELD

(Bloodwater, 1974)
GK 4470, 1975

SCHRÄGE SCHATTEN
(Crooked shadows, 1975)
GK 4534, 1976

EIN WEG VON MORD ZU MORD
(When they kill your wife, 1977)
GK 4766, 1978

WIE GELEBT, SO GESTORBEN
(Another way to die, 1972)
HK 1649, 1975

CRUMLEY, JAMES (1939–

DER LETZTE ECHTE KUSS
(The last good kiss, 1978)
GA 5414, 1980

CRUZ-SMITH, MARTIN
s. *Smith, Martin (Cruz)*

CULLEN, CARTER

FINGER WEG VON NATALIE!
(Don't get caught, 1951)
BRA 17, 1970

DIE ZWANGSJACKE
(The deadly chase, 1957)
BRA 32, 1971

CULLINGFORD, GUY
Pseudonym von C(onstance) Lindsay Taylor (1907–

EIN UHR NACHTS
(The whipping boys, 1958)
MIT 39, 1960

DIE KATZE LÄSST DAS MAUSEN NICHT
(Post mortem, 1953)
MIT 118, 1962
vgl. *Post mortem*

POST MORTEM
(Post mortem, 1953)
DIO 132, 1977
vgl. *Die Katze läßt das Mausen nicht*

DER ZAUBERER VON SOHO
(Conjurer's coffin, 1954)
MIT 132, 1963

CUMBERLAND, MARTEN (1892–1972)
Pseudonym: Kevin O'Hara

ALPDRUCK
(Policeman's nightmare, 1949)
GK 247, 1960

DIE BANK IN DER RUE DE LA CONFÉRENCE
(Not expected to live, 1945)
GK 1005, 1961

DISKRETION EHRENSACHE
(A lovely corpse, 1946)
GK 1018, 1961

EINLADUNG ZUR FERIENREISE
(Far better dead, 1957)
GK 290, 1961

DIE ERSCHRECKTEN FRAUEN
(The frightened brides, 1954)
GK 255, 1960

DIE FRAU MIT DEM MONOKEL
(Etched in violence, 1953)
GK 295, 1961

DAS GEHEIMNISVOLLE ATELIER
(The charge is murder, 1953)
GK 283, 1961

EIN HOCHACHTBARER BÜRGER
(Murmurs in the Rue Morgue, 1959)
GK 1049, 1961

HOCHZEITSREISE NACH PARIS
am. T. (The house in the forest, 1950)
engl. T. (Confetti can be red, 1951)
GK 199, 1959

LÖSEGELD FÜR GINETTE
(Fade out the stars, 1952)
GK 1035, 1961

DIE PERLEN DER MANETTE SUGRU
am. T. (Hate will find a way, 1947)
engl. T. (And worms have eaten them, 1948)

GK 141, 1958

DER ROTE ELEFANT
(Out of this world, 1958)
GK 1010, 1961

SCHACH UND MATT
(One foot in the grave, 1952)
GK 170, 1959

SCHRITTE IM DUNKELN
(Steps in the dark, 1945)
GK 152, 1958

SIE SIND ENTLASSEN!
am. T. (Booked for death, 1952)
engl. T. (Grave consequences, 1952)
GK 1057, 1961

EIN STERN GEHT UNTER
(On the danger list, 1950)
GK 234, 1960

THEATERKARTE FÜR BÉATRICE
(Lying at death's door, 1956)
GK 1064, 1961

CUMMING, RAY

LEICHEN UND SECHS WEITERE ERZÄHLUNGEN
GHC 10, 1972

CUNNINGHAM, CHET (1928–
Pseudonyme: Nick Carter, Lionel Derrick, Paul Richards

DER POKER-CLUB
(The Poker-Club, 1978)
BTH 19012, 1982

CUNNINGHAM, E. V.
Pseudonym von Howard (Melvin) Fast (1914–
Weiteres Pseudonym: Walter Ericson

ALICE
(Alice, 1963)
HAR 929, 1972

BIANCA
(Phyllis, 1962)
KNK 4908, 1980

CYNTHIA
(Cynthia, 1968)
KNK 4912, 1980

EIN DIPLOMAT ZUVIEL
(The case of the Russian diplomat, 1978)
KNK 4928, 1982

EIN FALL VON ERDRUTSCH
(A case of the sliding pool, 1981)
KNK 4952, 1984

LYDIA
(Lydia, 1964)
HAR 971, 1972; KNK 4914, 1980

DER MANN, DER NICHT MEHR TÖTEN WOLLTE
(The assassin who gave up his gun, 1969)
KNAR 332, 1973

MILLY
(Millie, 1973)
KNAR 444, 1976

PENELOPE
(Penelope, 1965)
HAR 760, 1970; KNAR 901, 1979; KNK 4901, 1979

SALLY
(Sally, 1967)
KNAR 394, 1975

SAMANTHA
(Samantha, 1967)
KNK 4904, 1979

SHIRLEY
(Shirley, 1964)
HAR 5006, 1973; KNK 4917, 1981

SYLVIA
(Sylvia, 1960)
HAR 554, 1968; BAR 12033, 1975; KNK 4937, 1983

DIE VERSCHOLLENE MAURITIUS
(The case of the One-Penny-Orange, 1977)
KNK 4922, 1981

VIERZIG TAGE FRIST

(Phyllis, 1962)
GK 1257, 1963

CURRINGTON, O(WEN) J(OSIAH) 1924–

SCHWARZE NACHT MIT PFUSCH
(A bad night's work, 1974)
SCHE 558, 1976

DER SICHERSTE PLATZ IST IM KITTCHEN
(Break-out, 1978)
SCHE 759, 1980

CURTISS, URSULA (REILLY) (1923–

ALLES BÖSE ZUM GEBURTSTAG
(The birthday gift, 1976)
SCHE 666, 1978

DAS EISERNE SPINNGEWEBE
(The iron cobweb, 1953)
SCHE 91, 1957; SCHE 783, 1980

DAS HAUS DER LEBLOSEN VÖGEL
(Hour's to kill, 1961)
SCHE 185, 1963; SCHE 634, 1978; KK 004, 1983

KALTE JAGD IN MEXIKO
(In could pursuit, 1977)
SCHE 710, 1979

DIE LÄCHELNDE MASKE
(The face of the tiger, 1958)
SCHE 147, 1961; SCHE 943, 1984

DER MANN MIT DEM PAPAGEIENGESICHT
(Widow's web, 1956)
SCHE 138, 1960; SCHE 870, 1982

EIN MÖRDER SCHLEICHT UMS HAUS
am. T. (The second sickle, 1950)
engl. T. (The hollow house, 1951)
SCHE 61, 1954; XEN 2, 1976; KK 50, 1981; SCHE 830, 1981

DER MÖRDER STEHT VOR MEINER TÜR
(Don't open the door, 1968)
SCHE 339, 1970; SCHE 728, 1979; KK 006, 1983

MORD IN NARKOSE
(Danger: Hospital zone, 1966)
SCHE 295, 1968

DIE PAPPELALLEE
(The forbidden garden, 1962)
SCHE 218, 1964; SCHE 649, 1978

SCHATTEN AN DER WAND
(The stairway, 1957)
SCHE 123, 1960; SCHE 764, 1980; KK 26, 1980

SCHRITTE IM NEBEL
(The deadly climate, 1954)
SCHE 101, 1958; SCHE 720, 1979

SPIEGLEIN, SPIEGLEIN AN DER WAND . . .
(The poisoned orchard, 1980)
SCHE 858, 1982

DER SPIELVERDERBER
am. T. (Out of the dark, 1964)
engl. T. (Child's ploy, 1965)
SCHE 249, 1966; SCHE 677, 1978

SPUREN IN DER NACHT
(The noonday devil, 1951
SCHE 173, 1962; KK 12, 1980

STIMME AUS DEM DUNKELN
(Voice out of darkness, 1948)
SCHE 76, 1955; SCHE 903, 1983

STURZ IN DIE VERGANGENHEIT
(Letter of intent, 1971)
SCHE 418, 1973; SCHE 812, 1981

TOD DEM TRÄUMER
(So dies the dreamer, 1960)
SCHE 164, 1962; KK 87, 1982
vgl. *Träum schön vom Tod*

TRÄUM SCHÖN VOM TOD
(So dies the dreamer, 1960)
SCHE 864, 1982
vgl. *Tod dem Träumer*

DAS UNHEIMLICHE GRAUEN
(The menace within, 1979)
SCHE 796, 1981

DIE WESPEN
(The wasp, 1963)
SCHE 233, 1965; SCHE 610, 1977; KK 005, 1983

CUSHMAN, DAN (1909–
DAS JAVANISCHE JUWELEN-MÄDCHEN
(Jewel of the Java Sea, 1951)
ATR 21, 1957
DIE TITANEN
(Naked ebony, 1951)
PAN 101, 1957

CUSSLER, CLIVE (ERIC) (1931–
CARGO 03
(Vixen 03, 1978)
GAR 6432, 1982
EISBERG
(Iceberg, 1975)
GAR 3513, 1978
DER TODESFLIEGER
(The mediterranean caper, 1970)
GAR 3657, 1978

CZARNETZKI, MARIANNE
TOTE SCHREIBEN KEINE BRIEFE (OA)
KEL 797, 1970

CZIFFRA, GEZA VON (1900–
Pseudonyme: Peter Trenck, Richard Anden, Albert Anthony
DER TOD SCHIESST DIE TORE (OA)
KEL 840, 1974

DA CRUZ, DANIEL (JR.) (1921–
SEI SO NETT UND STIRB FÜR MICH
(Double kill, 1973)
NRK 6, 1974

DAHL, ROALD (1916–
DER KRUMME HUND
(Claud's dog) aus (Someone like you, 1954)
RAR 959, 1967
KÜSSCHEN, KÜSSCHEN!
(11 Erzählungen)
(Kiss, Kiss, 1960)
RAR 835, 1966)
. . . UND NOCH EIN KÜSSCHEN!
(15 Erzählungen)
(Someone like you, 1954; erweitert 1961)
RAR 989, 1967

DALEY, ROBERT (BLAKE) (1930–
PRINCE OF THE CITY
(Prince of the City, 1978)
HAR 6436, 1984

DALMAS, HERBERT
MORD IM ELFENBEINTURM
(The Fowler formula, 1967)
GK 3208, 1969

DALY, ELIZABETH (1878–1967)
KEIN AUSWEG
(The house without door, 1942)
AUF 56, 1954
DIE LETZTE STUFE
(The wrong way down, 1946)
AUF 48, 1953
DAS SCHWARZE BUCH
(The book of crime, 1951)
AUF 38, 1953
DIE TODESBRIEFE
(Death and letters, 1950)
AUF 43, 1953

DANA, RICHARD
Pseudonym von Lauran Bosworth Paine (1916–
Weitere Pseudonyme: s. d.
TOD EINES MILLIONÄRS
(Death of a millionaire, 1969)
GK 4137, 1972

DANE, MARK
Pseudonym von Michael (Angelo) Avallone (Jr.) (1924–
Weitere Pseudonyme: s. d.

GEHEIMNIS UM FELICIA
(Felicia, 1964)
WAR 4004, 1966

DANIELLE, MARIA

DAS URAN-KOMPLOTT
(Fieldwork, 1981)
BTH 19031, 1984

DANIELS, DOROTHY (1915–

Pseudonyme: Danielle Dorsett, Angela Gray, Cynthia Kavanaugh, Suzanne Somers, Geraldine Thayer, Helen Gray Weston, s. d.

DER BRUNNEN DES APOLL
(The Apollo fountain, 1974)
GAS 8, 1977

DAS GEHEIMNIS DER MARMORBÜSTE
(The summer house, 1976)
GAS 15, 1977

DAS HAUS DER TOTEN BRÄUTE
(House of false faces, 1967)
GAS 1, 1976

HINTER DEN FINSTEREN SCHEIBEN
(Darkhaven, 1970)
HRO 1847, 1970; HRO 2105, 1982

DIE JUNGE HERRIN
(Conover's folly, 1977)
GAS 13, 1977

DIE NACHT DES FEUERS
(The Caldwell shadow, 1973)
GAS 3, 1976

DIE PLANTAGE DES TODES
(The Mistress of Falcon Hill, 1965)
HRO 1924, 1974

SCHATTEN IM ZIMMER
(Marriot Hall, 1965)
HRO 1822, 1968; HRO 2082, 1981

DIE TODESMASKE
(Cliffside Castle, 1965)
HRO 1874, 1972
vgl. *Wenn Stunden zur Ewigkeit werden*

WENN STUNDEN ZUR EWIGKEIT WERDEN
(Cliffside Castle, 1965)
GAS 74, 1982
vgl. *Die Todesmaske*

DANIELS, HAROLD L.

s. *Harold R. Daniels*

DANIELS, HAROLD R(OBERT)

DER ANGEKLAGTE
(The accused, 1958)
HK 1123, 1964

NETZ DER SCHULD
(The snatch, 1958), GK 1069, 1961

NIEMAND KANNTE MARIA
(The house of Greenapple Road, 1966)
HK 1233, 1967

DANIELS, MIKE

DIE TÖDLICHE FORMEL (1978)
ZAU 28, 1978

DANIELS, NORMAN (A.)

Pseudonym von Norman A. Danberg
Weitere Pseudonyme: Harrison Judd, Robert Wallace

EIN MILLIONÄR FÄLLT AUS DEM FENSTER
(A killing in the market, 1967)
HK 1358, 1969

DAS MÖRDERISCHE NETZ
(One angry man, 1971)
BRA 32074, 1974

DANIELS, PHILIP

KALTE RACHE HEISS SERVIERT
(Alibi of guilt, 1980)
SCHE 930, 1983

DANSEL, MICHEL

MIT DEM LETZTEN GRUSS VON BARBARA
(De la part de Barbara, o. J.)
SCHE 920, 1983

DARD, FREDERIC
Pseudonym: San Antonio,
s. außerdem *Anhang Serien*
ARSEN UND ROTE ROSEN
(Le pain de fossoyeurs, 1961)
HTH 1144, 1964; XEN 14, 1976;
XTK 2002, 1978; DOQ 9, 1979
AUCH TODESENGEL WEINEN TRÄNEN
(Le bourreau qui pleure, 1956)
HTH 1125, 1964; XEN 52, 1978
DER BUMERANG
(Le maître de plaisir, 1973)
BAR 10461, 1984
IN DEN ARMEN DER NACHT
(Les bras de la nuit, o. J.)
HTH 1147, 1964; XEN 53, 1978
MEINE FRAU, DIE MÖRDERIN
(Delivres-nous du mal, 1956)
HTH 1127, 1964; XTK 2001, 1978
MORDSPIRALE
(La Dame qu'on allait voir chez elle, 1976)
BAR 10216, 1983
DIE NÄCHTE VON PARIS
(Les derniers mystères de Paris, o. J.)
HAR 736/737, 1970
NUR EIN TROPFEN GIFT
(Cette mort dont du parlais, 1962)
HTH 1153, 1965
DAS PARADIES DER BÖSEN
(Les scélérats, 1958)
HTH 1132, 1964; HK 1902, 1980
DER PAVILLON IN SAINT CLOUD
(Une gueule comme la mienne, 1962)
HTH 1141, 1964; XEN 28, 1977;
XTK 2001, 1978
SAN ANTONIO: s. *Anhang Serien*
DIE SCHÖNE TOTE HELENA
(Une scandale de tout beauté, o. J.)
HTH 1352, 1969; XEN 29, 1977
EINE TOTE SCHMINKT SICH NICHT
(Toi qui vivais, 1958)
HTH 1380, 1970; XEN 13, 1976
XTK 2002, 1978
DER VOGEL IM SILBERNEN KÄFIG
(Le monte-charge, 1961)
HTH 1135, 1964; XEN 27, 1977
ZWISCHEN HASS UND LIEBE
(Les séquestrées, 1974)
BAR 12144, 1982

DAVID, KURT (1924–
DER GOLDENE RACHEN (OA)
KOMP 21, 1960

DAVIES, B.
(Pseudonym)
Autor der Serie: »*Plutonium Police*«; s. *Anhang*.
Autor der Nummer: 27

DAVIES, JACK (1913–
SPRENGKOMMANDO ATLANTIK
(Esther, Ruth and Jennifer, 1978)
HAR 5763, 1980

DAVIES, JOHN (1914–
FIEBER IM BLUT
(A fever in the blood, 1968)
GK 4182, 1972

DAVIES, LESLIE O(URNELL) (1914–
Pseudonym: Leslie Vardre
FREMD IN DIESER STADT
(Stranger to town, 1969)
GK 3274, 1970
MANN AUS DEM NICHTS
engl. T. (Man out of nowhere, 1965)
am. T. (Who ist Lewis Pinder?, 1966)
GK 4114, 1971

EIN PERFEKTER GENTLEMAN
(The white room, 1969)
GK 4060, 1971

WAS GESCHAH MORGEN?
(What did I tomorrow?, 1972)
GK 4398, 1974

DAVIES, DOROTHY S(ALISBURY) (1916–

BEKENNTNIS IN DER NACHT
(A gentle murder, 1951)
MIT 191, 1964

DER BLEICHE VERRÄTER
(The pale betrayer, 1965)
GK 2194, 1966

IM DSCHUNGEL VON NEW YORK
(A death in the life, 1976)
GK 4682, 1977

LOCKRUF DES TODES
(A Gentleman called, 1958)
MIT 41, 1960; HLK 1798, 1978

SCHOCKWELLE
(Shock wave, 1972)
GK 4232, 1972

DIE SLUMLORDS VON NEW YORK
(The little brothers, 1973)
GK 4409, 1974

WOHIN DIE DUNKLEN STRASSEN FÜHREN
(Where the dark streets go, 1969)
GK 3294, 1970

DAVIES, FREDERICK C(LYDE) (1902–1977)

Pseudonyme: Murdo Coombs, Stephen Ransome, Curtis Steele

BESTELLT UND NICHT ABGEHOLT
am. T. (Another morgue heard from, 1954)
engl. T. (Deadly bedfellows, 1955)
GK 1220, 1963

ERBITTE DRINGEND HILFE
(Night drop, 1955)
GK 1236, 1963

ES BEGANN MIT EINEM SCHLÜSSEL
(The deadly Miss Ashley, 1950)
GK 1111, 1962

SUCHEN SIE MEINE TOCHTER!
(Drag the dark, 1953)
GK 1123, 1962

DAVIS, GEORGE

DIE MÖRDER SIND MÜDE
(Friday before bank holiday, 1964)
SCHE 268, 1966

DAVIS, HOWARD CHARLES (1909–

DRAMA EINER NACHT
(Desperate night, 1965)
ZAU 186, 1970

DAVIS, MILDRED (B.)

ABGRÜNDE
(The dark place, 1955)
SCHE 266, 1966

DIE DRITTE HÄLFTE
(The third half, 1969)
SCHE 388, 1972

GEHEIMNISVOLLE VERGANGENHEIT
am. T. (Walk into yesterday, 1967)
engl. T. (Nightmare of murder, 1969)
HLK 1787, 1978
vgl. *Irrweg ins Gestern*

GRÄBER SCHWEIGEN NICHT
(They buried a man, 1953)
SCHE 289, 1967

IM NAMEN DES TODES
(Tell them what's-her-name called, 1975)
HLK 1822, 1978

IM SCHATTEN DES VULKANS
(Strange corner, 1967)
SCHE 309, 1969

IRRWEG INS GESTERN
(Walk into yesterday, 1967)
SCHE 320, 1969

vgl. *Geheimnisvolle Vergangenheit*

LEICHE AUS GUTER FAMILIE
(The room upstairs, 1948)
SCHE 300, 1968

EIN MÖRDERISCHER TEDDYBÄR
(Three minutes to eight, 1971)
SCHE 459, 1974

MORD EN FAMILLE
(Sound of insects, 1966)
SCHE 280, 1967

DIE STIMME AM TELEFON
(The voice on the telephone, 1964)
HLK 1727, 1977
vgl. *Teilnehmer . . . bitte sprechen*

TEILNEHMER . . . BITTE SPRECHEN
(The voice on the telephone, 1964)
SCHE 239, 1965
vgl. *Die Stimme am Telefon*

TODESGRÜSSE VOM PALMENSTRAND
(Scorpion, 1977)
SCHE 807, 1981

DIE UNSICHTBARE GRENZE
(The invisible boarder, 1974)
HK 1850, 1979

DAY, GINA
(Pseudonym)

SEXY SATAN
(Tell no tales, 1967)
PHOE 60, 1969

DEAL, BABS H(ODGES) (1929–

EINE MAUER DES SCHWEIGENS
(Fancy's knell, 1966)
SCHE 325, 1969

DEAL, BORDEN (1922–
Pseudonym: Lee Borden

AM ENDE EINES TAGES
(Killer in the house, 1957)
HAR 7, 1958; HK 1001, 1962; MOEK 27, 1968

DEAN, AMBER (1902–

ANTIQUITÄTEN UND MORD
(The dower chest, 1970)
GK 4067, 1971

BEGEGNUNG MIT DEM BÖSEN
(Encounter with evil, 1961)
GK 1142, 1962

FLITTERWOCHEN IN MONTANA
(Foggy foggy dew, 1947)
GK 1077, 1962

GELD IN RAUHEN MENGEN
(Snipe hunt, 1949)
GK 1093, 1962

INS WASSER GEFALLEN
(Collector's item, 1953)
GK 1046, 1961

KOMM NICHT ZU SPÄT
(Be home at eleven, 1973)
GK 4343, 1974

KURZSCHLUSS
(Deadly contact, 1963)
GK 2006, 1964

MIT DER MORGENPOST
(Something for the birds, 1959)
GK 1038, 1961

NIEMAND IST VOR KUGELN SICHER
(Bullet proof, 1960)
GK 4007, 1970

NUR 45 MINUTEN
(Dead man's float, 1944)
GK 1109, 1962

TÄUSCHEN KANN SICH JEDER
(The devil threw dice, 1954)
GK 1132, 1962

WIR WERDEN VERFOLGT
(August incident, 1951)
GK 1062, 1961

DEAN, SPENCER
Pseudonym von Prentice Winchell (1895–
Weitere Pseudonyme:
Jay de Becker, Stewart Sterling, Dexter St. Clair, Dexter St. Clare

AUKTION IN ATLANTIK CITY
(Price tag for murder, 1959)
GK 1131, 1962
DREI FLASCHEN PARFUM
(The scent of fear, 1954)
GK 1128, 1962
DAS EREIGNIS DER SAISON
(Murder after a fashion, 1960)
GK 1096, 1962
IM ZEICHEN DES SKORPIONS
(The merchant of murder, 1959)
GK 1209, 1963
DAS MÄDCHEN IM BIKINI
(Credit for a murder, 1961)
GK 1175, 1962
RÄTSEL UM ANDREA
(Dishonor among thieves, 1958)
GK 1164, 1962
SCHEIDUNG UNERWÜNSCHT
(Murder on delivery, 1957)
GK 1250, 1963
ZITTERNDE FINGER
(The frightened fingers, 1954)
GK 1084, 1962

DE ANDREA, WILLIAM L(OUIS) (1952–
ABGEDREHT
(Killed with a passion, 1983)
BTH 19034, 1984
AUSGESCHALTET
(Killed in the ratings, 1978)
BTH 19011, 1982
FILMRISS
(Killed in the act, 1981)
BTH 19019, 1982
MORDGESPINSTE
(The hog murders, 1979)
BTH 19007, 1981

DEBLER, PAUL
s 27
NBR 7, 1953

DECOSTER, E. M.
JENE NACHT AUF SCHLOSS HIPPOLYTE
RFJ 3, 1949

DECREST, JACQUES
Pseudonym von Jacques Napoleon Faure-Biguet (1893–
DIE AUGEN DES HERRN FAVIER
(Le rendez-vous du dimanche soir, 1936)
BBA 41, 1951
DREI MÄDCHEN AUS WIEN
(Les trois jeunes filles de Vienne, 1934)
SCHE 78, 1955
HASARD
(Hasard, 1933), SCHE 66, 1954

DECREST, JACQUES und GERMAINE
DER SCHATTEN CLÉMENTINE
(Fumée sans feu, 1934)
DC 9, 1955

DEDINA, MICHAEL (1933–
GAUNER MIT NERZ
(The mink steal, 1966)
SCHE 301, 1968

DE FELITTA, FRANK (PAUL) (1921–
CARIBIA INFERNAL ODER DER TOD GEHT AN BORD
(Sea trial, 1980)
KNAR 1100, 1984

DEIGHTON, LEN
Richtiger Name: Leonard Cyril Deighton (1929–
EISKALT
(Spy story, 1973)
HAR 5390, 1977
FINALE IN BERLIN
(Funeral in Berlin, 1964)

UAR 2647, 1968; HAR 5641, 1980

FISCHE REDEN NICHT

(Horse under water, 1963)
UK 1269, 1969; HAR 5811, 1981

IPCRESS STRENG GHEIM

(The Ipcress file, 1962)
UAR 2696, 1969; HAR 5711, 1980

KOMM SCHON, BABY, LACH DICH TOT

(Only when I larf, 1967)
UK 1224, 1969; HAR 6094, 1982

DAS MILLIARDEN-DOLLAR-GEHIRN

(Billion Dollar brain, 1966)
UK 1199, 1968; HAR 5863, 1981

NAGELPROBE

(Yesterday's spy, 1975)
HAR 5466, 1978

SAHARA-DUELL

(Twinkle, twinkle, little spy, 1976)
HAR 6242, 1983

SS – GB

(SS – GB, 1978)
HAR 6149, 1983

TOD AUF TEUREM PFLASTER

(An expensive place to die, 1967)
UK 1212, 1968; HAR 5952, 1981

DEISE, JAY

DROGEN UND DOLLARS

bb 178, 1969

DELVAUX, JULIEN

(Pseudonym)

DIE FÜNF GEZEICHNETEN (OA)

PAN 150, 1959

DECKER, CARL

Pseudonym von Dennis Lynds (1924–
Weitere Pseudonyme: s. d.

DIE MARMORFRAU

(Woman in marble, 1972)
SCHE 509, 1975

DELACORTA

Pseudonym von Daniel Odier

DIVA

(Diva, 1979)
HK 1906; HAR 6250, 1983

LOLA

(Rock, 1981), HK 1986, 1982

LUNA

(Luna, 1979)
HK 1926, 1981

NINA

(Nina, 1979)
HK 1894, 1980

DELMAN, DAVID (1924–

EIN LÖWE TRITT AB

(One man's murder, 1975)
SCHE 616, 1977

DAS OPFER DER GEMEINDE

(He who digs a grave, 1973)
SCHE 563, 1976

EINE WOCHE ZEIT

(A week to kill, 1972)
SCHE 469, 1974

DELVING, MICHAEL

Pseudonym von Jay Williams (1914–1978)

DAS GEHEIMNIS DER 13 STÜHLE

(Die like a man, 1970)
GK 4141, 1972
vgl. *Stirb wie ein Mann*

SATAN SCHREIBT MEMOIREN

(The devil finds work, 1969)
GK 4160, 1972
vgl. *Teuflische Orgien*

EIN SCHATTEN SEINER SELBST

(A shadow of himself, 1972)
GK 4210, 1972

SCHWER WIE BLEI

(A wave of fatalities, 1975)
GK 4538, 1976

STIRB WIE EIN MANN

(Die like a man, 1970)

TK 16, 1972
vgl. *Das Geheimnis der 13 Stühle*
TEUFLISCHE ORGIEN
(The devil finds work, 1969)
TK 9, 1972
vgl. *Satan schreibt Memoiren*
DER TOD DES GÄRTNERS
(Smiling the body fell dead, 1966)
GK 4188, 1972

DEMARIS, OVID
Pseudonym von Ovid E. Desmarais (1919–
MAHLZEIT SAGT DER HENKER
(Candyleg, 1961)
MOEK 57, 1969
SCHEIDUNG AUF AMERIKANISCH
(Fatal mistake, 1964)
HTH 1317, 1968

DEMING, RICHARD (1915–
Pseudonyme: Max Franklin, Emily Moor, Ellery Queen
AUF IHN FIEL KEIN VERDACHT
(Tweak the devil's nose, 1953)
MIT 225, 1965
vgl. *Blutige Dollars*
AUF SCHIEFER BAHN
(Walk a crooked mile, 1959)
MIT 103, 1962
BLUTIGE DOLLARS
(Tweak the devil's nose, 1953)
PAN 40, 1965
vgl. *Auf ihn fiel kein Verdacht*
DAS CALLGIRL
(Anything but saintly, 1963)
MIT 270, 1966
DER FALL DES HÖFLICHEN MÖRDERS
(The case of the courteous killer, 1958)
HAR 156, 1962; HK 1045, 1962
DER FALL DES VERBRECHERKÖNIGS
(The case of the crime king, 1959)
HK 1089, 1963
HYÄNEN DER NACHT
(Whistle post the graveyard, 1954)
PAN 35, 1955
IN DER MASKE DES PLAYBOYS
(Vice Cop, 1961), MIT 257, 1965
INTRIGE IM ZWIELICHT
(The gallows in my garden, 1952)
KRA 7, 1955
KETTE DES TODES
(Hit and run, 1960)
PAN 170, 1960
DER LETZTE MYRTENKRANZ
(The careful man, 1962)
HTH 1253, 1967
SCHLAG AUF SCHLAG
(Body for Sale, 1962)
MIT 240, 1965
SPRICH ZU MIR VON MORD
(Death of a pusher, 1964)
HK 1224, 1966
TÖDLICHE SPIELE
(This game of murder, 1964)
MIT 281, 1966

DEMOUZON, ALAIN (1945–
DER TOD KAM NACKT UND BLOND
(Un coup pourri, 1976)
PLAY 6140, 1983

DENEVI, MARCO (1922–
ROSAURA KAM UM ZEHN
(Rosaura a las diez, 1955)
FAR 2613, 1980

DENIS, JOHN und ALISTAIR MCLEAN
GEISELDRAMA IN PARIS
(Hostage Tower, 1980)
HAR 6032, 1982

DENIS, ROY
(Pseudonym)
MOHN DES VERGESSENS
ERB 31, 1975(?)

STRANDLEICHE
ERB 35, 1975(?)

DENNIS, ROBERT C. (1920–
DIE PUDERDOSE
(The sweat of fear, 1973)
GK 4391, 1974

DENNISON, JANINE
DAS FALSCHE OPFER
(Attempt, 1974)
HLK 1703, 1976

DENT, LESTER (1905–1969)
Pseudonym: Kenneth Robeson, s. d.

DENVER, JEFF
(Pseudonym)
SUPERSTAR: DER HEROINKRIEG
BFK 38037, 1978

DENVER, PAUL
CANNON UND DAS DOLLAR-GIRL
(It's lonely on the sidewalk, 1973)
BFK 38024, 1977
CANNON UND DAS KILLER-AS
(The golden bullet, 1973)
BFK 38019, 1976
CANNON UND DAS MILLIONENDING
(I've got you covered, 1973)
FK 38022, 1977
EINE LEICHE FÜR CANNON
(The falling blonde, 1975)
BFK 28025, 1977
TODESFALLE FÜR CANNON
(The deadly chance, 1973)
BFK 38021, 1976

DERBY, MARK
Pseudonym von Harry Wilcox
ABGRUND DER EWIGEN NACHT
(The dark, 1962)
GK 1275, 1964

A DETECTION CLUB ANTHOLOGY
DREIZEHN GESCHWORENE
(13 STORIES)
(Verdict of Thirteen, 1979)
GLIT 5209, 1980

DETEKTIV P.
s. Rex Corbett

DEVINE, D(AVID) M(CDONALD) (1920–1981)
Pseudonym: Dominic Devine
ALLES DREHT SICH UM LUCILLE
(The devil at your elbow, 1966)
GK 2263, 1967
DAS FÜNFTE SEIL
(The fifth cord, 1967)
GK 3085, 1968
MITTWOCH IM NEBEL
(His own appointed day, 1965)
GK 2225, 1966
TÖDLICHE NEUGIER
(The Royston Affair, 1964)
GK 2170, 1966
DREI GRÜNE FLASCHEN
(Three green bottles, 1972)
UK 1514, 1973
LEISE KAM DER TOD
(Illegal tender, 1970)
UK 1278, 1971
SIEBZEHN BITTERE PILLEN
(Dead trouble, 1971)
UK 1434, 1971
DER TIGER IN MR. PRESCOTT
(The sleeping tiger, 1968)
UK 1275, 1969
DAS TOTENBETTHÄSCHEN
(Death is my bridgeroom, 1969)
UK 1282, 1970

DEVON, LYNN
DER UNHEIMLICHE VERDACHT

(Jade, 1978)
HRO 2109, 1982

DE WEESE, JEAN
Pseudonym von (Thomas Eugene De Weese) (1934–

NACHT DES SKORPIONS
(Web of guilt, 1976)
HRO 2155, 1984

SEITENSPRUNG INS JENSEITS
(Hour of the cat, 1980)
SCHE 863, 1982

DEWEY, THOMAS B(LANCHARD) (1915–
Pseudonym: Tom Brandt

ABENTEUER MIT HONEYLOU
(Go, Honeylou, 1962)
MIT 186, 1964

DIE 8-MM-PARTY
(The Taurus trip, 1970)
GK 4084, 1971; GK 4791, 1978

ALLE GEGEN MAC
(How hard to kill, 1962)
MIT 202, 1964

AUF HEISSEM PFLASTER
(The mean streets, 1955)
MIT 46, 1960

ENGEL DER SÜNDE
(Portrait of a dead heiress, 1965)
GK 3070, 1968

EINE FRAU LEBT GEFÄHRLICH
(Dame in danger, 1947)
MIT 458, 1969

DAS GEHEIMNIS DES KOFFERS
(A sad song singing, 1963)
MIT 265, 1965

IN DIE HÖHLE DES LÖWEN
(The king-killers, 1968)
GK 3187, 1969

LAUF, BRUDER, LAUF!
(Run, brother, run!, 1954)
MIT 469, 1970; GK 4620, 1977

MACHT LIEBE, NICHT TOD
(The love-death thing, 1969)
GK 4169, 1972

DAS MÄDCHEN AUS DER VORSTADT
(A season for violence, 1966)
MIT 350, 1967

DAS MÄDCHEN AUS MEXIKO
(Hunter at large, 1961)
GK 2209, 1966

DAS MÄDCHEN, DAS NICHT DA WAR
(The girl who wasn't there, 1960)
auch: (The girl who never was, 1962)
HAR 131, 1961; HK 1037, 1962; GK 4561, 1976

DAS MÄDCHEN IM SEKTGLAS
(The girl in the punchbowl, 1964)
MIT 300, 1966; GK 4636, 1977

MÄDCHEN SIND SO
(The brave, bad girls, 1956)
GK 2201, 1966

MEDITATION UND MORD
(Ordeal by fire, 1975)
GK 4537, 1976; GUK 4827, 1979

RÄTSELHAFTE PATRICIA
(The girl with the sweet plump knees, 1963)
MIT 243, 1965; GK 4612, 1977

SCHÖNHEIT IST GEFÄHRLICH
(Mourning after, 1950)
MIT 477, 1970; GK 4652, 1977

SECHS GEGEN EINEN
(The case of the chased and the unchaste, 1959)
GK 2218, 1966

DIE TÄTOWIERTE TÄNZERIN
(Nude in Nevada, 1965)
MIT 318, 1967; GK 4644, 1977

DER TEUFEL HOLT SIE ALLE
(Prey for me, 1954)
auch: (The case of the murdered model, 1955)
GK 3285, 1970
vgl. *Die tödliche Zange*

TOD UND STEUERN
(Death and taxes, 1967)
GK 3133, 1968

TÖDLICHE JUWELEN
(engl. T. (And where she stops, 1957)
am. T. (I. O. U. murder, 1958)
MIT 486, 1970; GK 4628, 1977

DIE TÖDLICHE ZANGE
(Prey for me, 1954)
MIT 74, 1961
vgl. *Der Teufel holt sie alle*

TOTE ERBEN NICHT
(You've got him cold, 1958)
HK 1048, 1962; GK 4568, 1976

UNTER SCHMUGGLERN
(The golden Hooligan, 1961)
MIT 165, 1963; GK 4604, 1976

VIER TAGE BIS ZUM GALGEN
(Deadline, 1966)
GK 3157, 1968

VORSICHT MACHT SICH BEZAHLT
(Handle with fear, 1951)
GK 3103, 1968

WER ERBT DIE MILLIONEN?
(Go to sleep, Jeannie, 1959)
MIT 142, 1963

WETTE MIT DEM SATAN
(Every bet's a sure thing, 1953)
GK 3126, 1968

ZETER UND MORDIO
am. T. (Hue and cry, 1944)
engl. T. (The murder of Marion Mason, 1951)
MIT 449, 1969

ZIEH DICH AN, MÄDCHEN
(Don't cry for long, 1964)
GK 3088, 1968

ZWISCHENFALL IN HONOLULU
(Too hot for Hawaii, 1960)
MIT 123, 1962

ZWISCHEN SEX UND MORD
(n. e.)
ZAU 179, 1979

DIABLE, CHRISTOPHER (1948–

DIE LÄNGSTE FAHRT DES TAXICHAUFFEURS ABRAHAM COLES
(La plus longue course d'Abraham Coles, chauffeur de taxi, 1977)
RTH 2474, 1979

DIAL, JEAN (1937–

DEM WAHNSINN VERFALLEN
(Deadly Lady, 1980)
GAS 69, 1982

DIBDIN, MICHAEL (1947–

DER LETZTE SHERLOCK-HOLMES-ROMAN
(The last Sherlock-Holmes story, 1978)
GLIT 5203, 1980

DICKENS, CHARLES (JOHN HUFFHAM) (1812–1870)

s. auch *Wilkie Collins*

BLEAKHAUS
(Bleak House, 1853)
DIO 21166, 1984

DICKERSON, MARILYN K.

DER GEHEIMNISVOLLE PAPAGEI
(Lord Hap, 1980)
HRO 2103, 1982

DICKINSON, PETER (1927–

DAS GIFTORAKEL
(The poison oracle, 1974)
GK 4379, 1974

HELDEN SCHARENWEISE
(The pride of heroes, 1969)
GK 4256, 1973

DAS LETZTE FEST
(The last house-party, 1982)
KNK 4938, 1983

MIT EINEM BEIN IM GRAB
(One foot in the grave, 1979)
KNK 4927, 1982

RÄCHENDE VERGANGENHEIT
engl. T. (Skin deep, 1968)
am. T. (The glass-side ants' nest, 1968)
MIT 556, 1971; GK 4565, 1976

DIE SPUR DER HINDIN
(Hindsight, 1983)
KNK 4954, 1984

TÖDLICHER EHRGEIZ
(Sleep and his brother, 1971)
GK 4235, 1973

EIN TROPFEN GIFT IM BECHER
(The lizard in the cup, 1972)
GK 4242, 1973

EIN WANDELNDER LEICHNAM
(Walking dead, 1977)
KNK 4930, 1982

WODKA KONSERVIERT
(The lively dead, 1975)
GK 4497, 1975

ZURÜCK NACH BABYLON
(The seals, 1970)
GK 4484, 1975

DICKSON, CARTER
Pseudonym von John Dickson Carr (1905–1977)
Weitere Pseudonyme: Carr Dickson, Roger Fairbairn

DER DRITTE PFEIL
(The Judas window, 1938)
auch: (The crossbow murder, 1964)
SCHE 72, 1955; KK 20, 1980

ENDSTATION TOD
(zusammen mit Cecil J. Ch. Street, 1884–1964)
(Fatal descent, 1939)
SCHE 109, 1958

GESUCHT: EIN MOTIV
(The crooked hinge, 1938)
SCHE 124, 1959

DAS HAUS DER MASKEN
(The gilded man, 1942)
SCHE 90, 1957

HINTER DEN KULISSEN
(In spite of thunder, 1960)
SCHE 149, 1961

DIE SCHULDIGE ANTWORT
(The nine wrong answers, 1952)
SCHE 225, 1964
vgl. J. D. Carr: *Wer die Antwort...*

SPUK IM GIEBELHAUS
(Scandal at High Chimneys, 1959)
SCHE 143, 1960

SPUREN AM KLIPPENRAND
(The plague court murders, 1934)
SM 94, 1962

TENNISSPIELER UND SEILAKROBATEN
(The problem of the wire cage, 1939)
SCHE 172, 1962
vgl. J. D. Carr: *Mord am Netz*

TREFFPUNKT TANGER
(Behind the crimson blind, 1952)
SCHE 65, 1954; KK 56, 1981

EINE UHR STEHT STILL
(The bowstring murders, 1933)
SCHE 25, 1951

DIE VERSCHWUNDENEN GATTINNEN
(My late wives, 1946)
SCHE 6, 1947; GK 4332, 1974; KK 37, 1981

DAS VERSIEGELTE ZIMMER
(He wouldn't kill patience, 1944)
SCHE 85, 1956

DER VIERTE GAST
(Death in five boxes, 1935)
UK 741, 1958

VITRIOL UND BELLADONNA
(And so to murder, 1940)
SCHE 194, 1963

DAS ZIMMER DER ROTEN WITWE
(The red widow murders, 1935)

SCHE 43, 1951
vgl. *J. D. Carr: Das Zimmer...*

DIEHL, WALTER
BLUT... (BLUT UND WEITERE 8 ERZÄHLUNGEN)
GHC 9, 1972

DIEHL, WILLIAM (FRANCIS JR.) (1924–
SHARKY UND SEINE PROFIS
(Sharky's machine, 1978)
HAR 6022, 1982

DIETRICH, FRED (1921–
EINBRUCH OHNE SPUREN
SCHN 98, 1978
TATZEIT UNBEKANNT
SCHN 173, 1979

DIGGELMANN, WALTER M(ATTHIAS) (1927–
DAS VERHÖR DES HARRY WIND (1962)
RAR 860, 1966
ZWISCHENFALL AUF DER BAUSTELLE
GJU 134 = 20134, 1975

DIKSEN, BERND
Pseudonym von Werner Dembski (1930–
DER HALBE TOD (OA)
DIE 71, 1970
LEERE HÄNDE (OA)
DIE 229, 1976
DER VERLIERER ZAHLT (OA)
DIE 82, 1971
DAS VORURTEIL (OA)
DIE 215, 1974

DILLON, CATHERINE
TÖDLICHER ZAUBER INDISCHER NÄCHTE
(The white Khan, 1978)
HRO 2065, 1980

DILLON, EILIS (1920–
UNTER MORDVERDACHT
(Death at Crane's Court, 1953)
MIT 26, 1959

DIMENT, ADAM (1945–
DER GROSSE WETTLAUF DER SPIONE
(The great spy race, 1968)
BUNT 21, 1972;
BAR 13021, 1973
DIE KNALLVÖGEL
(The bang bang birds, 1967)
BOUL 44, 1972
PÜPPCHEN, PÜPPCHEN
(The dolly dolly spy, 1967)
HAR 5033, 1973

DI MONA, JOSEPH
DER TAG DES TOTEN PRÄSIDENTEN
(The last man at Arlington, 1973)
HAR 5415, 1978

DIPPER, ALAN (1922–
DIAMANTENHAIE
(The wave hangs dark, 1969)
PHOE 91, 1970
DIE FARBE DER FINSTERNIS
(The colour of the darkness, 1974)
SCHE 542, 1976

DISCH, THOMAS M(ICHAEL) (1940–
Pseudonym: Leonie Hargrave
ALICE IM NEGERLAND
(zusammen mit John T. Sladek)
(Black Alice, 1969)
RTH 2224, 1971

DISNEY, DORIS MILES (1907–1976)
BITTE ALLES IN GROSSEN SCHEINEN
(Money for the taking, 1968)
HK 1399, 1970
DIE EINLADUNG

am. T. (The hospitality of the house, 1964)
engl. T. (Unsuspected evil, 1965)
HLK 1543, 1973

GRABSTEIN 915
(No next of kin, 1959)
HK 1413, 1970

DER MANN, DER AUS DEM FENSTER FIEL
(Room for murder, 1955)
HLK 1523, 1973

DER MANN IN BLAU
(Shadow of a man, 1965)
HK 1241, 1967
vgl. *Tödlicher Charme*

DAS NETTE MÖRDERPÄRCHEN
(Only couples need apply, 1973)
HLK 1597, 1974

EIN SCHREI UM HILFE
(Cry for help, 1975)
HLK 1707, 1976

STIMME AUS DEM GRAB
(Voice from the grave, 1968)
MIT 468, 1970; HLK 1778, 1978

STIRB SCHNELLER, LIEBLING
(Three's a crowd, 1971)
HK 1475, 1972

DIE TODESZELLE HAT ZWEI TÜREN
(Straw man, 1951)
HTH 1377, 1969

TÖDLICHER CHARME
(Shadow of a man, 1965)
MIT 347, 1968; HLK 1795, 1978
vgl. *Der Mann in Blau*

DIE UNTERMIETERIN
(Winifred, 1976)
HLK 1747, 1977

WELCHE FRAU WAR ES?
(Find the woman, 1962)
MIT 258, 1965

WITWE MIT KLEINEN FEHLERN
(The Chandler policy, 1971)
HK 1497, 1972

EINE WITWE MIT VIEL GELD
(Mrs. Meekers money, 1961)
MIT 130, 1963

WO IST REBECKA?
am. T. (Do not fold, spindle or mutilate, 1970)
engl. T. (Death by computer, 1971)
MIT 561, 1972; HLK 1826, 1979

DIVOMLIKOFF, LAVR

DER VERRÄTER
(Le prêtre, 1972)
HAR 5211, 1976

DIXON, F. M.

DIE HARDY-BOYS:
EIN FREUND IST IN GEFAHR
SCHN 41, 1975

DIE HARDY-BOYS: DAS GEHEIMNIS DES GEKREUZTEN SCHATTENS
(The Hardy-Boys: The criss-cross shadow, 1969)
SCHN 261, 1980

DIE HARDY-BOYS: GEHEIMNISSE IM VERGESSENEN TUNNEL
(The secret of the lost tunnel, 1968)
SCHN 64, 1977

DIE HARDY-BOYS: PIRANHAS HABEN SCHARFE ZÄHNE
(The Hardy-Boys: The masked monkey, 1969)
SCHN 174, 1979

DIE HARDY-BOYS: DIE SPUR FÜHRT ZUR PIRATENINSEL
(n. e.)
SCHN 158, 1973

DIXON, J. EARLE

ES GESCHAH IN SPANIEN
(Killers in the sun, 1960)
MIT 139, 1963

DIXON, PETER L(EE) (1932–
und Laird König

KINDERSTUNDE
(The children are watching, 1970)
HK 1706, 1976; KNAR 1059, 1983

DOBKIN, KAYE
LOCKRUF DER NACHT
(The red room, 1982)
SCHN 8556, 1983

DOBNER, MAEVA PARK (1918–
DAS DOPPELLEBEN DER LOUISE ALBRIGHT
(Heather, 1970)
MIT 600, 1972
MORD IM IRRGARTEN
(The woman in the maze, 1970)
MIT 609, 1973

DODERER, HEIMITO VON (1896–1966)
EIN MORD, DEN JEDER BEGEHT
DTV 191, 1964; DTV 10083, 1983

DODGE, DAVID (FRANCIS) (1910–
DIE BLAUE LIMOUSINE
(Death and taxes, 1941)
GK 3217, 1969
ÜBER DEN DÄCHERN VON NIZZA
(To catch a thief, 1952)
SM 20, 1960

DÖBLIN, ALFRED (1878–1957)
DIE BEIDEN FREUNDINNEN UND IHR GIFTMORD (1924)
RAR 4285, 1978

DÖNGES, GÜNTER (1923–
BUTLER PARKER: PARKER HEIZT LAS VEGAS EIN
ZAU 44, 1980
BUTLER PARKER: PARKER SPIELT DAS GANGSTERSCHACH
ZAU 42, 1980
BUTLER PARKER: PARKER UND DIE HIGHWAY-MARDER
ZAU 45, 1980
BUTLER PARKER: PARKER UND DIE UMWELTSCHÜTZER
ZAU 43, 1980

DOHL, STEPHAN
DER MOND IM SEE
BAR 14028, 1975

DOLAN, PATRICK
HEISSES BLUT
(Poison in the blood, 1970)
GK 4024, 1970

DOLITTLE, DOLLY
DOLLY DOLITTLE'S CRIME CLUB 1
DIO 20277, 1976
DOLLY DOLITTLE'S CRIME CLUB 2
DIO 20278, 1977
DOLLY DOLITTLE'S CRIME CLUB 3
DIO 20279, 1978
DOLLY DOLITTLE'S CRIME CLUB 4
DIO 20664, 1979

DOLSON, HILDEGARDE (1908–1981)
EIN LOSER FALTER
(To spite her face, 1971)
SCHE 490, 1975
SCHÖNHEITSSCHLAF MIT DAUERWIRKUNG
(Beauty sleep, 1977)
GK 4825, 1979
DER TOD IN MEINEN HÄNDEN
(Please omit funeral, 1975)
HLK 1810, 1978
VERLIEBT, VERLOBT, ERMORDET
(A dying fall, 1973)
SCHE 513, 1975

DOMINIC, R. B.
TRIMM DICH TOT

am. T. (There is no justice, 1971)
engl. T. (Murder out of Court, 1971)
SCHE 473, 1974

DONAHUE, MARILYN CRAM
DREI SCHRITTE IN DEN TOD
(Sutter's sands, 1971)
HRO 1879, 1972

DONRATH, MICHAEL
Pseudonym für Michael Horbach (1924–
DR. LESIUS, DES TEUFELS TYRANN (1969)
BROK 82, 1969

DOODY, MARGARET (ANNE) (1939–
SHERLOCK ARISTOTELES
(Aristoteles Detective, 1978)
GLIT 5215, 1981

DOOLEY, H. H.
STAATSBEGRÄBNIS
(Last rights, 1980)
RTH 2589, 1982

DOR, MILO
Pseudonym für Milutin Doroslavac (1923–
zusammen mit Reinhard Federmann
DIE ABENTEUER DES HERRN RAFAELJAN
SM 209, 1963
INTERNATIONALE ZONE (1953)
SM 65, 1961
UND EINER FOLGT DEM ANDEREN (1953)
SM 74, 1962

DORMONT, FRANCOIS
DER TOD IM STAATSARCHIV
(Crime aux archives, 1960)
RTH 2018, 1962

DOUGLAS, BILL (WILLIAM)
DAS MÄDCHEN UND DER SÜCHTIGE
(Bloody precinct, 1960)
BRA 31, 1971

DOUGLAS, MALCOLM
Pseudonym von (Ronald) Douglas Sanderson (1922–
Weiteres Pseudonym: Michael Brett
ALPTRAUM AUF ITALIENISCH
(Rain of terror, 1956)
NRK 26, 1975
HEISSER SCHNEE
(Hot freeze, 1954)
NRK 22, 1975; KEL 1133, 1980
RUH' IN FRIEDEN, LIEBER SCHATZ
(Murder comes calling, 1958)
NRK 4, 1974
ZUM STERBEN HAT JEDER MAL ZEIT
(Pure sweet hell, 1957)
NRK 18, 1975; KEL 1119, 1980

DOUGLASS, DONALD MCNUTT (1899–1975)
CALYPSO SONG
(Rebecca's pride, 1956)
GK 260, 1960
vgl. *Yankee, go home!*
MANN ÜBER BORD
(Many brave hearts, 1958)
UK 861, 1962
YANKEE GO HOME!
(Rebecca's pride, 1956)
vgl. *Calypso Song*

DOWNING, WARWICK (1931–
KRUMMER BULLE
(The player, 1974)
GK 4494, 1975
RUHE SANFT IM WASSERBETT

(The mountains west of town, 1975)
GK 4592, 1976
. . . ZAHN UM ZAHN
(The gambler, the minstrel and the Dance Hall Queen, 1976)
GK 4747, 1978

DOYLE, (SIR) ARTHUR CONAN (1859–1930)

DIE ABENTEUER VON SHERLOCK HOLMES
(Sämtliche Sherlock-Holmes-Erzählungen I)
(The adventures of Sherlock Holmes, 1892)
KIEP o. Nr., 1983
vgl. *Sherlock Holmes Abenteuer I*
vgl. *Mörderische Abenteuer*

A CASE OF IDENTITY / EIN FALL VON IDENTITÄT
Englisch/Deutsch
RES 8228, 1984

DER HUND VON BASKERVILLE
(The hound of the Baskervilles, 1902)
SCHE 5, 1947; NBR 13, 1955; SM 28, 1961; bb 169, 1968; SCHE 909, 1983; HCC 2105, 1984

DIE MEMOIREN VON SHERLOCK HOLMES
(Sämtliche Sherlock-Holmes-Erzählungen II)
(The memoirs of Sherlock Holmes, 1894)
KIEP o. Nr., 1983

MÖRDERISCHE ABENTEUER
(8 Erzählungen)
SCHE 933, 1983
vgl. *Sherlock Holmes Abenteuer I* (SCHE 53);
vgl. *Die Abenteuer von Sherlock Holmes* (KIEP o. Nr.)

A SCANDAL IN BOHEMIA / SKANDAL IN BÖHMEN
Englisch/Deutsch
RES 7763, 1982

SHERLOCK HOLMES ABENTEUER I
(Sherlock Holmes adventures)
SCHE 53, 1953
vgl. *Die Abenteuer von Sherlock Holmes*

SHERLOCK HOLMES ABENTEUER II
(Sherlock Holmes adventures)
SCHE 60, 1953
vgl. *Die Abenteuer von Sherlock Holmes*

SHERLOCK HOLMES ABENTEUER
(6 Erzählungen aus SCHE 53 und SCHE 933)
KK 007, 1983

SHERLOCK HOLMES ABENTEUER
(8 Kriminalstories)
SM 88, 1962

SHERLOCK HOLMES GESCHICHTEN
(8 Kurzgeschichten)
DIO 21211, 1984

SHERLOCK HOLMES KRIMINALFÄLLE
(6 Kriminalerzählungen aus den Jahren 1890–1914)
HCC 2086, 1984

SHERLOCK HOLMES SAMMELBAND
(enthält: Späte Rache, Das Zeichen der Vier, Der Hund von Baskerville)
HCC 2105, 1984

SHERLOCK HOLMES UND DAS GEFLECKTE BAND
aus: Gesammelte Werke in Einzelausgaben, hrsg. von Nino Erné
RAV 547, 1979

SHERLOCK HOLMES UND DAS VERRIEGELTE ZIMMER
(Neuauflage von HK 1319)
HCC 1788, 1978

SHERLOCK HOLMES UND DER BLAUE KARFUNKEL
aus: Sherlock Holmes, Sämtliche Werke und Stories, Nino Erné,

UAR)
RAV 546, 1979

SHERLOCK HOLMES UND DER EINBRECHER IM FRACK
(Neuauflage von HK 1206)
HCC 1626, 1975

SHERLOCK HOLMES UND DER TEUFELSFUSS
(Neuauflage von HK 1269)
HCC 1762, 1977

SHERLOCK HOLMES UND DER VERSCHWUNDENE BRÄUTIGAM
(Neuauflage von HK 1169)
HCC 1544, 1973

SHERLOCK HOLMES UND DER VERSCHWUNDENE RUBIN
(Neuauflage von HK 1434)
HCC 1712, 1976

SHERLOCK HOLMES UND DIE GEFÄHRLICHE ERBSCHAFT
(Neuauflage von HK 1232)
HCC 1584, 1974

SHERLOCK HOLMES UND DIE SPUREN IM MOOR
(Neuauflage von HK 1182)
HCC 1684, 1976

SHERLOCK HOLMES UND DR. WATSON 1. BAND
ausgewählt aus:
(The complete Sherlock Holmes short stories)
RAV 239, 1972

SHERLOCK HOLMES UND SEIN ERSTER FALL
(Neuauflage von HK 1163)
HCC 1507, 1972

DIE SILBERNEN GRÄSER
(Kurzgeschichten)
BBA 47, 1952

SILVER BLAZE AND OTHER SHERLOCK HOLMES STORIES
(Silberstern und andere Sherlock Holmes Geschichten)
DTVZ 9100, 1982

SPÄTE RACHE
(A study in scarlet, 1887)
SCHE 31, 1950; KK 008, 1983; SCHE 960, 1984; HCC 2105, 1984

A STUDY IN SCARLET
(Eine Studie in Scharlach, Sherlock Holmes ermittelt, 1887)
DTVZ 9199, 1984

DAS TAL DER FURCHT
(The valley of fear, 1915)
SM 129, 1963
vgl. *Das Tal des Grauens*

DAS TAL DES GRAUENS
(The valley of fear, 1915)
SCHE 13, 1948; KK 009, 1983; SCHE 989, 1984
vgl. *Das Tal der Furcht*

THE RED-HEADED LEAGUE / DIE LIGA DER ROTHAARIGEN
Englisch/Deutsch
RES 7917, 1983

DAS ZEICHEN DER VIER
(The sign of Four, 1890)
SCHE 9, 1948; HCC 2105, 1984

GESAMMELTE WERKE IN EINZELAUSGABEN, HRSG. VON NINO ERNÉ:
HK 1163 Sherlock Holmes Kriminalfälle 1, 1965
HK 1169 Sherlock Holmes Kriminalfälle 2, 1965
HK 1182 Sherlock Holmes Kriminalfälle 3, 1965
HK 1206 Sherlock Holmes Kriminalfälle 4, 1966
HK 1232 Sherlock Holmes Kriminalfälle 5, 1966
HK 1269 Sherlock Holmes Kriminalfälle 6, 1967
HK 1289 Sherlock Holmes Kriminalfälle 7, 1968
HK 1319 Sherlock Holmes Kriminalfälle 8, 1968

HK 1362 Die Schreckenskammer 9, 1969
HK 1434 Sherlock Holmes Kriminalfälle 10, 1971

GESAMMELTE WERKE IN EINZELAUSGABEN, HRSG. VON NINO ERNÉ:
UAR 2602 Der Hund von Baskerville, 1967
UAR 2630 Sherlock Holmes Abenteuer, 1967
UAR 2655 Studie in Scharlachrot, 1968
UAR 2719 Das Tal der Furcht, 1969
UAR 2744 Im Zeichen der Vier, 1970
UAR 2779 Die brasilianische Katze, 1970
UAR 20004 Sherlock Holmes und sein erster Fall, 1979
UAR 20012 Sherlock Holmes und der verschwundene Bräutigam, 1979
UAR 20020 Sherlock Holmes und der bleiche Soldat, 1979
UAR 20028 Sherlock Holmes und die gefährliche Erbschaft, 1979
UAR 20037 Sherlock Holmes und der Einbrecher im Frack, 1979
UAR 20048 Sherlock Holmes und die Spuren im Moor, 1980
UAR 20057 Sherlock Holmes und der Teufelsfuß, 1980

DOYLE, OATIS
(Pseudonym)
Autor der Kriminalroman-Serie: *»Kommissar X«*; s. *Anhang Serien.*
Autor der Nummer: 565

DRAPER, ALFRED (ERNEST) (1924–

ELFMETER IN DIE EWIGKEIT
(The death penalty, 1972)
SCHE 452, 1974

DRESDEN, THOMAS
(Pseudonym)

ALARMSTUFE QUEEN
(Queen's ransom, 1979)
KNAR 1059, 1983

DRISCOLL, PETER (JOHN) (1942–

DIE WILBY-VERSCHWÖRUNG
(The Wilby conspiracy, 1972)
RAR 1925, 1976

DROSTE-HÜLSHOFF, ANNETTE FREIIN VON (1797–1848)

DIE JUDENBUCHE (1842)
REL 1858, 1948; GAR 704, 1961; RES 1858, 1975; IT 399, 1979; GKL 7628, 1983

DRUMMOND, CHARLES
Pseudonym von Kenneth Giles (1922–1972)
Weiteres Pseudonym: Edmund McGirr

EIN WHISKY FÜR DEN KILLER
(A death at the bar, 1972)
HK 1581, 1974

DRUMMOND, IVOR
Pseudonym von Roger (Erskine) Longrigg (1929–

DURCH DIE BLUME GETÖTET
(A stench of poppies, 1978)
SCHE 778, 1980

DER MANN MIT DEM KLEINEN KOPF
(The man with the tiny head, 1969)
PHOE 107, 1971; KK 61, 1982

RIFIFI IN PRAG
(The diamonds of Loreta, 1980)
SCHE 848, 1982

DIE SCHERGEN DER GÖTTIN

(The necklace of skulls, 1977)
UK 10072, 1980

DRUMMOND, JUNE (1923–

DAS SCHWARZE EINHORN
(The black unicorn, 1959)
MIT 82, 1961

DRUMMOND, WILLIAM

GASLICHT
(Gaslight, 1966)
HAR 519, 1967; HRO 1913, 1974

MITTERNACHTSSPITZEN
(Midnight lace, 1960)
HAR 107, 1961; HK 1029, 1962

TEUFELSKREIS
(Victim, 1961)
RTH 2017, 1962

DUCHÂTEAU, ANDRÉ-PAUL

DAS 139. OPFER
(La 139ième victime, 1976)
UK 1773, 1976

MORD IN DER BLAUEN STUNDE
(De 5 à 7 avec la mort, 1973)
UK 1717, 1975

DUDGEON, ROBERT

(Pseudonym)
Unter diesem Pseudonym wurden in der Panther-Buch-Reihe mehrere ausländische Autoren zusammengefaßt.
Die ermittelten Autoren werden vor dem Originaltitel genannt.

FÄHRTE DES VERRATS
(William Fuller)
(Tight squeeze, 1959)
PAN 164, 1960

JAGD AUF KALTER FÄHRTE
(n. e.)
PAN 184, 1961

KEINER BLEIBT UNGERÄCHT
(n. e.)
(Double deal, o. J.)
PAN 190, 1961

MILLIONENERBIN VERMISST
(Robert H. Rohde)
(Hunted down, 1928)
PAN 177, 1960

MORD IM THEATER
(Jack Ehrlich; 1930–)
(The slow burn, 1961)
PAN 192, 1961

SCHREI IN DER NACHT
(William Lisle Stuart; 1915–)
(Night cry, 1948)
PAN 149, 1959

DER TELEFONMÖRDER
(Uell Stanley Andersen; 1917–)
(Hard and fast!, 1956)
PAN 152, 1959

TÖDLICHER SEITENSPRUNG
(Robert Parker; 1906–1955)
(Passport to peril, 1951)
PAN 196, 1962

WER EINMAL SCHIESST . . .
(Brad Shannon)
(Murder – so what?, 1951)
PAN 157, 1960

DÜRRENMATT, FRIEDRICH (1921–

DIE PANNE
(Der Hund / Der Tunnel / Die Panne; 3 Erzählungen, 1956)
DIO 20850, 1980

DER RICHTER UND SEIN HENKER (1950)
RAR 150, 1955; REL 347, 1967; DIO 171, 1978; DIO 250/19 = 20849, 1980

DER VERDACHT (1952)
RAR, 1961; DIO 171, 1978; DIO 250/19 = 20849, 1980

DAS VERSPRECHEN (1958)
DTV 1390, 1978; DIO 250/22 = 20852, 1980

DUFF, JAMES
(Pseudonym)
MANCHER STIRBT ZWEIMAL
(Some die young, 1956)
PAN 111, 1958

DUFFY, MAUREEN (1933–
DIE LADY IST FÜRS FEUER
(Housespy, 1978)
FAR 2616, 1981

DUGALL, H. L.
Gemeinsames Pseudonym von Henri Galission und Louis Durand
FAHRPLAN FÜR EINEN DOPPELMORD
(Un temps pour tuer, 1969)
RTH 2212, 1971

DUKE, MADELAINE (1925–
SO SOLLTE KEINE HOCHZEIT ENDEN
(Death at the wedding, 1976)
GK 4713, 1978

DUMAS, ALEXANDRE (1802–1870)
DIE BOTSCHAFT DES GEHÄNGTEN
(3 Erzählungen aus *1001 Gespenst)*
HER 872, 1981
HORROR IN FONTENAY (HRSG. ALAN HULL WALTON)
(Horror in Fontenay, o. J.)
(OA-Titel: Une journée à Fontenay-aux-Roses, o. J.)
DIO 129 = 20367, 1977

DU MAURIER, DAPHNE (1907–
GASTHAUS JAMAICA
(Jamaica Inn, 1936)
UAR 333, 1961; KNAR 781, 1981
DAS GEHEIMNIS DES FALKEN
(The flight of the falcon, 1965)
RAR 4383, 1979
MEINE COUSINE RACHEL
(My cousin Rachel, 1951)
UAR 50, 1955; UAR 3219, 1976
NÄCHSTES JAHR UM DIESE ZEIT
(5 Erzählungen)
KNAR 824, 1982
PANIK
(5 Erzählungen)
KNAR 1172, 1984
PLÖTZLICH AN JENEM ABEND
(7 Erzählungen, darunter *Die Vögel*; aus verschiedenen Originalsammlungen) u. a.
(The apple tree, 1952;
The breaking point, 1959;
Not after midnight, 1971)
KNAR 539, 1978
REBECCA
(Rebecca, 1938)
RAR 179–180, später 179, 1956;
KNAR 1006, 1982
SPÄTESTENS IN VENEDIG
(4 Erzählungen, u. a. *Dreh dich nicht um*, verfilmt unter dem Titel: *Wenn die Gondeln Trauer tragen)*
engl. T. (Not after midnight)
am. T. (Don't look now, 1971)
RAR 1781, 1975
TRÄUM ERST, WENN ES DUNKEL WIRD
(5 Erzählungen)
KNAR 1070, 1983
EIN TROPFEN ZEIT
(The house on the strand, 1969)
BAR 11074, 1975

DUNBAR, CATHERINE
PLANTAGE DES UNHEILS
(The nuthatch tree, 1981)
HRO 2154, 1984

DUNCAN, LOIS (LOIS DUNCAN ARQUETTE) (1934–
SOMMER DER ANGST
(I know what you did last summer, 1973)

HRO 2064, 1980
TOTE LEHRER QUÄLEN NICHT
(Killing Mr. Griffin, 1978)
SCHE 808, 1981

DUNCAN, ROBERT L(IPSCOMB) (1927–
Pseudonym: James Hall Roberts
FUDSCHI-ORDER
(Dragons and the gate, 1975)
KNAR 695, 1980

DUNCAN, W(ILLIAM) M(URDOCH) (1909–1975)
Pseudonyme:
John Cassells, John Dallas, Neill Graham, Martin Locke, Peter Malloch, Lovat Marshall, s. d.
GESCHÄFT MIT DER SCHÖNHEIT
(Death comes to Lady's steps, 1952)
GK 187, 1959
DIE GESELLSCHAFT DER SÜNDER
(The company of sinners, 1951)
GK 138, 1958
KENNEN SIE DIESE FRAU?
(Death stands round the corner, 1955)
GK 176, 1959
DAS MÄDCHEN AUS LONDON
(The murder man, 1959)
GK 227, 1960
DIE MASKE DES MÖRDERS
(The deathmaster, 1953)
GK 94, 1956

DUNDEE, ROBERT
Pseudonym von Robert R. Kirsch (1922–1980)
ALLES AUF EINE KARTE
(Inferno, 1962)
HK 1098, 1963; WKR 5, 1974

DUNN, DES. R.
BASILS LETZTE CHANCE
(Farewell to peril, n. e.)
PAN 168, 1960

DUNNETT, DOROTHY
Pseudonym von Dorothy Halliday (1923–
AUF IBIZA STIRBT MAN NICHT
(Dolly and the Cookie bird, 1970)
SCHE 385, 1972
DIE DIVA, DIE DEN MÖRDER SAH
(Dolly and the singing bird, 1968)
SCHE 361, 1971

DUNNING, JOHN (1942–
DER DUNKLE SCHACHT
(The Holland suggestions, 1975)
GK 4631, 1977

DUNSANY, LORD (EDWARD JOHN MORETON DRAX PLUNKETT) (1878–1957)
JORKENS BORGT SICH EINEN WHISKY
(Geschichten)
(Jorkens borrows another whiskey, 1954)
DTV 504, 1968; DIO 190/2 = 20598, 1979
SMETTERS ERZÄHLT MORDGESCHICHTEN
(The little tales of Smethers, 1952)
DIO 190/1 = 20597, 1979

DURBIN, CHARLES
DER PATRIOT
(The patriot, 1971)
BAR 11096, 1975

DURBRIDGE, FRANCIS (HENRY) (1912–
Gemeinsames Pseudonym von F.

Durbridge und James Douglas Rutherford McConnell (1915–:
Paul Temple

DER ANDERE
(The other man, 1958)
SM 135, 1963; GK 3142, 1968

DIE BRILLE
(East of Algiers, 1959)
GK 2287, 1967

CHARLIE WAR MEIN FREUND
(My friend Charles, 1963)
GK 3027, 1967

ES IST SOWEIT
(A time of day, 1959)
SM 90, 1962; GK 3206, 1969

DAS HALSTUCH
(The scarf, 1960)
UK 884, 1962; GK 3175, 1969

IM SCHATTEN VON SOHO
(The pig-tail murder, 1969)
GK 3218, 1969

KEINER KENNT CURZON
(The Curzon case, 1972)
GK 4225, 1972

DAS KENNWORT
(Portrait of Alison, 1962)
GK 2266, 1967

DIE KETTE
(A game of murder, 1975)
GTH 4788, 1978

KOMMT ZEIT, KOMMT MORD
(The nylon murders, n. e.)
SM 2146, 1964; GK 3140, 1968

EIN MANN NAMENS HARRY BRENT
(A man called Harry Brent, 1970)
GK 4035, 1970

MELISSA
(My wife Melissa, 1967)
GK 3073, 1968

MR. ROSSITER EMPFIEHLT SICH
(Design for murder, 1951)
HK 1061, 1962; GK 3182, 1969

PAUL TEMPLE – BANKÜBERFALL IN HARKDALE
(Paul Temple and the Harkdale robbery, 1970)
GK 4052, 1971

PAUL TEMPLE – DER FALL KELBY
(Paul Temple and the Kelby affair, 1970)
GK 4039, 1971

PAUL TEMPLE JAGT »REX«
(Send for Paul Temple again!, 1948)
HK 1053, 1962; GK 3198, 1969; WKR 1, 1974

PAUL TEMPLE UND DER KLAVIERSTIMMER
(Paul Temple and the front-page-men, 1939)
PTB 6, 1960; HK 1078, 1962; WKR 3, 1974
vgl. *Paul Temple und die Schlagzeilenmänner*

PAUL TEMPLE UND DIE SCHLAGZEILENMÄNNER
(Paul Temple and the front-page-men, 1939)
GK 3190, 1969
vgl. *Paul Temple und der Klavierstimmer*

DIE PUPPE
(The doll, 1982)
GK 4940, 1983

DER SCHLÜSSEL
(The desperate people, 1966)
GK 3166, 1969

DIE SCHUHE
(Another woman's shoes, 1965)
GK 2277, 1967

DER SIEGELRING
(Dead to the world, 1967)
GK 3087, 1968

TIM FRAZER
(The world of Tim Frazer, 1962)
SM 154, 1963; GK 3064, 1968

TIM FRAZER UND DER FALL SALINGER

(Tim Frazer again, 1964)
HK 1187, 1965; GK 2132, 1968

TIM FRAZER WEISS BESCHEID
(Tim Frazer gets the message, 1978)
GK 4871, 1979

VIER MUSSTEN STERBEN
(zusammen mit Douglas Rutherford)
(The Tyler-mystery, 1957)
PTB 29, 1961; HK 1081, 1963; KK 8, 1980

WER IST MR. HOGARTH?
(Breakaway, 1981)
GK 4938, 1982

WIE EIN BLITZ
(Bat out of hell, 1972)
GK 4205, 1972

ZU JUNG ZUM STERBEN
(The Geneva mystery, 1971)
GK 4157, 1972

DURST, PAUL (1921–
Pseudonyme: Peter Bannon, John Chelton

FAUSTRECHT FÜR DEN SHERIFF
(Backlash, 1967)
PHOE 67, 1969

DWYER, DEANNA
Pseudonym von Dean R(ay) Koontz (1945–

DER FLUCH DES ZWEITEN GESICHTS
(The demon child, 1971)
HRO 1878, 1972

DWYER, K. R.
Pseudonym von Dean R(ay) Koontz (1945–

DIE DROHUNG AUS DEM NICHTS
(Chase, 1972)
BRA 32072, 1974

DAS GRAUSAME SPIEL
(Shattered, 1973)
NRK 33, 1976

EARNSHAW, BRIAN

WEG INS NICHTS
(And Mistress pursuing, 1966)
PHOE 48, 1968

EASTWOOD, JAMES (1918–

MORD-MANAGER
(Murder Inc., 1952)
AUF 63, 1954

PISTOLEN UND PAPRIKA
(The Chinese visitor, 1965)
PHOE 44, 1968

TERROR NACH MASS
(Diamonds are deadly, 1969)
PHOE 101, 1971

EBERHART, MIGNON G(OOD) (1899–

BRING SIE ZUM SCHWEIGEN
(Witness at large, 1966)
UK 1155, 1967

DREI LETZTE WORTE
(Murder in waiting, 1973)
SCHE 512, 1975

DER DUNKLE GARTEN
am. T. (The dark garden, 1933)
engl. T. (Death in the fog, 1934)
GK 3, 1952

DER FLUCH DER BÖSEN TAT
(Another man's murder, 1957)
SCHE 128, 1960

FÜNF MINUTEN SPÄTER
(The hangman's whip, 1940)
SM 79, 1962

GEFÄHRLICHE SCHATTEN
(The unknown quantity, 1953)
SCHE 97, 1957; KK 75, 1982

DIE GRÜNEN HÄNDE

(The glass slipper, 1938)
UK 966, 1964

HAUS ÜBERM ABGRUND
(Jury of one, 1960)
UK 1388, 1971

IN HONGKONG IST DAS LEBEN KURZ
(Message from Hong Kong, 1969)
SCHE 352, 1970; KK 88, 1982

DIE JUWELEN DER CHASTONIERS
(With this ring, 1941)
SM 43, 1961

KEINER WILL'S GEWESEN SEIN
am. T. (Murder by an aristocrat, 1932)
engl. T. (Murder of my patient, 1934), SCHE 585, 1977

DER LETZTE BESUCH
(Hasty wedding, 1938)
UK 999, 1965

DER MANN VON NEBENAN
(The man next door, 1943)
SCHE 32, 1950

DIE MEUTE IST LOS
(Hunt with the hounds, 1950)
SCHE 192, 1963

DER MÖRDER BITTET UM ANTWORT
(R. S. V. P. murder, 1965)
SCHE 263, 1966

MÖRDERISCHE MILLIONEN
(Danger money, 1975)
UK 1749, 1976

MÖRDERJAGD MIT ZARTER HAND
(6 Kriminalstories)
(The cases of Susan Dare, 1934)
UK 10020, 1980

MÖRDER UNTER MEINEM DACH
(Enemy in the house, 1962)
UK 1515, 1973

MORD IN B-MOLL
(The house on the roof, 1935)
SCHE 181, 1962

EIN MORD, WIE ER IM BUCHE STEHT
(Woman on the roof, 1967)
SCHE 328, 1969

NICHT FÜR DIE ÖFFENTLICHKEIT
(Run scared, 1963)
SCHE 237, 1965

RÄTSEL UM MELORA
(Melora, 1959) auch:
(The promise of murder, 1961)
UK 895, 1962

SCHAU NIE ZURÜCK
(Never look back, 1951)
SCHE 102, 1958; HLK 1634, 1975

SCHÖNE NACHT FÜR MORD
(Nine o'clock tide, 1978)
UK 1956, 1979

DAS SCHWARZE MEDAILLON
(Another woman's house, 1947)
SCHE 14, 1948; UK 1562, 1973; KK 9, 1980

DER SEIDENE SCHAL
(The chiffon scarf, 1939)
SM 141, 1963

SIE SIND GEWARNT
(Fair warning, 1936)
UK 971, 1964

DER TOD GEHT UM
(Escape the night, 1944)
SM 2112, 1964

TÖDLICHE POST
(Postmark murder, 1956)
SCHE 119, 1959

DIE UNHEIMLICHE INSEL
(House of storm, 1949)
SCHE 56, 1953; KK 55, 1981

DAS VERMÄCHTNIS DES TOTEN
(Dead men's plans, 1952)
SCHE 84, 1956

VERRAT AUF HONOTASSA
am. T. (The cup, the blade or the gun, 1961)
engl. T. (The crime at Honotassa, 1962)
UK 1466, 1972

DIE VERWITWETE BRAUT
engl. T. (Hand in glove, 1937)
am. T. (Danger in the dark,

1937), SCHE 215, 1964

VORHANG AUF FÜR EINE LEICHE
(Two little rich girls, 1972)
SCHE 455, 1974

WÄHREND DER KRANKE SCHLIEF
(While the patient slept, 1930)
GK 120, 1957

DIE WARNENDEN AFFEN
(Speak no evil, 1941)
SCHE 21, 1949

DAS WEISSE GEWAND
(The white dress, 1946)
SCHE 7, 1947; UK 1570, 1973; KK 25, 1980

WER ANDERN EINEN MANN ERSCHLÄGT
(El Rancho Rio, 1970)
SCHE 414, 1973

EBERMAYER, ERICH

DER FALL CLAASEN
LEH 5, 1952

EBERSOHN, WESSEL (SCHALK) (1940–

HÄNGT IHN AUF, ER IST DOCH SCHWARZ
(A lonely place to die, 1979)
RTH 2573, 1981

HASS HAT KEINE FARBE
(Divide the night, 1981)
RTH 2610, 1982

... UM DER GERECHTIGKEIT WILLEN
(Store up the anger, 1980)
RTH 2622, 1983

EBERT, WALTER (1907–

DR. CRIPPEN AN BORD
KEB 36, 1983

GEFÄHRLICHER URLAUB (OA)
AMS 10, 1953

DIE GRINSENDE MASKE
HBV o. Nr. 1949

EBY, LOIS (CHRISTINE) (1908–
zusammen mit John Fleming

DIE FRAGEN STELLT DER TOD
(Death begs the question, 1952)
SM 111, 1962

ECHARD, MARGARET

ERINNERST DU DICH, BETSY?
(I met murder on the way, 1965)
SCHE 287, 1967; HLK 1647, 1975

ECKE, WOLFGANG (1927–

ERBEN AUF SCHOTTISCH (HRSG.)
(40 Kriminalgeschichten von Kindern für Kinder geschrieben)
RAV 315, 1974

THE FACE AT THE WINDOW AND OTHER DETECTIVE STORIES
(Reihe: Fremdsprachige Texte)
RAV 560, 1979

EIN GAUNER SPIELT MUNDHARMONIKA
RAV 650, 1981

DAS GEHEIMNIS DER ALTEN DSCHUNKE
RAV 264, 1973

DAS GESICHT AN DER SCHEIBE
RAV 221, 1972

HÄNDE HOCH, ODER ICH LACHE ...
(ausgewählt aus: Das große Wolfgang-Ecke-Buch, 1977)
RAV 640, 1980

DAS HAUS DER 99 GEISTER
RAV 306, 1974

THE HOUSE OF THE 99 GHOSTS AND OTHER DETECTIVE STORIES
(Reihe: Fremdsprachige Texte)
RAV 718, 1981

DIE JAGD NACH DEM GELBEN KROKODIL
RAV 292, 1974

KEINE SPUR VON PAUL CRABBLEY
RAV 861, 1983

KRIMINALISTISCHES SCHMUNZELKABINETT
RAV 500, 1979

LANGE FINGER – FLINKE BEINE
RAV 888, 1983

THE MAN IN BLACK AND OTHER DETECTIVE STORIES
(Reihe: Fremdsprachige Texte)
RAV 561, 1979

DER MANN IN SCHWARZ
RAV 214, 1972

DER MANN MIT DEM ROTEN ZYLINDER
RAV 251, 1973

MEISTERDETEKTIV BALDUIN PFIFF: BESUCH NACH MITTERNACHT (1980)
RAV 736, 1981

MEISTERDETEKTIV BALDUIN PFIFF: DIE BRONZERÄUBER (1977)
RAV 842, 1983

MEISTERDETEKTIV BALDUIN PFIFF: EINE HANDVOLL DIEB (1976)
RAV 790, 1982

NOTLANDUNG AUF TAKANAWE (1969)
RAV 342, 1975

LE PASSAGER CLANDESTIN ET AUTRES HISTOIRES POLICIÈRES
(Reihe: Fremdsprachige Texte)
RAV 784, 1982

PERRY CLIFTON ODER DER HERR IN DEN GRAUEN BEINKLEIDERN
RAV 144, 1969

PERRY CLIFTON UND DIE DAME MIT DEM SCHWARZEN DACKEL
RAV 149, 1969

PERRY CLIFTON UND DAS GEHEIMNIS DER WEISSEN RABEN
RAV 161, 1970

PERRY CLIFTON UND DIE INSEL DER BLAUEN KAPUZEN
RAV 199, 1971

PERRY CLIFTON UND DAS UNGEWÖHNLICHE VERMÄCHTNIS
RAV 689, 1981

SCHACH BEI VOLLMOND
RAV 365, 1976

DAS SCHLOSS DER ROTEN AFFEN
RAV 208, 1971

THE SECRET OF THE CHINESE JUNK AND OTHER DETECTIVE STORIES
(Reihe: Fremdsprachige Texte)
RAV 648, 1980

SOLO FÜR MELODICA
RAV 227, 1972

DER UNSICHTBARE ZEUGE
RAV 403, 1977

WER KNACKT DIE NUSS?
(1. Folge)
RAV 96, 1966

WER KNACKT DIE NUSS?
(2. Folge)
RAV 131, 1968

WER KNACKT DIE NUSS?
(3. Folge)
RAV 336, 1975

WOLFGANG ECKE'S KRIMINALMAGAZIN 1 (HRSG.)
RAV 348, 1976

WOLFGANG ECKE'S KRIMINALMAGAZIN 2 (HRSG.)
RAV 387, 1976

WOLFGANG ECKE'S KRIMINALMAGAZIN 3 (HRSG.)
RAV 425, 1977

WOLFGANG ECKE'S KRIMINALMAGAZIN 4 (HRSG.)
RAV 480, 1978

WOLFGANG ECKE'S KRIMINALMAGAZIN 5 (HRSG.)
RAV 704, 1981

ECKHARDT, FRITZ

s. *Hademar Bankhofer*

ECKMAR, F. R.

DAS MÄDCHEN AUS TURKISTAN
(De maagd en de Mordenaar, o. J.)
MIT 29, 1959

EDEN, DOROTHY (ENID) (1912–1982)

ANTONIAS GEBURTSTAG
(Cat's prey, 1952)

HRO 1949, 1975; KNAR 1011, 1982

BELLA
engl. T. (Bella, 1964)
am. T. (Ravenscroft, 1965)
HRO 1818, 1968
vgl. *Im bleichen Licht der Sonne*

CHRISTABEL
(The millionaire's daughter, 1974)
KNAR 827, 1982

EIN CLAN VON BEDEUTUNG
(An important family, 1982)
KNAR 1192, 1984

DER DROHBRIEF
(Bride by candlelight, 1954)
HAR 6173, 1983

DER DÜSTERE SEE
engl. T. (Lamb to the slaughter, 1953)
am. T. (The brooding lake, 1966)
HRO 1961, 1976; KNAR 818, 1982

DUNKLE ERBSCHAFT
engl. T. (Samantha, 1960)
am. T. (Lady of Mallow, 1962)
HRO 1805, 1967; HRO 2114, 1982

DIE ENTFÜHRTE BRAUT
(The sleeping bride, 1959)
HRO 1915, 1974; KNAR 1004, 1982

DER GEFÄHRLICHE ANRUF
(Listen to danger, 1958)
HRO 2009, 1978

HEISSER MITTAG
(An afternoon walk, 1971)
HAR 6074, 1982

EIN HERZ IN ANGST
(Darling Clementine, 1955)
HRO 1892, 1973

IM BLEICHEN LICHT DER SONNE
(Bella, 1964)
HRO 2098, 1981
vgl. *Bella*

KRÄHENRUFE
(Whistle for the crows, 1962)
HAR 6383, 1984

DER MALER DER LEBENDEN TOTEN
(Face of an angel, 1961)
HRO 1907, 1974

NACHMITTAG FÜR EIDECHSEN
engl. T. (Afternoon for lizards, 1962)
am. T. (Bridge of fear, 1966)
HRO 1987, 1977; KNAR 823, 1982

DER PALAST IN VENEDIG
(Winterwood, 1967)
HRO 1815, 1968; HRO 2086, 1981

REISE IN DEN TOD
(The deadly travellers, 1959)
HLK 1528, 1973

ROSENROT IST DER TOD
(Death is a red rose, 1956)
HRO 1882, 1972

DIE SELTSAME HOCHZEIT
(The shadow wife, 1968)
HRO 1864, 1972; KNAR 1050, 1983

DIE SPUR FÜHRT DURCH DIE WÄLDER
(Waiting for Willa, 1970)
HRO 1887, 1973; HRO 2035, 1979; KNAR 1161, 1984

UNTER KEINEM GUTEN STERN
(The voice of the dolls, 1950)
HRO 1826, 1969; HRO 2124, 1983

DAS VERGIFTETE HERZ
(The pretty ones, 1957)
HRO 1830, 1969; HRO 1975, 1976

DER WEISSE GEISTERVOGEL
engl. T. (The bird in the chimney, 1963)
am. T. (Darkwater, 1964)
HRO 1802, 1967

EDIGEY, JERZY (1912–

DER PFEIL AUS ELAM
KOMP 222, 1977

URLAUB IN DER VORSAISON
DIE 395, 1979

DER TOD WARTET VOR DEM FENSTER

DIE 268, 1975
DER TOTE MIT DEM SCHLÜSSEL
DIE 83, 1971

EDMONDS, E. G.

AUF SCHÖNHEIT BESTEHT TOD
(Big Eye in kiss or kill, o. J.)
LOET 15, 1969
MÖRDER SIND MEINE BEUTE
(Big Eye and the naughty nudes, o. J.), LOET 12, 1969

EDSCHMID, KASIMIR (1890–1966)

WHISKY FÜR ALGERIEN?
BKAM 150/151, 1972; BAR 14024, 1975

EDSON, J(OHN) T(HOMAS) (1928–

DER DUMDUM-KILLER
(Point of contact, 1970)
GK 4198, 1972
DER LEOPARDENFELL-BIKINI
(The deputies, 1969)
GK 4191, 1972
DER LIEBESPAAR-MÖRDER
(The owlhoot, 1970)
GK 4206, 1972; DOM 1, 1977
SCHNELLER ALS DER TOD
(The ¼ second draw, 1969)
GK 4183, 1972
VERWISCHTE SPUREN
(The professional killers, 1968)
GK 4168, 1972

EDWARD, MARIE ELAINE

DIE FRAU VOM BERNSTEINHAUS
(Amberleigh, 1967)
HRO 1858, 1971; XEN 132, 1981
DIE MOORINSEL
(Lenore, 1970)
HRO 1845, 1970; XEN 131, 1981; HRO 2142, 1983

EDWARDS, ALEXANDER

Pseudonym von Leonore Fleischer
Weiteres Pseudonym: Mike Roote
FREUNDLICH GRÜSST DAS MÖRDERTEAM
(McQ, 1974)
NRK 39, 1976

EDWARDS, PAUL

Unter diesem Verlagspseudonym schrieben die folgenden Autoren:
Manning Lee Stokes (ML)
Robert Lory (RL)
Paul Eiden (PE)
Titelheld aller Romane:
Protoagent John Eagle
DIE EINÄUGIGE BOMBE (RL)
(The holocaust auction, 1975)
UK 1767, 1976
FATIMAS FAUST (RL)
(The fist of Fatima, 1973)
UK 1657, 1975
DIE GEHIRNVERWERTER (ML)
(The brain scavengers, 1973)
UK 1647, 1974
DIE GRÜNE GÖTTIN (ML)
(The green Goddess, 1975)
UK 1779, 1976
DIE KILLER-KYBORGS (PE)
(The deadly cyborgs, 1975)
UK 1744, 1976
DER KLIMAKRIEG (PE)
(Operation weatherkill, 1975)
UK 1802, 1977
DER LACHENDE TOD (RL)
(The laughing death, 1973)
UK 1702, 1975
DIE MORDTEUFEL (RL)
(The death devils, 1974)
UK 1677, 1975
STAHLSCHÄDEL (ML)
(Silverskull, 1975)
UK 1838, 1977

DIE TODESNADELN (ML)
(Needles of death, 1973)
UK 1635, 1974
TÖDLICHER MOHN (PE)
(Poppies of death, 1975)
UK 1755, 1976
DIE VIER ZEROS (RL)
(The glyphs of gold, 1974)
UK 1689, 1975

EDWARDS, STAFFORD (1900–
DIE FRAU IM FAHRSTUHL
(Money order murder, 1963)
GK 2069, 1965

EGAN, LESLEY
Pseudonym von (Barbara) Elizabeth Linington (1921–
Weitere Pseudonyme:
Anne Blaisdell, Dell Shannon
EINER RECHNET AB
(Some avenger, rise!, 1966)
GK 2255, 1966
EINER STIRBT FÜR DANNY
(The wine of violence, 1969)
GK 4037, 1970
EIN FALL FÜR DIE BERUFUNG
(A case for appeal, 1961)
GK 1161, 1962
DER FALSCHE MANN FÜR MICH
(My name is death, 1964)
GK 2136, 1965
MISS SHERLOCK HOLMES
(Paper chase, 1972)
GK 4417, 1974
DER MÖRDER HAT EIN ALIBI
(The nameless ones, 1967)
GK 3063, 1968
MORD AUS DEM JENSEITS
(A serious investigation, 1968)
GK 3289, 1970
PAUL BRANDONS TAGEBUCH
(Run to evil, 1963)
GK 2048, 1964
TOTER MANN – GUTER MANN
(In the death of a man, 1970)
GK 4026, 1970
VOM REGEN IN DIE TRAUFE
(The borrowed alibi, 1962)
GK 1204, 1963
DIE WEISSE HANDTASCHE
(Against the evidence, 1962)
GK 1217, 1963

EGERTON, DENISE
Pseudonym von Denise Duggan (1930–
DER MANN, DEN ICH LIEBE
(A man that I love, 1955)
GK 3008, 1967
ZUFÄLLIGE ZEICHEN
(Design for an accident, 1957)
GK 3051, 1967

EGLETON, CLIVE
DER EINSAME KAMPF
(Seven days to a killing, 1973)
HAC 17, 1975

EHRENFELD, DAVID
s. *Carol K. Mack*

EHRLICH, J(ACOB) W(ILBURN) (1900–1971)
s. *Brad Williams*

EHRLICH, JACK(JOHN GUNTHER EHRLICH) (1930–
DAS MÄDCHEN IM KÄFIG
(The girl cage, 1967)
GK 3287, 1970

EHRLICH, MAX (SIMON) (1908–
RAUB IM FRÜHZUG
(First train to Babylon, 1955)
BLG 18, 1957

EICHLER, ALFRED (1908–
ENDSTATION TOD
(Pipeline to death, 1962)
MIT 215, 1963

EILERT, BERND
NOTWEHR AUF ITALIENISCH (OA)
HK 1937, 1981

EIS, EGON (1910–
Pseudonym von Edgar van Eyss
DUELL IM DUNKEL (OA)
UAR 139, 1957; UK 739, 1958

EIS, OSSO UND EGON
GESUCHT WIRD CHESTER SULLIVAN (1932)
HCC 2012, 1982

EISENKOLB, GERHARD (1945–
Pseudonym: G. E., s. d.
DIE ABRECHNUNG ODER DIE 14 STUNDEN DES PETER DAVID (1973)
HAR 5216, 1976
vgl. *Die 14 Stunden des Peter David*
ALS DIE SONNE NICHT UNTERGING (1978)
HAR 6084, 1982
DAS KOMMANDO (1975)
MOL 13, 1976
DIE 14 STUNDEN DES PETER DAVID (1973)
GDA 5614, 1982; GAR 6634, 1983
VGL. *Die Abrechnung oder* ...

EKERT-ROTHOLZ, ALICE (1900–
ELFENBEIN AUS PEKING (1966)
(6 Erzählungen)
RAR 1277, 1970

EKMAN, KERSTIN
DER BRENNENDE OFEN
(Den brinnande ugnen, 1962)
GK 1233, 1963
DIE DREI KLEINEN MEISTER
(De tre små Mästarna, 1961)
GK 1191, 1962
DER TOD FILMT MIT
(30 meter mord, 1959)
GK 1211, 1963

EKSTRÖM, JAN (1923–
DIE BRIEFE DER SCHÖNEN SCHWEDIN
(Döden fyller år, o. J.)
GK 1203, 1963
DIE PATIENCE GEHT AUF
(Döden går i moln, 1962)
GK 1251, 1963

ELBING, JOHN
(Pseudonym)
MORD IST VERTRAUENSSACHE (OA)
SM 2151, 1965

ELGERS, PAUL
Pseudonym von Paul Schmidt-Elgers (1915–
DIE KATZE MIT DEN BLAUEN AUGEN
GREI o. Nr., 1981

ELIOT, ANNE
Pseudonym von Lois Dwight Cole (1902–1979)
ZWISCHENFALL IN DER VILLA RAHMANA
(Incident at Villa Rahmana, 1972)
HRO 1921, 1974

ELLIN, STANLEY (BERNARD) (1916–
DER ACHT-STUNDEN-MANN
(3 Kriminalerzählungen, 2. Teil)
aus: (The Blessington Method and other strange tales, 1964)
SCHE 535, 1976
vgl. *Der Tag der Kugel*
BEFEHL DES BÖSEN
(Dreadful summit, 1948)

MIT 78, 1961; MOEK 44, 1968

DIE DAME VON NEBENAN
(The key to Nicholas Street, 1952)
SCHE 471, 1974
vgl. *Die schöne Dame von nebenan*

IM ACHTEN KREIS DER HÖLLE
(The eighth circle, 1958)
MIT 66, 1961; MOEK 29, 1968
vgl. *Im Kreis der Hölle*

DAS KARTENHAUS
(House of cards, 1967)
FAR 1227, 1972

IM KREIS DER HÖLLE
(The eighth circle, 1958)
SCHE 594, 1977; KK 010, 1983
vgl. *Im achten Kreis der Hölle*

JACK THE RIPPER UND VAN GOGH
(Star light, star bright, 1979)
GLIT 5212, 1980

KÖNIG IM 9. HAUS
(The Luxembourg run, 1977)
GK 4811, 1979

DIE METHODE »SEGENSREICH«
(Kriminalerzählungen, 1. Teil)
aus: (The Blessington Method and other strange tales, 1964)
SCHE 853, 1983
vgl. *Die Segensreich-Methode*

DIE MILLIONEN DES MR. VALENTINE
(The Valentine Estate, 1968)
RAR 1564, 1972; SCHE 917, 1983

NAGELPROBE MIT EINEM TOTEN
(5 Erzählungen, 2. Teil)
aus: (Kindly dig your grave and other wicked stories, 1975)
SCHE 683, 1978; KK 011, 1983

DIE SCHÖNE DAME VON NEBENAN
(The key to Nicholas Street, 1952)
SCHE 882, 1983
vgl. *Die Damen von nebenan*

DIE SEGENSREICH-METHODE
(6 Kriminalerzählungen, 1. Teil)
(The Blessington Method and other strange tales, 1964)
SCHE 518, 1975
vgl. *Die Methode »Segensreich«*

DIE SEGENSREICH-METHODE UND 9 ANDERE SELTSAME GESCHICHTEN
(The Blessington Method and other strange tales, 1964)
FAR 1020, 1969
vgl. *Die Methode »Segensreich«*

SANFTER SCHRECKEN
(10 ruchlose Geschichten)
(Mystery stories, 1956); auch: (Quiet Horror, 1959)
FAR 536, 1963
vgl. *Spezialitäten des Hauses*

SPEZIALITÄTEN DES HAUSES
(6 Erzählungen)
(Mystery stories, 1956)
SCHE 494, 1975; SCHE 824, 1981
vgl. *Sanfter Schrecken*

DER TAG DER KUGEL
(8 Erzählungen)
(The Blessington Method and other strange tales, 1964)
KK 012, 1983
vgl. *Der Acht-Stunden-Mann*

DIE TRICKS DER ALTEN DAME
(6 Erzählungen, 1. Teil)
aus: (Kindly dig your grave and other wicked stories, 1965)
SCHE 653, 1978

DER ZWECK HEILIGT DIE MITTEL
(Stronghold, 1975)
KNAR 655, 1980

ELLINGTON, RICHARD (1914–1980)

SIE DARF ES NIE ERFAHREN
(It's a crime, 1948)
GK 243, 1960

WER IST DER CHEF?
(Stone cold dead, 1950)
GK 249, 1960

ELLIOT, WILLIAM J(AMES) (1886–

DER MANN OHNE GESICHT
(Snatched Dame, 1942)
SB 22, 1958; MET o. Nr., 1965

ELLIOTT, BRUCE (WALTER GARDNER LIVELY STACY) (1915–1973)

BLONDES DYNAMIT
(One is a lonely number, 1952)
BRA 11, 1969; XEN 67, 1978

ELLIS, WILLIAM (1918–

KREUZFAHRT MIT DEM TOD
(The knife edge, 1972)
GK 4503, 1975

ELLISON, HARLAN (JAY) (1934–

MEIN IST DIE RACHE
(13 Erzählungen von H. Ellison u. a.) (Deathbird stories, n. e.)
GHC 13, 1973

ELLISTON, VALERIE (1929–

PARADIES DER FEIGLINGE
(Tides of spring, 1975)
RAR 4316, 1979

ELLSON, HAL

SATANISCHE SPIELE
(Games, 1967)
HTH 1321, 1968

ELVESTAD, SVEN (CHRISTOPHER SVENDSON) (1894–1934)

DIE FAUST (1930)
EDEN 5, 1955
DER MANN, DER DIE STADT PLÜNDERTE (1924)
LIST 707, 1962; HCC 1800, 1978
DAS ORCHESTER DER MADAME FOURNIER (1923)
LIST 709, 1962; HCC 1648, 1975

ELY, DAVID

Pseudonym von David Eli Lilienthal, Jr. (1927–
DAS VERTAUSCHTE LEBEN
(Seconds, 1963)
BUNT 9, 1972

EMBROYA, M. H.

SO VIEL ZÄRTLICHKEIT (OA)
HAR 99, 1961, HK 1026, 1962

ENDORE, GUY (1900–1970)

UMWEG BEI NACHT
am. T. (Detour at night, 1959)
engl. T. (Detour throug Devon, 1959)
GAR 969, 1963

ENDRÈBE, M(AURICE)-B(ERNARD)

DAS FEST DES TODES
(Une couronne au Palmarès, 1958)
MIT 76, 1961; MOEK 51, 1969
MORDMARTRE
(Mont meutre, 1963)
MIT 296, 1966

ENEFER, DOUGLAS

AUCH REICHE WITWEN MÜSSEN STERBEN
(Painted death, 1966)
SCHE 348, 1970
EIN DIAMANT, DER UNGLÜCK BRINGT
(Riverside 90, 1970)
SCHE 411, 1973
ERBEN IST TÖDLICHER ALS STERBEN
(The long hot night, 1967)
SCHE 335, 1970
DER FEUERROTE MINI
(Girl on the M 6, 1973)
SCHE 517, 1975
DIE FIRMA MORD EN GROS
(The deadline Dolly, 1970)
SCHE 404, 1972
DIE KONTEN BESSERER HERREN

(A long way to Pitt Street, 1972)
SCHE 468, 1974
LEBEDAMEN STERBEN SCHNELLER
(The last door, 1959)
BRA 28, 1971
MORD AUF SPESEN
(The dark kiss, 1964)
BRA 44, 1972
DIE PUPPE AUF DEM PULVERFASS
(The long chance, 1961)
BRA 36, 1971; XEN 89, 1980
RIFIFI IN LIVERPOOL
(Pierhead 627, 1968)
SCHE 380, 1971
TÖDLICH WÄHRT AM LÄNGSTEN
(13 steps to Lime Street, 1969)
SCHE 387, 1972
WER ZULETZT KILLT, KILLT AM BESTEN
(The girl chase, 1958)
SCHE 369, 1971
WITWE MIT BESCHRÄNKTER HAFTUNG
(The deadly guiet, 1961)
BRA 32064, 1973; XEN 88, 1980
DER WOLF UND DIE LADY
(Girls in arms, 1968)
SCHE 363, 1971

ENGEL, HOWARD
ERPRESSERSPIEL
(The ransom game, 1981)
RTH 2661, 1984
MORD STAND NICHT IM DREHBUCH
(Murder on location, 1982)
RTH 2691, 1984
SELBSTMORD IST AUCH KEINE LÖSUNG
(The suicide murders, 1980)
RTH 2637, 1983

ENGLISH, HAROLD
IN ŁETZTER MINUTE
(The heavens above us, 1979)
GAR 6311, 1981

ENGLISH, (EMMA) JEAN (MARTIN) (1937–
GEFÄHRLICHER MONDSCHEIN
(Dark moonshine, 1974)
HRO 2038, 1979

ERBEN, VÁCLAV
DER EINSAME TOTE MANN
(Osamely mrtcý muz)
DIE 341, 1977
DER TOD DES TALENTIERTEN SCHUSTERS
(Smrt talentovaného sevce, 1978)
DIE 433, 1980
DIE TOTE IM FOYER
(Efektivne mrtvá zena,
KVW o. Nr., 1972

ERDMAN, PAUL E(MIL) (1932–
DER MILLIARDEN-DOLLAR-SCHNITT
(The Billion Dollar sure thing, 1973)
FAR 1692, 1976
DIE SILBERHAIE
(The silver bears, 1974)
FAR 2617, 1981

ERDMANN, HERBERT (1926–
DER FALSCHE FÜNFZIGER (1973)
UEB 227, 1973
DAS GEHEIMNISVOLLE PAPIER (1973)
GJU 84, 1973
DAS GELDGESPENST (1976)
GJU 152 = 20152, 1976
DER SCHWARZE DETEKTIV (1971)
UEB 221, 1971
SPUREN AM BAGGERLOCH (1974)
UEB 232, 1974

ERICHSEN, UWE (1936–
FEINE FREUNDE (OA), BKR 37004, 1982
HÖHENRAUSCH (OA)
BKR 37019, 1984
DAS LEBEN EINER KATZE (OA)
BKR 37026, 1984

EIN MANN KOMMT RAUS (OA)
BK 36015, 1978; BKR 37014, 1983
ROTE KARTE FÜR TÖRTEMEYER (OA)
BK 36060, 1982
SCHLAFENDE HUNDE (OA)
BK 36023, 1979
SCHNEE VON GESTERN (OA)
BK 36031, 1980
TODESFALLE NIZZA (OA)
BK 36005, 1978
ÜBERROLLT (OA)
BKR 37009, 1983
WAS HEISST DENN HIER FREUNDSCHAFT? (OA)
BK 36044, 1981
DAS WEISSE IM AUGE DES FEINDES (OA)
BK 36050, 1981

D'ERIGNY, SIMONE
DIE DAME S
(L'étrange volonté du Professeur Lorrain, o. J.)
GK 68, 1955

ERLER, RAINER (1933–
»DELAY« – VERSPÄTUNG (1982)
GAR 6762, 1984
FLEISCH (OA)
GAR 3727, 1979
DIE LETZTEN FERIEN (OA)
GAR 6310, 1981

ERNEST, PAUL
EINE PACKUNG »MARQUIS«-PRALINEN (OA)
KEL 1131, 1980

ERPENBECK, FRITZ (1897–
DER FALL FATIMA
DIE 70, 1970
KÜNSTLERPENSION BOULANKA
NBR o. Nr., 1973
NADELN IM HEU
NBR 63, 1968
TÖDLICHE BILANZ (1965)
DIE 223, 1974
DER TOTE AUF DEM THRON
DIE 158, 1973

ERSKINE, MARGARET
Pseudonym von Margaret Wetherby Williams
LEB WOHL, HARRIET
(Harriet farewell, 1975)
GK 4627, 1977

ESCOTT, JONATHAN (1922–
Pseudonym: Jack S. Scott
DER GEHEIMNISVOLLE SCHATTEN
(Shadow of Katie, 1977)
HRO 2047, 1979

ESCOULA, YVONNE
FLINKER JUNGE GESUCHT
(Sur la piste du murier, 1953)
UEB 201, 1969
SECHS BLAUE PFERDE
(Six chevaux bleus, 1954)
UEB 205, 1969

ESLER, ANTHONY (JAMES) (1934–
DUELL IM SCHLOSS
(The blade of Castlemayne, 1974)
HRO 1980, 1977
DER HEXENSUCHER
(Hellbane, 1975)
HRO 2020, 1978

ESMOND, HARRIET
DAS GEHEIMNIS DES GRABES
(The eye stories, 1975)
HRO 1992, 1977

ESSER, RANDOLPH
(Pseudonym)
NACKTE ANGST (OA)
PAN 199, 1962

ESSEX, RICHARD
Pseudonym von Richard (Henry) Starr (1878–
LESLEY MIT DER LEICHTEN HAND
(Slade scores again, 1933)
UK 72, 1955

ESTAUNIÉ, ÉDOUARD (1863–1942)
DER FALL CLAPAIN
(Madame Clapain, 1938)
BÜR 6, 1953; UAR 6, 1955

ESTELLE, DAG
(Pseudonym)
EIN MENSCH NAMENS MELC (OA)
KEL 789, 1969

ESTLEMAN, LOREN D. (1952–
DETROIT BLUES
(Motor City Blues, 1980)
UK 10256, 1984

EUSTIS, HELEN (1916–
DIE NACHT DER BÖSEN TRÄUME
(The horizontal man, 1946)
GK 4128, 1971

EVANS, ALAN
Pseudonym von Alan Stoker (1930–
TICKET INS INFERNO
(Vicious circle, 1970), PHOE 127, 1973
WETTLAUF MIT DER ANGST
(Running scared, 1975)
SCHN 195, 1979

EVANS, PHILIP (1944–
DER LEIBWÄCHTER
(The bodyguard man, 1973)
GK 4367, 1974

EXBRAYAT, CHARLES
EIN INSPEKTOR KEHRT ZURÜCK
(L'Inspecteur mourra seul, o. J.)
SCHE 193, 1963
TREIBGUT IM KANAL
(Ce mort que nul n'aimait, o. J.)
SCHE 166, 1962

D'EXSTEYL, ROGER
DAS GEHEIMNIS DER RUE DU CALVAIRE
(De Dames Verbrugge, 1953)
auch (Rhapsodie in Bloed, 1964)
GK 3174, 1969

FABER, WALTER
Pseudonym von Walter Schmitz (1923–
DIE SPIELBANK MAFIA
(OA)
PLAY 6109, 1980

FABIAN, FRANZ
Pseudonym von Franz Mielke (1922–
HEUTE NOCH WIRST DU STERBEN (OA)
NBR 32, 1959

FABIÁN, KAREL
DER MÖRDER ERSCHEINT IN DER DÄMMERUNG
RFA 172/173, 1974

FABRE, DOMINIQUE
LETZTE STUFE MORD
(Un meurtre est un meurtre, 1972)
KÖN 9, 1973
SATANISCHE UMARMUNG
(Un beau monstre, o. J.)
SCHE 362, 1971

FACH, WERNER
TRÜBER SEPTEMBER
LEH 19, 1953

FAGYAS (FEKETE), MARIA (1905–

DIE FÜNFTE
(The fifth woman, 1963)
BEX 12008, 1973

DER LEUTNANT UND SEIN RICHTER
(The devil's Lieutenant, 1970)
RAR 1923, 1976; RAR 5434, 1984

DIE WITWENMACHERIN
(The widowmaker, 1966)
HAR 802/803, 1970; spätere Aufl. 802

DIE ZWILLINGSSCHWESTER
(The twin sister, 1977)
RAR 4792, 1981

FAHNDUNG LÄUFT

DETEKTIVGESCHICHTEN, AUSGEWÄHLT VON »THE TIMES« (BD. 2)
(The TIMES Anthology of Detective Stories, 1972)
RTH 2376, 1976
vgl. Bd. 1 = *Täter unbekannt* (RTH 2352)

FAIR, A. A.

Pseudonym von Erle Stanley Gardner (1889–1970)

ALLES ODER NICHTS
(Double or quits, 1941)
UK 766, 1959; GK 4117, 1971

DANN GIB IHM DIE AXT
(Give 'em the ax, 1944)
UK *1289*/1290, 1969; UK 1576, 1973

DER DUNKLE PUNKT
(Owls don't blink, 1942)
UK 938, 1963; GK 3039, 1967

FRISS VOGEL – ODER STIRB
(Widows wear weeds, 1966)
UK 1139, 1967

FURIEN IM FINSTERN
(Bats fly at dusk, 1942)
UK 1270, 1969

GOLDAKTIEN
(Gold comes in bricks, 1940)
UK 952, 1963; GK 4119, 1971; GK 4789, 1978

DIE GOLDGELBE TÜR
(Top of the heap, 1952)
UK 874, 1962; GK 3050, 1967

HEISSE TAGE AUF HAWAII
(Some women won't wait, 1953)
UK 968, 1964; GK 3106, 1968

IM FALLE EINER FALLE
(Traps need fresh bait, 1967)
UK 1186, 1968

IM MITTELPUNKT YVONNE
(You can die laughing, 1957)
UK 863, 1962; GK 3058, 1968; GK 4749, 1978

KATZEN JAGEN NACHTS
(Cats prowl at night, 1943)
UK 1241, 1969

KLEINE FISCHE ZÄHLEN NICHT
(Fish or cut bait, 1943)
UK 1172, 1968; GK 4802, 1978

DIE KRITISCHE DOSIS
(Cut thin to win, 1965)
UK 1216, 1968

DIE LEICHE IM ROSA NACHTHEMD
(Turn on the heat, 1940)
UK 1280, 1970

LOCKVÖGEL
(Shills can't cash chips, 1961)
UK 1092, 1966; GK 3114, 1968

NACH DIKTAT VERBLICHEN
(Some slips don't show, 1957)
UK 1197, 1968

NICHT ALLES KRAUT IST GRÜN
(All grass isn't green, 1970)
UK *1341*/1342, 1970; UK 1604, 1974

PER SALDO MORD
(Kept woman can't quit, 1960)
UK 974, 1964; GK 3121, 1968

EIN PIKANTER KÖDER
(Bachelors get lonely, 1961)

UK 1070, 1966; GK 3129, 1968

EIN SCHWARZER VOGEL
(Crows can't count, 1946)
UK 746, 1958; GK 2267, 1967

DER SCHWEIGENDE MUND
(Fools die on Friday, 1947)
UK 163, 1957; UK 734, 1958; GK 2259, 1967

SEIN ERSTER FALL
(The bigger they come, 1939)
UK 754, 1959; GK 2291, 1967

TATORT DOPPELBETT
(Try anything once, 1962)
UK 1156, 1967

TREFFPUNKT LAS VEGAS
(Spill the Jackpot!, 1941)
UK 801, 1960; GK 3023, 1967

DER VERGRABENE COLT
(Beware the curves, 1956)
UK 1252, 1969

DAS VOLLE RISIKO
(Up for grabs, 1964)
KRÄ 5, 1965; UK 1319, 1970; GK 4852, 1979

VON FALL ZU FALL
(Pass the gravy, 1959)
UK 916, 1963; GK 3090, 1968

WO LICHT IM WEGE STEHT
(Bedrooms have windows, 1949)
UK 824, 1961; GK 3048, 1967

DER ZWEITE BUDDHA
(The count of nine, 1958)
UK 891, 1962; GK 3083, 1968

FAIRCHILD, WILLIAM

DAS SCHWEIZER ARRANGEMENT
(The Swiss arrangement, 1973)
GK 4653, 1977

FAIRLIE, GERARD (1899–

DER DOPPELTE BLUFF
(Double the bluff, 1957)
BLG 51, 1961; SM 2156, 1965

LETZTER TERMIN FÜR MACALL
(Deadline for Macall, 1956)
SM 2140, 1964

FAIRMAN, PAUL (W.) (1916–1977)

Pseudonym: Ivar Jorgensen, Paulette Warren

ICH WERDE DICH . . .
(The cover girls, 1970)
TER 12, 1972

FALK, LEE (HARRISON) (1915–

Titelheld aller Romane = Phantom

DER FLUCH DES DOPPELKÖPFIGEN STIERES
(The curse of the two-headed-bull, 1975)
KEL 45, 1976

DIE GEHEIMNISVOLLE YACHT
(The mystery of the »Sea-Horse«, 1973)
KEL 7, 1974

DIE GLOTZAUGEN-PIRATEN
(The goggle-eyed pirates, 1974)
KEL 38, 1976

DER GOLDENE KREIS
(The golden circle, 1973)
KEL 10, 1975

DAS HYDRA-MONSTER
(The hydra-monster, 1973)
KEL 24, 1975

DIE INSEL DER HUNDE
(The island of dogs, 1975)
KEL 41, 1976

IM NETZ DER SCORPIA
(The scorpion menace, 1972)
KEL 15, 1975

DIE MEUCHELMÖRDER
(The assassins, 1975)
KEL 43, 1976

DER MYSTERIÖSE BOTSCHAFTER
(The mysterious ambassador, 1973)

KEL 5, 1974

DIE PHANTOM-STORY
(The story of the Phantom, 1972)
KEL 1, 1974

DER SKLAVENMARKT VON MUCAR
(The slave market of Mucar, 1972)
KEL 12, 1975

DIE STADT DES KILLERS
(Killer's town, 1973)
KEL 29, 1975

DIE SUMPFRATTEN
(The swamp rats, 1974)
KEL 20, 1975

DIE VAMPIRE UND DIE HEXE
(The vampires and the witch, 1974)
KEL 34, 1976

DIE VERSCHLEIERTE DAME
(The veiled Lady, 1973)
KEL 2, 1974

FALKENHAIN, JENS (1921–
Pseudonym von Hasso Plötze, s. d.
Weiteres Pseudonym: Hasso Hecht

ARZT UND DÄMON (OA)
BD 20, 1968

CHIRURG DER VERDAMMTEN (OA)
BD 64, 1971

DREI SCHWERE FÄLLE (OA)
BD 52088, 1973
vgl. *Hasso Plötze: Zyangas*

IM BANNKREIS DES TODES (OA)
BD 77, 1973
vgl. *Hasso Plötze: 220 Volt*

MORD IN DER KLINIK (OA)
BD 83, 1973
vgl. *Hasso Plötze: Gift und Gewalt*

PEST AN BORD (OA)
BD 44, 1970

POLIZEIARZT DR. JEFF BRENT (OA)
BD 71, 1972

SKALPELL FÜR DEN TEUFEL (OA)
BD 28, 1969; KEL 834, 1973

STUNDE DER BEWÄHRUNG (OA)
BD 68, 1972

FALLON, MARTIN
Pseudonym von Harry Patterson (1929–
Weitere Pseudonyme: s. d.

DIE AASGEIER
(Dark side of the street, 1967)
PHOE 59, 1969

GEHIRNWÄSCHE
(Year of the tiger, 1963)
PHOE 22, 1967

SCHLÜSSEL ZUR HÖLLE
(The keys of hell, 1965)
PHOE 33, 1968

STREIT BIS AUFS BLUT
(A fine night for dying, 1969)
PHOE 87, 1970

FANE, BRON
Pseudonym von Roy Vickers (1888–1965)

DUNKLE MÄCHTE
(The macabre ones, o. J.)
HEL 25, 1973

FANGER, HORST P. (1919–

DENEN NICHTS HEILIG IST (OA)
BAR 14098, 1980

DIE NACHT DER WÖLFE (1980)
BAR 10353, 1984

FANTONI, BARRY (1940–

EIN SCHLAG ZUVIEL
(Stickman, 1982)
HK 2084, 1984

IN EINER LANGEN REGENNACHT
(Mike Dime, 1980)
HK 1962, 1981

FARR, CAROLINE
Pseudonym von Alan G(eoffrey) Yates (1923–

Weitere Pseudonyme: s. Carter Brown

DAS FINDELKIND
(Heiress of fear, 1978)
GAS 37, 1979

DAS HAUS DER GRÄBER
(The house of tombs, 1966)
HRO 1857, 1971; HRO 2094, 1981

DAS HAUS DER SCHWARZEN RABEN
(Secret at Ravensmount, 1980)
GAS 55, 1981

DIE JUNGE ERBIN
(Heiress of Corsair Keep, 1978)
GAS 41, 1979

DAS LABYRINTH DES BÖSEN
(Sinister house, 1978)
GAS 39, 1979

SCHWARZE KATZEN
(So near and yet, 1968)
HRO 1833, 1969; HRO 2101, 1982

DAS SPANISCHE SCHLOSS
(Web of horror, 1966)
auch: (A castle in Spain, 1967)
HRO 1860, 1971

FARRAR, STEWART

TOD IM FALSCHEN BETT
(Death in the wrong bed, 1963)
HLK 1583, 1974

FARRELL, HENRY

Pseudonym: Charles Henry

DIE FRAU HINTER DER MASKE
(Death on the sixth day, 1961)
RTH 2057, 1954

SCHEUSSLICH, DIE SACHE MIT ALLAN
(How awfull about Allan, 1963)
RTH 2083, 1965

WAS GESCHAH WIRKLICH MIT BABY JANE?
(What ever happened to Baby Jane? 1960)
RTH 2033, 1963

FARRIS, JOHN (1936–

DYNAMIT IN DER AULA
(The trouble at Harrison High, 1970)
RTH 2302, 1974

GESCHÄFTE MIT DEM TOD
(Shatter, 1980)
PLAY 6134, 1982

IMMER WENN DAS TELEFON LÄUTET
(When Michael calls, 1967)
MIT 444, 1969

DIE JAGD IN DEN ABGRUND
(The captors, 1969)
MIT 495, 1970

EIN MÄDCHEN AUS GUTEM HAUS
(The corpse next door, 1956)
MIT 425, 1969

TAGE DER ANGST
(Sharp practice, 1974)
HK 1754, 1977

FAST, HOWARD (MELVIN) (1914–

Pseudonyme: E. V. Cunningham, Walter Ericson, s. d.

DIE 27. ETAGE
(The Winston affair, 1959)
KNAR 110, 1966

FAULKNER, WILLIAM (1897–1962)

DIE FREISTATT
(Sanctuary, 1931)
KIWI 1, 1953; UAR 87, 1956; DIO 20802, 1981

GRIFF IN DEN STAUB
(Intruder in the dust, 1948)
BÜR 36, 1953; UAR 36, 1955; DIO 30/13 = 20151, 1974

DER SPRINGER GREIFT AN
(Sechs Kriminalgeschichten)
(Knight's Gambit, 1949)
FAR 1056, 1969; DIO 30/14 = 20152, 1975

FAUSER, JÖRG (1944–
DER SCHNEEMANN (1981)
RAR 5081, 1983

FAUST, RON
DER SKILIFT-KILLER
(The wolf in the clouds, 1977)
GK 4832, 1979

FAVIÈRES, ANDRÉ
DAS GEHEIMNIS VON LA MADELAINE
(Les mystères de la Madelaine, o. J.)
BBA 69, 1963

FEDERMANN, REINHARD
s. *Milo Dor*

FEELY, TERENCE
MIT SANFTEM DRUCK
(The gently touch, 1980)
HK 2081, 1984

FELD, FRIEDRICH
Pseudonym von Friedrich Rosenfeld (1902–
AKTE DIANA – STRENG GEHEIM (1968)
HJU 82, 1975
DER MANN MIT DER GELBEN KRAWATTE (1966)
HJU 136, 1977
SPUK IM BERGHOTEL (1965)
HJU 96, 1976

FELLMANN, WALTER
LEIPZIGER PITAVAL
MV 183, 1978

FENISONG, RUTH (?–1978)
DER TOTE AUF DEM DACH
(The drop of a hat, 1970)
GK 4187, 1972

FENWICK, ELIZABETH (1920–
[Elizabeth Fenwick Way]
MARY ROSE UND DER BLINDE
(A friend of Mary Roos, 1961)
MIT 176, 1964

FERBER, LUISA
Pseudonym von Louise Fervers
MORD IN ULM (OA), GDA 5619, 1982
NETTE LEUTE IN ULM (OA)
GDA 5634, 1983
TOD AUF SYLT (OA)
GDA 5621, 1982
TOD IM HOCHHAUS (OA)
GDA 5629, 1983

FERGUSON, ANTHONY
DER KUSS DER GRÜNEN MAMBA
(A running man, 1969)
UK 1405, 1971
PANIK AUF DEM ROTEN PLATZ
(The big snatch, 1971)
UK 1487, 1972
RUFMORD MIT DREI TOTEN
(A game of chance, 1970)
UK 1390, 1971

FERRAND, GEORGINA
Pseudonym von Brenda Castle
DER UNHEIMLICHE BESUCH
(Dangerous inheritance, 1974)
HRO 2010, 1978

FERRARAS, ELIZABETH (XAVIA)
Pseudonym von Morna Doris Mac Taggart Brown (1907–
ANGST IM KLEINSTEN KREIS
(Drowned rat, 1975)
SCHE 601, 1977
DIE BOTSCHAFT AUS DEM JENSEITS
(Always say die, 1956)
HLK 1607, 1974
EHE MIT DOPPELTEM BODEN

(Alive and dead, 1974)
SCHE 564, 1976

EIGENER SARG IST GOLDES WERT
(Witness before the fact, 1979)
SCHE 815, 1981

EIN MORD KOMMT SELTEN ALLEIN
(In at the kill, 1978)
SCHE 831, 1981

DAS FAULE EI VON MADEIRA
(Skeleton staff, 1969)
SCHE 393, 1972

GEHÄNGTE SCHICKEN KEINE POST
(Experiment with death, 1981)
SCHE 958, 1984

HÄNGEN FÜR EINEN TOTEN
(Hanged man's house, 1974)
SCHE 531, 1976

IM DUNKELN SCHIESST MAN NICHT
(The pretty pink shroud, 1977)
SCHE 679, 1978

EIN KIDNAPPER LÄUFT AMOK
(The swaying pillars, 1968)
SCHE 349, 1970

MORD IST ALLEN ERBES ANFANG
(Last will and testament, 1978)
SCHE 753, 1980

DIE RECHNUNG OHNE DEN HAUSFREUND
(Murder moves in, 1956)
SCHE 311, 1969

DER TOD ZIEHT EIN
(Furnished for murder, 1957)
HLK 1651, 1975

TRAUMREISE IN DIE HÖLLE
(No peace for the wicked, 1966)
SCHE 294, 1968

UNTER FALSCHER FLAGGE
(Give a corpse a bad name, 1940)
SM 52, 1961

WITWER WERDEN IST NICHT SCHWER
(Murders anonymous, 1977)
SCHE 713, 1979

ZUVIEL ZUFÄLLE
(The small world of murder, 1973)
SCHE 508, 1975

FICKLING, G. G.
Pseudonym von Gloria Fickling und Forrest E. Fickling (1925–

DAS GROSSE TÖTEN
(This girl for hire, 1957)
WET 8, 1969

HÜBSCHE MÄDCHEN STERBEN JUNG
(Girl on the loose, 1958)
WET 2, 1969

MORD AUF MEXIKANISCH
(Dig a dead doll, 1960)
WET 4, 1969

PARADIES DER MÖRDER
(Kiss for a killer, 1960)
WET 10, 1969

DER TOD EINES PORNO-STARS
(A gun for Honey, 1958)
WET 6, 1969

DER TOD HAT VIELE GESICHTER
(Naughty but dead, 1962)
ZEX 152, 1968

FIKER, EDUARD (1902–

FISCH IM NETZ
(Nikdo není vinen? 1963)
RTH 2058, 1964

DER ZINKSARG
(Zinková cesta, 1967)
RTH 2111, 1967

FINDLEY, FERGUSON
Pseudonym von Charles Weiser Frey (1910–

AUF FALSCHEM KURS
am. T. (The man in the middle, 1952)
engl. T. (A handful of murder, 1955)
UK 846, 1961; GK 3138, 1968

GIB ACHT, REX!
(Murder makes me mad, 1956)

SB 10, 1957; MET o. Nr., o. J.
vgl. *Mord ohne Grund*

DER HAFENSCHRECK VON NEW YORK
(Waterfront, 1951)
SM 163, 1963

KOKAINJAGD IN DER BOWERY
(My old man's badge, 1950)
SM 219, 1963

MORD OHNE GRUND
(Murder makes me mad, 1956)
BLG 38, 1959; SM 2127, 1964
vgl. *Gib acht, Rex!*

FINKE, EDMUND

EIN MANN VERSCHWAND
BBA 77, 1954

DAS UNLÖSBARE RÄTSEL
BBA 71, 1954

FINNEFROH, IVO

RAUSCHGIFT
KTR 9, 1958

ZWISCHENFALL IM SKANDINAVIEN-EXPRESS
KTR 7, 1958

FINNEY, JACK
Pseudonym von Walter Braden Finney (1911–

DAS HAUS DER EISERNEN STÄBE
(The house of numbers, 1957)
HK 1059, 1962

DIE MILLION AM HIMMEL
(Five against the house, 1954)
UK 821, 1961

FISCHER, BRUNO (1908–
Pseudonym: Russel Gray

ACHTERBAHN ZUM HIMMEL
(So wicked my love, 1954)
HTH 1328, 1968; XEN 8, 1976

AUF DES MESSERS SCHNEIDE
(Fools walk in, 1952)
PAN 44, 1956
vgl. *Das Mädchen in Grün*

AUTOMARDER
(The fast Buck, 1952)
PAN 51, 1956
vgl. *Blutgeld*

BLONDINE AUS ZWEITER HAND
(Second-hand nude, 1959)
HK 1270, 1967

BLUTGELD
(The fast Buck, 1952)
HK 1301, 1968; XEN 7, 1976
vgl. *Automarder*

EINER WUSSTE ZUVIEL
(Knee-deep in death, 1956)
PAN 115, 1958

EISKALT UNTER DER HAUT
(The lustful ape, 1950)
HTH 1345, 1969; XEN 1, 1976; DOQ 8, 1979

EINE LADY TUT DAS NICHT!
(Murder in the raw, 1957)
BRA 29, 1971

DAS MÄDCHEN IN GRÜN
(Fools walk in, 1952)
HTH 1295, 1968; XEN 21, 1977
vgl. *Auf des Messers Schneide*

DAS SECHSTE ALIBI
(More deaths than one, 1947)
HK 1245, 1967

SPIEL UM DAS LEBEN
(The Spider Lily, 1946)
PAN 61, 1956

STRIPTEASE FÜR EINEN KILLER
(The paper circle, 1951)
auch: (Stripped for murder, 1953)
HTH 1336, 1969

TÖTE MIT LIEBE
(The Lady kills, 1951)
HTH 1360, 1969; XEN 22, 1977

TREPPE DES UNHEILS
(So much blood, 1939)
auch: (Stairway to death, 1951)
PAN 64, 1956

WITWE ZUM HALBEN PREIS

(The girl between, 1960)
HK 1315, 1968; XEN 57, 1978

FISCHER, H(ANS) E(RASMUS) (1904–1956)

DER GRIFF AUS DEM DUNKELN
AS o. Nr., 1955
ICH WAR ZUM TODE VERURTEILT
AS o. Nr., 1955

FISCHER, MARIE LUISE (1922–

AUF OFFENER BÜHNE
(Neufassung des früher unter dem Pseudonym H. G. Kernmayr erschienenen Romans: Tatort Schauspielhaus)
HAR 6167, 1983
DAS GEFÄHRLICHE LEBEN DER MONIKA BERG
BAR 15034, 1976
GEFÄHRLICHE LÜGE (1977)
XEB 11, 1977; HAR 6121, 1982
DER SCHATTEN DES ANDEREN (OA)
GAR 3715, 1979; BAR 10369, 1984
DAS SCHICKSAL DER LILIAN H.
BEX 12062, 1977
DIE SILBERNE DOSE (OA)
GK 54, 1954; HLK 1774, 1977; HAR 5211, 1980
TÖDLICHE HÄNDE (OA)
GAR 3856, 1979
DIE TÖDLICHEN STERNE (1956)
HLK 1743, 1977; HAR 5156, 1980
UND SOWAS NENNT IHR LIEBE (1972)
HAR 5061, 1973
ZERFETZTE SEGEL (1954)
UAR 112, 1956; UK 716, 1958; MOEK 53, 1969; HAR 5004, 1973; HLK 1719, 1976

FISH, ROBERT L(LOYD) (1912–1981)

Pseudonym: Robert L. Pike

ALLE MEINE MÖRDERLEIN
(Rub-a-dub-dub, 1971)
HK 1498, 1972
DER DUNKLE EHRENMANN
(Bank job, 1974)
HK 1690, 1976
IN RIO DROHT GEFAHR
(Always kill a stranger, 1967)
GK 3044, 1967
DIE INSEL DER GRÜNEN HÖLLE
(The green hell treasure, 1971)
SCHE 470, 1974
DIE INSEL DER SCHLANGEN
(Isle of the snakes, 1963)
GK 1276, 1964; GA 5426, 1981
EIN KOPF FÜR DEN MINISTER
(The shrunken head, 1963)
GK 2154, 1966; GA 5415, 1980
DIE MÖRDER-LIGA
(The Murder League, 1968)
HK 1379, 1970
DIE NACKTE AN DER COPACABANA
(The bridge that went nowhere, 1968)
GK 3165, 1969
POLIZEISCHUTZ FÜR DEN GANGSTERBOSS
(The gremlin's grampa, 1972)
HK 1585, 1974
DIE SPINNE AUF DER HAND
(The diamond bubble, 1965)
GK 2163, 1965
EIN UNBEKANNTER TOTER MANN
(Reardon, 1970)
HK 1460, 1971
DIE XAVIER-AFFÄRE
(The Xavier-Affair, 1969)
HTH 1388, 1970
DIE 10-$-WETTE
(The wager, 1974)
GK 4625, 1977
ZWISCHENLANDUNG IN RECIFE
(Brazilian sleigh ride, 1965)
GK 3065, 1968

FISHER, BOB
(Pseudonym)
DER WEISSE DÄMON
ZAU 22, 1977

FISHER, DOUGLAS (GEORGE) (1902–1981)
TOD IN PYFORD HALL
(Death at Pyford Hall, 1952)
AUF 41, 1953

FISHER, GERARD
UMSONST IST DER TOD
(Hospitality for murder, 1959)
MIT 79, 1961; MOEK 45, 1968

FISHER, GRAHAM (1920–
PLAYBOY AUF BEWÄHRUNG
(End of the line, 1975)
GK 4574, 1976

FISHER, LAINE
Pseudonym von James A(rch) Howard (1922–
TICKET INS JENSEITS
(Fare prey, 1959)
BRA 32062, 1973

FISHER, LAWRENCE (V.) (1923–
MORD HAT VORFAHRT
(Die a little every day, 1963)
GK 2199, 1966

FITZGERALD, ARLENE J.
Pseudonym: Monica Heath
DAS HÖLLENTOR
(The devil's gate, 1977)
UAR 3398, 1978
KETTEN DES TODES
(Blackthorn, 1977)
UAR 3469, 1978

FITZGERALD, KEVIN (1902–
DIE GANGSTERBRAUT
(Trouble in West Two, 1958)
MIT 210, 1964
SATAN IN WEISS
(Kill him gently, nurse, 1966)
MIT 368, 1968

FITZGERALD, NIGEL (1906–
HEXENSABBAT
(Affairs of death, 1967)
MIT 419, 1969

FITZSIMONS, CHRISTOPHER
ALTE JÄGER VERGESSEN NIE
(Reflex action, 1980)
SCHE 837, 1982

FLAGG, JOHN
Pseudonym von John Gearson
RÄTSEL VON CAIRO
(Woman of Cairo, 1953)
PAN 105, 1957

FLEETWOOD, HUGH (NIGEL) (1944–
DER TODESGARTEN
(The girl who passed for normal, 1973)
HLK 1691, 1976

FLEISCHER, LEONORE
Pseudonym: Alexander Edwards, Mike Root
ATEMLOS
(Breathless, 1983), HAR 6301, 1983

FLEISCHMAN, A(LBERT) S(IDNEY) (1920–
BEGEGNUNG IN SHANGHAI
(Shanghai flame, 1951)
HAR 141, 1961
DAS MÄDCHEN AUS SINGAPUR
(Malay woman, 1954)
HAR 26, 1959; HAC 18, 1975

FLEMING, IAN (LANCASTER) (1908–1964)

CASINO ROYALE
(Casino Royale, 1953)
UK 809, 1960; UK 10091, 1980; UK 10149, 1982

DIAMANTENFIEBER
(Diamonds are forever, 1956)
UK 792, 1960; UK 10149, 1982

DUELL MIT DOPPELTEM EINSATZ
(Je 2 Erzählungen aus Scherz Nr. 466 und 571)
KK 1, 1980

DU LEBST NUR ZWEIMAL
(You only live twice, 1964)
PHOE 14, 1967; SCHE 586, 1977; SCHE 828, 1981; KK 015, 1983

FEUERBALL
(Thunderball, 1961)
PHOE 30, 1967; SCHE 707, 1979
vgl. *Sag niemals nie*

GOLDFINGER
(Goldfinger, 1959)
PHOE 28, 1967; SCHE 595, 1977; SCHE 982, 1984

IM DIENST IHRER MAJESTÄT
(On Her Majesty's Secret Service, 1963)
PHOE 11, 1966; SCHE 555, 1976; XEN 010, 1976; XEN 4, 1976; SCHE 929, 1983

JAMES BOND JAGT DR. NO
(Doctor No, 1958)
PHOE 17, 1967; SCHE 457, 1974; XEN 03, 1976; XEN 9, 1976

JAMES BOND UND DER GOLDENE COLT
(The man with the golden gun, 1965)
PHOE 39, 1968; SCHE 862, 1982

JAMES BOND UND DER STUMME ZEUGE
(4 Erzählungen)
Der stumme Zeuge (Octopussy), Riskante Geschäfte (Risico), Globus – meistbietend zu versteigern (The property of a Lady), Für Sie persönlich (For your eyes only).
XEN 60, 1978
vgl. *Octopussy und andere riskante Geschäfte*

LEBEN UND STERBEN LASSEN
(Live and let die, 1954)
UK 822, 1961; UK 10031, 1981; UK 10149, 1982

LIEBESGRÜSSE AUS MOSKAU
(From Russia with love, 1957)
BLG 49, 1961; PHOE 1, 1966; SCHE 495, 1975

MONDBLITZ
(Moonraker, 1955)
PHOE 20, 1967; SCHE 546, 1976

OCTOPUSSY UND ANDERE RISKANTE GESCHÄFTE
(Octopussy and the living daylights, 1966)
SCHE 914, 1983
vgl. *James Bond und der stumme Zeuge*
vgl. *Riskante Geschäfte*

RISKANTE GESCHÄFTE
(4 Stories, u. a.: For your eyes only; Octopussy, 1960)
PHOE 43, 1968; SCHE 466, 1974; KK 013, 1983
vgl. *James Bond und der stumme Zeuge*
vgl. *Riskante Geschäfte*

SAG NIEMALS NIE
(Thunderball, 1961)
SCHE 954, 1984
vgl. *Feuerball*

DER SPION, DER MICH LIEBTE
(The spy, who loved me, 1962)
PHOE 6, 1966; SCHE 504, 1975; KK 014, 1983

TOD IM RÜCKSPIEGEL

(4 Stories)
(The living daylights, 1966)
PHOE 24, 1967; SCHE 571, 1976

TOD IM RÜCKSPIEGEL
(Je 2 Erzählungen aus Scherz Nr. 466 und 571) (1960–65)
KK 14, 1980

FLEMING, JOAN (MARGARET) (1908–1980)

DIE APFELGRÜNE TÜR
(Miss Bones, 1959)
HAR 300, 1964

BLINDE AUGEN SEHEN MEHR
(You can't believe your eyes, 1957)
RTH 2029, 1963

EINBAHNSTRASSE IN DEN TOD
(Young man, I think you're dying, 1970)
GK 4121, 1971

ERST DIE PFLICHT, DANN DAS VERGNÜGEN
(Alas, poor father, 1972)
GK 4231, 1972

GEBET EINER JUNGFRAU
(Maiden's prayer, 1957)
HAR 253, 1963

DAS HAUS AM ENDE DER STRASSE
(The day of the Donkey Derby, 1978)
GK 4814, 1979

HETZJAGD
(The man from nowhere, 1960)
GK 3288, 1970

KEINE ANHALTSPUNKTE
(No bones about it, 1967)
GK 3257, 1970

KLEINE FISCHE STERBEN STUMM
(Death of a sardine, 1963)
GK 4081, 1971

LADY BIS ZUM LETZTEN
(Every inch a Lady, 1977)
GK 4703, 1977

LESLIE TAUCHT UNTER
(In the red, 1961)
MIT 563, 1972; GK 4597, 1976

MAN TÖTE DIESES WEIB!
(Hell's Belle, 1968)
GK 3278, 1970

DIE TOCHTER DES LORDS
(Kill or cure, 1968)
MIT 581, 1972

FLEMING, JOHN (CHESTER) (1906–1964)
s. *Lois Eby*

FLEMING, (ROBERT) PETER (1907–1971)

DIE SECHSTE KOLONNE
(The sixth column, 1951)
RAR 80, 1954

FLESCH, RICHARD K. (Hrsg.)
s. *Das Rowohlt thriller-Lesebuch*

FLETCHER, DAVID
Pseudonym von Dulan F. Barber (1940–

PFEIF NIE »MACBETH«
(Don't whistle »Macbeth«, 1976)
GK 4683, 1977

TÖDLICHE FESSELN
(A respectable woman, 1975)
GK 4594, 1976

FLETCHER, DOROTHY
Pseudonym: Miriam Canfield

DAS HAUS DES SCHWEIGENS
(The house of the whispering winds, 1981)
HRO 2104, 1982

DIE NACHT IN DEN RUINEN
(The late Contessa, 1971)
HRO 2089, 1981

DIE PERLEN DER SEÑORA
(Meeting in Madrid, 1970)
GK 4201, 1972

FLETCHER, JOHN
(Pseudonym)
DER BOSS MACHT KEINEN FEHLER
(1970)
KEL 808, 1970

FLETCHER, JOSEPH D.
(Pseudonym)
ARENA
BBA 45, 1951
GEWITTERNACHT
BBA 32, 1950
DER TOD BRAUCHT KEINEN SCHLÜSSEL
PAN 151, 1959

FLETCHER, J(OSEPH) S(MITH) (1863–1935)
DIE DOPPELTE SPUR
(The Wrychester Paradise, 1921)
GK 42, 1954
DER EINZIGE ZEUGE
(Murder of the only witness, 1933)
GK 72, 1955
DAS HAUS AM DIENSTAGMARKT
(The house in Tuesday Market, 1930)
GK 15, 1953
DIE KAVALIER-GMBH
(The Annexation Society, 1916)
GK 38, 1954
SCHATTEN ÜBER NICHOLAS
(Murder in Wrides Park, 1931)
GK 19, 1953
DAS TEEHAUS IN MENTONE
(Murder in four degrees, 1931)
GK 10, 1952
UM EIN TESTAMENT
(Dead man's money, 1919)
AMS 5, 1953
VERBRECHER IN MANNERSLEY
(The double chance, 1928)
GK 40, 1954
DIE VERHÄNGNISVOLLE BRÜCKE
(Murder of the ninth Baronet, 1932)
GK 2140, 1966
DER VERSCHOLLENE
(Malvery Hold, 1917)
GK 240, 1960
DIE VERSCHWUNDENE CHRONIK
(Who killed Alfred Snowe?, 1933)
GK 23, 1953

FLETCHER, LUCILLE (LUCILLE FLETCHER WALLOP) (1912–
FALSCH VERBUNDEN
(Sorry, wrong number, 1948)
(Zusammen mit Allan Ullman)
HAR 150, 1961; HK 1043, 1962; HLK 1695, 1976
JACHT OHNE HAFEN
(The strange blue yawl, 1964)
HK 1194, 1966
DAS MÄDCHEN VON KABINE 54
(The girl in cabin B 54, 1968)
HTH 1365, 1969
DER MANN IM LIFT
(Nightman, 1951)
(Zusammen mit Allan Ullman)
HK 1058, 1962
MIT VERBUNDENEN AUGEN
(Blindfold, 1960)
GK 1021, 1961
TAXI NACH STAMFORD
(Eighty Dollars to Stamford, 1975)
GTH 4723, 1978

FLORA, FLETCHER (1914–1968)
FLUCHT INS VERGESSEN
(Leave her to hell!, 1958)
PAN 140, 1959
DER SCHUß KAM ZU SCHNELL
(Killing cousins, 1960)
MIT 95, 1962
SIE HATTE KEINE FREUNDE
(Whispers for the flesh, 1958)
PAN 138, 1959

FLOWER, PAT(RICIA MARY BRYSON) (1914–1978)

AM ENDE WARTET DER TOD
(Slyboots, 1974)
GK 4513, 1975

EINE ROSE WENIGER
(One rose less, 1961)
GK 4178, 1972

DAS GIFT HEISST VERLANGEN
(Vanishing point, 1975)
GK 4547, 1976

LÄCHELN MUSST DU
(Cat's cradle, 1973)
GK 4288, 1973

NORAS SOFA
(Odd job, 1974)
GK 4432, 1975

PHANTOME UND SCHATTEN
(Shadow show, 1976)
GK 4650, 1977

REINER WEIN KANN BITTER SEIN
(Crisscross, 1976)
GK 4609, 1976

SANFTE JUNGFERN MORDEN BESSER
(Fiends of the family, 1966)
HTH 1312, 1968

SPINNE IM NETZ
(Cobweb, 1972)
GK 4281, 1973

TERROR BEI NACHT
(Term of terror, 1963)
GK 4230, 1972

WACHSBLUMEN FÜR GLORIA
(Wax flowers for Gloria, 1958)
GK 4171, 1972

ZU SCHLECHT FÜR DAS JENSEITS
(Hell for heather, 1962)
HTH 1344, 1969

FLYNN, JAY M.

ACTION MAN
(The action-man, 1961)
MOEK 46, 1969
vgl. *Millionencoups sind Männersache*

MILLIONENCOUPS SIND MÄNNERSACHE
(The action-man, 1961)
LOET 2, 1969
vgl. *Action Man*

EIN PAAR LEICHEN ZUVIEL
(The girl from Las Vegas, 1961)
LOET 13, 1969

FLYNN, T(HOMAS) T(HEODORE) (1902–

MORDSAISON
(Murder caravan, 1950)
BRA 32061, 1973; XEN 91, 1980

FOLDEX, NICKY

GEHEIMSITZUNG »ZUFLUCHT 17«
(C'est pas du sucre, o. J.)
UK 810, 1960
vgl. *Zuflucht 17*

EIN SARG MIT SAMT UND VEILCHEN
(Ah, les vaches, o. J.)
UK 770, 1959

ZUFLUCHT 17
(C'est pas du sucre, o. J.)
KEL 776, 1968
vgl. *Geheimsitzung »Zuflucht 17«*

FOLEY, RAE

Pseudonym von Elinore Denniston (1900–1978)
Weiteres Pseudonym: Dennis Allan

BEREUE, WENN DU KANNST
(Repent at leisure, 1962)
SCHE 308, 1968

BIS DASS DER TOD EUCH SCHEIDET
(One o'clock at the Gotham, 1974)
SCHE 559, 1976

EINE DAME BRINGT UNHEIL
(Fatal Lady, 1964)
MIT 290, 1966

EINLADUNG ZUR BEERDIGUNG
(Girl on a high wire, 1969)

SCHE 398, 1972

EIN FREUND DES HAUSES
(Back door to death, 1963)
MIT 253, 1965

GIFT IST NICHTS FÜR AMATEURE
(Call it accident, 1965)
SCHE 298, 1968

HERZ MIT MÖRDERGRUBE
(The slippery step, 1977)
SCHE 718, 1979

KALTER HAUCH DES TODES
(No hiding place, 1969)
HLK 1602, 1974

KOMM ZURÜCK UND RUHE SANFT
(The Barclay Place, 1975)
SCHE 628, 1977

LEICHE NACH ART DES HAUSES ...
(Malice domestic, 1968)
SCHE 359, 1970

LÖSCH AUS DAS LICHT ...
(Put out the light, 1976)
SCHE 693, 1979

PARKPLATZ VORM JENSEITS
(Wild night, 1966)
SCHE 291, 1968

REICHE MÄDCHEN STERBEN FRÜH
(The girl who had everything, 1977)
SCHE 771, 1980

RÜCKKEHR DER WÖLFIN
(The first Mrs. Winston, 1972)
SCHE 484, 1975

SCHNITZELJAGD IN DEN TOD
(This woman wanted, 1971)
SCHE 422, 1973; KK 65, 1982

DIE SCHRÄGE SCHWESTER
(Reckless Lady, 1973)
SCHE 537, 1976

EINE SEELE VON MENSCH
(Ominous star, 1971)
SCHE 446, 1974

SEIN HASS WAR EIN TRUGSCHLUSS
(The Shelton conspiracy, 1967)
SCHE 336, 1970

SEINE BRAUT BELÜGT MAN NICHT
(Nightmare house, 1968)
SCHE 368, 1971

DAS UNHEIMLICHE PUZZLE
(Where Helen lies, 1976)
SCHE 652, 1978

VERBRECHEN IST KEIN HAPPENING
(Scared to death, 1966)
SCHE 330, 1969

WO IST MARY BOSTWICK?
(Where is Nancy Bostwick? 1958)
MIT 166, 1963

FOLLETT, KEN(NETH MARTIN) (1949–

Pseudonym: Symon Myles

DREIFACH
(Triple, 1979)
BAR 10321, 1983

DIE MILLIONENBEUTE
(The heist of the century, 1978)
(Zusammen mit R. L. Maurice)
BAR 14103, 1980

DIE NADEL
(Storm island, 1978)
BAR 17041, 1980

DER SCHLÜSSEL ZU REBECCA
(The key to Rebecca, 1980)
BAR 10481, 1984

UNTER DEN STRASSEN VON NIZZA
(n. e., 1983)
(Zusammen mit R. L. Maurice)
HAR 6284, 1983

FONTANE, THEODOR (1819–1898)

UNTERM BIRNBAUM (1885)
REL 7936/37, 1953; KOMP 73, 1964; GAR 1571, 1965; RES 8577, 1968; UAR 4517, 1980

FORBES, COLIN

Pseudonym von Raymond H(arold) Sawkins (1923–

FOCUS
(The Stockholm Syndicate, 1981)
HAR 6443, 1984

LAWINENEXPRESS
(Avalanche Express, 1977)
HAR 5631, 1979

NULLZEIT
(The stone leopard, 1975)
HAR 5519, 1979

TAFAK
(Year of the Golden Ape, 1974)
HAR 5360, 1977

TARGET 5
(Target five, 1973)
HAR 5314, 1977

FORBES, JOHN
(Pseudonym)

DER ACHTARMIGE TOD
ERB 42, 1974

FEUERTEUFEL
ERB 39, 1974

GELBE GEFAHR
ERB 44, 1974

PARTNER IM YARD
ERB 50, 1974

DIE RAUSCHGIFT-SEKTE
ERB 40, 1974

DIE RECHNUNG KOMMT VON SCOTLAND YARD
ERB 33, 1973

TÖDLICHER PROFIT
ERB 46, 1974

DIE ÜBERLEGENEN
ERB 48, 1974

FORBES, STANTON
Pseudonym von DeLoris Florine Stanton Forbes (1923–
Weiteres Pseudonym: Tobias Wells

AM ABGRUND VON GESTERN
(The terrors of the earth, 1964)
HK 1221, 1966

BERUF: WITWE
(Some poisoned by their wives, 1967)
RTH 2379, 1976

EIN BRIEF AUS DEM GEFÄNGNIS
(The sad, sudden death of my fair lady, 1971)
RTH 2281, 1973

DIE BRIEFE DES MÖRDERS
(Buried in so sweet a place, 1977)
HRO 2066, 1980

DAS GEHEIMNIS DER DOYLES
(Terror touches me, 1966)
HRO 1808, 1967; HRO 2112, 1982

ICH BIN NUR DIE TOCHTER DES SHERIFFS
(She was only the Sheriff's daughter, 1970)
RTH 2228, 1971

INSEL DER SCHWARZEN SEELEN
(Encounter darkness, 1967)
HRO 1835, 1969; HRO 2140, 1983

EINE INSEL ZUM STERBEN
(But I wouldn't want to die there, 1972)
RTH 2320, 1974

EIN KREUZ FÜR SCHWESTER LOVE
(If two of them are dead, 1968)
RTH 2262, 1972; RTH 2552, 1981

SECHSMAL SCHIFFBRUCH UND EIN MORD
(The name's death, remember me? 1969)
RTH 2241, 1972

DER TANTE FEHLT MEIN TOTENSCHEIN
(Relative to death, 1965)
RTH 2217, 1971

DAS TESTAMENT DER CONSTANCE COBBLE
(The will and last testament of Constance Cobble, 1980)
RTH 2592, 1982

TÖDLICHE EINSAMKEIT
(A deadly kind of lonely, 1971)
HLK 1525, 1973

EIN TOTENHEMD AUS GOLDLAMÉ
(Bury me in gold lamé, 1974)
RTH 2402, 1977

TOTENTAUSCH
(A business of bodies, 1966)
RTH 2204, 1970

EIN TRAUM VON LUXUS
(If Laurel shot Hardy the world would end, 1970)
MIT 577, 1972

FORD, BRIAN
(Pseudonym)
Autor der Kriminalroman-Serie: *»Kommissar X«;* s. *Anhang.*
Autor der Nummern: 521, 531, 536, 540, 542, 549, 553, 563, 578, 591, 601, 619, 625

FORD, ELIZABETH
Pseudonym von Marjory Elizabeth Sarah Bidwell (?–1977)

EIN TAG WIE JEDER ANDERE
(A country holiday, 1966)
XTR 1051, 1981

FORD, FLORENCE

GEHEIMNISSE UM ANN
(Play with matches, 1966)
GK 2249, 1966

FORD, HILARY
Pseudonym von (Christopher) Samuel Youd (1922–
Weitere Pseudonyme: John Christopher, Peter Graaf, Peter Nichols

FLAMMEN IM SCHLOSS
(Castle Malindine, 1975)
HRO 2151, 1984

DIE VERZWEIFELTE BRAUT
(A bride for Bedivere, 1976)
HRO 2107, 1982

FORD, LESLIE
Pseudonym von Zenith Jones Brown (1898–
Weiteres Pseudonym: David Frome

AUF LEISEN SOHLEN
(The devils stronghold, 1948)
GK 4276, 1973

DIE FRAU IN SCHWARZ
(The woman in black, 1947)
SM 85, 1962

HASS OHNE GRENZEN
(False to any man, 1939)
GK 4285, 1973

DAS MÄDCHEN VOM »MIMOSA CLUB«
(The girl from the Mimosa Club, 1957)
GK 4394, 1974

SCHATTEN IN DER NACHT
(Shadow in the night, 1947)
SM 2159, 1965

TÖDLICHE TORHEIT
(Road to Folly, 1940)
SM 60, 1961

EIN TOTER STEHT AUF
(Old lover's ghost, 1940)
SM 2141, 1964

VERLOCKUNG ZUM MORD
(Invitation to murder, 1954)
SM 2121, 1964

FORDE, NICHOLAS
Pseudonym von Arthur Elliott Cannon (1919–
Weiteres Pseudonym: Elliott Cannon

PER EILBOTEN – URGENT
(Urgent delivery, 1975)
GK 4583, 1976

FORES, JOHN (1914–

LUFTPIRATEN
(The desirable dictator, 1967)
PHOE 61, 1969

SPRUNGBRETT ZUM ABGRUND
(Candidates for glory, 1968)
PHOE 80, 1970

FOREST, ANTONIA

DIE MARLOWS UND DIE VERRÄTER
(The Marlows and the traitors, o. J.)
RAV 305, 1974

FORESTER, C(ECIL) S(COTT) (1899–1966)

EIN GLATTER MORD
(Plain murder, 1930)
SM 2138, 1964; HTH 1313, 1968
ZAHLUNGSAUFSCHUB
(Payment deferred, 1926)
HAR 94, 1961; HK 1025, 1962; HCC 1672, 1975; bb 452, 1980

FORNER, WILLY

DRESDNER PITAVAL
MV 161, 1975
DAS VERBRECHEN VON LA MORNASSE
MV 197, 1981

FORREST, RICHARD (STOCKTON) (1932–

Pseudonym: Stockton Woods
EINMAL FRIEDHOF EINFACH
(The death in the willows, 1979)
SCHE 816, 1981
KEINE STORY FÜR DIE KLEINEN
(The wizard of death, 1977)
SCHE 719, 1979
DAS PUPPENGRAB
(A child's garden of death, 1975)
SCHE 661, 1978
SEITENSPRUNG MIT MORD
(Who killed Mr. Garland's Mistress?, 1974)
SCHE 685, 1978
DER TOD HAT BUNTE FLÜGEL
(Death trough the looking glass, 1978)
SCHE 772, 1980

FORRESTER, LARRY (1924–

DAS KILLER-GIRL
(A girl called Fathom, 1967)
PHOE 50, 1969

FORSTER, MICHAEL

(Pseudonym)
DAS HOTEL AN DER KÜSTE (OA)
GK 1280, 1964

FORSTER, THOMAS

LEHRE MICH, DASS ES EIN ENDE MIT MIR HABEN MUSS (OA)
RTH 2547, 1981
WER ZWIETRACHT SÄT . . . (OA)
RTH 2668, 1984

FORSYTH, FREDERICK (1938–

DIE AKTE ODESSA
(The Odessa File, 1972)
KNAR 419, 1976
DIE HUNDE DES KRIEGES
(The dogs of war, 1974)
KNAR 448, 1976
IN IRLAND GIBT ES KEINE SCHLANGEN
(Erzählungen)
(No comebacks, 1972–1982)
KNAR 1182, 1984
DER SCHAKAL
(The day of the Jackal, 1971)
KNAR 377, 1975
DES TEUFELS ALTERNATIVE
(The devil's alternative, 1979)
KNAR 799, 1982

FORTRIDE, L. A.

Pseudonym von Liselotte Appel (1921–
DER CHRYSANTHEMENMÖRDER (OA)
GK 4694, 1977
DER GROSSE FISCHZUG (OA)

GK 3241, 1970
KENNZEICHEN ROSA (OA)
GK 3022, 1967
DER MANN AUF DEM VULKAN (OA)
GK 2211, 1966
DER MANN MIT DEM LÖWENHAUPT (OA)
GK 4251, 1973
MORD IM SANATORIUM (OA)
GK 2067, 1965
NICHTS FÜR JUNGE MÄDCHEN (OA)
GK 2193, 1966
DER OZELOT (OA)
GK 2101, 1965
TODESANGST (OA)
GK 2020, 1964; KEL 1166, 1980
UNTER MORDANKLAGE (OA)
GK 3154, 1968
DER WESTEND-MÖRDER (OA)
GK 4041, 1971; KEL 1178, 1980
DIE WOHNUNG GEGENÜBER (OA)
GK 1262, 1963
ZAHLE JEDEN PREIS FÜR MORD (OA)
GK 4125, 1971

FOSTER, IRIS
Pseudonym von Richard Posner (1944–
DAS HAUS DER DUNKLEN SCHATTEN
(The Moorwood Legacy, 1972)
GAS 47, 1980

FOWLER, CLINT H.
(Pseudonym)
ASPHALT-TIGER (OA)
KEL 828, 1973

FOX, GARDNER F.
DER GENTLEMAN-VERBRECHER (OA)
ATR 13, 1957

FOX, JAMES M.
Pseudonym von Johannes Matthijs Willem Knipscheer
Weiteres Pseudonym: Grant Holmes
ALARMSTUFE DREI
(Code three, 1953)
AUF 69, 1955; GK 3201, 1969
DAS BAHRTUCH
(A shroud for Mr. Bundy, 1952)
AUF 49, 1954
vgl. *Mr. Bundy und ich*
DER BEHUTSAME HENKER
(The gentle hangman, 1952)
AUF 57, 1954; GK 2176, 1966
DAS EISERNE GRAB
(The iron virgin, 1951)
AUF 34, 1953; GK 3045, 1967
DIE LEUCHTENDE SCHLANGE
(The bright serpent, 1953)
AUF 64, 1954
MR. BUNDY UND ICH
(A shroud for Mr. Bundy, 1952)
GK 3020, 1967
vgl. *Das Bahrtuch*
NICHTS GEHT MEHR
(The wheel is fixed, 1951)
GK 2264, 1967
REISE IN FESSELN
(Free ride, 1957)
GK 2257, 1966
DIE ROTEN SCHUHE
(The scarlett slippers, 1952)
AUF 30, 1953
DIE TÖDLICHE HEIRAT
(Death commits bigamy, 1948)
AUF 39, 1953; GK 2147, 1965
DIE UNERWÜNSCHTE BRAUT
(The inconvenient bride, 1948)
AUF 44, 1953
VENUS IM SAPHIRNETZ
(The Aleutian blue mink, 1951)
GK 3193, 1969
EIN WORT ZUVIEL
(Dead pigeon, 1967)
GK 3234, 1969

FRANCES, STEPHEN (DANIEL)
Pseudonym: Hank Janson
DIANA MUSS STERBEN!
(To love and yet to die, 1966)
BRA 32068, 1974

FRANCIS, DICK (RICHARD STANLEY FRANCIS) (1920–
AIR-TAXI INS JENSEITS
(Rat race, 1970)
UK 1365, 1970
AUFS FALSCHE PFERD GESETZT
(Dead cert, 1962)
GK 1140, 1962; GK 4812, 1979
DIE CHANCEN STEHEN SCHLECHT
(Odds against, 1965)
GK 2180, 1966; GK 4931; 1982
FEHLSTART
(Twice shy, 1980)
UK 10204, 1983
GALOPP IN GEFAHR
(Banker, 1982)
UK 10229, 1983
DIE GANZE PALETTE DES TODES
(In the frame, 1976)
UK 1830, 1977
EIN GOLD-CUP ZUR ENTFÜHRUNG
(Risk, 1977), UK 1938, 1978
GRAND PRIX FÜR MORD
(Blood sport, 1967)
GK 3269, 1970; GK 4740, 1978
HANDICAP
(Whip hand, 1979)
UK 10126, 1981
IM GALOPP IN DIE FALLE
(Trial run, 1978)
UK 10048, 1980
JEDE WETTE AUF MORD
(Forfeit, 1969)
UK 1309, 1970; UK 10253, 1984
EIN JOCKEI AUF TAUCHSTATION
(Slay-ride, 1970)
UK 1627, 1974
DIE LETZTE HÜRDE
(Nerve, 1964)
GK 2045, 1964; GK 4780, 1978
MILORD LIEBT DIE PEITSCHE
(Enquiry, 1969)
UK 1323, 1970
MIT FESSELN INS FINALE
(Smokescreen, 1972)
UK 1560, 1973
MORD INBEGRIFFEN
(Flying finish, 1966)
GK 2295, 1967; GK 4932, 1982
REFLEX
(Reflex, 1980)
UK 10165, 1982
ROSSTAUSCH
(High stakes, 1975)
UK 1742, 1976
TOD AM TURF
(Bonecrack, 1971)
UK 1489, 1972
DER TRICK, DEN KEINER KANNTE
(For kicks, 1965)
GK 2117, 1965; GK 4804, 1978
VOLL BLUT
(Knock down, 1974)
UK 1704, 1975

FRANCIS, H. G.
Pseudonym von Hans Günter Franciskowsky (1936–
DETEKTIV CLIPPER: EIN KOFFER VOLL GELD (OA), SCHN 222, 1980

FRANCK, HERBERT M.
DAS GEHEIMNIS DES LOUVRE
BBA 44, 1951

FRANCOLIN, CLAUDE
AUSSER ATEM
(A bout de souffle, 1960)
HAR 205, 1963; HJB 3, 1984

FRANK, LEO
DIE 13 STUNDEN DER CHRISTIN MAGINOT

(1980)
BAR 10260, 1983
DER PROGRAMMIERTE AGENT (1979)
BAR 10189, 1982
DIE SPRECHPUPPE (1976)
BAR 14080, 1979
ZIKADEN SINGEN NICHT (1977)
BAR 10316, 1983

FRANK, PETER (1937–
ASPHALTHYÄNEN (OA)
KNK 4926, 1982
KOMMUNARDEN LIEBT MAN NICHT (OA)
BK 36008, 1978
DEM TOTEN MANN SCHLÄGT KEINE STUNDE (OA)
GK 4542, 1976

FRANKLIN, CHARLES
Pseudonym von Frank (Hugh) Usher (1909–1976)
Weiteres Pseudonym: Frank Lester
EIN FREMDER KAM ZURÜCK
(The stranger came back, 1953)
MIT 664, 1974
JUDYS GEHEIMNIS
(A handful of sinners, 1960)
MIT 641, 1973
TÖTE MICH UND LEBE
(Kill me and live, 1961)
MIT 657, 1974
WÜRGENDE HÄNDE
(Died in the grass, 1971)
MIT 625, 1973

FRANKLIN, EUGENE
Pseudonym von (Eugene) Franklin Bandy (Jr.) (1914–
GIFTIGE PILZE
(The bold house murders, 1973)
GK 4414, 1974
DIE HEISSE SPUR
(The money murders, 1972)
HK 1670, 1975

FRANKLIN, KEITH
ALLES AUF EINE KARTE
(Murder at shirttail flat, 1968)
HAC 8, 1974

FRANKLIN, MAX
Pseudonym von Richard Deming (1915–
Weiteres Pseudonym: Emily Moor
DREI ENGEL FÜR CHARLIE: DER DOPPELTE PROFESSOR
(Charlie's Angels: Angels on a string, 1977)
GAR 3889, 1979
DREI ENGEL FÜR CHARLIE: MORD NACH ART DES HAUSES
(Charlie's Angels: The killing kind, 1977)
GAR 3848, 1979
DREI ENGEL FÜR CHARLIE: DIE WITWE UND IHR MÖRDER
(Charlie's Angels, 1977)
GAR 3834, 1979
RECHT OHNE GNADE
(Justice has no sword, 1953)
PAN 36, 1955
STRASSE DER TAUSEND SÜNDEN
(Hell Street, 1954)
KRA 8, 1955

FRANKLIN, STEVE
Pseudonym von Franklin Stevens (1933–
MORD IN NIZZA
(The malcontents, 1970)
MIT 580, 1972

FRANZ, MICHAEL (1937–
SIEG DER SPHINX
MIV o. Nr., 1984

FRANZÉN, NILS-OLOF

AGATON SAX, DER MEISTERDETEKTIV (I)
ARE 1012, 1967
AGATON SAX, DER MEISTERDETEKTIV (II)
ARE 1025, 1967
MEISTERDETEKTIV AGATON SAX (III)
ARE 1039, 1968
MEISTERDETEKTIV AGATON SAX (IV)
ARE 1144, 1970
MEISTERDETEKTIV AGATON SAX (V)
ARE 1194, 1972
MEISTERDETEKTIV AGATON SAX (VI)
ARE 1362, 1980
AGATON SAX UND DIE VERSCHWUNDENEN MILLIARDÄRE
UEB 212, 1970
AGATON SAX UND DIE VERTRACKTE RÜBENMUSAFFÄRE
UEB 233, 1975

FRASER, ANTHEA (MARY) (1930–

DIE ANDERE LAURA
(Laura possessed, 1974)
HRO 2081, 1981
DIE PFEIFERGASSE
(Whistler's Lane, 1975)
HRO 2158, 1984

FRASER, JAMES

Pseudonym von Alan White (1924–
Weiteres Pseudonym: Alec Whitney

FÜNFBLÄTTRIGER KLEE
(The five-leaved clover, 1973)
GK 4386, 1974
DER FLUCH DER BÖSEN TAT
(A wreath of Lords and Ladies, 1974)
GK 4458, 1975
DER GEHEIMCLUB
(The Evergreen Club, 1968)
MIT 473, 1970
EIN PLATZ IN DER FAMILIENGRUFT
(Hearts ease in death, 1977)
GK 4640, 1977
RUFMORD
(Who steals my name? 1976)
GK 4585, 1976
TOMBOLA DES TODES
(Blood on a widow's cross, 1972)
GK 4270, 1973

FRASER, PERRY

(Pseudonym)

DER FERNSEH-MÖRDER (OA)
KEL 800, 1970

FRAZER, ANDREW

Pseudonym von Stephen Marlowe (1928–

DER FALL MARTY MOON
(The fall of Marty Moon, 1960)
MIT 373, 1968

FREDERIC, AL

(Pseudonym)
a) Autor der Kriminalroman-Serie: *»Kommissar X«*; s. *Anhang Serien*.
Autor der Nummern: 586, 590, 593, 596, 599, 604, 623;
b) Autor der Serie: *»Plutonium Police«*; s. *Anhang Serien*.
Autor der Nummern: 17, 21, 24

FREELING, NICOLAS (1927–

Pseudonym: F. R. E. Nicolas

AUCH IREN IRREN IRGENDWANN
(Over the high side, 1971)
UK 1389, 1971
BLUTHUND
(The King of the rainy country, 1966)
UK 1126, 1967
CASTANGS STADT
(Castangs city, 1980)

GLIT 5221, 1981

EIN VERDAMMTES DING NACH DEM ANDEREN
(One damn thing after another, 1981)
GLIT 5225, 1982

DIE FORMEL
(Gadget, 1977)
GLIT 5213, 1980

DER GRÜNE MÖRDER
(The Dresden green, 1966)
UK 1146, 1967

IM RÜCKEN DES NORDWINDS
(The back of the north wind, 1983)
GLIT 5251, 1984

INSPEKTOR VAN DER VALKS WITWE
(The widow, 1979)
GK 4897, 1979

KEINE SCHULD AN IHREM TOD
(No part in your death, 1984)
GLIT 5257, 1984

LIEBE IN AMSTERDAM
(Love in Amsterdam, 1962)
RTH 2031, 1963; UK 1564, 1973; GLIT 5241, 1983

REVEILLE ZUM TOD
(What are the bugles blowing for? 1975)
UK 1700, 1975

SABINE
engl. T. (Lake isle, 1976)
am. T. (Sabine, 1978)
UK 1723, 1976

DER SCHWARZE ROLLS-ROYCE
(The Night Lords, 1978)
GLIT 5206, 1980

STUMPFE GEWALT
(Strike out where not applicable, 1967)
UK 1190, 1968

DAS TRAUMSCHLOSS
(This is the castle, 1968)
UAR 2758, 1970

TSCHING BUMM!
(Tsing-Boum, 1969)
UK 1244, 1969

VAN DER VALK MUSS SCHWEIGEN
(A long silence, 1972)
UK 1500, 1972

VAN DER VALK UND DER SCHMUGGLER
(Gun before butter, 1963)
UK 1588, 1974
vgl. *Van der Valk und der Schnüffler*

VAN DER VALK UND DER SCHNÜFFLER
(Gun before butter, 1963)
RTH 2079, 1965
vgl. *Van der Valk und der Schmuggler*

VAN DER VALK UND DER TOTE MALER
(Criminal conversation, 1965)
RTH 2129, 1967; UK 1622, 1974; GLIT 5246, 1983

VAN DER VALK UND DIE KATZEN
(Because of the cats, 1963)
RTH 2063, 1965; UK 1575, 1973

DIE VOLLE LADUNG
(Double barrel, 1964)
UK 1173, 1968

WIE DIAMANT AUF WUNDEN
(A dressing of diamond, 1974)
UK 1628, 1974; UK 10064, 1980

WOLFSNACHT
(Wolfsnight, 1982)
GK 5231, 1982

FREEMAN, R(ICHARD) AUSTIN (1862–1943)

DAS GEHEIMNIS DER JUWELEN
(The Penrose Mystery, 1936)
HCC 1708, 1976

DER ROTE DAUMENABDRUCK
(The red thumb mark, 1907)
HCC 1499, 1972

DER STEINERNE AFFE
(The stoneware monkey, 1938)
HCC 1859, 1979

DER TOTE IM TEICH

(The D'Arblay Mystery, 1926)
HCC 1753, 1977

FREEMANTLE, BRIAN (HARRY) (1936–

ABGESANG AUF CHARLIE MUFFIN
(Madrigal for Charlie Muffin, 1981)
UK 10177, 1982

AGENTENPOKER
(Charlie Muffin, 1977)
UK 10045, 1980

CHARLIE MUFFINS SCHACHZUG
(The inscrutable Charlie Muffin, 1979)
UK 10088, 1981

DEAKENS KRIEG
(Deaken's war, 1982)
UK 10249, 1984

EINE FLASCHE FÜR CHARLIE MUFFIN
(Charlie Muffin's Uncle Sam, 1980)
UK 10161, 1982

JAGD AUF CHARLIE MUFFIN
(Clap hands, 1978)
UK 10220, 1983

LABYRINTH MIT MINEN
(Face me when you walk away, 1974)
UK 10130, 1981

RÄCHER KENNEN KEIN ERBARMEN
(The man who wanted tomorrow, 1975)
UK 10262, 1984

DIE SCHLICHE DER TAUBE
(Good bye to an old friend, 1973)
UK 10061, 1980

STRATEGIE DES SKORPIONS
(The November Man, 1976)
UK 10111, 1981

FREMLIN, CELIA
Pseudonym von Celia Margaret Goller (1914–

BEGEGNUNG MIT DER VERGANGENHEIT
(Appointment with yesterday, 1972)
HLK 1679, 1976

JAHRE DER VERZWEIFLUNG
(Seven lean years, 1961)
HLK 1715, 1976

KLIMAX
(Possession, 1969)
FAR 1563, 1975; DIO 20916, 1981

DAS TAGEBUCH DES TODES
(The spider-orchid, 1977)
HLK 1830, 1979

FREUDENREICH, JOHANN

DER AFFE UND DER FEUERMELDER (1969)
(16 spannende Geschichten)
UEB 206, 1969

FREYER, FREDERIC
Pseudonym von Bill S(anborn) Ballinger (1912–1980)
Weiteres Pseudonym: B. X. Sanborn

FALSCHE DOLLARS – ECHTES GOLD
(The black black hearse, 1955)
UK 760, 1958

FRIEBEL, G.
Pseudonym von Gisela Friebel-Röhring (1941–

DAS MONSTERSCHLOSS
ZAU 27, 1978

FRIESEL, UWE (1939–

LAUENBURG CONNECTION (OA)
HK 2050, 1983

SPIEGEL VERKEHRT (OA)
HK 2079, 1984

FRITZHAND, JAMES
Pseudonym: *Nick Carter*, s. d.

FROME, DAVID
Pseudonym von Zenith Jones Brown (1898–
Weiteres Pseudonym: Leslie Ford
MR. PINKERTON UND DER NETTE ALTE MANN
(The hammersmith murders, 1930)
HCC 1495, 1972

FROST, BARBARA (BARBARA FROST SHIRELY)
DAS TESTAMENT WIRD ANGEFOCHTEN
(The corpse said no, 1949)
GK 285, 1961

FRUTTERO, CARLO
Zusammen mit Lucentini, Franco
DIE SONNTAGSFRAU
(La donna della domenica, 1972)
DTV 1172, 1976
WIE WEIT IST DIE NACHT
(A che punto è la notte, 1979)
UAR 20345, 1983

FRYBERG, JOHN
ERFOLGSAUSSICHTEN 11 % (OA)
KEL 790, 1969

FÜRSTAUER, DR. J.
DIE KNOCHENHAND (OA), TK 10, 1972

FULLER, ROGER
Pseudonym von Don(ald Fiske) Tracy (1905–1976)
DIE VERTEIDIGUNG HAT DAS WORT
(Fernsehserie: Preston & Preston)
(Ordeal, 1964)
HK 1181, 1965

FULLER, ROY (BROADBENT) (1912–
DER ZWEITE VORHANG
(The second curtain, 1953)
RTH 2070, 1965

FURST, ALAN (1941–
GESCHÄFTE IM SCHATTEN
(The shadow trade, 1983)
UK 10267, 1984
DIE PARIS-FALLE
(The Paris drop, 1980)
UK 10271, 1984
TÖDLICHE KARIBIK
(The Carribean account, 1981)
UK 10250, 1984

FUSSENEGGER, GERTRUD (1912–
DIE PULVERMÜHLE (1968)
DTV 1507, 1980
DAS VERSCHÜTTETE ANTLITZ (1957)
DTV 73, 1962; DTV 10029, 1982

FUTRELLE, JACQUES (1875–1912)
DIE DENKMASCHINE
(4 Kurzgeschichten)
(The thinking machine, 1907)
HCC 1529, 1973

GABORIAU, EMILE (1833–1873)
DER STRICK UM DEN HALS
(La corde au cou, 1873)
HBDW 17, 1970; DTV 709, 1970
DIE AFFÄRE LEROUGE
(L'affaire Lerouge, 1866)
HCC 1483, 1972; DTV 878, 1973; FAR 8004, 1981

GADNEY, REG (1941–
KÄFIG MIT CHAMPAGNER
(The Champagne Marxist, 1977)
SCHE 698, 1979
DER LETZTE COUP
(Seduction of a tall man, 1972)
PHOE 138, 1974

GAEDEMANN, CLAUS (1928–

FREIWILD
LICH 102, 1964

GAIR, MALCOLM
Pseudonym von John Dick Scott

DER BÖSE TRAUM
(The bad dream, 1960)
MIT 108, 1962

DAS HALSBAND DER SIGNORA PALATINO
(Saphires on wednesday, 1957)
MIT 6, 1958

MORD IM SCHNEE
(The snow job, 1962)
MIT 224, 1965

DER RÄTSELHAFTE MORD
(A long hard look, 1958)
MIT 52, 1960

STEIN DES TODES
(The burning of Troy, 1958)
MIT 31, 1959

GALE, GORDON (1925–
Serientitel aller Romane: »Ihr Auftrag Mr. Solo«

DER MILLIONÄR UND SEIN MÖRDER
KEL 796, 1970

MORGENSTUND HAT GOLD IM MUND
KEL 835, 1973

MR. SOLO UND DER MASSENMÖRDER
KEL 842, 1974

DIE NACKTE VON MAYWOOD
KEL 838, 1974

OHNE KNALLER BIST DU NACKT
KEL 852, 1977

EIN PAAR TOTE ZUVIEL
KEL 771, 1978

DAS TESTAMENT DER REBECCA S.
KEL 851, 1977

TÖDLICHE CHIPS
KEL 845, 1975

DAS 2-MILLIONEN-DING
KEL 847, 1975

GALL, I(NA)

AUF PUPPEN SCHIESST MAN NICHT (OA)
PAN 191, 1961

DAS HAUS AM HALBEN WEGE (OA)
(Zusammen mit R. S. Gordon)
PAN 186, 1961

GALL, SANDY (1927–

DER LOCKRUF DES TODES
(Chasing the dragon, 1981)
PLAY 6136, 1982

GALLAGHER, RICHARD

CANNON: CANNON UND DER STEWARDESSEN-MÖRDER
(The stewardess strangler, 1971)
BFK 38023, 1977

CANNON: CANNON UND DIE MORDZWILLINGE
(Murder by Gemini, 1971)
BFK 38027, 1977

GALLICO, PAUL (WILLIAM) (1897–1976)

DIE HAND VON DRÜBEN
(The hand of Mary Constable, 1964)
RAR 1236–1237 (spätere Auflage RAR 1236), 1969

IMMER DIESE GESPENSTER
(Too many ghosts, 1959)
RAR 897, 1966

GALLO, MAX (1932–

EIN GANZ GEWÖHNLICHER MORD
(Un crime très ordinaire, o. J.)
BAR 10245, 1983

DAS HAUS DER MÄCHTIGEN
(La demeure des pussants, o. J.)
BAR 10462, 1984

GALLUP, FRANK
(Pseudonym)

UNSCHULDIG GEHETZT (1969)
BRA 15, 1970

GALTON, RAY(MOND PERCY) (1930– und SIMPSON, ALAN (FRANCIS) (1929–

DER SPION MIT DER KALTEN NASE
(The Spy with a cold nose, 1966)
GAR 525, 1967

GAMARRA, PIERRE

DER MÖRDER ERHIELT DEN PRIX GONCOURT
(L'assassin à le Prix Goncourt, o. J.)
KVW o. Nr., 1965

GANDOLFI, SIMON

SPEZIALAUFTRAG FÜR FRANCE
(France-Security, 1981)
UK 10237, 1984

GANT, JONATHAN

Pseudonym von Clifton Adams (1919–

DAS ENDE EINES KILLERS
(Never say no to a killer, 1956)
WKTH 1002, 1966

GARCIA PAVON, FRANCISCO

KRIMINALGESCHICHTEN
Spanisch/Deutsch, RES 7631, 1980

GARDINER, HEATHER

DIE ROTE VASE
(Money on murder, 1951)
GK 78, 1955

WETTLAUF MIT DER VERGANGENHEIT
(Murder in haste, 1954)
GK 83, 1956

GARDNER, ERLE STANLEY (1899–1970)

Pseudonyme; A. A. Fair, Carleton Kendrake, Charles J. Kenny

ÄRGER WEGEN FRANCES
(The case of the sulky girl, 1933)
UK 878, 1962; UK 1942, 1979

AFFEN AUF SEIDE
(The case of the mythical monkeys, 1959)
UK 828, 1961
vgl. *Perry Mason und die Affen auf Seide*

EIN BISCHOF STOTTERT NICHT
(The case of the stuttering Bishop, 1936)
DC 3, 1955
vgl. *Perry Mason und der stotternde Bischof*

DER BLONDE BLUFF
(The case of the fabulous fake, 1959)
SCHE 878, 1982
vgl. *Perry Mason und der blonde Bluff*

DER BLUTSAUGER
(The case of the gilded Lily, 1956)
SCHE 115, 1959; SCHE 773, 1980

DOPPELGÄNGERIN IN SCHWARZ
(The case of the borrowed brunette, 1946)
UK 779, 1959
vgl. *Perry Mason und die Doppelgängerin*

DIE EINÄUGIGE ZEUGIN
(The case of the one-eyed witness, 1950)
UK 811, 1960
vgl. *Perry Mason und die einäugige Zeugin*

DIE EINSAME ERBIN
(The case of the lonely heiress, 1948)
SCHE 122, 1959; SCHE 643, 1978
vgl. *Perry Mason und die einsame Erbin*

DIE ERTRUNKENE ENTE
(The case of the drowning duck, 1942)
UK 856, 1962

DIE FÄCHERTÄNZERIN
(The case of the fan-dancer's horse, 1947)
UK 791, 1960
vgl. *Perry Mason und die Fächertänzerin*

DIE FALLE
(The case of the daring decoy, 1957)
UK 787, 1959
vgl. *Perry Mason und die Falle*

DIE FALSCHEN WÜRFEL
(The case of the rolling bones, 1939)
SCHE 87, 1956; SCHE 618, 1977; XEN 36, 1977; KK 2, 1980

FRÜHSTÜCK FÜR EINE MILLION
(The D. A. breaks a seal, 1946)
SCHE 178, 1962; SCHE 747, 1980

DIE GEFÄHRLICHE GROSSMUTTER
(The case of the dangerous dowager, 1937)
DC 1, 1955
vgl. *Perry Mason und die gefährliche Witwe*

DAS GEHEIMNIS DES KANARIENVOGELS
(The case of the lame canary, 1937)
SCHE 64, 1954; SCHE 529, 1975

GESCHÄFTSMANN MIT VERGANGENHEIT
(The D. A. calls a turn, 1944)
SCHE 165, 1962

GESTÄNDNIS IM DUNKEL
(The case of the demure defendant, 1956)
UK 815, 1961
vgl. *Perry Mason und das Geständnis im Dunkel*

GLEICHE KALIBER
(The case of the restless redhead, 1954)
UK 885, 1962; UK 1715, 1975

DER GOLDENE KÖDER
(The case of the baited hook, 1940)
SCHE 98, 1957; SCHE 557, 1976

GUTER RUF IST TEUER
(The D. A. breaks an egg, 1949)
SCHE 206, 1964; SCHE 668, 1978

HANDEL MIT DEM SCHICKSAL
(The D. A. cooks a goose, 1942)
SCHE 159, 1961; SCHE 711, 1979
KK 019, 1983

DER HEULENDE HUND
(The case of the howling dog, 1934)
SCHE 15, 1948; SM 25, 1961; SM 2103, 1964; GK 4316, 1973; SCHE 570, 1976; GUK 4809, 1979

DIE KALTE SPUR
(The clew of the forgotten murder, 1935)
SCHE 219, 1964; SCHE 777, 1980

KATZEN HABEN SCHARFE KRALLEN
(The case of the careless kitten, 1942)
SCHE 351, 1970; SCHE 681, 1978

LETZTE ZUFLUCHT
(The Court of the last resort, 1952)
UK 778, 1959

DAS MÄDCHEN VOM GOLFPLATZ
(The case of the sun bather's diary, 1955)
SCHE 110, 1958; KK 016, 1983; SCHE 965, 1984

DER MANN IM SMOKING
(The case of the haunted husband, 1941)
SCHE 73, 1955; SCHE 521, 1975

MORD AUF DER LUXUSJACHT
(The case of the half-wakened wife, 1945)
UK 776, 1959
vgl. *Perry Mason und der Mord auf der Luxusjacht*

MOTTEN IM NERZ
(The case of the moth-eaten mink, 1952)
UK 840, 1961; SCHE 458, 1974; bb 328, 1975; SCHE 766, 1980

NÄGEL MIT KÖPFEN
(enthält 3 Kriminalgeschichten)
(The case of the irate witness, 1946)
(The case of the crying swallow, 1949)
(The case of the crimson kiss, 1939)
UK 1526, 1973

DER NERVÖSE KOMPLICE
(The case of the nervous accomplice, 1955)
UK 834, 1961; SCHE 476, 1974; SCHE 804, 1981

PARTY DER UNSCHULDSENGEL
(The D. A. takes a chance, 1948)
SCHE 184, 1963; SCHE 687, 1978

PER ANHALTER IN DEN TOD
(The case of the foot-loose doll, 1958)
UK 795, 1960; UK 1445, 1972

PERRY MASON UND DAS AMBULANTE AKTMODELL
(The case of the reluctant model, 1962)
UK 1179, 1968; UK 1978, 1979

PERRY MASON UND DAS FLIEGENDE GIFT
(The case of the careless cupid, 1968)
UK 1221, 1969; UK 1906, 1978

PERRY MASON UND DAS GESTÄNDNIS IM DUNKEL
(The case of the demure defendant, 1956)
UK 1468, 1972; SCHE 856, 1982
vgl. *Geständnis im Dunkel*

PERRY MASON UND DAS HALBIERTE HAUS
(The case of the fenced-in-woman, 1972)
UK 1557, 1973; SCHE 906, 1983

PERRY MASON UND DAS MÄDCHEN MIT DEN GRÜNEN AUGEN
(The case of the green-eyed sister, 1953)
UK 1040, 1965; UK 1642, 1974

PERRY MASON UND DAS MÄDCHEN MIT DER NARBE
(The case of the mischievous doll, 1963)
UK 1189, 1968; UK 1870, 1978

PERRY MASON UND DAS TÖDLICHE SPIELZEUG
(The case of the deadly toy, 1959)
UK 913, 1963

PERRY MASON UND DER BLONDE BLUFF
(The case of the fabulous fake, 1969)
UK *1327*/1328, 1970; UK 1625, 1974
vgl. *Der blonde Bluff*

PERRY MASON UND DER ENGEL MIT KRALLEN
(The case of the velvet claws, 1933)
UK 1351, 1970; UK 10066, 1980

PERRY MASON UND DER GRINSENDE GORILLA
(The case of the grinning Gorilla, 1952)
UK 1246, 1969; UK 10066, 1980

PERRY MASON UND DER LACHENDE VERLIERER
(The case of the lucky looser, 1957)
UK 902, 1962; UK 10081, 1981

PERRY MASON UND DER LETZTE BRIEF
(The case of the beautiful beggar, 1965)
UK 1111, 1967; UK 1888, 1978

PERRY MASON UND DER LETZTE KUSS
(enthält 4 Erzählungen)
(The case of the crimson kiss, 1939)
(Crooked lightning, 1928)

(The valley of little fears, 1930)
(Fingers of Fong, 1933)
UK 1435, 1971

PERRY MASON UND DER LETZTE SCHECK
(The case of the waylaid wolf, 1959)
UK 906, 1963

PERRY MASON UND DER LUSTLOSE LIEBHABER
(The case of the lazy lover, 1947)
UK 944, 1963; UK 1690, 1975

PERRY MASON UND DER MORD AUF DER LUXUSJACHT
(The case of the half-wakened wife, 1945)
UK 1391, 1971
vgl. *Mord auf der Luxusjacht*

PERRY MASON UND DER MORD OHNE LEICHE
(The case of the terrified typist, 1956)
UK 965, 1964; UK 1745, 1976

PERRY MASON UND DER SCHATZ IM SCHUHKARTON
(The case of the spurious spinster, 1961)
UK 1131, 1967

PERRY MASON UND DER SCHEIDUNGSGRUND
(The case of the daring divorcee, 1964)
UK 1076, 1966; UK 1769, 1976

PERRY MASON UND DER STILLE TEILHABER
(The case of the silent partner, 1940)
UK 10097, 1981
vgl. *Der stille Teilhaber*

PERRY MASON UND DER STOTTERNDE BISCHOF
(The case of the stuttering Bishop, 1936)
UK 1206, 1968
vgl. *Ein Bischof stottert nicht*

PERRY MASON UND DER TOTE IM PARK
(The case of the glamorous ghost, 1955)
UK 1030, 1965; UK 1924, 1978

PERRY MASON UND DER TOTE IM ROLLSTUHL
(The case of the angry mourner, 1951)
UK 955, 1964; UK 1678, 1975

PERRY MASON UND DER TOTE SKIPPER
(The case of the postponed murder, 1973
UK 1591, 1974

PERRY MASON UND DER VERTAUSCHTE CASANOVA
(The case of the perjured parrot, 1939)
XEN 06, 1976
vgl. *Der vertauschte Casanova*

PERRY MASON UND DER WUNDE PUNKT
(The case of the queenly contestant, 1967)
UK 1161, 1967; UK 10023, 1980

PERRY MASON UND DER ZORNIGE ZEUGE
(enthält drei Kriminalgeschichten)
(The case of the irate witness, 1953)
(The jewelled butterfly, 1952)
(Something like a pelican, 1942)
UK 1497, 1972

PERRY MASON UND DIE AFFEN AUF SEIDE
(The case of the mythical monkeys, 1959)
UK 1481, 1972
vgl. *Affen auf Seide*

PERRY MASON UND DIE ALTEN ZEITUNGEN
(The case of the phantom fortune, 1964)
UK 1056, 1966; UK 1960, 1979

PERRY MASON UND DIE AMOURÖSE TANTE
(The case of the amorous aunt, 1963)

UK 990, 1964; UK 1727, 1975

PERRY MASON UND DIE BESTOCHENEN ZEUGEN
(The case of the hesitant hostess, 1953)
UK 1018, 1965; UK 1816, 1977

PERRY MASON UND DIE BLAUEN FLECKEN
(The case of the calender girl, 1958)
UK 932, 1963; UK 10069, 1980

PERRY MASON UND DIE BLINDE TRÖDLERIN
(The case of the worried waitress, 1966)
UK 1233, 1969; UK 10140, 1982

PERRY MASON UND DIE DOPPELGÄNGERIN IN SCHWARZ
(The case of the borrowed brunette, 1946)
UK 1403; 1971
vgl. *Die Doppelgängerin*

PERRY MASON UND DIE DOPPELTE TOCHTER
(The case of the duplicate daughter, 1960)
UK 921, 1963

PERRY MASON UND DIE EINÄUGIGE ZEUGIN
(The case of the one-eyed-witness, 1950)
UK 1456, 1972
vgl. *Die einäugige Zeugin*

PERRY MASON UND DIE EINSAME ERBIN
(The case of the lonely heiress, 1948)
XEN 5, 1976
vgl. *Die einsame Erbin*

PERRY MASON UND DIE EISKALTEN HÄNDE
(The case of the ice-cold hands, 1962)
UK 1120, 1967; UK 10124, 1981

PERRY MASON UND DIE FÄCHERTÄNZERIN
(The case of the fan-dancer's horse, 1947)
UK 1344, 1971
vgl. *Die Fächertänzerin*

PERRY MASON UND DIE FALLE
(The case of the daring decoy, 1957)
UK 1451, 1972
vgl. *Die Falle*

PERRY MASON UND DIE FEURIGEN FINGER
(The case of the fiery fingers, 1951)
UK 1261, 1969; UK 10005, 1979

PERRY MASON UND DIE FÜNFZIG PÄCKCHEN
(The case of the horrified heirs, 1964)
UK 1049, 1966; UK 1840, 1977

PERRY MASON UND DIE GEFÄHRLICHE WITWE
(The case of the dangerous dowager, 1937)
UK 1007, 1965
vgl. *Die gefährliche Großmutter*

PERRY MASON UND DIE HEISERE SCHWALBE
(enthält 3 Kriminalgeschichten)
(The vanishing corpse, 1931)
(The candy kid, 1931)
(The case of the crying swallow, 1947)
UK 1472, 1972

PERRY MASON UND DIE KATZE MIT DEM GOLDFISCH
(The case of the screaming woman, 1957)
UK 978, 1964; UK 1852, 1977

PERRY MASON UND DIE KRUMME KERZE
(The case of the crooked candle, 1944)
UK *1313*/1314, 1970; UK 1598, 1974

PERRY MASON UND DIE LEICHE AM

STEUER
(The case of the dubious bridgeroom, 1949)
UK 1274, 1969; UK 10042, 1980

PERRY MASON UND DIE LEICHE IM LAUB
(The case of the bigamous spouse, 1961)
UK 1087, 1966; UK 1786, 1976

PERRY MASON UND DIE LIEBLICHE LADY
(The case of shapely shadow, 1960)
UK 1001, 1965; UK 1738, 1976

PERRY MASON UND DIE MÜDE MÜCKE
(The case of the drowsy mosquito, 1943)
UK 1364, 1970

PERRY MASON UND DIE ROTE KAFFEEDOSE
(The case of the stepdaughter's secret, 1963)
UK 1099, 1967; UK 1804, 1977

PERRY MASON UND DIE SCHWEIGENDE BRAUT
(The case of the long legged models, 1958)
UK 985, 1964; UK 1757, 1976

PERRY MASON UND DIE STERBENDEN FISCHE
(The case of the gold-digger's purse, 1945)
UK 1145, 1967; UK 10066, 1980

PERRY MASON UND DIE TOTEN AUGEN
(The case of the counterfeit eye, 1935)
UK *1334*/1335, 1970; UK 1609, 1974

PERRY MASON UND DIE UNSCHULD VOM LANDE
(The case of the vagabond virgin, 1948)
UK 1385, 1971; UK 10054, 1980
vgl. *Die Unschuld vom Lande*

PERRY MASON UND DIE VERGRABENE UHR
(The case of the buried clock, 1943)
UK 1023, 1965

PERRY MASON UND DIE VERSCHWUNDENE SCHWESTER
(The case of the fugitive nurse, 1954)
UK 1000, 1965; UK 10109, 1981

PERRY MASON UND DIE VERTAUSCHTEN WAFFEN
(The case of the singing skirt, 1959)
UK 1421, 1971
vgl. *Vertauschte Waffen*

PERRY MASON UND DIE VOLLSCHLANKE NIXE
(The case of the blonde Bonanza, 1962)
UK 1068, 1966; UK 1660, 1975

DIE PFOTENSPUR
(The case of the caretaker's cat, 1935)
SCHE 28, 1949; SM 164, 1963; GK 4309, 1973; SCHE 597, 1977; GUK 4805, 1978; KK 28, 1980

RACHE IN BAR
(The D. A. goes to trial, 1940)
SCHE 152, 1961

DAS RÄTSEL DER ERTRUNKENEN UHR
(The case of the backward mule, 1946)
UK 1551, 1973

DAS RÄTSEL DER RAUCHENDEN LAMPE
(The case of the smoking chimney, 1943)
UK 1648, 1974

DAS RÄTSEL DER SPRECHENDEN GLOCKEN
(The case of the musical cow, 1950)
UK 1509, 1972

DAS RÄTSEL DER TANZENDEN JACHT
(The case of the turning tide, 1941)
UK 1521, 1973

DAS RÄTSEL DER TICKENDEN KERZE
(This is murder, 1935)
UK 1538, 1973

ROTER DRACHE, WEISSE WESTE
(Murder up my sleeve, 1937)
SCHE 201, 1963; KK 017, 1983; SCHE 938, 1983

ROULETTE MIT DEM TEUFEL
(The D. A. holds a candle, 1938)
SCHE 132, 1960; SCHE 658, 1978; KK 78, 1982

SCHLAFWANDLERS NICHTE
(The case of the sleepwalker's niece, 1936)
SCHE 35, 1950; SM 195, 1963; SCHE 576, 1976; KK 36, 1981

DIE SCHÖNSTEN BEINE VON CLOVERDALE
(The case of the lucky legs, 1934)
SCHE 8, 1947; SM 5, 1960; SM 2101, 1964; SCHE 536, 1976; KK 59, 1981

SCHUSS NACH MITTERNACHT
(The case of the empty tin, 1941)
SCHE 372, 1971

DIE SCHWARZE LIMOUSINE
(The case of the cautions coquette, 1949)
SCHE 95, 1957; SCHE 451, 1974; SCHE 743, 1979

SEIDENSTRÜMPFE UND JUWELEN
(The case of the shoplifter's shoe, 1938)
UK 782, 1959; UK 1409, 1971

SELBY GIBT NICHT NACH
(n. e.)
DC 8, 1955

DIE SELTSAME BRAUT
(The case of the curious bride, 1935)
SCHE 27, 1949; SM 2113, 1964; SCHE 565, 1975

DIE SELTSAME NIXE
(The case of the negligent nymph, 1950)
SCHE 77, 1954; SCHE 550, 1976

DER SPATZ IN DER HAND . . .
(The bird in the hand, 1928)
HK 2041, 1983

DER STILLE TEILHABER
(The case of the silent partner, 1940)
UK 851, 1961
vgl. *Perry Mason und der stille Teilhaber*

DER UNERWÜNSCHTE NACHBAR
(The D. A. draws a circle, 1939)
SCHE 137, 1960; SCHE 701, 1979

DIE UNSCHULD VOM LANDE
(The case of the vagabond virgin, 1948)
UK 772, 1959
vgl. *Perry Mason und die Unschuld vom Lande*

DER VERTAUSCHTE CASANOVA
(The case of the perjured parrot, 1939)
SCHE 81, 1956; SCHE 584, 1977
vgl. *Perry Mason und der vertauschte Casanova*

DAS VERTAUSCHTE GESICHT
(The case of the substitute face, 1938)
SCHE 69, 1954; WKR 7, 1974; SCHE 553, 1976

VERTAUSCHTE WAFFEN
(The case of the singing skirt, 1959)
UK 867, 1962
vgl. *Perry Mason und die vertauschten Waffen*

WAS WUSSTE DIANA?
(The case of the black-eyed blonde, 1944)
UK 804, 1960; SCHE 488, 1974; KK 018, 1983

WOHIN FUHR DER TOTE?
(The case of the runaway corpse, 1954)
SCHE 106, 1958; SCHE 608, 1977

ZU TREUEN HÄNDEN
(The case of the troubled trustee,

1965)
SCHE 277, 1967

GARDNER, JOHN (EDMUND) (1926–

DER AGENT, DER AUS DEN WOLKEN FIEL
(Understrike, 1965)
PHOE 35, 1968

DIE BLUTIGEN VETTERN
(The corner men, 1974)
SCHE 589, 1977

ENGEL MIT KRALLEN
(Amber nine, 1966)
PHOE 41, 1968

JAMES BOND: COUNTDOWN FÜR DIE EWIGKEIT
(Licence renewed, 1981)
SCHE 885, 1983

EIN KILLER LÄSST SINGEN
(A killer for a song, 1975)
SCHE 627, 1977

DER LAUTLOSE
(The liquidator, 1964)
PHOE 27, 1967

NUR TOTE GANGSTER SCHWEIGEN
(A complete state of death, 1969)
SCHE 377, 1971

GAREN, J. P.

DER TOD KAM AM ABEND
(Trop tard pour tuer, o. J.)
SEPK 2, 1968

GARFIELD, BRIAN (FRANCIS WYNNE) (1939–

Pseudonyme: John Ives, Drew Mallory, Frank O'Brian

BAHN FREI FÜR EINE FUHRE GOLD
(zusammen mit D. E. Westlake)
(Gangway!, 1973)
PTB 315, 1978

DER BESSERE INDIANER
(Relentless, 1972)
UK 1550, 1973

EINER GEGEN THREEPERSONS
(The Threepersons hunt, 1974)
UK 1674, 1975

FREITOD DURCH FREMDE HAND
(Hopscotch, 1975)
UK 1759, 1976
vgl. *Hopscotch*

HOPSCOTCH
(Hopscotch, 1975)
UK 10096, 1983
vgl. *Freitod durch fremde Hand*

EIN MANN DREHT DURCH
(Death sentence, 1975)
BKEL 37031, 1977

EIN MANN SIEHT ROT
(Death wish, 1972)
BEX 12050, 1976; MTB 2140, 1981; PLAY 6157, 1984

NICHT AKTENKUNDIG
(Recoil, 1977)
KNK 4905, 1979

DER ROSA CADILLAC
(The Hit, 1970)
UK 1713, 1975
vgl. *Das Weiße im Auge der Mafia*

EIN TROPFEN BLUT IM SAND
(What of Terry Conniston? 1971)
UK 1477, 1972

DAS WEISSE IM AUGE DER MAFIA
(The Hit, 1970)
KÖN 30, 1973
vgl. *Der rosa Cadillac*

GARFIELD, LEON (1921–

DER FREMDE IM NEBEL
(Devil in the fog, o. J.)
ARE 1280, 1976

GARFORTH, JOHN

AGENTENFALLE
(The sixth sense is death, 1969)
PHOE 89, 1970

MIT SCHIRM, CHARME UND MELONE: DREI KLEINE CHINAMÄDCHEN

(The Avengers: The floating game, 1967)
HK 1259, 1967

MIT SCHIRM, CHARME UND MELONE: DER SINGENDE TOD VON BLACKPOOL
(The Avengers: The passing of Gloria Mundy, 1967)
HK 1292, 1968

MIT SCHIRM, CHARME UND MELONE: DIE TRAURIGEN TOTEN VON HIGHGATE
(The Avengers: The laugh was on Lazarus, 1967)
HK 1258, 1967

GARIS, ROGER (1901–

BITTERE BONBONS
(Never take candy from a stranger, 1961)
HK 1139, 1964

GARNER, WILLIAM (1920–

OVERKILL
(Overkill, 1966)
HTH 1384, 1970

GARRETT, ROBERT

DAS KILLER-SYSTEM
(Run down: The world of Alan Brett, 1970)
PHOE 128, 1973; KK 89, 1982

GARVE, ANDREW

Pseudonym von Paul Winterton (1908–
Weitere Pseudonyme: Roger Bax, Paul Somers

ABGEKARTETES SPIEL
(A very quiet place, 1967)
GK 3071, 1968

ALIBI TIGERKATZE
(Frame up, 1964)
GK 3078, 1968

ANRUF BEI MISS FORRESTER
(Death and the sky above, 1953)
GK 149, 1958

EINE CHANCE FÜR TERRY
(Prisoner's friend, 1962)
HK 1185, 1965; GK 3115, 1968

ES BEGANN AUF JERSEY
(The Galloway case, 1958)
GK 2190, 1966

DER FALL ROBERT QUARRY
(The case of Robert Quarry, 1972)
GK 4221, 1972

DIE GROSSE KOMBINATION
(The far sands, 1961)
HK 1075, 1962; GK 3084, 1968

KEIN ALIBI
(A hole in the ground, 1952)
AUF 68, 1955

KEIN ERBARMEN MIT VERRÄTERN
(The long short cut, 1968)
GK 3162, 1969

KOMPLOTT IN PERFEKTION
(The Megstone plot, 1956)
HTH 1174, 1968; GK 3097, 1968

DAS LESTER-DOSSIER
(The file on Lester, 1974)
RTH 2417, 1977

DAS MOSAIK DES BÖSEN
(The broken jigsaw, 1961)
HK 1305, 1968

PLAN B
(The golden deed, 1960)
HK 1095, 1963; GK 3091, 1968

PROJEKT BUMERANG
(Boomerang, 1970)
GK 4025, 1970

DAS RÄTSEL VON SAMSON
(The riddle of Samson, 1954)
HK 1104, 1963; GK 3148, 1968

DIE SPUR IM MOOR
(Murderer's fen, 1966)
GK 2288, 1967

STURM AUF DEM TURM
(The sea monks, 1963)
HK 1197, 1966; GK 3122, 1968

TAT OHNE MOTIV?

engl. T. (By-line for murder, 1951)
am. T. (A press of suspects, 1951)
AUF 62, 1955

TREFFPUNKT UNBEKANNT
(Counter stroke, 1978)
RTH 2489, 1979

EIN UMKEHRBARES ALIBI
(Home to roost, 1976)
RTH 2433, 1977

WAS TUT LATIMER?
(The Cuckoo Line affair, 1953)
AUF 50, 1954

WER IST ANNE MALLORY?
(The end of the track, 1955)
GK 168, 1959

GASH, JONATHAN
Pseudonym von John Gant (1933–

DER SCHUSS AUS DEM NICHTS
(The Judas pair, 1977)
SCHE 760, 1980

GASKIN, CATHERINE (1929–

DIE ENGLISCHE ERBSCHAFT
(The Tilsit inheritance, 1963)
BEST 4, 1969; BAR 11060, 1973; FAR 2408, 1978

DER FALL DEVLIN
(The file on Devlin, 1965)
BKAM 69, 1969; BAR 14021, 1974; FAR 2511, 1981

FEUER IM PARADIES
(Fiona, 1970)
BAR 11175, 1982

GLÜCK UND GLAS
(Edge of glass, 1967)
BAR 12046, 1976

LIEBE AUF SCHLOSS LYNMARA
(The Lynmara Legacy, 1975)
BAR 11133, 1979

EIN WINDSPIEL IM NEBEL
(The property of a Gentleman, 1974)
BAR 11119, 1978

GASTON, BILL (WILLIAM JAMES GASTON) (1927–

ALARM AM STAUDAMM
(Drifting death, 1964)
GK 2281, 1967

DIAMANTEN-BLUES
(Death crag, 1965)
GK 3019, 1967

HEISSE TRÄUME
(Deep green death, 1963)
GK 2258, 1966

GATENBY, ROSEMARY (1918–

BUCHSTABE IM SAND
(The season of danger, 1974)
GK 4473, 1975

DIE LUST ZU TÖTEN
(Aim to kill, 1968)
GK 4146, 1972

DIE STIMME DES BLUTES
(Hanged for a sheep, 1973)
GK 4499, 1975

TONBAND-TERROR
(Deadly relations, 1970)
SCHE 434, 1973

ZULETZT GESCHEHEN IN MONTREAL
(The fugitive affair, 1976)
GK 4659, 1977

GATES, TUDOR

AUF KILLERFANG
(Mister Scipio, 1970)
PHOE 102, 1971

DER GANGSTER
(Scipio, 1967)
PHOE 82, 1970

DER MAFIOSO
(Ancora Scipio, 1970)
PHOE 112, 1972

GAULDEN, RAY (1914–

ES STIRBT SICH GUT IN SALMONA
(A good place to die, 1965)
UK 1059, 1966

GAULT, WILLIAM CAMPBELL (1910–
Pseudonyme: Will Duke, Roney Scott
GELD UND GEWALT
(Vein of violence, 1961)
UK 901, 1963
KOMM STIRB MIT MIR
(Come die with me, 1959)
UK 886, 1962
ROSA UNTER DEN GERANIEN
(Ring around Rosa, 1955)
UK 1306/*1307*, 1970
TODESHAUCH NR. 263
(Death out of focus, 1959)
UK 1341/*1342*, 1970
DIE TODESLIMOUSINE
(The convertible hearse, 1957)
UK 881, 1962

G. D. H.
Pseudonym für G(eorge) D(ouglas) H(oward Cole) (1889–1959) Zusammen mit Margaret Cole (1893–1980):
DER GEHEIMNISVOLLE DOPPELGÄNGER
(The great southern mystery, 1931)
HCC 1758, 1977

G. E.
Pseudonym für Gerhard Eisenkolb (1945– , s. d.
GUTE FREUNDE VON DRÜBEN (OA)
HK 1869, 1979
JAGDUNFALL (OA)
HK 1932, 1981
MORD AM BAHNÜBERGANG (OA)
HK 1790, 1978
SCHMUTZ AUF WEISSER WESTE (OA)
HK 1682, 1976
DER STRANDLÄUFER (OA)
HK 1741, 1977

GEDDES, PAUL
NOVEMBERWIND
(A november wind, 1970)
RTH 2245, 1972
DAS OTTAWA-PUZZLE
(The Ottawa Allegation, 1973)
RTH 2366, 1975
WARUM SCHRIFTLICH, HERR MINISTER?
(The high game, 1968)
RTH 2191, 1970

GELDER, LAWRENCE VAN
Pseudonym: Nick Carter, s. d.

GELLER, ELI
DAS FENSTER DES TODES
(Window episode, 1958)
PAN 117, 1958

GENTER, HARRY
Pseudonym von Freda Baronin Stackelberg-Treutlein (1929–
DIE FREUNDIN DES ARZTES (OA)
GK 1291, 1964
TÖDLICHER FASCHING (OA)
GK 2124, 1965

GEORGE, JONATHAN
VERLIEBT IN EINEN TOTEN
(Dead letters, 1972)
UK 1554, 1973

GEORGE, PETER (BRYAN) (1924–1966)
Pseudonyme: Peter Bryant, Bryan Peters
TREFFPUNKT TANKSTELLE
(The final steal, 1962)
GK 2052, 1964
DIE VERSCHWUNDENEN PERLEN
(Cool murder, 1958)
GK 2071, 1965

GEORGE, THEODOR
Pseudonym von Theodore George Berk
EIN BRUDER KEHRT HEIM
(The deadly homecoming, 1972)
SCHE 499, 1975
GEFÄHRLICHE INITIALEN
(The murders on the square, 1971)
GK 4397, 1974

GERHARDT, ALBERT (1940–
DER SCHREI (1978), HK 2005, 1982

GERLACH, HUBERT (1927–
DER FLEDDERER / DER JOKER (1977)
(2 Kriminalromane)
GREI o. Nr., 1980
DIE TAUBE AUF DEM SCHUPPENDACH (1969)
GREI o. Nr. 1983

GERLACH, JENS (1926–
Zusammen mit Kunert, Joachim
TATORT BERLIN (OA)
KOMP 7, 1958

GEROL, ANGELIKA
ES GESCHAH IM PAVILLON (OA)
HRO 2099, 1982
EINE GEHEIMNISVOLLE BEGEGNUNG (OA)
HRO 2025, 1978
DIE SAAT DES HASSES (OA)
HRO 1995, 1977
SCHATTEN ÜBER EINEN SOMMERTAG (OA)
HRO 2051, 1980
DAS SELTSAME HAUS (OA)
HRO 2071, 1980
DAS TESTAMENT DER MADAME ROUGÉ (OA)
HRO 1951, 1975; HRO 2166, 1984
TOD IM SCHLOSS (OA)
HRO 2146, 1984
DAS TÖDLICHE GEHEIMNIS (OA)
HRO 1971, 1976
DER UNHEIMLICHE BRUNNEN (OA)
HRO 2013, 1978

GHEORGHIU, CONSTANTIN VIRGIL (1916–
ALIBI FÜR LIMITROF
(n. e.)
LIST 260, 1964
25 UHR
(Le vingt-cinquième heure, 1949)
BÜR 19, 1953; UAR 19, 1955
GANGSTER MAXIMILIAN PERAHIM
(Perahim, o. J.)
UAR 522, 1965

GILBERT, ANNA
Pseudonym von Margarite Lazarus (1916–
BITTERE SCHULD DER SÜNDE
(The look of innocence, 1975)
HRO 2056, 1980
DAS GEHEIMNIS EINER LIEBE
(Miss Bede is staying, 1982)
HRO 2163, 1984
DAS GEHEIMNIS EINER SOMMERNACHT
(Flowers for Lilian, 1980)
HRO 2095, 1981
SPIEL UM EIN LEBEN
(Images of Rose, 1974)
HRO 2063, 1980
DER UNHEIMLICHE FREMDE
(Remembering Louise, 1978)
HRO 2046, 1979

GILBERT, ANTHONY
Pseudonym von Lucy Beatrice Malleson (1899–1973)
Weitere Pseudonyme: J. Kilmeny Keith, Anne Meredith
ALS VERMISST GEMELDET
(Missing from her home, 1969)
GK 3250, 1970

BEGEGNUNG IN DER NACHT
(Night encounter, 1968)
GK 3202, 1969

DRAUSSEN WARTET DER TOD
(No dust in the Attic, 1962)
UK 1399, 1971

DER FINGERABDRUCK
(The fingerprint, 1964)
KKR 88, 1965

FISCH AN DER KETTE
(Murder's a waiting game, 1972)
UK 1522, 1973

GESPENST MIT ROSA HUT
(Passenger to nowhere, 1965)
UK 1372, 1971

IMMER WENN ES DUNKEL WIRD
(The mouse who wouldn't play ball, 1943)
Vom Verlag wurde der Autor irrtümlich mit Michael Gilbert angegeben, s. d. »Immer wenn . . .«
GK 4259, 1973

IN DER SCHLINGE
(Ring for a noose, 1963)
KKR 84, 1964; UK 1461, 1972

OPFER NR. 27
(The visitor, 1967)
UK 1442, 1972

PICKNICK AUF DEM FRIEDHOF
(Tenant for the tomb, 1971)
UK 1503, 1972

SCHLANGE AM BUSEN
engl. T. (Death won't wait, 1954)
am. T. (Snake in the grass, 1954)
GK 4061, 1971

SCHRECKLICH, DAS MIT MADGE
(Knock, knock, who's there? 1964)
UK 1360, 1970

SCHRITTE HINTER IHM
(Footsteps behind me, 1953)
AUF 54, 1954

SIE SOLL STERBEN
(She shall die, 1961)
KKR 76, 1963

DAS TEEGESPRÄCH
(Death knocks three times, 1949)
GK 2286, 1967

TOT AM KANAL
(Death wears a mask, 1970)
GK 3299, 1970

VERLIEBT,VERLOBT, VERGIFTET
(The looking glass murder, 1966)
UK 1348, 1970

VORSPIEL ZU EINEM MORD
engl. T. (Third crime lucky, 1959)
am T. (Prelude to murder, 1959)
GK 3247, 1970

WAR ES EIN MORD?
(Uncertain death, 1961)
KKR 80, 1964; UK 1454, 1972

GILBERT, MICHAEL (FRANCIS) (1912–

AUS LIEBE STIRBT MAN NICHT
(The night of the twelfth, 1976)
GK 4641, 1977

DER BUSINESS-MÖRDER
(The crack in the teacup, 1966)
SCHE 286, 1967

GELIEBT, GEFEIERT UND GETÖTET
(Death of a favourite girl, 1980)
GK 4911, 1981

DAS GRAB AN DER THEMSE
(The body of a girl, 1972)
GK 4211, 1972

HEISSE EISEN
(Fear to tread, 1953)
SCHE 222, 1964

IMMER WENN ES DUNKEL WIRD
(The mouse who wouldn't play ball, 1943)
Autor ist nicht M. Gilbert, sondern Anthony Gilbert, s. d.
GK 4259, 1973

DAS LEERE HAUS
(The empty house, 1978)
GK 4868, 1979

RECHT AUF ABWEGEN

(Blood and judgment, 1959)
SCHE 248, 1965
DIE SCHAKALE
(The dust and the heat,1967)
PHOE 77, 1970
DIE STÄHLERNE GRUFT
(Smallbone deceased, 1950)
SCHE 234, 1965
VERDACHT AUF EINEN GENTLEMAN
(The Etruscan net, 1969)
SCHE 386, 1972

GILES, KENNETH
GELD ÜBER DIE GRENZE
(The big greed, 1966)
GK 2229, 1966

GILL, B(ARBARA) M.
(Pseudonym)
WAR ES NICHT EIGENTLICH DOCH NUR EIN UNFALL?
(Death drop, 1979)
RTH 2582, 1982

GILL, JOHN
Pseudonym von John Russell Gillies (1920–
DER MIETER
(The tenant, 1972)
HLK 1667, 1975

GILLIAN, MICHAEL
Pseudonym für L. Edgley
MORD WILL GELERNT SEIN
(Kill with kindness, n. e.)
SCHE 211, 1964
SCHATTEN DER SCHULD
(The shadow of guilt, n. e.)
SCHE 139, 1960
DER TEUFEL HIELT DIE UHREN AN
(Warrant for a wanton, 1952)
SCHE 232, 1965; KK 23, 1980
UNERWÜNSCHTER AUFENTHALT
(When strangers meet, n. e.)
SCHE 118, 1959
DER ZWÖLFTE GESCHWORENE
(Vengeance street, n. e.)
SCHE 160, 1961

GILLIS, JACKSON
PARADIES MIT QUERSCHLÄGERN
(The killers of starfish, 1977)
SCHE 739, 1980

GILMAN, DOROTHY (DOROTHY GILMAN BUTTERS) (1923–
DAS GEHEIMNIS DER DREHORGEL
(The tightrope walker, 1979)
HRO 2085, 1981
MRS. POLLIFAX AUF SAFARI
(Mrs. Pollifax on Safari, 1977)
HAR 6154, 1983
MRS.POLLIFAX, DER AGENTENSCHRECK
(The clusive Mrs. Pollifax, 1971)
HAR 983, 1973; HAR 6485, 1984
MRS. POLLIFAX IN CHINA
(Mrs. Pollifax on the China Station, 1983)
HAR 6405, 1984
MRS. POLLIFAX KOMMT WIE GERUFEN
(The unexpected Mrs. Pollifax, 1966)
HAR 612, 1968; HAR 6485, 1984
MRS. POLLIFAX LEBT GEFÄHRLICH
(The amazing Mrs. Pollifax, 1970)
HAR 805, 1970; HAR 6485, 1984
MRS. POLLIFAX MACHT WEITER
(A palm for Mrs. Pollifax, 1973)
HAR 5083, 1974

GIOVANNI, JOSE (1923–
AUFSTIEG OHNE WIEDERKEHR
(Meurtre au sommet, 1964)
HK 2047, 1984
DAS ENDE VOR DEN AUGEN
(Classe tous risques,1982)
HK 2010, 1982
DER GANGSTER-BOSS

(La scoumoune, 1982)
HK 2031, 1983

DAS LOCH
(Le trou, 1957)
SCHE 176, 1962

DER RAMMBOCK
(Le ruffian, 1969)
HK 2038, 1983

GIRRA, HORST (1920–
Zusammen mit Hans Siebe (1919–

DIE GLÄSERNE SPINNE
KOMP 175, 1973

GLASGOW, MARGERY
(Pseudonym)

1 + 1 = 1 (OA)
KEL 1150, 1980

DAS LETZTE KAPITEL
BBA 54, 1952

GLAUSER, FRIEDRICH (1896–1938)

DIE FIEBERKURVE (1938)
ARCH o. Nr., 1984

KROCK & CO. (1941)
bb 486, 1982

WACHTMEISTER STUDER (1936)
ARCH o. Nr., 1983
vgl. *Wachtmeister Studer greift ein*

WACHTMEISTER STUDER GREIFT EIN (1936)
NBR 45, 1963
vgl. *Wachtmeister Studer*

DER TEE DER DREI ALTEN DAMEN (1935)
ARCH o. Nr., 1983

GLAZNER, JOSEPH MARK (1945–

DAS VERLUSTGESCHÄFT
(Fast money shoots from the hip, 1980)
BK 36037, 1980

EIN VIEL ZU HOHER PREIS
(Smart money doesn't sing or dance, 1979)
BK 36034, 1980

GLENDINNING, RICHARD (1917–

AUFTRAG: MORD
(Mission to murder, 1954)
PAN 89, 1957

GLOAG, JULIAN (1930–

DIE SANFTE TOTE
(A sentence of life, 1966)
BAR 17014, 1978

GLOVER, ROBERT (1913–

DAS LABYRINTH DES MORDES
(Murderer's maze, 1951)
GK 2171, 1966

DAS PORTRÄT DER LADY ANNE
(Lace in the mews, 1956)
GK 2187, 1966

GODDEN, RUMER (MARGARETE RUMER HAYNES DIXON) (1907–

GEFÄHRLICHE FREUNDSCHAFT
(The greengage summer, n. e.)
RAR 537, 1963

GODEY, JOHN
Pseudonym von Morton Freedgood (1912–

ABFAHRT PELHAM 1 UHR 23
(The taking of Pelham one two three, 1973)
RAR 1899, 1975; SCHE 748, 1980

DIE BLAUE STUNDE
(The blue hour, 1948)
SCHE 554, 1976

DIE DREI GESICHTER DES JOHNNY HANDSOME
(The three worlds of Johnny Handsome, 1972)

MIT 648, 1973
LIEBER FEIG ALS KALT IM SARG
(A thrill a minute with Jack Albany, 1967)
HK 1435, 1971
DER TOD DES JAHRES
(This year's death, 1953)
SCHE 579, 1977

GÖHRE, FRANK (1943– und CARL SCHENKEL
ABWÄRTS (OA)
HAR 6278, 1984

GOETZ, CURT (1888–1960)
DIE TOTE VON BEVERLY HILLS (1951)
DTV 155, 1963

GOLD, DON
NICHT NUR TAUBEN STERBEN IM PARK
(The park, 1978)
SCHE 776, 1980

GOLDMAN, WILLIAM W. (1931–
Pseudonym: Harry Longbaugh
DER MARATHONMANN
(Marathon man, 1974)
MOL 80, 1977; HAR 5815, 1981
SO BEHANDELT MAN KEINE DAME
(No way to treat a Lady, 1964)
HEK 1371, 1969

GOLDSTEIN, ARTHUR D(AVID) (1937–
Pseudonym: Albert Ross
NIEMAND IST ZU ALT ZUM STERBEN
(You're never too old to die, 1974)
RTH 2403, 1977
SO SOLLTE KEINER STERBEN MÜSSEN
(A person shouldn't die like that, 1972), RTH 2314, 1974

GOODIS, DAVID (1917–1967)
BEGRÄBNIS AUF BESONDEREN WUNSCH
(Black Friday, 1954)
HK 1428, 1971
SCHÜSSE AUF DEN PIANISTEN
(Down there, 1958) auch: (Shoot the piano player, 1962)
GK 2228, 1966; GK 4894, 1980
DIE TÄUSCHUNG
(Of Missing Persons, 1950)
KEL 759, 1967

GORDON, REX
Autor der Kriminalroman-Serie: *»Kommissar X«*; s. *Anhang Serien*. Autor der Nummern 515, 528, 532, 538, 546, 559.

GORDON, ROBERT S.
(Pseudonym)
BLEI FÜR JACKIE TONIGHT
KEL 801, 1970
COVERGIRLS STERBEN EINSAM
KEL 841, 1974
DAS HAUS AM HALBEN WEGE
(Zusammen mit Ina Gall, s. d.)
PAN 186, 1961
SEKTION EINES MORDFALLES
KEL 799, 1970
DAS TOTENHEMD HAT KEINE TASCHEN
PAN 180, 1960

GORDONS, THE
das sind Gordon Gordon (1906– und Mildred Gordon (1912–1979)
ALLES FÜR DIE KATZ
(Undercover Cat, 1963)
HAR 458, 1966
vgl. *Kater D. C. und der Geheimagent des FBI*
BEEILE DICH ZU LEBEN
(Make haste to live, 1950)
UK 962, 1964; GK 3092, 1968; GK 4765, 1978
FBI-AKTEN

(Case File: FBI, 1953)
UK 101, 1956; UK 722, 1958; GK 2260, 1967

FBI-AKTION ... »SCHWARZER KATER«
(Catnapped: The further adventures of Undercover Cat, 1974)
GK 4661, 1977

FBI-AUFTRAG
(FBI Story, 1950)
UK 897, 1962; GK 3053, 1967

FEUERPROBE
(Ordeal, 1976)
GK 4670, 1977

GEHEIMAUFTRAG FÜR KATER D. C.
(Undercover Cat prowls again, 1966)
GK 3072, 1968

HALLO ... WER DORT?
(The case of the talking bug, 1955)
UK 130, 1956; UK 711, 1958; GK 2268, 1967

DER INFORMANT
(The informant, 1973)
GK 4564, 1976

KAMPF UM MACHT
(Power Play, 1965)
GK 3183, 1969

KATER D. C. UND DER GEHEIMAGENT DES FBI
(Undercover Cat, 1963)
GK 4030, 1970; GUK 4793, 1978
vgl. *Alles für die Katz*

LETZTER BRIEF AN CATHY
(The night after the wedding, 1979)
GK 4898, 1980
vgl. *Die Nacht vor der Hochzeit*

DER LETZTE ZUG
(Operation Terror, 1961)
UK 924, 1963; GK 3074, 1968

LÖSEGELD FÜR SHERI
(Menace, 1962)
GK 3130, 1968
vgl. *Der Mitternachtsteufel*

DER MITTERNACHTSTEUFEL
(Menace, 1962)
HK 1175, 1965
vgl. *Lösegeld für Sheri*

DIE NACHT VOR DER HOCHZEIT
(The night before the wedding, 1969)
GK 4072, 1971
vgl. *Letzter Brief an Cathy*

STURM ÜBER ARIZONA
(Captive, 1957)
UK 833, 1961; GK 2275, 1967

TIGER IM NACKEN
(Tiger on my back, 1960)
HAR 100, 1961

DER WEG ZU MEG
(The big frame, 1957)
UK 785, 1959; GK 2292, 1967

GORES, JOE
richtiger Name: Joseph N. Gores (1931–

DASHIELL HAMMETTS LETZTER FALL
(Hammett, 1975)
GK 4801, 1978

INTERFACE
(Interface, 1974)
UK 1651, 1974
vgl. *Der Stoff, aus dem die Morde sind*

DER KILLER IN DIR
(A time of predators, 1969)
GK 4838, 1979;
vgl. *Die Leichenmacher*

DIE LEICHENMACHER
(A time of predators, 1969)
UK 1361, 1970
vgl. *Der Killer in dir*

DER STOFF, AUS DEM DIE MORDE SIND
(Interface, 1974)
GK 4859, 1979
vgl. *Interface*

ÜBERFÄLLIG
(Final notice, 1973)

GA 5419, 1981
vgl. *Zahltag ist um sechs*

UNBEKANNT VERZOGEN
(Gone, no forwarding, 1978)
GK 4831, 1979

ZAHLTAG IST UM SECHS
(Final notice, 1973)
UK 1624, 1974
vgl. *Überfällig*

ZUR KASSE, MÖRDER!
(Dead skip, 1972)
UK 1568, 1973; GA 5418, 1981

GORING, ANNE

DIE FALSCHEN SCHWESTERN
(Morwenna, 1976)
HRO 2117, 1982

GOSLING, PAULA

DIE DAME IN ROT
(The woman in red, 1983)
RTH 2681, 1984

DIE FALLE IM EIS
(The zero trap, 1979)
RTH 2572, 1981

MORD IN CONCERT
(Loser's Blues, 1980)
RTH 2602, 1982

TÖTEN IST EIN EINSAMES GESCHÄFT
(A running dusk, 1978)
RTH 2533, 1980

GOULART, RON(ALD JOSEPH) (1933–

Pseudonym: Josephine Kains

DA FEHLT WAS AM SKELETT
(One grave too many, 1974)
UK 1641, 1974

EINSAM NUR INS LETZTE BETT
(If dying was all, 1971)
UK 1567, 1973

FÜR JEDEN KUSS ZWEI LÜGEN
(The same lie twice, 1973)
UK 1592, 1974

ZU SÜSS FÜR DEN SARG
(Too sweet to die, 1972)
UK 1580, 1974

GOULD, HEYWOOD

BOMBIGE AUSSICHTEN
(Glitterburn, 1981)
BTH 19015, 1982

DIE BRONX
(Fort Apache, 1981)
BAR 10147, 1982

NUTTE MIT HERZ
(One dead debutante, 1975)
GTH 4770, 1978
vgl. *Todesdebüt*

TODESDEBÜT
(One dead debutant, 1975)
BTH 19037, 1984
vgl. *Nutte mit Herz*

GRABNER, HASSO

DER MANN MIT DER GELBEN TASCHE
MV 33, 1962

GRADY, JAMES (THOMAS) (1949–

DER SCHATTEN DES CONDOR
(Shadow of the Condor, 1975)
FAR 2608, 1980

DIE 6 TAGE DES CONDOR
(Six days of the Condor, 1974)
FAR 1669, 1975; FAR 8116, 1984

GRAEME, BRUCE

Pseudonym von Graham Montague Jeffries (1900–

BUMERANG
(Boomerang, 1959), SCHE 199, 1963

TOD AUF LEISEN SOHLEN
(Almost without murder, 1963)
SCHE 236, 1965

WÜRGER IM NEBEL
(Fog for a killer, 1960)
SCHE 217, 1964

GRAHAM, JAMES
Pseudonym von Harry Patterson (1929–
Weitere Pseudonyme: Martin Fallon, JackHiggins, Hugh Marlowe

REGEN AUF DIE TOTEN
(Bloody passage, 1974)
GK 4511, 1975

EIN SARG FÜR IBIZA
(The Khufra run, 1972)
HAR 5651, 1980

GRAHAM, JOHN ALEXANDER (1941–

ES LIEGT IN DER LUFT
(Something in the air, 1970)
GK 4196, 1972

DER NEUGIERIGE ARTHUR
(Arthur, 1969)
GK 4286, 1973

STERBEN FÜR CÉZANNE
(The Aldeburg Cézanne, 1970)
GK 4217, 1972

DIE WAHRHEITSPILLE
(The involvement of Arnold Wechsler, 1971)
GK 4224, 1972

GRAHAM, NEILL
Pseudonym von W(illiam) Murdoch Duncan (1909–1975)
Weitere Pseudonyme: John Cassells, John Dallas, Martin Locke, Peter Malloch, Lovat Marshall

AUF DÜNNEM EIS
(Murder's always final, 1965)
GK 2265, 1967

DIENSTAG NACHMITTAG GESCHLOSSEN
(Murder in a dark room, 1974)
GK 4375, 1974

FÜNFTAUSEND PFUND BELOHNUNG
(Murder is my weakness, 1961)
GK 1061, 1961

GEFÄHRLICHES PFLASTER
(Blood on the pavement, 1970)
GK 4014, 1970

GELD FÜR MORD
(Money for murder, 1966)
GK 3145, 1968

DIE HAND IN DER FALLE
(Cap in a tight frame, 1973)
GK 4327, 1973

DER KATZENMÖRDER
(Murder of a black cat, 1964)
GK 3147, 1968

MORD MIT 100 PS
(Pay off, 1968)
GK 3160, 1969

MR. SELDENS GEHEIMNIS
(Murder made easy, 1964)
GK 2044, 1964

NERZ IST ZUM ERPRESSEN SCHÖN
(A matter of murder, 1971)
GK 4143, 1972

ROTES EIS
(Red ice, 1973)
GK 4311, 1973

EINE SCHWÄCHE FÜR FRAUEN
(Label it murder, 1963)
GK 2015, 1964

SCHWEIGEGELD FÜR LIEBESBRIEFE
(One for the book, 1970)
GK 4063, 1971

SOLO FÜR EINEN DETEKTIV
(Graft Town, 1963)
GK 1268, 1964

SOLO IM KESSELTREIBEN
(Murder on the »Duchess«, 1961)
GK 3176, 1969

EIN STÜCK VOM KUCHEN
(Frame up, 1972)
GK 4246, 1973

DER TRICK MIT DEM SEIL
(Murder on demand, 1966)
GK 3185, 1969

EIN WÖRTCHEN MIT DER POLIZEI

(Murder, double murder, 1971)
GK 4199, 1972

GRAHAM, SHANNON
DAS HAUS DER TOTEN SEELEN
(Terror at Hillcrest, 1978)
GAS 42, 1979

GRAHAM, WINSTON (MAWDSLEY) (1909–
DEBBIE
(The walking stick, 1967)
FAR 1223, 1971; FAR 2612, 1980
FORTUNA IST EINE FRAU
(Fortune is a woman, 1952)
LICH 2, 1963
DIE FRAU IM SPIEGEL
(Woman in the mirror, 1975)
FAR 2602, 1979
ICH, EIN MÖRDER
(After the act, 1965)
SCHE 326, 1969
MARNIE
(Marnie, 1961)
KNAR 95, 1965; KNK 4906, 1979
PEGGY
(Angell, Pearl and little God, 1970), HAR 5341, 1977
DAS RÄTSEL DER ANYA STONARIS
(Greek Fire, 1958)
SCHE 141, 1960
STILLE TEILHABER
(The sleeping partner, 1956)
SM 169, 1963
DIE ZWEITE GEIGE STIRBT
(Take my life, 1947)
RTH 2113, 1967

GRANBECK, MARILYN (1927–
Pseudonyme: Nick Carter, Ben Grant, Clayton Moore

GRANDOWER, ELISSA
Pseudonym von Hillary (Baldwin) Waugh (1920–
DAS VERRIEGELTE ZIMMER
(The secret room of Morgate House, 1977)
HRO 2097, 1981

GRANGER, BILL
DER NOVEMBER-MANN
(The November-man, 1979)
BAR 17049, 1981

GRANT, JAMES
Pseudonym von Bruce Crowther (1933–
HEISSE DIAMANTEN
(Tightrope, 1979)
HK 2026, 1983
EIN SKELETT KOMMT SELTEN ALLEIN
(The rose medaillon, 1977)
HK 1970, 1982

GRANT, MAXWELL
$ 12000 FÜR EIN PÄRCHEN
(Barrier reef, 1980)
RTH 2579, 1981

GRATUS, JACK
zusammen mit Preston, Trevor
DER SATANSBRATEN
(The night hair child, 1971)
FAR 1323, 1972

GRAY, DULCIE
Pseudonym von Dulcie Winifred Catherine Dennison (1920–
ROT – DIE FARBE DES TODES
(Died in the red, 1968)
MIT 436, 1969
DER SCHURKE HENRY
(For richer for richer, 1970)
MIT 519, 1971
DER SCHUSS AUS DEN KULISSEN
(Epitaph for a dead actor, 1960)
MIT 161, 1963

GRAY, ERNEST
... GNADENLOS
WV 367, o. J. (1960?)

GRAY, GEORGE P.
(Pseudonym)
Autor der Serie: »Fledermaus«; s. Anhang. Autor der Nummern: 332, 335, 338, 340, 342, 343, 344, 346, 347, 348, 349, 350, 352, 354, 355, 356, 357, 358, 359.

GRAYSON, ELIZABETH
Pseudonym von Joseph L. Chadwick
DÄMONEN IM LEIB
(By demons possessed, 1973)
UAR 3168, 1975
DER FLUCH DER MALDONADOS
(Evil is the night, 1974)
UAR 3244, 1976

GREEN, ALAN (BAER) (1906–1975)
GESUND GELEBT IST HALB GESTORBEN
(What a body, 1949)
SCHE 281, 1967

GREEN, ANNA KATHERINE (1846–1935)
MORD IN DER BIBLIOTHEK
(The Leavenworth case, 1878)
HCC 1664, 1975

GREEN, EDITH PINERO (1929–
DIE SÜNDEN DER VERGANGENHEIT
(A woman's honor, 1977)
HRO 2048, 1979

GREEN, F(REDERICK) L(AWRENCE) (1902–1953)
DER TERRORIST
(Odd man out, 1945)
HAC 2, 1974

GREEN, GERALD (1922–
HERZATTACKE
(The hostage heart, 1976)
HAR 6325, 1984

GREEN, WILLIAM M(ARK) (1929–
PLUTONIUM FÜR FLUG 507
(Spencer's bag, 1971)
UK 1458, 1972
SCHAU WIE SIE RENNEN
(See how they run, 1975)
UK 1807, 1977
TOD HOCH AM WIND
(Avery's fortune, 1972)
UK 1549, 1973

GREENBURG, DAN (1936–)
JUNGE FRAUEN, SCHÖNE FRAUEN, TOTE FRAUEN
(Love kills, 1978)
PLAY 6138, 1983

GREENE, GRAHAM (1904–
AM ABGRUND DES LEBENS
(Brighton Rock, 1938)
RAR 2, 1950; RAR 4249, 1978
DAS ATTENTAT
(A gun for sale, 1936)
RAR 26, 1951; UAR 429, 1963; RAR 1928, 1976
EIN AUSGEBRANNTER FALL
(A burnt-out case, 1961)
RAR 612, 1964; RAR 4329, 1979
DR. FISCHER AUS GENF ODER DIE BOMBEN-PARTY
(Doctor Fischer of Geneva or The bomb party, 1980)
RAR 5051, 1982
DER DRITTE MANN

(The third man, 1950)
RAR 211, 1957

DAS ENDE EINER AFFÄRE
(The end of the affair, 1951)
RAR 149, 1955; RAR 1787, 1974

HEIRATE NIE IN MONTE CARLO
(Loser takes all, 1955)
RAR 320, 1959

DAS HERZ ALLER DINGE
(The heart of the matter, 1948)
RAR 109, 1954; RAR 5450, 1984

DER HONORAR-KONSUL
(The Honorary Consul, 1973)
RAR 1911, 1976; RAR 5450, 1984

JAGD IM NEBEL
(The confidential agent, 1939)
BÜR 17, 1953; UAR 17, 1955;
RAR 349, 1960; RAR 4093, 1977

DIE KRAFT UND DIE HERRLICHKEIT
(The power and the glory, 1940)
RAR 91, 1953

DER MENSCHLICHE FAKTOR
(The human factor, 1978)
RAR 4693, 1981

ORIENTEXPRESS
engl. T. (Stamboul train, 1932)
am. T. (Orient Express, 1933)
RAR 11, 1950; UAR 460, 1964;
RAR 1979, 1976

DIE REISEN MIT MEINER TANTE
(Travels with my aunt, 1969)
RAR 1577, 1973

SCHLACHTFELD DES LEBENS
(It's a battlefield, 1934)
RAR 48, 1952; RAR 1806, 1975

EIN SOHN ENGLANDS
(England made me, 1935)
RAR 75, 1953; RAR 1838, 1975

SPIONAGEGESCHICHTEN (HRSG.)
(The spy's bedside book, 1957)
DIO 207 = 20699, 1979

DER STILLE AMERIKANER
(The quiet American, 1955)
RAR 284, 1958

DIE STUNDE DER KOMÖDIANTEN
(The comedians, 1966)
RAR 1189, 1969

UNSER MANN IN HAVANNA
(Our man in Havanna, 1958)
RAR 442, 1961

ZENTRUM DES SCHRECKENS
(The ministry of fear, 1943)
RAR 182, 1956; RAR 1869, 1975

ZWIESPALT DER SEELE
(The man within, 1929)
RAR 219, 1957; RAR 4177, 1978

GREENE, SIR HUGH (Hrsg.)

DIE RIVALEN DES SHERLOCK HOLMES, BAND 1
(6 Viktorianische Detektivgeschichten)
(The rivals of Sherlock Holmes, 1970)
FAR 1424, 1974

DIE RIVALEN DES SHERLOCK HOLMES, BAND 2
(7 Viktorianische Detektivgeschichten)
(The rivals of Sherlock Holmes, 1970)
FAR 1425, 1974

KONKURRENZ FÜR SHERLOCK HOLMES
(12 Viktorianische Detektivgeschichten)
(More rivals of Sherlock Holmes, 1971)
KAL 103, 1976

GREENBERG, MARTIN H. (Hrsg.)

zusammen mit Bill Pronzini und B. N. Malzberg

DIE BESTEN KRIMINALGESCHICHTEN AUS ENGLAND UND AMERIKA
(A treasury of mystery and suspense, 1981)
HAR 6341, 1984

GREENLEAF, STEPHEN (HOWELL) (1942–

AUF DOPPELSPUR
(Death bed,1980)
KNK 4924, 1982

DER ERSTE MANN
(State's evidence, 1982)
KNK 4940, 1983

SARG DRÜBER
(Grave error, 1979)
KNK 4916, 1981

GREGORY, SEAN

EIN MORD GENÜGT
(Murder is too permanent, o. J.)
PAN 172, 1960

UMSTEIGEN – ZUR HÖLLE
(Murder makes the corpse, o. J.)
PAN 165, 1960

GREY, ANTHONY (1938–

DIE HIMMELFAHRTS-MILLIONEN
(Some put their trust in chariots, 1973)
SCHE 483, 1975

GREY, HILARY
(Pseudonym)

DREI TAGE NACH DEM TODE (OA)
SM 213, 1963

GRIPE, MARIA

MEINE TANTE, DIE GEHEIMAGENTIN
HJU 169, 1979

GRISWOLD, GEORGE
Pseudonym von Robert George Dean

SCHACH, MR. CORD!
(The pinned man, 1955)
LIST 202, 1961

GRÖMMER, HELMUT (1912–

DETEKTIV IST NICHTS FÜR MICH (OA)
GK 2081, 1965

ZWEI DRITTEL LIEBE, EIN DRITTEL GIFT (OA)
GK 2186, 1966

GRONOW, LEO

DER GROSSE UNBEKANNTE
SM 2111, 1964

SCHWARZES LICHT UND WEISSER SCHATTEN
SM 118, 1962

GRONWALD, WERNER (1917–

EIN LETZTES LÄCHELN VOR DEM TODE (1963)
MOEK 47, 1969

DIE NACHT HAT VIELE STUNDEN (1960)
HAR 89, 1961; HK 1023, 1962; MOEK 32, 1968; HK 1925, 1981

RIVER – 400 KARAT (OA)
HK 2029, 1984

VISUM INS JENSEITS (OA)
GK 2131, 1965

GROSS, RICHARD

DER BLUTIGE
NBR 26, 1957

DIE GROSSEN DETEKTIVE
s. *Berthel, Werner (Hrsg.)*

GRUBB, DAVIS (ALEXANDER) (1919–1980)

GAUNERPARADE
(Foll's parade, 1969)
FAR 1338, 1973

MEINES BRUDERS SCHATTEN
(Shadow of my brother, 1966)
BKAM 112–113, 1971

GRUBER, FRANK (1904–1967)
Pseudonyme: Stephen Acre, Charles K. Boston, John K. Vedder

DAS BEGRÄBNIS FINDET SPÄTER STATT
(The twilight man, 1967)
HK 1407, 1970
DER EISERNE BÄR
(The French key, 1940)
SM 2115, 1964
vgl. *Goldraben*
DER ETRUSKISCHE STIER
(The Etruscan bull, 1969)
GK 4059, 1971
DAS FEHLENDE MESSER
(The leather duke, 1949)
SM 2124, 1964
DIE FLÜSTERNDE STIMME
(The whispering master, 1947)
AUF 52, 1954
DER GESCHENKTE GAUL
(The gift horse, 1942)
AUF 58, 1955
GESUCHT WIRD D. D.
(Twenty plus two, 1961)
KEL 762, 1967
GOLDRABEN
(The French key, 1940)
MMV 5, 1968; XEN 92, 1980
vgl. *Der eiserne Bär*
DIE MILLIONEN-IDEE
(The corpse moved upstairs, 1942)
MMV 7, 1968
MORD IN HOLLYWOOD
(Market for murder, 1947)
SM 93, 1962
RUFEN SIE DEN LEICHENWAGEN
(Run, thief, run, 1948)
HK 1386, 1970; XEN 30, 1977

GRÜNNING, DORIS
MEIN IST DIE RACHE UND 14 WEITERE ERZÄHLUNGEN (HRSG.)
GHC 14, 1973

GRUHL, HANS (1921–1966)
DIE BOTEN DES TODES (OA)
BKEL 37022, 1976; BKR 37002, 1982
DER FEIGLING
KEL 784, 1969; BKEL 37027, 1976; BK 36058, 1982
FÜNF TOTE ALTE DAMEN (1960)
RAR 1423, 1971
DIE LANGE SPUR
BKEL 37008, 1975; BK 36048, 1981
DIE LETZTE VISITE (OA)
GK 4272, 1973; BKEL 37037, 1977; BK 36041, 1980
MIT MÖRDERN SPIELT MAN NICHT (OA)
HK 1342, 1969; BKEL 37019, 1976; BK 36053, 1981
NICHTS SPRACH FÜR MORD (OA)
BKEL 37011, 1975
NIMM PLATZ UND STIRB (OA)
HK 1229, 1967; BKEL 37004, 1974; BK 36032, 1980; BKR 37025, 1984
TÖDLICHER COCKTAIL (1964)
HTH 1171, 1968; BKEL 37001, 1974; BK 36025, 1979; BKR 37013, 1983
DAS VIERTE SKALPELL
BKEL 37015, 1975; BK 36038, 1980

GRUND, JOSEF CARL
VERSCHWÖRUNG DES SCHWEIGENS (1971)
RAV 329, 1975

GUDDAT, ROLF
GESTALTEN IM ZWIELICHT
RFA 96, 1960

GÜNTHER, EGON (1927–
RÜCKKEHR AUS GROSSER ENTFERNUNG (1970)
bb 291, 1974
DIE SCWARZE LIMOUSINE
NBR 44, 1963; NBR 59, 1967

GUENTHER, C. H. (1924–
Autor der Kriminalroman-Serie: »Mister Dynamit«, s. Anhang.

GUENTHER, JOHANNES VON
RUSSISCHE KRIMINALGESCHICHTEN (HRSG.)
FAR 493, 1962; DIO 21127, 1984

GÜSTEN, MICHAEL O.
DIE LIGA DER GELBEN ROSE
MIV o. Nr., 1970

GULIK, ROBERT HANS VAN (1910–1967)
MERKWÜRDIGE KRIMINALFÄLLE DES RICHTERS DI
KNAR 46, 1964
MORD IM LABYRINTH
(Kriminalfälle des Richters Di; aus alten chinesischen Originalquellen entnommen)
(The Chinese maze murders, 1956)
RAR 1998, 1976

GUNN, JOHN (1922–
GEHEIMAUFTRAG AM BARRIER-RIFF
(Peter Kent's command, o. J.)
UEB 215, 1970
KAMPF IM EIS
(Battle in the ice, o. J.)
UEB 210, 1970

GUNN, VICTOR
Pseudonym von Edwy Searles Brooks (1889–1965)
Weitere Pseudonyme: Berkely Gray, Carlton Ross
DAS ACHTE MESSER
(The golden monkey, 1957)
GK 201, 1959
AUF EIGENE FAUST
(Ironsides lone hand, 1941)
GK 162, 1958
DIE ERPRESSER
(Death comes laughing, 1952)
GK 148, 1958
DAS GEHEIMNIS DER BORGIA-SKULPTUR
(The Borgia head mystery, 1951)
GK 205, 1959
DIE GEHEIMNISVOLLE BLONDINE
(Murder with a kiss, 1963)
GK 1232, 1963
GELÄCHTER IN DER NACHT
(The laughing grave, 1955)
GK 175, 1959; NBR 46, 1963
GUTE ERHOLUNG, INSPEKTOR CROMWELL!
(All change for murder, 1962)
GK 1137, 1962
IM NEBEL VERSCHWUNDEN
(The body vanishes, 1952)
GK 140, 1958
IN BLINDER PANIK
(Sweet smelling death, 1961)
GK 1104, 1962
INSPEKTOR CROMWELL ÄRGERT SICH
(The black cap murder, 1965)
GK 2036, 1964
INSPEKTOR CROMWELLS GROSSER TAG
(Ironsides on the spot, 1948)
GK 143, 1958
INSPEKTOR CROMWELLS TRICK
(The next one to die, 1959)
GK 294, 1961
DIE LADY MIT DER PEITSCHE
(Castle Dangerous, 1957)
GK 261, 1960
LORD BASSINGTONS GEHEIMNIS
(Alias the hangman, 1950)
GK 3028, 1967
DER MANN IM REGENMANTEL
(Murder on whispering sands, 1965)
GK 2093, 1965
DER RÄCHENDE ZUFALL
(The crippled canary, 1954)
GK 186, 1959

DAS ROTE HAAR
(Murder at the Motel, 1964)
GK 1289, 1964

ROTER FINGERHUT
(Dead men's bells, 1956)
GK 267, 1960

SCHREI VOR DER TÜR
(The Petticoat Lane murders, 1966)
GK 2155, 1966

SCHRITTE DES TODES
(Footsteps of death, 1939)
GK 3049, 1967

DIE SELTSAME IDEE DER MRS. SCOTT
(Devil in the maze, 1961)
GK 1122, 1962

SPUREN IM SCHNEE
(The dead man laughs, 1944)
GK 147, 1958

DER TOD HAT EINE CHANCE
(Nice day for a murder, 1945)
GK 166, 1958

TOD IM MOOR
(Death on Bodmin Moor, 1960)
GK 1083, 1962

DIE TREPPE ZUM NICHTS
(The crooked staircase, 1954)
GK 193, 1959

VERABREDUNG IM TOWER
(Death at Traitor's Gate, 1960)
GK 1052, 1961; GUK 4815, 1979

DER VERTAUSCHTE KOFFER
(The whistling key, 1953)
GK 216, 1960

DER VORNEHME MÖRDER
(Mad Hatter's Rock, 1942)
GK 3062, 1968

WAS WUSSTE MOLLY LISKERN?
(The body in the boot, 1963)
GK 1205, 1963

DAS WIRTSHAUS VON DARTMOOR
(The painted dog, 1955)
GK 171, 1959; GK 4772, 1978

WO WAREN SIE HEUTE NACHT?
(Dead in a ditch, 1959)
GK 1012, 1961

ZWEI ROSENBLÄTTER
(The treble chance murder, 1958)
GK 284, 1961

ZWISCHENFALL AUF DEM TRAFALGAR SQUARE
(The 64 thousand murder, 1958)
GK 254, 1960

DES GUTEN ZUVIEL
Erotische Kriminal-Stories
BTH 19033, 1984

GUY, EARL
(Pseudonym)

19 JAHRE UNSCHULDIG HINTER GITTERN
(Die Geschichte des Leonord Hankins)
PANS 8, 1959

GUZY, PIOTR

DER NÄCHSTE FÄHRT 22.45
KOMP 66, 1963

HAAS, CHARLIE (1952 – und TIM HUNTER

BÖSE MENSCHEN HABEN VIELE LIEDER
(The Soul Hit, 1977)
SCHE 727, 1979

HABE, HANS (1911–

IM NAMEN DES TEUFELS (1956)
LICH 4/5, 1963; BKAM 49/50, 1969; BEST 11100, 1976

DAS NETZ (1969), KNAR 277, 1972

DIE TARNOWSKA (1962)
HAR 622/623 (spätere Aufl. 622), 1968

HACKL, LEOPOLD

DER ELEKTRONEN-MÖRDER

BBA 58, 1952
DER MANN OHNE SCHATTEN
BBA 76, 1954
M.C. 12
BBA 73, 1954
EIN MÖRDER VERLIERT DIE NERVEN
BBA 15, 1949; BBD 7, 1950
STRAHLENTOD
BBA 67, 1953
TOTOPANIK
BBA 49, 1952

HAEFS, GISBERT (1950–
DAS DOPPELGRAB IN DER PROVENCE (OA)
GDA 5643, 1984
MORD AM MILLIONENHÜGEL (OA)
GDA 5613, 1981
UND OBEN SITZT EIN RABE (OA)
GDA 5628, 1983

HAGBERG, DAVID (1942–
Pseudonym: Nick Carter, Sean Flannery

HAGGARD, WILLIAM
Pseudonym von Richard Henry Michael Clayton (1907–
AN DIE WAND GESPIELT
(Closed circuit, 1960)
PHOE 12, 1966
DIE LUNTE BRENNT
(The powder barrel, 1965)
PHOE 21, 1967
SCHLECHTE ZEITEN FÜR KILLER
(A cool day for killing, 1968)
MIT 493, 1970

HAIG, ALEC
(Pseudonym)
GEKILLT
(Sign on for Tokyo, 1968)
PHOE 92, 1971; KK 67, 1982

STURZ INS BODENLOSE
(Flight from Montego Bay, 1972)
PHOE 133, 1973

HALBAN, GEORGE (RITTER VON) (1915–
MALIK DER WOLF (1975)
DTV 1337, 1978
OPERATION FUCHSJAGD (1980)
GAR 6505, 1982

HALCK, JÖRGEN (1915–
GANZ IM VERTRAUEN . . .
(Nicht ernst zu nehmende Enthüllungen eines Secret-Service-Offiziers)
(I streng fortrolighed, o. J.)
GAR 1634, 1965

HALDER, HEINZ
KENNWORT OBELISK
BLG 48, 1961

HALL, ADAM
Pseudonym von Elleston Trevor (1920–
Weitere Pseudonyme: Mansell Black, Howard North, Simon Rattray, Warwick Scott, Caesar Smith
555 RUFT MANDARIN
(The Mandarin cypher, 1975)
UK 1722, 1975
HIMMELFAHRTSTANGO
(The Tango briefing, 1973)
UK 1638, 1974
DAS KOBRA-MANIFEST
(The Kobra-Manifesto, 1976)
UK 1788, 1976
MISSION IN SINKIANG
(The Sinkiang executive, 1978)
UK 10002, 1979
DER 9. BEFEHL
(The 9.th directive, 1967)
UK 1264, 1969

HALL, ANGUS (1932–
ADAM SCHRUBBT DIE FLIESEN BLANK
(Qualthrough, 1968)
HK 1440, 1971

HALL, ERNST
Pseudonym von Ernst Hassler
(1922 –
ES LOHNT SICH NICHT MEHR (OA)
RTH 2649, 1983
GALGENFRIST (OA)
RTH 2553, 1981
GLOCKEN DES TODES (OA)
GK 1263, 1963
HÖLLENFLUG (OA)
GK 2099, 1965
DAS OHR (OA)
RTH 2455, 1978
SIE WERDEN SAGEN, ES WAR MORD (OA)
RTH 2571, 1981

HALL, GIMONE (1940 –
DIE ALTE SPIELDOSE
(The silver strand, 1974)
UAR 30002, 1979
HEXENBALG
(Witch's suckling, 1970)
UAR 3279, 1976
TAGEBUCH EINER UNGLÜCKLICHEN
(The blue taper, 1970)
UAR 3530, 1978

HALLAHAN, WILLIAM H(ENRY)
EIN FALL FÜR DIPLOMATEN
(Catch me: kill me, 1977)
GK 4823, 1979
DER VIERTE MANN
(The dead of winter, 1972)
GK 4339, 1974
WAS MAN SCHWARZ AUF WEISS BESITZT
(The Ross forgery, 1973)
GK 4410, 1974

HALLÉN, INGVE
(Pseudonym)
IRISH COFFEE (OA)
KEL 802, 1970

HALLIDAY, BRETT
Pseudonym von Davis Dresser
(1904–1977)
Weitere Pseudonyme: Asa Baker, Hal Debrett
BLONDES GIFT AUS PARIS
(Armed . . . dangerous . . ., 1966)
GK 3035, 1967
DER COUP IM DRITTEN RENNEN
(Murder spins the wheel, 1966)
GK 2272, 1967
DICKE LUFT IN CARACAS
(Caught dead, 1972)
GK 4223, 1972
ERHOL DICH GUT IN FLORIDA!
(Murder by proxy, 1962)
GK 2100, 1965
EIN FREMDER IN BROCKTON
(Stranger in town, 1955)
SM 178, 1963; GK 3139, 1968
FREUNDLICH – ABER TOT
(Too friendly, too dead, 1963)
GK 2116, 1965
GEHEIMNISVOLLER MITTWOCH
(Murder and the married virgin, 1944)
GK 4346, 1974
EINE HEISSE SACHE
(Killers from the keys, 1961)
GK 2172, 1966
HEISSE WARE AUS HAIFA
(At the point of a.38, 1974)
GK 4441, 1975
JEDEN FREITAG
(The corpse that never was, 1963)
GK 2144, 1965
KUNDEN WERDEN NICHT ERSTOCHEN
(Never kill a client, 1962)
GK 2108, 1965

LADY DYNAMIT
(Fit to kill, 1958)
GK 4351, 1974

DAS LOCH IN DER TASCHE
(Framed in blood, 1951)
GK 2226, 1966

MACHEN SIE MIT, MIKE SHAYNE
(Kill all the young girls, 1973)
GK 4307, 1973

EIN MANN LIEFERT SICH AUS
(A taste for violence, 1949)
SM 103, 1962; GK 3143, 1968

MIT GEZINKTEN KARTEN
(Weep for a blonde, 1957)
GK 4233, 1972

MIT RAUCHENDEM REVOLVER
(Shoot to kill, 1964)
GK 2153, 1966

MÖRDER AM MORGEN
(Before I wake, 1949)
GK 4319, 1973

DIE MÖRDERISCHE JUNGFRAU
(The homicidal virgin, 1960)
SM 2105, 1964; GK 3137, 1968

MORD IN EILE
(Murder in haste, 1961)
GK 2182, 1966

MORDWAFFE MIT SEX-APPEAL
(Six seconds to kill, 1970)
GK 4110, 1971

NACH DEM DRITTEN MARTINI
(She woke to darkness, 1954)
SM 165, 1963; GK 3146, 1968

DIE NACHT MIT NORA
(One night with Nora, 1953)
GK 4094, 1971

DAS NARBENGESICHT
(The Blonde cried murder, 1956)
GK 2138, 1965

NICHT EIN WORT VON MORD
(Mum's the word for murder, 1938)
GK 4216, 1972

NICHTS ALS TATSACHEN
(What really happened, 1952)
GK 4103, 1971

NIXE, EISKALT
(Mermaid on the Rocks, 1967)
GK 3086, 1968

RUHE IST DIE ERSTE MÖRDERPFLICHT
(This is it, Michael Shayne, 1950)
SM 2119, 1964; GK 3141, 1968

SCHNAPPSCHUSS MIT SCHALLDÄMPFER
(Violence is golden, 1968)
GK 3262, 1970

SCHNAPS, HASCH UND MIEZEN
(Lady, be bad, 1969)
GK 3280, 1970

SCHULDEN BEI DER MAFIA
(I come to kill you, 1971)
GK 4163, 1972

SEIN BESTER ZEUGE
(Heads you lose, 1943)
SM 110, 1962; GK 3151, 1969

SEINE TOCHTER WILL DAS NICHT
(The violent world of Michael Shayne, 1965)
GK 2216, 1966

SMARAGDE AUS KUBA
(The careless corpse, 1961)
GK 4123, 1971

TEUFEL IN PERSON
(Guilty as hell, 1967)
GK 3172, 1969

DER TIP SEINES LEBENS
(Nice fillies finish last, 1965)
GK 2233, 1966

TOD KENNT KEINE HALBZEIT
(Fourth down to death, 1970)
GK 4090, 1971

DAS TÖDLICHE REZEPT
(Pay-off in blood, 1962)
GK 4363, 1974

EIN TOTER KOMMT SELTEN ALLEIN
(Death has three lives, 1955)
SM 2147, 1964; GK 3158, 1969

DAS VERLORENE GEDÄCHTNIS
(Call for Michael Shayne, 1949)

GK 3003, 1967

WODKA MIT NACHGESCHMACK
(So lush, so deadly, 1968)
GK 3189, 1969

HALY, JAMES
(Pseudonym)

RACHE FÜR TODD SMITH (OA)
PAN 163, 1960

HAMBLEDON, PHYLLIS
Pseudonym von Phyllis MacVean (1892–
Weiteres Pseudonym: Philippa Vane

GEFÄHRLICHE EINLADUNG
(Invitation to terror, 1950)
GK 245, 1960

HIER IST DER BEWEIS
(Here is the evidence, 1950)
GK 235, 1960

ICH KENNE DAS GEHEIMNIS
(I know a secret, 1951)
GK 213, 1959

HAMILL, PETE (1935–

ICH KLAU' DIR EINE BANK
(Dirty laundry, 1978)
GA 5413, 1980

JEDER KANN EIN MÖRDER SEIN
(The deadly piece, 1979)
GA 5417, 1971

HAMILTON, (ARTHUR DOUGLAS) BRUCE (1900–

DAS URTEIL
(Let him have judgment, 1948)
UK 767, 1959; GK 3242, 1970

HAMILTON, DONALD (BENGTSSON) (1916–

DER AUSPUTZER
(The terminators, 1975)
BK 36007, 1978

DUELL DER DOPPELMÖRDER
(Murder twice told, 1950)
PHOE 83, 1970

EISKALT SERVIERT
(The intimidators, 1974)
SCHE 604, 1977

DIE GEFÄHRLICHEN
(The devastators, 1965)
PHOE 126, 1973

KOKS UND KNALLBONBONS
(The removers, 1961)
PHOE 37, 1968

DIE LETZTE WOHNUNG IST EIN SARG
(Assignment: murder, 1956)
auch (Assassins have starry eyes, 1966)
HTH 1357, 1969
vgl. *Verrat in den Augen*

LOCKVOGEL
(Death of a citizen, 1960)
PHOE 2, 1966

MAFIA-BLUT
(The terrorizers, 1977)
SCHE 716, 1979; SCHE 876, 1982

MANCHE LIEBEN'S EISKALT
(The ravagers, 1964)
SCHE 911, 1983
vgl. *Der Unerbittliche*

EIN MANN ÜBER KIMME UND KORN
(Line of fire, 1955)
HTH 1340, 1969

MATT HELM IM NETZ
(The intriguers, 1973)
SCHE 510, 1975

DIE SCHARFMACHER
(The menacers, 1968)
PHOE 75, 1970; KK 73, 1982

DER TODESKURIER
(The interlopers, 1969)
PHOE 100, 1971; KK 69, 1982

DIE TOTMACHER
(The poisoners, 1971)
PHOE 119, 1972

TRÄUME VON EINEM TOTEN

(The steel mirror, 1948)
HTH 1349, 1969

DER UNERBITTLICHE
(The ravagers, 1964)
PHOE 29, 1967
vgl. *Manche lieben's eiskalt*

DER VERFOLGER
(Murderer's row, 1962)
PHOE 15, 1967

DIE VERRÄTER
(The betrayers, 1966)
PHOE 55, 1969; KK 68, 1982

VERRAT IN DEN AUGEN
(Assignment: murder, 1956)
auch (Assassins have starry eyes, 1966)
GAB 25, 1969
vgl. *Die letzte Wohnung ist ein Sarg*

DIE VOLLSTRECKER
(The silencers, 1962)
PHOE 5, 1966

WENN ALLE STRICKE REISSEN
(The ambushers, 1963)
GK 4145, 1972

DIE ZERSTÖRER
(The wrecking crew, 1960)
PHOE 10, 1966; SCHE 970, 1984

HAMILTON, IAN (1935–

DER MANN MIT DER MASKE
(The man with the brown paper face, 1967)
MIT 383, 1968

DER MÖRDER HÖRT ZU
(The persecutor, 1965)
GK 2208, 1966

HAMILTON, NELLY
(Pseudonym)

DREI SCHRITTE VOR DEM ABGRUND (OA)
GAS 75, 1982

DAS GESPENST VON SCHLOSS GLADSTONE (OA)
GAS 72, 1982

DER INDISCHE RUBIN (OA)
GAS 68, 1982

HAMMETT, (SAMUEL) DASHIELL (1894–1961)

BLUTERNTE
(Red harvest, 1929)
UAR 105, 1956; UK 706, 1957; GK 3061, 1968

DAS DINGSBUMS KÜKEN
(Detektivstories V)
aus: (The continental op, 1945)
DIO 20915, 1981
vgl. *Das große Umlegen, Das Haus in der Turk Street*

DER DÜNNE MANN
(The thin man, 1934)
UK 755, 1958; GK 3099, 1968; KVW o. Nr., 1969; DIO 69/5 = 20295, 1976

FLIEGENPAPIER
(Detektivstories I)
(The big knockover. Selected stories and short novels, 1966)
DIO 20911, 1981
vgl. *Fracht für China, Das große Umlegen*

DER FLUCH DES HAUSES DAIN
(The Dain curse, 1929)
UAR 150, 1957; UK 729, 1958; GK 2261, 1967; DIO 69/3 = 20293, 1976

FRACHT FÜR CHINA
(Detektivgeschichten II)
(The big knockover. Selected stories and short novels, 1951)
DIO 20912, 1981
vgl. *Fliegenpapier, Das große Umlegen*

DER GLÄSERNE SCHLÜSSEL
(The glass key, 1931)
UK 745, 1958; GK 3015, 1967; bb 355, 1976; DIO 69/4 = 20294, 1976

DAS GROSSE UMLEGEN
(Detektivgeschichten III)
aus: (The big knockover, 1966)
und (The continental op, 1945)
DIO 20913, 1981
vgl. *Das Dingsbums Küken, Fliegenpapier, Fracht für China*

DAS HAUS IN DER TURK STREET
(Detektivgeschichten IV)
aus: (The continental op, 1945)
DIO 20914, 1981
vgl. *Das Dingsbums Küken, Das große Umlegen*

HINTERLIST IM ZICKZACK
4 Kriminalstories aus:
(The continental op, 1945)
UK 908, 1962
vgl. *Das Dingsbums Küken u. a.*

HOKUSPOKUS
6 Kriminalstories aus:
(The continental op, 1945)
UK 973, 1964; GK 3123, 1968
vgl. *Das Haus in der Turk Street u. a.*

DER MALTESER FALKE
(The Maltese falcon, 1930)
UAR 57, 1955; UK 701, 1958; GK 2300, 1967; DIO 69/1 = 20131, 1974; KVW o. Nr., 1978

RAUBMORD
2 Kriminalstories aus:
(The big knockover, 1966)
UK 1204, 1968

ROTE ERNTE
(Red harvest, 1929)
DIO 69/2 = 20291, 1976

ROTE TÜR IN CHINATOWN
(2 Kriminalstories und ein Romanfragment)
aus: (The big knockover, 1966)
UK 1259, 1969
vgl. *Fliegenpapier u. a.*

STADT UNTERM ALPDRUCK/IN DER KORKENZIEHERSCHLUCHT
(2 Kriminalstories)
aus: (Nightmare town, 1948)
UK 945, 1963
vgl. *Zickzack*

DIE TOTEN FRAUEN VON FRISCO
(3 Kriminalstories)
aus: (The big knockover, 1966)
UK 1230, 1969
vgl. *Fliegenpapier u. a.*

ZICKZACK
(2 Kriminalstories)
aus: (Nightmare town, 1948)
GK 3107, 1968
vgl. *Stadt unterm Alpdruck*

HAMPEL, BRUNO (1920–

LOCKVOGEL JESSICA W. (OA)
KNAR 1045, 1983

MIT GRÖSSTER DISKRETION (OA)
MTB 2179, 1981

DIE STUMMEN ZEUGEN (OA)
MTB 2106, 1980

TOCHTER DER GOLDENEN MUSCHEL (OA)
MTB 2156, 1981

VERGISS DEINEN NAMEN (OA)
MTB 2121, 1981

HANSEN, JOSEPH (1923–

DREI SPATEN TIEF
(n. e.)
GA 5447, 1983

KEINE PRÄMIE FÜR MORD
(Death claims, 1973)
GA 5454, 1984

DIE LOGISCHE LÖSUNG
(The man everybody was afraid of, 1978)
GA 5459, 1984

VERBRANNTE FINGER
(Fadeout, 1970)
GA 5451, 1983

VERKAUFTE HAUT
(Skinflick, 1979)
GA 5444, 1983

HARBECKE, ULRICH (1943–

AUF LEBEN UND TOD (OA)
GAR 3304, 1973

HARCOURT, PALMA

AGENTEN BITTEN ZUM NACHTISCH
(The twisted tree, 1982)
SCHE 899, 1983

DER BALLER-MANN
(A sleep of spies, 1979)
SCHE 765, 1980

EINSATZ OHNE AUSWEG
(Shadows of doubt, 1983)
SCHE 944, 1984

DIE LADY ZEIGT KRALLEN
(Dance for Diplomats, 1976)
SCHE 637, 1978

NICHTS GEHT MEHR BEI VERRAT
(A turn of traitors, 1981)
SCHE 873, 1982

DIE RIESENFALLE
(Tomorrow's treason, 1980)
SCHE 805, 1981

SCHATTENBOXEN IN HONGKONG
(Agents of influence, 1978)
SCHE 749, 1980

TEAM DER KILLER
(At high risk, 1977)
SCHE 690, 1978

HARD, ANNETTE

DAS HAUS DER BESESSENEN
(Stranger at the crossroads, o. J.)
UAR 3546, 1978

HARDEL, GERHARD

DAS GEHEIMNIS DES LANGEN LEBENS
NBR 6, 1953

HARDWICK, (JOHN) MICHAEL (DRINKROW) (1924– und MOLLIE HARDWICK

DAS PRIVATLEBEN DES SHERLOCK HOLMES
(The private life of Sherlock Holmes, 1970)
KÖN 40, 1973

HARDWICK, RICHARD (HOLMES, JR.) (1923–

KEINE VERJÄHRUNG FÜR MORD
(The plotters, 1965)
GK 2232, 1966

VERBRENN DICH NICHT AN HEISSEM GELD
(The season to be deadly, 1966)
RTH 2131, 1967

HARDY, LINDSAY

REQUIEM NACH MITTERNACHT
(Requiem for a redhead, 1953)
PHOE 9, 1966

HARDY, WILLIAM M(ARION) (1922–

DIE LETZTE GLEICHUNG GEHT NICHT AUF
(Lady killer, 1957)
HK 1077, 1963

HARE, CYRIL

Pseudonym von Alfred Alexander Gordon Clark (1900–1958)

ER HÄTTE SPÄTER STERBEN SOLLEN
(He should have died hereafter, 1958)
GK 4782, 1978
vgl. *Der Tote von Exmoor*

ERSCHLAGEN BEI DEN EIBEN
(That yew tree's shade, 1954)
GK 4774, 1978
vgl. *Das Geheimnis der Mary Rose*

DER FALL DICKINSON
(Suicide excepted, 1939)
MIT 18, 1959

DAS GEHEIMNIS DER MARY ROSE
(That yew tree's shade, 1954)
MIT 11, 1958

vgl. *Erschlagen bei den Eiben*
DAS GEHEIMNIS DES ANGLERS
(Death is no sportsman, 1938)
HCC 1732, 1977
DAS GERICHT ZIEHT SICH ZUR ERMORDUNG ZURÜCK
(Tragedy at law, 1942)
RTH 2027, 1963
vgl. *Tragödie vor Gericht*
MÖRDERGLÜCK UND ANDERE DETEKTIVGESCHICHTEN
(Best detective stories of Cyril Hare, 1959)
DIO 88 = 20196, 1975
MORD – MADE IN ENGLAND
(An English murder, 1951)
RTH 2041, 1964
RUHIGE WOHNUNG MIT EIGENER LEICHE
(Tenant for death, 1937)
RTH 2046, 1964
SPIEL MIT DEM TOD
(With a bare bodkin, 1946)
MIT 115, 1962
DER TOTE VON EXMOOR
(He should have died hereafter, 1958)
MIT 27, 1959
vgl. *Er hätte später sterben sollen*
TRAGÖDIE VOR GERICHT
(Tragedy at law, 1942)
HCC 1771, 1977
vgl. *Das Gericht zieht sich zur Ermordung zurück*

HARGROVE, MARION
SUPERSTAR: SUPERSTAR UND DIE TODFEINDE
(The serpents tooth, 1971)
BFK 38035, 1977

HARKENTHAL, GERHARD (1914–
DSCHUNGEL (OA)
MIV o. Nr., 1979
LOKALTERMIN (OA)
DIE 82, 1974

HARPER, DAVID
Pseudonym von Edwin (Raymond) Corley (1931–1981)
Weiteres Pseudonym: William Judson
DIE DREI GEHÄNGTEN
(The hanged men, 1976)
SCHE 949, 1984
vgl. *Die Gehängten*
DIE GEHÄNGTEN
(The hanged men, 1976)
SCHE 614, 1977
vgl. *Die drei Gehängten*
HELDEN SIND GEFÄHRLICH
(Hijacked, 1970)
SCHE 447, 1974
DER TÖDLICHE AUGENBLICK
(The patchwork man, 1975)
GK 4624, 1977

HARPER, FRANK
(Pseudonym)
BERG-UND-TAL-BAHN (1962)
LICH 52, 1963
CORA (OA)
HAR 146, 1961
DER MITTERNACHTSENGEL (1960)
HTH 1337, 1969
DIE MORDE DER SCHWARZEN ROSE (OA)
HAR 51, 1960; HK 1010, 1961; MOEK 34, 1968
DIE NÄCHTE DER WEISSEN LILIE (1957)
HAR 27, 1959; HK 1005, 1960

HARRINGTON, JOSEPH (JAMES) (1903–
DER DUNKLE PUNKT
(Blind spot, 1966)
HK 1240, 1967
HINTER DER LETZTEN TÜR
(The last doorbell, 1969)

UK 1394, 1971

DIE LAUTLOSE JAGD

(The last known address, 1965)

HK 1209, 1966

HARRINGTON, JOYCE

NAMEN SIND KNALL UND RAUCH

(No one know's my name, 1980)

SCHE 892, 1983

HARRINGTON, WILLIAM (1931–

DER GROSSE COUP

(Mister Target, 1973)

HAC 22, 1975

SCORPIO 5

(Scorpio 5, 1975)

GK 4739, 1978

HARRIS, ALFRED (1928–

BARONI

(Baroni, 1975)

GK 4654, 1977

HARRIS, JOHN NORMAN (1915–

. . . UND WENN ER AUCH DIE WAHRHEIT SPRICHT

(The weird world of Wes Beattie, 1963)

RTH 2074, 1965

HARRIS, (WILLIAM) PETER (1923–

MORDEN SIE SCHRIFTLICH!

(Letters of discredit, 1964)

SCHE 314, 1969

HARRIS, ROSEMARY (JEANNE) (1923–

FEUER UNTERM DACH

(Three candles for the dark, 1976)

SCHE 730, 1979

HARRIS, THOMAS (1940–

SCHWARZER SONNTAG

(Black sunday, 1975)

RAR 4952, 1982

HARRIS, TIMOTHY (HYDE) (1946–

KYD IN FEINER GESELLSCHAFT

(Kyd for hire, 1978)

HK 1897, 1980

KYD UND DIE DAME IN WEISS

(Good night and goodbye, 1979)

HK 1921, 1981

HARRIS, WALTER (1925–

MIT SCHIRM, CHARME UND MELONE: DIE WEISSE RATTE

(To catch a rat, 1977)

BFK 38040, 1978

HART, CAROLYN G(IMPEL) (1936–

DER FLUCH DER VERGANGENHEIT

(Flee from the past, 1975)

HRO 2023, 1978

DIE RECHNUNG WIRD BEGLICHEN

(A settling of accounts, 1976)

HRO 2037, 1979

HART, HENRY

Pseudonym von Helmut Hartmann (1931–

Weiteres Pseud.: Henry Seymour

Autor der Kriminalroman-Serie: *»Kommissar X«*; s. *Anhang*.

Autor der Nummern: 406, 423, 434, 437, 445, 449, 453, 458, 464, 473, 479, 483, 495, 498, 501, 503, 509

HART, H. W.

GEISTER MORDEN NICHT (OA)

KEL 818, 1972

HART, TED

DEM TOD INS TAGEBUCH GESCHRIEBEN

(Hunters walk, 1972)
SCHE 746, 1980

HARTLAUB, GENO(VEVA) (1916–

LOKALTERMIN FEENTEICH (OA)
BAR 14122, 1981

HART-DAVIS, DUFF (1936–

GIFT IN JEDES HAUS
(The Megacull, 1968)
UK 1644, 1974

DAS GOLD VON ST. MATTHEW
(The gold of St. Matthew, 1970)
UK 1398, 1971

MIT DEM TOD IM COCKPIT
(Spider in the morning, 1972)
UK 1499, 1972

HARTUNG, H.-J.

DIE RUBINROTE GLASPERLE
MV 176, 1977

HASKELL, ROUL
(Pseudonym)

ZAHLTAG IN MANHATTAN (OA)
KEL 848, 1975

HASKINS, DICK (1929–

EIN ABSOLUT SICHERES ALIBI
(O fio da meada, o. J.)
GK 2018, 1964

APPARTEMENT NR. 15
(Porto para o inferno, o. J.)
GK 2021, 1964

DER BANKIER LÄSST BITTEN
(A sétima sombra, o. J.)
GK 1293, 1964

DAS GOLDENE FEUERZEUG
(O isqueiro de oiro, o. J.)
GK 2054, 1964

DIE HEISERE STIMME
(A hora negra, o. J.)
GK 2072, 1965

DIE LÜCKE
(O espaço vazio, 1962)
GK 2001, 1964

DAS MÄDCHEN AUS DER BAR
(Obsessã o, 1962)
GK 2009, 1964

MÄDCHEN UND MORDE
(Climax, 1969), GK 3293, 1970

PARTY BEI MORGAN
(O sono da morte, o. J.)
GK 2090, 1965

DIE PREMIERE WIRD VERSCHOBEN
(Premeditaçao, o. J.)
GK 2040, 1964

STÜRMISCHE NACHT
(Labirinto, 1971)
GK 4192, 1972

HASSELBLATT, DIETER (1926–

FIGURENOPFER (OA)
RAR 4661, 1980

HASTINGS, GRAHAM
Pseudonym von Roderic (Graeme) Jeffries (1926–

ZWEIMAL VERURTEILT
(Twice checked, 1959)
MIT 200, 1964

HASTINGS, MACDONALD (1909 –

CORK UND DIE SCHLANGE
(Cork and the serpent, 1955)
UK 905, 1963

HASTINGS, MICHAEL (1937–

TÖDLICHER DSCHUNGEL
(The killing in black and white, 1969)
MIT 539, 1971

HASTY, JOHN EUGENE (1897–

ÄRGER MIT DER POLIZEI

(Some mischief still, 1962)
RTH 2069, 1965; RTH 2540, 1980

EIN ENGEL MIT SCHMUTZIGEN HÄNDEN
(Angel with dirty wings, 1961)
RTH 2025, 1963; RTH 2508, 1979

DER MANN OHNE GESICHT
(Man without a face, 1958)
PAN 128, 1958; RTH 2059, 1964

HAUSMANN, ULLRICH

DER CHINESENKÖNIG VON NEW YORK
BBA 7, 1949; BBD 1, 1950

HAWKER, JOHN T.
(Pseudonym)

TONG DER DRACHEN
ZAU 23, 1977

HAWKES, ROBERT
Pseudonym von Marc Olden

DER HEROIN-JÄGER
(NARC, 1973)
BRA 32071, 1974

HAWKEY, RAYMOND

DIE COMPUTERMORDE
(Side-effect, 1979)
PLAY 6118, 1981

MORD AUF HÖCHSTER EBENE
(Zusammen mit Roger Bingham)
(Wild card, 1974)
PLAY 6123, 1981

HAWKINS, JOHN (1910–1978) und WARD HAWKINS (1912–

TEUFEL AM TELEFON
(Devil on his trail, 1944)
GK 4282, 1973

HAY, BOB
(Pseudonym)

EIN DING MIT PFIFF (OA)
KEL 816, 1971

ES IST NIE ZU SPÄT (OA)
KEL 831, 1973

LASS ALLE HOFFNUNG FAHREN (OA)
KEL 819, 1972

UM KOPF UND KRAGEN (OA)
KEL 824, 1972

HAY, STEPHAN

ALLEN DROHTE DER TOD (OA)
(Zusammen mit K. H. Busch, s.d.)
PANS 4, 1959

GEHEIM-AGENT C. II
AS o. Nr., 1955 (?)

EIN GROSSER FANG
AS o. Nr., 1955 (?)

HAYES, JOSEPH (ARNOLD) (1918–

AN EINEM TAG WIE JEDER ANDERE
(The desperate hours, 1954)
FAR 207, 1958; FAR 1645, 1975; DIE 253, 1975; FAR 8083, 1983

DER DRITTE TAG
(The third day, 1964)
FAR 1071, 1970

DIE DUNKLE SPUR
(No escape, 1982)
GAR 6729, 1984

EINE LANGE DUNKLE NACHT
(The long dark night, 1974)
FAR 1730, 1976

DER SCHATTEN DES ANDEREN
(Missing . . . and presumed dead, 1976)
FAR 2015, 1978

SEKUNDE DER WAHRHEIT
(Winner's circle, 1980)
HAR 6240, 1983

SONNTAG BIS MITTWOCH
(The deep end, 1967)
FAR 1142, 1970

DIE STUNDEN NACH MITTERNACHT
(The hours after midnight, 1958)
FAR 436, 1962; FAR 1715, 1976

ZWEI AUF DER FLUCHT
(Like any other fugitive, 1971)
FAR 1426, 1974

HAYES, RALPH EUGENE (1927–
Pseudonym: Nick Carter

HAYS, LEE
Pseudonym: Sarah Nichols
COLUMBO: COLUMBO UND DER PSYCHO-MÖRDER
(A deadly state of mind, 1976)
BFK 38017, 1976
COLUMBO: COLUMBO UND DIE TOTE SÄNGERIN
(Troubled waters, 1976)
BFK 38018, 1976

HAYWARD, RICHARD
Pseudonym von Baynard H(ardwick) Kendrick (1894–1977)
IN DIE FALLE GELAUFEN
(Trapped, 1952)
PAN 97, 1957
DER TOD HAT SANFTE ARME
(The soft arms of death, 1955)
PAN 79, 1957

HEAD, ANN
Pseudonym von Anne Christenson Morse (1915–
JEDER LIEBTE CARA
(Everybody adored Cara, 1963)
GK 1274, 1964

HEAL, ANTHONY
EINE NUMMER ZU GROSS
(The decimate decision, 1979)
HK 1909, 1980

HEALEY, BEN(JAMIN JAMES) (1908–
Pseudonyme: Jeremy Sturrock, J. G. Jeffreys
EINGEKREIST
(Waiting for a tiger, 1965)
PHOE 18, 1967; GK 4460, 1975
DER FALSCHE CUPIDO
(The stone baby, 1973)
GK 4298, 1973
FALSCHE KUNST UND ECHTE BOMBEN
(The Horstmann inheritance, 1975)
GK 4377, 1974
GEFÄHRLICHER SCHNEE
(The Millstone men, 1966)
GK 3256, 1970
EINE HANDVOLL LILIEN
(The trouble with Penelope, 1972)
GK 4076, 1971
LEKTION FÜR LADYS
(A lesson for Ladies, o. J.)
GK 4208, 1972
LETZTE FÄHRE NACH VENEDIG
(Last ferry from the Lido, 1980)
GK 4914, 1981
DER TOD TRÄGT VIELE MASKEN
engl. T. (Death in three masks, 1967)
am. T. (The terrible pictures, 1967)
GK 3203, 1969
DER TOTE IM EIS
(Murder without crime, 1968)
GK 3261, 1970
VERGELTUNG AUF KORSIKA
(The red head herring, 1969)
GK 3233, 1969
VERWASCHENE SPUREN
(The blanket of the dark, 1976)
GK 4491, 1975; GUK 4827, 1979

HEARD, H(ENRY) F(ITZGERALD) (1889–1971)
BITTERER HONIG
(A taste for honey, 1941)
HCC 1676, 1976

HEARGREAVES, ELISABETH
DER STRICK AUS HANF
(The fair green weed, 1972)
GK 4297, 1973

HEARSON, HARRY (1907–und JOHN COURTENAY TREWIN
EUER GNADEN HABEN GESCHOSSEN?
(An evening at the Larches, 1951)
DTV 612, 1969; DIO 111 = 20240, 1976

HEATH, MONICA
Pseudonym von Arlene J. Fitzgerald
ALPTRAUM IM SCHLOSS
(Duncraig, 1974)
UAR 3316, 1977
CASSANDRA
(Falconlough, 1966)
HRO 1841, 1970
DER FLUCH DES SCHWARZEN OPAL
(Calderwood, 1975)
GAS 4, 1977
SCHLOSS DER FLÜSTERNDEN SCHATTEN
(Mistress of Ravenstone, 1973)
UAR 3366, 1977
STIMMEN DES WAHNSINNS
(House of the strange woman, 1977)
UAR 3436, 1978

HEATTER, BASIL (1918–
DIE STRASSENWÖLFE
(The scarred man, 1973)
BRA 32073, 1974

HEBEL, PETER
ADIEU, JEANNETTE! (OA)
BKR 37024, 1984
EIN KIND REICHER ELTERN (OA)
BKR 37011, 1983
MORD IST EINE KUNST FÜR SICH (OA)
BK 36062, 1982
DIE PATENTLÖSUNG (OA)
BK 36039, 1980
EINEM PROFI WÄR DAS NICHT PASSIERT (OA)
BKR 37018, 1984
RACHE SCHIMMELT NICHT (OA)
KEL 1162, 1980
DIE TODESREPORTAGE (OA)
BK 36049, 1981
DER WEISSE FLECK (OA)
BKR 37006, 1983

HECHT, HASSO
Pseudonym von Hasso Plötze (1921–
Weiteres Pseudonym: Jens Falkenhain
BIS DICH DER TEUFEL HOLT (OA)
KEL 827, 1973
DIE KATZE LÄSST DAS MORDEN NICHT (OA)
KEL 823, 1972
SÜSSER TOD IN HEISSER NACHT (OA)
KEL 829, 1973
WAIDMANNSHEIL, HERR KOMMISSAR (OA)
KEL 811, 1971
vgl. *Hasso Plötze: derselbe Titel*
WER HAT SCHON EIN ALIBI (OA)
KEL 833, 1973

HEIM, PETER (1924–
GRINGO (OA)
GAR 6549, 1983
ROMANZE MIT DEM TOD (1983)
GAR 6587, 1983

HEINRICH, PETER (1941–
s. – *KY*

HEINRICH, WILLI (1920–
FERIEN IM JENSEITS (1964)
HE 13, 1970; HAR 968, 1972
EIN MANN IST IMMER UNTERWEGS

(1978)
GAR 6403, 1982

HEJL, VILEM (1934–
DIE GESAMMELTEN VERBRECHEN DES VLADIMIR HUDEC
(Sebrané Zlocincy Vladimira Hudec, 1969)
FAR 1339, 1973

HELD, WOLFGANG (1930–
DER LETZTE GAST (OA)
NBR 66, 1968
DAS LICHT DER SCHWARZEN KERZE
(1969), MV 194, 1980
DER TOD ZAHLT MIT DUKATEN (1964)
NBR 57, 1966

HELLER, ALFRED
DOSSIER R – EUROPE W
BBA 78, 1954

HELLER, FRANK (1886–1947)
HERRN COLLINS ABENTEUER (1916)
DIO 110/1 = 20238, 1976

HELLER, HENRIK
ÖL AUS VENEZUELA
BBA 74, 1954
DIE SELTSAME GESCHICHTE DES MYNHEER VAN STEEN
BBA 33, 1950
DAS SCHWARZE SCHAF
BBA 37, 1951

HEMINGWAY, JOAN (1951– und PAUL BONNECARRERE
UNTERNEHMEN ROSEBUD
(Rosebud, 1974)
FAR 1651, 1975

HENDEL, GÜNTER
EIN KREUZ IN OKLAHOMA
NBR 28, 1958

HENDERSON, DONALD (LANDELS) (1905–
THELMA WINTERTONS ENDE
(Goodbye to murder, 1946)
MOEK 50, 1969

HENEGE, THOMAS
TOD EINES REEDERS
(Death of a shipowner, 1981)
RTH 2650, 1983

HENNESEY, HAL
STURZFLUG IN DIE HÖLLE
(Free fall into hell, 1967)
PHOE 76, 1970

HENRICKS, PAUL
Pseudonym von Edward Hoop (1925–
DER AMEISENHAUFEN (OA)
RTH 2170, 1969; RTH 2665, 1984
KEINE STIMME FÜR KRÜSS (OA)
RTH 2514, 1980
EINE MASSNAHME GEGEN FRANZ (OA)
RTH 2416, 1977
PFEILE AUS DEM DUNKEL (OA)
RTH 2230, 1971
7 TAGE FRIST FÜR SCHRAMM (OA)
RTH 2096, 1966; RTH 2557, 1981; DIE 115, 1979
DER TOTENEIMER (OA)
RTH 2127, 1967

HENRY, CHARLES
Pseudonym von Henry Farrell
UNTER DER ALTEN BRÜCKE
(The hostage, 1959)
GK 1037, 1961

HENRY, FRED
a) Autor der Kriminalroman-Serie: *»Kommissar X«*; s. *Anhang*.

Autor der Nummern: 418, 421, 427 428, 440, 441, 446, 450, 452, 454, 457, 460, 461, 466, 468, 469, 474, 475, 480, 481, 485, 489, 491, 512, 524, 541, 545, 552, 557
b) Autor der Serie: »*Fledermaus*«; s. *Anhang*.
Autor der Nummern: 333, 339

HENRY, O.
Pseudonym von William Sydney Porter (1862–1910)
BETROGENE BETRÜGER
(Erzählungen)
REL 132, 1964
DER EDLE GAUNER
(Erzählungen)
DIO 230/3 = 20873, 1981
GLÜCK, GELD UND GAUNER
(ausgewählte Erzählungen)
DIO 107 = 20235, 1976
DAS HERZ DES WESTENS
(Erzählungen)
DIO 230/2 = 20872, 1981
DIE KLÜGERE JUNGFRAU
(Erzählungen)
DIO 230/1 = 20871, 1981
NEW YORKER GESCHICHTEN
(Erzählungen)
GAR 1735, 1966
ROLLENDE STEINE
(Erzählungen)
DIO 230/6 = 20876, 1981
STRENG GESCHÄFTLICH
(Erzählungen)
DIO 230/5 = 20875, 1981
UNSCHULDSENGEL VOM BROADWAY
(Erzählungen)
GAR 1797, 1966
WEGE DES SCHICKSALS
(Erzählungen)
DIO 230/4 = 20874, 1981

HENSLEY, JOE L. (JOSEPH LOUIS HENSLEY) (1926–
EXEKUTION IN SIEBEN TAGEN
(Deliver us to evil, 1971)
MIT 572, 1972
GIFTIGER SOMMER
(The poison summer, 1974)
GK 4869, 1979
STUMME ZEUGEN
(The color of hate, 1960)
HK 1311, 1968

HENTOFF, NAT
WAS ZUM HENKER WIRD AUS DIESER STADT?
(Blues for Charlie Darwin, 1982)
RTH 2664, 1984

HERLIN, HANS (1925–
SATAN IST AUF GOTTES SEITE (1981)
MTB 2237, 1982
SOLO. DIE FÄLLE DES THOMAS BEST (OA)
MTB 2142, 1981

HERMES, MARGARET
DAS PHÖNIX-NEST
(The Phoenix nest, 1981)
GK 4937, 1983

HERRON, SHAUN (1912–
DER KÖDER
(Miro, 1969), PHOE 125, 1973

HERSHMAN, MORRIS (1920–
Pseudonyme: Evelyn Bond, Jess Wilcox
DIE UNSICHTBARE SCHLINGE
(Target for terror, 1967)
BRA 32066, 1974

HEY, RICHARD (1926–
ENGELMACHER & CO. (1975)
RAR 4168, 1978
FEUER UNTER DEN FÜSSEN (OA)

RAR 5293, 1984
EIN MORD AM LIETZENSEE (1973)
RAR 1845, 1975; DIE 361, 1978
OHNE GELD SINGT DER BLINDE NICHT (1980)
RAR 5072, 1983

HEYDEN, HENRY
(Pseudonym)
SCHACH DEM FBI (OA)
KEL 774, 1968

HEYER, GEORGETTE (1902–1974)
DER MÖRDER VON NEBENAN
(Detection unlimited, 1953)
RAR 1752, 1974
MORD BEIM BRIDGE
(Duplicate death, 1951)
RAR 4325, 1979
EIN MORD MIT STUMPFER WAFFE
(A blunt instrument, 1938)
RAR 1627, 1973
MORD OHNE MÖRDER
(No wind of blame, 1939)
RAR 1859, 1975
MORD VOR DEM DINNER
(Envious casca, 1941)
RAR 4026, 1977
DER TIP DES TOTEN
(The unfinished clue, 1934)
RAR 1919, 1976
DER TOTE AM PRANGER
(Death in the stocks, 1935)
RAR 1971, 1976
DER TRUMPF DES TOTEN
(Penhallow, 1942)
RAR 4069, 1977
... UND SIE FANDEN EINEN TOTEN
(They found him dead, 1937)
RAR 4162, 1978
WARUM DEN BUTLER ERSCHIESSEN?
(Why shoot a Butler?, 1933)
RAR 4217, 1978

HEYNE ANTHOLOGIEN
Folgende Bände dieser Reihe sind Sammlungen von Kriminalstories: 1, 4, 7, 10, 13, 19, 22, 25, 28, 29, 31, 33, 35, 39, 44, 48, 52, 54, 55, 56, 60

HEYNE KRIMI JAHRESBAND
1980:
10 Kriminalgeschichten, herausgegeben von Werner Gronwald
HK 1919, 1980
1981:
9 Kriminalgeschichten, herausgegeben von Werner Gronwald
HK 1939, 1981
1982:
11 Kriminalgeschichten prominenter internationaler Autoren, herausgegeben von Werner Gronwald und Bernhard Matt
HK 1987, 1982
1983:
9 Kriminalgeschichten prominenter internationaler Autoren, herausgegeben von Bernhard Matt
HK 2033, 1983
1984:
11 Kriminalgeschichten prominenter internationaler Autoren, herausgegeben von Bernhard Matt
HK 2087, 1984

HICKMAN, HAL
JUNGGESELLENPARTY
(Bachelor party, 1977)
GTH 4771, 1978

HIGGINS, GEORGE V(INCENT) (1939–
HÜBSCHER ABEND BIS JETZT
(The friends of Eddie Coyle, 1972)
GAR 3371, 1976

HIGGINS, JACK
Pseudonym von Harry Patterson (1929–, s.d.

DER ADLER IST GELANDET
(The eagle has landed, 1975)
KNAR 552, 1978

BARON IN DER UNTERWELT
(Dark side of the street, 1967)
SCHE 841, 1982

DUNKLER FREMDER
(Comes the dark stranger, 1982)
GAR 6704, 1984

DER EISERNE TIGER
(The iron tiger, 1966)
HAR 6141, 1982

EISHÖLLE
(East of desolation, 1968)
GAR 6543, 1983
vgl. *Ein Toter stellt sich vor*

DER FLUSS DER TOTEN
(The last place God made, 1971)
HAC 11, 1974; HJB 1, 1984

IM SCHATTEN DES VERRÄTERS
(The dark side of the island, 1963)
HAR 6010, 1982

DER IRE
(A candle for the dead, 1966)
auch: (The violent enemy, 1969)
GAR 6591, 1983
vgl. *Kerzen für die Toten*

DAS JAHR DES TIGERS
(The year of the tiger, 1963)
SCHE 800, 1981

KERZEN FÜR DIE TOTEN
(The violent enemy, 1966)
GK 4045, 1971, vgl. *Der Ire*

KÖNIGSJAGD
(To catch a King, 1979)
KNAR 1001, 1982

MITTERNACHT IST SCHON VORÜBER
(Midnight never comes, 1966)
HAR 5903, 1981

DIE MORDBEICHTE
(A prayer for the dying, 1973)
HAC 21, 1975; HAR 5469, 1978

NACHT OHNE ERBARMEN
(In the hour before midnight, 1969)
auch: (The Sicilian Heritage, 1970)
GK 3255, 1970; GAR 6646, 1983

DIE NACHT VON SINOS
(Night judgment at Sinos, 1970)
GAR 6513, 1982
vgl. *Schwammtaucher vor den Inseln*

EINE NACHT ZUM STERBEN
(alter Titel: Streit bis aufs Blut von Martin Fallon)
(A fine night for dying, 1970)
SCHE 860, 1982

SCHLÜSSEL ZUR HÖLLE
(The keys of hell, 1965)
HAR 5840, 1981

DER SCHREI AUS DER KÄLTE
(Day of judgment, 1978)
KNAR 785, 1981

SCHWAMMTAUCHER VOR DEN INSELN
(Night judgment at Sinos, 1970)
GA 41, 1970
vgl. *Die Nacht von Sinos*

SOLO
(Solo, 1980)
BAR 10379, 1984

TAG DER RACHE
(The savage day, 1972)
HK 1764, 1977

EIN TOTER STELLT SICH VOR
(East of desolation, 1968)
GK 3238, 1969
vgl. *Eishölle*

HIGGINS-CLARK, MARY (1931–

DIE GNADENFRIST
(A stranger is watching, 1978)
FAR 2615, 1981

WINTERSTURM
(Where are the children?, 1975)
FAR 2401, 1978

WO WAREN SIE, DR. HIGHLEY?
(The cradle will fall, 1980)
FAR 8057, 1982

HIGHSMITH, (MARY) PATRICIA (PLANGMAN) (1921–

ALIBI FÜR ZWEI
(Strangers on a train, 1950)
RTH 2126, 1967
vgl. *Zwei Fremde im Zug*

EDITHS TAGEBUCH
(Edith's Diary, 1977)
DIO 74/19 = 20485, 1980

DER GESCHICHTENERZÄHLER
am. T. (The story-teller, 1965)
engl. T. (A suspension of mercy, 1965)
DIO 74/3 = 20174, 1974
vgl. *Mord mit zwei Durchschlägen*

DIE GLÄSERNE ZELLE
(The glass cell, 1964)
DIO 74/8 = 20343, 1976
vgl. *Das unsichtbare Gitter*

DER JUNGE, DER RIPLEY FOLGTE
(The boy who followed Ripley, 1980)
DIO 20649, 1982

KEINER VON UNS
(Erzählungen)
(The black house, 1981)
DIO 21179, 1984

KLEINE GESCHICHTEN FÜR WEIBERFEINDE
(Little tales of Misogyny, 1977)
DIO 74/16 = 20349, 1979

KLEINE MORDGESCHICHTEN FÜR TIERFREUNDE
(The animal-lover's book of beastly murder, 1975)
DIO 74/17 = 20483, 1979

LEISE, LEISE IM WIND
(Erzählungen)
(Slowly, slowly in the wind, 1979)
DIO 21012, 1982

LÖSEGELD FÜR EINEN HUND
(A dog's ransom, 1972)
DIO 74/10 = 20345, 1976

DAS MÄDCHEN HINTER DEM FENSTER
(The cry of the owl, 1962)
RTH 2052, 1964
vgl. *Der Schrei der Eule*

MORD MIT ZWEI DURCHSCHLÄGEN
(The story-teller, 1965)
RTH 2117, 1967
vgl. *Der Geschichtenerzähler*

NUR DIE SONNE WAR ZEUGE
(The talented Mr. Ripley, 1955)
RTH 2004, 1969
vgl. *Der talentierte Mr. Ripley*

RIPLEY'S GAME ODER EIN AMERIKANISCHER FREUND
(Ripley's game, 1974)
DIO 74/13 = 20346, 1977

RIPLEY UNDERGROUND
(Ripley under ground, 1970)
RTH 2327, 1974
vgl. *Ripley Under Ground*

RIPLEY UNDER GROUND
(Ripley underground, 1970)
DIO 74/12 = 20482, 1979
vgl. *Ripley underground*

DER SCHNECKENFORSCHER
(Erzählungen)
(Eleven stories, 1945)
DIO 74/14 = 20347, 1978

DER SCHREI DER EULE
(The cry of the owl, 1962)
DIO 74/6 = 20341, 1976
vgl. *Das Mädchen hinter dem Fenster*

EIN SPIEL FÜR DIE LEBENDEN
(A game for the living, 1958)
DIO 74/15 = 20348, 1979
vgl. *Tod im Dreieck*

STILLE WASSER SIND TIEF
(Deep water, 1957)
RTH 2032, 1963
vgl. *Tiefe Wasser*

DER STÜMPER
(The blunderer, 1956)
RTH 2013, 1962; DIO 74/1 = 20136, 1974

DER SÜSSE WAHN
(The sweet sickness, 1960)
RTH 2044, 1964; DIO 74/4 = 20175, 1974

DER TALENTIERTE MR. RIPLEY
(The talented Mr. Ripley, 1955)
DTV 975, 1974; DIO 74/11 = 20481, 1979
vgl. *Nur die Sonne war Zeuge*

TIEFE WASSER
(Deep water, 1957)
DIO 74/7 = 20342, 1976
vgl. *Stille Wasser sind tief*

TOD IM DREIECK
(A game for the living, 1958)
RTH 2162, 1969
vgl. *Ein Spiel für die Lebenden*

UNFALL AUF KRETA
(The two faces of January, 1964)
RTH 2093, 1966
vgl. *Die zwei Gesichter des Januars*

DAS UNSICHTBARE GITTER
(The glass cell, 1964)
RTH 2104, 1966
vgl. *Die gläserne Zelle*

VENEDIG KANN SEHR KALT SEIN
(Those who walk away, 1967)
RTH 2202, 1970; DIO 74/18 = 20484, 1979

DAS ZITTERN DES FÄLSCHERS
(The tremor of forgery, 1969)
RTH 2279, 1973; DIO 74/9 = 20344, 1976

ZWEI FREMDE IM ZUG
(Strangers on a train, 1950)
DIO 74/2 = 20173, 1974
vgl. *Alibi für zwei*

DIE ZWEI GESICHTER DES JANUARS
(The two faces of January, 1964)
DIO 74/5 = 20176, 1974; bb 405, 1978
vgl. *Unfall auf Kreta*

HILBORN, ANN

ZWISCHEN SCHREIEN UND FLÜSTERN
(Personal justice, 1982)
BTH 19035, 1984

HILDICK, E(DMUND) W(ALLACE) (1925–

TIMS ABENTEUER
(n. e.)
HJU 132, 1977

TIM UND DER GEHEIMNISVOLLE UNBEKANNTE
(Louie's S.O.S., 1968)
HJU 154, 1978

HILL, CHRISTOPHER (1928–

DAS IRRE FERIENHAUS
(Jackdaw, 1975)
SCHE 602, 1977

HILL, MEREDITH

INSEL DER VERZAUBERUNG
(The silent witness, 1983)
SCHN 8765, 1984

HILL, PAMELA (1920–

DAS DUNKLE VERMÄCHTNIS
(The Malvie inheritance, 1973)
HRO 2087, 1981

HILL, PETER

MORD IM KLEINEN KREIS
(The hunters, 1976)
GK 4824, 1979

HILL, REGINALD (CHARLES) (1936–

DER CALLIOPE-CLUB
(A pinch of snuff, 1978)
GK 4836, 1979

EINE GASSE FÜR DEN TOD

(A clubbable woman, 1970)
GK 4070, 1971

NOCH EIN TOD IN VENEDIG
(Another death in Venice, 1976)
GK 4840, 1980; GLIT 5219, 1981

DAS RIO-PAPIER U. A. KRIMINALSTORIES
(Pascoe's ghost and other brief chronicles of crime, 1979)
GLIT 5216, 1981

WER SCHÜTZT PRINZ ARTHUR?
(Who guards a Prince, 1982)
GLIT 5243, 1983

DER WÜRGER VON YORKSHIRE
(A killing kindness, 1980)
GK 5230, 1982

HILLERMAN, TONY (ANTHONY GROVE HILLERMAN) (1925–

KARO DREI
(The dark wind, 1982)
GA 5462, 1984

SCHÜSSE AUS DER STEINZEIT
(Dance Hall of the dead, 1973)
RTH 2369, 1976

TOD DER MAULWÜRFE
(People of darkness, 1980)
GA 5434, 1982

WOLF OHNE FÄHRTE
(The blessing way, 1970)
RTH 2239, 1972

HILTON, P. K.

GEWAGTES SPIEL
AS o. Nr., 1955 (?)

HIMES, CHESTER (BOMAR) (1909–

BLIND, MIT EINER PISTOLE
(Blind man with a pistol, 1969)
auch: (Hot day, hot night, 1970)
RTH 2310, 1974

FENSTERSTURZ IN HARLEM
(The crazy kill, 1959)
UK 829, 1961; RTH 2348, 1975

DIE GELDMACHER VON HARLEM
(The five-cornered square, 1959)
UK 860, 1962; RTH 2398, 1976

HARLEM DREHT DURCH
(All shot up, 1960)
RTH 2388, 1976
vgl. *Rauhnacht in Harlem*

HEISSE NACHT FÜR KÜHLE KILLER
(The real cool killers, 1959)
RTH 2165, 1969

HEROIN FÜR HARLEM
(The heat's on, 1966)
auch: (Come back, Charleston Blue, 1970)
RTH 2134, 1968

LAUF, NIGGER, LAUF!
(Run man run!, 1966)
RTH 2141, 1968; DIE 134, 1972; RTH 2490, 1979

RAUHNACHT IN HARLEM
(All shot up, 1960)
UK 1137, 1967
vgl. *Harlem dreht durch*

SCHWARZES GELD FÜR WEISSE GAUNER
(Cotton comes to Harlem, 1965)
RTH 2123, 1967; RTH 2624, 1983

DER TRAUM VOM GROSSEN GELD
(The big gold dream, 1960)
RTH 2169, 1969

HIMMEL, RICHARD

EIN AMERIKANER IN ROM
(I'll find you, 1950)
PAN 99, 1957

FILM DER SCHANDE
(Cry of the flesh, 1955)
PAN 55, 1956

MORD IM BEIPROGRAMM
(Two death must die, 1954)
NRK 12, 1974

SAMSTAGS WIRD GESTORBEN
(I have Gloria Kirby, 1951)
HK 1402, 1970

HINES, JEANNE

BIS DER TOD EUCH SCHEIDET
(The keys to Queenscourt, 1976)
GAS 70, 1982

DAS GEHEIMNIS VON WITCHWYND
(The legend of Witchwynd, 1976)
DOMF 7, 1977

HINKEMEYER, MICHAEL T(HOMAS) (1940–

AUS DUNKLER TIEFE
(The dark below, 1974)
UAR 3308, 1977

HINTZE, NAOMI (AGANS) (1909–

DAS ENDE EINES BÖSEN TRAUMES
(Cry witch, 1975)
GAS 67, 1982

IM TURM FLACKERT EIN LICHT
(You'll like my mother, 1969)
HRO 1842, 1970

HIRSCHBERG, CORNELIUS (1901–

NICHT LUPENREIN
(Florentine finish, 1963)
GK 2068, 1965

HIRSCHFELD, BURT (1923–

. . . AUF DASS DU LANGE LEBST AUF ERDEN
(Father pig, 1972)
RTH 2315, 1974

BONNIE UND CLYDE
(Bonnie and Clyde, 1967)
HAR 590, 1968

HITCHCOCK, ALFRED (JOSEPH) (1899–1980)

Herausgeber von Kurzgeschichten – Sammlungen:

a) Übertitel der nachstehenden TB's:
Alfred Hitchcock bringt: (oder) Alfred Hitchcock präsentiert:

EIN DUTZEND FÜR DEN HENKER
(A hangman's dozen, 1962)
HK 1097, 1963; HK 1748, 1977

11 COCKTAILS AUS MEINER GIFTBAR
aus: (Stories my mother never told me, 1963)
HK 1323, 1968; HK 1848, 1979

GESCHICHTEN, BEI DENEN ES SOGAR MIR GRAUST
(Stories that scared even me, 1967)
HK 1382, 1970; HK 1837, 1979

GESCHICHTEN, DIE MIR MEINE MUTTER NICHT ERZÄHLTE
aus: (Stories my mother never told me, 1963)
HK 1335, 1969; HK 1861, 1979

MÖRDERISCHES BETTGEFLÜSTER
(Stories that scared even me, 1967)
HK 1367, 1969; HK 1825, 1978; HK 2051, 1983

NEUNMAL GESCHOCKT UND GETHRILLT
(Alfred Hitchcock's fear and trembling, 1948)
HK 1214, 1966; HK 1783, 1978

9 × RUSSISCHES ROULETT
(14 suspense stories to play, 1945)
HK 1264, 1967; HK 1868, 1980

NICHTS FÜR SCHWACHE NERVEN
(Stories not for the nervous I, 1965)
HK 1281, 1968; HK 1799,

SPIELE FÜR GUTE FREUNDE
(Hard day at the scaffold, 1967)
HK 1350, 1969; HK 1880, 1979

VERRAMMELT DIE TÜREN
(Bar the doors, 1946)
HK 1157, 1965; HK 1770, 1977; HK 2039, 1983

VORSICHT HOCHSPANNUNG!
(Stories not for the nervous II, 1965)

HK 1298, 1968; HK 1814, 1978
10 SKELETTE AUS MEINEM SCHRANK
(Skeletons from my closet, 1963)
HK 1103, 1963; HK 1757, 1977

b) Verschiedene Übertitel
HITCHCOCK'S LIEBLINGSMORDE 1
(Alfred Hitchcock presents: A month of mystery, 1969)
SCHE 415, 1973
HITCHCOCK'S LIEBLINGSMORDE 2
(Alfred Hitchcock presents: A month of crime, 1969)
SCHE 420, 1973
HITCHCOCK'S LIEBLINGSMORDE 3
(Alfred Hitchcock presents: A month of crime, 1969)
SCHE 433, 1973
HITCHCOCK'S LIEBLINGSMORDE 4
(Alfred Hitchcock presents: Stories to stay awake by, 1969)
SCHE 445, 1974
HITCHCOCK'S LIEBLINGSMORDE 5
(Alfred Hitchcock presents: Stories to stay awake by, 1969)
SCHE 463, 1974
HITCHCOCK'S LIEBLINGSMORDE 6
(Alfred Hitchcock presents: Stories to stay awake by, 1969)
SCHE 481, 1975
MEINE SCHRECKENSTUNDEN 1
(Tales to fill you with fear and trembling, 1980)
SCHE 827, 1981
MEINE SCHÖNEN HORRORSTUNDEN
(Tales to make you weak in the knees, 1981)
SCHE 985, 1984
MEINE SCHÖNSTEN SCHRECKENSTUNDEN 2
(Tales to fill you with fear and trembling, 1980)
SCHE 850, 1982
MEINE SCHÖNSTEN SCHRECKENSTUNDEN 3
(Stories to fill you fear and trembling, 1980)
SCHE 872, 1982
MEINE BÖSESTEN GRUSELSTUNDEN 1
(Tales to send chills down your spine, 1979)
SCHE 900, 1983
MEINE SCHAUERLICHSTEN GRUSELSTUNDEN 2
(Tales to send chills down your spine, 1979)
SCHE 946, 1984
MEINE GIFTIGSTEN GRUSELSTUNDEN 3
(Tales to send chills down your spine, 1979)
SCHE 972, 1984

Die folgenden 4 Bände sind Zusammenstellungen der Stories aus den vorausgegangenen Bänden des Scherz-Verlages:
MEISTERMÖRDER
KK 023, 1983
MÖRDERCLUB
KK 021, 1983
TODESKARUSSELL
KK 022, 1983
VERBRECHER GMBH
KK 020, 1983

c) Story-Bände in den Jugendbuchreihen:
DIE DREI ??? UND DAS GESPENSTERSCHLOSS
(erzählt von Robert Arthur)
(Alfred Hitchcock and the three investigators in The secret of Terror Castle, 1964)
DTVJ 7480, 1982
DIE DREI ??? UND DER KARPATENHUND
(erzählt von M. V. Carey nach einer Idee von Robert Arthur)
(Alfred Hitchcock and the three

investigators in The mystery of the invisible dog, 1975)
DTVJ 70042, 1984

DIE DREI ??? UND DER SELTSAME WECKER
(erzählt von Robert Arthur)
(Alfred Hitchcock and the three investigators in The mystery of the screaming clock, 1968)
DTVJ 7193, 1975; PEL 121, 1978

DIE DREI ??? UND DER SUPER-PAPAGEI
(erzählt von Robert Arthur)
(Alfred Hitchcock and the three investigators in The mystery of the stuttering parrot, 1964)
DTVJ 7316, 1978

DIE DREI ??? UND DIE FLÜSTERNDE MUMIE
(erzählt von Robert Arthur)
(Alfred Hitchcock and the three investigators in The mystery of the whispering mummy, o. J.)
DTVJ 7022, 1971; PEL 122, 1978

DIE DREI ??? UND DIE GEFÄHRLICHE ERBSCHAFT
(erzählt von William Arden nach einer Idee von Robert Arthur)
(Alfred Hitchcock and the three investigators in The mystery of the dead man's riddle, 1974)
DTVJ 7387, 1980

HEISSE KRIMINALGESCHICHTEN, BAND 1
(Murders on the half skull (I) 1970)
SCHN 7303, 1981

HEISSE KRIMINALGESCHICHTEN, BAND 2
(Murders on the half skull (II) 1970)
SCHN 7315, 1982

HEISSE KRIMINALGESCHICHTEN, BAND 3
NUR EIN BISSCHEN ARSEN . . .
(Happiness is a warm corpse (I) 1969)
SCHN 7316, 1982

HEISSE KRIMINALGESCHICHTEN, BAND 4
EIN GENTLEMAN IN SCHWIERIGKEITEN
(Happiness is a warm corpse (II) 1969)
SCHN 7327, 1982

HEISSE KRIMINALGESCHICHTEN, BAND 5
GUTE ZEUGEN STERBEN AUS
(Coffin break (I) 1974)
SCHN 7346, 1983

HEISSE KRIMINALGESCHICHTEN, BAND 6
EIN WORT ZUVIEL KANN TÖDLICH SEIN
(Coffin break (II) 1974)
SCHN 7347, 1983

HEISSE KRIMINALGESCHICHTEN, BAND 7
EIN ALIBI ZUR RECHTEN ZEIT
(Boys and ghouls together (I) 1974)
SCHN 8714, 1983

HEISSE KRIMINALGESCHICHTEN, BAND 8
TREU BIS ANS GRAB
(Boys and ghouls together (II) 1974)
SCHN 8348, 1983

HEISSE KRIMINALGESCHICHTEN, BAND 9
DER SCHUSS INS SCHWARZE
(Tales to be read with caution (I) 1979)
SCHN 8493, 1984

HEISSE KRIMINALGESCHICHTEN, BAND 10
MIT TÖDLICHER SICHERHEIT
(Tales to be read with caution (II) 1979)
SCHN 8494, 1984

HITCHCOCKS GRUSELKABINETT: WOLFSBLUT
aus: (Alfred Hitchcock's Spellbinders in suspense, 1965) und (Alfred Hitchcock's Monster Museum, 1967)
DTVJ 70006, 1983

HITCHCOCK'S KRIMINALKABINETT: ECHO DES BÖSEN
(Alfred Hitchcock's happy Deathday, 1972)

DTVJ 70035, 1984
WER WAR DER TÄTER?
(Alfred Hitchcock's solve-them-yourself-mysteries, o. J.)
RAV 180, 1970

d) Alfred Hitchcock's Kriminalmagazin

KRIMINALMAGAZIN BAND 1
UK 896, 1962
KRIMINALMAGAZIN BAND 2
UK 900, 1962
KRIMINALMAGAZIN BAND 3
UK 904, 1963
KRIMINALMAGAZIN BAND 4
UK 930, 1963
KRIMINALMAGAZIN BAND 5
UK 939, 1963
KRIMINALMAGAZIN BAND 6
UK 943, 1963
KRIMINALMAGAZIN BAND 7
UK 950, 1964
KRIMINALMAGAZIN BAND 8
UK 957, 1964
KRIMINALMAGAZIN BAND 9
UK 964, 1964
KRIMINALMAGAZIN BAND 10
UK 969, 1964
KRIMINALMAGAZIN BAND 11
UK 976, 1964
KRIMINALMAGAZIN BAND 12
UK 981, 1964
KRIMINALMAGAZIN BAND 13
UK 986, 1964
KRIMINALMAGAZIN BAND 14
UK 995, 1965
KRIMINALMAGAZIN BAND 15
UK 1021, 1965
KRIMINALMAGAZIN BAND 16
UK 1036, 1965
KRIMINALMAGAZIN BAND 17
UK 1057, 1966
KRIMINALMAGAZIN BAND 18
UK 1077, 1966
KRIMINALMAGAZIN BAND 19
UK 1078, 1966
KRIMINALMAGAZIN BAND 20
UK 1082, 1966
KRIMINALMAGAZIN BAND 21
UK 1086, 1966
KRIMINALMAGAZIN BAND 22
UK 1097, 1966
KRIMINALMAGAZIN BAND 23
UK 1105, 1967
KRIMINALMAGAZIN BAND 24
UK 1115, 1967
KRIMINALMAGAZIN BAND 25
UK 1130, 1967
KRIMINALMAGAZIN BAND 26
UK 1136, 1967
KRIMINALMAGAZIN BAND 27
UK 1148, 1967
KRIMINALMAGAZIN BAND 28
UK 1158, 1967
KRIMINALMAGAZIN BAND 29
UK 1168, 1968
KRIMINALMAGAZIN BAND 30
UK 1178, 1968
KRIMINALMAGAZIN BAND 31
UK 1188, 1968
KRIMINALMAGAZIN BAND 32
UK 1198, 1968
KRIMINALMAGAZIN BAND 33
UK 1208, 1968
KRIMINALMAGAZIN BAND 34
UK 1218, 1968
KRIMINALMAGAZIN BAND 35
UK 1228, 1969
KRIMINALMAGAZIN BAND 36
UK 1238, 1969
KRIMINALMAGAZIN BAND 37
UK 1248, 1969
KRIMINALMAGAZIN BAND 38
UK 1258, 1969
KRIMINALMAGAZIN BAND 39
UK 1268, 1969
KRIMINALMAGAZIN BAND 40
UK 1283, 1970

KRIMINALMAGAZIN BAND 41
UK 1288, 1970
KRIMINALMAGAZIN BAND 42
UK 1304, 1970
KRIMINALMAGAZIN BAND 43
UK 1318, 1970
KRIMINALMAGAZIN BAND 44
UK 1332, 1970
KRIMINALMAGAZIN BAND 45
UK 1347, 1970
KRIMINALMAGAZIN BAND 46
UK 1359, 1970
KRIMINALMAGAZIN BAND 47
UK 1371, 1971
KRIMINALMAGAZIN BAND 48
UK 1384, 1971
KRIMINALMAGAZIN BAND 49
UK 1396, 1971
KRIMINALMAGAZIN BAND 50
UK 1408, 1971
KRIMINALMAGAZIN BAND 51
UK 1420, 1971
KRIMINALMAGAZIN BAND 52
UK 1432, 1971
KRIMINALMAGAZIN BAND 53
UK 1444, 1972
KRIMINALMAGAZIN BAND 54
UK 1457, 1972
KRIMINALMAGAZIN BAND 55
UK 1469, 1972
KRIMINALMAGAZIN BAND 56
UK 1475, 1972
KRIMINALMAGAZIN BAND 57
UK 1493, 1972
KRIMINALMAGAZIN BAND 58
UK 1505, 1972
KRIMINALMAGAZIN BAND 59
UK 1517, 1973
KRIMINALMAGAZIN BAND 60
UK 1529, 1973
KRIMINALMAGAZIN BAND 61
UK 1541, 1973
KRIMINALMAGAZIN BAND 62
UK 1547, 1973
KRIMINALMAGAZIN BAND 63
UK 1565, 1973
KRIMINALMAGAZIN BAND 64
UK 1577, 1973
KRIMINALMAGAZIN BAND 65
UK 1589, 1974
KRIMINALMAGAZIN BAND 66
UK 1599, 1974
KRIMINALMAGAZIN BAND 67
UK 1607, 1974
KRIMINALMAGAZIN BAND 68
UK 1619, 1974
KRIMINALMAGAZIN BAND 69
UK 1643, 1974
KRIMINALMAGAZIN BAND 70
UK 1655, 1974
KRIMINALMAGAZIN BAND 71
UK 1661, 1975
KRIMINALMAGAZIN BAND 72
UK 1673, 1975
KRIMINALMAGAZIN BAND 73
UK 1679, 1975
KRIMINALMAGAZIN BAND 74
UK 1703, 1975
KRIMINALMAGAZIN BAND 75
UK 1709, 1975
KRIMINALMAGAZIN BAND 76
UK 1721, 1975
KRIMINALMAGAZIN BAND 77
UK 1733, 1976
KRIMINALMAGAZIN BAND 78
UK 1746, 1976
KRIMINALMAGAZIN BAND 79
UK 1758, 1976
KRIMINALMAGAZIN BAND 80
UK 1764, 1976
KRIMINALMAGAZIN BAND 81
UK 1770, 1976
KRIMINALMAGAZIN BAND 82
UK 1780, 1976
KRIMINALMAGAZIN BAND 83
UK 1787, 1976
KRIMINALMAGAZIN BAND 84
UK 1793, 1976

KRIMINALMAGAZIN BAND 85
UK 1811, 1977
KRIMINALMAGAZIN BAND 86
UK 1817, 1977
KRIMINALMAGAZIN BAND 87
UK 1829, 1977
KRIMINALMAGAZIN BAND 88
UK 1835, 1977
KRIMINALMAGAZIN BAND 89
UK 1841, 1977
KRIMINALMAGAZIN BAND 90
UK 1853, 1977
KRIMINALMAGAZIN BAND 91
UK 1865, 1977
KRIMINALMAGAZIN BAND 92
UK 1871, 1978
KRIMINALMAGAZIN BAND 93
UK 1877, 1978
KRIMINALMAGAZIN BAND 94
UK 1883, 1978
KRIMINALMAGAZIN BAND 95
UK 1889, 1978
KRIMINALMAGAZIN BAND 96
UK 1901, 1978
KRIMINALMAGAZIN BAND 97
UK 1907, 1978
KRIMINALMAGAZIN BAND 98
UK 1913, 1978
KRIMINALMAGAZIN BAND 99
UK 1919, 1978
KRIMINALMAGAZIN BAND 100
UK 1925, 1978
KRIMINALMAGAZIN BAND 101
UK 1937, 1978
KRIMINALMAGAZIN BAND 102
UK 1943, 1979
KRIMINALMAGAZIN BAND 103
UK 1949, 1979
KRIMINALMAGAZIN BAND 104
UK 1955, 1979
KRIMINALMAGAZIN BAND 105
UK 1961, 1979
KRIMINALMAGAZIN BAND 106
UK 1973, 1979
KRIMINALMAGAZIN BAND 107
UK 1979, 1979
KRIMINALMAGAZIN BAND 108
UK 1985, 1979
KRIMINALMAGAZIN BAND 109
UK 1991, 1979
KRIMINALMAGAZIN BAND 110
UK 10006, 1979
KRIMINALMAGAZIN BAND 111
UK 10018, 1979
KRIMINALMAGAZIN BAND 112
UK 10024, 1980
KRIMINALMAGAZIN BAND 113
UK 10035, 1980
KRIMINALMAGAZIN BAND 114
UK 10039, 1980
KRIMINALMAGAZIN BAND 115
UK 10043, 1980
KRIMINALMAGAZIN BAND 116
UK 10051, 1980
KRIMINALMAGAZIN BAND 117
UK 10055, 1980
KRIMINALMAGAZIN BAND 118
UK 10059, 1980
KRIMINALMAGAZIN BAND 119
UK 10063, 1980
KRIMINALMAGAZIN BAND 120
UK 10070, 1980
KRIMINALMAGAZIN BAND 121
UK 10078, 1980
KRIMINALMAGAZIN BAND 122
UK 10082, 1981
KRIMINALMAGAZIN BAND 123
UK 10086, 1981
KRIMINALMAGAZIN BAND 124
UK 10090, 1981
KRIMINALMAGAZIN BAND 125
UK 10098, 1981
KRIMINALMAGAZIN BAND 126
UK 10106, 1981
KRIMINALMAGAZIN BAND 127
UK 10110, 1981
KRIMINALMAGAZIN BAND 128
UK 10114, 1981

KRIMINALMAGAZIN BAND 129
UK 10118, 1981
KRIMINALMAGAZIN BAND 130
UK 10125, 1981
KRIMINALMAGAZIN BAND 131
UK 10129, 1981
KRIMINALMAGAZIN BAND 132
UK 10133, 1981
KRIMINALMAGAZIN BAND 133
UK 10137, 1982
KRIMINALMAGAZIN BAND 134
UK 10141, 1982
KRIMINALMAGAZIN BAND 135
UK 10156, 1982
KRIMINALMAGAZIN BAND 136
UK 10160, 1982
KRIMINALMAGAZIN BAND 137
UK 10164, 1982
KRIMINALMAGAZIN BAND 138
UK 10168, 1982
KRIMINALMAGAZIN BAND 139
UK 10172, 1982
KRIMINALMAGAZIN BAND 140
UK 10176, 1982
KRIMINALMAGAZIN BAND 141
UK 10180, 1982
KRIMINALMAGAZIN BAND 142
UK 10184, 1982
KRIMINALMAGAZIN BAND 143
UK 10188, 1983
KRIMINALMAGAZIN BAND 144
UK 10191, 1983
KRIMINALMAGAZIN BAND 145
UK 10195, 1983
KRIMINALMAGAZIN BAND 146
UK 10199, 1983
KRIMINALMAGAZIN BAND 147
UK 12203, 1983
KRIMINALMAGAZIN BAND 148
UK 12207, 1983
KRIMINALMAGAZIN BAND 149
UK 10211, 1983
KRIMINALMAGAZIN BAND 150
UK 10215, 1983
KRIMINALMAGAZIN BAND 151
UK 10219, 1983
KRIMINALMAGAZIN BAND 152
UK 10223, 1983
KRIMINALMAGAZIN BAND 153
UK 10227, 1983
KRIMINALMAGAZIN BAND 154
UK 10231, 1983
KRIMINALMAGAZIN BAND 155
UK 10235, 1984
KRIMINALMAGAZIN BAND 156
UK 10239, 1984
KRIMINALMAGAZIN BAND 157
UK 10243, 1984
KRIMINALMAGAZIN BAND 158
UK 10248, 1984
KRIMINALMAGAZIN BAND 159
UK 10252, 1984
KRIMINALMAGAZIN BAND 160
UK 10257, 1984
KRIMINALMAGAZIN BAND 161
UK 10261, 1984
KRIMINALMAGAZIN BAND 162
UK 10265, 1984
KRIMINALMAGAZIN BAND 163
UK 10269, 1984
KRIMINALMAGAZIN BAND 164
UK 10273, 1984
KRIMINALMAGAZIN BAND 165
UK 10277, 1984
KRININALMAGAZIN BAND 166
UK 10281, 1984

HITCHENS, (HU)BERT (ALLAN) und (JULIA CLARA CATHARINE) DOLORES (BIRK OLSON) HITCHENS (1907–1973)

CALIFORNIA–EXPRESS
(End of the line, 1957)
UK 994, 1965; GK 3089, 1968
DYNAMIT IST UNMODERN
(The grudge, 1963)
GK 2115, 1965
DIE GELBE FLAGGE

(F.O.B. murder, 1955)
UK 1002, 1965; GK 3113, 1968

ÖSTLICH VON LOS ANGELES
(The man who followed women, 1959)
UK 983, 1964; GK 3098, 1968

OHNE RÜCKKEHR
(One-way ticket, 1956)
UK 1019, 1965; GK 3105, 1968

HITCHENS, (JULIA CLARA CATHERINE) DOLORES (BIRK OLSEN) (1907–1973)
Pseudonyme: Dolan Birkley, Noel Burke, D. B. Olsen

DIE BAMBUSTÜR
(The bank with the bamboo door, 1965)
GK 2142, 1965

DIE BAXTER-BRIEFE
(The Baxter letters, 1971)
GK 4133, 1971

DEM WAHNSINN NAHE
(The watcher, 1959)
MIT 316, 1966

FEUER TILGT DIE SPUR
(Postscript to nightmare, 1967)
GK 3125, 1968

FLUCHT NACH LAS VEGAS
(Fool's gold, 1958)
GK 2086, 1965

GEFAHR FÜR MARION
(The abductor, 1962)
GK 1231, 1963

IN EINEM FREMDEN HAUS
(In a house unknown, 1973)
GK 4361, 1974

EIN KLEINER FEHLER
(Beat back the tide, 1954)
GK 2073, 1965

DER MANN MIT DEN WOLFSAUGEN
(Stairway to an empty room, 1951)
GK 2126, 1966

SCHRITTE IN DER NACHT
(Footsteps in the night, 1961)
MIT 155, 1963; HLK 1782, 1978

DIE SCHULD DER ALTEN LADY
(A collection of strangers, 1969)
GK 4010, 1970

SCHUSS PER TELEFON
(Sleep with strangers, 1955)
GK 2103, 1965

SIE WAR DABEI
(The man who cried all the way home, 1966)
GK 2274, 1967

DER STRICK VOR DER TÜR
(Nets to catch the wind, 1952)
MIT 327, 1967

ZWEIMAL GESTORBEN
(Sleep with slander, 1960)
GK 2109, 1965

HOCH, EDWARD D(ENTINGER) (1930–
Pseudonym: Ellery Queen

SCHUSS AUS DEM MIKROPHON
(The shattered raven, 1969)
UK 1352, 1970

HODDER-WILLIAMS (JOHN) CHRISTOPHER (GLAZEBROOK) (1926–
Pseudonym: James Brogan

KETTENREAKTION
(Chain reaction, 1959)
LIST 177/178, 1960

HODGE, JANE AIKEN (1917–

GEFANGEN IM PARADIES
(The lost garden, 1982)
HRO 2147, 1984

IM SCHATTEN DER ANDEREN
(Shadow of a Lady, 1974)
HRO 1944, 1975

IN VENEDIG WARTET DER TOD
(One way to Venice, 1975)
HRO 2022, 1978

HÖBER, HEINZ WERNER (1931–
Autor zahlreicher Romane der Serie: *»Jerry Cotton«* (s. *Anhang*) und weiterer Kriminalromane unter sechs verschiedenen Pseudonymen.

HÖPFNER, JÜRGEN (1943–
VERHÄNGNIS VOR ELYSIUM
DIE 640, 1983

HOEPPENER-FLATOW, W(OLFGANG)
ZWISCHENFALL IM FERNSEHSENDER (OA), AUF 37, 1953

HOERNIG, HANS
INSPEKTOR CARR ZWEIFELT (1938)
GK 123, 1957

HOFFMANN, E.T.A. (1776–1822)
(Erzählungen)
(darin: Das Fräulein von Scuderi, 1819; Das Majorat, 1817)
GAR 509, 1958; GKL 7546, 1981
DAS FRÄULEIN VON SCUDERI (1819)
(Orig.-Schreibweise: Scudéry)
REL 25, 1952; RFA 48, 1955; RES 25, 1969; IT 410, 1980
DAS MAJORAT (1817), RES 32, 1981
NACHTSTÜCKE
(darin: Das Majorat, 1817)
RKL 148, 1961; IT 589, 1981

HOFFMANN, FRIEDRICH (1922–
SIE WAR ERST ZWANZIG (OA)
GK 2132, 1966
WAS GEHT IM STEINBRUCH VOR? (OA)
GK 1264, 1963

HOFFMANN, RICHARD H. und JIM BISHOP
MORDFALL APPLEGATE
ATR 17, 1957

HOLDEN, ANNE
WAHRHEIT AUS ZWEITER HAND
(The witnesses, 1971)
RTH 2295, 1973

HOLDEN, GENEVIEVE
Pseudonym von Genevieve Long Fou (1919–
GEH NICHT ALLEIN HINEIN
(Don't go in alone, 1965)
GK 3081, 1968

HOLDEN, HARALD
48 STUNDEN TODESANGST (OA)
NRK 25, 1975

HOLK, FREDER VAN
Pseudonym von Paul Alfred Müller (Müller-Murnau) (1901–
Weitere Pseudonyme: Jan Holk, Lok Myler
DAS ENDE DES GOLFSTROMS (1952)
HJU 103, 1976

HOLLAND, ISABELLE (1920–
BÖSE SAAT DES HASSES
(The DeMaury papers, 1977)
HRO 2019, 1978
DAS HAUS DER VIELEN GEHEIMNISSE
(Trelawny, 1974)
HRO 1970, 1976
DIE VERLORENE MADONNA
(The lost Madonna, 1981)
HRO 2141, 1983
DAS VERSCHOLLENE KIND
(The marching inheritance, 1979)
HRO 2091, 1981

HOLLAND, ROBERT (1940–
FREMDER ASPHALT
(The hunter, 1971)
RTH 2306, 1974; RTH 2612, 1982

HOLM, JENS K.

DETEKTIV KIM AUF DER RICHTIGEN FÄHRTE
(n. e.)
GJU 20201, 1978

DETEKTIV KIM AUS KOPENHAGEN
(Kim og Co., o. J.)
HJU 88, 1975; PEL 4, 1983

DETEKTIV KIM ENTLARVT DIE SCHMUGGLER
(Kim og smuglerne, o. J.)
PEL 18, 1984

DETEKTIV KIM GREIFT EIN
(n. e.)
GJU 20238, 1979

DETEKTIV KIM IM VERSTECK DER POSTRÄUBER
(n. e.)
GJ 20240, 1979

DETEKTIV KIM KNACKT DAS GANOVENRÄTSEL
(n. e.)
GJU 20250, 1979

DETEKTIV KIM LÄSST SICH NICHT TÄUSCHEN
(n. e.)
GJU 20254, 1979

DETEKTIV KIM STELLT EINE FALLE
(n. e.)
HJU 121, 1977

DETEKTIV KIM UND DAS GEHEIMNISVOLLE HAUS
(Kim og det mystiske hus, o. J.)
GJU 20195, 1977; PEL 6, 1983

DETEKTIV KIM UND DAS VERSCHWUNDENE KROKODIL
(Kim slar igen, o. J.)
PEL 14, 1983

DETEKTIV KIM UND DER GROSSZÜGIGE DIEB
(n. e.)
GJU 20263, 1980

DETEKTIV KIM UND DER SCHLAUE PAPAGEI
(n. e.)
GJU 20212, 1978

DETEKTIV KIM UND DER VERMISSTE POLIZIST
(Kim og betjenten, er blev vaek, o. J.)
HJU 111, 1976

DETEKTIV KIM UND DER VERSCHWUNDENE SCHATZ
(Kim og den forsvundne skat, o. J.)
HJU 97, 1976; PEL 5, 1983

DETEKTIV KIM UND DIE SPIONE
(n. e.)
GJU 20259, 1980

DETEKTIV KIM UNTER SCHWEREM VERDACHT
(n. e.)
GJU 20217, 1978

DETEKTIV KIM VERFOLGT DIE BRANDSTIFTER
(Kim og den rode hane, o. J.)
GJU 20244, 1979

HOLMBERG, ÅKE

PRIVATDETEKTIV TIEGELMANN IM WARENHAUS
(Ture Sventon i varuhuset, o. J.)
UEB 230, 1974

PRIVATDETEKTIV TIEGELMANN IN VENEDIG
(Ture Sventon i Venedig, 1973)
UEB 236, 1975

HOLMS, G.

DER SCHWARZE STRUMPF (OA)
GK 2107, 1965

HOLT, HENRY

ALLE SIND VERDÄCHTIG
(Murder at the bookstall, 1934)
GK 182, 1959

DIE FLÜSTERSTIMME
(The whispering man, 1938)
GK 151, 1958

DAS HALSBAND DES TODES
(The necklace of death, 1931)
GK 2002, 1964

KEIN AUSWEG
(A wreath for the Lady, 1959)
GK 231, 1960

KOMMEN SIE SOFORT!
(No lilies, 1947)
GK 274, 1960

DIE TONGABOHNE
(The scarlet messanger, 1933)
GK 122, 1957

DIE WOLFSKLAUE
(The wolf's claw, 1932)
GK 135, 1958

HOLT, VICTORIA
Pseudonym von Eleanor Alice Burford Hibbert (1906–
Weitere Pseudonyme: Philippa Carr, Elbur Ford, Kathleen Kellow

DIE ASHINGTON-PERLEN
(The spring of the tiger, 1979)
KNAR 1087, 1984

DIE BRAUT VON PENDORRIC
(Bride of Pendorric, 1963)
HRO 1810, 1967; HRO 1985, 1977; HAR 5729, 1980

DER FLUCH DER OPALE
(The pride of the peacock, 1976)
HAR 5644, 1980

DIE GEHEIME FRAU
(The secret woman, 1971)
HAR 5213, 1976

HARRIET – SANFTE SIEGERIN
engl. T. (Menfreya, 1966)
am. T. (Menfreya in the morning, 1966)
RAR 1246 – 1247, spätere Aufl. RAR 1246, 1970; FAR 2403, 1978

HERRIN AUF MELLYN
(Mistress of Mellyn, 1960)
HAR 259, 1963; FAR 2469, 1980

DAS HAUS DER TAUSEND LATERNEN
(The house of a thousand lanterns, 1974)
HAR 5404, 1978

IM SCHATTEN DES LUCHSES
(The shadow of the lynx, 1971)
FAR 2423, 1979

IN DER NACHT DES SIEBENTEN MONDES
(On the night of the seventh moon, 1973)
BAR 11117, 1978

DIE RACHE DER PHARAONEN
(The curse of the kings, 1973)
HAR 5317, 1977

DER SCHLOSSHERR
(The King of the castle, 1968)
HRO 1851, 1971; HRO 1973, 1976; HAR 5141, 1980

DAS SCHLOSS IM MOOR
(Kirkland revels, 1962)
LICH 68, 1963, HRO 1807, 1967; HAR 5006, 1973

DIE SIEBENTE JUNGFRAU
(The legend of the seventh virgin, 1965)
HRO 1831, 1969; HRO 1963, 1976; HAR 5478, 1978

TREIBSAND
(The shivering sands, 1969)
FAR 1671, 1976

DAS ZIMMER DES ROTEN TRAUMS
(Lord of the far island, 1975)
BAR 17023, 1979

HOLTEI, CARL VON (1798–1880)
(EIN) MORD IN RIGA (1855)
HER 729, 1979; bb 511, 1983

HOLTON, LEONARD
Pseudonym von Leonard (Patrick O'Connor) Wibberley (1915–

AUF EIGENE FAUST
(The Saint maker, 1959)
MIT 86, 1961
FATHER BREDDER WEISS ZUVIEL
(Out of the depths, 1966)
HER 288, 1967
MORD IM BEICHTSTUHL
(Secret of the doubting Saint, 1961), HER 241, 1965
DER TOTE, DER EINEN MORD BEGING
(A pact with Satan, 1960)
HER 164, 1969

HONIG, DONALD (1931–
GESTÄNDNIS VOR DEM TOD
(Divide the night, 1961)
TK 6, 1972
vgl. *Im Abgrund der Nacht*
IM ABGRUND DER NACHT
(Divide the night, 1961)
MIT 583, 1972
vgl. *Geständnis vor dem Tod*

HOPKINGS, A. T.
Pseudonym von Anette Turngren (1902–1980)
DIE HOCHSTAPLERIN
(Have a lovely funeral, 1954)
MIT 162, 1963

HORBACH, MICHAEL (1924–
Pseudonym: Michael Donradt
HITLERS TOCHTER (1982)
PLAY 6153, 1984
DIE KANZLERREISE (1974)
HAR 5289, 1976
KOMMANDO GRABESKIRCHE (1981)
PLAY 6159, 1984

HORLA, ALEXANDER
Pseudonym von Hans Joachim Flechtner (1902–1980)
MATT IN 13 ZÜGEN (OA)
KNAR 1144, 1984

HORNUNG, E(RNEST) W(ILLIAM) (1866–1921)
RAFFLES ALS RICHTER
(Mr. Justice Raffles, 1909)
HCC 1976, 1981
RAFFLES – DER DIEB IN DER NACHT (1899–1905)
(Kriminalgeschichten)
DIO 109 = 20237, 1976;
HCC 2032, 1983

HOTTINGER, MARY (Hrsg.)
EINIGE MORDE
(10 Mordgeschichten – Auswahl aus »Mord«, »Mehr Morde« und »Noch mehr Morde«) (1959–1963)
FAR 1067, 1969
MORD (1959)
DIO 25/1 = 20030, 1972
MEHR MORDE (1961)
DIO 25/2 = 20031, 1972
NOCH MEHR MORDE (1963)
DIO 25/3 = 20032, 1972

HOUGRON, JEAN (1923 –
DURCH WELCHEN ÄRGERNIS KOMMT
(Par qui le scandale, o. J.)
RAR 826, 1966
EIN SCHATTEN AUF DEM DACH
(Je reviendrai à Kandara, 1955)
RAR 371, 1960

HOUSEHOLD, GEOFFREY (EDWARD WEST) (1900–
DER GEHETZTE
(Rogue male, 1939)
auch: (Man hunt, 1942)
UAR 108, 1956; UK 714, 1959;
GK 3244, 1970
GEH NICHT HINAUS BEI NACHT
(Dance of the dwarfs, 1968)

GAR 2806, 1971
INSEL DER TRÄUME
(Yonder, 1955)
HRO 1816, 1968; HRO 2110, 1982

HOWARD, HARTLEY
Pseudonym von Leopold Horace Ognall (1908–1979)
Weiteres Pseudonym: Harry Carmichael
DER ABSCHIEDSBRIEF
(The sealed envelope, 1979)
GK 4890, 1980
ACHT DOPPELTE WHISKY
(Out of the fire, 1965)
GK 2146, 1965
BLEIVERGIFTUNG
(Death of Cecilia, 1952)
GK 4472, 1975
vgl. *Cäcilias Tod*
BOWMAN AUF DEM BROADWAY
(Bowman on Broadway, 1954)
BLG 45, 1960
vgl. *Fünf Stunden Todesangst*
CÄCILIAS TOD
(Death of Cecilia, 1952)
BLG 34, 1959
vgl. *Bleivergiftung*
DAME MIT KRAWATTE
(No target for a Bowman, 1955)
GK 4467, 1975
DIE IHRE HAUT ZU MARKTE TRAGEN
(Portrait of a beautiful harlot, 1966)
GK 4106, 1971
DER DREIER-BLUFF
(Treble cross, 1975)
GK 4523, 1976
ECKE BROADWAY – 14. STRASSE
(The last appointment, 1951)
SM 205, 1963
EINER KAM ZU SPÄT
(Count-down, 1962)
GK 1224, 1963
EINMAL FÄNGT JEDER AN
(Deadline, 1959)
GK 4777, 1978
ERSTE HILFE BEI MORD
(Extortion, 1960)
GK 4148, 1972
FAHRKARTE INS JENSEITS
(Bowman strikes again, 1953)
GTH 4730, 1978
FÜNF STUNDEN TODESANGST
(Bowman on Broadway, 1954)
GK 4867, 1979
vgl. *Bowman auf dem Broadway*
GEGEN DIE UHR
(Time bomb, 1961)
GK 4450, 1975
GEHEIME MISSION
(Sleep, my pretty one, 1958)
BLG 26, 1958
vgl. *Keine kleine Nachtmusik*
GOOD BYE, MALTA!
(The secret of Simon Cornell, 1969)
GK 4004, 1970
DER GROSSE FISCHZUG
(The big snatch, 1958)
GK 4887, 1980
HOTEL MIT STERBEZIMMER
(Room 37, 1970)
GK 4083, 1971
ICH BIN KEIN HELD
(I'm no hero, 1961)
GK 1156, 1962
JENSEITS DER TÜR
(The other side of the door, 1953)
GK 4649, 1977
KEINE KLEINE NACHTMUSIK
(Sleep, my pretty one, 1958)
GK 4783, 1978
vgl. *Geheime Mission*
KEINE ZEIT FÜR GNADE
(Murder one, 1971)
GK 4172, 1972
DIE LÄNGSTE NACHT

(The long night, 1957)
GK 4587, 1976

DIE LETZTE EITELKEIT
(The last vanity, 1952)
BLG 40, 1960
vgl. *Schleichendes Gift*

DIE LETZTE TÄUSCHUNG
(The last deception, 1951)
BLG 8, 1953; SM 2123, 1964

MORD À GOGO
(Dead drunk, 1974)
GK 4416, 1974

NACHRUF AUF JOANNA
(Epitaph for Joanna, 1972)
GK 4180, 1972

NACKT, MIT HEILER HAUT
(Payoff, 1976)
GTH 4715, 1978

NETTER TAG FÜR EIN BEGRÄBNIS
(Nice day for a funeral, 1972)
GK 4258, 1973

ONE-WAY TICKET
(One-way ticket, 1978)
GK 4813, 1979

SCHARFE KURVEN
(Highway to murder, 1973)
GK 4338, 1974

SCHLAF FÜR DIE VERDAMMTEN
(Sleep for the wicked, 1955)
GK 4579, 1976

SCHLEICHENDES GIFT
(The last vanity, 1951)
GK 4643, 1977
vgl. *Die letzte Eitelkeit*

SCHLÜSSEL ZUM GRAB
(Key to the morgue, 1957)
GK 2133, 1965

SCHUHGRÖSSE 3
(A hearse for Cinderella, 1956)
GK 1196, 1962

SELIG, DIE DIE SCHNAUZE HALTEN
(Routine investigation, 1967)
GK 4480, 1975; GUK 4821, 1979

SEPTEMBER IM REGEN
(The Bowman touch, 1956)
GK 4238, 1973

SICHER WIE DAS GRAB
(Million Dollar snapshot, 1971)
GK 4115, 1971

DER TEUFEL SORGT FÜR DIE SEINEN
(Fall guy, 1960)
GK 4759, 1978

WEINE AN MEINER SCHULTER
(Cry on my shoulder, 1970)
GK 4193, 1972

ZWEI TICKETS NACH MEXIKO
(Bowman at a venture, 1954)
GK 4632, 1977

HOWARD, JAMES A(RCH) (1922–

AUCH HENKER KÖNNEN WEINEN
(Blow out my torch, 1956)
BRA 49, 1972; BK 36030, 1979

DARLING, LASS MICH LEBEN!
(I like it tough, 1955)
BRA 27, 1971

GUTEN TAG, ICH BIN IHR MÖRDER!
(Murder in mind, 1960)
BRA 21, 1970

SPEZIALITÄT: BESEITIGUNG IHRER FRAU
(Murder takes a wife, 1958)
BRA 8, 1969; BK 36013, 1978

EINE STEILE KARRIERE
(Die on easy street, 1957)
BK 36036, 1980
vgl. *Todesursache: Nacktfotos*

TOD EINES EHRENMANNES
(The bullet-proof martyr, 1961)
BRA 38, 1971

TODESURSACHE: NACKTFOTOS
(Die on easy street, 1957)
BRA 34, 1971
vgl. *Eine steile Karriere*

HOWART, HARALD
(Pseudonym)

DIE GEKÖPFTEN MÄDCHEN (OA)

TK 1, 1971
DIE GESTOHLENEN LEICHEN (OA)
TK 5, 1972
KARRIERE ÜBER LEICHEN (OA)
TK 2, 1971
LEICHE IN STÜCKEN GEFÄLLIG? (OA)
TK 8, 1972
MÖRDER MIT LANGEN HAAREN (OA)
HEL 11, 1972
TOD DURCH RATTEN (OA)
HEL 6, 1971

HOWATCH, SUSAN (STURT) (1940–

ANRUF BEI NACHT
(Call in the night, 1967)
MOL 45, 1977; HAR 5920, 1981
DIE DUNKLE KÜSTE
(The dark shore, 1965)
MOL 130, 1978; HAR 5974, 1982
vgl. *Der Schatten der ersten Frau*
DIE ERBEN VON PENMARRIC
(Penmarric, 1971)
KNAR 356, 1974; HAR 5820, 1981
GEHEIMNIS IM MOOR
(The shrouded walls, 1968)
HAR 6015, 1982
DIE HERREN AUF CASHEMARA
(Cashelmara, 1974)
MOL 20, 1976; HAR 5691, 1981
DER SCHATTEN DER ERSTEN FRAU
(The dark shore, 1965)
HRO 1852, 1971
vgl. *Die dunkle Küste*
DAS SCHLOSS AM MEER
(April's grave, 1969)
MOL 2, 1976; HAR 5786, 1980
TEUFLISCHE LIEBE
(The devil on Lammas night, 1970)
MOL 75, 1978; HAR 5859, 1981
TÖDLICHER SAND
(The waiting sands, 1966)
MOL 30, 1976
vgl. *Der ungebetene Gast*
DER UNGEBETENE GAST
(The waiting sands, 1966)
HAR 5742, 1980
vgl. *Tödlicher Sand*

HOWELL, PATRICIA HAGAN (1939–

WIND DES BÖSEN
(Winds of terror, 1975)
UAR 3347, 1977

HOYT, RICHARD (1941–

CASTROS COUP
(The Manna Enzyme, 1982)
UK 12205, 1983
LOCKENTE
(Decoys, 1980)
UK 10145, 1981
SCHWEIGEGELD FÜR HARRY
(30 for a Harry, 1981)
UK 10189, 1983

HUBBARD, P(HILIP) M(AITLAND) (1910–1980)

BLATTSCHUSS
(The graveyard, 1975)
RTH 2408, 1977
HOCHWASSER ACHT VOR ZEHN
(High tide, 1970), RTH 2265, 1972
IHRES BRUDERS HÜTER
(A thirsty evil, 1974)
RTH 2385, 1976
KILLEREILAND
(Cold waters, 1969)
RTH 2257, 1972
TÖDLICHES GLAS
(A hive of glass, 1965)
RTH 2152, 1968; RTH 2581, 1981
DER WEG DURCHS WASSER
(The causeaway, 1976)
RTH 2510, 1980
WENN DAS WASSER STEIGT
(The quiet river, 1978)
RTH 2527, 1980

HUBBARD, RICHARD (?–1974)
Pseudonyme: Nick Carter, Marie Eyre, Regina Hubbard, Chris Stratton

HUBERT, TORD (1933–
WENN DER DAMM BRICHT
(The trap, 1976)
GK 4828, 1979

HUBY, FELIX (1938–
ACH WIE GUT, DASS NIEMAND WEISS . . . (OA)
RTH 2446, 1978
DER ATOMKRIEG IN WEIHERSBRONN (OA)
RTH 2411, 1977
BIENZLE STOCHERT IM NEBEL (OA)
RTH 2638, 1983
FELIX & CO. AUF HEISSER SPUR (OA)
KNJU 2261, 1983
SCHADE, DASS ER TOT IST (OA)
RTH 2584, 1982
DER SCHLANGENBISS (OA)
(Zusammen mit Fred Breinersdorfer)
KNK 4921, 1981
SEIN LETZTER WILLE (OA)
RTH 2499, 1979
TOD IM TAUERNTUNNEL (OA)
RTH 2422, 1977

HUCH, RICARDA (OCTAVIA) (1864–1947)
DER FALL DERUGA (1917)
UAR 2625, 1967; UAR 37005, 1980

HUDSON, JEFFERY
Pseudonym von (John) Crichton, Michael (1942–
Weiteres Pseudonym: John Lange
DIE INTRIGE
(A case of need, 1968)
RAR 1540, 1972

HUGGINS, ROY (1914–
77 SUNSET STRIP
(77 Sunset Strip, 1959)
HK 1121, 1964

HUGHES, DOROTHY B(ELLE FLANAGAN) (1904–
DAS KAINSZEICHEN
(The expendable man, 1963)
SCHE 241, 1965
DER TOD TANZT AUF DEN STRASSEN
(Ride the pink horse, 1946)
GK 4900, 1981
WO KEIN ZEUGE LAUSCHT
(In a lonely place, 1947)
GLIT 5210, 1980

HUIZINGA, LEONHARD (1906–
DER SIEBENTE TAG
(De zevonde dag, o.J.)
RAR 253, 1958

HULL, RICHARD
Pseudonym von Richard Henry Sampson (1896–1973)
ES BLEIBT UNTER UNS
(Keep it quiet, 1935)
RTH 2012, 1962
DER MORD AN MEINER TANTE
(The murder of my aunt, 1934)
HCC 1598, 1974

HUME, DAVID
Pseudonym von J(ohn) V(ictor) Turner (1900–1945)
Weiteres Pseudonym: Nicholas Brady
JAGD AUF MADDICK
(You'll catch your death, 1940)
DRT 52, 1958

HUNT, CHARLOTTE
Pseudonym von Doris Marjorie Hodges (1915–

EIN KRANZ FÜR JENNYS GRAB
(A wreath for Jenny's grave, 1975)
HRO 2003, 1978

HUNT, (EVERETTE) HOWARD (1918–
Pseudonyme: Gordon Davis, Robert Dietrich, E. Howard Hunt, David St. John

JAGD IN DEN ABGRUND
(Whisper her name, 1952)
PAN 85, 1957

HUNTER, ALAN (JAMES HERBERT) (1922–

EIN FALL FÜR INSPEKTOR GENTLY
(Gently coloured, 1969)
MIT 485, 1970

GEFÄHRLICHE DAMEN
(Gently with the Ladies, 1965)
MIT 516, 1971

IM WASSER GIBT ES NICHT NUR FISCHE
(Gently floating, 1963)
MIT 524, 1971

INSPEKTOR GENTLYS FURCHTBARER VERDACHT
(Gently with the innocents, 1970)
MIT 499, 1970

MRS. BERNEYS DUNKLES GEHEIMNIS
(Gently at a gallop, 1971)
MIT 548, 1971

... UND SCHLIESS IHM BEIDE AUGEN ZU
(Gently to a sleep, 1978)
UK 10108, 1981

UNTER ALLEN WIPFELN IST RUH
(Gently where the birds are, 1976)
UK 10076, 1980

WENN TOTE REDEN
(Gently to the summit, 1961)
UK 877, 1962

ZWEIFELHAFTE KAVALIERE
(Gently French, 1973)
MIT 651, 1973

ZIGARETTEN AUS DER MILCHBAR
(Gently go man, 1961)
UK 925, 1963

HUNTER, EVAN (1926–
Pseudonyme: Curt Cannon, Hunt Collins, Ezra Hannon, Ed McBain, Richard Marsten
Geburtsname: Salvatore A. Lombino

DAS 500000-DOLLAR-DING
(A horse's head, 1967)
FAR 1242, 1972

GEWALT UND STOLZ
(Walk proud, 1979)
PLAY 6103, 1979

HARLEM-FIEBER
(A matter of conviction, 1959)
auch: (The young savages, 1966)
BAR 10244, 1983

LIEBLING, SEI NICHT SO GEMEIN
(16 Kurzgeschichten)
aus: (The jungle kids, 1956) und (The last spin, 1960)
GAR 3360, 1973

SAAT DER GEWALT
(The blackboard jungle, 1954)
HE 12, 1970; GAR 3356, 1976

SCHLAF DES VERGESSENS
(The evil sleep, 1952)
PAN 43, 1956

SCHOCK
(Buddwing, 1964)
HE 5, 1969; GAR 3379, 1976; BAR 10212, 1983

DER TOD MACHT NIE URLAUB
(The big fix, 1952)
PAN 39, 1955

VON ANONYMER HAND
(Nobody knew they were there, 1971)
KNAR 1154, 1984

ZWEIMAL IST EINMAL ZUVIEL
(Every little crook and Nanny, 1972)
KNAR 769, 1981

HUNTER, JACK D(AYTON) (1921–

EIN FALL FÜR DEX
(Spies Inc., 1969)
GK 4293, 1973; GUK 4794, 1978

HUNTSBERRY, W(ILLIAM) E(MERY) (1916–

MR. MOONEYS KOPF
(Oscar Mooney's head, 1961)
MIT 175, 1964

HURD, FLORENCE (1918–

ALPTRAUM BIS ZUM MORGENGRAUEN
(Terror at Seacliff Pines, 1976)
GAS 12, 1977

DER FLUSS VON HAYWORTH HALL
(The secret of Hayworth Hall, 1975)
GAS 9, 1977

DAS GEHEIMNIS VON SCHLOSS AWEN
(The secret of Awen Castle, 1974)
HRO 1964, 1976

DIE MOORHEXE
(Curse of the moors, 1975)
HRO 1988, 1977; HRO 2156, 1984

SCHIFF DES SCHRECKENS
(Voyage of the Secret Duchess, 1975)
UAR 3447, 1978

SCHREIE IM WIND
(Storm house, 1973)
UAR 3489, 1978

TÖDLICHE EIFERSUCHT
(The possessed, 1970)
HRO 1863, 1972

DIE VERHÄNGNISVOLLE HOCHZEIT
(Moorsend Manor, 1973)
HRO 1978, 1976

DAS ZIMMER DER TOTEN
(Secret of Canfield House, 1966)
HRO 1955, 1976

HURK, PAUL VAN DER (1897–

GAUNER SIND SIE ALLE (1956)
PTB 35, 1961

HINTER IHR DER TEUFEL (1955)
PTB 10, 1960

HURT, FREDA (MARY ELIZABETH) (1911–

WER ZULETZT SCHWEIGT
(Acquainted with murder, 1962)
SCHE 209, 1964

HUSTON, HOWARD C(HAUNCY)

DER BLINDE SAH DEN MÖRDER
(The blind saw murder, 1954)
HK 1096, 1963

HUTTON, MALCOLM

SCHLUPFLÖCHER
(Address unknown, 1981)
BAR 19041, 1984

ICKES, PAUL

DER FALL DAMEROW (OA)
AUF 31, 1953

ILES, FRANCIS

Pseudonym von A(nthony) B(erkeley) Cox (1893–1970)
Weiteres Pseudonym: Anthony Berkeley

VOR DER TAT
(Befor the fact, 1932)
HCC 1445, 1971; HCC 1843, 1979

VORSÄTZLICH . . .
(Malice aforethought, 1931)
UAR 67, 1955; UK 705, 1958;

GK 3059, 1968; GLIT 5239, 1983

INGERSOL, JARED

Pseudonym von Lauran Bosworth Paine (1916–

Weitere Pseudonyme: s. d.

DIE GOLDENEN HANDSCHUHE

(The golden gloves, 1973)

GK 4359, 1974

KINDER DER HÖLLE

(The witchcraft murder, 1975)

GK 4601, 1976

DIE SIEBTE MRS. TEMPLETON

(The beautiful murder, 1970)

GK 4126, 1971

TOD MIT VERTAUSCHTEN ROLLEN

(The money murder, 1971)

GK 4144, 1972

DER UN-MORD

(The non-murder, 1972)

GK 4262, 1973

INGHAM, DANIEL

Pseudonym von Isabel (Mary) Lambot (1926–

DUELL OHNE REGELN

(Contract for death, 1972)

PHOE 136, 1974

INNES, (RALPH) HAMMOND (1913–

DAS BLAUE EIS

(The blue ice, 1948)

BKAM 140/141, 1971

CAMPBELLS KÖNIGREICH

(Campbells Kingdom, 1952)

LIST 57, 1955; LTA 4, 1971; BEST 26, 1971

ES BEGANN IN TANGER

engl. T. (The strange land, 1954)

am. T. (The naked land, 1954)

RAR 336, 1959; BKAM 102, 1970; BPAL 14014, 1974

NORDSTERN

(North Star, 1974)

BAR 11116, 1978

DAS SCHIFF IM FELSEN

(Maddon's Rock, 1948)

SM 102, 1962; BKAM 35, 1968

DER SCHIFFBRUCH DER »MARY DEARE«

engl. T. (The Mary Deare, 1956)

am. T. (The wreck of the Mary Deare, 1956)

BKAM 148/149, 1972

TOD AUF LEUKAS

(Levkas man, 1971)

BAR 12048, 1976

DIE TODES-MINE

(The killer mine, 1947)

auch: (Run by night, 1951)

GAR 3352, 1973

DIE VERLORENE OASE

(The doomed oasis, 1960)

BKAM 118/119, 1971; BAR 11126, 1978

DIE WEISSEN WASSER

(The strode venturer, 1965)

BKAM 84, 1970; BAR 14023, 1975

DER WEISSE SÜDEN

engl. T. (The white south, 1949)

am. T. (The survivors, 1950)

RAR 52, 1953; BAR 11156, 1980

INNES, MICHAEL

Pseudonym von J(ohn) I(nnes) M(ackintosh) Stewart (1906–

BILDE, KÜNSTLER, MORDE NICHT

(The mysterious commission, 1974)

DTV 1540, 1980

CHRISTMAS AUF CANDLESHOE

(Christmas at Candleshoe, 1953)

UK 10100, 1981

GEFÄHRLICHE RÜCKKEHR

(A connaisseur's case, 1962)

GK 2129, 1966

HASENJAGD

(Appleby plays chicken, 1957)

HK 1873, 1980

DER LETZTE DER ALLINGTONS
(Appleby at Allington, 1968)
GK 3212, 1969

OHNE TOTENSCHEIN
(The new Sonja Wayward, 1960)
SCHE 240, 1965

SELTSAME PARALLELEN
(Silence observed, 1961)
KRÄ 1, 1965

EIN SICHERER HAFEN
(Honeybath's Haven, 1977)
DTV 1798, 1982

UNTERNEHMEN PAX
(Operation Pax, 1951)
SCHE 252, 1966

IRISH, WILLIAM
Pseudonym von Cornell (George Hopley) Woolrich (1903–1968)
Weiteres Pseudonym: George Hopley

ICH HEIRATETE EINEN TOTEN
(I married a dead man, 1948)
UK 812, 1960; HTH 1316, 1968; GK 4228, 1972

JAGD IM MORGENGRAUEN
(Deadline at dawn, 1944)
PAN 129, 1958

PHANTOM LADY
(Phantom Lady, 1942)
HK 1056, 1962; HLK 1818, 1978

IRVINE, R(OBERT) R(ALSTONE) (1936–

BOMBEN AUF KANAL 3
(Horizontal hold, 1978)
GK 4850, 1979

DER KATZENMÖRDER
(The face out front, 1977)
GK 4745, 1978

DIE LETZTE REPORTAGE
(Jump cut, 1974)
GK 4454, 1975

ROTE UND TOTE
(Freeze frame, 1976)
GK 4623, 1977

ISAACS, SUSAN (1943–

IN HEIKLER LAGE
(Compromising positions, 1978)
BAR 10124, 1981

ISBEL, URSULA
Pseudonym von Ursula Dotzler

NUR EIN FLÜGELSCHLAG
GAR 3321, 1973

DAS SCHLOSS IM NEBEL (OA)
SCHN 8785, 1984

ISELY, REYMOURE KEITH

DER SHERIFF IST 'NE LADY
(A strange code of justice, 1974)
GK 4575, 1976

ISLAND, BERT F.
Autor der Kriminalroman-Serie: »Kommissar X«; s. Anhang.
Autor der Nummern 27 bis einschließlich Nr. 393 sowie Nr. 395.

ISRAEL, PETER
Pseudonym von J. Leon Israel

KÜSS MICH FRANZÖSISCH
(The french kiss, 1976)
GTH 4698, 1977

TRÄUME, TRIPS UND TANTIEMEN
(Hush money, 1974)
GK 4502, 1975

DER TRIP NACH AMSTERDAM
(The stiff upper lip, 1978)
GK 4876, 1979

IVANS
Pseudonym von J. van Schevichaven (1866–1935)

DER MANN AUS FRANKREICH

(De man uit frankrijk, 1917)
HCC 1835, 1979

IZARD, CHRISTOPHER
ACHT SCHWARZE HANDSCHUHE
(La mort avait mis des gants, 1968)
HK 1391, 1970

JACKSON, JACK
(Pseudonym)
HAIE, HIEBE UND HALUNKEN (OA)
KEL 767, 1968

JACKSON, JON A(NTHONY) (1938–
BLINDLINGS IN DIE FALLE
(The blind pig, 1979)
KNK 4913, 1980
HARTNÄCKIG
(The diehard, 1977)
KNK 4902, 1979

JACKSON, KEN
DER ANGELPUNKT
(The sticking point, 1971)
GK 4254, 1973

JACKSON, PATRICK
(Pseudonym)
GRÜSSE AUS DEM JENSEITS
PAN 201, 1962

JACQUES, NORBERT (1880–1954)
DR. MABUSE, DER SPIELER (1920)
RAR 66, 1953; DTV 1472, 1979

JÄGER, H(ANS)
EIN BLATT FEHLTE, MV 178, 1977

JAEGER, HENRY (1927–
AUCH MÖRDER HABEN KLEINE SCHWÄCHEN (OA)
KNAR 1039, 1983
DIE BESTRAFTE ZEIT (1964)
BKAM 51, 1969; BPAL 14012, 1974; HAR 5988, 1982
NACHRUF AUF EIN DUTZEND GAUNER (1975)
HAR 5787, 1981
REBELLION DER VERLORENEN (1963)
BKAM 37/38, 1968; BEX 12026, 1974; HAR 5924, 1981
UNTER ANKLAGE (OA)
HAR 5359, 1977

JAHN, (JOSEPH) MIKE (1943–
ROCKFORD: EIN KILLER FÜR ROCKFORD
(The unfortunate replacement, 1975)
BFK 38014, 1976
ROCKFORD: ROCKFORDS TÖDLICHER BLUFF
(The deadliest game, 1976)
BFK 38016, 1976

JAKES, JOHN (WILLIAM) (1932–
Pseudonyme: Alan Payne, Rachel Ann Payne, Jay Scotland
HAST DU DEN MÖRDER, DARLING?
(Johnny Havoc meets Zelda, 1962)
KEL 769, 1968
JOHNNY HAVOC LÄSST DIE PUPPEN TANZEN
(Johnny Havoc and the doll who had »it«, 1963)
KEL 766, 1968
DER UNHEIMLICHE DOPPELGÄNGER
(The imposter, 1959)
PAN 147, 1959

JAMES, BRENI (BRENI JAMES PEVEHOUSE)
ONKEL URBANOS GESAMMELTE WERKE
(Night of the kill, 1961)
RTH 2053, 1964; RTH 2567, 1981

ORDNUNG IST DAS HALBE STERBEN
(The shake-up, 1964)
RTH 2114, 1967; RTH 2586, 1982

JAMES, LEIGH (1918–
(Pseudonym)
KÖDER FÜR KUBA
(The chameleon file, 1967)
KK 70, 1982

JAMES, P(HYLLIS) D(OROTHY) (1920–
KEIN JOB FÜR EINE DAME
(An unsuitable job for a woman, 1972)
HLK 1568, 1973
vgl. *Ein reizender Job für eine Frau*
EIN REIZENDER JOB FÜR EINE FRAU
(An unsuitable job for a woman, 1972)
KVW o. Nr., 1983; RAR 5298, 1984
vgl. *Kein Job für eine Dame*
DER SCHWARZE TURM
(The black tower, 1975)
RAR 5371, 1984
EINE SEELE VON MÖRDER
(A mind to murder, 1963)
RAR 4306, 1979
EIN SPIEL ZUVIEL
(Cover her face, 1962)
RAR 5041, 1982
TOD EINES SACHVERSTÄNDIGEN
(Death of an expert witness, 1977)
RAR 4923, 1982
TOD IM WEISSEN HÄUBCHEN
(Shroud for a nightingale, 1971)
RAR 4698, 1981

JAMES, REBECCA (SALISBURY)
DAS DUNKLE HAUS
(The house is dark, 1976)
HRO 2024, 1978

JANNAUSCH, DORIS
Pseudonym von Dorothea Maria Schmidt (1925–
BLAUER RAUCH (OA)
UEB 214, 1970
LORBEER IST NICHT IMMER GRÜN (OA)
UEB 405, 1974
MISTER BROWN TAUCHT AUF (OA)
UEB 223, 1972
MISS PONYBISS UND DER LEUCHTTURM (OA)
UEB 407, 1975
MISS PONYBISS UND DIE HEISSE SPUR (OA)
UEB 408, 1975
RÄTSEL UM BURG SILBERECK (OA)
UEB 242, 1977
DIE SPUR FÜHRT ZU HERRN SCHMOLLENBECK (OA)
UEB 226, 1973

JANNUZZI, JOHN NICHOLAS
DER TOTE VOR DER TÜR
(Sicilian defense, 1972)
MIT 645, 1973

JANSON, HANK
(Verlagsname)
Pseudonym für Stephen D(aniel) Frances und auch Harry Hobson (1908–
ATTENTAT AUF HANK
(Like crazy, 1962)
MIT 412, 1968
BIST DU VERRÜCKT, SYLVIA?
(Why should Sylvia? 1965)
MIT 421, 1969
CHICAGO-SONG
(The dish ran away, 1964)
MIT 394, 1968
DREI MÄDCHEN UM HANK
(Ecstasy, 1960)
MIT 487, 1970
DREI MÄDCHEN VERSCHWINDEN

(Slaves for seduction, 1965)
MIT 650, 1973

DREI MÖRDER GEGEN HANK
(Grass widow, 1971)
MIT 598, 1972

EINER SAH ES!
(Sweet talk, 1965)
MIT 387, 1968

EINE FRAU WIRD ERPRESST
(Darling delinquent, 1966)
MIT 464, 1970

DAS GEHEIMNISVOLLE FEUERZEUG
(Quiet waits the grave, 1960)
MIT 610, 1973

DAS GESTÄNDNIS DER MAFIA
(Model in Mayhem, 1965)
MIT 582, 1972

HANK CONTRA MORD-GMBH
(The crunch, 1968)
MIT 490, 1970

HANK IM ALLEINGANG
(Short-term wife, 1961)
MIT 626, 1973

HANK IN DER HÖHLE DES LÖWEN
(Operation obliterate, o. J.)
MIT 546, 1971

HANK KANN ES NICHT LASSEN
(Hilary's terms, 1963)
MIT 470, 1970

HANK RÄUMT AUF!
(Double take, 1964)
MIT 408, 1968

HANK SCHLÄGT ZU!
(Liquor is quicker, 1966)
MIT 379, 1968

HANK UND DAS GANGSTERSYNDIKAT
(Casinopoly, 1968)
MIT 602, 1972

HANK UND DAS GEHEIMNISVOLLE LANDHAUS
(Take two blondes, o. J.)
MIT 646, 1973

HANK UND DER TEUFEL
(The devil and the deep, 1965)
MIT 402, 1968

HANK UND DER UNGEBETENE GAST
(The big H, 1966)
MIT 638, 1973

HANK UND DIE CHINESIN
(Exclusive, 1962)
MIT 447, 1969

HANK UND DIE FALSCHMÜNZER
(Strange ritual, 1963)
MIT 510, 1971

HANK UND DIE GANGSTERLADY
(Blood bath, 1962)
MIT 479, 1970

HANK UND DIE GÖTTIN
(Limbo lover, 1964)
MIT 427, 1969

HANK UND DIE HÖLLENBRUT
(Hell brood, 1967)
MIT 502, 1970

HANK UND DIE MAFIA
(Depravity, 1965)
MIT 494, 1970

HANK UND DIE MILLIONÄRIN
(Doctor Fix, 1964)
MIT 455, 1969

HANK UND DIE MILLIONEN
(Crowns can kill, 1961)
MIT 634, 1973

HANK UND DIE SCHÖNE BERNICE
(Bid for beauty, 1966)
MIT 506, 1970

HANK UND DIE SCHÖNE LOTOSBLÜTE
(Uncommon market, 1962)
MIT 526, 1971

HANK UND DIE SPIONE
(The love secretaries, 1964)
MIT 554, 1971

HANK UND DIE TÄNZERIN
(Break for a lovely, 1961)
MIT 459, 1969

HANK UND DIE WITWE
(Flashpoint, 1965)
MIT 443, 1969

HANK UND DIE WÖLFIN

(She wolf, o. J.)
MIT 482, 1970

HANK UNTER MORDVERDACHT
(Obsession, o. J.)
MIT 642, 1973

HANK ZWISCHEN ROT UND SCHWARZ
(Brand image, 1963)
MIT 530, 1971

HAT HANK EIN ALIBI?
(Visite from a broad, 1963)
MIT 451, 1969

HEROIN LOCKT DEN TOD
(Beauty and the Beat, 1962)
MIT 514, 1971

HINTER DEN KULISSEN
(Savage sequel, 1962)
MIT 538, 1971

HINTER EINER SCHÖNEN MASKE
(Fan fare, 1964)
MIT 590, 1972

DIE HÖLLE IST LOS
(Mayfair slayride, 1966)
MIT 371, 1968

IN DEN SLUMS VON CHICAGO
(Heartache, 1963)
MIT 522, 1971

LAUF SCHNELLER, MÄDCHEN
(Come quickly, Honey, 1960)
MIT 550, 1971

LETZTE GNADENFRIST FÜR HANK
(Prey for a newshawk, 1961)
MIT 614, 1973

DAS LETZTE WORT HAT HANK
(The long arm, 1970)
MIT 606, 1972

LOCKVOGEL IM NERZ
(Make mine mink, 1966)
MIT 618, 1973

DAS MILLIONEN-DING
(Crime on my hands, 1962)
MIT 562, 1972

DER MILLIONENSCHWINDEL
(Design for Dupes, 1964)
MIT 542, 1971

DIE MÖRDERDROGE
(Ladybirds are in, 1967)
MIT 630, 1973

MORD MAL DREI
(n. e.)
MIT 586, 1972

EINE NYMPHE NAMENS LYDIA
(A nympho named Silvia, 1965)
MIT 431, 1969

RACHE FÜR BELLAROSO
(Lament for a lover, o. J.)
MIT 566, 1972

RUSSISCHES ROULETTE
(Say it with candy, 1965)
MIT 574, 1972

EIN SARG FÜR HANK
(Backlash of infamy, 1965)
MIT 622, 1973

SCHAU NICHT RÜCKWÄRTS, HANK!
(n. e.)
MIT 435, 1969

DIE SEX-BANDE
(The love makers, 1963)
MIT 498, 1970

STRIP IN LAS VEGAS
(n. e.)
MIT 534, 1971

EIN TEUFLISCHES ALIBI
(One-way split, 1967)
MIT 474, 1970

EIN TEUFLISCHES GEHIRN
(Krush, 1966)
MIT 594, 1972

TÖDLICHE FALLE FÜR HANK
(Lust for vengeance, 1965)
MIT 578, 1972

DIE UNGLEICHEN BRÜDER
(Same difference, 1968)
MIT 518, 1971

WER IST ZERO?
(Zero take all, 1967)
MIT 658, 1973

WER RAUBTE DIE MILLIONEN?
(That brain again, 1964)

MIT 666, 1974
WER RETTET MIRIAM?
(Crime on my hands, 1962)
MIT 558, 1972
DIE WOLFSBANDE
(The young wolves, 1968)
MIT 466, 1970
WO SIND DIE MÄDCHEN?
(Honey for me, 1962)
MIT 570, 1972

JAOUEN, HERVE
DIE NACHT DER RACHE
(Quai de la fosse, 1981)
HK 2073, 1984

JAPRISOT, SEBASTIEN
Pseudonym von Jean Baptiste Rossi (1931–
BLUTIGER SOMMER
(L'été meurtrier, 1977)
RTH 2479, 1979
FALLE FÜR ASCHENBRÖDEL
(Piège pour Cendrillon, 1962)
RTH 2062, 1965; RTH 2413, 1977
LAUF, WENN DU NICHT SCHIESSEN KANNST
(La course du lièvre à travers les champs, 1972)
RTH 2325, 1974
MORD IM FAHRPREIS INBEGRIFFEN
(Compartiment tueurs, 1962)
RTH 2048, 1964; RTH 2391, 1976
PORTRÄT EINER DAME IM AUTO MIT BRILLE UND GEWEHR
(La Dame dans l'auto avec des lunettes et un fusil, 1966)
RTH 2128, 1967; RTH 2665, 1984
WECKEND IM TRESOR
(Adieu l'ami, 1968)
RTH 2196, 1970; RTH 2581, 1981

JARVIS, EDWARD
EINE SACHE MIT HAKEN
(The big fix, 1969)
GK 4008, 1970

JAUN, SAM (1935–
DER WEG ZUM GLASBRUNNEN(OA)
HK 2058, 1983

JAY, VICTOR
ENGEL DER HÖLLE UND ZWEI WEITERE ERZÄHLUNGEN (1964–1970)
HEL 3, 1971

JEFFRIES, RODERIC (GRAEME) (1926–
Pseudonyme: Peter Alding, Jeffrey Ashford, Roderic Graeme, Graham Hastings
EINMAL MALLORCA EINFACH
(Troubled deaths, 1977)
SCHE 844, 1982
LIEBESTOD AUF MALLORCA
(Just desserts, 1980)
SCHE 879, 1982
UND AUF MALLORCA STERBEN
(Murder begets murder, 1979)
SCHE 801, 1981
ZWISCHENFALL AUF MALLORCA
(Unseemly end, 1981), SCHE 947, 1984

JENKINS, CECIL (1927–
DAS SPIEGELZIMMER
(Message from Sirius, 1961)
GK 1091, 1962

JENKINS, GEOFFREY (1920–
DIE DIAMANTENQUELLE
(The river of diamonds, 1964)
GAB 11, 1968
WIE EIN HURRIKAN
(Hunter-Killer, 1966)
GAB 39, 1970

JENSEN, RUBY JEAN
DAS GEISTERBLAUE MÄDCHEN

(Seventh all Hallow's Eve, 1974)
DOMF 6, 1977

DAS HAUS DER VERDAMMTEN
(The house that Samael built, 1974)
DOMF 2, 1977

JEPSON, SELWYN (1899–

DIE PROFI-FALLE
(Letter to a dead girl, 1971)
SCHE 423, 1973

JERRY COTTON
s. *Anhang: Serien*

JESSEN, JOACHIM und DETLEF LERCH

BIS ZUM BITTEREN ENDE (OA)
HK 2019, 1983

LADENSCHLUß (OA)
HK 2001, 1982

DER ZAHLTAG (OA)
BKEL 37025, 1976; HK 1949, 1981

ZWEI STREICHHÖLZER (OA)
HK 1971, 1982

JESSUP, RICHARD
Pseudonym: Richard Telfair (1925–1982)

JANE MORGAN SCHWEIGT . . .
(Cry passion, 1956)
MIT 7, 1958

DER SCHNÜFFLER
(Wolf Cop, 1961)
BRA 32067, 1974

JEWELL, DEREK (1927–

DER KONZERN
(Come in Number One, your time is up, 1971)
GAR 3416, 1976

JOACHIM, JACEK

DIE JAGD AUF DEN HECHT
(Polowanie na szczupaka, o. J.)
DIE 120, 1972

JOBSON, HAMILTON (1914–1981)

EIN BISSCHEN STERBEN
(To die a little, 1978)
GK 4888, 1980

KONTRAKT MIT DEM KILLER
(Contract with a killer, 1974)
GK 4755, 1979

RICHTET MICH MORGEN
(Judge me tomorrow, 1978)
GK 4808, 1979

DER SCHATTEN HAT VIELE AUGEN
(The shadow that caught fire, 1972)
GK 4151, 1972

DER SICHERSTE BEWEIS
(The evidence you will hear, 1975)
GK 4531, 1976

DER STUMME SCHREI
(The silent cry, 1970)
GK 4057, 1971

WARTEN AUF DONNERSTAG
(Waiting for thursday, 1977)
GK 4687, 1977

WERKZEUG FÜR ERPRESSER
(Naked to my enemy, 1970)
GK 4015, 1970

JOCHIM, BERTOLD K.

DER GAUNER UND DER LIEBE GOTT
(Nach dem Drehbuch des gleichnamigen Films von Curth Flatow und Stefan Gommermann)
PTB 25, 1961

JOHANNSEN, CHRISTA

DIE SCHATTENWAND
DIE 181, 1974

JOHN, A.
ERBEN IST GEFÄHRLICH (OA)
GK 2139, 1965

JOHN, OWEN (1918–
DER DRAHTZIEHER
(The controller, 1978)
UK 10037, 1980
GEHEIMWAFFE SCHWARZER BLITZ
(A beam of black light, 1968)
UK 1378, 1971
DAS MÄDCHEN IM MÜLLSCHLUCKER
(The diamond dress, 1970)
UK 1370, 1971
EIN SCHATTEN IM OZEAN
(The shadow in the sea, 1972)
UK 1594, 1974
STRAHLENTOD IN CARREG A
(Sabotage, 1973)
UK 1620, 1974
TÄTOWIERUNG DES TODES
(Festival, 1978), UK 10068, 1980
DIE TODESSCHWINGEN VON AZRAEL
(Dead on time, 1969)
UK 1312, 1970

JOHNSON, E(MIL) RICHARD (1937–
DER DREIZEHNTE KONTRAKT
(Mongo's back in town, 1969)
UK 1250, 1969
ES KOCHT IN KÄFIG 5
(Cage five is going to break, 1970)
UK 1375, 1971
DIE FIRMA DANKT MIT KUGELN
(The Judas, 1971)
UK 1446, 1976
GEFÜGIG MIT GEWALT
(Case load-maximum, 1971)
UK 1483, 1972
GEHEIMAUFTRAG FÜR EINEN KILLER
(The Cardinalli contract, 1975)
DOMK 2, 1977
DER TOD AUF SILVER STREET
(Silver Street, 1968)
UK 1229, 1969
VERRAT AUF SILVER STREET
(The inside man, 1969)
UK 1336, 1970
WEISSES GIFT IM BLUT
(The God keepers, 1970)
UK 1383, 1971

JOHNSON, GEORGE CLAYTON und JACK GOLDEN RUSSELL
FRANKIE UND SEINE SPIESSGESELLEN
(Ocean's 11, 1960)
LICH 89, 1964
DER MANN, DER DEN EIFFELTURM VERKAUFTE
(The man who sold the Eiffel Tower, 1961)
HAR 297, 1964

JOHNSON, LEE
Pseudonym von Lilian Beatrice Johnson
SELBSTMORD? UNFALL? MORD?
(Heads for death, 1966)
KEL 765, 1967

JOHNSON, (WALTER) RYERSON (1901–
Pseudonym: Robert Wallace
GEFÄHRLICHE FRACHT
(Lady in dread, 1955)
PAN 81, 1957

JOHNSTON, RONALD (1926–
GEFAHR AN DER DOGGERBANK
(The angry ocean, 1968)
GAB 19, 1969
GLUTROTER HORIZONT
engl. T. (Danger at Bravo Key, 1965)
am. T. (Red sky in the morning, 1965)
GAB 3, 1968

DIE SCHWARZEN KAMELE
am. T. (The black camels, 1969)
engl. T. (The black camels of Qashran, 1970)
GAB 45, 1971
STURM ÜBER DEM PAZIFIK
engl. T. (Disaster at Dungeness, 1964)
am. T. (Collision ahead, 1965)
GAB 30, 1969

JOHNSTON, VELDA
GEFÄHRLICHES DOPPELSPIEL
(The Frechman, 1976)
HRO 1993, 1977
IM BANN DES HASSES
(The silver dolphin, 1979)
HRO 2076, 1981
DAS KABINETT DES TODES
(The house on the left bank, 1975)
HRO 1976, 1976; HRO 2160, 1984
DER KOMET VON SAN YSIDRO
(I came to a castle, 1969)
HRO 1855, 1971
DIE MELODIE DES TODES
am. T. (The people on the hill, 1971)
engl. T. (Circle of evil, 1972)
HRO 1871, 1972
MISS MORNETTS BÖSER GEIST
(House above Hollywood, 1968)
HRO 1834, 1969; HRO 2067, 1980
EIN SPIEL UM LIEBE UND TOD
(Deveron Hall, 1976)
HRO 2017, 1978
STIMMEN IM LEEREN SALON
(A presence in an empty room, 1980)
HRO 2096, 1981
TAGEBUCH DES TODES
(The late Mrs. Fonsell, 1972)
HRO 1902, 1973
EIN VERHÄNGNISVOLLER SOMMER
(The fateful summer, 1981)
HRO 2135, 1983
DIE VERLORENE VERGANGENHEIT
(Along a dark path, 1967)
HRO 1823, 1968
ZWISCHENSPIEL IN VENEDIG
(Masquerade in Venice, 1973)
HRO 1918, 1974

JOHNSTON, WILLIAM (1924–
Pseudonyme: Susan Claudia, Willa Jay
DER CHEF
(Ironside: The picture frame-up, 1969)
GK 4001, 1970

JONES, ARTHUR E.
AN EINEM FRÜHLINGSMORGEN
(Too dead to talk, 1957)
SB 19, 1958; MET o. Nr., 1965 (?)

JONES, C. P.
(Pseudonym)
DER GRÜNE MANTEL (OA)
KEL 820, 1972

JONES, ELWYN (1923–
BARLOW UND DER RICHTER
(Barlow comes to judgment, 1974)
GK 4528, 1976
BLAMAGE FÜR BARLOW?
(Barlow exposed, 1976)
GK 4729, 1978
CHEFINSPEKTOR BARLOW IN AUSTRALIEN
(Barlow down under, 1977)
GK 4862, 1979
SONDERAUFTRAG FÜR CHEFINSPEKTOR BARLOW
(Barlow in charge, 1973)
GK 4519, 1976; GUK 4815, 1979

JONES, G. W.
(Pseudonym)

Autor der Serie: *»Fledermaus«*; s. *Anhang: Serien.*
Autor der Nummern: 220, 271, 287, 304, 317, 329.

JONES, JACK (1924–
GELBE TEUFEL
(Journey into death, 1955)
PAN 106, 1957

JONES, JAMES (1921–1977)
DAS SONNENPARADIES
(A touch of danger, 1973)
FAR 1722, 1976

JONES, (MAY)NARD (BENEDICT)(1904–1972)
GESTOHLENE LIEBE
(Ride the dark storm, 1955)
PAN 87, 1957

JONES, ROBERT PAGE
DER TROJANISCHE MÖBELWAGEN
(The heisters, 1963)
RTH 2116, 1967

JOSLIN, SESYLE
VORSICHT SPIONE! (O.J.)
DTVJ 7334, 1979

JUDD, HARRISON
Pseudonym von Norman (A.) Daniels
Weiteres Pseudonym: Robert Wallace
SOLL ICH DER HENKER SEIN?
(Shadow of a doubt, 1961)
HK 1087, 1963

JÜRGAS, G.
GEFANGENE AUF DEM KÖNIGSTEIN
MV 193, 1980

JURJEW, SINOWI
DIE PUPPE IN DER MILCHKANNE
RFA 214, 1976

KADES, HANS
Pseudonym von Hans Werlberger (1906–1969)
AUF DER SONNENSEITE (1970)
UAR 3157, 1975
MENSCHEN IM ZWIELICHT (1959)
LICH 11, 1963

KÄSTNER, ERICH (1899–1974)
DIE VERSCHWUNDENE MINIATUR (1935)
UAR 544, 1966

KAHN, JAMES
DIAGNOSE: MORD
(Diagnosis: murder, 1980)
GA 5436, 1982

KAHN, STEVE (STEPHEN) (1940–
DIE MONTAGS-MILLIONEN
(New York, N.Y. 10022, 1979)
BTH 19001, 1981

KALB, MARVIN (1930– und TED KOPPEL (1940–
IM NATIONALEN INTERESSE
(In the national interest, 1977)
PLAY 6120, 1981

KALCIK, R.
(DER) KÖNIG DES BÖHMERWALDES
MV 172, 1977; MV 196, 1980

KALIL, MARCEL
DIE GRÜNEN AUGEN
(Portrait au couteau, o.J.)
MIT 592, 1972

KALLEN, LUCILLE
SAG MIR, WO DIE FRAUEN SIND
(C. B. Greenfield: No Lady in the house, 1982)
KNK 4939, 1983

KAMARCK, LAWRENCE (1927–
TOTENTANZ FÜR EINEN PRÄSIDENTEN
(Informed sources, 1979)
SCHE 818, 1981
WEM DIE TOTENGLOCKE LÄUTET
(The bellringer, 1969)
GK 4034, 1970

KAMINSKY, STUART (MELVIN) (1934–
HINTER HOLLYWOODS KULISSEN
(Murder on the Yellow Brick Road, 1978)
HK 2101, 1984
MORD IM STUDIO
(Bullet for a star, 1977)
HK 2080, 1984

KAMM, (JAN) DORINDA (1952–
DIE GEFANGENE VON BODLANDOR
(The secret of the Marly Stones, 1977), GAS 51, 1980

KAMPHAUSEN, FELIX (1944–
DER SPRUNG (1979)
MTB 2272, 1984

KANE, FRANK (1912–1968)
Pseudonym: Frank Boyd
BLONDINEN SIND GEFÄHRLICH
(Bare trap, 1952)
PAN 33, 1955
DAS EISKALTE SPIEL
(Bullet proof, 1951)
MIT 467, 1970
vgl. *Erbschaft des Todes*
ERBSCHAFT DES TODES
(Bullet proof, 1951)
PAN 30, 1955
vgl. *Das eiskalte Spiel*
GEFÄHRLICHE BLÜTE DES HIMMELS
(Time to prey, 1960)
PAN 193, 1961
GRÜNES LICHT FÜR DEN TOD
(Green light for death, 1949)
PAN 42, 1955
HAFENGANGSTER
(Key witness, 1956)
PAN 127, 1958
IN DEN KETTEN DES SYNDIKATS
(Syndicate Girl, 1958)
MIT 219, 1964
IN DER TODESFALLE
(Grave danger, 1954)
PAN 112, 1958
JOHNNY UND DAS SYNDIKAT
(Esprit de Corpse, 1965)
MIT 329, 1967
JOHNNY UND DIE DIVA
(Red hot ice, 1955)
MIT 433, 1969
vgl. *Tod um Mitternacht*
KRONZEUGE DER ANKLAGE
(Barely seen, 1964)
MIT 277, 1966
LAST DES TODES
(Dead weight, 1951)
KRA 3, 1955
DER LETZTE BEWEIS
(The mourning after, 1961)
MIT 177, 1964
DAS LETZTE LIED
(Ring-a-ding-ding, 1963)
MIT 235, 1965
DAS MÄDCHEN LIZ
(Liz, 1958)
MIT 406, 1968
MORD AUS EIFERSUCHT?
(The guilt-edged frame, 1964)
MIT 322, 1967
DIE TIZIANROTE FALLE
(8 Stories)

(Stacked deck, 1961)
BRA 33, 1971

TOD IN DER ERSTEN RUNDE
(Margin for terror, 1967)
MIT 395, 1968

TOD UM MITTERNACHT
(Red hot ice, 1955)
SB 5, 1957
vgl. *Johnny und die Diva*

EIN TOTER KEHRT ZURÜCK
(Two to tangle, 1965)
MIT 307, 1966

EIN TOTER ZUVIEL
(About face, 1947)
auch: (The fatal foursome, 1948)
PAN 124, 1958

TREIBJAGD DES TODES
(Slay ride, 1950)
PAN 28, 1955

UNHEIMLICHES GIFT
(Poisons unknown, 1953)
PAN 34, 1955

DAS VERHÄNGNIS
(Fatal undertaking, 1964)
MIT 248, 1965

DER VORHANG FÄLLT
(Final curtain, 1964)
MIT 261, 1965

WER NICHT ZAHLT, MUSS STERBEN
(Due or die, 1961)
MIT 192, 1964

DIE WUNDERDROGE
(Hearse class male, 1963)
MIT 286, 1966

KANE, HENRY (1918–
Pseudonym: Anthony McCall

ALTE LIEBE MORDET NICHT
(Death of a dastard, 1962)
UK 1022, 1965

AUF DER ABSCHUSSLISTE
(Death of a hooker, 1961)
UK 987, 1964

AUGENZEUGEN WERDEN NICHT ALT
am. T. (Death is the last lover, 1959)
engl. T. (Nirvana can also mean death, 1959)
UK 1211, 1968
vgl. *Treffpunkt Nirwana* (andere Übersetzung)

EIN BOMBENJOB FÜR CAROL
(The bomb job, 1970)
UK 1406, 1971

DIAGNOSE TODESANGST
(Conceal and disguise, 1966)
UK 1232, 1969; KEL 1189, 1981

DOUBLE FÜR DEN SARG
(Snatch an eye, 1964)
UK 1169, 1968

ES GESCHAH AM STRAND
(The crumpled cup, 1963)
UK 975, 1964

FLUCHT IN DIE SACKGASSE
(Run for doom, 1960)
UK 970, 1964

GESCHÄFT MIT DEM TEUFEL
(Armchair in hell, 1948)
PAN 121, 1952
vgl. *Ein Platz in der Hölle*

KALT IN DEN KISSEN
(Dead in bed, 1961)
UK 1101, 1967

DIE KAMERA WAR ZEUGE
(Don't go away dead, 1970)
UK 1350, 1970; BKEL 37020, 1976

KEINER KILLT DICH SO WIE ICH
(Who killed Sweet Sue?, 1956)
UK 1128, 1967

DER KONFLIKT
(Decision, 1973)
GAR 3396, 1976

KURZSCHLUSS
(Edge of panic, 1950)
UK 958, 1964

LASST LEICHEN SPRECHEN
(A corpse for Christmas, 1951)
UK 1067, 1966

DER MANN AM SEIL
am. T. (Fistful of death, 1958)
engl. T. (The dangling man, 1959
UK 1262, 1969

MEIN NAME IST CHAMBERS
(4 Kriminalstories)
(The name is Chambers, 1957)
UK 1054, 1966

MISTER MITTERNACHT
(The midnight man, 1965)
UK 111, 1967

MORD IM SPRECHZIMMER
(Nobody loves a loser, 1963)
UK 1429, 1971

EINE NACHT MIT DEM MÖRDER
(Don't call me Madame, 1969)
UK 1369, 1971

NACHTVÖGEL
(The moonlighter, 1971)
BAR 11108, 1977

PETER SIEHT ROT
(Too French and too deadly, 1955)
UK 898, 1962

EIN PLATZ IN DER HÖLLE
(Armchair in hell, 1948)
UK 1042, 1965
vgl. *Geschäft mit dem Teufel*

SALDO MORTALE
(The perfect crime, 1961)
UK 1191, 1968; PBK 11, 1978

DIE SCHLINGE UM DEN HALS
(Hang by your neck, 1949)
UK 903, 1962

SCHÜSSE IM GERICHT
(The privat eyeful, 1959)
UK 892, 1962

EIN SCHWACHES HERZCHEN
(Zwei Kriminalstories)
(Death on the double, 1957)
UK 1278, 1969

STICH FÜR STICH
(The tail job, 1971)
UK 1460, 1972; BKEL 37024, 1976

TIARA DES TODES
(Death of a Flack, 1961)
UK 1160, 1967; KEL 1183, 1981

DER TOD MACHT DIE MUSIK
(Dirty Gertie, 1963)
UK 1147, 1967

DER TOD WAR TRAUZEUGE
(The devil to pay, 1966)
UK 1253, 1969

DER TÖDLICHE FINGER
(The deadly finger, 1957)
PAN 116, 1958; UK 1090, 1966

TREFFPUNKT NIRWANA
(Death is the last lover, 1959)
UK 1010, 1965
vgl. *Augenzeugen werden nicht alt*
(andere Übersetzung)

DIE TRIPOLIS-AKTE
(The Tripoli documents, 1976)
GAR 3469, 1977

UMSONST IST DER TOD
(Laughter came screaming, 1953)
auch: (A mask for murder, 1957)
UK 1108, 1967

ZWEI GOLDENE SCHLÜSSEL
(The Schack job, 1969)
UK 1330, 1970

ZWEI MÜSSEN STERBEN
(Two must die, 1963)
HTH 1196, 1966

KANE, MARTIN

TOTE SCHREIBEN NICHT
(Margin for murder, o. J.)
PAN 176, 1960

KANE, NOEL

(Pseudonym)
a) Autor der Kriminalroman-Serie: *»Kommissar X«;* s. *Anhang.*
Autor der Nummer: 500
b) Autor der Kriminalroman-Serie: *»Fledermaus«;* s. *Anhang.*
Autor der Nummern: 360, 361

KANTOR, HAL (1924–
EIN TEUFLISCHER PLAN
(The Vegas trip, 1970)
MIT 613, 1973

KANTOR, MACKINLEY (1904–1977)
SIGNAL 32
(Signal thirty-two, 1950)
HK 1072, 1962

KAPLAN, ARTHUR (1925–
DAS TÖDLICHE GLITZERN
(A killing for charity, 1976)
SCHE 647, 1978

KAPPUS, FRANZ XAVER
JACHT ESTRELLA VERSCHOLLEN (o. J.)
LEH 26, 1953

KAREN, ANNE
IRGENDWANN IN EINEM ANDEREN LEBEN (1983)
GAS 87, 1983

KARR, HANNS-PETER
Pseudonym von Reinhard Jahn (1955–
STOP DEN FALSCHMÜNZERN (OA)
SCHN 281, 1981
STOP DER JUWELENBANDE (OA)
SCHN 189, 1979

KARR, LEE (LEONA C. KARR)
DIE GEHEIMNISVOLLE HOCHZEIT
(The housesitter, 1980)
HRO 2125, 1983

KARWENNA
s. *Reinecker, Herbert* und *Anhang Serien*

KASSAK, FRED
Pseudonym von Pierre Humblot (1928–
KARUSSELL DER ERPRESSER
(Bonne vie et meurtres, 1969)
RTH 2227, 1971
LERNE MORDEN, OHNE ZU TÖTEN
(Crêpe Suzette, 1959)
RTH 2145, 1968
MORD IN FORTSETZUNGEN
(Plus amer que la mort, 1957)
RTH 2030, 1963; RTH 2275, 1973
NOCTURNO FÜR EINEN KILLER
(Nocturne pour assassin, 1957)
RTH 2085, 1965; RTH 2358, 1975
DER TOTE IM BOIS DE BOULOGNE
(On n'enterre pas le dimanche, 1958)
RTH 2075, 1965; RTH 2469, 1978
WENN LIEBE ÜBER LEICHEN GEHT
(Voulez-vous tuer avec moi, 1970)
RTH 2263, 1972

KATAJEW, VALENTIN
DIE HOCHSTAPLER
RFA 208, 1975

KATZ, RICHARD (1888–
PER HILLS SCHWERSTER FALL (o. J.)
RAR 198, 1956

KAUL, FRIEDRICH KARL (1906–
DIE DOPPELSCHLINGE
NBR 22, 1956
MORD IM GRUNEWALD
NBR 5, 1953
DER RING (OA)
NBR 9, 1954

KAVANAGH, DAN
Pseudonym von Julian Barnes (1946–
AIRPORTRATTEN
(Fiddle City, 1981)
UK 10185, 1983
DUFFY

(Duffy, 1980)
UK 10131, 1981

KAVANAGH, PAUL
Pseudonym von Lawrence Block (1938–
FEINDE BIS ZUM TOD
(Such men are dangerous, 1969)
HAC 19, 1975

KAVANAOUGH, CYNTHIA
Pseudonym von Dorothy Daniels (1915–
TODESGLOCKEN LÄUTEN DIE HOCHZEIT EIN
(Bride of Lenore, 1966)
HRO 1912, 1974

KAWERIN, WENIAMIN (1902–
DAS ENDE EINER BANDE
(Konec chazy, 1925)
SUHR 992, 1984

KAYE, H. B.
Pseudonym von Harold Kampf (1916–
TOD IN KENIA
(Death is a black camel, 1952)
MIT 88, 1961
DER TÖDLICHE SPUK
(Red Rafferty, 1949)
MIT 55, 1960

KAYE, M(ARY) M(ARGARET) (1909–
Pseudonym: Mollie Kaye
ES GESCHAH AUF ZYPERN
(Death walked in Cyprus, 1956)
auch: (Death in Cyprus, 1984)
MIT 43, 1960; GAR 6749, 1984
DIE GEHEIMNISVOLLE FARM
(Later than you think, 1960)
überarbeitete Ausgabe (Death in Kenya, 1983)
MIT 59, 1961
vgl. *Tod in Kenia*
DIE INSEL DES SCHRECKENS
(Night on the island, 1960)
MIT 68, 1961
DER SCHATZ VON SANSIBAR
(The house of shade, 1959)
überarbeitete Ausgabe (Death in Zanzibar, 1983)
MIT 91, 1961
vgl. *Tod in Sansibar*
TOD IN KENIA
(Later than you think, 1960)
auch: (Death in Kenya, 1983)
GAR 6682, 1984
vgl. *Die geheimnisvolle Farm*
TOD IN SANSIBAR
(The house of shade, 1959)
auch: (Death in Zanzibar, 1983)
GAR 6648, 1984
vgl. *Der Schatz von Sansibar*

KAYE, MARVIN (NATHAN) (1938–
DER KALENDER DES TODES
(The grand ole opry murders, 1974)
GK 4520, 1976
DER STILLE TEILHABER
(A lively game of death, 1972)
GK 4445, 1975

KAZAN, ELIA (1909–
DIESES MÖRDERISCHE LEBEN
(The assassins, 1972)
KNAR 410, 1975

KEANE, CHRISTOPHER
DER TODESPOKER
(The crossing, 1978)
PLAY 6142, 1983

KEAREY, CHARLES (1916–
TODESFLIEGER IN AFRIKA

(The last plane from Uli, 1972)
HAC 9, 1974

KEARNEY, GENE R.

KOJAK: KOJAK UND DER SUPER-COUP
(Both sides of the law, 1976)
BFK 38020, 1976

KOJAK: KOJAK UND DER WOLF IM SCHAFSPELZ
(A house of prayer, a den of thieves, 1976)
BFK 38029, 1977

KEATING, H(ENRY) R(EYMOND) F(ITZWALTER) (1926–

FINGER WEG VON HEILIGEN KÜHEN
(Inspector Ghote breaks an egg, 1970)
RTH 2268, 1973

GEBEN SIE'S AUF, INSPEKTOR GHOTE!
(Inspector Ghote trusts the heart, 1972)
RTH 2343, 1975

IN SCHÖNHEIT STERBEN
(Is skin deep, is fatal, 1965)
RTH 2105, 1966

INSPECTOR GHOTE GEHT ZUM FILM
(Filmi, Filmi, Inspector Ghote, 1976)
RTH 2460, 1978

INSPECTOR GHOTE REIST 1. KLASSE
(Inspector Ghote goes by train, 1971)
RTH 2354, 1975

INSPECTOR GHOTE SUCHT DIE UNDICHTE STELLE
(Bats fly up for Inspector Ghote, 1974)
RTH 2378, 1976

INSPECTOR GHOTE UND DER GURU IN L.A.
(Go West, Inspector Ghote, 1981)
RTH 2620, 1983

INSPECTOR GHOTE UNTER FALSCHER FLAGGE
(Inspector Ghote draws a line, 1979)
RTH 2543, 1980

DER PFAU MUSS FEDERN LASSEN
(Inspector Ghote hunts the peacock, 1968)
RTH 2187, 1970

TOD EINER HOCHGESTELLTEN PERSÖNLICHKEIT
(The murder of the Maharajah, 1980)
RTH 2583, 1982

KEENE, DAY (? – ca. 1969)

ALLES GUTE AUS CHICAGO
(Too hot to hold, 1959)
UK 1175, 1968; XEN 81, 1980

ANDERS KÜSST KEINE MEHR
(Take a step to murder, 1959)
UK 1096, 1966; XTK 2003, 1978

ASPHALTDSCHUNGEL
(Who has Wilma Lathrop?, 1955)
KRA 16, 1956
vgl. *Wer hat Wilma Lathrop?*

BIS ZUM HALS IN DER TINTE
(Naked fury, 1952)
KEL 1192, 1981
vgl. *Die nackte Gewalt*

BLIND INS VERDERBEN
am. T. (Framed in guilt, 1949)
engl. T. (Evidence most blind, 1949)
UK 1207, 1968

CHICAGO-APPARTMENTHAUS AM SEE
(Chicago 11, 1966)
BOUL 5, 1969

DIE CORDOVAN-MILLIONEN
(Dead in bed, 1959)
MOEK 23, 1968; XEN 10, 1976; KEL 1154, 1980
vgl. *Millionen für Gwen*

DIES IST MEIN TAG
(Wake up to murder, 1952)

MIT 28, 1959
vgl. *Ein Mordsdetektiv*
EINLADUNG ZUM MORD
(Payola, 1960)
WIK 4, 1966; BKEL 37026, 1976; XEN 142, 1982
DER ERPRESSER
(The brimstone bed, 1960)
MIT 69, 1961
ES GIBT KEIN ENTRINNEN
(Farewell to passion, 1951)
auch: (The passion murders, 1955)
MIT 36, 1960; KEL 1186, 1981
DIE FRAU SEINES VATERS
(His father's wife, 1954)
WAR 4005, 1966
EINE FRAU WIE WACHS
(Moran's woman, 1959)
UK 1237, 1969; XEN 56, 1978; XEN 112, 1981
GEFÄHRLICHE ZEUGIN
(Strange witness, 1952)
KRA 19, 1956
vgl. *Das Gör muß weg; Der Zeuge muß weg*
GESTEHEN SIE, HERR STAATSANWALT!
(Ciel, ma femme, 1955)
MIT 3, 1958; KEL 1168, 1980
DAS GÖR MUSS WEG
(Strange witness, 1953)
UK 1153, 1967
vgl. *Gefährliche Zeugin; Der Zeuge muß weg*
DIE GOLDENE FALLE
(Joy house, 1954)
HK 1133, 1964
HALTET DIE CLOWNS!
(Carnival of death, 1965)
UK 1110, 1967; XEN 55, 1978
HERZLICHES BEILEID
(Mrs. Homicide, 1953)
UK 1055, 1965; BKEL 37021, 1976; XEN 82, 1980
vgl. *Miss Mörderin*
HOCHZEITSNACHT IM LEICHENWAGEN
(So dead my lovely, 1959)
UK 1134, 1967; XEN 09, 1976; KEL 1148, 1980
KEIN ALIBI
(Bye, Baby bunting, 1963)
MIT 230, 1965; KEL 1175, 1980
KOPF IN DER SCHLINGE
(Notorious, 1954)
PAN 45, 1957
KÜSS MICH ODER STIRB
(To kiss, or kill, 1952)
WIK 2, 1966
vgl. *Tödliche Küsse*
LIEB MICH UND STIRB
(Love me – and die!, 1951)
UK 1047, 1966; XEN 04, 1976
DAS MÄDCHEN IN DER TODESZELLE
(Death house doll, 1954)
UK 984, 1964; XEN 113, 1981
MEXIKANISCHE SERENADE
(My flesh is sweet, 1951)
MIT 15, 1959
vgl. *Nachts kam der Tod*
MIAMI HOTEL INTERNATIONAL
(Miami 59, 1960)
BOUL 2, 1969
MILLIONEN FÜR GWEN
(Dead in bed, 1959)
HAR 83, 1961; HK 1021, 1962
vgl. *Die Cordovan-Millionen*
MISS MÖRDERIN
(Mrs. Homicide, 1953)
PAN 75, 1957
vgl. *Herzliches Beileid*
EIN MORDSDETEKTIV
(Wake up to murder, 1952)
KEL 1196, 1981
vgl. *Dies ist mein Tag*
MORD UNTER MÖRDERN
(Bring him back dead, 1956)
WIK 6, 1966; XEN 54, 1978
MORD UNTER PALMEN
(It's a sin to kill, 1958)

XEN 11, 1976; KEL 1142, 1980
vgl. *Tod unter Palmen*

NACHTS KAM DER TOD
(My flesh is sweet, 1951)
KRA 23, 1956
vgl. *Mexikanische Serenade*

DIE NACKTE GEWALT
(Naked fury, 1952)
MIT 49, 1960
vgl. *Bis zum Hals in der Tinte*

ORCHIDEE IM SUMPF
(About Dr. Ferrel, 1952)
PAN 18, 1954

RÜCKLINGS, WIE DER HAI BEISST
(Hunt the killer, 1952)
UK 1165, 1968; BKEL 37017, 1976

SARG MIT FLIESSEND WASSER
(Murder on the side, 1956)
UK 1071, 1966; XEN 83, 1980

DER TEUFEL MIT DEM PAPAGEI
(Home is the sailor, 1952)
UK 1263, 1969; XEN 03, 1976

DAS TEUFLISCHE SPIEL
(Sleep with the devil, 1954)
MIT 144, 1963
vgl. *Vom Scheitel bis zum Mord*

TOD IN BLOND
(The dangling carrot, 1955)
HK 1076, 1962

TOD UNTER PALMEN
(It's a sin to kill, 1958)
UK 1004, 1965
vgl. *Mord unter Palmen*

TÖDLICHE KÜSSE
(To kiss, or kill, 1952)
PAN 15, 1954
vgl. *Küß mich oder stirb*

TOTE ZEUGEN REDEN NICHT
(Dead dolls don't talk, 1959)
MIT 65, 1961; BKEL 37012, 1975; XEN 141, 1982

VOM SCHEITEL BIS ZUM MORD
(Sleep with the devil, 1954)
KEL 1181, 1980
vgl. *Das teuflische Spiel*

VON DIESER LEICHE WEISS ICH NICHTS
(Passage to Samoa, 1958)
BRA 18, 1970; BKEL 37005, 1975

WEG INS VERDERBEN
(There was a crooked man, 1954)
PAN 38, 1955

WENN DER SARG PASST
(If the coffin fits, 1952)
UK 993, 1964

WER HAT WILMA LATHROP?
(Who has Wilma Lathrop?, 1955)
UK 19, 1965; XEN 26, 1977
vgl. *Asphaltdschungel*

WILLKOMMEN ZU HAUSE
(The big kiss-off, 1954)
UK 1063, 1966; XEN 25, 1977; XTR 2003, 1978

DER ZEUGE MUSS WEG!
(Strange witness, 1953)
XEN 111, 1981
vgl. *Das Gör muß weg; Gefährliche Zeugin*

ZU SCHWARZ FÜR DIE SELIGKEIT
(Too black for heaven, 1959)
WAR 4003, 1966; MOEK 43, 1968

KEINZLEY, FRANCES (1922–

DER MÖRDER LÄSST BITTEN
(A time to pray, 1969)
GK 3252, 1970

RACHE FÜR DEBORAH
(Illusion, 1970)
GK 3284, 1970

SPIEGEL DES TODES
(The toymaker, 1971)
GK 4173, 1972

KEITH, CARLTON
Pseudonym von Keith Carlton Robertson (1914–

DISKRETE GESCHÄFTE
(The diamond-studded typewriter, 1958)

GK 1247, 1963

DOLLARS ROLLEN FÜR PAT
(Rich uncle, 1963)
GK 3144, 1968

EINER FOLGT DER SPUR
(Missing, presumed dead, 1961)
GK 3075, 1968

DAS LANGUSTENDINNER
am. T. (The crayfish dinner, 1966)
engl. T. (The elusive epicure, 1968)
GK 3136, 1968

LOCKENDE BEUTE
(The hiding-place, 1965)
GK 3055, 1968

KELLAND, CLARENCE B(UDINGTON) (1881–1964

COLUMBINE ERBT GEFÄHRLICH
(The artless heiress, 1942)
HAR 98, 1961

DER KRONZEUGE
(The key man, 1952)
SCHE 203, 1963

MÖRDER VOR DER KAMERA
(Murder makes an entrance, 1955)
SCHE 224, 1964

WO RAUCH IST
(Where there's smoke, 1959)
SCHE 168, 1962

KELLER, H.

PROFESSOR WERNER, DER SATAN
SEPTH, 1969

KELLERMANN, ROBBY

EINER SAH BLUT (OA)
PANS 21, 1960

MORD! (OA)
(Der Fall Bleil-Grossmann)
PANS 7, 1959

DER MORDBRENNER STERNICKEL (OA)
PANS 12, 1960

MORD UM 2 MARK 20 (OA)
PANS 14, 1960

DIE ZWILLINGE VOM ALEX (OA)
(Die BVG-Bande)
PANS 10, 1959

KELLEY, LAMAR

SPITZEL STERBEN NICHT IM BETT
(That's no way to die, 1970)
BRA 37, 1971

KELLY, MARY (1927–

ZERSCHLAGENES PORZELLAN
(The spoilt kill, 1961)
GK 3016, 1967

KEMELMAN, HARRY (1908–

AM DIENSTAG SAH DER RABBI ROT
(Tuesday the Rabbi saw red, 1974)
RTH 2346, 1975

AM MONTAG FLOG DER RABBI AB
(Monday the Rabbi took off, 1972)
RTH 2304, 1974

AM MITTWOCH WIRD DER RABBI NASS
(Wednesday the rabbi got wet, 1976)
RTH 2430, 1977

AM FREITAG SCHLIEF DER RABBI LANG
(Friday the rabbi slept late, 1964)
RTH 2090, 1966; NBR 65, 1968

AM SAMSTAG ASS DER RABBI NICHTS
(Saturday the Rabbi went hungry, 1966), RTH 2125, 1967

AM SONNTAG BLIEB DER RABBI WEG
(Sunday the Rabbi stayed home, 1969)
RTH 2291, 1973

QUIZ MIT KEMELMAN
(Kriminalstories)
(The nine mile walk, 1967)
RTH 2172, 1969

DER RABBI SCHOSS AM DONNERSTAG
(Thursday the Rabbi walked out, 1978)
RTH 2500, 1979

KEMP, SARAH
Pseudonym von Michael Butterworth (1924–
GOODBYE PUSSY
(Goodbye, Pussy, 1979)
SCHE 840, 1982

KEMPLEY, WALTER
DER COMPUTER-MÖRDER
(The probability factor, 1972)
PBK 24, 1979

KENDRICK, BAYNARD (HARDWICK) (1894–1977)
AUSSER KONTROLLE
(Out of control, 1945)
HCC 1704, 1976
DER PFEIFENDE HENKER
(The whistling hangman, 1937)
SM 210, 1963; HCC 1766, 1977
DER TRICK DES BLINDEN MANNES
(Blind man's bluff, 1943)
HCC 1549, 1973

KENNEDY, ADAM
Pseudonym: John Redgate
DAS DOMINO-KOMPLOTT
(The Domino Principle, 1975)
UAR 20009, 1979

KENNEDY, ELLIOT
Pseudonym von Lionel Robert Holcombe Godfrey (1932–
GEGEN KUGELN IST KEIN KRAUT GEWACHSEN
(Bullets are final, 1972)
GK 4156, 1972
EIN GEWISSES GEFÜHL
(That fatal feeling, 1972)
GK 4257, 1973
DER GROSSE VERLIERER
(The big loser, 1972)
GK 4194, 1972; GA 5448, 1983
IM BLEI STECKT KEINE LIEBE
(No love in a bullet, 1975)
GK 4481, 1975; GUK 4798, 1978
ROTER OCKER
(The dead sleep late, 1974)
GK 4387, 1974
SAG NIEMALS TOT
(Never say dead, 1973)
GK 4322, 1973

KENNEDY, JOHN (BOYD) (1921–
SCHATTEN ÜBER MANILA
(Paper chase, 1956)
UK 762, 1958

KENNY, PAUL
AUFRUHR IN BOGOTA
(Barrage à Bogota, o. J.)
SEPSP 1, 1968
COPLAN GREIFT DURCH
(Coplan fonce au but, o. J.)
SEPSP 4, 1969
COPLAN IM LABYRINTH
(Coplan dans le labyrinthe, o. J.)
SEPSP 3, 1969
KONTAKTE OST-WEST
(Contacts est-ouest, o. J.)
SEPSP 2, 1968
VORSICHT, FRANCIS COPLAN
(Jouez serré, M. Coplan, o. J.)
SEPSP 5, 1969

KENRICK, TONY (1935–
EIN ALLZU GROSSER COUP
(The seven day soldiers, 1976)
KNK 4929, 1982
EIN BLINDER SIEHT ZUVIEL
(The nighttime guy, 1979)
SCHE 786, 1980
KIDNAPPING AUF WUNSCH
(Stealing Lillian, 1975)
KNK 4910, 1980

KENT, LARRY
s. *Anhang Serien: Larry Kent – Der Privatdetektiv*

KENYON, MICHAEL (1931–
Pseudonym: Daniel Forbes
KOMM UND STIRB IN IRLAND
(May you die in Ireland, 1965)
MIT 282, 1966
NOTZUCHT
(The rapist, 1977)
RTH 2504, 1979
VIELE KÖCHE VERDERBEN DEN PREIS
(Deep pocket, 1978)
RTH 2537, 1980
WIE DAN MCGREW ERSCHOSSEN WURDE
(The shooting of Dan McGrew, 1972)
GK 4267, 1973

KEPPEL, CHARLOTTE
Pseudonym von Ursula Torday (1888–
Weitere Pseudonyme: Paula Allardyce, Charity Blockstone
MADAME, SIE MÜSSEN STERBEN
(Madame, you must die, 1975)
RAR 4326, 1979

KERR, BEN
DIE HÖLLE IST EINE STADT (OA)
KEL 772, 1968

KERSTEN, DETLEF
KOMMISSAR KNIEPEL (BAND 1)
(30 Bilder-Krimis zum Selberlösen)
RAV 521, 1979
KOMMISSAR KNIEPEL (BAND 2)
RAV 722, 1981

KETTENBACH, HANS WERNER (1928–
GLATTEIS (OA)
BKR 37001, 1982
GRAND MIT VIEREN (OA)
BK 36003, 1977; BKR 37007, 1983
MINNIE ODER EIN FALL VON GERINGFÜGIGKEIT (OA), DIO 21218, 1984

KEVIN, KELLY
Pseudonym für S. U. Wiemer
a) Autor der Serie: *»Plutonium Police«;* s. *Anhang.*
Autor der Nummern: 18, 28
b) Autor der Kriminalroman-Serie: *»Kommissar X«;* s. *Anhang.*
Autor der Nummern: 572, 582, 587, 597, 609
c) Autor der Serie: *»Fledermaus«;* s. *Anhang.*
Autor der Nummer: 362

KEYES, FRANCES PARKINSON (1885–1970)
DIE KÖNIGSLOGE
(The Royal Box, 1954)
UK 761, 1958

KIEFER, WARREN (DAVID) (1929–
DER LINGALA CODE
(The Lingala Code, 1972)
HAC 1, 1974

KIENAST, WOLFGANG (1939–
GILLERMANNS TOD (OA)
DIE 225, 1975

KIENE, HANSJOACHIM (1918–
HERR KÖNIG MIT DEM KOFFER (OA)
UEB 218, 1971
TAXI NACH SANDBRODE (OA)
UEB 240, 1976

KIENZLE, WILLIAM X(AVIER) (1928–
EIN ROSENKRANZ FÜR JEDE LEICHE

(The rosary murders, 1979)
PLAY 6127, 1982

DER ROTE HUT DES TODES
(Death wears a red hat, 1980)
PLAY 6132, 1982

KIERAN, JAMES

... DANN TÖTE MICH
(Come murder me, 1951)
KRA 28, 1956

KING, ALISON

Pseudonym von Teri Martini (1930–

DAS RÄTSEL DER FAMILIENGRUFT
(The dreamer, lost in terror, 1976)
HRO 2080, 1981

KING, FRANK (1892–1958)

Pseudonym: Clive Conrad

SELBSTMORD AUSGESCHLOSSEN
(The empty flat, 1957)
SCHE 197, 1963

SÜNDEN IM SAFE
(The big blackmail, 1954)
SCHE 179, 1962; KK 11, 1980

DER TIGER
(The case of the painted girl, 1931)
SM 2132, 1964

KING, RUFUS (FREDERICK) (1893–1966)

DAS GROSSE VERBRECHEN
(Crime of violence, 1937)
HCC 1875, 1980

KING, SANDRA

s. *Spencer Spratt*

KING, (RAYMOND) SHERWOOD (1904–

DAS GESTÄNDNIS DES LAURENCE PLANTER
(n.e.)
BBA 25, 1950; BBD 17, 1950

WILLST DU MEIN MÖRDER SEIN?
(If I die before I wake, 1938)
SCHE 460, 1974

KING, STEPHEN (1947–

DAS ATTENTAT
(The dead zone, 1979)
PLAY 6110, 1980

KINGERY, DON

DU STIRBST NUR EINMAL
(Death must wait, 1956)
PAN 86, 1957

KINSLEY, PETER

OHNE AUSWEG
(Pimpernel 60, 1969)
PHOE 93, 1971

KIRST, HANS HELLMUT (1914–

ALLES HAT SEINEN PREIS (1974)
KNAR 453, 1977

DIE GEFÄHRLICHE WAHRHEIT (OA)
HAR 6205, 1984

DIE LETZTE KARTE SPIELT DER TOD (1955)
RAR 4010, 1976

VERFOLGT VOM SCHICKSAL (1971)
RAR 1931, 1976

KLAROW, JURI

s. *Anatoli Besuglow*

KLAUSS, KLAUS

DER VIERTE SCHLÜSSEL (OA)
KOMP 268, 1980

KLEINE, DOROTHEA (1928–

MORD IM HAUS AM SEE (OA)
NBR 55, 1965; MV 124, 1970

KLIMA, JAN

DER FALL DES GELIEHENEN HUNDES

(Pripad pujceného psa, 1981)
bb 522, 1984

DER TOD LIEBT DIE POESIE
(Smrt má ráda poezij, 1966)
bb 204, 1969; GK 4177, 1972

KLIMBURG, ULRICH VON

DIE NACHT IM SCHWARZEN HAUS
GK 58, 1954

KLOEPFER, MARGUERITA

SCHATTEN IN DER WÜSTE
(The heart and the scarab, 1981)
HRO 2123, 1983

KLOPFENSTEIN, CLEMENS G. (1944–

s. *Marcus P. Nester*

KLOSE, KEVIN und McCOMBS, PHILIP A.

OPERATION TAIPHUN
(The typhoon shipments, 1974)
FAR 1899, 1977

KLOSE, WERNER (1923–

MORD IN SANDERUP (OA)
CHR o. Nr., 1982

SONNTAGSMÖRDER (OA)
CHR o. Nr., 1983

KLOTZ, CLAUDE

DER VAMPIR VON PARIS
(Paris-Vampire, 1974)
UAR 3189, 1975

KLUGMANN, NORBERT (1951– und MATHEWS, PETER (1951–

BEULE ODER WIE MAN EINEN TRESOR KNACKT (OA)
RTH 2675, 1984

KNEBEL, FLETCHER (1911–

DOLLARFIESTA
(The bottom line, 1974)
GAR 3731, 1979

VON DER NACHT VERSCHLUNGEN
(Vanished, 1968)
KNAR 287, 1972; BAR 11111, 1978

KNICKMEYER, STEVE (1944–

TÖTEN UND TÖTEN LASSEN
(Straight, 1976)
RTH 2448, 1978

WARUM MUSSTE O'HEARNE STERBEN?
(Cranmer, 1978)
RTH 2528, 1980

KNIGHT, ALANNA

DAS GRAB DER LIEBENDEN
(Lament for lost lovers, 1973)
GAS 40, 1979

DIE WEISSE ROSE
(The white rose, 1973)
GAS 35, 1979

KNIGHT, DAVID

Pseudonym von Richard S(cott) Prather (1921–

DER FALL 561
am. T. (Case Nr. 561, 1956)
engl. T. (Dragnet: Case Nr. 561, 1957)
HK 1109, 1965; WKR 2, 1974

DER SPRUNG INS UNGEWISSE
(Pattern for murder, 1952)
auch: (The scrambled yeggs, 1958, by Richard S. Prather)
SB 9, 1957; MET o. Nr., 1965?

KNIGHT, KATHLEEN M(OORE)

Pseudonym: Alan Amos

NACH DEM LETZTEN APPLAUS
(Beauty is a beast, 1959)
KRÄ 8, 1965

NICHT VOR 9 UHR ÖFFNEN!

(The Robineau Look, 1955)
GK 2049, 1964

KNOWLES, GAYE

DIE GEHEIMNISVOLLE SPUR
(The Islanders follow à clue, o. J.)
BJL 15, 1967

KNOX, BILL (WILLIAM KNOCK) (1928–

Pseudonyme: Robert MacLeod, Michael Kirk, Noah Webster

AM ASCHERMITTWOCH IST ALLES VORBEI
(A witchdance in Bavaria, 1975)
GK 4514, 1975

AUF VERSCHNEITEN STRASSEN
(The Cockatoo crime, 1958)
GK 1042, 1961

AUS SICHERER QUELLE
(Deadline for a dream, 1957)
GK 1073, 1962

DAS BAROMETER STEHT AUF STURM
(Blueback, 1969)
GK 3230, 1969

BLUTGRUPPE B
(The deep fall, 1966)
GK 2242, 1967

DRACHENSCHIFF
(Dragonship, 1976)
GK 4603, 1976

DREI PAAR NYLONSTRÜMPFE
(Death Department, 1959)
GK 1081, 1962

DYNAMIT IN FALSCHEN HÄNDEN
(Children of the mist, 1970)
GK 3272, 1970

DER FEHLER DES PILOTEN
(Pilot error, 1977)
GK 4673, 1977

FERNGESPRÄCH NACH ROM
(Leave it to the hangman, 1960)
GK 1171, 1962

FRACHTBETRUG
(Cargo risk, 1980)
GK 4909, 1981

GANGSTERSCHLACHT IN GLASGOW
(Justice on the rocks, 1967)
GK 3109, 1968

GEFÄHRLICHE FANGGRÜNDE
(Whitewater, 1974)
GK 4384, 1974

GEFÄHRLICHE FRACHT
(The scavengers, 1964)
GK 2062, 1964

DAS GEIERNEST
(Nest of vultures, 1973)
GK 4290, 1973

GESTRANDET VOR DER BUCHT
(Salvage job, 1978)
GK 4842, 1979

GIFTIGE FRACHT
(Mayday from Malaga, 1983)
GK 4959, 1984

DAS GRAB AN DER WESTKÜSTE
(Hellspout, 1976)
GK 4560, 1976

DER HALSABSCHNEIDER
(The Tallyman, 1969)
GK 3188, 1969

DER HEXENFELS
(Witchrock, 1977)
GK 4806, 1979

INS FEUER MIT DER HEXE!
(To kill a witch, 1971)
GK 4124, 1971

INS NETZ GEGANGEN
(Blacklight, 1967)
GK 3013, 1967

KLEINE BLUTSTROPFEN
(Little drops of blood, 1962)
GK 1206, 1963

DER KONTAKT IST UNTERBROCHEN
(Seafire, 1970)
GK 4077, 1971

MAKRELEN UND MORD
(Bloodtide, 1982)
GK 4952, 1974

DER MANN IN DER FLASCHE

(The man in the bottle, 1963)
GK 2007, 1964

DAS MAURISCHE KASTELL
(A burial in Portugal, 1973)
GK 4331, 1974

MORD AUF MALTA
(A killing in Malta, 1972)
GK 4154, 1972

MORD IST KEIN GENTLEMAN-DELIKT
(The Klondyker, 1968)
GK 3163, 1969

EIN MORD WIRD VERSTEIGERT
(A property in Cyprus, 1970)
GK 4018, 1970

RALLYE INS JENSEITS
(Rally to kill, 1975)
GK 4464, 1975

DIE ROTE WITWE
(A problem in Prague, 1981)
GK 4933, 1982

SCHLAFWAGEN NACH GLASGOW
(Die for Big Betsy, 1961)
GK 1153, 1962

SCHÜSSE AUF MALLORCA
(All other perils, 1974)
GK 4443, 1975

SENDESTÖRUNG AUF KANAL 15
(Death calls the shots, 1961)
GK 1147, 1962

SPANISCHE DUKATEN
(Sanctuary Isle, 1962)
GK 1226, 1963

DAS SPIEL WIRD ERNST
(Draw Batons!, 1973)
GK 4296, 1973

STURMFLUT
(Stormtide, 1972)
GK 4209, 1972

DER TOD DES SARGMACHERS
(A killing in antiques, 1981)
GK 4918, 1982

TÖDLICHE FRACHT
(Bombship, 1980)
GK 4906, 1981

VERGIFTETE AUSTERN
(Devilweed, 1966)
GK 2181, 1966

WHISKY FLOSS IN STRÖMEN
(A taste of proof, 1965)
GK 2125, 1966

WHISKY MACHT DAS KRAUT NICHT FETT
(Live bait, 1978)
GK 4873, 1980

ZAHLBAR IN DER SCHWEIZ
(A pay-off in Switzerland, 1977)
GK 4718, 1978

ZWISCHENFALL AUF ISLAND
(An incident on Iceland, 1979)
GK 4899, 1980

KNOX, RONALD A(RBUTHNOTT) (1888–1957)

DIE DREI GASHÄHNE
(The three taps, 1927)
RTH 2011, 1962; HCC 1792, 1978

FUSSSPUREN AN DER SCHLEUSE
(The footsteps at the lock, 1928)
HER 124, 1962

DER MORD AM VIADUKT
(The viaduct murder, 1925)
RTH 2022, 1963; HCC 1594, 1974

DER TOTE IM SILO
engl. T. (The body in the silo, 1933)
am. T. (Settled out of Court, 1934)
HER 149, 1963; HCC 1831, 1979

KNUPP, HEINZ-MARTIN

DER TOD DES DIRIGENTEN (OA)
BAR 10375, 1984

KOBUSCH, HELMUT

DER MANN, DER ZUVIEL WEISS (OA)
SCHE 962, 1984

KOENIG, LAIRD (P.)

KINDERSTUNDE
(zusammen mit Peter L. Dixon)

(The children are watching, 1970)
HAR 1706, 1976; KNAR 1059, 1983

DAS MÄDCHEN AM ENDE DER STRASSE
(The little girl who lives down the lane, 1974)
HK 1760, 1977

KÖHR, DIETRICH

ACHTUNG! FALSCHE FÜNFZIGER! (OA)
BJL 11, 1966

KOHL, NORBERT (Hrsg.)

MORD ALS EINE SCHÖNE KUNST BETRACHTET
IT 258, 1977

KOHLHÖFER, PAUL (1895–1958)

DIE BLAUEN RINGE (1937)
GK 52, 1954

KOLARZ, HENRY (1927–

DIE GENTLEMEN BITTEN ZUR KASSE (OA)
HAR 333, 1964; MTB 2143, 1981

DAS GROSSE DING (OA)
MTB 2116, 1981

DER ILLEGALE (OA)
PLAY 6108, 1980

KALAHARI (1977)
FAR 2604, 1979

MORGEN BIST DU TOT, JIMMY
HAR 77, 1960; HK 1019, 1962; MOEK 31, 1968
vgl. *Morgen wirst du gegrillt, Jimmy*

MORGEN WIRST DU GEGRILLT, JIMMY
MTB 2275, 1984
vgl. *Morgen bist du tot, Jimmy*

NACHTS UM VIER WIRD NICHT GEKLINGELT
HAR 137, 1961; HK 1039, 1962; HAR 5539, 1979

DER TOD DER SCHNEEVÖGEL
HAR 652, 1969; MTB 2213, 1982

WENN JOSEPH NICHT GESUNGEN HÄTTE
HAR 48, 1960; HK 1009, 1962; HAR 5455, 1978

KOLBENHOFF, WALTER (1908–

DIE KOPFJÄGER (OA)
LIST 154, 1960

KOLBERGS, ANDRIS

DIE NACKTE MIT DEM GEWEHR
KVW o. Nr., 1984

KOMMISSAR, DER

s. *Herbert Reinecker*

DER KOMMISSAR EMPFIEHLT

s. *Nicholas Blake*

KOMMISSAR X

s. *Anhang: Serien*

KONSALIK, HEINZ G(ÜNTHER)

Geburtsname: Heinz Günther (1921–
Pseudonyme: Jens Bekker, Stefan Doerner, Boris Nikolai, Henry Pahlen, s. d.

AGENTEN KENNEN KEIN PARDON (1972)
(auch: Die Sterne sollen weiterleuchten)
HAR 999, 1973

AGENTEN LIEBEN GEFÄHRLICH (1970)
HAR 962, 1972

AUF NASSEN STRASSEN (OA)
HAR 938, 1972

DAS DOPPELSPIEL (1977)
HAR 5621, 1979

DIE DROHUNG (1972)
HAR 5069, 1974

ENTMÜNDIGT (1963)
LICH 47, 1963; HAR 776, 1971

DIE GRÜNEN AUGEN VON FINCHLEY (OA)
GAR 6664, 1984

HAIE AN BORD (1976)

HAR 5490, 1978

DAS HERZ AUS EIS (OA)
GAR 6664, 1984

ICH BEANTRAGE TODESSTRAFE (1960)
PTB 105, 1963; GAR 2640, 1970; HAR 927, 1972

DAS MÄDCHEN UND DER ZAUBERER (OA)
HAR 6426, 1984

DER MANN, DER SEIN LEBEN VERGASS (OA)
HAR 5020, 1973

DER PFEIFENDE MÖRDER (OA)
HAR 5858, 1981

SCHICKSAL AUS ZWEITER HAND (1958)
PTB 32, 1961; GAR 2714/2715, 1970; GAR 3714, 1979

DIE SCHWEIGENDEN KANÄLE (OA)
GAR 2579, 1969

SONJA UND DAS MILLIONENBILD (OA)
HJU 89, 1975

DIE TÖDLICHE HEIRAT (OA)
GAR 3665, 1978

EIN TOTER TAUCHER NIMMT KEIN GOLD (OA)
HAR 5053, 1973

ZUM NACHTISCH WILDE FRÜCHTE (1967)
HAR 788/89, 1971
(spätere Aufl. Nr. 788)

KONVITZ, JEFFREY (1944–

ALLISONS HAUS
(The sentinel, 1974)
RAR 4248, 1978

KOONTZ, DEAN R(AY) (1945–

Pseudonyme: David Axton, Brian Coffey, Deanna Dwyer, K. R. Dwyer, Leigh Nichols, Anthona North

EIN FREUND FÜRS STERBEN
(The voice of the night, 1980)
RTH 2607, 1982

DIE HELLSEHERIN
(The vision, 1977)
HUB 19, 1984

HÖLLENQUALEN
(Whispers, 1980)
BAR 17059, 1982

NACH DEM LETZTEN RENNEN
(After the last race, 1974)
GK 4551, 1976

NACKTE ANGST
(The face of fear, 1977)
RTH 2487, 1979

KOPPEL, TED (1940 (?)–

s. *Marvin Kalb*

KORFF, STEFAN

Pseudonym von Karl-Heinz Zöls (1922–

INSPEKTOR SCHMALFUSS (OA)
(Falschgeld-Dezernat steht Kopf)
PANS 2, 1959

KORKOZOWICZ, KAZIMIERZ

WER IST MR. PROT?
KOMP 119, 1968

KOROBIZIN, ALEXEJ

DAS GEHEIMNIS DES WACHSFIGUREN-KABINETTS
(Tajna muzeja voskovych figur)
KVW o. Nr., 1966

KOSINSKI, JERZY (1933–

COCKPIT
(Cockpit, 1975)
FAR 5002, 1980

KOTZWINKLE, WILLIAM (1938–

FATA MORGANA
(Fata Morgana, 1977)
RAR 4986, 1982

KRAFT, ZDENKO VON

DAS ENTFÜHRTE MODELL
LEH 43, 1954

KRAHL, GISELA (Hrsg.)
zusammen mit Beate Boldt

GROSSE UND KLEINE FISCHE
Detektivgeschichten (Auswahl aus Loewes Detektivmagazin)
ROT 349, 1983

KRASNEY, SAMUEL A. (1922–

BLONDINEN STERBEN JUNG
(A mania for Blondes, 1961)
WIK 5, 1966

FLIRT MIT DEM TOD
(Morals squad, 1959)
WIK 3, 1966

DIE SÜSSEN TRÄUME VON MANHATTAN
(Death cries in the street, 1955)
HAR 119, 1961; HK 1033, 1962

KRIMINALGESCHICHTEN

NEUN MEISTERDETEKTIVE IN AKTION
Herausgegeben von Karlheinz Schmidthüs (1962)
HER 127, 1962

KRIMINALGESCHICHTEN
aus drei Jahrhunderten.
Ausgewählt und herausgegeben von Armin Arnold (1978)
RES 9919, 1978

KRITZ, HUGO MARIA
Pseudonym von Hugo Krizkovsky (1905–

DER ALPTRAUM HIESS HARRY (OA)
KEL 1062, 1979

MEIN FREUND, DER MÖRDER (OA)
KEL 1044, 1978

TUMULT IM 6. STOCK (OA)
GK 24, 1953

KRUGER, PAUL
Pseudonym von Roberta Elizabeth Sebenthal (1917–
Weiteres Pseudonym: Harry Davis

EISKALTER MORD
(The cold ones, 1972)
GK 4250, 1973

DER KOFFER UNTER DER BRÜCKE
(The bronze claws, 1972)
GK 4219, 1972

DIE LETZTE ZEILE SCHREIBT DER TOD
(The finish line, 1968)
GK 3197, 1969

EIN NETZ ZERREISST
(Weave a wicked web, 1967)
GK 3221, 1969

EIN SARG NACH MASS
(If the shroud fits, 1969)
GK 3254, 1970

ZU SCHÖN FÜR MORD
(Weep for the willow green, 1966)
GK 3046, 1967

KRUMBHOLZ, RICHARD

ASYL IM URWALD
NBR 24, 1957

KRUMHOLZ, CHESTER und STEVE CARABATSOS

KOJAK: ULTIMATUM FÜR KOJAK
(Birthday party, 1976)
BFK 38036, 1978

KRUMHOLZ, CHESTER und MATTHEW RAPF

KOJAK: KOJAK UND DIE SANFTE MÖRDERIN
(Kojak's days, 1976)
BFK 38032, 1977

KRUPKAT, GÜNTHER (1905–

DAS GESICHT (OA)
NBR 29, 1958

KRUSE, MAX (1921–
DIE STROLCHE VON OLTRONE
RAV 143, 1969

KUBY, ERICH (1910–
ROSEMARIE, DES DEUTSCHEN WUNDERS LIEBSTES KIND (1958)
RAR 434, 1961

KUNERT, JOACHIM
s. *Jens Gerlach*

KUNICZAK, W(IESLAW) S(TANISLAW) (1930–
DIE SEMPINSKI-AFFÄRE
(The Sempinski-Affair, 1969)
HAR 5029, 1973 (bearbeitete TB-Ausgabe)

KUNKEL, KLAUS
HEISSES METALL, NBR 2, 1952
SCOTLAND YARD SCHWEIGT
NBR 10, 1954

KURNITZ, HARRY (1907–1963)
Pseudonym: Marco Page
FERNSCHREIBEN AUS HOLLYWOOD
(Invasion of privacy, 1955)
GK 1184, 1962

KUSAN, IVAN
DAS GEHEIMNIS DES GRÜNEN HÜGELS
HJU 71, 1975

KWASNIEWSKI, KAZIMIERZ
DER MÖRDER UND DAS MÄDCHEN / SIE SOLL UNS DIE ERMORDUNG SPIELEN . . .
(Zbrodniarz i panna, o. J.)
KVW o. Nr., 1974

-KY
Pseudonym von Horst Bosetzky
AUS DER TRAUM (OA)
HAR 6255, 1983
EINER VON UNS BEIDEN (OA)
RTH 2244, 1972
EINER WILL'S GEWESEN SEIN (OA)
RTH 2441, 1978
ES REICHT DOCH, WENN NUR EINER STIRBT (OA)
RTH 2344, 1975; DIE Nr. n. e., 1983
FEUER FÜR DEN GROSSEN DRACHEN (OA)
RTH 2672, 1984
HEISST DU WIRKLICH HASAN SCHMIDT? (OA)
ROT 360, 1984
MIT EINEM BEIN IM KNAST (OA)
(Kriminalstories)
RTH 2565, 1981
MITUNTER MÖRDERISCH
(Kriminalstories) (OA)
RTH 2383, 1976
EIN REIHENHAUS FÜR ROBIN HOOD (OA)
RTH 2575, 1981
STÖR DIE FEINEN LEUTE NICHT (OA)
RTH 2292, 1973
EIN TOTER FÜHRT REGIE (OA)
RTH 2312, 1974; DIE 342, 1977
VON BEILEIDSBESUCHEN BITTEN WIR ABZUSEHEN (OA)
RTH 2250, 1972
VON MÖRDERN UND ANDEREN MENSCHEN
(Kriminalstories) (OA)
RTH 2466, 1978
ZU EINEM MORD GEHÖREN ZWEI (OA)
RTH 2221, 1971; RTH 2526, 1980

-KY & CO.
Pseudonym für Horst Bosetzky und Peter Heinrich (1941–
DIE KLETTE (OA)
RTH 2659, 1983

KYLE, DUNCAN
Pseudonym von John Franklin

Broxholme (1930–
IN LETZTER SEKUNDE
(A raft of swords, 1974)
HAC 26, 1975
TODESFALLE CAMP 100
(Whiteout, 1976)
GA 5402, 1980

KYLE, ROBERT
Pseudonym von Robert Terrall (1914–
Weiteres Pseudonym: John Gonzales
GRILLROOM FÜR KLEINE FISCHE
(The golden urge, 1954)
HK 1455, 1971
SKANDAL IST KEINE MANGELWARE
(Blackmail Inc., 1958)
SCHE 350, 1970

LA BERN, ARTHUR (JOSEPH) (1909–
FRENZY
(Goodbye Piccadilly, farewell Leicester Square, 1966)
auch: (Frenzy, 1972)
HK 1517, 1973

LABORDE, JEAN (1918–
DES TEUFELS SCHWACHE SEITE
(Les bonnes causes, 1960)
RAR 632, 1963

LACRUZ, MARIO (1929–
STECKBRIEF FÜR EINEN UNSCHULDIGEN
(El inocente, 1953)
RTH 2071, 1965; RTH 2624, 1983

LACY, ED
Pseudonym von Leonard S. Zinberg (1911–1968)
BESONDERE KENNZEICHEN
(The best that ever did it, 1955)
GK 3082, 1968
BLONDE BEUTE
(Blonde bait, 1959)
GK 3155, 1968
FLÜCHTIGE BEGEGNUNG
(The short night, 1957)
GK 3215, 1969
DIE FRAU, DIE KEINER KANNTE
(Bugged for murder, 1961)
GK 3245, 1970
GEFÄHRLICHE NEUGIER
(Strip for violence, 1953)
SB 4, 1957; MET o. Nr., 1965(?)
GEHEIMAUFTRAG HARLEM
(Harlem underground, 1965)
GK 3021, 1967; DIE 219, 1974; GA 5404, 1980
GUT GEZIELT
(Lead with your left, 1957)
GK 3239, 1970
EIN GUTES GEWISSEN
(Sleep in thunder, 1964)
GK 3102, 1968
KEIN SPIELRAUM
(Room to swing, 1957)
bb 202, 1969
vgl. *Mord auf Kanal 12*
KNOCKOUT FÜR EINEN KILLER
(The big fix, 1960)
GK 3207, 1969
MIT LEEREN HÄNDEN
(Be careful how you live, 1959)
GK 2214, 1966
MORD AUF KANAL 12
(Room to swing, 1957)
GK 3080, 1968; GA 5422, 1981
vgl. *Kein Spielraum*
PUPPE IM BRAUTKLEID
(Double trouble, 1965)
GK 2206, 1966
EIN SANFTES ENDE
(Shakedown for murder, 1958)
GK 4261, 1973

SCHWARZ AUF WEISS
(In Black and Whitey, 1967)
GK 4243, 1973
SÜNDE IM BLUT
(Sin in their blood, 1952)
GK 4247, 1973
vgl. *Der tödliche Haß*
TELEFON – SANDYHOOK 776
(Enter without desire, 1954)
SB 20, 1958; MET o. Nr., 1965(?)
vgl. *Zahlbar in Mord*
DER TOD DES MATADORS
(Moment of untruth, 1964)
GK 3195, 1969
DER TÖDLICHE HASS
(Sin in their blood, 1952)
SB 2, 1957, vgl. *Sünde im Blut*
VERDAMMTER BULLE!
(The man from the boys, 1956)
GK 5416, 1981
vgl. *Verdammter Polyp!*
VERDAMMTER POLYP!
(The men from the boys, 1956)
GK 3094, 1968
vgl. *Verdammter Bulle*
WESHALB STARB WALES?
(n.e.)
SB 17, 1958
ZAHLBAR IN MORD
(Enter without desire, 1954)
GK 3110, 1968; GA 5406, 1980
vgl. *Telefon – Sandyhook 776*
ZWEI EISEN IM FEUER
(Two hot to handle, 1963)
GK 3181, 1969

LAFFEATY, CHRISTINA (1932–
GEFÄHRLICHE HEIRAT
(The reluctant bride, 1966)
XTR 1035, 1981

LA FOUNTAINE, GEORGE (1934–
DER ROLLENDE SARG
(Flashpoint, 1976)
SCHE 721, 1979
TODESSCHÜTZE IM STADION
(Two minutes warning, 1975)
SCHE 691, 1977

LAIRD, JACK
KOJAK: KOJAK JAGT DAS MORD-PHANTOM
(Justice deferred, 1976)
BFK 38030, 1977

LALLIER, BERNARD-PAUL (1937–
DER STURZ DES SCHWARZEN ENGELS
(Le saut de l'ange, 1968)
RTH 2203, 1970

LAMB, J. J.
JACKPOT: MORD
(A nickel jackpot, 1976)
GA 5450, 1983

LAMBOT, ISOBEL (MARY) (1926–
Pseudonyme: Daniel Ingham, Mary Turner
DER MÖRDER LÄSST GRÜSSEN
(Killer's laughter, 1968)
GK 3286, 1970

LANCASTER, GRAHAM
KLEINER MANN MIT GROSSER SCHNAUZE
(The nuclear letters, 1979)
SCHE 813, 1981
VERTRAG MIT MORD
(Seward's folly, 1980)
SCHE 893, 1983

LAND, MYRICK (EBBEN) (1922–
DER VIERTE PASSAGIER
(Last flight, 1975), GK 4614, 1977

LANDERS, GUNNARD (WILLIAM) (1944–
NICHT ZUM ABSCHUSS FREIGEGEBEN

(The hunting shack, 1979)
BTH 19004, 1981

LANDON, CHRISTOPHER (GUY) (1911–

EISKALT IN ALEXANDRIA
(Ice-cold in Alex, 1957)
RAR 431, 1961; RAR 5276, 1984

DIE GROSSE LÜGE
(Dead men rise up never, 1963)
GK 2032, 1964

NUR NOCH EINE WOCHE ZEIT
(The shadow of time, 1957)
GK 2025, 1964

LANE, BATHSEBA
(Pseudonym)

BLUTGELD (OA)
KEL 793, 1969

DER GRÜNE DRACHE (OA)
KEL 804, 1970

RAUSCHGIFT (OA)
KEL 779, 1969

DIE SCHWARZEN ENGEL (OA)
KEL 787, 1969

LANG, JACK

EIN MANN OHNE SKRUPEL
(The hard case, 1967)
MIT 385, 1968

LANG, MARIA
Pseudonym von Dagmar Lange (1914–

HILF MIR, KATJA!
(Hjälp mej Katja, 1972)
ROT 177, 1978

KATJA UND JAN AUF JAGD
(Jan och Katja jagar jultomten, 1975)
ROT 232, 1979

PASS AUF, KATJA!
(Akta dej Katja, 1971)
ROT 161, 1977)

LANG, P. R.
(Pseudonym)

AGENTEN DES TODES (OA)
KEL 775, 1968

DIE LANGE NACHT DER ANGST (OA)
KEL 780, 1969

MORD IM DREIECK (OA)
KEL 1014, 1978

LANGE, HANS O.

ROTE REIHE NR. 4 (OA)
PANS 17, 1960

LANGE, JOHN
Pseudonym von (John) Michael Crichton (1942–
Weiteres Pseudonym: Jeffery Hudson

GIFTGLOCKE ÜBER SAN DIEGO
(Binary, 1972)
UK 1566, 1973

HEISSE WARE
(Scratch one, 1967)
PHOE 66, 1969

MILLIONENRAUB AM NIL
(Easy go, 1968)
UK 1393, 1971

MORDTAUCHER VOR JAMAIKA
(Grave descend, 1970)
UK 1387, 1971

DIE TEUFELSDROGE
(Drug of choice, 1970)
PHOE 109, 1971; KK 90, 1982

LANGLEY, BOB (ROBERT) (1936–

HETZJAGD MIT DEM TOD
(Death stalk, 1977)
UK 1899, 1978

LANGLEY, LEE
Pseudonym von Sarah Langley (1927–

EIN MORD UND TAUSEND ZEUGEN
(Dead center, 1968)
GK 3227, 1969

DER ZERBROCHENE ARM
(Osiris died in autumn, 1964)
GK 2200, 1966

LANHAM, EDWIN (MOULTRIE) (1904–1979)

BARBARA SEGELT MIT
(Death of a Corinthian, 1953)
KRÄ 3, 1965

FLUCHT VOR DEM MÖRDER
(No hiding place, 1962)
MIT 218, 1964
vgl. *Geheimversteck im Central Park*

GEHEIMVERSTECK IM CENTRAL PARK
(No hiding place, 1962)
GK 4016, 1970
vgl. *Flucht vor dem Mörder*

MEINE FRAU, DIE MÖRDERIN
(I married murder, 1955)
BLG 33, 1959

MORD AN BORD
(One murder too many, 1952)
UK 749, 1959; GK 2285, 1967

PAMELA IN GEFAHR
(Murder on my street, 1958)
BLG 21, 1958

RÜCKFÄLLIG
(Double jeopardy, 1959)
GK 3096, 1968

SCHRECKEN DER VERGANGENHEIT
(Monkey on a chain, 1963)
GK 2158, 1966

SECHS SCHWARZE KAMELE
(Six black camels, 1961)
GK 2166, 1965

SPRUNG IN DIE GEFAHR
(Passage to danger, 1962)
GK 2245, 1966

TOD IM WIND
(Death in the wind, 1956)
UK 836, 1961; GK 3009, 1967

DAS VERSTECKTE MÄDCHEN
(Girl in hiding, 1955)
GK 2237, 1966

LAPIERRE, DOMINIQUE
s. *Larry Collins*

LA ROSA, LINDA J. (1951– und BARRY TANENBAUM (1944–

DER KLUB DER MÖRDER
(The Random Factor, 1978)
PLAY 6141, 1983

LARSON, CHARLES (1922–

BLUTS-BRÜDER
(Muir's blood, 1976)
GK 4721, 1978

MORD IN HOLLYWOOD
(Someone's death, 1973)
GK 4355, 1974

LATHEN, EMMA
Pseudonym von Mary Jane Latsis (ca. 1927– und Martha Henissart (ca. 1929–

DOLLARS FÜR DEN KARDINAL
(Ashes to ashes, 1971)
UK 1452, 1972

DREI DRACHMEN FÜR SEINEN KOPF
(When in Greece, 1969)
UK 1354, 1970

FREITAG, DER DREIZEHNTE
(Banking on death, 1961)
GK 1160, 1962

FÜR ÖL IST KEINE TOUR ZU KRUMM
(Double, double, oil and trouble, 1978)
UK 10032, 1980

GIFT FÜR DIE BÖRSE
(Death shall overcome, 1966)

UK 1470, 1972

DER GOLDENE LEICHENWAGEN
(Murder makes the wheels go round, 1966)
UK 1555, 1973

KETTE UND SCHUSS
(By hook or by crook, 1975)
UK 1701, 1975

DAS MÄDCHEN AUF DEM ZWÖLFENDER
(A place for murder, 1963)
UK 1544, 1973

MORD AUF DER STRAFBANK
(Murder without icing, 1972)
UK 1593, 1974

MORD – UND DIE KASSE STIMMT
(Accounting for murder, 1964)
UK 1419, 1971

NICHT EIN KÖRNCHEN WAHRHEIT
(Murder against the grain, 1967)
UK 1476, 1972

OPERATION GEGLÜCKT, PATIENT TOT
(A stitch in time, 1968)
GK 3222, 1969

STIRB SCHÖNER IM GRÜNEN
(Pick up sticks, 1970)
UK 1422, 1971

SÜSSE, LEISE TODESWEISE
(Sweet and low, 1974)
UK 1656, 1975

TOTE KUNDEN MECKERN NICHT
(Murder to go, 1969)
UK 1412, 1971

EIN TOTER IM CHEFSESSEL
(The longer the thread, 1971)
UK 1518, 1973

UND DANN VERSCHWAND ER MIT DEM GELD
(Come to dust, 1968)
UK 1392, 1971

LATIMER, JONATHAN (WYATT) (1906–1983)

EINE LEICHE IM PARADIES
(The dead don't care, 1938)
HCC 2044, 1983

NACHT DES GRAUENS
(Sinners and shrouds, 1955)
MIT 73, 1961

ROTE GARDENIEN
(Red Gardenias, 1939)
MIT 216, 1964

UNSCHULDIG VERURTEILT
(Headed for a hearse, 1935)
MIT 107, 1962

WER IST ALICE?
(The Lady in the morgue, 1936)
MIT 21, 1959

LA TOURRETTE, JAQUELINE (1926–

DIE HEXE VOM MADONNENFLUSS
(The Madonna creek witch, 1973)
HRO 1934, 1975

LATURNER, H. J.

HELMUT FINDET DIE RICHTIGE SPUR (1958)
SCHN 57, 1976

LAUMER, (JOHN) KEITH (1925–

ROTE BLUMEN AUF DEM HEMD
(Deadfall, 1971), GK 4477, 1975

LAW, JANICE (JANICE LAW TRECKER) (1941–

ZWILLINGS-TRIP
(Gemini Trip, 1977)
GK 4817, 1979

LAW, MARJORIE J.
Pseudonym von Marjorie Jean Liddelow

TÖDLICHE DOSIS
(Death in the spring, 1965)
GK 2184, 1966

LAWRENCE, ALFRED

COLUMBO: LINDA UND DER PERFEKTE

MORD
(The Dean's death, 1975)
BFK 38004, 1975

COLUMBO: MARYS SPÄTE RACHE
(Hate forever, 1975)
BFK 38003, 1975

COLUMBO: WEIN IST DICKER ALS BLUT
(Any old port in a storm, 1975)
BFK 38006, 1975

LAWRENCE, HILDA
Pseudonym von Hildegarde Kronmiller (1906 (?)–

DIE ERSTE GEIGE SPIELT DER TOD
(The house, 1949)
SCHE 315, 1969; KK 43, 1981

DIE HASENJAGD
(Blood upon the snow, 1944)
SCHE 154, 1961

HILFERUF EINES TOTEN
(The pavillon, 1946)
SCHE 282, 1967

MORD VIERHÄNDIG
(Composition for four hands, 1949)
SCHE 227, 1965; KK 85, 1982

DIE NACHT DER TANZENDEN PUPPEN
(Death of a doll, 1947)
SCHE 169, 1962

DIE VERSCHWUNDENEN PFEILE
(A time to die, 1945)
SCHE 260, 1966

LAWSON, STEVE

INSPEKTOR SCORPIO SIEHT ROT
(Scorpio, 1975)
DOMK 5, 1977

LAY, ANDRE

AN EINEM FREITAG IN LAS VEGAS
(n. e.)
SEPTH 1, 1968

DARNAYS ZWEITES GESICHT
(Cette mort qui nous guette, o. J.)
SEPK 5, 1968

TODESKURS NACH ASTORIA
(De vice à trepas, o. J.)
SEPK 17, 1969

TOD IN DEN ANDEN
(Le partage des fauves, o. J.)
SEPK 14, 1969

LAZARUS, LEON
Pseudonym: *Nick Carter*

LEACH, DOUGLAS

DER BOCK ALS GÄRTNER
(Three for a killing, 1971)
SCHE 442, 1974

LEASOR, (THOMAS) JAMES (1923–

AGENTEN WEINEN NICHT
(Passport to peril, 1966)
PHOE 8, 1966; KK 47, 1981

COMEBACK EINES KILLERS
(Passport for a pilgrim, 1968)
PHOE 63, 1969

FREIFAHRT INS JENSEITS
(Passport to oblivion, 1964)
PHOE 3, 1966; KK 40, 1981

IM FADENKREUZ
(Love-all, 1971)
PHOE 121, 1972; KK 79, 1982

STEINE AUS HONGKONG
(Host of extras, 1973)
SCHE 456, 1974

LEBLANC, MAURICE (MARIE EMILE) (1864–1941)

813 – DAS DOPPELLEBEN DES ARSÈNE LUPIN
(813 – La double vie d'Arsène Lupin / Les trois crimes d'Arsène Lupin, 1910)
FAR 1385, 1973; DIO 20931, 1981

ARSÈNE LUPIN – DER GENTLEMAN-GAUNER
(Arsène Lupin, gentleman-cambrioleur, 1907)
DIO 65/1 = 20127, 1971
vgl. *Arsène Lupin – Der Gentleman-Einbrecher*

ARSÈNE LUPIN – DER GENTLEMAN-EINBRECHER
(Arsène Lupin, gentleman-cambrioleur, 1907), bb 325, 1975
vgl. *Arsène Lupin – Der Gentleman-Gauner*

ARSÈNE LUPIN KONTRA HERLOCK SHOLMES
(Arsène Lupin contre Herlock Sholmes, 1910)
DIO 21026, 1983

DIE GRÄFIN CAGLIOSTRO ODER DIE JUGEND DES ARSÈNE LUPIN
(La Comtesse de Cagliostro, 1924)
DIO 20933, 1981

DIE HOHLE NADEL ODER DIE KONKURRENTEN DES ARSÈNE LUPIN
(L'aiguille creuse, 1909)
DIO 65/2 = 20239, 1976

DIE INSEL DER 30 SÄRGE
(L'île aux trente cercueils, 1920)
DIO 21198, 1984

DER KRISTALLSTÖPSEL ODER DIE MISSGESCHICKE DES ARSÈNE LUPIN
(Le bouchon de cristal, 1912)
FAR 1361, 1973; bb 428, 1979; DIO 20932, 1981

DIE UHR SCHLÄGT ACHTMAL
(Les huit coups de l'horloge, 1922)
DIO 21254, 1985

LEBRUN, MICHEL

FAMILIENGRAB
(Caveau de famille, o. J.)
HK 1451, 1971

DER HERR IM KOFFER
(Grand voyageur, o. J.)
HK 1461, 1971

MEHR TOT ALS LEBENDIG
(Plus mort que vif, o. J.)
HK 1505, 1972

EIN REVOLVER IST ZUM SCHIESSEN DA
(Un revolver c'est comme un portefeuille, o. J.)
HK 1466, 1972

DIE SCHRECKLICHEN
(Les ogres, o. J.)
HK 1669, 1975

TÖTE MICH, LIEBLING
(Tue-moi, chérie!, o. J.)
HK 1615, 1974

DER TOTE AUF DEM TEPPICH
(Au tapis!, o. J.)
HK 1535, 1973

WIE DIE VERRÜCKTEN
(Comme des fous, o. J.)
HK 1551, 1973

LE CARRE, JOHN
Pseudonym von David John Moore Cornwell (1931–

AGENT IN EIGENER SACHE
(Smiley's people, 1980)
KNAR 814, 1982
vgl. *Smileys Leute*

EINE ART HELD
(The honourable schoolboy, 1977)
KNAR 640, 1979

DAME, KÖNIG, AS, SPION
(Tinker, tailer, soldier, spy, 1974)
KNAR 455, 1977

EINE KLEINE STADT IN DEUTSCHLAND
(A small town in Germany, 1968)
RAR 1511, 1972; BAR 10302, 1983

KRIEG IM SPIEGEL
(The looking-glass war, 1965)
RAR 995–996, spät. Aufl. 995, 1967; BAR 10253, 1983

EIN MORD ERSTER KLASSE
(A murder of quality, 1962)

RAR 1120, 1969; BAR 10454, 1984
SCHATTEN VON GESTERN
(Call for the dead, 1961)
RAR 789, 1965; BAR 10332, 1984
SMILEYS LEUTE ODER AGENT IN EIGENER SACHE
(Smiley's people, 1980)
KNAR 1062, 1983
vgl. *Agent in eigener Sache*
DER SPION, DER AUS DER KÄLTE KAM
(The spy who came in from the cold, 1963)
RAR 865, 1966; BAR 10429, 1984

LECOMBER, BRIAN (1945–
SCHMUGGELFRACHT NACH PUERTO RICO
(Dead weight, 1976)
GK 4861, 1979

LEDERER, JOE (1907–
DAS MÄDCHEN GEORGE (1928)
BBA 31, 1950

LEE, EDNA (L.)
ROSEN IM SUMPF
(The web of days, 1947)
HRO 1819, 1968; HRO 2126, 1983

LEE, ELIZABETH (Hrsg.)
MÖRDER-MIXTUR
(Murder-mixture, 1963)
HK 1444, 1971

LEE, ELSIE (1912–
Pseudonym: Elsie Cromwell
EIN HERZ IN GEFAHR
(Silence is golden, 1971)
HRO 1932, 1975; HRO 2150, 1983
TAGE DES UNHEILS
(Season of evil, 1965)
HRO 2057, 1980

LEE, JOHN (DARRELL) (1931–
OPERATION SHIROKKO
(Assignment in Algeria, 1971)
PHOE 132, 1973

LEES, DAN (1927–
ERSCHOSSEN FÜR DIE QUEEN
(Elizabeth R.I.P., 1974)
GK 4550, 1976
DER GROSSE ZODIAC
(Zodiac, 1972)
GK 4485, 1975
UNTERNEHMEN REGENBOGEN
(The rainbow conspiracy, 1971)
GK 4478, 1975

LE FANU, (JOSEPH) SHERIDAN (1814–1873)
CARMILLA (1871)
(enthalten in der Anthologie: »Vampire«)
HAR 539/540, 1967
CARMILLA, DER WEIBLICHE VAMPIR
(Carmilla, 1871)
DIO 189 = 20596, 1959
GRÜNER TEE
(4 unheimliche Geschichten aus:)
(Best ghost stories of Joseph Sheridan Le Fanu, 1975)
UAR 3088, 1973
ONKEL SILAS ODER DAS VERHÄNGNISVOLLE ERBE
(Uncle Silas, 1864)
DTV 1116, 1975
DIE RACHE HOLT IHN DOCH NOCH EIN
(2 Erzählungen aus:)
(In a class darkly, 1872)
HER 801, 1980

LEHMANN, D. G.
DEM SPION AUF DER SPUR (OA)
RAB 203, 1984

LEHNHOFF, JOACHIM (1926–
QUECKSILBER (OA)
BAR 10436, 1984

LEIDENSCHAFT, DIE LEICHEN SCHAFFT
(Neun Sex & Crime Stories) (OA)
BKR 37012, 1983

LEIGH, JAMES (1937–
IM ALLEINGANG
(The Capitol Hill affair, 1968)
PHOE 78, 1970
KÖDER FÜR KUBA
(The Chameleon file, 1967)
PHOE 64, 1969

LEIGH, ROBERT
DIE LUST-CLIQUE
(The cheap dream, 1982)
BTH 19038, 1984

LEIGH, SUSANNAH
DAS DUNKLE LABYRINTH
(Dark labyrinth, 1975)
GAS 65, 1981

LEIGH, VERONICA
DIE MAUER DES SCHWEIGENS
(Dark seed, dark flower, 1974)
GAS 44, 1980

LEITCH, MAURICE (1933–
SILVERS STADT
(Silver's City, 1981)
UK 10209, 1983

LEJEUNE, ANTHONY
Pseudonym von Edward Anthony Thompson (1928–
DIE RECHNUNG FÜR LAS PALMAS
(Duel in the shadows, 1962)
GK 1210, 1963
SCHLAGZEILEN FÜR GIFFORD
(News of murder, 1961)
GK 1085, 1962

LEM, STANISLAW (1921–
DER SCHNUPFEN
(Katar, 1975)
SUHR 570, 1980
DIE UNTERSUCHUNG
(Sledztwo, 1959)
SUHR 435, 1978

LENNERT, NIKOLAUS
Pseudonym von Klaus Poche (1927–
WENN EIN MARQUIS SCHON PLÄNE MACHT (OA)
NBR 54, 1965

LENOX, PETER
DIE MORDE FEIERN, WIE SIE FALLEN . . .
(33 Kriminalgeschichten) (OA)
SCHE 948, 1984

LEONARD, CONSTANCE (BRINK) (1923–
EIN BÖSER JUNGE
(The other Maritha, 1972)
SCHE 493, 1975
DES MEERES UND DES TODES WELLEN
(Hostage in Illyria, 1976)
SCHE 672, 1978

LEONARD, ELMORE (1925–
DIES IST EIN ÜBERFALL
(Swag, 1976)
RTH 2462, 1978
HIGH NOON IN DETROIT
(City Primeval, 1980)
RTH 2623, 1983
NR. 89 – UNBEKANNT
(Unknown man no. 89, 1977)
KNK 4911, 1980
ROSEN IN ISRAEL
(The hunted, 1977)
RTH 2577, 1981
SCHWARZER SCHNAPS UND BLAUE BOHNEN

(The moonshine war, 1969)
RTH 2289, 1973

SEIN LETZTES ANGEBOT
(Fifty-two pickup, 1974)
RTH 2545, 1981

WER HAT NUN WEN AUFS KREUZ GELEGT?
(The switch, 1978)
RTH 2558, 1981

LEONARD, FRANK (G.) (1935?–1974)

POSTFACH 100
(Box 100, 1972)
RTH 2330, 1974

LEONARD, PHYLLIS G(RUBBS) (1924–

EIN OPFER FÜR DIE GÖTTER
(Prey for the eagle, 1974)
HRO 1972, 1976

LEONHARDT, ARNE (1931–

DIE SIZILIANISCHE VIPER
MIV o. Nr., 1969

LEOPOLD, GÜNTHER

DOPPEL-JACK UND DAS MILLIONENDING (OA), UEB 225, 1972

LERBS, KARL (1893–1946)

MANUEL ERKENNT SEINE MACHT
LICH 37, 1963

LERCH, DETLEF

s. *Joachim Jessen*

LERNET-HOLENIA, ALEXANDER (1897–1976)

ICH WAR JACK MORTIMER (1933)
FAR 10, 1952; KNAR 642, 1979

LEROUX, GASTON (1868–1927)

DIE DUNKLEN NÄCHTE DES ROULETABILLE
(Les étranges noces de Rouletabille, 1916)
HCC 2028, 1983

DAS GEHEIMNIS DES GELBEN ZIMMERS
(Le mystère de la chambre jaune, 1908)
DIO 20924, 1982
vgl. *Das geheimnisvolle Zimmer*

DAS GEHEIMNISVOLLE ZIMMER
(Le mystère de la chambre jaune, 1908)
HCC 1931, 1981
vgl. *Das Geheimnis des gelben Zimmers*

DAS PHANTOM DER OPER
(Le fantôme de l'opéra, 1910)
UAR 2771, 1970; DTV 1868, 1980

DAS SCHWARZE SCHLOSS
(Le château noir, 1916)
HCC 1992, 1982

LESLIE, PETER (1922–

Pseudonym: Patrick McNee

IHRE LETZTE TOURNEE
(The fakers, 1971)
GK 4185, 1972; KEL 1158, 1980

SOLO FÜR O.N.C.E.L.: FLAMMEN ÜBER NIZZA
(The man from U.N.C.L.E.: The finger in the sky affair, 1966)
HK 1286, 1968

SOLO FÜR O.N.C.E.L.: DAS RADIOAKTIVE KAMEL
(The man from U.N.C.L.E.: The radioactive camel affair, 1966)
HK 1296, 1968

LETSCHE, CURT (1912–

DAS ANDERE GESICHT (1976)
GREI o. Nr., 1981

LEUTNANT X

(Pseudonym)

GEHEIMAGENT LENNET BAND 1:
GEHEIMAGENT LENNET WIRD AUSGEBILDET
(Langelot, Agent Secret, o. J.)
SCHN 7373, 1982
GEHEIMAGENT LENNET BAND 2:
GEHEIMAGENT LENNETS ERSTER AUFTRAG
(Langelot et les espions, o. J.)
SCHN 7374, 1982

LEVÈVRE, PAUL
DIE STRASSE DER VERLORENEN ENGEL
(Les filles de Grenoble, 1981)
BAR 12145, 1982

LEVI, PAOLO
DU SPRINGST NUR EINMAL
(Rittrato di Provincia in rosso, 1975)
SCHE 740, 1980

LEVIN, IRA (1929–
KUSS VOR DEM TODE
(A kiss before dying, 1953)
LICH 110, 1964; HTH 1249, 1967; HAR 875, 1971; HJB 1, 1984
ROSEMARIES BABY
(Rosemary's Baby, 1967)
HE 17, 1970; HAR 978, 1973; HJB 3, 1984

LEVIN, MEYER (1905– 1981)
ZWANG
(Compulsion, 1956)
FAR 390, 1961; FAR 2611, 1980

LEVON, FRED
Pseudonym von L. Fred Ayvazian (1919–
PIANO MORTALE
(The Manx cat, 1970)
SCHE 437, 1974; KK 71, 1982

LEWIN, MICHAEL Z(INN) (1942–
EIN GRABSTEIN FÜR DEN PLAYBOY
(Missing woman, 1981)
GA 5442, 1983

LEWIS, ELLIOT
HEUTE HIER, MORGEN TOT
(Here today, dead tomorrow, 1982), GA 5457, 1984
IRREN IST TÖDLICH
(Double trouble, 1981)
GA 5441, 1983
MESSER AN DER KEHLE
(Bennett's world, 1982)
GA 5445, 1983
ZWEI KÖPFE SIND BESSER
(Two heads are better, 1980)
GA 5431, 1982

LEWIS, NORMAN (1903–
DER SIZILIANER
(The Sicilian specialist, 1975)
KNAR 641, 1979

LEWIS, (JOHN) ROY(STON) (1933–
AN JEDEM FINGER ZWEI
(A lover too many, 1969)
GK 3298, 1970
SPIEL MIT DEM FEUER
(A wolf by the ears, 1970)
GK 4032, 1970
ERBEN STERBEN SCHNELL
(A certain blindness, 1980)
SCHE 883, 1983
MÖRDER VOM BAU
(A distant banner, 1976)
GK 4678, 1977
NICHTS ALS FÜCHSE
(Nothing but foxes, 1977)
GK 4761, 1978
MORGEN WIRD ABGERECHNET
(An uncertain sound, 1978)
GK 4856, 1979

LEWISOHN, LUDWIG (1882–1955)

DER FALL CRUMP (1928)
(The case of Mr. Crump, 1947)
UAR 20038, 1979

LEY, ALICE CHETWYND (1915–

DIE GEHEIMNISVOLLEN BRIEFE
(Letters for a spy, 1970)
HRO 1954, 1975

LEYSTAN, NAT

GANOVENZIVIL (1955)
BER 8, 1955

LIMAT, MAURICE

DAS BLUTRÜNSTIGE AQUARIUM
(L'aquarium de sang, o. J.)
HEL 20, 1972

ICH, DER VAMPIR
(Moi, Vampire, o. J.)
HEL 21, 1972

DER ZÄRTLICHE TOD
(Méphista et la mort caressante, 1972)
TK 13, 1972

LINARÈS, LUISA MARLA

GEFÄHRTEN DES ABENTEUERS
(Socios para la aventura, o. J.)
HAR 429, 1966

JUANA UND DER KONGRESS
(n. e.)
BAR 14084, 1979

NÄCHTE OHNE MOND
(Soy la otra mujer, o. J.)
HAR 326, 1964

LINDALL, EDWARD

Pseudonym von Edward Ernest Smith (1915–

DIE TODES-EXPEDITION
(The killers of Karawala, 1961)
HAC 14, 1974

DER TODESMARSCH
(A day for angels, 1975)
HAC 27, 1976

DEN TOD VOR AUGEN
(A lively form of death, 1972)
HAC 5, 1974

LINDNER, JOACHIM (1924–

MORDFALL W. (OA)
KOMP 236, 1978

LINDSAY, HARDY

IN DEN FÄNGEN DES TEUFELS
(The nightshade ring, 1954)
PHOE 4, 1966

LINDSEY, DAVID L.

DER TOD UND DIE MÄDCHEN
(A cold mind, 1983)
GK 4962, 1984

LININGTON, (BARBARA) ELIZABETH (1921–

EINSATZ FÜR MADDOX
(Something wrong, 1967)
RTH 2271, 1973

ES IST NOCH KEIN MÖRDER VOM HIMMEL GEFALLEN
(Practice to deceive, 1971)
GK 4093, 1971

KEINE KATZE OHNE KRALLEN
(Crime by chance, 1973)
GK 4401, 1974

MORD MIT VARIATIONEN
(Greenmask!, 1964)
GK 2041, 1964

VIER MÖRDER FÜR MADDOX
(Policeman's lot, 1968)
RTH 2278, 1973

LINKLATER, ERIC (ROBERT RUSSELL) (1899–1974)

MR. BYCULLA

(Mr. Byculla, 1950)
BLG 37, 1959

LINZEE, DAVID (AUGUSTINE ANTHONY) (1952–

DISKRETION ERWÜNSCHT
(Discretion, 1978)
KNK 4907, 1979

LIPEZ, RICHARD (1938– und PETER STEIN (1932–

ENDSTATION SAN DIEGO
(Grand scam, 1979)
RTH 2631, 1983

LIPSKY, ELEAZAR (1911–

ALLE GEGEN O'HARA
(The people against O'Hara, 1950)
PAN 74, 1957

GESETZ OHNE GNADE
(Day of judgment, 1953)
PAN 31, 1955

LITTELL, ROBERT (1935–

DER FALSCHE SPION
(The debriefing, 1979)
PLAY 6137, 1982

LITTLEFIELD, ANNE

WELCHE MRS. BENNETT?
(Which Mrs. Bennett?, 1959)
SM 229, 1963

LLOYD, JOHN

SCHEIDUNG AUF ENGLISCH
(Until they are dead, 1967)
SCHE 374, 1971

LOBIN, GERD (1925–

BOB IST IN GEFAHR (1976)
SCHN 202, 1979

LOCKRIDGE, F(RANCES LOUISE DAVIS) (1896–1963) und R(ICHARD ORSON) LOCKRIDGE (1898–1982)

ALICE MACHT SICH UNBELIEBT
(The long skeleton, 1958)
GK 1008, 1961

AM TATORT GEFUNDEN
(The tangled cord, 1957)
GK 273, 1960

ANGST VOR KATZEN
(Quest for the Bogeyman, 1964)
GK 2030, 1964

AUGEN, GRÜN WIE EINE KATZE
(Murder for art's sake, 1967)
GK 3237, 1970

BITTE HIER UNTERSCHREIBEN
(Murder and Blueberry pie, 1959)
GK 1048, 1961

DEN FALSCHEN ERWISCHT
(The golden man, 1960)
GK 1166, 1962

ES IST ALLES VÖLLIG KLAR
(A key to death, 1954)
GK 1237, 1963

DER GELBE MANTEL
(The devious ones, 1964)
GK 2135, 1966

GEMISCHTES DOPPEL
(Death on the hour, 1974)
GK 4435, 1975

GLUT UNTER DER ASCHE
(Not I, said the sparrow, 1973)
GK 4337, 1974

EIN GROSSER SCHWARZER KATER
(Death of an angel, 1955)
GK 1221, 1963

GUTES KLIMA FÜR MORD
(Or was he pushed?, 1975)
GK 4529, 1979

IN DER NACHT VOR NEUJAHR
(The dishonest murderer, 1949)
GK 188, 1959

JAGD ÜBER DIE DÄCHER
(Catch as catch can, 1958)

GK 1040, 1961

JEDEN ABEND UM SECHS
(With one stone, 1961)
GK 1225, 1963

JUWELENDIEBE AN BORD
(Voyage into violence, 1956)
GK 1017, 1961

KEINE FINGERABDRÜCKE
(Murder comes first, 1951)
GK 1025, 1961

LÄCHERLICHKEIT TÖTET
(Death has a small voice, 1953)
GK 1033, 1961

EIN LANDHAUS IN NEW YERSEY
(Untidy murder, 1947)
GK 4058, 1971

LAUTLOS WIE EIN PFEIL
(A risky way to kill, 1969)
GK 4051, 1971

LÖSUNG PER DISTANZ
(The distant clue, 1963)
GK 3275, 1970; GUK 4794, 1978

MEIN NAME IST MARY SMITH
(And left for death, 1962)
GK 1178, 1962

MORD AUF DER »ITALIA«
(Inspector's holiday, 1971)
GK 4132, 1971

EIN MORD FÜR DIE TITELSEITE
(A streak of light, 1976)
GK 4710, 1978

DAS MORDKARUSSELL
(Murder roundabout, 1966)
GK 3281, 1970

MORD NACH REZEPT
(Murder by the book, 1963)
GK 4116, 1971

MORGEN VORMITTAG KOMME ICH ...
(Murder in a hurry, 1950)
GK 257, 1960

NACHT DER SCHATTEN
(Night of shadows, 1962)
GK 1267, 1964

NICHT VIEL ZEIT FÜR MORD
(Murder can't wait, 1964)
GK 2119, 1965

NUR EIN FOTO
(The faceless adversary, 1956)
GK 265, 1960

DIE OFFENE HINTERTÜR
(Squire of death, 1965)
GK 2178, 1966

PARTY AM SILVESTERABEND
(Let dead enough alone, 1956)
GK 1112, 1962

EINE PRISE GIFT
(A pinch of poison, 1941)
GK 1129, 1962

PROFESSOR BRINKLEYS EINLADUNG
(Accent on murder, 1958)
GK 2046, 1964

ROT HEISST GEFAHR
(Show red for danger, 1960)
GK 1082, 1962

SAND IM GETRIEBE
(The ticking clock, 1962)
GK 1187, 1962

SANFT WIE EIN LAMM
(Death and the gentle Bull, 1954)
GK 1058, 1961

SCHATTEN AUF DEM WEGE
(Troubled journey, 1970)
GK 4013, 1970

SCHLUSS DER VORSTELLUNG
(Curtain for a jester, 1953)
GK 212, 1959; GK 4750, 1978

SIEBEN LEBEN HAT DIE KATZE
(The tenth life, 1977)
GK 4820, 1979

SIE WAR IM WEGE
(Stand up and die, 1953)
GK 1245, 1963

STERBEN WIE SENECA
(Write murder down, 1972)
GK 4283, 1973

DIE STIMME DES MÖRDERS
(A plate of red herrings, 1968)
GK 3196, 1969; GUK 4793, 1978

STIMMEN IM NEBEL
(Foggy, foggy death, 1950)
GK 1146, 1962
TOD NACH WAHL
(With option to die, 1967)
GK 3127, 1968
TOTES RENNEN
(Dead run, 1976)
GK 4657, 1977
TRUMPF IN PETTO
(Something up a sleeve, 1972)
GK 4240, 1973
EINE TÜR FÄLLT INS SCHLOSS
(The Norths meet murder, 1940)
GK 3210, 1969; GUK 4798, 1978
DIE UHR IM KAMIN
(Murder is suggested, 1959)
GK 1068, 1961
EIN WEBFEHLER IM ALIBI
(Twice retired, 1970)
GK 4043, 1971
WEEKEND MIT TOTENGRÄBER
(Murder in false-face, 1968)
GK 3179, 1969
ZUFÄLLIG MORD
(Murder out of turn, 1941)
GK 3226, 1969
DAS ZWEITE TESTAMENT
(First come, first kill, 1962)
GK 1297, 1964

LÖFFLER, GÜNTER (1921–
DIE PUPPENSTUBE (OA)
NBR 62, 1967

LÖFGREN, ULF
PROFESSOR KNOPP, DER FLIEGENDE MEISTERDETEKTIV
(Den fantastiske professor Knopp, 1966), UEB 216, 1970

LOFTS, NORAH (ROBINSON) (1904–
Pseudonyme: Juliet Astley, Peter Curtis
HEIMKEHR NACH SANTA MARIA
(Uneasy paradise, 1963)
BAR 15032, 1976
JASSY
(Jassy, 1944)
HAR 485, 1967
KALTE FLAMMEN IM HERZEN
(You're best alone, 1943)
HAR 5891, 1981
RACHE OHNE WIEDERKEHR
(Checkmate, 1975)
BPAL 14049, 1977

LONDON, JACK (1876–1916)
DAS MORDBÜRO
(vollendet von Robert L. Fish und 1963 veröffentlicht)
(The Assassination Bureau Ltd., 1963)
RAR 1615, 1973; KIWI 30, 1983

LOOG, BUSTER
(Pseudonym)
TEE AUS THAILAND (OA)
PAN 203, 1962
ZWEI TOTE ZUVIEL (OA)
PAN 198, 1962

LOON, PIT VAN
Pseudonym von Wilhelm Muhrmann (1906–
ICH KENNE DEN MÖRDER
KTR 8, 1958

LORAC, E. C. R.
Pseudonym von Edith Caroline Rivett (1894–1958)
Weiteres Pseudonym:
Carol Carnac
DETEKTIVE IN DER ABTEI
(Policemen in the precinct, 1949)
BLG 4, 1955; SM 211, 1963

DER DIEBSTAHL DER EISENHUNDE
(The theft of the iron dogs, 1946)
BLG 28, 1959

FRAGEN SIE EINEN POLIZISTEN
(Ask a policeman, 1955)
UK 758, 1958

KEIN TOTENSCHEIN FÜR MURIEL
(Murder of a martinet, 1951)
SM 226, 1963

STILLE WASSER
(Still water, 1949)
BLG 19, 1958; SM 2148, 1964

DER TOD AUF DEM BANKETT
(Death before dinner, 1948)
BLG 12, 1956; SM 2135, 1964

UNFALL ODER MORD
(Accident by design, 1950)
BLG 23, 1958; SM 2126, 1964

WAR ES EIN GIFTMORD?
(Death came softly, 1943)
BLG 16, 1957

WAS DU HEUTE KANNST ERMORDEN ...
(Relative to poison, 1947)
SM 2144, 1964

LORAINE, PHILIP
Pseudonym von Robin Estridge

BLUT IST DER PREIS FÜR WEISSE WESTEN
(Lion's ransom, 1980)
UK 10107, 1981

DER ENGEL DES TODES
(The angel of death, 1961)
MIT 197, 1964

FOTOS FÜR DIE DAME
(Photographs have been sent to your wife, 1971)
MIT 541, 1971

GEH UND FRAG DIE KLAPPERSCHLANGE
(Ask the rattlesnake, 1975)
UK 1724, 1975

MACHEN SIE ES KURZ
(A Mafia kiss, 1968)
HEK 1426, 1971

DIE SCHWARZE 13
(The eye of the devil, 1964)
HRO 1814, 1963

STIMMEN IM LEEREN ZIMMER
(Voices in an empty room, 1973), UK 1712, 1975

LORD, GABRIELLE

... UND TOT BIST DU ...
(Fortress Aurora, 1980)
SCHE 866, 1982

LORE, PHILLIPS
Pseudonym von Terence Lorey Smith

MÜNZEN, MORD UND MARZIPAN
(Who killed the pie man?, 1975)
GK 4616, 1977

LORENZEN, RUDOLF (1922–

GRÜSSE AUS BAD WALDEN
(Mord auf Super 8) (1981)
FAR 2607, 1981

LOUDERSBECK, LEW
Pseudonym: Nick Carter

LOVESEY, PETER (HARMER) (1936–

DETEKTIV IN BOXERHOSEN
(The detective wore silk drawers, 1971)
bb 306, 1974

DER TOD HAT LANGE BEINE
(Wobble to death, 1970)
BEX 102024, 1974

DER URLAUB EINES ÜBERGESCHNAPPTEN
(Mad Hatter's holiday, 1973)
bb 371, 1977

LOVESMITH, JANET

VERMÄCHTNIS DER FURCHT
(Legacy of fear, 1971)
HRO 1919, 1974

LOWDEN, DESMOND (SCOTT) (1937–

GESTERN NOCH EIN HELD
(Bendersnatch, 1969)
BEX 12029, 1974

LOWNDES, MARIE BELLOC (1868–1947)

JACK THE RIPPER ODER DER UNTERMIETER
(The lodger, 1913)
DIO 68 = 20130, 1974
vgl. *Der sanfte Untermieter*

DER SANFTE UNTERMIETER
(The lodger, 1913)
HTH 1333, 1969
vgl. *Jack the Ripper oder Der Untermieter*

LUARD, NICHOLAS (LAMBERT) (1937–

Pseudonym: James McVean

DAS PHANTOM VON TANGER
(The dirty area, 1982)
PLAY 6128, 1982

LUCENTINI, FRANCO

s. *Carlo Fruttero*

LUDLUM, ROBERT (1927–

Pseudonyme: Jonathan Ryder, Michael Shepherd

DER BOROWSKI-BETRUG
(The bourne identity, 1980)
HAR 6417, 1984

DER GANDOLFO-ANSCHLAG
(The road to Gandolfo, 1975)
HAR 6180, 1983

DAS JESUSPAPIER
(The Gemini Contenders, 1976)
HAR 6044, 1982

DAS KASTLER-MANUSKRIPT
(The Chancellor manuscript, 1977)
HAR 5898, 1981

DER MATARESE-BUND
(The Matarese circle, 1979)
HAR 6265, 1983

DIE MATLOCK-AFFÄRE
(The Matlock paper, 1973)
HAR 5723, 1980

DAS OSTERMAN-WOCHENENDE
(The Osterman weekend, 1972)
HAR 5803, 1981

DER RHEINMANN-TAUSCH
(The Rheinman exchange, 1974)
HAR 5948, 1981

DAS SCARLATTI-ERBE
(The Scarlatti inheritance, 1971)
HAR 6136, 1982

LUDWIG, HELMUT (1930–

DER GEHEIMNISVOLLE BLINDE (OA)
RAB 202, 1984

LÜDDECKE, JÖRG WERNER (1912–

DONNERSTAG IM MORGENGRAUEN (OA)
HK 1143, 1964; BKEL 37033, 1977

SARDISCHER SOMMER (OA)
BAR 10270, 1983

LÜDEMANN, HANS-ULRICH (1943–

KEINE SAMBA FÜR DIE TOTEN (OA)
KOMP 136, 1974

DAS LETZTE KABINETTSTÜCK (1976)
DIE 314, 1977

TÖDLICHES ALIBI (OA)
DIE 218, 1974

LUKIN, ALEXANDER und DMITRI POLJANOWSKI

DER GRAUE
KOMP 71, 1963

LUPIN, ARSÈNE
Pseudonym von Pierre Boileau und Thomas Narcejac
DIE AFFÄRE MAREUSE
(La poudrière, 1974)
UK 1728, 1976
DAS GEHEIMNIS VON EUNERVILLE
(Le secret d'Eunerville, 1973)
UK 1706, 1975

LUSTGARTEN, EDGAR (MARCUS) (1907–1979)
MACH DAS LICHT AUS, WENN DU GEHST
(Turn the light out as you go, 1978)
HK 1886, 1980
NICHT SCHULDIG
(One more unfortunate, 1947)
HCC 1511, 1973

LUTTRELL, WANDA
HAUS DER GARLAND
(The house of Elnora Garland, 1971), HEL 14, 1972

LUTZ, JOHN (THOMAS) (1939–
AUGEN AUF BEIM KAUF
(Buyer beware, 1976)
GK 4803, 1978

LUX, HANNS MARIA
DER BUND DER HAIFISCHE
BJL 2, 1968

LYALL, GAVIN (TUDOR) (1932–
AUFTRAG FÜR MAJOR MAXIM
(Conduct for Major Maxim, 1982)
UK 10254, 1984
BIS ZUM TÖDLICHEN ENDE
(The secret servant, 1980)
HAR 5997, 1982
DAS GEFÄHRLICHSTE GEGENÜBER
(The most dangerous game, 1964)
HAR 5735, 1980
DIE HARTE SEITE DES HIMMELS
(The wrong side of the sky, 1961)
HAR 5563, 1979
JULI! PASS AUF!
(Shooting script, 1966)
HAR 5925, 1981
LAND DER VERRÄTER
(Judas country, 1975)
UAB 21008, 1984
MITTERNACHT PLUS EINS
(Midnight plus one, 1965)
HAR 5653, 1980
VENUS MIT PISTOLE
(Venus with pistol, 1969)
HAR 5843, 1981

LYNCH, FRANCES
Pseudonym von D(avid) G(uy) Compton (1930–
DIE DOPPELTE BRAUT
(Stranger at the wedding, 1977)
HRO 2014, 1978

LYNCH, MIRIAM
Pseudonym von Mary Wallace
Weiteres Pseudonym: Claire Vincent
DIE HEXE VON SALEM
(The night of the moonrose, 1966)
HRO 1821, 1968; HRO 2090, 1981

LYNCH, WILLIAM
Pseudonym von Eugene Thomas (1894–
DER UNHEIMLICHE FREMDE
(The intimate stranger, 1932)
PAN 80, 1957

LYNDS, DENNIS
Pseudonym: Nick Carter, s. d.

LYNFORD, RICHARD
FALSCHE HERZEN – FALSCHES GELD
(Counterfeit killer, o. J.)
PAN 187, 1961

MÖRDER IM ZOO
(Slay time, o. J.)
PAN 183, 1961

LYNN, JACK (1927–
DER PROFESSOR
(The professor, 1971)
RAR 1755, 1974

LYNN, MARGARET
Pseudonym von Gladys Starkey Battye (1915–
DIE GESTOHLENE ZEIT
(Sunday evening, 1969)
HRO 1849, 1971

LYON, (MABEL) DANA
DAS ECHO LACHT
(The trusting victim, 1964)
HK 1198, 1966

LYONS, ARTHUR (JR.) (1946–
JUDAS & CO.
(The killing floor, 1976)
GTH 4731, 1973
NICHT IMMER SCHWEIGEN TOTE
(Castles burning, 1980)
SCHE 890, 1983

LYONS, DELPHINE C.
Pseudonym von Evelyne E. Smith (1927–
DAS HAUS DER VIER WITWEN
(House of four windows, 1965)
HRO 1825, 1968

LYSANDER, KARL TH.
DER MANN, DER ALLES HALB TAT
RFA 73, 1958

MAAS, PETER (1929–
ALPTRAUM VOM RUHM
(Made in America, 1979)
PLAY 6113, 1980

MAASS, EDGAR (1896–
DER FALL DAUBRAY (1953)
RAR 224, 1958

MAASS, JOACHIM (1901–1922)
DER FALL GOUFFÉ (1958)
FAR 546, 1963; KNAR 729, 1981

MacDONALD, JOHN D. (1916–
(TM) = Travis McGee-Serie
ALPTRAUM IN ROSAROT (TM)
(Nightmare in pink, 1964)
HTH 1230, 1967; HK 1817, 1978
AM MONTAG KAM DER TOD
(One Monday we killed them all, 1961)
HK 1116, 1964; HK 1532, 1973; HK 1973, 1982
BÖSER APRIL
(April evil, 1956)
HAR 56, 1960; HK 1012, 1962; HK 1984, 1981
DAS BLUTROTE SCHWEIGEN (TM)
(A tan and sandy silence, 1971)
HK 1513, 1973
BUNGALOW DER BÖSEN TRÄUME
(Where is Janice Gantry?, 1961)
HTH 1159, 1965
DAS CHAMPAGNER-MÄDCHEN
(The last one left, 1967)
HTH 1307/1308, 1968; HK 2092, 1984
CLEMMIE
(Clemmie, 1958)
HAR 732, 1970
DÜSTERE LEIDENSCHAFT
(The brass cupcake, 1950)
PAN 11, 1954
vgl. *Die leuchtenden Finger*
DER DUNKELSCHWARZE BETRUG (TM)
(The empty copper sea, 1978)

HK 1874, 1980
DUNKLER ALS BERNSTEIN (TM)
(Darker than amber, 1966)
HTH 1267, 1967
DER EHEBRUCH
(The deceivers, 1958)
HAR 792, 1970
EINE STUNDE FÜR DEN MÖRDER
(The empty trap, 1957)
HK 1572, 1974
vgl. *Stunde für den Mörder*
EINMAL HÖLLE UND ZURÜCK
(A bullet for Cinderella, 1955)
auch: (On the make, 1960)
HTH 1207, 1966; HK 1592, 1974; HJB 1, 1984
DIE FÄHRE DER VERDAMMTEN
(The damned, 1952)
HAR 583, 1968
vgl. *Die Verdammten*
DIE FRAU IM SILBERSARG (TM)
(The long lavender look, 1970)
HK 1446, 1971
DIE GELBEN AUGEN (TM)
(One fearful yellow eye, 1966)
HTH 1283, 1967
GIFTGRÜN FÜR VIVIAN (TM)
(Bright orange for the shroud, 1965)
HTH 1248, 1967; HK 1857, 1979
GOLD WIRFT BLUTIGE SCHATTEN (TM)
(A deadly shade of gold, 1965)
HTH 1199, 1966; HK 1714, 1976
GRAU AUF WEISSER WESTE
(Pale grey for guilt, 1968)
HTH 1320, 1968
DER GRÜNE TOD (TM)
(The green ripper, 1979)
HK 1901, 1980
DAS HAUS DER DREIZEHN
(Murder in the wind, 1956)
HTH 1150, 1964
HEMMUNGSLOS
(Weep for me, 1951)
PAN 22, 1955
DER HIPPIE IM INDIGO-DRESS (TM)
(Dress her in indigo, 1969)
HK 1401, 1970; HK 2092, 1984
HÖLLE IM NEONLICHT
(The neon jungle, 1953)
KRA 24, 1956
EIN KÖDER FÜR DIE BESTIE
(The executioners, 1958)
auch: (Cape fear, 1962)
UK 814, 1960
LÄSTIGE ZEUGEN
(The price of murder, 1957)
HTH 1353, 1969
DIE LEUCHTENDEN FINGER
(The brass cupcake, 1950)
HTH 1361, 1969
MADONNA DER SIEBEN SÜNDEN
(The drowner, 1963)
HTH 1222, 1966
DAS MÄDCHEN IM BRAUNEN PAKET (TM)
(The girl in the plain brown wrapper, 1968)
HTH 1376, 1969
DIE MEXIKANISCHE HEIRAT
(The crossroads, 1959)
GK 2050, 1964; GA 5420, 1981
MORD IN KARMESINROT (TM)
(Free fall in crimson, 1981)
HK 1998, 1982
MORD IN TÜRKIS (TM)
(The turquoise lament, 1973)
HK 1624, 1974
MOSKITOS STECHEN MEISTENS NACHTS
(Dead low tide, 1953)
HTH 1332, 1969
PARADIES DER BETROGENEN
(The only girl in the game, 1960)
HTH 1256, 1967
RICHTE MICH NICHT
(Judge me not, 1951)
PAN 14, 1954
ROTE LADY SCHWARZ AUF WEISS (TM)

(The quick red fox, 1964)
HTH 1215, 1966

SPUREN IM WASSER
(All these condemned, 1954)
HTH 1276, 1967

STUNDE FÜR DEN MÖRDER
(The empty trap, 1957)
HTH 1168, 1965
vgl. *Eine Stunde für den Mörder*

TAUSEND BLAUE TRÄNEN (TM)
(The deep blue good-bye, 1964)
HTH 1192, 1966; HK 1638, 1975

TOD IN DER SONNE (TM)
(A purple place for dying, 1964)
HTH 1186, 1965; HK 1629, 1975

DER TOD IST SCHNELL
(Murder for the bride, 1951)
PAN 6, 1954

DER TOD WIRFT GELBE SCHATTEN (TM)
(The dreadful lemon sky, 1974)
HAR 5458, 1978

DER TRICK IST SCHMUTZIGGRAU (TM)
(The scarlet ruse, 1973)
HK 1605, 1974

DIE VERDAMMTEN
(The dammed, 1952)
PAN 49, 1955
vgl. *Die Fähre der Verdammten*

VIERMAL FLACKERT DAS LICHT
(The end of the night, 1960)
HTH 1389, 1970

WIE EIN TIGER IN DER NACHT
(Soft touch, 1958)
auch: (Man trap, 1961)
HK 1134, 1964; HK 1547, 1973

ZEHN TAGE UND EINE NACHT
(Death trap, 1957)
HTH 1239, 1967

ZIMTBRAUNE HAUT
(Cinnamon skin, 1982)
HK 2049, 1983

MacDONALD, PHILIP (1899–
Pseudonym: Martin Porlock

EIN AMERIKANER IN LONDON
engl. T. (A noursemaid who disappeared, 1938)
am. T. (Warrant for X, 1938)
UAR 74, 1955; UK 707, 1959
vgl. *Haftbefehl für Unbekannt*

DIE FEILE
(The rasp, 1925)
HCC 1622, 1974

FREMDE SIND IMMER VERDÄCHTIG
Kriminalstories aus verschiedenen Sammelbänden (1955–65)
RTH 2081, 1965

GEFÄHRLICHE GÄSTE
(Guest in the house, 1956)
auch: (No time for terror, 1956)
MIT 121, 1962

DAS GEHEIMNIS DER TOTEN POLIZISTEN
engl. T. (X v. Rex, 1933)
am. T. (Mystery of the dead police, 1934)
HCC 1696, 1976

HAFTBEFEHL FÜR UNBEKANNT
engl. T. (A noursemaid who disappeared, 1938)
am. T. (Warrant for X, 1938)
HK 1895, 1980
vgl. *Ein Amerikaner in London*

DER HELLSEHER
am. T. (Something to hide, 1952)
engl. T. (Fingers of fear, 1953)
RTH 2040, 1964

MÖRDER GESUCHT
engl. T. (Rynox, 1930)
am. T. (The Rynox murder mystery, 1930)
HCC 1554, 1973

DER SCHLÄCHTER
(Murder gone mad, 1931)
HCC 1827, 1979

DIE TOTENLISTE
(The list of Adrian Messenger, 1960)
MIT 101, 1962; HCC 2066, 1983

MacDONALD, ROSS
Pseudonym von Kenneth Millar (1915–
Weitere Pseudonyme: John Macdonald, John Ross Macdonald

AKTE FERGUSON
(The Ferguson affair, 1960)
SCHE 189, 1963; SCHE 624, 1977; SCHE 928, 1983; KK 026, 1983

ANDERER LEUTE LEICHEN
(Find a victim, 1954)
RTH 2122, 1967; RTH 2436, 1977

BIS AUF DIE KNOCHEN
(The ivory grin, 1952)
RTH 2144, 1968
vgl. *Ein Grinsen aus Elfenbein*

DER BLAUE HAMMER
(The blue hammer, 1976)
DIO 99/7 = 20541, 1978

CAMPING IM LEICHENWAGEN
(The zebra-striped hearse, 1962)
RTH 2072, 1965; RTH 2361, 1975

DORNRÖSCHEN WAR EIN SCHÖNES KIND
(Sleeping beauty, 1973)
DIO 99/1 = 20227, 1975

DER DRAHTZIEHER (DETEKTIVSTORIES UM LEW ARCHER I)
(The name is Archer, 1955)
DIO 21018, 1983
vgl. *Manche mögen's kalt*

DURCHGEBRANNT
(The distant enemy, 1968)
RTH 2242, 1972; DIO 99/88 = 20868, 1981

EINER LÜGT IMMER (DETEKTIVSTORIES UM LEW ARCHER II)
(The name is Archer, 1955)
DIO 21019, 1983
vgl. *Manche mögen's eiskalt*

DER FALL GALTON
(The Galton case, 1959)
DIO 99/5 = 20325, 1976
vgl. *Ein schwarzes Schaf verschwindet*

GÄNSEHAUT
(The chill, 1964)
SCHE 256, 1966; DIO 99/6 = 20236, 1976

GELD KOSTET ZUVIEL
(The goodbye look, 1969)
RTH 2329, 1974; DIO 99/9 = 20869, 1981

GELD ZAHLT NICHT ALLES
(Black money, 1966)
SCHE 290, 1968; SCHE 605, 1977; SCHE 821, 1981; KK 025, 1983

EIN GRINSEN AUS ELFENBEIN
(The ivory grin, 1952)
DIO 99/3 = 20323, 1976
vgl. *Bis auf die Knochen*

DIE KEHRSEITE DES DOLLARS
(The far side of the dollar, 1965)
bb 280, 1974; RTH 2360, 1975; DIO 99/10 = 20877, 1981

KEIN ÖL FÜR MRS. SLOCUM
(The drowning pool, 1950)
RTH 2195, 1970
vgl. *Unter Wasser stirbt man nicht*

DIE KÜSTE DER BARBAREN
(The barbarous coast, 1956)
DIO 99/4 = 20324, 1976
vgl. *Sprungbrett ins Nichts*

MANCHE MÖGEN'S KALT
(Drei Kriminalstories aus:)
(The name is Archer, 1955)
RTH 2130, 1967
vgl. *Der Drahtzieher*

MANCHE MÖGEN'S EISKALT
(Kriminalstories aus:)
(The name is Archer, 1955)
RTH 2179, 1969
vgl. *Einer lügt immer*

REICHE STERBEN AUCH NICHT ANDERS
(The moving target, 1949)
RTH 2155, 1968; RTH 2496, 1979

SANFTES UNHEIL
(The doomsters, 1958)
DIO 21178, 1984

vgl. *Schuldkonto der Vergangenheit*

SCHULDKONTO DER VERGANGENHEIT
(The doomsters, 1958)
SCHE 142, 1960
vgl. *Sanftes Unheil*

EIN SCHWARZES SCHAF VERSCHWINDET
(The Galton case, 1959)
RTH 2056; 1964
vgl. *Der Fall Galton*

SCHWARZE VERGANGENHEIT
(The three roads, 1948)
MIT 333, 1967

SPRUNGBRETT INS NICHTS
(The barbarous coast, 1956)
RTH 2102, 1966
vgl. *Die Küste der Barbaren*

TOTE ERTRINKEN NICHT
(The way some people die, 1951)
RTH 2183, 1969; RTH 2640, 1983

TRIFF MICH IN DER LEICHENHALLE
am. T. (Meet me at the morgue, 1953)
engl. T. (Experience with evil)
RTH 2171, 1969; RTH 2594, 1982

DER UNTERGRUNDMANN
(The underground man, 1971)
RTH 2365, 1975; DIO 20878, 1981

UNTER WASSER STIRBT MAN NICHT
(The drowning pool, 1950)
DIO 99/2 = 20322, 1976
vgl. *Kein Öl für Mrs. Slocum*

DIE WAHRE MRS. WYCHERLY
(The Wycherly woman, 1961)
SCHE 208, 1964; SCHE 633, 1978; SCHE 832, 1981; KK 024, 1983

WETTLAUF MIT DEM GESTERN
(Blue City, 1947)
SCHE 157, 1963

MacDOUGALL, JAMES K.

EIN WIESELFLINKER MR. UNBEKANNT
(Weasel hunt, 1977)
SCHE 736, 1979

GROSSES GELD IN KLEINEN HÄNDEN
(Death and the maiden, 1978)
SCHE 784, 1980

MacINNES, HELEN (1907–

AGENTENKRIEG
(Agent in place, 1976)
HAR 5745, 1980)

AUFTRAG IN VENEDIG
(The Venetian affair, 1963)
KNAR 146, 1967; BEST 19, 1970; BAR 11073, 1975; HAR 5271, 1976; KNAR 754, 1981

BETE UM EIN TAPFERES HERZ
(Pray for a brave heart, 1955)
HAR 5813, 1981

BOTSCHAFT AUS MÁLAGA
(Message from Malaga, 1971)
HAR 5319, 1977

ENTSCHEIDUNG AUF DELPHI
(Decision at Delphi, 1960)
HAR 5677, 1980

DIE FALLE DES JÄGERS
(The snare of the hunter, 1974)
HAR 5474, 1978

IN SALZBURG STIRBT NUR JEDERMANN
(The Salzburg Connection, 1968)
KNAR 304, 1973

LIEBE IN WASHINGTON
(I and my true love, 1953)
HAR 5911, 1981

DAS RAUSCHGIFT-KOMPLOTT
(North from Rome, 1958)
HAC 24, 1975

REBELLION DER VERDAMMTEN
(Horizon, 1946)
HAR 5385, 1977

DAS SPIEGELBILD
(The double image, 1966)
KNAR 258, 1971

TREFFPUNKT WIEN
(Prelude to terror, 1978)
HAR 6058, 1982

MACK, CAROL K.
Zusammen mit: David Ehrenfeld
PROJEKT CHAMÄLEON
(The chameleon variant, 1980)
BTH 19009, 1982

MacKENZIE, ANDREW (CARR)
GERÜCHTE IN MONTE CARLO
(Whisper if you dare!, 1950)
GK 96, 1956
DAS HAUS AN DER MÜNDUNG
(The house at the estuary, 1948)
GK 81, 1956
DER LOCKVOGEL
(Point of a gun, 1951)
GK 115, 1957
DER ROTE FLECK
(Splash of red, 1949)
GK 105, 1957
SCHATTEN ÜBER DEM FLUSS
(Shadows on the river, 1949)
GK 92, 1956

MacKENZIE, DONALD (1908–
AUF MESSERS SCHNEIDE
(Knife edge, 1961)
MIT 89, 1961; GK 4479, 1975
DER FALL KEROUAC
(Raven feathers his nest, 1979)
GK 4901, 1981
EIN FLIRT ZUVIEL
(The Kyle contract, 1971)
SCHE 409, 1973
FLUCHT OHNE AUSWEG
engl. T. (Nowhere to go, 1956)
am. T. (Manhunt, 1956)
MIT 22, 1959
FREIWILD FÜR HYÄNEN
engl. T. (Three minus two, 1968)
am. T. (The quiet killer, 1968)
PHOE 72, 1970
EIN FRESSEN FÜR DIE PRESSE
(Postscript to a dead letter, 1973)
SCHE 479, 1974
FÜNF DRACHEN AUS JADE
(The Spreewald Collection, 1975)
GK 4522, 1976
GANGSTER LADEN ZUM BALL
(Sleep is for the rich, 1971)
auch (The Chalice caper)
SCHE 421, 1973
EINE GAUNERKOMÖDIE
(The genial stranger, 1962)
MIT 124, 1962; GK 4487, 1975
GEFÄHRLICHES SCHWEIGEN
(Dangerous silence, 1960)
MIT 61, 1961; GK 4589, 1976
DER GESCHWORENE
(The juryman, 1957)
UK 793, 1960
DIE GROSSE TÄUSCHUNG
(The lonely side of the river, 1965)
MIT 262, 1965; GK 4501, 1975
IN GEHEIMER MISSION
(Double exposure, 1963)
auch: (I, spy, 1964)
MIT 150, 1963
DER KAMIKAZE-KILLER
(Raven and the kamikaze, 1977)
GTH 4763, 1978
LANGE FINGER, KURZER SPASS
(Zaleskie's percentage, 1974)
SCHE 567, 1976
NICHT NUR SCHNAPPSCHÜSSE
(Raven and the paperhangers, 1980)
GA 5425, 1981
NOTIZBUCH DER ANGST
(Raven settles a score, 1979)
GK 4883, 1980
RAVENS RACHE
(Raven's revenge, 1982)
GK 4935, 1983
RAVEN UND DER RATTENFÄNGER
(Raven and the ratcatcher, 1977)
GK 4688, 1977
DIE TÖDLICHE LEKTION
(Deep, dark and dead, 1978)

GK 4822, 1979

EIN TOTER MANN LÄSST GRÜSSEN
(Salute from a dead man, 1966)
MIT 289, 1966; GK 4509, 1975

WER EINMAL STIRBT, DEM GLAUBT MAN NICHT
(Death straight, 1969)
SCHE 370, 1971

DER VERLORENE VERLIERER
(Death is a friend, 1967)
SCHE 332, 1969

DER VERRÄTER
(The scent of danger, 1958)
MIT 45, 1960; GK 4605, 1976

VERRATEN UND VERKAUFT
(Cool sleeps Balaban, 1964)
MIT 195, 1964; GK 4493, 1975

MacLAREN-ROSS, J(ULIAN)

BIS ZUM TAGE IHRES TODES
(Until the day she dies, 1960)
MIT 97, 1962

MacLEAN, ALISTAIR (STUART) (1922–

Pseudonym: Ian Stuart, s. d.

AGENTEN STERBEN EINSAM
(Where eagles dare, 1967)
HAR 956, 1972

ANGST IST DER SCHLÜSSEL
(Fear is the key, 1961)
HAR 642, 1969

CIRCUS
(Circus, 1975)
HAR 5535, 1979

DEM SIEGER EINE HANDVOLL ERDE
(The way to dusty death, 1973)
HAR 5245, 1976

EISSTATION ZEBRA
(Ice station Zebra, 1963)
HAR 685/686, 1970 (spätere Auflg. Nr. 685)

GEHEIMKOMMANDO ZENICA
(Force 10 from Navarone, 1968)
HAR 5120, 1974

GEISELDRAMA IN PARIS
(zusammen mit John Denis)
(Hostage Tower, 1980)
HAR 6032, 1982

GOLDEN GATE
(Golden Gate, 1976)
HAR 5454, 1978

GOODBYE KALIFORNIEN
(Goodbye California, 1977)
HAR 5921, 1981

HÖLLENFLUG DER AIR FORCE 1
(Airforce One is down, 1981)
HAR 6332, 1984

DIE HÖLLE VON ATHABASCA
(Athabasca, 1980)
HAR 6144, 1983

DIE INSEL
(Bear Island, 1971)
HAR 5280, 1976

JENSEITS DER GRENZE
engl. T. (The last frontier, 1959)
am. T. (The secret ways, 1959)
LICH 90, 1964; HAR 576, 1968

DIE KANONEN VON NAVARONE
(The guns of Navarone, 1957)
LICH 105/106, 1964; HAR 411/412, 1966 (spätere Auflg. Nr. 411)

MEERHEXE
(Seawitch, 1977)
HAR 5657, 1980

DAS MÖRDERSCHIFF
(When eight bells toll, 1966)
GAR 2880, 1971

NACHT OHNE ENDE
(Night without end, 1960)
LICH 58, 1963; HAR 433, 1966

NEVADA PASS
(Breakheart Paas, 1974)
HAR 5330, 1977

RENDEZVOUS MIT DEM TOD
(The golden rendezvous, 1962)
GAR 2655/2656, 1971 (spätere Auflg. Nr. 2655)

DER SATANSKÄFER
(The Satan bug, 1962)
HAR 5034, 1973
DIE SCHWARZE HORNISSE
engl. T. (The dark crusader, 1961)
am. T. (The black shrike)
HAR 944, 1972
vgl. *Ian Stuart: Die schwarze Hornisse*
(HAR 371, 1965)
SOUVENIRS
(Puppet on a chain, 1969)
HAR 5148, 1975
TÖDLICHE FIESTA
(Caravan to Vaccares, 1970)
HAR 5192, 1975
DIE ÜBERLEBENDEN DER KERRY DANCER
(South by Java Head, 1958)
LICH 1, 1963; HAR 504, 1967

MacLEAN, JANE
EIN TÖDLICHER FALL
(Deadfall, 1979)
KNK 4915, 1981

MacLEOD, ROBERT
Pseudonym von Bill Knox (1928–
Weitere Pseudonyme: Michael Kirk, Noah Webster
DAS GEHEIMNIS DER CALU-SEE
(Lake of fury, 1966)
GAB 9, 1968
IN DEN TÄLERN DES ATLAS
(Place of mists, 1969)
GAB 35, 1970
INSEL DER DRACHEN
(Isle of dragons, 1967)
GAB 23, 1969
DAS MAGISCHE ZEICHEN
(Cave of bats, 1964)
GAB 21, 1969

MACOMBER, DARIA
Pseudonym von Ferdinan Stevenson und Patricia Robinson
VIELE LEICHEN SIND DES JÄGERS TOD
(Hunter, hunter get your gun, 1966)
auch: (Return to Octavia, 1967)
SCHE 304, 1968

MacPARTLAND, JOHN (1911–195?)
[richtig: McPartland, John]
EIN MANN STEIGT AUS
(The face of evil, 1954)
WKTH 1004, 1966
DIE RACHE DES JOHNNY COOL
(The kingdom of Johnny Cool, 1959)
WKTH 1006, 1966

MacTYRE, PAUL
Pseudonym von Robert James Adams
WHISKY MIT ZITRONENSAFT
(Bar sinister, 1964)
GK 2217, 1966

MacVICAR, ANGUS (1908–
AFFÄRE GOLDENE VENUS
(The golden Venus affair, 1972)
GK 4234, 1972)
KONTRA UND RE
(Duel in Glenfinnan, 1969)
GK 3295, 1970

MacWHYMER
(Pseudonym)
REGINALD BATTEN WEISS ETWAS
BBA 60, 1953
ZWISCHENFALL IN DAKAR
BBA 75, 1954

MADDEROM, GARY (1937–
DER MANN OHNE HERZ
(The four chambered villain, 1971)
UK 1471, 1972

MADIER, MONIQUE
ZIMMER MIT FRÜHSTÜCK UND GESPENST
(Vacances dans un caveau, 1975)
RTH 2445, 1978

MÄRKL, FRITZ (1946–
LACHEN BIS ZUM ROSENMONTAG
GDA 5630, 1983

MAGER, HASSO (1920–
BARTUSCHEK IST NICHT MEHR DA (OA)
DIE 1966, 1973
GIER (OA)
MIV o. Nr., 1983
MORD IM HOTEL (OA)
MIV o. Nr., 1978

MAGNUSSEN, ROY
(Pseudonym)
MORD IM LIFT (OA)
KEL 817, 1971

MAHANNAH, FLOYD
WEHR DICH DEINER HAUT!
(Stopover for murder, 1953)
GK 1240, 1963

MAHER, FRANK
s. *Cleary, Denis*

MAINWARING, MARION
NEUN AUF EINER FÄHRTE
(Murder in pastiche, 1954)
RTH 2038, 1964; RTH 2475, 1979

MAIR, ALISTAIR (1924–
WO DER OSTWIND WEHT
(Where the east wind blows, 1972)
BAR 14033, 1976

MAJORS, SIMON
DER DRUIDENSTEIN
(The Druid stone, 1977)
UAR 3340, 1977

MALAMUD, BERNARD (1914–
DER GEHILFE
(The assistant, o. J.)
DTV 10251, 1984

MALCOLM-SMITH, GEORGE (1901–
DRUNTER UND DRÜBER
(The trouble with Fidelity, 1957)
MIT 167, 1963
GANGSTER, PUPPEN UND EIN DOKTOR
(Mugs, Molls and Dr. Harvey, 1955) auch: (The square peg, 1952)
GK 3029, 1967
GUTER TIP IST TEUER
(The lady finger, 1962)
GK 2202, 1966
JAGD NACH EINEM SCHATTEN
am. T. (Come out, come out, 1965)
engl. T. (Dividend of death, 1965)
GK 2241, 1966
DAS HAUS DER SANFTEN IRREN
(If a body meet a body, 1959)
GK 3199, 1969

MALDONADO, PIERRE
DER SIEBTE KREIS
(Le septième cercle, 1976)
RTH 2536, 1980

MALING, ARTHUR (GORDON) (1923–
EINE AKTIE AUF DEN TOD
(Schroeder's game, 1977)
GK 4807, 1979
DIE KOMPLIZIN
(Bent man, 1975)
GK 4539, 1976
MANIPULATIONEN
(Lucky devil, 1978)
GK 4854, 1979
MORD IST NICHT STEUERFREI
(Loophole, 1971)
GK 4213, 1972

DIE RHEINGOLD-ROUTE
(The Rhinegold-Route, 1979)
GK 4916, 1982
TIGER IM KELLER
(The Koberg link, 1979)
GK 4919, 1982
TOD KENNT KEINE GRENZEN
(From Thunder Bay, 1981)
GA 5437, 1982
WENN DU REDEST, BIST DU TOT
(Ripoff, 1976)
GK 4642, 1976
ZULETZT GESEHEN ...
(16 Stories) (Hrsg.)
(When last seen, 1977)
GLIT 5201, 1980

MALKO
s. *Villier, Gérard de*
und *Anhang: Serien*

MALLOCH, PETER
Pseudonym von (William) Murdoch Duncan (1909–1975)
Weitere Pseudonyme: John Cassells, John Dallas, Neill Graham, Martin Locke, Lovat Marshall
EIN BLICK GENÜGTE
(The big steal, 1966)
GK 2280, 1967
DIE ENTSCHEIDUNG IST GEFALLEN
(Anchor Island, 1962)
GK 1150, 1962
FLUCHT IM NEBEL
(Fugitive's road, 1963)
GK 2004, 1964
GÄSTE UM MITTERNACHT
(Murder of the man next door, 1966)
GK 2297, 1967
KEIN FALL FÜR AMATEURE
(Death whispers softly, 1968)
GK 3214, 1969
DER MANN MIT DER ROTEN ROSE
(Hardiman's landing, 1960)
GK 1013, 1961
DER MILLIONENRAUB
(Cop-lover, 1964)
GK 2037, 1964
MONTAG GEHT ES LOS
(The Nicholas snatch, 1964)
GK 2112, 1965

MALONEY RALPH (LISTON) (1927–1973)
GENTLEMAN IN ROTEN ZAHLEN
(The Nixon recession caper, 1972)
RTH 2305, 1974

MALORNY, RALPH
(Pseudonym)
Autor der Kriminalroman-Serie: »*Kommissar X*«; s. *Anhang*.
Autor der Nummer 608.

MALTEN, JOHN
(Pseudonym)
DER TELEFONMÖRDER (OA)
KEL 832, 1973

MALYSCHKIN, ALEXANDER
DER FALL VON DAIR
RFA 211, 1977

MALZBERG, BARRY N. (1939–
Pseudonym: Mike Barry, s. d.
Auch zusammen mit *Bill Pronzini*, s. d.

MANCHETTE, J. P.
KILLER STELLEN SICH NICHT VOR
(Trois hommes à abattre, 1976)
UK 10228, 1983

MANDIE, MARIA
DIE WHISKYPARTY AM RHEIN (OA)
GK 3005, 1967

MANER, WILLIAM

ZUVIEL MORDE, PROFESSOR HARLEY!
(Die of a rose, 1970)
GK 4020, 1970

MANN, JESSICA

DIE ACHTE TODSÜNDE
(The eighth deadly sin, 1976)
HK 1842, 1979

MIT MORDEN IST KEIN STAAT ZU MACHEN
(Funeral sites, 1981)
KNK 4946, 1984

MANSBRIDGE, PAMELA

EIN FALL FÜR PEGG
(A crime for Caroline, o. J.)
UEB 202, 1969

MANSFIELD, PAUL (H.) (1922–

GEFÄHRLICHES DUNKEL
(Final exposure, 1957)
MIT 1, 1958

MANSON, WILL

IN DER HÖLLE IST DER TEUFEL LOS
(A talent for violence, 1970)
SCHE 712, 1979

MANZONI, CARLO (1902–

BLUT IST KEIN NAGELLACK
(Jo, quella la faccio a fette)
DTV 433, 1967; HAR 5536, 1979

DER FINGER IM REVOLVERLAUF
(Ti spacco il muso, Bimba)
DTV 123, 1963; HAR 5501, 1978

HAUST DU MICH – HAU ICH DICH
(Ti faccio un occhio nero e un occhio blu)
DTV 1130, 1976

DER HUND TRUG KEINE SOCKEN
(Ti svito le tonsille, Piccola!)
DTV 590, 1969; HAR 5987, 1982

JETZT REGNET'S OHRFEIGEN
(Che pioggia di sberle, Bambola!)
DTV 699, 1970; HAR 5756, 1980

KEIN WHISKY UNTER WASSER
(Ti faccio un occhio nero e un occhio blu)
DTV 805, 1972; HAR 5914, 1981

DAS MG IM DÉKOLLETÉ
(Con un bacio ti brucio)
DTV 886, 1973; HAR 5640, 1980

EIN SCHLAG AUF DEN SCHÄDEL UND DU BIST EINE SCHÖNHEIT
(Un colpo in testa, e sei più bella, Angelo)
DTV 268, 1965; HAR 5824, 1981

DER TIEFGEKÜHLTE MITTELSTÜRMER
(Un calcio di rigor sul tuo belmuso)
DTV 364, 1966; HAR 5578, 1979

MARA, BERNARD

PISTOLE FREI FÜR GLORIA
(This gun for Gloria, 1965)
PAN 66, 1956

MARASCO, ROBERT

VERBOTENE FRAGEN
(Parlor games, 1979)
GLIT 5223, 1981

MARCH, LINDSAY

FLITTERWOCHEN DES SCHRECKENS
(These cliffs are dangerous, 1973)
HRO 1933, 1975

MARCH, WILLIAM

Pseudonym von William Edward March (1894–1954)

DIE BÖSE SAAT
(The bad seed, 1954)
HK 1442, 1971

MARCUS, A(RTHUR) A.

WEG FREI ZUM MORD
(Make way for murder, 1955)
PAN 53, 1956

MARCUS, PETER
AM ANFANG WAR ES WISSBEGIER (OA)
GK 1003, 1961

MARCUS, WOLF
MAFIA, MORD UND MARIHUANA (OA)
KEL 806, 1970

MAREK, JIŘI (1914–
PANOPTIKUM ALTER KRIMINALFÄLLE
(Panoktikum starých kriminálnich příběhu, 1968)
DTV 1197, 1976
PANOPTIKUM SÜNDIGER LEUTE
(n. e.)
DTV 1349, 1978

MARGINTER, PETER (1934–
DER TOTE ONKEL (1967)
DTV 672, 1970; UKK 39035, 1981

MARGOLIN, PHILLIP
DER LETZTE UNSCHULDIGE
(The last innocent man, 1981)
KNK 4931, 1982

MARIN, A. C.
Pseudonym von Alfred Coppel (1921–
UNTERNEHMEN WEISSER SPRINGER
(A storm of spears, 1971)
RTH 2311, 1974

MARINER, DAVID
Pseudonym von David MacLeod Smith (1920–
PANIK IM JET
(The Beaufort Dossier, 1973)
HK 1767, 1977

MARINO, NICK
Pseudonym von Will(iam Charles) Oursler (1913–, s. d.
MORD MIT BESCHRÄNKTER HAFTUNG
(One way street, 1952)
LOTH 201, 1970
WER AUSPACKT, STIRBT!
(City limits, 1958)
LOTH 202, 1970

MARKHAM, ROBERT
Pseudonym von Kinglsey (William) Amis (1922–, s. d.
007 JAMES BOND: AUF DER GRIECHISCHEN SPUR
(Colonel Sun, 1968)
PHOE 53, 1969
vgl. *Liebesgrüße aus Athen*
007 JAMES BOND: LIEBESGRÜßE AUS ATHEN
(Colonel Sun, 1968)
SCHE 646, 1978
Die ersten beiden Auflagen sind auf dem Einband fälschlich mit dem Autorennamen Ian Fleming gekennzeichnet.
vgl. *Auf der griechischen Spur*

MARKSON, DAVID (MERRILL) (1927–
NACHRUF AUF EINEN TOTEN BEATNICK
(Epitaph for a dead Beat, 1961)
SM 137, 1963
NACHRUF AUF EINEN TOTEN TRAMP
(Epitaph for a tramp, 1959)
SM 146, 1963
vgl. *Tod um 3 Uhr früh*
TOD UM 3 UHR FRÜH
(Epitaph for a tramp, 1959)
auch (Fannin, 1971)
TK 3, 1972
vgl. *Nachruf auf einen toten Tramp*

MARKSTEIN, GEORGE
FREI ZUM ABSCHUSS
(The man from yesterday, 1976)
SCHE 774, 1980

MARLOW, EDWINA
Pseudonym von Tom E. Huff
(1938 (?)–
Weitere Pseudonyme: Beatrice Parker, Katherine St. Clair

BEGEGNUNG MIT EINEM FREMDEN
(Meet a dark stranger, 1974)
HRO 1979, 1977

DAS HAUS DER FLÜSTERNDEN SCHATTEN
(The Lady of Lyon House, 1970)
HRO 1867, 1972

DAS HAUS DES TODES
(Falconridge, 1969)
HRO 1942, 1975

DER UNHEIMLICHE MÖRDER
(Nine Buck's row, 1974)
HRO 1952, 1975; XEN 133, 1981

MARLOWE, DAN (J(AMES) (1914–

DEM ABGRUND ENTGEGEN
(The name of the game is death, 1962)
MIT 190, 1964

DEN TOTEN GIBT ES NICHT
(Never live twice, 1964)
GK 2222, 1966

EINE TODSICHERE SACHE
(Four for the money, 1966)
MIT 413, 1968

FÜNF MÜSSEN STERBEN
(Doorway to death, 1959)
MIT 227, 1965

FÜR GELD: ALLES
Zusammen mit William Odell
(The raven is s blood red bird, 1967)
MIT 422, 1969

GEFÄHRLICHES GOLD
(Route of the red gold, 1967)
MIT 401, 1968

GEHEIME DOKUMENTE
(Strong arm, 1963)
MIT 268

GEJAGT UND GESCHNAPPT
(Flashpoint, 1970)
MIT 559, 1972

DIE GELIEBTE DES MÖRDERS
(Killer with a key, 1959)
MIT 182, 1964

DER GROSSE UNBEKANNTE
(Backfire, 1961)
MIT 255, 1965

HÖLLENBRUT
(One endless hour, 1969)
MIT 472, 1970

JOHNNY RÄUMT AUF
(Shake a crooked town, 1961)
MIT 170, 1963

JOHNNY UND DIE ROTE
(The fatal frails, 1964)
MIT 245, 1965

TOD TIEF UNTEN
(Death deep down, 1965)
GK 2219, 1966

TÖDLICHE RACHE
(The vengeance man, 1966)
MIT 338, 1967

WER HAT DIE MAFIA-DOKUMENTE?
(Operation breakthrough, 1971)
MIT 599, 1972

MARLOWE, DEREK (1938–

EIN DANDY IN ASPIK
(A Dandy in aspik, 1966)
HAR 653, 1969

SIE WAR SO JUNG
(Somebody's sister, 1974)
GK 4543, 1976

MARLOWE, STEPHEN
Pseudonym von Milton Lesser
(1928–
Weitere Pseudonyme: Andrew Frazer, Jason Ridgway, C. H. Thames

ABENTEUER IN SPANIEN
(Drum Beat – Madrid, 1966)

MIT 389, 1968
ALS BOGUTIN DIE STADT VERLIESS
(The summit, 1970)
BAR 11088, 1975
COMEBACK EINES KILLERS
(Killers are my meat, 1957)
LOET 18, 1970
GEHEIMAKTE: SPANISCHES GOLD
(Drum Beat – Marianne, 1968)
MIT 434, 1969
IN LETZTER SEKUNDE
(Model for murder, 1955)
PAN 41, 1955
LEICHE IN BESTER GESELLSCHAFT
(Jeopardy is my job, 1962)
LOTH 203, 1970
MORD AN EINEM TOTEN
(Drum Beat – Dominique, 1965)
LOET 16, 1969
MORD GEFÄLLIG?
(Drum Beat – Erica, 1967)
LOTH 204, 1970

MARLY, MICHAEL
EXPRESS MARSEILLE – FEGEFEUER
(Jusqu'au coude, 1951)
LEH 40, 1954

MARMONET, JEAN
(Pseudonym)
BLUTIGE BLÜTEN (OA)
OTB 4223, 1979
DIE RECHNUNG BEGLEICHT DER HENKER (OA)
OTB 4221, 1979
EIN SARG AUS KALTEM STAHL (OA)
OTB 4212, 1979
DIE TANZENDEN JUNGFRAUEN (OA)
OTB 4222, 1979

MARRIC, J. J.
Pseudonym von John Creasey (1908–1973)
Weitere Pseudonyme: s. d.
DER ENDLOSE TAG
(Gideon's day, 1955)
auch: (Gideon of Scotland Yard, 1958)
GK 2066, 1965
DAS ERSTE FEUER
(Gideon's fire, 1961)
GK 2162, 1965/66
DIE LANGE NACHT
(Gideons's night, 1957)
GK 2091, 1965

MARSH, JAMES J.
DER WEISSE CHINESE
(The Peking switch, 1972)
SCHE 487, 1975

MARSH, (EDITH) NGAIO (1899–1982)
APPLAUS BIS ZUM BITTEREN ENDE
(Photo-Finish, 1982)
SCHE 898, 1983
BEI GEFAHR ROT
(Colour scheme, 1943)
UK 869, 1962
DIE BURG DER SCHWARZEN ENGEL
(Spinsters in jeopardy, 1954)
auch: (The bride of death, 1955)
SCHE 246, 1965
vgl. *Das Schloß des Mr. Oberon*
CHAMPAGNER
(Vintage murder, 1937)
LIST 710, 1962
vgl. *Der Champagner-Mord*
DER CHAMPAGNER-MORD
(Vintage murder, 1937)
GK 4917, 1982
vgl. *Champagner*
DONNERSTAG PREMIERE
engl. T. (Opening night, 1951)
am. T. (Night at the Vulcan, 1951)
SCHE 46, 1952; SCHE 598, 1977; SCHE 932, 1983; KK 027, 1983
FÄLLT ER IN DEN GRABEN, FÄLLT ER IN

DEN SUMPF
(Hand in glove, 1962)
GK 4912, 1981

FEINES OHR FÜR FALSCHE TÖNE
(Last ditch, 1977)
SCHE 671, 1978; SCHE 973, 1984

DER HANDSCHUH
(Death at the Dolphin, 1967)
GK 3213, 1969; GK 4939, 1983

HINTER DEN TOTEN WASSERN
(Dead water, 1964)
SCHE 235, 1965

DER HYAZINTHENMÖRDER
(Singing in the shrouds, 1959)
SCHE 131, 1960; HCC 1879, 1980

IM PREIS IST STERBEN INBEGRIFFEN
(When in Rome, 1970)
SCHE 390, 1072
vgl. *Sterben inbegriffen*

IM STECKBRIEF FEHLT DAS KONTERFEI
(Clutch of Constables, 1968)
SCHE 337, 1970
vgl. *Der Tod auf dem Fluß*

DER LETZTE APPLAUS
(Final curtain, 1947)
XEN 14, 1976
vgl. *Letzter Applaus*

LETZTER APPLAUS
(Final curtain, 1947)
SCHE 16, 1948; UK 743, 1958; XEN 12, 1976; KK 38, 1981

MISS BELLAMYS GROSSER TAG
(False scent, 1960)
SCHE 174, 1962
vgl. *Miss Bellamy stirbt*

MISS BELLAMY STIRBT
(False scent, 1960)
SCHE 724, 1979; KK 028, 1983
vgl. *Miss Bellamys großer Tag*

MORD IM ATELIER
(Artists in crime, 1938)
UK 757, 1958; GK 3150, 1968; XTK 2005, 1979; GK 4951, 1984

MORD IN DER KLINIK
Zusammen mit Dr. H(enry) Jellett (1872–1948)
(The nursing-home murder, 1935)
SCHE 23, 1949; SCHE 916, 1983

MORD VOR VOLLEM HAUS
(Light thickens, 1982)
GK 4939, 1983

MYLORD MORDET NICHT
engl. T. (Swing, brother, swing, 1949)
am. T. (A wreath for Rivera, 1949)
UK 855, 1961; GK 4910, 1981

OUVERTÜRE ZUM TOD
(Overture to death, 1939)
GK 4902, 1981

DAS SCHLOSS DES MR. OBERON
(Spinsters in jeopardy, 1954)
GK 4954, 1984
vgl. *Die Burg der schwarzen Engel*

EIN SCHUSS IM THEATER
(Enter a murderer, 1935)
SCHE 94, 1957; GK 4046, 1971

SCHWARZ WIE DIE NACHT
(Black as he's painted, 1974)
SCHE 528, 1975; SCHE 851, 1982

STERBEN INBEGRIFFEN
(When in Rome, 1970)
SCHE 814, 1981
vgl. *Im Preis ist sterben inbegriffen*

STUMME ZEUGEN
(Scales of justice, 1955)
SCHE 205, 1964

DER TOD AUF DEM FLUSS
(Clutch of Constables, 1968)
GK 4942, 1983
vgl. *Im Steckbrief fehlt das Konterfei*

DER TOD DES NARREN
engl. T. (Off with his head, 1957)
am. T. (Death of a fool, 1956)
GK 4946, 1983

DER TOD EINES SCHNEEMANNS
(Tied up in a tinsel, 1972)
SCHE 450, 1974; SCHE 829, 1981

TOD IN DER EKSTASE
(Death in ecstasy, 1936)
SCHE 29, 1950
DAS TODESSPIEL
(A man lay dead, 1934)
SCHE 10, 1948; GK 4324, 1974; KK 30, 1980; GK 4936, 1983
DER TOD IM FRACK
(Death in a white tie, 1938)
GK 4908, 1981
TOD IM PUB
(Death at the bar, 1940)
GK 4904, 1981
ZWISCHEN SARG UND GRUBE
(Grave mistake, 1979)
SCHE 763, 1980; KK 029, 1983

MARSHALL, BRUCE (1899–
DER KLAN DER ZWÖLF APOSTEL
(Death comes for John Paul, 1980)
BAR 10227, 1983

MARSHALL, LOVAT
Pseudonym von W(illiam) Murdoch Duncan (1909–1975)
DAS ERSTE OPFER
(The dead are silent, 1966)
GK 2204, 1966
DER GOLDFISCH BEISST AN
(Sugar for the lady, 1955)
GK 101, 1956
VERMISST: LENA COLLING
(Sugar on the kill, 1961)
GK 1086, 1962
VIER FUSS UNTERM APFELBAUM
(Death is forever, 1969)
GK 3270, 1970
WARNUNG VOR TOBY GREEN
(Sugar on the loose, 1961)
GK 1157, 1962

MARSHALL, WILLIAM (LEONARD) (1944–
BOMBENGRÜSSE AUS HONGKONG
(Gelignite, 1976)
GTH 4738, 1978
DÜNNE LUFT
(Thin air, 1977)
GTH 4722, 1978
FEUERKILLER
(SCI FI, 1981)
GA 5438, 1982
DIE KATZE FRISST DEN SCHMETTERLING
(Perfect end, 1981)
GLIT 5234, 1982
DER KINO-KILLER
(The hatchet man, 1976)
GK 4656, 1977
DAS SKELETT AUF DEM FLOSS
(Skullduggery, 1979)
GA 5403, 1980

MARSTEN, RICHARD
Pseudonym von Evan Hunter (1926–
Weitere Pseudonyme: Curt Cannon, Hunt Collins, Ezra Hannon, Ed McBain, s. d.
MÖRDER AN BORD
(Murder in the Navy, 1955)
auch: (Death of a nurse, 1968)
PAN 83, 1957
vgl. *Das Schiff der toten Augen*
vgl. *Ed McBain: Eine Tote an Bord*
EINE KATZE LERNT DAS MORDEN
(Big Man, 1959)
BRA 1, 1969
MEIN GIRL IST WEG, SAGTE COLBY
(Vanishing Ladies, 1957)
BRA 3, 1969
DAS SCHIFF DER TOTEN AUGEN
(Murder in the Navy, 1955)
BRA 22, 1970
vgl. *Mörder an Bord*
WARNUNG AUS DEM NICHTS
(Even the wicked, 1958)
PAN 156, 1959

MARTEN, JAQUELINE

RÜCKKEHR INS VERDERBEN
(Let the crags comb out her dainty hair, 1975)
HRO 1984, 1977

MARTENS, FRED

s. *Anhang Serien: »Kommissar Wiltons Kriminalberichte«.*
Autor folgender Nummern:
3, 6, 9, 15, 18, 21, 24, 27, 29, 30, 33, 36, 40, 43

MARTIN, AYLWIN LEE

TÖDLICHE PERLEN
(The crimson frame, 1952)
PAN 10, 1954

MARTIN, HANSJÖRG (1920–

BEI WESTWIND HÖRT MAN KEINEN SCHUSS (OA)
RTH 2268, 1973
BETRIEBSAUSFLUG INS JENSEITS (OA)
RTH 2535, 1980
BILANZ MIT BLUTFLECKEN (OA)
RTH 2138, 1968
BILLE, GÜLLE KALLE & CO. (I)
FÜR FÜNFZIG PFENNIG VERDACHT (OA)
HJU 217, 1981
BILLE, GÜLLE, KALLE & CO. (II)
KLIPPERKLAPPER GEWINNT (OA)
HJU 220, 1981
BILLE, GÜLLE, KALLE & CO. (III)
SCHMETTERLINGSGEHEIMNIS (OA)
HJU 223, 1981
BLUT AN DER MANCHETTE (OA)
(Kriminalstories)
RTH 2323, 1974
BLUT IST DUNKLER ALS ROTE TINTE (OA)
RTH 2190, 1970
CORDES IST NICHT TOTZUKRIEGEN (OA)
RTH 2146, 1968
DEIN MORD IN GOTTES OHR (OA)
RTH 2590, 1982
DRECK AM STECKEN (OA)
(Kriminalstories)
RTH 2505, 1979
EINER FEHLT BEIM KURKONZERT (OA)
RTH 2109, 1966
EINER FLIEHT VOR GESTERN NACHT (OA)
RTH 2218, 1971
FEUER AUF MEIN HAUPT (OA)
RTH 2256, 1972
GEFÄHRLICHE NEUGIER (OA)
RTH 2069, 1965
GEISELSPIEL (OA)
RTH 2340, 1975
DIE GRÜNEN WITWEN VON ROTHENFELDE (OA)
RTH 2609, 1982
GUTE MESSER BLEIBEN LANGE SCHARF (OA)
(Kriminalstories)
RTH 2635, 1983
HEISSE STEINE (OA)
RTH 2679, 1984
HERZSCHLAG (OA)
GAR 3951, 1980
DER KAMMGARN-KILLER (OA)
RTH 2481, 1979; DIE 508, 1981
KEIN SCHNAPS FÜR TAMARA (OA)
RTH 2086, 1966
DAS KRIMI-KABINETT (HRSG.) (1976)
(13 Kurz-Krimis)
ROT 152, 1977
DIE LANGE, GROSSE WUT (OA)
(Kriminalstories)
RTH 2404, 1977
MALLORCA SEHEN UND DANN STERBEN (OA)
RTH 2270, 1973
MEINE SCHÖNE MÖRDERIN (OA)
RTH 2161, 1969
DAS NEUE KRIMI-KABINETT (HRSG.) (1982)
(11 Kurz-Krimis)
ROT 367, 1984
RECHTS HINTER DEM HENKER (OA)

RTH 2167, 1969
DIE SACHE IM STADTPARK (OA)
ROT 286, 1982
DIE SACHE IM SUPERMARKT (OA)
ROT 144, 1977
SCHWARZLAY UND DIE FOLGEN (OA)
RTH 2303, 1974
SPIEL OHNE DREI (OA)
RTH 2428, 1978
TOD IM DUTZEND (OA)
(Kriminalstories)
RTH 2237, 1972; GDA 5638, 1983
WOTAN WEINT UND WEISS VON NICHTS (OA)
RTH 2386, 1976
DAS ZITTERN DER TENÖRE (1981)
RTH 2618, 1982

MARTIN, JAN KENNEDY (1936–

REGAN
(Regan, 1975)
auch: (The sweeney, 1975)
GK 4582, 1976
REGAN UND DAS GESCHÄFT DES JAHRHUNDERTS
engl. T. (Regan and the deal of the century, 1977)
am. T. (The deal of the century, 1977), GK 4834, 1979
REGAN UND DIE AKTE MANHATTAN
engl. T. (Regan and the Manhattan file, 1975)
am. T. (The Manhattan file, 1975)
GK 4590, 1976

MARTIN, JAMES E. (1936–

ZWEI SCHUSS ZUWENIG
(The 95 file, 1973)
RTH 2357, 1975

MARTIN, KAY

SATANISCHE MÄCHTE
(Vanessa, 1974)
UAR 3391, 1977

MARTIN, ROBERT (LEE) (1908–1976)

Pseudonym: Lee Roberts
ALLE MÄNNER SIND SCHWACH
(The widow and the web, 1954)
GK 223, 1960; GK 4333, 1974
ACHTUNG – SABOTAGE!
(Killer among us, 1958)
GK 1026, 1961
DUNKLER TRAUM
(Dark dream, 1951)
GK 278, 1960
DAS ENDE EINER GROSSEN LIEBE
(The echoing shore, 1955)
auch: (The tough die hard, 1957)
GK 271, 1960; GK 4388, 1974
FRIST BIS MITTERNACHT
(Bargain for death, 1964)
GK 2159, 1965
GLÜCK UND ENDE
(Death of a ladies' man, 1960)
GK 1288, 1964
GUTE NACHT UND SÜSSE TRÄUME
(The case of the missing lovers, 1957)
GK 1277, 1964; GK 4764, 1978
DIE KATZE WAR DABEI
(Just a corpse at twilight, 1955)
GK 1031, 1961
KEINE FRAU FÜR MEINEN SOHN
(To have and to kill, 1960)
GK 1254, 1963
KLEINE HEXE
(Little murder, 1952)
GK 2008, 1964
KÜSSE, DIE DER TEUFEL GAB
(Sleep, my love, 1953)
GK 185, 1959; GK 4380, 1974
EIN MÄDCHEN BRENNT DURCH
(Catch a killer, 1956)
GK 280, 1960
DAS MÄDCHEN SANDRA

(Hand-picked for murder, 1957)
GK 298, 1961

MÄNNER UM MARCIA
engl. T. (Mahogany murder, 1956)
am. T. (Judas journey, 1956)
GK 1244, 1963

MEINES FREUNDES FRAU
(The pale door, 1955)
GK 1006, 1961; GK 4364, 1974,

EIN PAAR SCHWARZE SCHUHE
(If the shoe fits, 1959)
GK 1176, 1962

SIE HAT ES SO GEWOLLT
(A key to the morgue, 1958)
GK 1059, 1961

SIE IST ZU EIFERSÜCHTIG
(Suspicion, 1964), GK 2173, 1966

TOD UNTER GLAS
(A coffin for two, 1962)
GK 1202, 1963

TRÄNEN FÜR DIE BRAUT
(Tears for the bride, 1954)
GK 264, 1960; GK 4452, 1975

VERHÄNGNISVOLLER IRRTUM
(Once a widow, 1957)
GK 1015, 1961; GK 4428, 1975

DIE ZWEITE FLASCHE WHISKY
(She, me and murder, 1962)
GK 1212, 1963; GK 4427, 1975

MARTYN, DON
Pseudonym von Barbara Martyn Borbolla

DAS HAUS DER SCHÖNEN CONDESA
(No guest at the villa, 1971)
MIT 605, 1972

MARX, MICHAEL (1940–

WER FRÜH STIRBT, IST LÄNGER TOT
KNK 40957, 1984

MASON, A(LFRED) W(OODLEY) (1865–1948)

DAS GEHEIMNIS DER SÄNFTE
(The house of the arrow, 1924)
HCC 1462, 1971

DIE TOTE IN DER VILLA ROSA
(At the Villa Rosa, 1910)
HK 1438, 1971

MASON, JUDY
(Pseudonym)

MYLADY, IM SCHRANK LIEGT EINE LEICHE (OA)
KEL 809, 1970

MASTERSON, WHIT
Gemeinsames Pseudonym von Bill Miller (1920–1961) und Robert Wade (1920–

EINE BOMBE URBI ET ORBI
(Hunter of the blood, 1977)
RTH 2468, 1978

BOMBEN FÜRS ESTABLISHMENT
(Why she cries, I do not know, 1972)
RTH 2333, 1975

JAGD AUF JANIE
(A shadow in the wild, 1957)
UK 953, 1964

KENNWORT KANARIENVOGEL
(Evil come, evil go, 1961)
Uk 920, 1963

DER KILLERCOP
am. T. (711 – Officer needs help, 1965)
engl. T. (Killer with a badge, 1965)
auch: (Warning shot, 1967)
1213, 1966

MEIN MANN IST IRR UND LÄSST MICH GRÜSSEN
(Play like you're dead, 1967)
RTH 2176, 1969

NICHT MEHR AUF DER FAHNDUNGSLISTE
(The slow gallows, 1979)
RTH 2564, 1981

NOTWEHR

(The undertaker wind, 1973)
RTH 2351, 1975

EIN SARG FÜR COLONEL HEASTON
(The gravy train, 1971)
auch: (The great train hijack, 1976)
RTH 2290, 1973; RTH 2612, 1982

SCHREI IN DER NACHT
(All through the night, 1955)
auch: (A cry in the night, 1956)
UK 927, 1963; PK 18, 1978

TOD IM SWIMMING-POOL
(Dead, she was beautiful, 1955)
HK 1225, 1966

UNFEHLBARKEIT KANN TÖDLICH SEIN
(Badge of evil, 1956)
auch: (Touch of evil, 1958)
RTH 2149, 1968; RTH 2452, 1978

WETTLAUF MIT DEM SCHWARZEN TOD
(The dark fantastic, 1959)
UK 917, 1963; PBK 15, 1978

DIE ZEIT, DIE ES NICHT GAB
(The man with two clocks, 1974)
RTH 2400, 1976

DIE ZEUGIN SOLL STERBEN
(The last one kills, 1969)
RTH 2236, 1972

MASUR, HAROLD Q. (1909–

SCOTT IM HEXENKESSEL
am. T. (The last gamble, 1958)
engl. T. (The last breath, 1958)
GK 2227, 1966

SCOTT IM RAMPENLICHT
(The legacy lenders, 1967)
GK 3112, 1968

SCOTT UND DER DICKE
(Suddenly a corpse, 1949)
GK 2212, 1966

SCOTT UND DER SCHIEBER
(The big money, 1954)
GK 2203, 1967

SCOTT UND DIE BLONDINE
(Bury my deep, 1947)
GK 2294, 1967

SCOTT UND DIE LACHENDEN WITWEN
(You can't live forever, 1951)
GK 2220, 1966

SCOTT UND DIE REICHE KLIENTIN
(Make a killing, 1964)
GK 3004, 1967

SCOTT UND DIE SCHÖNE GRÄFIN
(So rich, so lovely, and so dead, 1952)
GK 2254, 1966

SCOTT UNTER MORDVERDACHT
(Tall, dark and deadly, 1956)
GK 3034, 1967

SELTSAME KLIENTEN
(Send another hearse, 1960)
SCHE 148, 1961; KK 16, 1980

MATCHA, JACK (1919–

FREITAG – MORDTAG
(Prowler in the night, 1959)
BRA 13, 1970; XEN 145, 1982

DER MITTAGSMÖRDER
(Erotic Killer, o. J.)
TER 10, 1972

MATHER, ARTHUR (R.)

DER FERNGELENKTE ALPTRAUM
(The mind breaker, 1980)
UK 10095, 1982

LEICHTES GELD VERDIENT SICH SCHWER
(Easy money, 1979)
UK 10075, 1980

MATHER, BERKELEY

Pseudonym von John Evan Weston Davies

IM AUFTRAG DES SYNDIKATS
(The pass beyond Kashmir, 1960)
HAR 325, 1964

MATHEWS, PETER

s. *Norbert Klugmann*

MATHEWS, WILLIAM C.
DER KUSS DER KOBRA
(King Kobra, 1983)
BAR 19040, 1984

MATRANGA, FRANCES C.
DIE VERZAUBERTE
(Land of shadows, 1977)
UAR 30012, 1979

MATSUMOTO, SEICHO (1909–
SPIEL MIT DEM FAHRPLAN
(Ten to sen, 1957)
KVW o. Nr., 1969
MORD AM AMAGI-PASS
(Kriminalerzählungen)
KVW o. Nr., 1983

MATTHEWS, CHUCK D.
(Pseudonym)
UNTER FALSCHEM NAMEN (OA)
PAN 197, 1962

MATTHEWS, CLAYTON (HARTLEY) (1918–
s. auch *Patricia Matthews*
EIN SACK VOLL DIAMANTEN
(Dive into death, 1959)
GK 4170, 1972
TREULOS
(Faithless, 1962)
GK 4214, 1972; XEN 147, 1982

MATTHEWS, JOHN D.
MEIN NAME IST GEWALT
(My name is violence, 1959)
BRA 9, 1969; XEN 68, 1978

MATTHEWS, PATRICIA (1927– und CLAYTON MATTHEWS
STIMMEN DER NACHT
(Midnight whispers, 1981)
HRO 2144, 1983

MATTHIESEN, HINRICH (1928–
BLINDE SCHULD (1970)
HAR 5545, 1979
FLUCHTPUNKT YUCATAN (OA)
HAR 6433, 1984
DIE IBIZA-SPUR (1980)
HAR 5946, 1981
MINOU (1969)
HAR 5344, 1977
DER SKORPION (1974)
HAR 5248, 1976

MATTSON, OLLE
DER FALSCHE DETEKTIV
(Veckan innan Algot rymde, 1969)
UEB 222, 1972

MATURIN, CHARLES R(OBERT) (1780–1824)
Pseudonym: Dennis Jasper Murphy
MELMOTH, DER WANDERER
(Melmoth, the wanderer, 1820)
HAR 898, 1971

MAUGHAM, ROBIN
Pseudonym von Robert Cecil Romer Maugham (1916–1981)
DER GRÜNE SCHATTEN
(The man with two shadows, 1958)
HAR 610, 1968
IM SCHATTEN DES ANDEREN
(The link, 1969)
BOUL 39, 1971

MAUGHAM, W(ILLIAM) SOMERSET (1874–1965)
EIN ABSTECHER NACH PARIS
(Ashenden – or, the British agent, 1928)
UAR 2770, 1970
vgl. *Ashenden oder der britische Geheimagent*
ASHENDEN ODER DER BRITISCHE

GEHEIMAGENT
(Ashenden – or, the British agent, 1928)
DIO 125/7 = 20337, 1976
vgl. *Ein Abstecher nach Paris*

MAURIAC, FRANCOIS (1885–1970)
DIE TAT DER THÉRÈSE DESQUEYROUX
(Thérèse Desqueyrcoux, 1927)
BÜR 21, 1953; UAR 21, 1955

MAURICE, RENE LOUIS
s. *Ken Follet*

MAXWELL, BRIGID (1916–
REDAKTIONSSCHLUSS 19 UHR 30
(The case of the six mistresses, 1955), GK 266, 1960

MAXWELL, GAVIN (1914–
WER ERSCHOSS SALVATORE GIULIANO
(God protect me from my friends, 1956)
RAR 588, 1963

MAXWELL, PATRICIA (1942–
DIE BRAUT DES FREMDEN
(Bride of a stranger, 1974)
HRO 1962, 1976
DAS ERBE DER ANGST
(The secret of Mirror House, 1970)
GAS 48, 1980

MAY, FERDINAND
MORDSACHE BÄR
MV 45, 1963; MV 184, 1978

MAY, KARL (1842–1912)
WINNETOU UND DER DETEKTIV (1878)
HAR 6112, 1982

MAY, PETER
DAS MÖRDER-PHANTOM
(Hidden faces, 1981)
SCHE 934, 1983

MAYBURY, ANNE
Pseudonym von Anne Buxton. Weiteres Pseudonym: Katherine Troy
DIE GEHEIMNISVOLLE INSEL
(Walk in the paradise garden, 1972)
HRO 1997, 1977; HRO 2168, 1984
DAS MÄDCHEN AUF DEM WEISSEN DELPHIN
(Ride a white dolphin, 1971)
HRO 1925, 1974; HRO 2120, 1982
DER PALAST IN ROM
(The terracotta palace, 1970)
HRO 1943, 1975
DIE TÜR ZUR NACHT
(The moonlit door, 1967)
HRO 2007, 1978

MAYHEW, MARGARET
DER SCHATZ IN DER ABTEI
(The master of Aysgarth, 1976)
HRO 2021, 1978
DER SCHREI DER EULE
(Cry of the owl, 1977)
HRO 2032, 1979

MAYO, JAMES
Pseudonym von Stephen Coulter (1913–
EIN EHRENWERTER MANN?
(The man above suspicion, 1969)
MIT 489, 1970
GESCHWINDIGKEIT IST KEINE HEXEREI
(The quickness of the hand, 1952)
GK 1199, 1963
DAS GRAB DES NEBUKADNEZAR
engl. T. (One in a lifetime, 1968)
am. T. (Sergeant death, 1968)
MIT 428, 1969

vgl. *Sein letzter Coup*

DAS HAUS IN MAROKKO
(Shamelady, 1966)
MIT 366, 1967

DER KARATE-KILLER
(Hammerhead, 1964)
PHOE 34, 1968; KK 32, 1981

EIN MÄDCHEN SPIELT FALSCH
(Asking for it, 1971)
MIT 591, 1972

DIE SCHÖNEN ZWILLINGE
(Let sleeping girls lie, 1965)
MIT 513, 1971

ZWISCHEN LIEBE UND TOD
(Players in a dark game, 1968)
MIT 461, 1969

MAZZARO, ED (1923–

CAPONE & CO.
(Bootleg angel, 1977)
RTH 2497, 1979

CHICAGO
(One death in the red, 1976)
RTH 2471, 1978

DER DIAMANTEN-DEAL
(Bisher nur in deutscher Sprache erschienen)
RTH 2667, 1984

EINER GEGEN CHICAGO
(Chicago deadline, 1978)
RTH 2507, 1979; DIE 151, 1982

GEIGENKÄSTEN FÜR SOHO
(Pawn to King's Cross, 1978)
RTH 2542, 1980

MELBOURNE-VIRUS
(The Melbourne Virus, 1983)
RTH 2644, 1983

McALLISTER, ANNIE LAURIE
Pseudonym von Bruce (Bingham) Cassidy (1920–
Weitere Pseudonyme: Carson Bingham, Nick Carter, Mary Anne Drew, Annie Laurie McMurdie, Michael Stratford

KÖNIGIN IM SPIEGEL
(Queen of the looking-glass, 1978)
UAR 30004, 1979

VERGEBLICHE FLUCHT
(House of vengeance, 1976)
UAR 30014, 1979

McBAIN, ED
Pseudonym von Evan Hunter (1926–
Weitere Pseudonyme:
Curt Cannon, Hunt Collins, Ezra Hannon, Richard Marsten
s. auch *Ullstein Kriminalmagazin Band 25*

ALLES FÜR GELD
(Bread, 1974)
UK 1698, 1975

DER ANONYME BRIEF
(Lady killer, 1958)
MIT 81, 1961
vgl. *Nackt ist die beste Maske*

APRIL! APRIL!
(The heckler, 1960)
UK 949, 1964; UK 1528, 1973

ATTENTAT AUF EINE LEICHE
(Where there's smoke, 1975)
UK 1668, 1975

DIE AXT
(Ax, 1964)
UK 1000, 1965; UK 10065, 1980

BESUCH AUS DER HÖLLE
(Killer's wedge, 1959)
PAN 141, 1959
vgl. *Die lästige Witwe*

BIS DASS DER TOD EUCH SCHEIDET
('Til death, 1959)
UK 864, 1962
vgl. *Schwarze Hochzeit*

DIE BLUTSCHWESTERN
(Blood relatives, 1975)
UK 1777, 1976

CLIFFORD DANKT IHNEN

(The mugger, 1956)
UK 853, 1961; UK 10183, 1982

DESPERADOS DER FREIHEIT
(The sentries, 1965)
HAR 816, 1971; KNAR 682, 1980

EISKALT ÜBER LEICHEN
(Big man, 1959)
UK 1968, 1978

ES BLEIBT IN DER FAMILIE
(Goldilocks, 1977)
PLAY 6154, 1984

FAHR LANGSAM ÜBERS MASSENGRAB
(Hail to the chief, 1973)
UK 1633, 1974

DER FALL APRIL ROBIN
(Zusammen mit Craig Rice)
(The April Robin murders, 1958)
UK 1045, 1966
vgl. *Mord in der Traumfabrik*

DER FEIERTAGSMÖRDER
(Erzählung) in: Ullstein Kriminalmagazin 25
(J) aus: (The empty hours, 1962)
UK 1613, 1974
vgl. *Zwischen Tag und Tod*
vgl. *Keine Schonzeit für Skihasen*

GIFT DER SPÄTEN LIEBE
(The con man, 1957)
PAN 123, 1958
vgl. *Späte Mädchen sterben früher*

DIE GREIFER
(Fuzz, 1968)
UK 1176, 1968; UK 10230, 1983

EINE GROSSE HAND ZUM GRUSS
(Give the boys a great big hand, 1960)
UK 934, 1963; UK 1540, 1973

GROSSE KANONEN FÜR KLEINE GANGSTER
(Guns, 1976)
UK 1866, 1977

HEISSER SONNTAGMORGEN
(See them die, 1960)
UK 937, 1963; UK 1559, 1973

HITZE
(Heat, 1981)
KNK 4950, 1984

ICH, DER ERPRESSER
(Killer's payoff, 1958
PAN 131, 1958
vgl. *Killers Lohn*

ICH WAR'S, ICH WAR'S
(Lady, lasy I did it, 1961)
UK 946, 1963; UK 12206, 1983

KEINE SCHONZEIT FÜR SKIHASEN
(Erzählung)
in : Ullstein Kriminalmagazin 25
(Storm) aus: (The empty hours, 1962)
UK 1613, 1974
vgl. *Zwischen Tag und Tod*
vgl. *Der Feiertagsmörder*

KILLERS LOHN
(Killer's payoff, 1958)
UK 963, 1964; UK 10159, 1982
vgl. *Ich, der Erpresser*

KINGS LÖSEGELD
(King's ransom, 1959)
UK 817, 1961; UK 10062, 1980

DIE LÄSTIGE WITWE
(Killer's wedge, 1959)
RTH 2097, 1966; UK 1629, 1974;
UK 10077, 1980
vgl. *Besuch in der Hölle*

LANGE NICHT GESEHEN
(Long time no see, 1977)
UK 1914, 1978

LAUF UM DEIN LEBEN, NIGGER!
(Runaway Black, 1954)
BRA 6, 1969; BKEL 37010, 1975;
BK 36018, 1979

MORDGESPENSTER
(Ghosts, 1980)
UK 10115, 1981

MORD IN DER TRAUMFABRIK
(Zusammen mit Craig rice)
(The April Robin murders, 1958)
PAN 133, 1959

vgl. *Der Fall April Robin*

NACKT AUS DEM FENSTER
(Hail, hail, the gang's all here! 1971)
UK 1448, 1972

NACKT IST DIE BESTE MASKE
(Lady killer, 1958)
UK 1710, 1975
vgl. *Der anonyme Brief*

NEUGIER MACHT MÖRDER
(Even the wicked, 1958)
UK 10001, 1979

NEUN IM FADENKREUZ
(Ten plus one, 1963)
RTH 2101, 1966; UK 1969, 1975; UK 10128, 1981

POLIZISTEN LEBEN GEFÄHRLICH
(Cop hater, 1956)
UK 988, 1964; UK 1685, 1975

PUPPE
(Doll, 1965)
UK 1075, 1967; UK 10065, 1980

RUMPELSTILZCHEN
(Rumpelstiltskin, 1981)
KNAR 1095, 1984

SADIE IM LETZTEN MOMENT
(Sadie when she died, 1972)
UK 1519, 1973

SCHNAPP-SCHUSS
(Jigsaw, 1970)
UK 1337, 1970; UK 10218, 1983

SCHROT UND HORN
(Shotgun, 1969
Uk 1310, 1970

SCHÜSSE IM REGEN
(Calypso, 1979)
UK 10040, 1980

SCHWARZE HOCHZEIT
('Til death, 1959)
UK 10194, 1983
vgl. *Bis daß der Tod euch scheidet*

SELBSTMORD KOMMT VOR DEM FALL
(Like love, 1962)
RTH 2077, 1965; UK 1606, 1974; UK 10105, 1981

SO LANG IHR ZWEI NOCH LEBT
(So long as you both shall live, 1976)
UK 1806, 1977

SPÄTE MÄDCHEN STERBEN FRÜHER
(The con man, 1957)
RTH 2084, 1965; UK 1649, 1974; UK 10144, 1982
vgl. *Gift der späten Liebe*

EINE TOTE AN BORD
(Murder in the Navy, 1955)
auch: (Death of a nurse, 1968)
MIT 392, 1968
vgl. *Würger an Bord*
vgl. Richard Marsten: *Mörder an Bord*

TOTES OHR AM TELEFON
(Let's hear it for the deaf man, 1973)
UK 1614, 1974

DAS UNSCHULDSLAMM
(He who hesitates, 1965)
UK 1065, 1966; UK 10260, 1984

VERSTECKSPIEL MIT DAMEN
(Vanishing ladies, 1957)
UK 1922, 1978

VOR ACHTZIG MILLIONEN AUGEN
(Eighty million eyes, 1966)
UK 1118, 1967; UK 10065, 1980

DIE WEISSE HAND DES TODES
(The pusher, 1956)
MIT 34, 1960
vgl. *Weißer Schnee für Fixer*

WEISSER SCHNEE FÜR FIXER
(The pusher, 1956)
UK 1945, 1979
vgl. *Die weiße Hand des Todes*

WÜRGER AN BORD
(Death of a nurse, 1955)
UK 1890, 1978
vgl. *Eine Tote an Bord*
vgl. Richard Marsten: *Mörder an Bord*

DIE ZEHN GESICHTER DER ANNIE BOONE
(Killer's choice, 1958)
UK 880, 1962; UK 10171, 1982

ZWISCHEN TAG UND TOD
(Erzählung)
in: Ullstein Kriminalmagazin 3
aus: (The empty hours, 1962)
UK 1031, 1965
vgl. *Der Feiertagsmörder*
vgl. *Keine Schonzeit für Skihasen*

McCALL, ANTHONY
Pseudonym von Henry Kane
(1918–

EIN PLAYBOY WIRD GEJAGT
(Operation Delta, 1966)
PHOE 56, 1969

McCARTHY, DAVID (EDGAR) (1925–

DER SCHATTEN KRIECHT ÜBERS FELD
(Killing at the big tree, 1960)
GK 256, 1960

McCARTHY, MARY (THERESE) (1912–

KANNIBALEN UND MISSIONARE
(Cannibals and missionaries, 1979)
KNAR 1096, 1984

McCLOY, HELEN (WORRELL CLARKSON) (1904–

DIE ANDERE KARRIERE
(Unifinished crime, 1954)
SCHE 156, 1961

DAS BILD DES SCHRECKENS
(A question of time, 1971)
HLK 1553, 1973

DREI IN EINEM SARG
(Two-thirds of a ghost, 1956)
RHT 2166, 1969

ES BEGANN IN MEXIKO
(The long body, 1955)
SCHE 135, 1960; KK 21, 1980

LÜG, WENN DU KANNST
(The deadly truth, 1941)
RTH 2182, 1969

SIE GING ALLEIN
(She walks alone, 1948)
auch: (Wish you were dead, 1958)
UAR 146, 1957; UK 727, 1958;
GK 3041, 1967

McCLURE, JAMES (HOWE) (1939–

GEHEIME SÜNDEN, BAR BEZAHLT
(The gooseberry fool, 1974)
SCHE 573, 1976

MORD AM GALGEN
(The Sunday hangman, 1980)
PLAY 6149, 1983

EIN SARG MIT FALSCHER ADRESSE
(The steam pipe, 1971)
SCHE 492, 1975

DIE VIPER
(Snake, 1975)
SCHE 606, 1977

EIN VORWITZIGES KIND
(The caterpillar cop, 1972)
SCHE 514, 1975

McCOY, STEVE
(Pseudonym)
a) Autor der Kriminalroman-Serie: *»Kommissar X«*; Autor der Nummern: 605, 611, 613, 621, 624.
s. *Anhang Serien*
b) Autor der Serie: *»Plutonium Police«*; Autor der Nummer 20.
s. *Anhang Serien*

McCOY, TRENT

KEINE RETTUNG FÜR DOLORES
(Too smart to live, o. J.)
PAN 137, 1959

McCURTIN, PETER

EIN GENTLEMAN LÄSST MORDEN

(Omerta, 1972)
NRK 11, 1974; XEN 33, 1977; DOQ 10, 1979

MAFIA-MELODIE
(Cosa Nostra, 1971)
BRA 56, 1973, XEN 34, 1977

DIE MÖRDER VOM DIENST
(Mafioso, 1970)
HK 1463, 1971; XEN 32, 1977

McCUTCHEON, HUGH (DAVIE-MARTIN) (1909–
Pseudonym: Hugh Davie-Martin

LOCKVOGEL DER NACHT
(Night watch, 1978)
SCHE 751, 1980

DER MANN, DER EINEN MORD VERGASS
(To dusty death, 1960)
UK 907, 1963

VERGELTUNG IN VENEDIG
(Comes the blind fury, 1959)
UK 845, 1961

McDERMID, FINLAY

VERHÄNGNISVOLLES WISSEN
(See no evil, 1959)
GK 2105, 1965

McDONALD, FRANK (1941–

DER ZUSCHLAG
(Provenace, 1977)
PLAY 6160, 1984

McDONALD, GREGORY (1937–

FLETCH
(Fletch, 1974)
UK 10238, 1984
vgl. *Opfer sucht passenden Mörder*

FLETCH UND DIE WITWE
(Fletch and the widow Bradley, 1981)
UK 10255, 1984

FLETCH UND MOXIE
(Fletch's Moxie, 1983)
UK 10268, 1984

FLYNN UND DER DOLLARSEGEN
(The buck passes Flynn, 1981)
UK 10270, 1984

GESTEHEN SIE, FLETCH!
(Confess, Fletch, 1976)
UK 10247, 1984
vgl. *Mörder sucht passenden Sündenbock*

MÖRDER SUCHT PASSENDEN SÜNDENBOCK
(Confess, Fletch, 1976)
UK 1896, 1978
vgl. *Gestehen Sie, Fletch!*

NUR STERBEN IST SCHÖNER
(Flynn, 1977)
UK 1950, 1979

OPFER SUCHT PASSENDEN MÖRDER
(Fletch, 1976)
UK 1794, 1976
vgl. *Fletch*

TOBY IST VERSCHWUNDEN
(Who took Toby Rinaldi?, 1980)
UK 10138, 1982

VERMÖGEN BRINGT ÄRGER
(Fletch's fortune, 1978)
UK 10019, 1979; UK 10279, 1984

McDONELL, GORDON (1905–

SEINE LETZTE CHANCE
(The reprieve of Roger Maine, 1962)
GK 1136, 1962

McGERR, PATRICIA (1917–

ACHTUNG: VERRÄTER
(Is there a traitor in the house?, 1964), MIT 321, 1967

DAS MAL AN DER SCHULTER
(Stranger with my face, 1968)
GK 4071, 1971

WER WAR DAS OPFER?
(Pick your victim, 1946)
HCC 1744, 1977

McGIRR, EDMUND
Pseudonym von Kenneth Giles (1922–1972)
Weiteres Pseudonym: Charles Drummond

GANGSTER IM FRACK
(Death pays the wages, 1970)
SCHE 412, 1973

GEH IN KEINEN ROSENGARTEN
(No better fiend, 1971)
SCHE 472, 1974

DER MANN, DER SEINEN MÖRDER SUCHTE
(The funeral was in Spain, 1966)
SCHE 342, 1970

MITGEWORBEN – MITGESTORBEN
(Here lies my wife, 1967)
SCHE 322, 1969

ZUVIEL DER EHRE
(Bardel's murder, 1973)
SCHE 539, 1976

McGIVERN, WILLIAM (P(ETER) (1927–1982)
Pseudonym: Bill Peters

AM ENDE ALLER TRÄUME
(Reprisal, 1973)
BK 36010, 1978

BLONDE MÄDCHEN STERBEN FRÜHER
(Blondes die young, 1952)
HK 1404, 1970; HK 1892, 1979

DUNKLE NÄCHTE
(Night of the juggler, 1975)
HK 1734, 1977

DIE ENTFÜHRUNG DES MINISTERS
(Caprifoil, 1972)
HAC 4, 1974

DER FALSCHE WEG
(Rougue Cop, 1954)
HAR 113, 1961; HK 1031, 1962; HK 1846, 1979

DER GOLDENE COUP
(The caper of the golden bulls, 1966)
HK 1290, 1968; HK 1933, 1981

KOJAK UND DER STAATSANWALT
(zusammen mit Robert Malcolm Young)
(bearbeitete Fassung von: *Schonzeit für den Mörder*, s. d.)
(Shield for murder, 1951)
BFK 38034, 1977

EIN MANN ALLEIN
(The big heat, 1952)
HAR 84, 1961; HK 1022, 1962; NBR 56, 1966; HK 1567, 1973; XEN 62, 1978

MORD NACH ACHT UHR EINS
(Heaven ran last, 1949)
HK 1155, 1965; HK 1582, 1974; XEN 87, 1980

SCHONZEIT FÜR DEN MÖRDER
(Shield for murder, 1951)
HK 1161, 1965; HK 1557, 1973; HK 1885, 1980
vgl. *Kojak und der Staatsanwalt*

DIE SCHWARZE WESPE
(The crooked frame, 1952)
HK 1277, 1967; HK 1596, 1974

SEINE DUNKELSTE STUNDE
(The darkest hour, 1955)
HK 1054, 1962; HK 1481, 1972; HK 1777, 1978

STRASSE DER GEWALT
(Savage streets, 1959)
HTH 1183, 1965

DER TOD FÜHRT REGIE
(The whispering corpse, 1950)
auch: (But death runs faster, 1948)
HAR 64, 1960; HK 1015, 1962; HK 1801, 1978

VON ANGST GEPEITSCHT
(Odds against tomorrow, 1957)
HAR 45, 1959; HK 1008, 1962; HK 1537, 1973; XEN 51, 1978; HK 1984, 1981

WO IST DEIN BRUDER, KAIN?
(The seven, file, 1956)
HAR 31, 1959; HK 1006, 1962; HK 1506, 1972; HK 1955, 1981

McILVANNEY, WILLIAM (1936–

IM GRUNDE EIN GANZ ARMER HUND
(Laidlaw, 1977)
RTH 2486, 1979

McINERNY, RALPH (MATTHEW) (1929–

MÖRDER LESEN KEIN BREVIER
(Thicker than water, 1981)
KNK 4944, 1983

STERBEN UND STERBEN LASSEN
(Second vespers, 1980)
KNK 4955, 1984

McINTOSH, J. T.

Pseudonym von James Murdoch MacGregor (1923–

HECTOR MAG DAS LICHT NICHT
(A coat of blackmail, 1970)
SCHE 436, 1974

DIE LEICHE WAR EIN BUMERANG
(Take a pair of private eyes, 1968)
SCHE 367, 1971

McKAY, KENNETH R.

IM SCHATTEN DER KLINGE
(Shadow of the knife, 1978)
BTH 19005, 1981

McKIMMEY, JAMES (1923–

DANN SCHLACHTEN WIR DEN SÜNDENBOCK
(The perfect victim, 1957)
RTH 2160, 1969; RTH 2665, 1984

GEJAGT, GEHETZT, GEFANGEN
(Kriminalstories)
(Never be caught, 1966)
RTH 2192, 1970

DIE JUNGEN WILDEN
(The wrong ones, 1961)
RTH 2216, 1971

NACHTIGALL DES TODES
(Sequeeze play, 1962)
HK 1137, 1964

TRÄNEN AN GETUSCHTEN WIMPERN
(Blue mascara tears, 1965)
RTH 2211, 1971

DIE UNHEIMLICHEN MITFAHRER
(The long ride, 1961)
HK 1090, 1963

McKINNON, ALLAN

ES GESCHAH IN MAYFAIR
engl. T. (Nine days' murder, 1945)
amt. T. (Money on the black)
DC 7, 1955

McLEAN, ALLAN C(AMPBELL) (1922–

NACHT DER HEXEN
(Death on all hallows, 1958)
GK 1256, 1963

McLEAVE, HUGH (GEORGE) (1923–

Pseudonym: Richard Copeland

RUSSISCHES ROULETT
(Double exposure, 1979)
SCHE 852, 1982

McMAHON, JEREMIAH

DAS HAUS DES VERBRECHENS
(Marmali, 1976)
HRO 1996, 1977

McMAHON, THOMAS P(ATRICK)

EIN FROMMES KIND
(The issue of the bishop's blood, 1972)
SCHE 486, 1975

KEINER GLAUBT MCKENDRICK
(Jink, 1971)

MIT 632, 1973

MORD IM TOTEN WINKEL
(zusammen mit Brian MacMahon)
(Cornered at six, 1972)
GK 4422, 1975

McMASON, FRED
Autor der Serie »Plutonium Police«; Autor der Nummer 13.
s. Anhang Serien

McNAMARA, ED (1911–

SCHON WIEDER EIN TOTER
(Once over deadly, 1958)
SM 116, 1962

McPARTLAND, JOHN
vgl. *MacPartland, John*

McQUAY, MIKE

FLUCHT AUS NEW YORK
(Die Klapperschlange = Filmtitel)
(Escape from New York, 1981)
BARE 71009, 1982

McSHANE, MARK (1930–
Pseudonym: Mark Lovell

AGENTEN-MARATHON
(Spy on the run, 1982)
SCHE 990, 1984

ALTE FEINDSCHAFT ROSTET NICHT
(I'll met by a fish shob on George Street, 1968)
RTH 2226, 1971

FINDET KINGSFORD!
(Looking for Kingsford, 1983)
RTH 2639, 1983

HANDWERK HAT DOPPELTEN BODEN
(The way to nowhere, 1967)
RTH 2180, 1970

KILLER IN DER MANEGE
(The spy with his head in the clouds, 1982)
SCHE 953, 1984

DER KILLER VON SCHILDA
(The man who left well enough, 1971)
KÖN 15, 1973

KRUMM UND GERADE
(The straight and crooked, 1960)
SM 172, 1963

DAS MÄDCHEN, DAS KEINER KENNT
(The girl nobody knows, 1965)
RTH 2119, 1967

DIE MAGISCHEN AUGEN
(The blind hypnotist, 1976)
SCHE 884, 1983

PARTY ZU FÜNFT
(Night's evil, 1966)
RTH 2137, 1968

SCHULDIG BIN ICH, GEH ZUR RUH'
(Hand over mind, 1981)
SCHE 915, 1983

SÉANCE FÜR ZWEI
(Séance for two, 1972)
RTH 2377, 1976

EIN SOMMER ZUM STERBEN
(The ghost of Megan, 1968)
SCHE 865, 1982

DIE SONNTAGSRÄUBER
(The imitation thieves, 1971)
RTH 2309, 1974

SPIELE FÜR EINEN HEISSEN NACHMITTAG
(Séance on a wet afternoon, 1961)
HTH 1348, 1969)

STIRB, WEIL DU KEIN MÖRDER BIST
(The crimson madness of little Doom, 1966)
RTH 2158, 1969

TRÄUMEN, TRÄUMEN, VIELLEICHT AUCH STERBEN
(Dreamers in a haunted house, 1975)
RTH 2476, 1979

UND DA HEISST ES, GLÜCK KANN MAN NICHT KAUFEN
(And they say you can't buy happiness, 1979)

RTH 2595, 1982
DER VOYEUR
(The Othello complex, 1974)
RTH 2439, 1978

MEAD, EDWARD SHEPHERD (1914–
SCHARFE PUPPEN
(How to succeed at business spying by trying, 1968), PHOE 90, 1970

MEADE, RICHARD
Pseudonym von Ben(jamin Leopold) Haas (1926–1977)
GEHILFE DES TEUFELS
engl. T. (A score of arms, 1969)
am. T. (The lost Fräulein, 1970)
PHOE 129, 1973; KK 63, 1982

MECKERT; JEAN (1910–
SCHWURGERICHT
(Justice est faite, 1954)
RAR 452, 1961

MEEKER, JASON
Pseudonym von Franz Kurowski (1923–
GOLDPEST (OA)
KEL 788, 1969
MISS BRASILIA (OA)
KEL 783, 1969
RUSSISCHES ROULETTE (OA)
KEL 781, 1969
ZWISCHEN TANGER UND MAIPURES (OA)
KEL 792, 1969

MEGGS, BROWN (MOORE) (1930–
DER LETZTE AUF DER LISTE
(The matter of paradise, 1975)
GK 4563, 1976
SAMSTAGS SPIELE
(Saturday games, 1974)
GK 4518, 1976

MEISSEL, WILHELM (1922–
DER WAGGON AUF GLEIS SIEBEN (1966)
HJU 107, 1976

MEISSNER, HANS OTTO (1909–
ALATNA (1972)
GAR 3857, 1979
DUELL AUF LEBEN UND TOD
(OA-Titel: Duell in der Wildnis, 1970)
HAC 3, 1974

MELBYE, IBEN
DER SCHWARZE KLUB
(Aktion Mormor, 1981)
ROT 317, 1982

MELVILLE, JENNIE
Pseudonym von Gwendoline (Williams) Butler (1922–
DIE HAND AUS GLAS
HRO 2165, 1984
DER MÖRDER VON MORGEN
(A new kind of killer, an old kind of death, 1970)
RTH 2285, 1973
SCHLOSS DES SCHRECKENS
(Dragon's eye, 1976)
HRO 2030, 1979

MENDENHALL, KITTY
EIN ENGEL IN DER HÖLLE
(Angeltread, 1978)
UAR 30008, 1979
MOND DES FRANZOSEN
(Moon of the lost Frenchman, 1977)
UAR 3479, 1978

MENGE, WOLFGANG (1924–
DIE TOTE IM HAFENBECKEN (OA)
HK 1945, 1981

ZEUGIN IM GRÜNEN ROCK (OA)
HK 1961, 1981

MERGENDAHL, CHARLES

DER JAPANISCHE DOLCH
(Tiger by the tail, 1958)
LICH 21, 1963

MERKWÜRDIGE KRIMINALFÄLLE DES RICHTERS DI
s. Robert Hans von Gulik

MERLIN, JANINE

REHE SIND NICHT IMMER SANFT
(En souvenir d'une biche, 1962)
RTH 2050, 1964

MÉROY, MARTIN

DER CHRISTBAUM-SENDER
(Bon noël assassin, o. J.)
GK 1299, 1964

EINE FRAGE BLEIBT OFFEN
(Du plomb pour la famille, o. J.)
GK 1195, 1963

DIE GEHEIMNISVOLLEN SCHWESTERN
(Meurtre sur un circuit, o. J.)
GK 2039, 1964

DAS GEHEIMNISVOLLE ZIMMER
(Un couteau dans la plaie, o. J.)
GK 2034, 1964

EIN LOHNENDER AUFTRAG
(Une beauté épinglée, o. J.)
GK 2017, 1964

MENUETT FÜR EINEN MÖRDER
(Ménuet pour l'assassin, o. J.)
GK 2022, 1964

NACHTS IN PARIS
(Les blondes ont la vie dure, o. J.)
GK 2047, 1964

DIE NUMMER OHNE NETZ
(Meurtre sans filet, o. J.)
GK 1269, 1964

EIN STAR LEBT GEFÄHRLICH
(Silence on tue, o. J.)
GK 1284, 1964

DER TITELKAMPF
(Meurtre autour d'un ring, o. J.)
GK 2058, 1964

ZAUBEREI IN PARIS
(Meurtre en chambre noir, o. J.)
GK 1258, 1963

MERRILL, JEAN

DER GEHEIMNISVOLLE LORD
(Marah, 1981), HRO 2133, 1983

MERRILL, P. J.

Pseudonym von Holly Roth (1916–1964)

WOHER KOMMST DU?
(The slender thread, 1959)
GK 1124, 1962

MERWIN, SAM(UEL KIMBALL) JR. (1910–

FEUER DER LEIDENSCHAFT
(The creeping shadow, 1952)
PAN 77, 1957)

MESERVEY, RUSS

MASKERADE DES WAHNSINNS
(Masquerade into madness, 1953)
PAN 88, 1957

MESSMANN, JON

Pseudonym: Nick Carter

METHE, RUTH & HUBERTUS

FILMRISS (OA)
DIE 391, 1982

MEYER, LYNN

WER BRICHT DA MEINE SCHWEIGE-PFLICHT?
(Paperback thriller, 1974)
RTH 2437, 1977

MEYER, NICHOLAS (1945–

KEIN KOKS FÜR SHERLOCK HOLMES

(The seven-percent-solution, 1976)
HAR 5408, 1978
VORSICHT VOR BLONDINEN
(Target practice, 1974)
SCHE 611, 1977

MEYNELL, LAURENCE (WALTER) (1899–
BRIDGE MIT FINESSEN
(The fairly innocent little man, 1974)
GK 4425, 1975
GOTTES MÜHLEN MAHLEN LANGSAM
(The fatal flaw, 1973)
GK 4360, 1974
JUNGER MANN MIT ROTEM HAAR
(Bandaberry, 1957)
GK 4277, 1973
LAUTER LEERE VERSPRECHUNGEN
(A little matter of arsen, 1972)
GK 4274, 1973
MINIATUREN UND MORD
(The thirteen trumpeters, 1973)
GK 4400, 1974

MICHAËL, G.
PARIS STORIES
(Kriminalnovellen)
EHÜ 2, 1977
PLAY BACK
EHÜ 1, 1977

MICHAELS, BARBARA
Pseudonym von Barbara Louise Gross Mertz (1927–
Weiteres Pseudonym: Elizabeth Peters
DIE BRAUT DES TEUFELS
(Greygallows, 1972)
HRO 1928, 1974; HRO 2148, 1983
GEFANGENE DER LIEBE
(Sons of the wolf, 1967)
HRO 1936, 1975
DIE GEISTER LEBEN WEITER
(The sea king's daughter, 1975)
HRO 2031, 1979
DAS HAUS DER HEXE
(Witch, 1973)
HRO 1983, 1977; HRO 2164, 1984
DER HERR VOM SCHWARZEN TURM
(The master of Blacktower, 1966)
HRO 1861, 1972; HRO 2138, 1983
DER PRINZ DER DUNKELHEIT
(Prince of darkness, 1969)
HRO 1967, 1976
DER SCHWARZE REGENBOGEN
(The black rainbow, 1982)
HRO 2149, 1984

MICHAEL, KAREL
Pseudonym von Pavel Buksa (1932–
DIE UHREN DES HERRN P.
KOMP 72, 1963

MICHALKOW, NIKITA
s. *Alexander Adabaschjan*

MICHALKOW, NIKOLAI
s. *Eduard Wolodorski*

MICHEL, FREDA
DER FLUCH ÜBER DEM HAUS DES LORDS
(The curse of Kleine, 1979)
HRO 2111, 1982

MICHEL, JOSE
CORA MUSS STERBEN
(Mon feauteuil à trois roues, o. J.)
TK 7, 1972

MICHNA, VLADIMIR
DAS HAUS AM SCHLOSSGARTEN
KOMP 143, 1971

MIEHE, ULF (1940–

ICH HAB NOCH EINEN TOTEN IN BERLIN (1973)
DTV 1081, 1975

LILLI BERLIN (1981)
FAR 8065, 1983

PUMA (1976)
FAR 2409, 1978

MIKES, GEORGE (1912–

GELANGWEILT STERBEN DIE SPIONE
(The spy who died of boredom, 1973), KNAR 425, 1976

MILES, JOHN

Pseudonym von John Miles Bickham (1930–

JAGD IN DEN TOD
(The night hunter, 1973)
MIT 669, 1974

MILLAR, MARGARET (ELLIS STURM) (1915–

DAS EISERNE TOR
am. T. (The iron gates, 1945)
engl. T. (Taste of fears, 1950)
DIO 21063, 1983
vgl. *Sendbote des Teufels*

FAST WIE EIN ENGEL
(How like an angel, 1962)
DIO 21190, 1984
vgl. *Das Geheimnis der Sekte*

DIE FEINDIN
(The fiend, 1964)
DTV 491, 1968; DIO 98/2 = 20276, 1976

FRAGT MORGEN NACH MIR
(Ask for me tomorrow, 1976)
DIO 98/3 = 20542, 1978

EIN FREMDER LIEGT IN MEINEM GRAB
(A stranger in my grave, 1960)
FAR 1219, 1971; DIO 98/4 = 20646, 1980

DAS GEHEIMNIS DER SEKTE
(How like an angel, 1962)
MIT 226, 1965
vgl. *Fast wie ein Engel*

DIE LAUSCHENDEN WÄNDE
(The listening walls, 1959)
MIT 125, 1962

LIEBE MUTTER, ES GEHT MIR GUT . . .
(Beast in view, 1955)
DTV 686, 1970; DIO 98/1 = 20226, 1975

DER MORD VON MIRANDA
(The murder of Miranda, 1979)
DIO 21028, 1983

DER SENDBOTE DES TEUFELS
am. T. (The iron gates, 1945)
engl. T. (Taste of fears, 1950)
MIT 242, 1965
vgl. *Das eiserne Tor*

DIE SÜSSHOLZRASPLER
am. T. (An air that kills, 1957)
engl. T. (The soft talkers, 1957)
FAR 1484, 1974; DIO 20926, 1981
vgl. *Vom Zufall entlarvt*

VOM ZUFALL ENTLARVT
(The soft talkers, 1957)
MIT 99, 1962
vgl. *Die Süßholzraspler*

VON HIER AN WIRD'S GEFÄHRLICH
(Beyond this point are monsters, 1970)
DIO 20927, 1981

MILLER, FLOYD (1912–

s. *James F. Johnson*

MILLER, GABRIELLE

Pseudonym von Gabriele Müller (1943–

DENK NICHTS SCHLECHTES ÜBER TOTE (OA)
KNK 4925, 1982

MILLER, GEOFFREY

PHILIPP MARLOWE LEBT NICHT MEHR

(The black glove, 1981)
GLIT 5237, 1983

MILLER, HUGH (1937–

LANDUNG IN DEN TOD
(Terminal three, 1978)
HAR 6172, 1983

MILLER, LANDRA (WELZENBACH) (1932–

DAS TODESVERMÄCHTNIS
(The house on Wolf Trail, 1976)
HRO 2027, 1979

MILLER, VICTOR B.

KOJAK: ALS KOJAKS KÖDER STARB
(A very deadly game, 1975)
BFK 38013, 1976

KOJAK: ATTENTAT AUF KOJAK
(Therapy in dynamite, 1975)
BFK 38012, 1976

KOJAK: KOJAK POKERT UM SECHS LEBEN
(Siege, 1974)
BFK 38001, 1975

KOJAK: KOJAK WIRD ERPRESST
(The trade-off, 1975)
BFK 38009, 1975

KOJAK: KOJAKS KAMPF IN CHINATOWN
(Take-over, 1975)
BFK 38010, 1976

KOJAK: KOJAK UND DIE TOTEN GIRLS
(Girl in the river, 1975)
BFK 38005, 1975

KOJAK: KOJAK UND DIE WAFFENSCHIEBER
(Gun business, 1975)
BK 38008, 1975

KOJAK: KOJAK UNTER MORDVERDACHT
(Death is not a passing grade, 1975)
BFK 38007, 1975

KOJAK: REQUIEM FÜR EINEN COP
(Requiem for a Cop, 1974
BFK 38002, 1974

MILLER, WADE

Gemeinsames Pseudonym von Robert Wade (1920– und Bill Miller (1920–1961)
Weitere Pseudonyme: Will Daemer, Whit Masterson, Dale Wilmer

ALLEIN MIT DER ANGST
(Memo for murder, 1951)
UK 1187, 1968

BLONDINE IM HALBDUNKEL
(Uneasy street, 1948)
UK 980, 1964
vgl. *Gefährliche Strasse*

DIE FRAU DES TIGERS
(The tiger's wife, 1951)
ATR 9, 1957

GEFÄHRLICHE STRASSE
(Uneasy street, 1948)
KRA 26, 1956
vgl. *Blondine im Halbdunkel*

GESCHÄFT MIT DER ANGST
(Calamity fair, 1950)
UK 868, 1962

DIE GESTOHLENE FRAU
(Stolen woman, 1950)
PAN 47, 1956

GLÜCKSRITTER
(Devil may care, 1950)
PAN 50, 1956

HÖLLE IN MEXIKO
(South of the sun, 1953)
PAN 21, 1954

DER WÜRGER
(Shoot to kill, 1951)
PAN 67, 1956
vgl. *Jagd auf den Würger*

JAGD AUF DEN WÜRGER
(Shoot to kill, 1951)
UK 847, 1961
vgl. *Der Würger*

MENSCHENJAGD
(The killer, 1951)
PAN 2, 1954

DER MÖRDER MIT DER GLATZE
(Dead fall, 1954)
UK 997, 1965

MORD UNTERM KARUSSELL
(Fatal step, 1948)
UK 827, 1961

PARTY AUF DEM PULVERFASS
(Murder charge, 1950)
UK 931, 1963

DAS SANFTE BIEST
(Kitten with a whip, 1959)
PHOE 23, 1967

TIEFSCHLAG
(Sinner take all, 1960)
PHOE 42, 1968

TODESURSACHE: LIEBE
(Kiss her goodbye, 1956)
SCHE 293, 1968

TÖDLICHE WAFFEN
(Deadly weapon, 1946)
PAN 54, 1956

DER TOLLE BAXTER
(Mad Baxter, 1955)
KRA 22, 1956

DIE UNHEIMLICHE REISE
am. T. (Nightmare cruise, 1961)
engl. T. (The Sargasso people, 1961)
MIT 156, 1963

WER SICH IN GEFAHR BEGIBT . . .
(Guilty bystander, 1947)
UK 1024, 1965

MILLET, FRANK

(Pseudonym)

DIE NACHT, ALS DER REGEN KAM (OA)
OTB 4227, 1979

MILLES, JAMES (SPENCER) (1932–

DER EINSAME JOB
(Report of the commissioner, 1972)
FAR 1693, 1976

MILLSON, JULIE

EIN GEFÄHRLICHER ENGEL
(The face of the foe, 1970)
GK 4174, 1972

MILNE, A(LAN) A(LEXANDER) (1882–1956)

DAS GEHEIMNIS DES ROTEN HAUSES
(The red house mystery, 1922)
HCC 1431, 1971; HCC 1839, 1979

MILNER, GEORGE

Pseudonym von George Hardinge

MORD AUF SCHLOSS TRANBY
(Stately homicide, 1953)
BLG 52, 1961

STURZ IN DEN ABGRUND
(Your money and your life, 1957)
MIT 56, 1960

MINTSCHEW, CHRISTO

MORDVERSUCH AUS EIFERSUCHT
MV 67, 1965

MITCHELL, GLADYS (MAUDE WINIFRED) (1901–

Pseudonym: Malcolm Torrie

MORD AUF SKELTON ISLAND
(Skeleton Island, 1967)
UK 1295/*1296*, 1969

MITCHELL, PAIGE

RUFMORD
(A wilderness of monkeys, o. J.)
BAR 12014, 1973

MITCHELL, SCOTT

Pseudonym von Lionel Robert Holcombe Godfrey (1932–
Weiteres Pseudonym: Elliot Kennedy

DER BOSS LIEBT KEINE EXTRATOUR
(You'll never get to heaven, 1971)
GK 4101, 1971

DER DOLCH MIT DEM JUWELENGRIFF
(A haven for the damned, 1970)
GK 4009, 1970

DOPPELTER BLUFF
(Double bluff, 1968)
GK 3177, 1969

DER EISBERG
(Nice guys don't win, 1972)
GK 4280, 1973; GUK 4800, 1978

HALLO SÜSSE
(Dead on arrival, 1972)
GK 4227, 1972

KOMM SÜSSER TOD
(Come sweet death, 1967)
GK 3153, 1969

KOPF IM SAND
(Over my dead body, 1973)
GK 4347, 1974

MANCHE FRAUEN SIND NICHT SANFT
(Some days play rough, 1963)
GK 2183, 1966

MEIN PARTNER EDDIE
(Sables spell trouble, 1963)
GK 2230, 1966

EINE MESSERSCHARFE SACHE
(A knife-edged thing, 1969)
GK 3229, 1969

NOTFALLS ÜBER LEICHEN
(Obsession, 1975)
GK 4530, 1976

SCHECKBUCH UND PISTOLE
(The girl in the wet-look Bikini, 1972)
GK 4179, 1972

SCHNEE AUF SCHWARZER HAUT
(Rage in Babylon, 1972)
GK 4149, 1972

SCHWEIGEN KOSTET GELD
(The lonely shroud, 1964)
GK 2189, 1966

WO ALLE STRASSEN ENDEN
(Death's busy crossroads, 1974)
GK 4426, 1975

MITCHELL, WILL

DIE GOLDFISCH-MÖRDER
(The goldfish murders, 1950)
PAN 20, 1954

MITCHELSON, AUSTIN und UTECHIN, NICHOLAS

DIE HÖLLENVÖGEL VON HEAVEN'S PORTAL
(Hellbirds, 1976)
XB 18, 1978

SHERLOCK HOLMES – DIE ERDBEBENMASCHINE
(The earthquake machine, 1976)
XB 17, 1978

MITTMANN, WOLFGANG (1939–

TATVERDACHT (OA)
KOMP 271, 1980

MLEINEK, MISCHA

ENGEL STERBEN NICHT (OA)
PHOE 131, 1973

EIN FEIGER HUND (OA)
PHOE 106, 1971

LECKERBISSEN FÜR DIE HAIE (OA)
PHOE 86, 1970

MNACKO, LADISLAV (1919–

DER GIGANT
UAR 20100, 1981

DER VORGANG
RAR 1728, 1974

MOCKLER, GRETCHEN

NÄCHTE DES GRAUENS
(Roanleigh, 1966)
HRO 1877, 1972

MÖCKEL, KLAUS (1934–

DREI FLASCHEN TOKAIER (OA)
DIE 301, 1976; RTH 2520, 1980

HASS (OA)
DIE 479, 1981

MÖLLER, JANI
(Pseudonym)
TÖDLICHE POST (OA)
GDA 5632, 1983
WANN STIRBST DU ENDLICH, LIEBLING (OA)
GDA 5648, 1984

MOFFAT, GWEN
JACK THE RIPPER BRAUCHTE SECHS
(The corpse road, 1974)
GK 4453, 1975

MOHR, STEFFEN (1942–
BLUMEN VON DER HIMMELSWIESE (OA)
DIE 575, 1983

MOLIN, LARS
DIE BOMBE
(Bomben, 1980)
RTH 2605, 1982
DER FREMDE IN DER STADT
(Sommarmord, 1977)
RTH 2519, 1980
DER KREUZZUG
(Korset, 1982)
RTH 2683, 1984

MOLSNER, MICHAEL (1939–
AUSSTIEG EINES DEALERS (OA)
HK 2025, 1983
HARAKIRI EINER FÜHRUNGSKRAFT (OA)
RTH 2178, 1969; HK 1881, 1980
MIT UNVORSTELLBARER BRUTALITÄT (OA)
HK 2083, 1984
ROTE MESSE (OA)
FAR 1415, 1973; HK 1892, 1980
DIE SCHATTENROSE (OA)
HK 1957, 1982
TOTE BRAUCHEN KEINE WOHNUNG (OA)
HK 1908, 1980
UND DANN HABE ICH GESCHOSSEN (OA)
RTH 2136, 1968; RTH 2328, 1974; HK 1864, 1979
WIE EINE REISSENDE BESTIE (OA)
HK 1928, 1981
DAS ZWEITE GESTÄNDNIS DES LEO KOCZYK (OA)
HK 1858, 1979

MONETTE, PAUL
SCARFACE – DER MANN MIT DER NARBE
(Scarface, 1983)
HAR 6440, 1984

MONIG, CHRISTOPHER
Pseudonym von Kendell Foster Crossen (1910–1981)
Weitere Pseudonyme:
Bennett Barlay, M. E. Chaber, Richard Foster, Clay Richards
ZWEIMAL MR. GREENE
(Abra – Cadaver, 1958)
GK 2296, 1967

MONSARRAT, NICHOLAS (JOHN TURNEY) (1910–
DAS BABY SCHRIE BIS KURZ VOR ZWÖLF
(Something to hide, 1965)
HTH 1368, 1969
DIE NYLONPIRATEN
(The nylon pirates, 1960)
RAR 664–665, 1964; BEST 48, 1973

MONTALBAN, M. VAZQUEZ
CARVALHO UND DER TOTE MANAGER
(La soledad del manager, 1977)
RTH 2690, 1984

MONTEILHET, HUBERT (1928–
DER ASCHE ENTSTIEGEN
(Le retour des cendres, 1961)
RTH 2010, 1962; RTH 2557, 1981
DER MORD AUF DER BUCHMESSE
(Mourir à Francfort, 1974)
MOL 50, 1976

TÖDLICHE EHEN
(Les mantes religieuses, 1960)
RTH 2001, 1961; RTH 2341, 1975

MONTROSS, DAVID
Pseudonym von Jean Louise Backus (1914–
SOS AM BOSPORUS
(Fellow-traveller, 1965)
PHOE 47, 1968

MOOLMAN, VALERIE
Pseudonym: Nick Carter

MOORE, PHILLIP, richtig: PHILIPS
AM NÄCHSTEN FREITAG
(Once upon a Friday, 1965)
auch: (The psycho, 1969)
WKTH 1007, 1967

MOORE, ROBIN
Pseudonym von Robert Lowell Moore (1925–
BIG MONEY
(The banksters, 1976)
GAR 3675, 1978
BRENNPUNKT DENVER
(The terminal connection, 1976)
XTR 1023, 1979
DAS CHINESISCHE ULTIMATUM
(zusammen mit Edward McGhee)
(The Chinese ultimatum, 1976)
GAR 3535, 1978
DUBAI
(Dubai, 1976)
MOL 92, 1978; HAR 5774, 1980
DAS ESTABLISHMENT
(zusammen mit Harold Shumate)
(The establishment, 1977)
HAR 6437, 1984
FRENCH CONNECTION II
(zusammen mit Milt Machlin)
(French connection II, 1975)
FAR 1767, 1976
HEROIN CIF NEW YORK
(The French connection, 1971)
LTA 3, 1971; BEST 28, 1971; BAR 11028, 1974; HAR 5926, 1981; HJB 1, 1984
EIN LEBEN FÜR DIE HÖLLE
(zusammen mit Barbara Fuca)
(Mafia wife, 1977)
GAR 3717, 1979
DIE LONDON-FALLE
(zusammen mit Al Dempsey)
(The London switch, 1974)
GAR 3946, 1980
DER PARASIT
(zusammen mit Milt Machlin)
(The family man, 1974)
HAR 5420, 1978
DIE ROM-VERSCHWÖRUNG
(zusammen mit Al Dempsey)
(The Italian connection, 1975)
GAR 3973, 1981
DAS SYNDIKAT
(The fifth estate, 1973)
MOL 14, 1976; HAR, 5741, 1980
TÖDLICHES PUZZLE
(zusammen mit Stan Gebler Davies)
(Our missile's missing, 1977)
GAR 6391, 1982

MORD ALS EINE SCHÖNE KUNST BETRACHTET
s. *Norbert Kohl (Hrsg.)*

MORELL, Ed
(Pseudonym)
ASPHALT-BRIGANTEN (OA)
KEL 757, 1967; KEL 1089, 1979
DIE TANZENDEN LICHTER (OA)
DLV 752, 1966
TRESOR-JIM (OA)
DLV 755, 1966

MORGAN, HENRY
ROTE WAFFEN FÜR MARACAIBO
KEL 760, 1967

MORGAN, JIM
(Pseudonym)
FAHRT IN DEN TOD
BL 3, 1961
JERRY UND DIE PUPPE YVONNE
Bl. 2, 1961

MORGAN, JOHN
Pseudonym von Lauran Bosworth Paine (1916–
Weitere Pseudonyme:
John Armour, Reg Batchelor, Mark Carrel, Robert Clarke, Richard Dana, J. F. Drexler, Troy Howard, Jared Ingersol, John Kilgore, Hunter Liggett, J. K. Lucas
HELD AUF DER ABSCHUSSLISTE
(To kill a hero, 1969)
GK 4050, 1971

MORGAN, STANLEY
VON AFFEN GEBISSEN
(Octopus Hill, 1970)
PHOE 104, 1971

MORGAN, WESLEY
BLUTIG IST KEINE HARTE WÄHRUNG
(The enforcer, 1976)
SCHE 674, 1978

MORGON, DAVID
DIE DAME IN SCHWARZ
(La dame noir, 1980)
HK 1966, 1981
WEISSE WESTEN – VOLLE TASCHEN
(Mort d'un loufiat, 1979)
HK 1991, 1982

MORIN, MICHEL
Pseudonym von Wilhelm Michael Riegel (1932–
KOLLEGE MÖRDER (OA)
PANS 22, 1960
DIE RUFMORD-GMBH (OA)
PANS 19, 1960

MORRELL, DAVID (1943–
RAMBO
(First blood, 1972)
HAR 6448, 1984

MORRIS, DAVE
(Pseudonym)
Autor der Kriminalroman-Serie: *»Kommissar X«; s. Anhang.*
Autor der Nummern: 561, 567, 568, 580, 584, 589, 606

MORRIS, HOMER
Pseudonym: Nick Carter

MORRIS, JOHN
Gemeinsames Pseudonym von John Hearne (1926–
und Morris Cargill (1914–
TÖDLICHER STACHEL
(The candywine development, 1970)
PHOE 105, 1971; KK 86, 1982
TRIP MIT HASCH
(Fever grass, 1969)
PHOE 94, 1971

MORSE, L. A.
ALTE BESEN KEHREN GUT
(The old Dick, 1981)
HK 2022, 1983

MORTIMER, PHILIPP
Pseudonym von Kurt Brand (1917–
PHLIPP PFEIFT MORD (OA)
KEL 795, 1969
PHLIPP JAGT »ADRIA« (OA)

KEL 803, 1970

PHLIPP SCHIESST SCHARF (OA)

KEL 814, 1971

MORTLOCK, BILL

(Pseudonym)

SPÄTE RACHE

(A planned coincidence, 1963)

MIT 259, 1965

MORTON, ANTHONY

Pseudonym von John Creasey

Weitere Pseudonyme: s. d.

DER BARON GREIFT EIN

(Help from the Baron, 1955)

UK 858, 1962

SCHATTEN ÜBER LONDON

(Shadow of the Baron, 1951)

UK 887, 1962

MOSLER, BLANCHE Y.

BOTSCHAFT DES SCHRECKENS

(Horror at the hacienda, 1973)

UAR 3333, 1977

MOSS, ROBERT

s. Arnaud de Borchgrave

MOSSIG, HANK A.

(Pseudonym)

VERRATEN UND VERKAUFT (OA)

PAN 200, 1962

MOYES, PATRICIA (1923–

EIN DUFT VON MORD

engl. T. (Who saw her die? 1970)

am. T. (Many deadly returns, 1970)

SCHE 383, 1971

FALSCHE AUGEN

(Who is Simon Warwick? 1978)

UK 1981, 1979

IRRTUM IM IRRGARTEN

(Murder fantastical, 1967)

SCHE 279, 1967

LASS TOTE RUHEN

(Johnny under ground, 1965)

SCHE 264, 1966; KK 83, 1982

MORD À LA MODE

(Murder à la mode, 1963)

UK 959, 1964

RENDEZVOUS MIT EINEM TOTEN

(Death on the agenda, 1962)

UK 910, 1963

DER SCHWARZE WITWER

(Black widower, 1975)

UK 1686, 1975

SEI STILL UND STIRB

(Season of snows and sins, 1971)

SCHE 426, 1973

DIE SPUR DER MACHETE

(To kill a coconut, 1977)

UK 1813, 1977

EIN STAR TRITT AB

(The falling star, 1964)

SCHE 245, 1965

TOD BEI EBBE

(The sunken sailor, 1961)

UK 883, 1962

TOTE LAUFEN NICHT SKI

(Dead men don't ski, 1959)

UK 844, 1961

DIE VIERBEINIGE LADY

(The curious affair of the third dog, 1973)

SCHE 522, 1975

WENN EINER NACH DEM ANDERN STIRBT

(Death and the Dutch uncle, 1968)

SCHE 347, 1970

MR. DYNAMIT

s. *Anhang: Serien*

MÜGGENBURG, H. J.

WIR, SATANS KINDER

ZAU 16, 1975

MÜLLER, WERNER (1920–

GOLD FÜR TAUSEND JAHRE (OA)
GAR 6528, 1982

MÜLLER, WOLFGANG

KEIN FALL FÜR SIE, INSPEKTOR
DIE 227, 1975

MUIR, DEXTER

Pseudonym von Leonard (Reginald) Gribble (1908–
Weitere Pseudonyme: Sterry Browning, Leo Grex, Louis Grey

DIE 13 MASKEN
(Mystery at Tudor Arches, 1935)
AUF 47, 1953

DER GEPARDELTE SCHWAN
(Cronner's swan song, 1935)
AUF 55, 1954

DER ZÜRNENDE AHNHERR
(The Carlent Manor crime, 1939)
AUF 40, 1953

MUIR, JEAN (1906–1973)

IM SCHATTEN DES FALKEN
(Stranger, tread light, 1971)
HLK 1526, 1973

DAS LÄCHELN DER MEDUSA
(The smiling Medusa, 1972)
HLK 1548, 1973

MUIR, THOMAS

DIE »ANTARES« SCHWEIGT
(Death below zero, 1950)
GK 82, 1956; GK 4356, 1974

FUNKSPRUCH AN SCOTLAND YARD
(Trouble aboard, 1957)
GK 246, 1960

DAS GEHEIMNIS DER »SAPPHO«
(Death on the Loch, 1949)
GK 130, 1958

KABINE B 55
(Death on the Trooper, 1948)
GK 172, 1959

KURZ NACH MITTERNACHT
(Death in reserve, 1948)
GK 179, 1959

DAS MÄDCHEN AUF DEM SCHLEPPER
(Death under virgo, 1952)
GK 146, 1958

MORD UNTER WASSER
(Death in soundings, 1955)
GK 156, 1958

DER TANZENDE TOD
(Dancing death, 1931)
GK 225, 1960; GK 4404, 1974

TOD AN DER TAGESORDNUNG
(Death on the agenda, 1953)
GK 192, 1959

WAR ES MORD?
(Death without question, 1951)
GK 71, 1955

MULKEEN, THOMAS P(ATRICK) (1923–

DER REST
(Honor thy Godfather, 1973)
SCHE 520, 1975

MULLER, MARY

BEGEGNUNG IM MORGENGRAUEN
(Encounter at dawn, 1972)
GK 4269, 1973

MUNRO, JAMES

Pseudonym von James (William) Mitchell (1926–

ALS NÄCHSTER BIST DU DRAN
(The man who sold death, 1964)
UK 1088, 1966

EINE KATZE AUS KUTSK
(The innocent bystanders, 1969)
UK 1302, 1970

KÜHLES KOBALT – HEISSES ÖL
(Die rich, die happy, 1965)
UK 1226, 1969

STIRB WOANDERS, JOHNNY
(The money that money can't buy,

1967)
UK 1214, 1968

MUNSLOW, BRUCE (JAMES)
KÖNIGIN IM MONDLICHT
(Joker take Queen, 1965)
GK 2213, 1966

MURPHY, TOM
Pseudonym von Thomas Basil Murphy Jr. (1935–
EISKALT WIE DER TOD
(Aspen incident, 1978)
SCHE 845, 1982

MURPHY, WARREN B. (1933–
ATLANTIC CITY
(zusammen mit Frank Stevens)
(Atlantic City, 1979)
PLAY 6131, 1982

MURR, STEFAN
Pseudonym von Bernhard Horstmann (1919–
AUF DEN TAG GENAU (OA)
HK 2002, 1982
BLUTIGER ERNST (OA)
HK 1942, 1981
110 – HIER MORDKOMMISSION (1959)
SM 181, 1963; HK 2100, 1984
DER JOSEPHSON-COUP (OA)
HK 2108, 1984
KEIN MORD IST AUCH EIN MORD (OA)
MOL 139, 1978
MORD IM SEPTEMBER (1974)
HK 1900, 1980
NUMMER FÜNF – SO LEID ES MIR TUT (1967)
RTH 2277, 1973
RINGFAHNDUNG (1977)
HK 1888, 1980
DER TOD WAR FALSCH VERBUNDEN (OA)
RTH 2301, 1974; HK 2054, 1983
TÖDLICHER SAND (1963)
HK 1967, 1981
EIN TOTER STOPPT DEN 6 UHR 10 (1972)
HK 1920, 1981
VORSICHT – JACZEK SCHIESST SOFORT (OA)
RTH 2342, 1975, HK 2013, 1982
2 UHR 30 – MORD AM KAI (1961)
SM 204, 1963

MURRAY, JACK
AUCH HELDEN WOLLEN LEBEN
(Otages, o. J.)
XTP 2006, 1982

MURRAY, MAX (1901–1956)
DIE LEICHE DES MINISTERS
(The right honourable corpse, 1951)
HCC 1823, 1979
EINE NETTE KLEINE LEICHE
(The neat little corpse, 1951)
HCC 1996, 1982
DIE STIMME AUS DEM GRAB
(The voice of the corpse, 1948)
HLK 1711, 1976

MUSTO, BARRY (1930–
DIE BARCLAY-AKTE
(The Lawrence Barclay file, 1970)
GK 4120, 1971
DIE WAAGE DER JUSTITIA
(The weighted scales, 1973)
GK 4392, 1974

MYLES, SYMON
Pseudonym von Ken(neth Martin) Follet (1949–
HITPARADE FÜR ERPRESSER
(The big hit, 1975)
SCHE 629, 1977
NADELN TÖTEN LANGSAM
engl. T. (The big needle, 1974)
am. T. (The big apple, 1975)
SCHE 525, 1975

NARCEJAC, THOMAS (1908–
s. *Pierre Boileau und Arsène Lupin* (Pseudonym)

NASH, CHANDLER
Pseudonym von Katherine Chandler Hunt
MARKT IN NUEVO LAREDO
(Murder is my shadow, 1959)
GK 1022, 1961

NASO, ECKART VON (1888–
CHRONIK EINER GIFTMISCHERIN
(1926, Neuaufl. 1952)
(Titel der Neuauflage: Pariser Nokturno)
BPAL 14061, 1978

NAWROCKA-DONSKA, BARBARA (1924–
HALT DIE UHR UM ELF AN
KOMP 218, 1977

NEAMTU, LEONIDA
MANN OHNE GESICHT
(Toporul de Argint, o. J.)
MV 91, 1967

NEELY, RICHARD
DER ATTENTÄTER
(The Smith conspirarcy, 1972)
GK 4556, 1976
EIN BLUTFLECK AUF WEISSER WESTE
(Death to my beloved, 1969)
SCHE 498, 1975
DU BIST MARRIOTT
(The plastic nightmare, 1969)
GK 4049, 1971; GK 4790, 1978
FLUCHT IN DIE HÖLLE
(No certain life, 1978)
GK 4866, 1979
DIE JAPANISCHE GELIEBTE
(The Japanese Mistress, 1972)
GK 4476, 1975
LAUTER LÜGEN
(Lies, 1978)
GK 4816, 1979
DAS LETZTE SAYONARA
(The obligation, 1979)
GLIT 5208, 1980
DER MÖRDER UND SEIN SCHATTEN
(The Walter Syndrome, 1970)
HAR 5188, 1975; KNAR 809, 1932
DIE NACHT DER SCHWARZEN TRÄUME
(A madness of the heart, 1976)
GTH 4778, 1978
SCHWARZER VOGEL ÜBER DER BRANDUNG
(The Ridgway women, 1975)
GK 4748, 1978
TOM SEXTON IST NICHT UMZUBRINGEN
(The Sexton women, 1972)
GK 4555, 1976; GUK 4809, 1979
UNSCHULDIG WIE DIE SCHLANGE
(The damned innocents, 1971)
GK 4162, 1972
ZWANZIG JAHRE NACH DEM MORD
(While love lay sleeping, 1969)
GK 4155, 1972

NEILAN, SARAH
DAS TODESKOMPLOTT
(The Braganza pursuit, 1976)
HRO 1994, 1977

NESS, ELIOT
DIE UNANTASTBAREN
(The untouchables, o. J.)
MIT 332, 1967

NESTER, MARCUS P. (1947–
DAS LEISE GIFT (1982)
RTH 2697, 1984
DIE MIGROS-ERPRESSUNG (1978)
(Zusammen mit Clemens G. Klopfstein, 1944–)
RTH 2523, 1980

NEUBERT, HELMUT
WER EIN HOLDES WEIB ERRUNGEN (OA)
BK 36043, 1981

NEUHAUS, BARBARA (1924–
SCHRITTE IM REGEN (OA)
NBR 70, 1969
26 BAHNSTEIGE (OA)
DIE 81, 1972
TATMOTIV ANGST (OA)
DIE 279, 1976

NEUMANN, GERHARD
DIE REUSSISCHE GEMME (OA)
MIV o. Nr., 1978
WATERLOO (OA)
MIV o. Nr., 1980

NEUMANN, MIROSLAV (1921–
EIN MANN FÜR MAAWAKAO
(Muz pro Maawakao, 1976)
KOMP 262, 1980

NEVILLE, MARGOT
Gemeinsames Pseudonym von Margot Goyder (1903– und Anne Neville Goyder Joske (1893–
ALS DER HAHN KRÄHTE
(Murder beyond the pale, 1961)
GK 1144, 1962
APOLL AUS DER HÖLLE
(Murder of the well-beloved, 1953)
GK 282, 1961
DAS BLAUE BLÜTENBLATT
(Ladies in the dark, 1965)
GK 2161, 1965
DREI ROTE KRATZER
(Drop dead, 1962)
GK 1198, 1963
ES BEGANN AUF JAVA
(Murder and Gardenias, 1946)
GK 208, 1959
DIE FRAU HINTER DEM VORHANG
(Come see me die, 1963)
GK 1298, 1964
GESELLSCHAFT IM ZWIELICHT
(Murder of a nymph, 1949)
GK 197, 1959
LAUTER NETTE LEUTE
(Murder and poor Jenny, 1954)
GK 293, 1961
MEIN BÖSER JUNGE
(My bad boy, 1964)
GK 2177, 1966
NUR KEINEN SKANDAL
(Confession of murder, 1960)
GK 1253, 1963
PENSION SEEBLICK
(The seagull said murder, 1952)
GK 229, 1960
PUNKT HALB ACHT
(Murder to welcome her, 1957)
GK 1002, 1961
SOMMER IN SYDNEY
(Murder in a blue moon, 1948)
GK 277, 1960
DER SPANISCHE BOLERO
(Sweet night for murder, 1959)
GK 1043, 1961
SUSAN MACHT FEHLER
(Murder before marriage, 1951)
GK 165, 1958
TAFELRUNDE DER ÜBERFLÜSSIGEN
(Murder in Rockwater, 1944)
GK 174, 1959
TÖDLICHES NETZ
(Head on the sill, 1966)
GK 2279, 1967
WARUM SCHWEIGT MR. LATHAM?
(The flame of murder, 1958
GK 1027, 1961

NEWTON, M.
(Pseudonym)
KAMPF OHNE GNADE (OA)
KEL 764, 1967

NIALL, MICHAEL
Pseudonym von Howard Breslin

EINER BLIEB ÜBRIG
(Run like a thief, 1962)
GK 2148, 1966

STADT IN ANGST
(Bad day at Black Rock, 1954)
PAN 91, 1957

NICHOLS, (JOHN) BEVERLY (1899–

EINE KLEINE MORDMUSIK
(No man's street, 1954)
SCHE 976, 1964
vgl. *Die Niemandstraße*

DIE MORDBLUME
(The moonflower, 1955)
SCHE 980, 1984

DIE NIEMANDSTRASSE
(No man's street, 1954)
SCHE 216, 1964
vgl. *eine kleine Mordmusik*

DER TOTE GIBT INDIZIEN
(Murder by request, 1960)
SCHE 153, 1961; KK 27, 1980

NICHOLS, FAN
Pseudonym von Frances Nichols Hanna

DER EINZELGÄNGER
(The loner, 1956)
HK 1047, 1962

DIE GEFANGENE
(The caged, 1952)
PAN 56, 1956

NICHOLS, SARAH
Pseudonym von Lee Hays

TÖDLICHES SPIEL
(Grave's company, 1975)
HRO 2004, 1978

NICOLAI, MICHELE

DER TOD GEHT UM
(La mort fait le trottoir, o. J.)
RFJ 6, 1949

NIEBUHR, WALTER

LIEBE 70 (OA)
DIE 167, 1973

SCHAUGESCHÄFT (OA)
NBR 68, 1969

NIELSEN, HELEN (BERNICE) (1918–

APHRODITE GESUCHT
(Shot on location, 1971)
GK 4393, 1974

EIN FOLGENSCHWERER FREISPRUCH
(Verdict suspended, 1964)
MIT 339, 1967; GK 4885, 1980)

DIE FRAU AUF DEM DACH
(The woman on the roof, 1954)
GK 300, 1961

DER FÜNFTE BESUCHER
(The fifth caller, 1959)
GK 1036, 1961

GEFÄHRLICHES WISSEN
(A killer in the street, 1967)
GK 3057, 1968

GEKAUFTES GLÜCK
(Gold Coast Nocturne, 1951)
auch: (Dead on the level, 1954)
PAN 73, 1957
vgl. *Intermezzo in Chicago*

GRÜN WIE SMARAGDE
(Sing me a murder, 1960)
GK 4068, 1971)
vgl. *Wer ist der Mörder?*

IM SCHATTEN JENER STUNDE
(The kind man, 1951)
GK 291, 1961

INTERMEZZO IN CHICAGO
(Gold Coast Nocturne, 1951)
auch: (Dead on the level, 1954)
GK 190, 1959
vgl. *Gekauftes Glück*

MILLIONEN FÜR MEXIKO

(The brink of murder, 1976)
GK 4664, 1977

MORD IST ANSTECKEND
(The darkest hour, 1969)
GK 3253, 1970

PAPAGEI DES TEUFELS
(Borrow the night, 1969)
GK 144, 1958

REISE INS VERHÄNGNIS
(False witness, 1959)
MIT 64, 1961

SCHLÜSSEL UND RING
(The severed key, 1973)
GK 4353, 1974

DER UMWEG
(Detour, 1953)
GK 297, 1961

DAS VERBRECHEN WAR MORD
(The crime is murder, 1956)
GK 279, 1960

VIRGINIA UND DIE PUPPE
(Obit delayed, 1952)
GK 275, 1960

DAS WEISSE BOOT
(After midnight, 1966)
GK 3037, 1967

WER IST DER MÖRDER?
(Sing me a murder, 1960)
MIT 72, 1961
vgl. *Grün wie Smaragde*

NIELSEN, TORBEN (1918–

DAS GALGENLIED
(Galgesangen, 1973)
RAR 4775, 1981

NEUNZEHN ROTE ROSEN
(Nitten røde roser, 1973)
RAR 4385, 1979

NIGHT, DESMOND
(Pseudonym)

MR. PHANTOM: LIEBESGRÜSSE AUS DEM JENSEITS
ZEX 142, 1968

MR. PHANTOM: MR. PHANTOM JAGT DIE »KILLERPUPPE«
ZEX 148, 1968

MR. PHANTOM: UNTERNEHMEN TOTENTANZ, ZEX 146, 1968

NILE, DOROTHEA
Pseudonym von Michael (Angelo) Avallone (1924–

GEFÄHRLICHES TESTAMENT
(Terror at Deepcliff, 1966)
HRO 1829, 1969

NILIN, PAWEL

DER KRIMINALASSISTENT
KOMP 6, 1960

NISTLER, ERWIN N., und GERRY P. BRODERICK

DAS HAUS AM MEER
(Roadside night, 1951)
HAR 73, 1960; HK 1018, 1962
vgl. *Der Weg ins Nichts*

DER WEG INS NICHTS
(Roadside night, 1951)
TT 205, 1970
vgl. *Das Haus am Meer*

NIXON, ALLAN (1918–

BIS DAS NETZ ZERREISST . . .
(Good night, Garrity, 1970)
BRA 50, 1972; XEN 90, 1980

EIN STRICK AUS GOLD
(Blessed are the damned, 1963)
HTH 1299, 1968

NOEL, STERLING (1903–

BOULEVARDS DER BLAUEN BOHNEN
(Intrigue in Paris, 1955)
HK 1102, 1963

NÖSEL, PETER

DAS HAAR IN DER SUPPE (OA)
BK 36021, 1979

NÖSTLINGER, CHRISTINE

DIE DREI POSTRÄUBER (OA)
UEB 219, 1971

NÖTZOLDT, FRITZ (1908–

FREITAGS, WENN DER FERNSEHKRIMI LIEF (AO)
UEB 224, 1972

PETER VON PETER FÜNF! KOMMEN! (OA)
UEB 209, 1970

NOLAN, FREDERICK (W.) (1931–

EIN GENERAL ALS PARTNER
(The Oshawa Projekt, 1974)
SCHE 530, 1975

NOLAN, WILLIAM F(RANCIS) (1928–

. . . DA WARENS NUR NOCH DREI
(Death is for losers, 1968)
HK 1400, 1970

KOMMEN SIE RASIERT ZUR HINRICHTUNG
(The white cad cross-up, 1969)
HK 1424, 1970

NORD, PIERRE

Pseudonym von André Brouillard (1900–

EINE HAND WÄSCHT DIE ANDERE
(Qui est le Policier? 1957)
GK 1097, 1962

LÄCHLE, WENN DU MIR BEGEGNEST
(Journal d'un Maître Chanteur, 1954)
GK 1115, 1962

MÄDCHEN AUS GUTER FAMILIE
(Le crime que je revendique, 1959)
GK 1228, 1963

SPIONAGEPROZESS WRONSKA-PIERRET
(Procès d'espionnage, 1961)
GK 1162, 1962

NORDEN, PETER (1922–

DM-KILLER (1964)
(EA-Titel: Ehrlich fährt am längsten)
HAR 407, 1966; MTB 2282, 1984

MORD OHNE MÖRDER (1965)
HTH 1243, 1967; BK 36006, 1978

NATALIA, GELIEBTE DER MACHT (1976)
FAR 2424, 1979

SALON KITTY (1970)
BAR 10026, 1976

NORMAN, BARRY

DIE HUNDE VON SPARTA
(The hounds of Sparta, 1968)
MIT 426, 1969

IN GEFÄHRLICHER MISSION
(The matter of mandrake, 1967)
MIT 409, 1968

NORMAN, ELIZABETH

DAS GEHEIMNIS DES TOTEN LORDS
(If the Reaper ride, 1978)
HRO 2069, 1980

NORO, FRED

RECHNUNG OHNE AUFSCHUB
(Mourir un peu, o. J.)
SEPK 11, 1968

ZENTRALE DOMINO-BAR
(Couleur deuil, o. J.)
SEPK 1, 1968

NORTON, ANDRE

Pseudonym von Alice Mary Norton (1912(?)–

DER MONDGARTEN
(The white jade fox, 1975)
GAS 14, 1977

NORTON, GERALD

SCHREI IN DER NACHT
DRR 4, 1959

NOTTEBOHM, RUDOLF (1939–
DEIN BLUT FLIESST AUCH NICHT ANDERS (1984)
RTH 2662, 1984
PER ANRUF INS NIRWANA (1982)
RTH 2597, 1982

NOVA, CRAIG
Pseudonym: Nick Carter

NOXIUS, FRED
Pseudonym von Gottfried Schädlich (1917–
DER GEISTERPFAD (OA)
RAV 84, 1966
KENNWORT SCHWARZER BRUMMER (1968)
DTVJ 7010, 1971

NUELLE, HELEN S(HERMAN) (1923–
AM STROM DER TAUSEND TRÄNEN
(Shadows of Amanda, 1976)
GAS 36, 1979
SÜNDEN DER VERGANGENHEIT
(The sins of the past, 1977)
UAR 30020, 1979
DIE TODESGRUFT VON BALLY MORAN
(The haunting of Bally Moran, 1976)
UAR 3353, 1977

NUTZKE, FRITZ, und JÜRGEN ALBERTS
GEHIRNSTATION (OA)
HK 2089, 1984

NYVLT, VACLAV (1930–
ZWEI MILLIONEN ZEUGEN
(Dva milióny svedku, 1962)
RTH 2073, 1965

OCH, ARMIN
Pseudonym von Armin Ochs (1934–
DER DON VON ZÜRICH (1980)
BAR 10376, 1984
DIE ZÜRICH-AFFAIRE (OA)
KNAR 1193, 1984
ZÜRICH PARADEPLATZ (1976)
GAR 6312, 1981

OCORK, SHANNON
NICHT NUR HAIE MÜSSEN STERBEN
(End of the line, 1981)
UK 10264, 1981

ODELL, WILLIAM, und DAN J. MARLOWE
FÜR GELD: ALLES
(The rave is a blood red bird, 1967)
MIT 422, 1969

O'DONNELL, LILLIAN (UDVARDY) (1926–
AMULETT FÜRS JENSEITS
(Leisure dying, 1976)
SCHE 638, 1978
EINE GUTE PARTIE
(Babes in the woods, 1965)
GK 4202, 1972
DAS KALTE TRIO
(The baby merchants, 1975)
SCHE 592, 1977
KEIN COMEBACK FÜR MARIETTA
(The face of the crime, 1968)
GK 4036, 1970
LADY MIT BESCHRÄNKTER HAFTUNG
(Don't wear your wedding ring, 1973)
SCHE 540, 1976
DIE LETZTE NACHT DES FIGARO
(Aftershock, 1977)
SCHE 744, 1979
DIE LOCKENDE STIMME
(The phone calls, 1972)

SCHE 444, 1974

MORD IM REVIER

(No business being a Cop, 1978)
SCHE 803, 1981

MORD MIT OHRENZEUGE

(Dive into darkness, 1971)
GK 4165, 1972

DIE PRANKEN DER ZÄRTLICHKEIT

(Dial 577 R-A-P-E, 1974)
SCHE 580, 1977

STIRB, LIEBLING

(Falling star, 1979)
SCHE 847, 1982

O'DONNELL, PETER (1920–

MODESTY BLAISE: DIE GOLDFALLE

(The impossible virgin, 1971)
RAR 1805, 1975

MODESTY BLAISE: EIN GORILLA FÜR DIE LADY

(A taste for death, 1969)
RAR 1493, 1972

MODESTY BLAISE: HEISSE NÄCHTE FÜR DIE LADY

(Last day in Limbo, 1976)
RAR 4404, 1979

MODESTY BLAISE: DIE LADY BITTET INS JENSEITS

(Sabre-tooth, 1966)
RAR 1184–1185 (spätere Aufl. 1184), 1969

MODESTY BLAISE: DIE LADY FLIEGT AUF DRACHEN

(Dragon's claw, 1973)
RAR 4868, 1981

MODESTY BLAISE: DIE LADY MACHT GE-SCHICHTEN

(Pieces of modesty, 1972)
RAR 1977, 1976

MODESTY BLAISE: DIE LADY REITET DER TEUFEL

(I, Lucifer, 1967)
RAR 1304–1305 (spätere Auf. 1304), 1970

MODESTY BLAISE: DIE LADY WILL ES ANDERS

(The Xanadu Talisman, 1981)
RAR 5158, 1983

MODESTY BLAISE: DIE SILBERNE LADY

(The silver Mistress, 1973)
RAR 4171, 1978

MODESTY BLAISE: DIE TÖDLICHE LADY

(Modesty Blaise, 1965)
RAR 1115–1116 (spätere Aufl. 1115), 1969

O'FINN, THADDEUS

HILFE! ICH WERDE GEHEIRATET

(Happy Holiday, 1950)
GK 1045, 1961

O'FLAHERTY, LIAM (1896–

DER DENUNZIANT

(The informer, 1925)
DIO 21191, 1984
vgl. *Die Nacht nach dem Verrat*

DIE NACHT NACH DEM VERRAT

(The informer, 1925)
UAR 125, 1956
vgl. *Der Denunziant*

OGILVIE, ELISABETH (MAY) (1917–

DAS GEFÄNGNIS

(Bellwood, 1969)
HRO 1839, 1970

STIRB, MEIN LIEBLING, UND WEINE NICHT

(Weep and know why, 1972)
HLK 1593, 1974

O'GRADY, LESLIE

LORD RAVENS WITWE

(Lord Raven's widow, 1982)
HRO 2167, 1984

O'HARA, KENNETH
Pseudonym von Jean Morris (1928–

DER GEIST VON THOMAS PENRY
(The ghost of Thomas Penry,1977)
UK 10014, 1979

VOR NACHAHMUNG WIRD GEWARNT
(Unknown man, seen in profile, 1967), HTH 1396, 1970

O'HARA, KEVIN
Pseudonym von Marten Cumberland (1892–1972)

CHICO RÄUMT AUF
(Keen your fingers crossed, 1955)
GK 220, 1960

ERPRESSER AM WERK
(Danger: Woman at work, 1958)
GK 1174, 1962

EINE FRAU MIT GELD
(Don't neglect the body, 1964)
GK 2063, 1964

GEFÄHRLICHE FENSTER
(Exit and curtain, 1952)
GK 119, 1957

DER GEHEIMNISVOLLE FÄCHER
(And here is the noose, 1959)
GK 3012, 1967

EIN GENTLEMAN MIT GRAUEN SCHLÄFEN
(Don't tell the police, 1963)
GK 1286, 1964

MANETTE PACKT AUS
(Women like to know, 1957)
GK 177, 1959

MEINE FRAU IST VERSCHWUNDEN!
(Well, I'll be hanged, 1958)
GK 204, 1959

DIE »ROSAROTE BRILLE«
(The pace that kills, 1955)
GK 89, 1956

DIE SCHAUSPIELERIN
(It leaves them cold, 1954)
GK 99, 1956

SIE WUSSTEN ZUVIEL
(The customer's alaways wrong, 1951), GK 196, 1959

DIE TÄNZERIN
(Sing, clubman, sing!, 1952)
GK 112, 1957

DIE WAFFE EINER FRAU
(It's your funeral, 1966)
GK 3264, 1970

WENN ETWAS PASSIEREN SOLLTE
(If anything should happen, 1962)
GK 1149, 1962

ZWISCHEN ZWEI GEGNERN
(Always tell the sleuth, 1953)
GK 132, 1958

O'LEARY, ED
s. *Aron Spilken*

OLESKER, HARRY (1923(?)–1969)

ALIBI EINER NACHT
(Exit dying, 1959)
HAR 79, 1960; HK 1020, 1962

WER WAR DER LETZTE?
(Impact, 1961)
MIT 129, 1963

OLESKER, J. BRADFORD (1949–

DER MÖRDERLIFT
(No place like home, 1976)
SCHE 714, 1979

OLIVER, CLAUDE
s. *Jean Paul Rouland*

DIE KOMMISSARIN UND DER MANN, DER WITWER WERDEN WOLLTE
(Poulet à l'italienne, 1980)
RTH 2591, 1982

MEIN PAPA, DER MÖRDER
(La fouine, 1977)
RTH 2482, 1979

MORD VOR 1000 ZEUGEN
(Le prélon, 1976)
RTH 2440, 1978

OLIVER, STEFAN

DREI TOTE BIENEN

(BPAL 4, 1973

OLIVY, D. J.

FRAG NIE DEN POLIZISTEN

(Never ask a policeman, 1970)
RTH 2255, 1972

OLLIVIER, JEAN

HALLO PARIS – HIER TEXEL!

(Deux oiseaux ont disparu – Les mystères de Texel), 1963)
UEB 207, 1969

OLSEN, D. B.

Pseudonym von (Julia Clara Catharine) Dolores B(irk Olsen) Hitchens (1907–1973)
Weitere Pseudonyme:
Dolan Birkley, Noel Burke

MORD IST FÜR DIE KATZ

(The cat wears a noose, 1944)
UK 10033, 1980

RÜHRE NICHT AN ALTEN WUNDEN

(The cat and capricorn, 1951)
UK 10080, 1981

DER TOD HAT KATZENAUGEN

(Death wears cat's eyes, 1950)
GK 4675, 1977

OLSON, DONALD

DER AHNUNGSLOSE ENGEL

(If I don't tell, 1976)
SCHE 635, 1978

SCHLAF, EHE ES DUNKEL WIRD

(Sleep before evening, 1979)
SCHE 842, 1982

OMRE, ARTHUR

Pseudonym von Ole Arthur Juel Antonisen (1887–1967)

AAL IN CURRY

bb 181, 1969

O'NEILL, ARCHIE

Pseudonym von Jim Henaghan (1919–

BLATTGOLDKALIBER

(The Da Vinci rose, 1973)
UK 1726, 1975

BLAUSÄURECOCKTAIL

(The Ginzberg circle, 1974)
UK 1737, 1976

MEHRZWECKKADAVER

(The duplicate stiff, 1974)
UK 1797, 1976

RASIERMESSERJACK

(High bid for murder, 1974)
UK 1730, 1976

OPPENHEIM, E(DWARD) PHILLIPS (1866–1946)

Pseudonym: Anthony Partridge

MENSCHENJAGD

(The human chase, 1929)
GK 46, 1954

REKORD DER ABENTEUER

(Michael's evil deeds, 1924)
GK 43, 1954

SPIEL UM FREIHEIT

(The game of liberty, 1915)
GK 59, 1955

ORAM, JOHN

Pseudonym von John Oram Thomas

SOLO FÜR O.N.C.E.L.: BRENNPUNKT KOPENHAGEN

(The man from U.N.C.L.E.: The Copenhagen affair, 1965)
HK 1261, 1967

SOLO FÜR O.N.C.E.L.: GLORIANAS NACHTKLUB

(The man from U.N.C.L.E.: The stone-cold dead in the market affair, 1966)
HK 1262, 1967

ORGILL, DOUGLAS (WILLIAM) (1922–

BOTEN DES TODES
(The death bringers, 1962)
MIT 207, 1964

DAS MÄDCHEN AUS SCHWEDEN
(The Astrid factor, 1968)
MIT 437, 1969

RITT AUF DEM TIGER
(Ride a tiger, 1963)
MIT 251, 1965

TÖDLICHE FLAMMEN
(The Jasius pursuit, 1973)
MIT 659, 1974

ORIANO, JANINE

Pseudonym von Janine Boissard (1936–

B WIE BAPTISTE
(B comme Baptiste, 1971)
RTH 2266, 1973

MADAME GREIFT EIN
(Miss, 1978)
RAR 5009, 1982

OKAY, LÉON!
(O. K. Léon!, 1972)
RTH 2381, 1976

ORIOL, LAURENCE

Pseudonym von Noelle Loriot

AUSGEFLIPPT
(Ma jeunesse assassinée, 1981)
RTH 2617, 1982

BESONDERE KENNZEICHEN: KEINE
(Le cas de Renaud Ball-Henstin, 1970)
RTH 2233, 1971

HYSTERIE
(Un crime par jour, 1971)
RTH 2272, 1973

KURZSCHLUSS
(L'interne de service, 1966)
RTH 2338, 1975; DIE 109, 1976

MEINE KINDER, DIE MÖRDER
(On tue pour moins que cela, 1968)
RTG 2199, 1970

DIE SCHWEIGENDE ZEUGIN
(Un meutre ça fait grandir, 1967)
RTH 2132, 1967

ORMEROD, ROGER (1920–

DIE ANGST HAT VIELE FARBEN
(The colour of fear, 1976)
GK 4677, 1977

BIS DASS EIN MORD SIE SCHEIDET
(Sealed with a loving kill, 1976)
GK 4667, 1977

BLICK AUF DEN TOD
(A glimpse of death, 1976)
GK 4819, 1979

GESUCHT WIRD MR. BIG
(Cart before the hearse, 1980)
GA 5432, 1982

MIT VOLLDAMPF
(Full fury, 1975), GK 4607, 1976

MÖRDER ANS TELEFON
(The silence of the night, 1974)
GK 4495, 1975

DER SCHLÜSSEL FÜR DIE TAT
(A spoonful of Luger, 1975)
GK 4613, 1977

TRITT NICHT AUF ZU VIELE ZEHEN
(Time to kill, 1974)
GK 4415, 1974

ZU SPÄT ZUM BEGRÄBNIS
(Too late for the funeral, 1977)
GK 4726, 1978

ORTEGA, ISABEL

DER FLUCH DER AZTEKEN-SCHLANGEN
(Street of the madwoman, 1978)
HRO 2129, 1983

ØRUM, POUL (1919–

AM KRITISCHEN PUNKT
(Bristepunktet, 1978)
RTH 2641, 1983

BLINDE FENSTER
(Ukendt offer, 1967)
RTH 2676, 1984

EINER SOLL GEOPFERT WERDEN
(Synderbuk, 1972)
RTH 2534, 1980

DAS ELFTE GEBOT
(Det 11. Bud, 1972
RTH 2694, 1984

DER SCHATTEN NEBEN DIR
(Skyggen ved din højre hand, 1959)
RTH 2657, 1983

STUMME ZEUGEN
(Tavse Vidner, 1976)
RTH 2576, 1981

WAS IST WAHRHEIT
(Kun sandheden, 1974)
RTH 2549, 1981

WISSEN IST MORD
(De uforsonlige, 1975)
RTH 2563, 1981

OSBORN, DAVID (1923–

JAGDZEIT
(Open season, 1974)
KNAR 507, 1978

DER MAULWURF
(The French decision, 1980)
KNAR 1009, 1982

OSBORNE, BERESFORD

EIN SCHUSS ZUVIEL
(The disciples of Nemesis, 1977)
SCHE 742, 1980

OSBORNE, LOUISE

DER KREIDEKREIS
(The witches' ladder, 1979)
GAS 82, 1983

DER SATANSSTEIN
(The satan stone, 1977)
GAS 57, 1981

OSBORNE, O. O.

DER STAR
(Leave her to God, 1954)
PAN 37, 1955

OSBOURNE, L(LOYD) (1868–1947), und ROBERT LOUIS STEVENSON

DIE FALSCHE KISTE
(The wrong box, 1889)
DTV 788, 1971

OSMOND, ANDREW (1939–

UNTERNEHMEN SALADIN
(Saladin!, 1975)
RAR 4400, 1979

O'SULLIVAN, J(AMES) B(RENDAN) (1919–

ADRESSE UNBEKANNT
(Gate fever, 1959)
GK 2014, 1964

AKTION ZAHLTAG
(The long spoon, 1956)
GK 2055, 1964

AUF GELD GEBAUT
(Hue and cry, 1961)
GK 2120, 1965

BEFOLGEN SIE UNSERE ANWEISUNGEN
(There is one S.O.S., 1961)
GK 1173, 1962

DREI GEISELN
(Raid, 1958)
GK 2151, 1965

GEGEN MORD VERSICHERT
(Murder proof, 1968)
GK 3161, 1969

DER KÄUFER IST BEREIT

Make my coffin big, 1964)
GK 2094, 1965
EIN MANN MIT GRUNDSÄTZEN
(Disordered death, 1957)
GK 1190, 1963
NACHTS AUF DER BRÜCKE
(Guilt edged, 1959)
GK 2078, 1965
SCHUSS IN DIE LUFT
(Don't hang me too high, 1954)
GK 2038, 1964
DER SELTSAME ERPRESSER
(Nerve beat, 1953)
GK 3152, 1968
DER TAG, AN DEM ICH STARB
(I die possessed, 1953)
HTH 1381, 1970
DIE WÜRGEKETTE
(Choke chain, 1958)
MIT 92, 1961
ZWEITES BETT IM ZIMMER
(Backlash, 1960)
GK 2104, 1965

OTT, WOLFGANG (1923–
DAS MANNEQUIN (OA)
BK 36035, 1980

OUVARD, JACQUES
Pseudonym von Roger Guichardan
JEDEN ZWEITEN DONNERSTAG
(L'assassin est dans le couvent, 1959)
GK 253, 1960
ZWISCHEN MITTERNACHT UND MORGENGRAUEN
(Sonnez les matines, 1962)
HER 338, 1969

OWEN, RAY
NERVEN WIE DRAHTSEIL
(Flight from fear, 1969)
GK 3292, 1970
ZUM ABSCHUSS FREIGEGEBEN
(The fall guy, 1969)
GK 3223, 1969

OZAKI, MILTON K. (1913–
Pseudonym: Robert E. Saber
AM MONTAG HAT DIE BRAUT GEWEINT
(Wake up and scream, 1959)
HK 1354, 1969
DIE KATZE IN DER MAUSEFALLE
(The scented flesh, 1951)
BRA 40, 1972; XEN 121, 1981
MITFAHRT IN DEN TOD
(The deadly pick-up, 1953)
PAN 62, 1956
EIN TAG DER ANGST
(The case of the Cop's wife, 1958)
WK 1, 1966
DER TÖDLICHE KUSS
(Case of the deadly kiss, 1957)
BRA 30, 1971

PACE, TOM (THOMAS C. PACE, SR.)
DAS PECH DES FISCHERS
(Fisherman's luck, 1971)
GK 4323, 1973
ZERREISSPROBE
(Afternoon of a looser, 1969)
GK 4122, 1971

PACHTER, JOSH, (Hrsg.)
TOP CRIME
(11 Kriminal-Stories, 1983)
HK 2099, 1984

PAGE, ALAIN
DANN WAR TOTENSTILLE
(Silent de mort, o. J.)

SEPK 4, 1968

DER ENTERHAKEN

(Le grappin, o. J.)

SEPTH 4, 1968

DER TRICK SEINER FRAU

(La mort en douce, 1962)

GK 2089, 1965

PAGE, MARCO

Pseudonym von Harry Kurnitz (1907–1968)

BÜCHERFREUNDE UNTER SICH

(Reclining figure, 1952)

GK 1192, 1962

DIE PERFEKTE FÄLSCHUNG

(The shadow third, 1946)

GK 1167, 1962

PAGE, THOMAS

Gemeinsames Pseudonym für Daniel T. Streib und R(obert P(age) Jones

COUNT DOWN FÜR EINEN KILLER

(Operation: Countdown!, 1965)

RTH 2153, 1968

PAHLEN, HENRY

Pseudonym von H. G. Konsalik

BEGEGNUNG IN TIFLIS

BPAL 14035, 1976

LIEBE AUF DEM PULVERFASS (OA)

GAR 3402, 1976

SCHLÜSSELSPIELE FÜR DREI PAARE

MOEA 66, 1969

SCHWARZER NERZ AUF ZARTER HAUT

GAR 2624, 1970

PAINE, LAURAN BOSWORTH (1916–

Pseudonyme: John Armour, Kenneth Bedford, Frank Bosworth, Mark Carrel, Robert Clarke, Richard Dana, J. F. Drexler, Troy Howard, Jared Ingersol, John Kilgore, Hunter Liggett, J. K. Lukas, John Morgan; s. d.

PALFREY, FLORENCE

(Pseudonym)

ACHTUNG, ATOMSPIONAGE

BBA 34, 1950

FÜNF SCHÜSSE INS ADAGIO

BBA 52, 1952

DAS GEHEIMNIS DES PAVILLONS

BBA 9, 1949; BBD 6, 1950

DAS GELBE TRIKOT

BBA 38, 1951

MATA HARI

BBA 23, 1950; BBD 15, 1950

DAS PORTRAIT EINES TOTEN

BBA 18, 1949; BBD 10, 1950

DIE SCHRECKLICHEN DREI

BBA 68, 1953

DER SILBERNE PANTHER

BBA 29, 1950

TOTENTANZ AUF DEM VULKAN

PAN 146, 1959

ZEUGE BEIM EIGNEN BEGRÄBNIS

PAN 148, 1959

PALM, ROLF (1932–

EINE PARTY FÜR MEINEN MÖRDER (OA)

BK 36012, 1978

PALMER, (CHARLES) STUART 1905–1968)

DER BLAUE CHRYSLER

(Murder on wheels, 1932)

GK 118, 1957

DIE BRUYÈRE-PFEIFE

engl. T. (The puzzle of the briar pipe, 1936)

am. T. (The puzzle of the red stallion, 1936)

GK 109, 1957

vgl. *Das Rätsel des roten Hengstes*

DAS GRÜNE AS

am. T. (The green ace, 1950)

engl. T. (At one fell swoop, 1951)
BLG 7, 1955
vgl. *Das Vermächtnis des Mörders*

IM KEIME ERSTICKT
(Nipped in the bud, 1951)
BLG, 1957; SM 2142, 1964

KALTES GIFT
am. T. (Cold poison, 1954)
engl. T. (Exit laughing, 1954)
BLG 20, 1958; SM 2137, 1964; HLK 1834, 1979

DER KLEINE PFEFFERBAUM
(The puzzle of the pepper tree, 1933)
GK 104, 1957

DAS RÄTSEL DER PERSERKATZE
(The puzzle of the silver persian, 1934)
HCC 1923, 1981

DAS RÄTSEL DES ROTEN HENGSTES
am. T. (The puzzle of the red stallion, 1936)
engl. T. (The puzzle of the briar pipe, 1936)
HCC 2040, 1983
vgl. *Die Bruyère-Pfeife*

DER UNGLÜCKLICHE ZIRKUS-CLOWN
(Unhappy Hooligan, 1956)
BLG 27, 1958

DAS VERMÄCHTNIS DES MÖRDERS
(The green ace, 1950)
SM 2157, 1965
vgl. *Das grüne As*

VIER FRAUEN VERSCHWANDEN
(Four lost Ladies, 1949)
SM 2149, 1964

PAOLI, PAUL

SCHNEE AUF CAPRI
(Neige à Capri, 1960)
RTH 2007, 1962

DIE TAUBEN VON NEAPEL
(Les pigeons de Naples, 1961)
RTH 2021, 1963

PARADISE, MARY
Pseudonym von Dorothy (Enid) Eden (1912–1982)

DIE BLUMEN VON GRANADA
(The marriage chest, 1965)
HRO 1828, 1969; HRO 2132, 1983

PARKER, ALAN

BUGSY MALONE
(Bugsy Malone, 1976)
HAR 5324, 1976

PARKER, BEATRICE
Pseudonym von T(om) E. Huff (1938(?)–
Weitere Pseudonyme: Edwina Marlow, Katherine St. Clair

DER GEHEIMNISVOLLE FREMDE
(Stranger by the lake, 1971)
HRO 1889, 1973

SCHATTEN ÜBER DEM SCHLOSS
(Come to Castlemoor, 1970)
HRO 1883, 1973

EIN TOTER RUFT AN
(Wherever Lynn goes, 1975)
UAR 3287, 1976

PARKER, JUDITH

... ES BEGANN UM MITTERNACHT (OA)
GAS 85, 1983

DIE FRAUEN VON TURNBERRY CASTLE (OA)
GAS 81, 1983

DIE SILBERNE SICHEL (OA)
GAS 83, 1983

DAS SPUKHAUS (OA)
GAS 78, 1982

PARKER, PIT

GOLD AM PIRATENRIFF
SCHN 192, 1979

PARKER, ROBERT B(ROWN) (1932–

BODYGUARD FÜR EINE BOMBE
(Looking for Rachel Wallace, 1980)
UK 10103, 1981

EINEN DOLLAR FÜR DIE UNSCHULD
(Ceremony, 1982)
UK 10208, 1983

ENDSPIEL GEGEN DEN TOD
(Mortal stakes, 1975)
UK 1765, 1976

FINALE IM HERBST
(Farly autumn, 1981)
UK 10142, 1982

KEVINS WEG INS ANDERE LEBEN
(God save the child, 1974)
UK 1760, 1976

KOPFPREIS FÜR NEUN MÖRDER
(The Judas goat, 1978)
UK 10057, 1980

LEICHTE BEUTE FÜR PROFIS
(Promised Land, 1976)
UK 1848, 1977; UK 10253, 1984

LICHT AUF DUNKELMÄNNER
(A savage place, 1981)
UK 10193, 1983

DIE SCHNAUZE VOLL GERECHTIGKEIT
(The Godwulf manuscript, 1974)
SCHE 551, 1976
vgl. *Spenser und das gestohlene Manuskript*

SPENSER UND DAS GESTOHLENE MANUSKRIPT
(The Godwulf manuscript, 1974)
UK 10236, 1984
vgl. *Die Schnauze voll Gerechtigkeit*

SPENSER UND DER KANDIDAT
(The widening gyre, 1983)
UK 10263, 1984

WILDNIS
(Wilderness, 1979)
UK 10275, 1984

PARKES, ROGER
s. *Edward Boyd*

PARRISH, FRANK
Pseudonym von Roger (Erskine) Longrigg (1929–

FEUER IM KORNFELD
(Fire in the barley, 1977)
HK 2094, 1984

DER KÖDER AM HAKEN
(Bait on the hook, 1983)
HK 2109, 1984

DER MANN IM DUNKELN
(Snare in the dark, 1981)
HK 2045, 1983

DER STACHEL DER HONIGBIENE
(Sting of the honeybee, 1978)
HK 2064, 1983

PARRY, HANS-HEINZ

DER TEUFEL VON CHICAGO
BL 4, 1961

PARTH, WOLFGANG W. (1910–

BLONDE HEXE BARBARA
(OA-Titel: Der Fall Barbara Gordon), LICH 23, 1963

DAS GIFT DER WEISSEN ROSE (AO)
NRK 15, 1974

PASEK, MIRKO

DAS HUNDERTPROZENTIGE RÄTSEL
NBR 53, 1965

PATRICK, QUENTIN
Pseudonym von Richard Wilson Webb (1901–

DAS GRÜNE TAGEBUCH
engl. T. (Death in the Bermuda, 1941)
am. T. (Return to the scene, 1941)
SM 2139, 1964

MORD IN CAMBRIDGE

(zusammen mit Hugh Callingham Wheeler; 1912–)
(Murder at Cambridge, 1933)
HCC 1660, 1975

DIE SCHÖNE NACHBARIN
(Danger next door, 1939)
SM 2133, 1964

DIE VERSCHWUNDENEN BRIEFE
(Death and the maiden, 1939)
SM 47, 1961

DER VIERTE MANN
(S. S. murder, 1933)
SM 156, 1963

PATT, PERCY

DER MÖRDER MIT DEM MYRTHENBLATT
BBA 79, 1954

PATTERSON, HARRY (1929–
Pseudonyme: Martin Fallon, James Graham, Jack Higgins, Hugh Marlow, s. d.

GEHETZT BIS ZUM MORGEN
(Cry of the hunter, 1960)
GK 1134, 1962

DER GEHETZTE AMERIKANER
(Hell is too crowded, 1962)
GK 1188, 1963

NACHTSCHICHT FÜR NICK MILLER
(The graveyard shift, 1965)
GK 3120, 1968

DER REGENMÖRDER
(Hell is always today, 1968)
GK 3224, 1969

TOT EINGELIEFERT
(Brought in dead, 1967)
GK 3134, 1968

UNTERNEHMEN ALPENFESTUNG
(The Valhalla Exchange, 1976)
RAR 4706, 1981

PATTERSON, JAMES (1947–

DER AUFTRAG
(The Thomas Berryman Number, 1976)
RTH 2488, 1979

PATTERSON, JOHN M(cREADY)

PARTIE FÜR VERLIERER
(Doubly dead, 1969)
GK 3268, 1970

PATTINSON, JAMES (1915–

MIT TRAUSCHEIN UND PISTOLE
(The honeymoon caper, 1976)
UK 1861, 1977

TODESGRÜSSE AUS SCHOTTLAND
(Red exit, 1979)
SCHE 978, 1984

TOD IM ZEICHEN DES SKORPIONS
(The feast of the scorpion, 1975)
UK 1878, 1978

PAUL, CHARLOTTE (CHARLOTTE PAUL REESE) (1916–

MÖRDERVISION
(The image, 1980)
BTH 19008, 1982

PAUL, HUGO
Pseudonym von Paul H. Little (1915–
Weiteres Pseudonym: Paula Minton

DER AXTMÖRDER
(Master of the undead, 1971)
HEL 10, 1971

PAULEY, BARBARA ANNE (1925–

DAS BAND DES BLUTES
(Blood kin, 1972)
HRO 1926, 1974

PAULSEN, HORST

DAS GROSSE GRAUEN (OA)
PANS 16, 1960

DER LIEBE ONKEL SCHANG (OA)
PANS 18, 1960

PAYER, ERIK N.
EIN KOPF KEHRT ZURÜCK
BBA 22, 1950; BBD 14, 1950
PROFESSOR MIRROLS ENTDECKUNG
BBA 24, 1950; BBD 16, 1950

PAYES, RACHEL (RUTH) COSGROVE (1922–
Pseudonym: E. L. Arch
DIE GEHEIMNISVOLLE ERBSCHAFT
(Malverne Hall, 1970)
HRO 1870, 1972
DER SCHWARZE SCHWAN
(The black swan, 1975)
HRO 2157, 1984

PERAL, JACK (JACQUES BAIN PEARL) (1923–
s. auch *David Toma*
DEREK FLINT SCHICKT SEINE LEICHE
(Our man Flint, 1965)
HAR 444, 1966
7 GEGEN CHICAGO
(Robin and the 7 Hoods, 1964)
HAR 334, 1964
STILLE NACHT MIT ZEITZÜNDER
(Victims, 1973)
RTH 2337, 1975
VON ALLEN VERLASSEN
(The crucifixion of Pete McCabe, 1966)
GK 2231, 1966
ZEIT ZUM STERBEN, ZEIT ZUM TÖTEN
(A time to kill . . . a time to die, 1971)
GK 4381, 1974

PEARSON, DIANE
Pseudonym von Diane Margaret McClelland (1931–
TIEF IM HERZEN SITZT DIE ANGST
(Bridge of Tancred, 1967)
HRO 1869, 1972

PEARSON, WILLIAM (1922–
ER KAM VORBEI
(Hunt the man down, 1956)
UK 808, 1960; GK 3191, 1969

PEASE, HOWARD
DAS GEHEIMNIS DER MASKE
(Mystery on Telegraph Hill, o. J.)
ARE 1221, 1973
SCHIFFBRUCH IN DER SÜDSEE
(Shipwreck, o. J.)
ARE 1236, 1974
SCHIFF OHNE MANNSCHAFT
(The ship without a crew, o. J.)
ARE 1244, 1974
WIND IN DER TAKELUNG
(Wind in the riggings, o. J.)
ARE 9207, 1973

PEEL, COLIN D(UDLEY) (1936–
BLUTIGES GOLD
(Bitter autumn, 1973)
HAC 7, 1974

PEEW, DIMITER
BETRUG MIT DEM TOD
NBR 67, 1969

PEMBERTON, MARGARET (1943–
RÜCKKEHR AUS DEM TOTENREICH
(The guilty secret, 1979)
HRO 2073, 1980

PENDLETON, DON(ALD EUGENE) (1927–
DER MAFIA-KILLER: AUFTAKT ZUM TODESTANZ
(The Executioner: War against the Mafia, 1969)
HK 1469, 1972

DER MAFIA-KILLER: DAS GIRL VOM BOSS
(The Executioner: Battle mask, 1970)
HK 1488, 1972

DER MAFIA-KILLER: MASSAKER IN MIAMI
(The Executioner: Miami massacre, 1970)
HK 1501, 1972

DER MAFIA-KILLER: TODESABENTEUER IN WASHINGTON
(The Executioner: Washington I.O.U., 1972)
HK 1632, 1975

DER MAFIA-KILLER: DIE TODESFALLE IN DER FOLTERKAMMER
(The Executioner: Assault on Soho, 1971)
HK 1531, 1973

DER MAFIA-KILLER: TODESGRÜSSE AUS DER HÖLLE
(The Executioner: Chicago wipeout, 1971)
HK 1561, 1973

DER MAFIA-KILLER: TODES-HIT IN KALIFORNIEN
(The Executioner: California Hit, 1972)
HK 1604, 1974

DER MAFIA-KILLER: TODESKARUSSEL UNTER PALMEN
(The Executioner: Caribbean kill, 1972)
HK 1591, 1974

DER MAFIA-KILLER: TODESKOMMANDO IN SAN DIEGO
(The Executioner: San Diego siege, 1972)
HK 1646, 1975

DER MAFIA-KILLER: DIE TODESMANNSCHAFT
(The Executioner: Death squad, 1969)
HK 1478, 1972

DER MAFIA-KILLER: TODESPANIK IN PHILADELPHIA
(The Executioner: Panic in Philly, 1973)
HK 1657, 1975

DER MAFIA-KILLER: TODESSCHATTEN ÜBER BOSTON
(The Executioner: Boston blitz, 1972)
HK 1619, 1974

DER MAFIA-KILLER: TODESSCHATTEN ÜBER NEW YORK
(The Executioner: Nightmare in New York, 1971)
HK 1545, 1973

DER MAFIA-KILLER: TODESSPIEL MIT LEICHTEN MÄDCHEN
(The Executioner: Continental contract, 1971)
HK 1512, 1973

DER MAFIA-KILLER: TODESURLAUB IN LAS VEGAS
(The Executioner: Vegas Vendetta, 1971)
HK 1575, 1974

PENTECOST, HUGH
Pseudonym von Judson (Pentecost) Philips (1903–
Weiteres Pseudonym: Philip Owen

ACHT OHNE ALIBI
(Sniper, 1965)
GK 3036, 1967

ALS DIE KINDER VERSCHWANDEN
(The day the children vanished, 1976)
HK 1893, 1980

AUF DER GEBURTSTAGSTORTE: TOTENLICHTER
(Birthday, deathday, 1972)
HK 1576, 1974

EIN BUND FÜRS STERBEN
(Beware young lovers, 1980)

HK 1994, 1982
DER CHAMPAGNER-KILLER
(The champagne killer, 1972)
HK 1555, 1973
DER CLUB DER MORDENDEN ERBEN
(The Obituary Club, 1958)
HK 1496, 1972
DIE DRAHTSCHLINGE
(Random killer, 1979)
HK 1959, 1981
DAS ENDE EINES PARTY-GIRLS
(The girl with six fingers, 1969)
HK 1427, 1971
ENTFLIEH DEM KILLER
(Escape a killer, 1971)
HK 1536, 1973
EIN GANZ GEWÖHNLICHER MORD
(Murder as usual, 1977)
HK 1802, 1978
GELEGENHEIT MACHT MÖRDER
(The tarnished angel, 1963)
SCHE 317, 1969
DAS GESCHÄFT MIT DEM TOD
(Bargain with death, 1974)
HK 1678, 1976
EINE KUGEL FÜR DEN MILLIONÄR
(A plague of violence, 1970)
HK 1467, 1972
DER LACHENDE TOD
(The evil that men do, 1966)
HK 1237, 1967; HK 2011, 1982
DER LEBENDE LEICHNAM
(The Steel Palace, 1977)
HK 1821, 1978
MIT BLUT GESTEMPELT
(Cancelled in red, 1939)
HCC 1903, 1980
MORD IM LUXUSHOTEL
(Murder in luxury, 1981)
HK 2053, 1983
MORD IN BESTER GESELLSCHAFT
(Murder in high places, 1983)
HK 2090, 1984
EIN MORD MIT PFERDEFUSS
(The homicidal horse, 1979)
HK 1917, 1980
REICHER MANN – TOTER MANN
(Walking dead man, 1973)
HK 1600, 1974
ROT WAR DER SCHNEE
(Where the snow was red, 1949)
HK 1255, 1967
SCHATTEN DES WAHNSINNS
(Shadow of madness, 1950)
HK 1293, 1968
DIE SCHWERE WAHL
(Choice of violence, 1961)
HK 1347, 1969
EIN STERBEBETT IM MORDHOTEL
(Girl watcher's funeral, 1969)
HK 1457, 1971
TODESGRÜSSEFÜRDIENETTENKOLLEGEN
(Dead woman of the year, 1967)
HTH 1373, 1979
TODESGRÜSSE VOM PIER 5
(The kingdom of death, 1960)
HK 1205, 1966
DAS TODESSPIEL
(The deadly joke, 1971)
HK 1482, 1972
TOD IN SAMT UND SEIDE
(Only the rich die young, 1964)
HK 1220, 1966
TÖDLICHE FLITTERWOCHEN
(Honeymoon with death, 1975)
HK 1878, 1980
DAS 24. PFERD
(The 24.th horse, 1940)
SM 171, 1963
ZÄRTLICH WIE DIE SCHLANGEN SIND
(The creeping hours, 1966)
HK 1330, 1969
ZEIT DES SCHRECKENS
(Time of terror, 1975)
HK 1853, 1979

PEREIRA, MICHAEL (NICHOLAS O'DONNELL) (1928–

DAS ALLERLETZTE TESTAMENT
(Second cousin twice temoved, 1974)
GK 4420, 1975

DER STACHEL DER HORNISSE
(The singing millionaire, 1972)
GK 4335, 1974

PEREZ, ARMANDO CRISTOBAL

DIE RUBINKETTE
KOMP 229, 1977

PERREAUT, PIERRE MARTIN

DER GENIALE PLAN
(Trop, c'est trop!, 1972)
MIT 640, 1973

PERRIA, ANTONIO

AUCH IN DEN BESTEN KREISEN
(Giustizia per scommessa, 1975)
RTH 2525, 1980

EIN ROMEO IM ALFA
(Delitta a mano libera, 1974)
RTH 2626, 1983

SELBSTMORD MANGELS BEWEISES
(Incidente sul lavoro, 1974)
RTH 2509, 1980

PERRIN, FORREST V.

Pseudonym: Nick Carter

DIE STUNDE DER ABRECHNUNG
(The Don, 1971)
MIT 653, 1973

PERRY, RITCHIE (JOHN ALLEN) (1942–

DUELL DER ASSE
(One good death deserve another, 1976) SCHE 659, 1978

GEJAGT: DER ZWEITE MANN
(Nowhere man, 1973)
SCHE 461, 1974

DAS LIED DES LOCKVOGELS
(The fall guy, 1972)
PHOE 135, 1974

TOTE KILLER KILLEN NICHT
(Dead end, 1977)
SCHE 732, 1979

UNTERNEHMEN HONIGMOND
(Your money and your wife, 1975)
SCHE 599, 1977

WENN AGENTEN URLAUB MACHEN
(Holiday with a vengeance, 1974)
SCHE 547, 1976

PERRY, ROLAND (1946–

MORD FÜR LASER
(Programme for a puppet, 1979)
PLAY 6133, 1982

PERRY, THOMAS

ABRECHNUNG IN LAS VEGAS
(The butcher's boy, 1982)
GA 5456, 1984

PERRY, WILL

Pseudonym von William John Weatherby

ALTE BOMBEN ROSTEN NICHT
(Home in the dark, 1976)
SCHE 703, 1979

DAS KILLERNEST
(Murder at the U.N., 1976)
SCHE 682, 1978

PERUTZ, LEO (1884–1957)

DER MEISTER DES JÜNGSTEN TAGES (1923)
DTV 1310, 1977; bb 524, 1984

ZWISCHEN NEUN UND NEUN (1918)
DTV 1861, 1980

PESTUM, JO

Pseudonym für Johannes Stumpe (1936–

DER KATER JAGT DIE GRÜNEN HUNDE (1968)
ARE 1193, 1972
DER KATER SPIELT PIK-AS (1968)
ARE 1037, 1969
DER KATER UND DER TAG DER NARREN
(Kriminalgeschichten aus den bereits erschienenen Büchern: *Wer schießt auf den Kater?, Der Kater und die rote Katze* und *Kriminalgeschichten unserer Zeit)*
ARE 1388, 1981
DER KATER UND DIE ROTE KATZE (1969)
ARE 1118, 1969
WER SCHIEßT AUF DEN KATER? (1971)
ARE 1156, 1971

PETERMANN, A. G.
Pseudonym von Heiner Rank (1931–
DIE HUNDE BELLEN NICHT MEHR (OA)
NBR 31, 1959
DIE PREMIERE FÄLLT AUS (OA)
NBR 23, 1957
SPUK IN VILLA SONNENSCHEIN (OA)
NBR 27, 1958

PETERS, ELIZABETH
Pseudonym von Barbara Louise Gross Mertz (1927–
Weiteres Pseudonym: Barbara Michaels
GEFÄHRLICHE BEGEGNUNG
(Borrower of the night, 1973)
HRO 1917, 1974
GEFÄHRLICHE VERSCHWÖRUNG
(Legend in green velvet, 1976)
HRO 2001, 1977
DAS GEHEIMNIS DER ALTEN SCHRIFT-ROLLEN
(The Dead Sea cipher, 1970)
HRO 1923, 1974
DAS GEHEIMNIS DER SIEBEN
(The seventh sinner, 1972)
HRO 1901, 1973
DAS GRAB DES KÖNIGS
(The jackal's head, 1968)
HRO 1875, 1972
DAS HAUS DER GEISTER
(Devil–may–care, 1977)
HRO 2049, 1979
IM SCHATTEN DES TODES
(Crocodile on the sandbank, 1975)
HRO 1966, 1976; HRO 2153, 1984
DER RING DES UNHEILS
(The Camelot caper, 1969)
HRO 1894, 1973
DIE STRASSE DER FÜNF MONDE
(Street of the five moons, 1978)
HRO 2043, 1979
TÖDLICHES SPIEL
(The murders of Richard III, 1974)
HRO 1981, 1977

PETERS, ELLIS
Pseudonym von Edith (Mary) Pargeter (1913–
FIGARO WIRD ERMORDET
(Funeral of Figaro, 1962)
GK 3211, 1969
DIE GOLDENE TOTENMASKE
(Death mask, 1959)
GK 2130, 1966
GRÜNE WITWE AM SONNTAG
(The Grass-Widow's tale, 1968)
GK 3205, 1969; GK 4945, 1983
DIE INDISCHE NATTER
(Death to the Landlords, 1972)
GK 4248, 1973
MORD ZUR GITARRE
(Black is the colour of my true-love's heart, 1967)
GK 3219, 1969
DIE PRIMADONNA LACHTE
(The will and the deed, 1960)
GK 3192, 1969; GK 4948, 1984
DAS RÄTSEL DER TREVERRA-GRUFT
(A nice derangement of epitaphs,

1965)
GK 4028, 1970

DER RAGA VOM GEWALTSAMEN TOD
(Mourning rage, 1969)
GK 4021, 1970

DER SCHMALE PFAD
(The piper on the mountain, 1966)
GK 4215, 1972

DIE TODESTÜR
(The knocker on death's door, 1970)
GK 4279, 1973

DER TOD UND DIE LACHENDE JUNGFRAU
(Death and the joyful woman, 1961)
UK 1037, 1965; GK 4236, 1973

DIE VERSUNKENE STADT
(City of gold and shadows, 1973)
GK 4369, 1972; GUK 4800, 1978

PETERS, EVELYN
Pseudonym von Evelyn Joost (1925–

TRANS-EUROP-EXPRESS (1973)
UAR 3138, 1975; BAR 10415, 1984

PETERS, HANS-PETER

IM SCHATTEN DES SCHWARZEN KAROS
NBR 38, 1961

PETERSEN, JULIUS ADOLF (1882–1933)

DER LORD VON BARMBECK (CA 1927)
(Das Leben des berüchtigten Ein- und Ausbrechers Julius Adolf Petersen von ihm selbst erzählt. Hrsg. von Helmut Ebeling)
RAR 1936, 1976

PETIEVICH, GERALD

SUMPFBLÜTEN
(Money man, 1981)
HK 2014, 1982

DER TODESENGEL
(One shot deal, 1981)
HK 2102, 1984

PFAUS, WALTER G.

BLINDEKUH (OA)
BK 36052, 1981

DAS ENDE EINER MUSTERFRAU (OA)
BK 36057, 1982

DAS IDEALE MÖRDERPAAR (OA)
BK 36002, 1977

LEICHE AUF ABWEGEN (OA)
KNK 4953, 1984

DAS LETZTE HEMD HAT VIELE TASCHEN (OA)
KNK 4945, 1983

LIEBE IST AUCH EIN GIFT (OA)
BK 36027, 1979

DER TEUFEL HAT DIE HAND IM SPIEL (OA)
BK 36046, 1981

PFEIFFER, HANS (1925–

DIE EINE SEITE DES DREIECKS (OA)
DIE 431, 1980

MORD OHNE MOTIV (OA)
NBR 52, 1965

SIEBEN TOTE BRAUCHEN EINEN MÖRDER (OA)
NBR 48, 1964

TOTE STROMBAHNEN (OA)
DIE 182, 1974; RTH 2529, 1980

PHANTOM
s. Lee Falk und Desmond Night

PHILIPS, JUDSON (PENTECOST) (1903–
Pseudonyme: Philip Owen, Hugh Pentecost

ALLES DEUTET AUF TIM RYAN
(A murder arranged, 1978)
RTH 2530, 1980

BRETTER, DIE DEN TOD BEDEUTEN
(Why murder?, 1979)

RTH 2554, 1981
BÜHNE FREI FÜR MORD
(Murder as the curtain rises, 1981)
RTH 2670, 1984
EIN PFERD FÜR 30 PERSONEN
(Murder clear, track fast, 1961)
RTH 2106, 1966
FEHLBETRAG: 20 MILLIONEN
(The Larkspur conspiracy, 1973)
RTH 2373, 1976
DIE FLÜSTERNDE STADT
(Whisper Town, 1960)
RTH 2089, 1966
FÜNF KLEINE MÖRDERLEIN
(Thursday's folly, 1967)
RTH 2215, 1971
DIE HÖFLICHEN MÖRDER
(The power killers, 1974)
RTH 2396, 1976
LÖSEGELD FÜR DEN SENATOR
(The vanishing Senator, 1972)
RTH 2318, 1974
DIE MACHT VON MORGEN
(Five roads to death, 1977)
RTH 2491, 1979
MANCHE ZEUGEN STERBEN FRÜHER
(Death is a dirty trick, 1980)
RTH 2629, 1983
BEI NACHT SIND ALLE MÖRDER GRAU
(The laughter trap, 1964)
RTH 2094, 1966; RTH 2581, 1981
SCHÜSSE IN CONNECTICUT
(The wings of madness, 1966)
RTH 2296, 1973
TOTE KÖNNEN NICHT MEHR LIEBEN
(The dead can't love, 1963)
RTH 2326, 1974
WER STERBEN SOLL, BESTIMME ICH
(Backlash, 1976)
RTH 2454, 1978
ZIELSCHEIBE DES BÖSEN
(Target for tragedy, 1982)
RTH 2690, 1984
DIE ZÜNDSCHNUR BRENNT
(Hot summer killing, 1968)
RTH 2206, 1970

PICANO, FELICE (1944–

GEFANGEN IN BABEL
(The lure, 1979)
KNAR 1053, 1983
KLUG WIE DER TEUFEL
(Smart as the devil, 1975
FAR 2600, 1979
SPIEL NICHT MIT PUPPEN
(Eyes, 1975)
FAR 2605, 1979

PICOT, ANDRÉ

LASS DIE TOTEN SCHLAFEN
(Laissez dormir les morts, 1959)
RTH 2054, 1964
NUR EINER WIRD LEBEN
(La vérité de minuit, o. J.)
RTH 2026, 1963

PIDOUX, ROLAND

DIE DÜSTERE WAHRHEIT
(On y va, Patron?, 1963)
MIT 247, 1965

PIKE, ROBERT L.

Pseudonym von Robert L(loyd) Fish (1912–1981)
KOMM MEIN FREUND UND HÄNG FÜR MICH
(Trials of O'Brien, 1965)
SCHE 379, 1971
POLIZEIREVIER 52, NEW YORK
(Mute witness, 1965)
auch: (Bullitt, 1968)
SCHE 238, 1965
DIE RACHE DES ANDEREN
(The quarry, 1964)
SCHE 258, 1966
SCHÜSSE, DIE INS SCHWARZE TRAFEN
(Police blotter, 1965)

SCHE 288, 1967
ÜBERGABE 2 UHR NACHTS
(Deadline: 2 a. m., 1976)
RTH 2444, 1978

PINKWART, HEINZ (1929–
DER CHEF IST VERSCHWUNDEN (OA)
GK 2019, 1964
MORD IST SCHLECHT FÜR HOHEN BLUTDRUCK (OA)
GK 1260, 1963
DER STROHMANN MUSSTE WEG (OA)
GK 1110, 1962
URLAUB IN ANGST (OA)
GK 2121, 1965

PIPER, EVELYN
Pseudonym von Merriam Modell (1908–
HANNOS PUPPE
(Hanno's doll, 1961)
SM 128, 1963
MÖRDER IN GEORDNETEN VERHÄLTNISSEN
(The stand-in, 1970)
HK 1421, 1970
WAR ES WIRKLICH MORD?
(The Nanny, 1964)
HTH 1272, 1967
WER WEISS ETWAS VON BUNNY LAKE?
(Bunny lake is missing, 1957)
SM 70, 1962

PIPPERING, OSCAR HANNIBAL
ABENTEUER EINES LONDONER PRIVATDETEKTIVS (BD I):
GESTATTEN, GEHÖRT DIE LEICHE IHNEN (1968)
GAR 2996, 1973
ABENTEUER EINES LONDONER PRIVATDETEKTIVS (BD II):
SCHLOSS IM VOLLMOND (1968)
GAR 3307, 1973

PIWOWARCZYK, ANDREZEJ
DIE KÖNIGIN
(Kwolewna, 1958)
MV o. Nr., 1984

PLASCHKE, HORST
EIN MANN SPIELT HASARD (OA)
KEL 830, 1973

PLATT, KIN (1911–
GONZAGA SPIELT UND STIRBT
(The giant kill, 1974)
GK 4647, 1977
MUSKELN, MORD UND MAFIA
(The body beautiful murder, 1976)
GK 4681, 1977
SCHMETTERLINGE STERBEN JUNG
(The pushbutton butterfly, 1970)
MIT 528, 1971
SPIEL, SATZ UND TOD
(Match point for murder, 1975)
GK 4599, 1976
DER TODESKUSS
(The kissing Gourami, 1970)
MIT 575, 1972
TOTO, TURF UND TOD
(The princess stakes murder, 1973)
GK 4639, 1977

PLESSIS, J. H. DU
HARTES SPIEL UM HEISSE STEINE
(Diamonds are dangerous, 1960)
UAR 2710, 1969

PLÖTZE, HASSO (1921–
Pseudonyme: Jens Falkenhain, Hasso Hecht; s. d.
EINE GEISEL ZUVIEL (OA)
GDA 55601 (später 5601), 1980
FLUCHTWEG (OA)
GK 4833, 1979
FORMEL FÜR MORD (OA)
GDA 5609, 1981

GIFT UND GEWALT (OA)
GK 4886, 1980
DIE KALTE HAND (OA)
GK 4845, 1979
LUPARA (OA)
GDA 5607, 1970
MORD HAT KEINE ZUNGE (OA)
GDA 5618, 1982
RUFMORD (OA)
GDA 5616, 1981
DIE TÄTOWIERUNG (OA)
GK 4877, 1979
WAIDMANNSHEIL, HERR KOMMISSAR
(überarbeitete Ausgabe, 1980)
GDA 5604, 1980
vgl. *Hasso Hecht: derselbe Titel*
220 VOLT
(überarbeitete Ausgabe, 1980)
GK 4879, 1980
vgl. *Jens Falkenhain: Im Bannkreis des Todes*
ZYPANGAS
(überarbeitete Ausgabe, 1980)
GK 4891, 1980
vgl. *Jens Falkenhain: Drei schwere Fälle*

PLUTONIUM POLICE
s. Anhang Serien

POE, EDGAR ALLAN (1809–1849)
DAS GESAMTE WERK IN ZEHN BÄNDEN
WAL 1–10, 1976
DETEKTIVGESCHICHTEN
(enthält: Die Morde in der Rue Morgue / Das Geheimnis um Marie Rôget / Der Goldkäfer / Der entwendete Brief)
(The murders in the Rue Morgue, 1841 / The mystery of Marie Rôget, 1842 / The gold bug, 1843 / The purloined letter, 1845)
DTV 2059, 1979
DER DOPPELMORD IN DER RUE MORGUE U. A. ERZÄHLUNGEN
REL 7992/93, 1954
DAS GEHEIMNIS DER MARIE ROGÊT
(The mystery of Marie Rogêt, 1842)
IT 783, 1984
GESCHICHTEN DES GRAUENS
(12 Kurzgeschichten)
HAR 117, 1961; HBDW 13 (I–III), 1969; HAR 871 (3 Bände), 1971
THE GOLD-BUG/THE FALL OF THE HOUSE USHER
(Der Goldkäfer / Der Fall des Hauses Ascher) Englisch/Deutsch
DTVZ 9114, 1976
DER GOLDKÄFER
(The gold bug, 1843)
ARE AB 14, 1982
KRIMINALSTORIES
bb 133, 1964
DIE MASKE DES ROTEN TODES
u. a. Erzählungen
Titel der späteren Auflage:
(Der Doppelmord in der Rue Morgue u. a. Erzählungen
GAR 523, 1959
DER MORD IN DER RUE MORGUE
(Geschichten zwischen Tag, Traum und Tod)
RK 53, 1959
THE MURDERS IN THE RUE MORGUE / DIE MORDE IN DER RUE MORGUE (1841)
Englisch/Deutsch
RES 2176, 1974
THE MYSTERY OF MARIE ROGÊT / DAS GEHEIMNIS DER MARIE ROGÊT (1842)
Englisch/Deutsch
RES 9887, 1978
DIE SCHWARZE KATZE / DER ENTWENDETE BRIEF

(The black cat / The purloined letter)
Englisch/Deutsch
RES 1703, 1971

DIE SCHWARZE KATZE
(Der Doppelmord in der Rue Morgue / Das Geheimnis der Marie Rogêt / Der Goldkäfer / Der entwendete Brief u. a.)
DIO 21183, 1984

UNHEIMLICHE GESCHICHTEN
(7 Erzählungen u. a.: Der Goldkäfer / Der Doppelmord in der Rue Morgue)
FOR 26, 1957(?)

DER UNTERGANG DES HAUSES USHER
(10 Erzählungen)
GAR 3410, 1976

DER UNTERGANG DES HAUSES USHER
(und sämtliche Detektivgeschichten)
DIO 105 = 20233, 1976

VERBRECHERGESCHICHTEN
(Der Doppelmord in der Rue Morgue / Das Geheimnis der Marie Rogêt / Der Goldkäfer / Du bist der Mann / Der entwendete Brief)
UAR 2721, 1969

POLLACK, PETER

DAS ELFTE GEBOT (OA)
UEB 234, 1975

DIE FUNKERBANDE (1973)
UEB 229, 1974

POLLAND, MADELEINE (ANGELA CAHILL) (1918–

DAS HAUS DER SILBERNEN SCHATTEN
(Thicker than water, 1965)
HRO 1804, 1967; HRO 2078, 1981

DER SCHWARZE KOFFER
(Package to Spain, 1971)
MIT 623, 1973

POLJANOWSKI, DMITRI
s. Alexander Lukin

POLLOCK, ROBERT (1930–

ABSCHIEDSGALA FÜR GANOVEN
(Loophole, or how to rob a bank, 1972)
SCHE 507, 1975
vgl. *Der Super-Coup*

DER SUPER-COUP
(Loophole, or how to rob a bank, 1972)
HK 2006, 1982
vgl. *Abschiedsgala für Ganoven*

POLLOCK, TED (THEODORE MARVIN POLLOCK) (1929–

DER REGENBOGENMANN
(The rainbow man, 1979)
HAR 6179, 1983

PONDER, PATRICIA

TEUFLISCHE KRÄFTE
(Haven of fear, 1977)
UAR 30016, 1979

POPESCU, PETRU

DIE LETZTE FLUT
(The last wave, 1978)
PBK 29, 1979

PORTER, HARR
(Pseudonym)
Autor der Kriminalroman-Serie: *»Kommissar X«*; s. *Anhang*.
Autor der Nummern: 603, 617

PORTER, JOYCE (1924–

DIE ALTE LADY UND IHR MÖRDER
(A meddler and her murder, 1972)
GK 4181, 1972

DOVER SCHLÄGT ZU
(Dover strikes again, 1970)
RTH 2248, 1972

DER FALL MIT DER KÜHLEN ROTHAARIGEN
(Dover one, 1964)
RTH 2091, 1966

EIN FINDELKIND FÜR DOVER
(Dead easy for Dover, 1978)
RTH 2498, 1979

HOCHACHTUNGSVOLL, IHR MÖRDER
(Dover three, 1965)
RTH 2108, 1966

KEIN LÖSEGELD FÜR DOVER
(Dover and the Claret Tappers, 1976)
RTH 2427, 1977

RENDEZ-VOUS AM ROTEN PLATZ
(Sour cream with everything, 1966)
PHOE 45, 1968; KK 45, 1981

RUSSLANDREISE – MORD INBEGRIFFEN
(The package included murder, 1975)
GK 4578, 1976

SCHWERE JUNGS UND ZÄHE JUNGFERN
(Rather a common sort of crime, 1970)
GK 4092, 1971

SCOTLAND YARD BESTICHT MAN NICHT
(Dover goes to Pott, 1968)
RTH 2177, 1969

SKALPELL UND SPITZENDECKEN
(Dover and the unkindest cut of all, 1968)
RTH 2135, 1968

EIN TROSTPREIS FÜR DOVER
(Dover beats the band, 1980)
RTH 2559, 1981

WER WIRD DENN GLEICH SCHIESSEN
(The chinks in the curtain, 1967)
PHOE 57, 1969

WIEDER MAL EIN MORD FÜR DOVER
(It's murder with Dover, 1973)
RTH 2331, 1974

POSNER, RICHARD (1944–
Pseudonyme: Iris Foster, Beatrice Murray, Paul Todd

DER MAFIA-MANN
(The Mafia-man, 1973)
SCHE 496, 1975

POSSENDORF, HANS

DIE DREI TODGEWEIHTEN
BBA 53, 1952

ESTRELLA UND DIE KRÖTE
BBA 6, 1949

GERBERGASSE 7
BBA 1, 1949

GRAF LEWENBORG UND DIE VAGANTIN
BBA 59, 1953

IM BANNE DER CAMORRA
BBA 66, 1953

DIE JACHT KAIKAI
BBA 28, 1950; BDB 18, 1950

SENSATIONSPROZESS CASILLA
BBA 42, 1951

POST, MELVILLE DAVISSON (1872–1930)

ONKEL ABNER, DER MEISTERDETEKTIV
(Uncle Abner, master of mysteries, 1918), HCC 1644, 1975

POSTGATE, RAYMOND (WILLIAM) (1896–1971)

DAS URTEIL DER ZWÖLF
(Verdict of twelve, 1940)
UK 750, 1958; GK 3026, 1967; HCC 1775, 1978; GK 4896, 1980

POTTER, JEREMY (1922–

MORD IN DREI SÄTZEN
(Hazard chase, 1964)
SCHE 253, 1966

POTTS, JEAN (1910–

DIE FRAU DES PARTNERS

(Home is the prisoner, 1960)
GK 4087, 1971)

GESPENSTER UM HARRIET
(Lightning strikes twice, 1958)
MIT 48, 1960
vgl. *Selbstmord auf Bestellung*

DAS GESTOHLENE HALSBAND
(The trash stealer, 1967)
MIT 403, 1968

DIE KETTE IST ZERRISSEN
(The man with the cane, 1957)
GK 4080, 1971

MEINES BRUDERS MÖRDER
My brother's killer, 1975)
HLK 1765, 1977

SCHRITTE AUF DER TREPPE
(The footsteps on the stairs, 1966)
MIT 357, 1967

SCHRITTE AUF DEN TREPPEN
(The footsteps on the stairs, 1966)
GK 4147, 1972

SEITENSPRUNG MIT TODESFOLGE
(An affair of the heart, 1970)
GK 4097, 1971

SELBSTMORD AUF BESTELLUNG
(Lightning strikes twice, 1958)
GK 4006, 1970
vgl. *Gespenster um Harriet*

DER TRAUM IST ZU ENDE
(The troublemaker, 1972)
GK 4275, 1973

EINE VOLLKOMMENE SEKRETÄRIN
(The only good secretary, 1965)
MIT 323, 1967

WOHIN MARCELLA?
(Death of a stray cat, 1955)
GK 2299, 1967

POWELL, LARRY
Pseudonyme: R. L. Brent, Nick Carter

POWELL, RICHARD (PITTS) (1908–

FALSCHE FARBEN
(False colors, 1955)
SM 117, 1962

HILF MIR, JOHNNY!
(Leave murder to me, 1952)
SB 11, 1957; MET o. Nr., 1965(?)

LASST KUGELN SPRECHEN
(Say it with bullets, 1953)
SM 147, 1963

DAS MUSCHELSPIEL
(Shell game, 1950)
SM 221, 1963

POWELL, TALMAGE (1920–
Pseudonym: Ellery Queen

FAHRERFLUCHT
(The smasher, 1959)
MIT 293, 1966
vgl. *Mord mit 100 PS*

MAN LEBT NICHT ZWEIMAL
(Corpus delectable, 1965)
MIT 386, 1968)

DER MÖRDER STEHT HINTER MIR
(With a madman behind me, 1962)
MIT 404, 1968

MORD MIT 100 PS
(The smasher, 1959)
PAN 153, 1959
vgl. *Fahrerflucht*

TOD IM BUNGALOW
(The girl's number doesn't answer, 1960)
UK 838, 1961

POYER, JOE (JOSEPH JOHN POYER, Jr.) (1939–

DER CHINESISCHE FAKTOR
(The Chinese agenda, 1972)
GAR 6482, 1982

DER MILLIARDEN-TERROR
(The contract, 1978)
GAR 3992, 1981

PRATHER, RICHARD S(COTT) (1921–

Pseudonyme: David Knight, Stephen Marlowe, Douglas Ring; siehe auch *Anhang Serien: »Shell Scott«* und *Ullstein Kriminalmagazin Band 24.*

ALICE IM MÖRDERLAND
(The Trojan hearse, 1964)
BSC 9, 1970

AUF WIEDERSEHEN IM HIMMELBETT
(Dead-bang, 1971)
BSC 23, 1971

DIE BIENEN AUS DEM MONSTERFILM
(Kill him twice, 1965)
BSC 6, 1970

BLAUE BOHNEN ZUM FRÜHSTÜCK
(Everybody had a gun, 1951)
HK 1210, 1966

COWGIRLS KÜSSEN KESSER
(The cockeyed corpse, 1964)
BSC 12, 1971

DOLLAR-KÄTZCHEN
(Way of a wanton, 1952)
BSC 13, 1971
vgl. *Teilhaber des Todes*

DREI FRISCHE GRÄBER
(Dig that crazy grave, 1961)
MOEK 21, 1967

EINER TANZTE AUS DER REIHE
(Bodies in Bedlam, 1951)
MOEK 55, 1969

DAS GALGENVÖGLEIN
(Case of the vanishing beauty, 1950), BSC 22, 1971
vgl. *Mexiko-Bar*

DIE GANGSTERMOLLY
(The scrambled yeggs, 1958)
BSC 14, 1971

GANGSTER UNTER SICH
(The wailing frail, 1956)
PAN 143, 1959
vgl. *Des Killers Töchterlein*

DER GORILLA SCHICKTE SEINE PUPPE
(Darling, it's death, 1952)
BSC 2, 1970
vgl. *Sicherheit war nirgendwo*

DAS HEISSE MÄDCHEN
(The meandering corpse, 1965)
BSC 4, 1970

DIE HEXE MIT DEM HEISSEN HÖSCHEN
(Dead man's walk, 1965)
BSC 17, 1971

KARNEVAL IN LAS VEGAS
(Find this woman, 1951)
PAN 13, 1954
vgl. *Schräge Vögel in Las Vegas*

KEINER WAR WAFFENLOS
(The slaughtered lovelies, 1950)
PAN 5, 1954

DES KILLERS TÖCHTERLEIN
(The wailing frail, 1956)
BSC 10, 1971)
vgl. *Gangster unter sich*

KLEINES LUDER JUANITA
(Pattern for panic, 1954)
BSC 15, 1971

LASST ALLE TOT ZURÜCK
(Always leave 'em dying, 1954)
MOEK 36, 1968

LULU UND DIE MAFIA
(Kill me tomorrow, 1969)
BSC 19, 1971

DAS LUXUSWEIBCHEN
(Ride a high horse, 1953)
auch: (Too many crooks, 1956)
BSC 21, 1971
vgl. *Das Netz zerriß*

DIE MAFIA BITTET ZUM TANZ
(Kill the clown, 1962)
BSC 3, 1970

MASKIERT
(Bodies in Bedlam, 1951)
KRA 9, 1955

MEXICO-BAR
(Case of the vanishing beauty, 1950)
PAN 8, 1954

vgl. *Das Galgenvöglein*
MÖRDER, MÄDCHEN UND PISTOLEN
(Dance with the dead, 1960)
HK 1217, 1966
MÖRDER-STRIPTEASE
(Strip for murder, 1956)
MOEK 28, 1968
vgl. *Shell Scott ist unbestechlich*
MORD AUF DER RENNBAHN
(Dead heat, 1963)
BSC 11, 1971
MORD IM SEXCLUB
(Gat heat, 1967)
BSC 1, 1970
NÄCHTLICHE BEGEGNUNG
(Lie down, killer, 1952)
SB 7, 1957; MET o. Nr., 1965 (?)
vgl. *Das schmutzige Spiel*
DAS NETZ ZERRISS
(Ride a high horse, 1953)
PAN 7, 1954
vgl. *Das Luxusweibchen*
PHOENIX HOTEL, ZIMMER 511
(Dagger of flesh, 1952)
HK 1065, 1962
RUHE SANFT, DARLING
(Slab happy, 1958)
BSC 16, 1971
vgl. *Verlorenes Spiel*
DAS SCHÄTZCHEN AUS DEM SHOW-HOTEL
(The Kubla Khan caper, 1966)
BSC 18, 1971
DAS SCHMUTZIGE SPIEL
(Lie down, killer, 1952)
BRA 41, 1972
vgl. *Nächtliche Begegnung*
SCHRÄGE VÖGEL IN LAS VEGAS
(Find this woman, 1951)
BSC 20, 1971
vgl. *Karneval in Las Vegas*
SHELL SCOTT
s. *Anhang Serien*
SHELL SCOTT IST UNBESTECHLICH
(Strip for murder, 1956)
SB 21, 1958; MET o. Nr., 1965(?)
vgl. *Mörder-Striptease*
SICHERHEIT WAR NIRGENDWO
(Darling, it's death, 1952)
PAN 19, 1954
vgl. *Der Gorilla schickte seine Puppe*
STRIPTEASE POKER
(Joker in the deck, 1964)
BSC 5, 1970
SYNDIKAT DER SÜNDE
(The peddler 1952)
BRA 14, 1970
TEILHABER DES TODES
(Way of a wanton, 1952)
PAN 16, 1954
vgl. *Dollar-Kätzchen*
VERLORENES SPIEL
(Slab happy, 1958)
PAN 135, 1959
vgl. *Ruhe sanft, Darling*
VULKAN DER LEIDENSCHAFT
(Take a murder, Darling! 1956)
PAN 119, 1958
vgl. *Der Wolf und die sieben Mädchen*
WENN DIE PUPPEN SINGEN
(Over her dead body, 1959)
MOEK 24, 1967
DER WOLF UND DIE SIEBEN MÄDCHEN
(Take a murder, Darling!, 1958)
BSC 7, 1970
vgl. *Vulkan der Leidenschaft*
ZIEH DICH AUS, SONST KNALLT'S!
(The Cheim manuscript, 1969)
BSC 8, 1970
DIE ZWEITLÄNGSTE NACHT
(The second longest night, 1955)
SB 1, 1957

PRATT, HARPER
(Pseudonym)
Autor der Kriminalroman-Serie:

»Kommissar X«; s. *Anhang*.
Autor der Nummer 543

PRATT, THEODORE
VERRATE MICH NICHT!
(Smash-up, o. J.)
PAN 71, 1957

PRESS, HANS JÜRGEN (1926–
DIE ABENTEUER DER »SCHWARZEN HAND« (OA)
RAV 60, 1965
THE BLACK HAND GANG AND THE TREASURE IN BREEZY LAKE
(Reihe: Fremdsprachige Texte)
RAV 505, 1978
THE BLACK HAND GANG AND THE MYSTERIOUS HOUSE
(Reihe: Fremdsprachige Texte)
RAV 504, 1978

PREST, THOMAS PECKET (1810–1879)
VARNEY, DER VAMPIR ODER DAS FEST DES BLUTES
(Varney, the Vampir, or The feast of blood, 1847)
HAR 5209, 1976

PRESTON, MICHAEL
(Pseudonym)
LEICHEN FEIERN KEINE FESTE (OA)
KEI 821, 1972

PRESTON, TREVOR
s. *Jack Gratus*

PREUTE, MICHAEL
MAGNETFELD DES BÖSEN (1970)
HK 1509, 1973

PRIBSKY, VLADIMIR
VERDÄCHTIGT WIRD KAMIL
(Podezrely je Kamil, 1975)
DIE 384, 1978

PRICE, ANTHONY (1928–
DIE BOMBE
(The Alamut ambush, 1971)
GK 4264, 1973)
DIE CHANDOS-FALLE
(The '44 Vintage, 1978)
RAR 5401, 1984
EIN SPIEL FÜR PROFIS
(War game, 1976)
UK 10258, 1984

PRIESTLEY, J(OHN) B(OYNTON) (1894–
SEX AUF SPESEN
(Salt is leaving, 1966)
GK 4074, 1971

PRIESTLEY, LEE (SHORE) (1904–
DER MANN AUS TEXAS
(Murder takes the baths, 1952)
GK 2051, 1964

PRIOR, ALLAN (1922–
FLIEH, WENN DU KANNST
(One away, 1961)
RTH 2047, 1964

PRITCHETT, ARIADNE
Pseudonym von Anita Grace
Weiteres Pseudonym: Gail St. John
DER FLUCH DER KÖNIGE
(Ghosts of kings, 1972)
HRO 1895, 1973
TÖDLICHE ZUFLUCHT
(Legacy of evil, 1973)
HRO 1886, 1973
DAS ZIMMER DES SCHRECKENS
(Dunsan House, 1974)
HRO 1908, 1974

PROCTER, MAURICE (1906–1973)

BEI MONDLICHT KAM DER TEUFEL
(Devil in moonlight, 1962)
MIT 263, 1965

BLOND SEIN IST GEFÄHRLICH
engl. T. (Death has a shadow, 1965)
am. T. (Homicide Blonde, 1965)
MIT 325, 1967

DIE ENTLARVUNG
(Man in ambush, 1958)
MIT 128, 1962

GESUCHT WIRD . . .
(Killer at large, 1959)
MIT 298, 1966

IM DUNKLEN GASSEN
(The Pub crawler, 1956)
MIT 148, 1963

IN GOLD GEWOGEN
(His weight in gold, 1966)
MIT 358, 1967

IRGENDWO IN DIESER STADT
engl. T. (Hell is a city, 1954)
am. T. (Somewhere in this city, 1954)
MIT 335, 1967

JAGT DEN MÖRDER!
(Rogue running, 1967)
MIT 370, 1968

MORD IM AUTO
engl. T. (I will speak daggers, 1956)
am. T. (The Ripper, 1956)
MIT 279, 1966

MORD IM KUCKUCKSWALD
engl. T. (The Chief Inspector's statement, 1951)
am. T. (The Pennycross murders, 1953)
AUF 32, 1953
vgl. *Spuren ins Nichts*

SPUREN INS NICHTS
(The Pennycross murders, 1953)
MIT 157, 1963
vgl. *Mord im Kuckuckswald*

DES TEUFELS RECHNUNG
(Devil's due, 1960)
MIT 288, 1966

UNGESCHLIFFENE DIAMANTEN
(The spearhead death, 1960)
MIT 119, 1962

UNTERNEHMEN: SPINNENNETZ
(Exercise Hoddwink, 1967)
MIT 396, 1968

VERDAMMTE JUWELEN
(Three at the angel, 1958)
MIT 136, 1963

WAS IST TOMASZOW?
(Rich is the treasure, 1952)
AUF 36, 1953

WER IST DER DOPPELGÄNGER?
(Hideaway, 1968)
MIT 448, 1969

ZWEI VON ZWANZIG
(Two man in twenty, 1964)
MIT 313, 1966

PROFUMO, TONY

DIE FRATZE
(The mime, 1978)
UAR 20088, 1980

PROKOP, GERT

EINER MUSS DIE LEICHE SEIN (OA)
DIE 278, 1976

DER TOD DES REPORTERS (OA)
DIE 156, 1973

PRONZINI, BILL (1943–
Pseudonyme: Jack Foxx, Alex Saxon

DA WAREN'S NUR NOCH DREI
(The stalker, 1971)
SCHE 435, 1973

EDGAR 1 (HRSG.)
(The Edgar winners, 1980)
RTH 2614, 1982

EDGAR 2 (HRSG.)
(The Edgar winners, 1980)
RTH 2616, 1982
EDGAR 3 (HRSG.)
(The Edgar winners, 1980)
RTH 2619, 1983
FREUNDSCHAFTSDIENST
(Dragonfire, 1982)
KNK 4958, 1984
IRRGARTEN
(The snatch, 1971)
HK 1521, 1973; PBK 7, 1977
JAGT DIE BESTIE!
(zusammen mit Barry N. Malzberg)
(The running of beasts, 1976)
GA 5423, 1981
KEIN MENSCH MUSS EWIG LEBEN
(Dead run, 1975)
NRK 29, 1975
DER LETZTE ZUG ZUR HÖLLE
(Wild fire, 1978)
PBK 27, 1979
DER MANN, DEN ES NUR BIS DONNERSTAG GAB
(The vanished, 1973)
NRK 17, 1975
MONTAG MITTAG SAN FRANCISCO
(zusammen mit Collin Wilcox)
(Twospot, 1978)
GK 4884, 1980
MORD FÜR EINE HANDVOLL DIAMANTEN
(A run in diamonds, 1973)
NRK 10, 1974
NOSTALGIE MIT TODESFOLGE
(Hoodwink, 1981)
KNK 4935, 1983
REQUIEM FÜR EINEN GEHÖRNTEN EHEMANN
(Undercurrent, 1973)
NRK 21, 1975
ROTE SPUR
(Labyrinth, 1980)
GA 5429, 1981
DER SCHNEE WAR ROT VOM BLUT
(Snowbound, 1974)
NRK 37, 1976
SINGAPUR SEHEN UND STERBEN
(The Jade Figurine, 1972)
NRK 14, 1974
DAS SPIEL NENNT SICH MORD
(Games, 1976), PBK 9, 1977
TICKET FÜR EINE HINRICHTUNG
(Panic! 1972)
PBK 2, 1973
TRAUERARBEIT
(Scattershot, 1982)
KNK 4948, 1984
VIER UNHEIMLICHE GÄSTE
(Blowback, 1977)
KNK 4903, 1979

PROSKOVA, HANA

DER MOND MIT DER PFEIFE
(Kriminalgeschichten, ausgewählt von Karl-Heinz Jähn)
KVW o. Nr. 1979

PUCCETTI, ROLAND (PETER) (1924–

JOHN CONTRA HENRY
(The trial of John and Henry Norton, 1973)
RTH 2387, 1976

PUNSHON, E(RNEST) R(OBERTSON) (1872–1956)

DAS GESICHT AM FENSTER
(n. e.)
AUF 65, 1955

PUTRAMENT, JERZY

DER TRAUERMANTEL
(Strachy w biesalu, o. J.)
KVW o. Nr., 1971

PUZO, MARIO (1920–

(Pseudonym: Mario Cleri)

DIE DUNKLE ARENA
(The dark arena, 1953)
MOL 1, 1976
DER PATE
(The Godfather, 1969)
RAR 1442, 1971

QUARRY, NICK
Pseudonym von Marvin H(ubert) Albert (1924–
Weitere Pseudonyme: s. d.
ANGELA IN DER FALLE
(The girl with no place to hide, 1959)
UK 935, 1963
FLUCHT VOR DEM BOSS
(Some die hard, 1961)
UK 909, 1963
MÄDCHENJAGD IN MANHATTAN
(No chance in hell, 1960)
UK 914, 1963
MAFIA-MASSAKER
(The Don is dead, 1972)
SCHE 477, 1974
vgl. *M. A. Albert: Der Don ist tot*
WER ANDERN EINE GRUBE GRÄBT
(Till it hurts, 1960)
UK 890, 1962

QUARTERMAIN, H. J.
DIE NACHT ALS JANET HARKER STARB
(Death before launching, 1964)
GK 4033, 1970

QUARTERMAIN, JAMES
Pseudonym von James Broome Lynne (1920–
DIAMANTEN, DIE DEN TOD BRINGEN
(The man who walked on diamonds, 1971)
MIT 615, 1973
DSCHUNGELKRIEG IM NEONLICHT
(Rock of diamond, 1972)
MIT 629, 1973
DER TOD STEHT HINTER DIR
(The diamond hook, 1970)
MIT 607, 1973

QUEEN, ELLERY
Gemeinsames Pseudonym von Frederic Dannay (1905–1982) und Manfred Bennington Lee (1905–1971)
Weiteres Pseudonym: Barnaby Ross
DAS ÄGYPTISCHE KREUZ
(The Egyptian Cross mystery, 1932)
UK 1646, 1974; UK 10210, 1983
vgl. *Das Geheimnis des ägyptischen Kreuzes; Das Rätsel des ägyptischen Kreuzes*
AUF HALBEM WEG
(Halfway house, 1936)
HK 1151, 1965
vgl. *Die Dame mit dem Schleier; Das Haus auf halber Strecke*
BESUCH IN DER NACHT
(The Greck coffin mystery, 1932)
UK 1492, 1972; UK 10093, 1980;
vgl. *Das verschwundene Bild*
BONZE IN BRONZE
(The house of brass, 1968)
UK 1205, 1968
vgl. *Und kann ich nicht dein Erbe sein*
BULLE RAUS!
(Cop out, 1969)
UK 1271, 1969
vgl. *Letzte Karte für die Hölle*
CHINESISCHE MANDARINEN
(The Chinese Orange mystery, 1934)
GK 137, 1958

vgl. *Das Rätsel der chinesischen Mandarine*

DIE DAME MIT DEM SCHLEIER
(Halfway house, 1936)
UK 1814, 1977
vgl. *Auf halbem Weg; Das Haus auf halber Strecke*

DETEKTIVE ENTFÜHRT
(The King is dead, 1952)
SCHE 75, 1955; GK 4055, 1971; UK 1857, 1977

DIE DRACHENZÄHNE
(The dragon's teeth, 1939)
SCHE 108, 1958; SCHE 419, 1973; SCHE 806, 1981

DES DREIECKS VIERTE SEITE
(The fourth side of the triangle, 1965)
UK 1104, 1967; SCHE 588, 1977

DER DREIZEHNTE GAST
(The finishing stroke, 1958)
SCHE 121, 1959
vgl. *Das zwölfte Geschenk*

DRURY LANES LETZTER FALL
(Drury Lane's last case, 1933)
SCHE 12, 1948; SM 11, 1960; UK 1869, 1977

FRAUEN UM JOHN MARCO
(The Spanish cape mystery, 1935)
UK 1527, 1973; UK 10190, 1983
vgl. *Die rächende Hand*

DER GEGENSPIELER
(The player on the other side, 1963)
HK 1170, 1965; UK 1891, 1978

DAS GEHEIMNIS DES ÄGYPTISCHEN KREUZES
(The Egyptian cross mystery, 1932)
MIT 80, 1961
vgl. *Das ägyptische Kreuz; Das Rätsel des Ägyptischen Kreuzes*

DAS GEHEIMNIS DES LIPPENSTIFTS
(The French powder mystery, 1930)
UK 1235, 1969; SCHE 574, 1976; KK 039, 1983

DIE GEHEIMNISVOLLE KATZE
(Cat of many tails, 1949)
BLG 44, 1960; SM 155, 1963
vgl. *Die indische Seidenschnur*

DER GIFTBECHER
(The tragedy of Y., 1932)
MIT 20, 1959
vgl. *Die Tragödie von York*

DAS GOLDENE HUFEISEN
(The four of hearts, 1938)
UK 1798, 1976
vgl. *Trauung in der Luft*

DAS HAUS AUF HALBER STRECKE
(Halfway house, 1936)
SCHE 127, 1960; SCHE 402, 1972; SCHE 655, 1978
vgl. *Auf halbem Weg; Die Dame mit dem Schleier*

DER HUT DES TOTEN
(The Roman hat mystery, 1929)
MIT 63, 1961
vgl. *Schön ist ein Zylinderhut*

DIE INDISCHE SEIDENSCHNUR
(Cat of many tails, 1949)
UK 1658, 1975; UK 12202, 1983
vgl. *Die geheimnisvolle Katze*

INSPEKTOR QUEEN GREIFT EIN
(Inspector Queen's own case, 1956)
SCHE 99, 1958; SCHE 432, 1973

DER KREIS SCHLIESST SICH
(Double, double, 1950)
UK 1725, 1975
vgl. *Wer ist der nächste?*

DIE LETZTE FRAU SEINES LEBENS
(The last woman in his life, 1970)
UK 1382, 1971
vgl. *Seine letzte Frau*

LETZTE KARTE FÜR DIE HÖLLE
(Cop out, 1969)

SCHE 769, 1980
vgl. *Bulle raus!*

MÖRDER IM HOSPITAL
(The Dutch shoe mystery, 1931)
BLG 47, 1961; SM 202, 1963

DER MÖRDER IST EIN FUCHS
(The murderer is a fox, 1945)
SCHE 3, 1947; UK 1756, 1976

DAS MORDDUELL
(There was an old woman, 1943)
auch: (The quick and the dead, 1956)
SCHE 136, 1960; UK 1831, 1977

MORD IM NEUNTEN MONAT
(A fine and private place, 1971)
UK 1459, 1972; UK 10093, 1980

MORD IM PARADIES
(And on the eighth day, 1964)
UK 10056, 1980

MORTISSIMO
(Queen's full, 1965)
UK 1181, 1968

NUR EINE FRAGE DER LESART
(Face to face, 1967)
UK 1170, 1968; UK 1708, 1975

DAS RÄCHENDE DORF
(The glass village, 1954)
UK 1903, 1978
vgl. *Spiel mit dem Feuer*

DIE RÄCHENDE HAND
(The Spanish cape mystery, 1935)
MIT 57, 1960
vgl. *Frauen um John Marco*

DAS RÄTSEL DER CHINESISCHEN MANDARINE
(The Chinese orange mystery, 1934)
UK 10116, 1981
vgl. *Chinesische Mandarinen*

DAS RÄTSEL DER SIAMESISCHEN ZWILLINGE
(The Siamese twin mystery, 1933)
UK 10104, 1981
vgl. *Die siamesischen Zwillinge*

DAS RÄTSEL DES ÄGYPTISCHEN KREUZES
(The Egyptian cross mystery, 1932)
AMS 2, 1953
vgl. *Das ägyptische Kreuz; Das Geheimnis des ägytpischen Kreuzes*

SCHÖN IST EIN ZYLINDERHUT
(The Roman hat mystery, 1929)
UK 1533, 1973; UK 10179, 1982
vgl. *Der Hut des Toten*

SEINE LETZTE FRAU
(The last woman in his life, 1970)
SCHE 630, 1977; KK 040, 1983
vgl. *Die letzte Frau seines Lebens*

SHERLOCK HOLMES GEGEN JACK THE RIPPER
(A study in terror, 1966)
UK 1114, 1967

DIE SIAMESISCHEN ZWILLINGE
(The Siamese twin mystery, 1933)
GK 131, 1958
vgl. *Das Rätsel der siamesischen Zwillinge*

SPIEL MIT DEM FEUER
(The glass village, 1954)
BLG 22, 1958
vgl. *Das rächende Dorf*

DES TEUFELS RECHNUNG
(The devil to pay, 1938)
SCHE 19, 1948; UK 1768, 1976

DIE TRAGÖDIE VON YORK
(The tragedy of Y., 1932)
UK 1556, 1973
vgl. *Der Giftbecher*

TRAUUNG IN DER LUFT
(The four of hearts, 1938)
SCHE 113, 1959
vgl. *Das goldene Hufeisen*

DIE TRENNENDE TÜR
(The door between, 1937)
SCHE 145, 1961; SCHE 406, 1972; SCHE 696, 1979; KK 22, 1980

UND KANN ICH NICHT DEIN ERBE SEIN . . .
(The house of brass, 1969)
SCHE 705, 1979
vgl. *Bonze in Bronze*

DIE VERRÄTERISCHE FLASCHE
(Calendar of crime, 1952)
BLG 32, 1959

DER VERSCHWUNDENE REVOLVER
(The American gun mystery, 1933)
SM 136, 1963

DAS VERSCHWUNDENE BILD
(The Greek coffin mystery, 1932)
MIT 12, 1958
vgl. *Besuch in der Nacht*

VOM TEUFEL GEHETZT
(The origin of evil, 1951)
SCHE 68, 1954; UK 1881, 1978

WER IST DER NÄCHSTE?
(Double, double, 1950)
SCHE 55, 1953
vgl. *Der Kreis schließt sich*

WETTLAUF MIT DEM SCHICKSAL
(The tragedy of Z, 1933)
MIT 37, 1960

WÜRGER IM HOSPITAL
(The Dutch shoe mystery, 1931)
UK 1718, 1975

DER ZEHNTE TAG
(Ten day's wonder, 1948)
SCHE 80, 1956; UK 1785, 1976

ZWEI BLUTIGE BUCHSTABEN
(The scarlet letters, 1953)
SCHE 92, 1957

DAS ZWÖLFTE GESCHENK
(The finishing stroke, 1958)
UK 1245, 1969; UK 10155, 1982
vgl. *Der dreizehnte Gast*

QUEEN, ELLERY

Verlagspseudonym. Die Autoren einiger Titel konnten ermittelt werden:

ABSCHIEDSVORSTELLUNG
(Death spins the platter, 1962 by Richard Deming)
HK 1091, 1963
vgl. *Riskante Show*

DAME MIT DUNKLEN PUNKTEN
(Murder with a past, 1963 by Talmage Powell)
UK 1414, 1971
vgl. *Der Schuß auf Cranny Cox*

EIN DORN IM AUGE
(Beware the young stranger, 1965 by Talmage Powell)
UK 1215, 1968

EINER FÄLLT AUS
(The madman theory, 1966 by John Holbrook Vance)
UK 1162, 1968; UK 10089, 1981

FEIGENBLATT KALIBER 32
(Kiss and kill, 1969)
UK 1333, 1970

FEUER UNTER DEN FÜSSEN
(Losers, weepers, 1966 by Richard Deming)
UK 1266, 1969

EINE FLASCHE BOURBON
(The golden goose, 1964)
HK 1085, 1963
vgl. *Schlachte nie den Goldesel*

FLIEG, KUGEL, FLIEG
(The perfect crime, 1942)
UK 1257, 1969; UK 10167, 1982

15 KRIMINALSTORIES (HRSG.)
(Das Beste aus Ellery Queens Kriminal-Anthologie), HK 1860, 1979

DIE GARTENPARTY
(Blow hot, blow cold, 1964)
HK 1158, 1965; UK 1929, 1978; HK 2011; 1982

GEFLÜSTER IM DUNKEL
(Wife or death, 1963 by Richard Deming)
UK 1368, 1971

GEHEIMNUMMER 7 – 3204
(The copper frame, 1965 by Ri-

chard Deming)
UK 1141, 1967
vgl. *Die letzte Rechnung schickt der Tod*

DAS GOLD VON ACAPULCO
(The last score, 1964)
UK 1196, 1968

HALTEN SIE 200000 DOLLAR BEREIT ...
(Shoot the scene, 1966 by Richard Deming)
UK 1315, 1970

HAUSARZT IN DER HÖLLE
(Kill as directed, 1963)
UK 1121, 1967; SCHE 615, 1977; KK 041, 1983

IM EIGENEN SAFT
(The devil's cook, 1966)
UK 1132, 1967; UK 10132, 1981

IM GRIFF DES KILLERS
(The killer touch, 1965)
SCHE 673, 1978; SCHE 839, 1982
vgl. *Menschenhai*

INFERNO IST ÜBERFÄLLIG
(The Campus murders, 1969)
UK 1345, 1970

JAPANISCHE KRIMINALGESCHICHTEN (HRSG.)
(Japanese golden dozen, 1978)
UK 10221, 1983

KOMMT EIN MÖRDER GEFLOGEN ...
(Which way to die?, 1967 by Richard Deming)
UK 1356, 1970

LEICHEN SIND SCHWERES GEPÄCK
(The Penthouse mystery, 1941)
UK 1844, 1977

DIE LETZTE RECHNUNG SCHICKT DER TOD
(The copper frame, 1965)
SCHE 792, 1981
vgl. *Seine letzte Rechnung schickt der Tod*

MENSCHENHAI
(The killer touch, 1965)
UK 1095, 1966
vgl. *Im Griff des Killers*

MIT DREI BEINEN IM GRAB
(A room to die in, 1965 by John Holbrook Vance)
UK 1150, 1967; SCHE 731, 1979

MORDFALL SAUBERE LEINWAND
(The Blue Movie murders, 1972 by Edward D. Hoch)
UK 1507, 1972

MORDFALL SCHWARZE HERZEN
(The black hearts murder, 1970 by Richard Deming)
UK 1395, 1971

MORD VERDIRBT DAS BÜROKLIMA
(What's in the dark?, 1968 by Richard Deming)
UK 1675, 1975

NUDELN AUS TOKIO
(Guess who's coming to kill you, 1968)
UKK *1293*/1294, 1969; UK 1612, 1974

RISKANTE SHOW
(Death spins the platter, 1962)
UK 1915, 1978
vgl. *Abschiedsvorstellung*

SANATORIUM DES TODES
(The vanishing corpse, 1941)
UK *1306*/1307, 1970; UK 1601, 1974; UK 10093, 1980

SCHATTEN ÜBER WRIGHTSVILLE
(Calamity town, 1942)
SCHE 24, 1949; UK 1809, 1977

SCHLACHTE NIE DEN GOLDESEL
(The golden goose, 1964)
UK 1637, 1974
vgl. *Eine Flasche Bourbon*

DER SCHUSS AUF CRANNY COX
(Murder with a past, 1963)
HK 1079, 1963
vgl. *Dame mit dunklen Punkten*

SEINE LETZTE RECHNUNG SCHICKT DER TOD

(The copper frame, 1965)
KK 042, 1983
vgl. *Die letzte Rechnung schickt der Tod*

DER VERHÄNGNISVOLLE RING
(n. e.)
SM 189, 1963

DIE VIER JOHNS
(The four Johns, 1964 by John Holbrook Vance)
HK 1145, 1964; UK 1941, 1978

WARUM SO TOT?
(Why so dead?, 1966 by Richard Deming)
UK 1989, 1979

WER SPIONIERT, DER MORDET AUCH
(Who spies, who kills?, 1966 by Talmage Powell)
UK 1971, 1979

WIE STEH'S MIT MORD?
(How goes the murder, 1967 by Richard Deming)
UK 10022, 1980

WO STECKT BIANCA?
(Where is Bianca?, 1966)
UK 1959, 1979

QUEEN, ELLERY (Hrsg.)
Story-Sammlungen aus Ellery Queens Mystery Magazine:

DAS KATZENAUGE U. A. KRIMINALSTORIES. FOLGE 1
HAR 108, 1961; HK 1030, 1962

DREH DICH NICHT UM U. A. KRIMINALSTORIES.
FOLGE 2
HAR 132, 1961; HK 1038, 1962

DAS WIRD DICH TÖTEN U. A. KRIMINALSTORIES.
FOLGE 3
HAR 145, 1961; HK 1042, 1962

DEIN EIGENES BEGRÄBNIS U.A. KRIMINALSTORIES.
FOLGE 4
HAR 157, 1962; HK 1046, 1962

EIN TOTER HUND U. A. KRIMINALSTORIES.
FOLGE 5
HK 1050, 1962

BEI NACHT UND NEBEL U. A. KRIMINALSTORIES.
FOLGE 6
HK 1055, 1962

GESCHENK FÜR DIE BRAUT U. A. KRIMINALSTORIES.
FOLGE 7
HK 1062, 1962

STIRB UM MITTERNACHT U. A. KRIMINALSTORIES.
FOLGE 8
HK 1068, 1962

ENDE MIT SCHRECKEN U.A. KRIMINALSTORIES.
FOLGE 9
HK 1074, 1962

BÖSE AUGEN U. A. KRIMINALSTORIES.
FOLGE 10
HK 1082, 1963

VERBOTENE FRÜCHTE U. A. KRIMINALSTORIES.
FOLGE 11
HK 1088, 1963

DAS LETZTE WORT U. A. KRIMINALSTORIES.
FOLGE 12
HK 1094, 1963

WIE DU MIR . . . U. A. KRIMINALSTORIES.
FOLGE 13
HK 1100, 1963

EINMAL UND NIE WIEDER U. A. KRIMINALSTORIES.
FOLGE 14
HK 1106, 1963

WER ANDERN EINE GRUBE GRÄBT U.A. KRIMINALSTORIES.
FOLGE 15
HK 1112, 1963

DER ZWIELICHTIGE MR. CAVERSHAM U. A. KRIMINALSTORIES.
FOLGE 16
HK 1118, 1964
NEUN KRAWATTEN U. A. KRIMINALSTORIES.
FOLGE 17
HK 1124, 1964
FLIEH, WENN DU KANNST U. A. KRIMINALSTORIES.
FOLGE 18
HK 1130, 1964
DIE FALLE U. A. KRIMINALSTORIES.
FOLGE 19
HK 1136, 1964
GEISTER IM HAUS U. A. KRIMINALSTORIES.
FOLGE 20
HK 1142, 1964
ELLERY QUEEN'S MYSTERY MAGAZINE.
FOLGE 21
HK 1148, 1964
ELLERY QUEEN'S MYSTERY MAGAZINE.
FOLGE 22
HK 1154, 1965
ELLERY QUEENS MYSTERY MAGAZINE.
FOLGE 23.
HK 1160, 1965
ELLERY QUEEN'S MYSTERY MAGAZINE.
FOLGE 24
HK 1166, 1965,
ELLERY QUEEN'S MYSTERY MAGAZINE.
FOLGE 25
HK 1172, 1965
ELLERY QUEEN'S MYSTERY MAGAZINE.
FOLGE 26
HK 1178, 1965

Von 1965 bis 1967 erschien das Ellery Queen *Kriminal*-Magazin Nr. 1–13 außerhalb der Kriminaltaschenbücher in einer eigenen Reihe. Ab Band 14 wurden die Story-Bände wieder integriert, in dem beide Nummernfolgen fortgeführt wurden. Ab Nummer 26 des Kriminal-Magazins wurde die Klammer-Angabe des Auswahlbandes weggelassen.

ELLERY QUEEN'S KRIMINAL MAGAZIN 14
(27. Auswahlband)
HK 1242, 1967
ELLERY QUEEN'S KRIMINAL MAGAZIN 15
(28. Auswahlband)
HK 1252, 1967
ELLERY QUEEN'S KRIMINAL MAGAZIN 16
(29. Auswahlband)
HK 1294, 1968
ELLERY QUEEN'S KRIMINAL MAGAZIN 17
(30. Auswahlband)
HK 1314, 1968
ELLERY QUEEN'S KRIMINAL MAGAZIN 18
(31. Auswahlband)
HK 1343, 1969
ELLERY QUEEN'S KRIMINAL MAGAZIN 19
(32. Auswahlband)
HK 1359, 1969
ELLERY QUEEN'S KRIMINAL MAGAZIN 20
(33. Auswahlband)
HK 1374, 1969
ELLERY QUEEN'S KRIMINAL MAGAZIN 21
(34. Auswahlband)
HK 1390, 1970
ELLERY QUEEN'S KRIMINAL MAGAZIN 22
(35. Auswahlband)
HK 1398, 1970
ELLERY QUEEN'S KRIMINAL MAGAZIN 23
(36. Auswahlband)
HK 1406, 1970
ELLERY QUEEN'S KRIMINAL MAGAZIN 24
(37. Auswahlband)
HK 1414, 1970
ELLERY QUEEN'S KRIMINAL MAGAZIN 25
(38. Auswahlband)
HK 1422, 1970
ELLERY QUEEN'S KRIMINAL MAGAZIN 26
HK 1430, 1971
ELLERY QUEEN'S KRIMINAL MAGAZIN 27

HK 1441, 1971
ELLERY QUEEN'S KRIMINAL MAGAZIN 28
HK 1447, 1971
ELLERY QUEEN'S KRIMINAL MAGAZIN 29
HK 1453, 1971
ELLERY QUEEN'S KRIMINAL MAGAZIN 30
HK 1459, 1971
ELLERY QUEEN'S KRIMINAL MAGAZIN 31
HK 1465, 1972
ELLERY QUEEN'S KRIMINAL MAGAZIN 32
HK 1471, 1972
ELLERY QUEEN'S KRIMINAL MAGAZIN 33
HK 1477, 1972
ELLERY QUEEN'S KRIMINAL MAGAZIN 34
HK 1484, 1972
ELLERY QUEEN'S KRIMINAL MAGAZIN 35
HK 1492, 1972
ELLERY QUEEN'S KRIMINAL MAGAZIN 36
HK 1500, 1972
ELLERY QUEEN'S KRIMINAL MAGAZIN 37
HK 1508, 1973
ELLERY QUEEN'S KRIMINAL MAGAZIN 38
HK 1516, 1973
ELLERY QUEEN'S KRIMINAL MAGAZIN 39
HK 1530, 1973
ELLERY QUEEN'S KRIMINAL MAGAZIN 40
HK 1540, 1973
ELLERY QUEEN'S KRIMINAL MAGAZIN 41
HK 1550, 1973
ELLERY QUEEN'S KRIMINAL MAGAZIN 42
HK 1560, 1973
ELLERY QUEEN'S KRIMINAL MAGAZIN 43
HK 1570, 1974
ELLERY QUEEN'S KRIMINAL MAGAZIN 44
HK 1580, 1974
ELLERY QUEEN'S KRIMINAL MAGAZIN 45
HK 1590, 1974
ELLERY QUEEN'S KRIMINAL MAGAZIN 46
HK 1599, 1974
ELLERY QUEEN'S KRIMINAL MAGAZIN 47
HK 1609, 1974
ELLERY QUEEN'S KRIMINAL MAGAZIN 48
HK 1618, 1974
ELLERY QUEEN'S KRIMINAL MAGAZIN 49
HK 1627, 1975
ELLERY QUEEN'S KRIMINAL MAGAZIN 50
HK 1636, 1975
ELLERY QUEEN'S KRIMINAL MAGAZIN 51
HK 1645, 1975
ELLERY QUEEN'S KRIMINAL MAGAZIN 52
HK 1653, 1975
ELLERY QUEEN'S KRIMINAL MAGAZIN 53
HK 1661, 1975
ELLERY QUEEN'S KRIMINAL MAGAZIN 54
HK 1673, 1975
ELLERY QUEEN'S KRIMINAL MAGAZIN 55
HK 1685, 1976
ELLERY QUEEN'S KRIMINAL MAGAZIN 56
HK 1697, 1976
ELLERY QUEEN'S KRIMINAL MAGAZIN 57
HK 1709, 1976
ELLERY QUEEN'S KRIMINAL MAGAZIN 58
HK 1721, 1976
ELLERY QUEEN'S KRIMINAL MAGAZIN 59
HK 1733, 1977
ELLERY QUEEN'S KRIMINAL MAGAZIN 60
HK 1745, 1977
ELLERY QUEEN'S KRIMINAL MAGAZIN 61
HK 1759, 1977
ELLERY QUEEN'S KRIMINAL MAGAZIN 62
HK 1772, 1977
ELLERY QUEEN'S KRIMINAL MAGAZIN 63
HK 1785, 1978
ELLERY QUEEN'S KRIMINAL MAGAZIN 64
HK 1796, 1978
ELLERY QUEEN'S KRIMINAL MAGAZIN 65
HK 1808, 1978
ELLERY QUEEN'S KRIMINAL MAGAZIN 66
HK 1820, 1978
ELLERY QUEEN'S KRIMINAL MAGAZIN 67
HK 1832, 1979
ELLERY QUEEN'S KRIMINAL MAGAZIN 68
HK 1844, 1979
ELLERY QUEEN'S KRIMINAL MAGAZIN 69
HK 1856, 1979
ELLERY QUEEN'S KRIMINAL MAGAZIN 70
HK 1872, 1980
ELLERY QUEEN'S KRIMINAL MAGAZIN 71

HK 1884, 1980
ELLERY QUEEN'S KRIMINAL MAGAZIN 72
HK 1898, 1980
ELLERY QUEEN'S KRIMINAL MAGAZIN 73
HK 1910, 1980
ELLERY QUEEN'S KRIMINAL MAGAZIN 74
HK 1922, 1981
ELLERY QUEEN'S KRIMINAL MAGAZIN 75
HK 1934, 1981
ELLERY QUEEN'S KRIMINAL MAGAZIN 76
HK 1951, 1981
ELLERY QUEEN'S KRIMINAL MAGAZIN 77
HK 1963, 1981
ELLERY QUEEN'S KRIMINAL MAGAZIN 78
HK 1975, 1982
ELLERY QUEEN'S KRIMINAL MAGAZIN 79
HK 1990, 1982
ELLERY QUEEN'S KRIMINAL MAGAZIN 80
HK 2003, 1982
ELLERY QUEEN'S KRIMINAL MAGAZIN 81
HK 2015, 1982
ELLERY QUEEN'S KRIMINAL MAGAZIN 82
HK 2027, 1983
ELLERY QUEEN'S KRIMINAL MAGAZIN 83
HK 2043, 1983
ELLERY QUEEN'S KRIMINAL MAGAZIN 84
HK 2055, 1983
ELLERY QUEEN'S KRIMINAL MAGAZIN 85
HK 2077, 1984
ELLERY QUEEN'S KRIMINAL MAGAZIN 86
HK 2095, 1984
ELLERY QUEEN'S KRIMINAL MAGAZIN 87
HK 2104, 1984

QUENTIN, PATRICK

Gemeinsames Pseudonym von Hugh Callingham Wheeler (1912– und Richard Wilson Webb (1901– Weitere Pseudonyme: Q. Patrick, Jonathan Stagge

BÄCHLEINS RAUSCHEN TÖNT SO BANG
(Kriminalgeschichten)
(The ordeal of Mrs. Snow, 1962)
DIO 87/1 = 20195, 1975

BILL HARDINGS FRAUEN
(The man with two wives, 1955)
SM 173, 1963

FAMILIENSCHANDE
(Family skeletons, 1965)
FAR 1307, 1972; DIO 87/2 = 20917, 1981

IM SCHATTEN DES VERBRECHENS
(Shadow of guilt, 1959)
HCC 1907, 1980

LIEBE UND MORD IN RENO
(Puzzle for wantons, 1945)
HCC 1688, 1976

DER MANN OHNE GEDÄCHTNIS
(Puzzle for fiends, 1946)
SM 56, 1961; HCC 1608, 1974

MEIN SOHN, DER MÖRDER
(My son, the murderer, 1954)
HCC 1559, 1973

MORDGEFLÜSTER
(A puzzle for fools, 1936)
HCC 1474, 1972

TRÜBES WASSER
(Puzzle for players, 1938)
NBR 47, 1963; SM 2150, 1964

QUEST, ERICA

Gemeinsames Pseudonym von John Sawyer (1919– und Nancy Buckingham Sawyer (1924– Weiteres Pseudonym: Nancy Buckingham, s. d.

DAS SILBERNE SCHLOSS
(The silver castle, 1978)
GAS 46, 1980

QUINN, PATRICK

BLICK HINTER DIE MASKE
(The barbed - wire hurdlers, 1969)
GK 4065, 1971

HIMMELFAHRTSKOMMANDO
(The big game, 1970)
GAB 45, 1971

QUINN, SEABURY (GRANDIN) (1889–1969)

DIE BRAUT DES TEUFELS
(The devil's bride, 1976)
HEL 9, 1971

QUINTANO, DOROTHY G.

WEEKEND IN DER VILLA
(Weekend at the villa, 1974)
GK 4462, 1975

RAABE, WILHELM (1831–1910)

STOPFKUCHEN (1890)
RAR 100, 1954; RES 9393, 1972

RABE, PETER

ANATOMIE EINES MÖRDERS
(Anatomy of a killer, 1960)
MIT 149, 1963

HALTET DIESEN MANN!
(Stop this man! 1955)
PAN 84, 1957
vgl. *Und wenn ich vor die Hunde gehe!*

LOCKVOGEL LINDA
(Journey into terror, 1957)
BRA 24, 1970

DAS TÖDLICHE TELEFON
(The out is death, 1957)
BRA 55, 1973

UND WENN ICH VOR DIE HUNDE GEHE!
(Stop this man!, 1955)
BRA 20, 1970
vgl. *Haltet diesen Mann!*

RACINA, THOM (1946–

KOJAK: KOJAK UND DIE RACHEGÖTTIN
(Kojak in San Francisco, 1975)
BFK 38035, 1978

RADLEY, SHEILA

VIELE NEIDER SIND DER SCHÖNEN TOD
(The Chief Inspector's daughter, 1981)
SCHE 912, 1983

RADTKE, GÜNTER (1927–

KRIMINALISTENPUNSCH
GREI o. Nr., 1981

RAGOSTA, MILLIE J(ANE) (1931–

DAS LETZTE GESTÄNDNIS
(Lorena veiled, 1974)
HRO 2006, 1978

RAINOW, BOGOMIL

DIE GROSSE LANGEWEILE
(Goljamata skuka, o. J.)
KVW o. Nr., 1973

HERR NIEMAND
(Gospodin Nikoj, o. J.)
KVW o. Nr., 1968

EIN MANN AUS DER VERGANGENHEIT
(n. e.)
DIE 69, 1970

RAMSAY, DIANA

Pseudonym von Rhoda Brandes

EINE KLEINE MORDMUSIK
(A little murder music, 1972)
SCHE 478, 1974

SEI LIEB UND STIRB
(You can't call it murder, 1977)
SCHE 697, 1979

TOD EINES MAUERBLÜMCHENS
(No cause to kill, 1974)
SCHE 612, 1977

RAMSEY, LILA

DIE SCHÖNE LEICHE VON SEITE EINS
(The Bestseller, 1981)
BTH 19026, 1983

RANDALL, RONA

Pseudonym von Rona (Green)

Shambrook

DER ADLER ÜBER DEM TOR
(The eagle at the gate, 1978)
KNAR 797, 1982

DENN DIE NACHT IST VERSCHWIEGEN
(Hedgerow, 1967)
RAR 1307–1308, 1970

DIE GEHEIMNISVOLLE TOCHTER
(Walk into my parlour, 1962)
HRO 1965, 1976

DIE GRÜNE KUTSCHE
(Knight's keep, 1967)
BPAL 14070, 1978; KNAR 807, 1982

DIE LADYS VOM HANNOVER SQUARE
(The ladies of Hanover Square, 1981)
KNAR 1181, 1984

SPIEL DER LEIDENSCHAFT
(Dragonmede, 1974)
HRO 2033, 1979; KNAR 1024, 1983

DER WÄCHTERSTEIN
(The watchman's stone, 1975)
KNAR 782, 1981

ZERRISSENE FÄDEN
(Broken tapestry, 1969)
BPAL 14013, 1974; BAR 14100, 1980)

RANK, CLAUDE (1925–

SCHICKSALHAFTE DIAMANTEN
(Tous les diamants du monde, o. J.)
SEPK 8, 1968

RANK, HEINER (1931–

DAS GRÜNE GESPENST (OA)
NBR 64, 1968

DIE LETZTE ZEUGIN (OA)
DIE 180, 1976; RTH 2458, 1978

NEBELNACHT (OA)
DIE 58, 1970

RANSOM, CANDICE F.

DAS KARUSSELL IM MORGENGRAUEN
(The silvery past, 1982)
SCHN 8561, 1984

RANSOME, STEPHEN

Pseudonym von Frederick C(lyde) Davis (1902–1977)
Weitere Pseudonyme: Murdo Coombs, Curtis Steele

DAS ENDE EINES BLUTSAUGERS
(Trap No. 6, 1971)
NRK 31, 1976

IN DIESER NACHT
(Some must watch, 1961)
KRÄ 4, 1965; HLK 1659, 1975

KIDNAPPERS LEITMOTIV
(So deadly my love, 1957)
GK 3104, 1968

LÖSEGELD NUR NACHTS
(Meet in darkness, 1964)
RTH 2099, 1966

LYDIA SOLL STERBEN
(False bounty, 1948)
UAR 70, 1955; UK 713, 1959; GK 3060, 1968

DER MANN MIT MEINEM NAMEN
(I'll die for you, 1959)
GK 2114, 1965

RIVALEN
(The unspeakable, 1960)
GK 2238, 1966

SCHWEIGEN SIE, HERR STAATSANWALT!
(Alias his wife, 1965)
RTH 2120, 1967

SIE ALLE KANNTEN JACKIE
(The men in her death, 1956)
UK 842, 1961; GK 3033, 1967

DIE SPUR
(Without a trace, 1962)
GK 2122, 1965

TOD EINES SCHÜRZENJÄGERS
(One-man jury, 1964)
RTH 2087, 1966

DIE WARNUNG
(Warning bell, 1960)
GK 2097, 1965)

RAPF, MATTHEW
s. *Chester Krumholz*

RATHBONE, JULIAN (1935–
FÜR EINE HANDVOLL DIAMANTEN
(Diamonds bid, 1967)
MIT 531, 1971
DAS GEHEIMNIS DER BRONZESTATUEN
(Trip trap, 1972)
MIT 604, 1973
DIE GEHEIM-ORDER
(Hand out, 1968)
MIT 521, 1971
DER MESSERWERFER
(With my knives I know I'm good, 1969)
MIT 509, 1970
DIE UMWELT-GANGSTER
(The Euro-killers, 1979)
HK 1954, 1981

RAY, DAVID
DER RATTENFÄNGER
(The rat catchers, 1966)
MIT 380, 1968

RAYMOND, DIANA (JOAN) (1916–
ES GESCHAH AN EINEM SOMMERTAG
(Incident on a summer's day, 1974)
HLK 1752, 1977

RAYNER, CLAIRE (BERENICE) (1931–
DAS LETZTE GESTÄNDNIS
(The house on the fen, 1967)
HRO 1848, 1970; HRO 2130, 1983

RAYNES, JEAN
DAS GEHEIMNIS IM SCHLOSSPARK
The blood carnelian, 1979)
HRO 2121, 1981

REACH, JAMES (1909?–1970)
ZUM TODE VERURTEILT
(Blind gambit, 1954)
MIT 252, 1965

REAGAN, THOMAS (JAMES) B(UTLER) (1916–
Pseudonym: Jim Thomas
ANHALTER SIND GEFÄHRLICH
(Blood money, 1970)
SCHE 408, 1973
KÜHLE KILLER, SCHÖNE SCHÄTZCHEN
(Cross purposes, 1971)
SCHE 427, 1973; KK 64, 1982
MITTWOCH, 13 UHR 15
(Bank job, 1964)
SCHE 251, 1966
DIE RECHNUNG OHNE DEN CHEF
(The inside-out heist, 1970)
SCHE 416, 1973; KK 72, 1982
STURZFLUG INS JENSEITS
(The big fall, 1967)
SCHE 338, 1970

RECKEFUSS, HERBERT
TANZMÄDCHEN FÜR TANGER
NBR 25, 1957

REED, ALLAN
Pseudonym von W(olf) D(etlef) Rohr (1928–
DIE GRÜNE KRANKHEIT
KTR 6, 1958

REED, BARRY
THE VERDICT – DIE WAHRHEIT UND NICHTS ALS DIE WAHRHEIT
(The verdict, 1980)
HAR 6196, 1983

REES, ARTHUR J(OHN) (1872–1942)
DER ULMENHOF
(Tragedy at Twelvetrees, 1931)
GK 1294, 1964

REESE, JOHN (HENRY)
HEISSE BEUTE
(The looters, 1968)
SCHE 371, 1971
MIT DER UNSCHULD IM BUNDE
(Pity us all, 1969)
SCHE 392, 1972

REESE, W. F. C. (1894–1957)
DAS EXPERIMENT
AS o. Nr., 1955 (?)
DAS TODESURTEIL
AS o. Nr., 1955 (?)
UNFALL IM NEBEL
AS o. Nr., 1955 (?)
DER UNHEIMLICHE
AS o. Nr., 1955 (?)

REHN, VIKTORIA
BEICHTE AUF TONBAND
LICH 51, 1963

REICHE, KARL (1902–1959)
FRACHT FÜR VERACRUZ (OA)
NBR 30, 1958
HAUK MUSS GLEICH KOMMEN (OA)
NBR 19, 1956
DAS KREUZ VON VAIANICA (OA)
NBR 16, 1955

REIHER, ROLF
BRÜDERLEIN, KOMM STIRB MIT MIR (OA)
GHC 3, 1972
EVELYN MUSS TRAUER TRAGEN (OA)
BKEL 37036, 1977
MORD WAR NICHT GEPLANT (OA)
BKEL 37023, 1976
NICHTS IST SO FEIN GESPONNEN (OA)
BKEL 37018, 1976; BK 36056, 1982

REILLY, HELEN (1891–1962)
Pseudonym: Kieran Abbey
ALS DER STURM LOSBRACH
(The day she died, 1962)
MT 201, 1964
EINE FRAU ZUVIEL
(Certain sleep, 1961)
MIT 236, 1965
ICH NICHT, INSPEKTOR!
(Not me, Inspector!, 1959)
MIT 114, 1962
DER MANN MIT DEN ZWEI GESICHTERN
(The double man, 1952)
HLK 1838, 1979
vgl. *Der Mann mit den zwei Köpfen*
DER MANN MIT DEN ZWEI KÖPFEN
(The double man, 1952)
SM 2153, 1965, vgl. *Der Mann mit den zwei Gesichtern*
DIE TÖDLICHE FALLE
(All concerned notified, 1939)
MIT 306, 1966

REINECK, KARLHEINZ
MORDFALL CAVALTINI
MV 108, 1969

REINECKER, HERBERT (1914–
Autor der Kriminalroman-Serien: *»Der Kommissar«* und *»Karwenna«*; s. *Anhang Serien*
11 UHR 20 (1970)
GK 4102, 1971
DER KOMMISSAR UND DAS MESSER IM RÜCKEN:
FÜNF FÄLLE FÜR DEN KOMMISSAR
SCHE 503, 1975
DER KOMMISSAR GREIFT EIN:
KEINER HÖRTE DEN SCHUSS (OA)
SCHE 428, 1973
DER KOMMISSAR GREIFT EIN:

DER KOMMISSAR UND DER PAPIERBLUMENMÖRDER (OA)
SCHE 407, 1973
DER KOMMISSAR LÄSST BITTEN: DREI TOTE REISEN NACH WIEN (OA)
SCHE 454, 1974
DAS MÄDCHEN VON HONGKONG (1973)
SCHE 491, 1975

REISCH-NOWACK, CHRISTINE
RENDEZVOUS MIT DEM MÖRDER (1984)
WELT 324, 1984

REISDORF, THEODOR J. (1935–
INSELSCHÖNHEIT (OA)
BKR 37021, 1984
LAND, LEUTE UND LEICHEN (OA)
BK 36054, 1982; BKR 37020, 1984

REISNER, M(ARY)
DER GEJAGTE
(The hunted, 1967)
TER 4, 1972
JENE NACHT AUF DEM FELSEN
(Death Hall, 1968)
HRO 1837, 1969
SCHATTEN AN DER WAND
(Shadows on the wall, 1943)
HRO 1846, 1970
TODESHALLE
(Death hall, 1968)
HEL 16, 1972

REMY, PIERRE-JEAN
Pseudonym von Jean-Pierre Angremy (1937–
DAS SCHWARZE MONOKEL
(Le monocle noir, 1960)
MIT 93, 1962

RENDELL, RUTH (1930–
ALLES LIEBE VOM TOD
(From Doon with death, 1964)
UK 1969, 1979
DÄMON HINTER SPITZENSTORES
(A demon in my view, 1976)
UK 1790, 1976; RTH 2677, 1984
DURCH DAS TOR ZUM HIMMLISCHEN FRIEDEN
(The speaker of Mandarin, 1983)
RTH 2684, 1984
DURCH GEWALT UND LIST
(Put on by cunning, 1981)
UK 10151, 1982
FLUCHT IST KEIN ENTKOMMEN
(The face of trespass, 1974)
UK 1693, 1975
DER GEFALLENE VORHANG
(The fallen curtain, and other stories, 1976)
UK 10182, 1982
HAUS DER TAUSEND LÜGEN
(The secret house of death, 1968)
UK 1669, 1975
DER HERR DES MOORS
(Master of the moor, 1982)
UK 10200, 1983
DER KUSS DER SCHLANGE
(Shake hands forever, 1975)
UK 1824, 1977
LEBEN MIT DOPPELTEM BODEN
(A sleeping life, 1978)
UK 1939, 1978
DER LIEBE BÖSER ENGEL
(A guilty thing surprised, 1970)
UK 1926, 1978
MANCHER TRAUM HAT KEIN ERWACHEN
(Make death love me, 1979)
UK 10044, 1980
DER MORD AM POLTERABEND
(The best man to die, 1969)
UK 1681, 1975
MORD IST DES RÄTSELS LÖSUNG
(One across, two down, 1971)
UK 1898, 1978
MORD IST EIN SCHWERES ERBE
(A new lease of death, 1967)
UK 1879, 1978

DER PAKT
(The killing doll, 1984)
RTH 2709, 1984
PHANTOM IN ROT
(Some lie and some die, 1973)
UK 1842, 1977
SCHULD VERJÄHRT NICHT
(No more dying then, 1971)
UK 1916, 1978)
SCHWEISS DER ANGST
(Wolf to the slaughter, 1967)
UK 10224, 1983
SEE DER DUNKELHEIT
(The lake of darkness, 1980)
UK 10099, 1981
DER TOD FÄLLT AUS DEM RAHMEN
(To fear a painted devil, 1965)
UK 1860, 1977
DIE TOTE IM FALSCHEN GRAB
(Murder being once done, 1972)
UK 10007, 1979
URTEIL IN STEIN
(A judgement in stone, 1977)
UK 10134, 1982
DIE WEGE DES BÖSEN
(Means of evil, 1979)
UK 10071, 1980

RESCHKE, TORSTEN (1943–
JAPANISCHES SPIELZEUG (OA)
KEL 826, 1973
LAUF, MÖRDER, LAUF (OA)
KEL 822, 1972

REX, CONSTANTIN
DIE BÄLLE DES TEUFELS (OA)
DLV 751, 1966

REY, PIERRE
DER GNOM VON ZÜRICH
(Out, 1977), MTB 2166, 1981

REYMOND, HENRY
HEISSE KATZEN
(Deadlier than the male, 1966)
HAR 522, 1967

REYNOLDS, MAXINE
Pseudonym von Dallas McCord Reynolds (1917–
DER PALAST DES SULTANS
(The house in the Kasbah, 1972)
HRO 1937, 1975

RHODE, JOHN
Pseudonym von Cecil John Charles Street (1884–1964)
Weiteres Pseudonym: Miles Burton
DR. GOODWOODS STELLVERTRETER
(Dr. Goodwood's locum, 1951)
SM 2106, 1964

RICE, CRAIG
Pseudonym von Georgiana Ann Randolph Craig (1908–1957)
Weitere Pseudonyme: Daphne Sanders, Michael Venning
DREI STUNDEN NACH MITTERNACHT
(Eight faces at three, 1939)
MIT 84, 1961
DER FALL APRIL ROBIN
(zusammen mit Ed McBain)
(The April Robin murders, 1958)
UK 1045, 1966
vgl. *Mord in der Traumfabrik*
DIE GROSSE VERWIRRUNG
(The sunday pigeon murders, 1942)
MIT 317, 1966
MORD IM GERICHTSHOF
(Trial by fury, 1941)
MIT 109, 1962; HCC 1968, 1981
vgl. *Mr. Malone greift ein*
MORD IN DER TRAUMFABRIK
(zusammen mit Ed McBain)
(The April Robin murders, 1958)

PAN 133, 1959
vgl. *Der Fall April Robin*

MR. MALONE GREIFT EIN
(Trial by fury, 1941)
HK 1503, 1972
vgl. *Mord im Gerichtshof*

MR. MALONE LEBT GEFÄHRLICH
(The name is Malone, 1958)
HAR 120, 1961; HK 1034, 1962

SARG MIT SCHÖNER AUSSICHT
(Innocent bystander, 1949)
UK 1107, 1967
vgl. *Zeugen gesucht*

DIE SCHLINGE UM MALONE
(Knocked for a loop, 1957)
MIT 145, 1963

DIE SCHÖNE DELORA
(My kingdom for a hearse, 1957)
MIT 47, 1960

DIE VERTAUSCHTEN KÖPFE
(Having wonderful crime, 1943)
MIT 283, 1966

ZEUGEN GESUCHT
(Innocent bystander, 1949)
PAN 126, 1958
vgl. *Sarg mit schöner Aussicht*

RICHARD, FRANK

DIE FRAU DES STAATSANWALTS
KNAR 773, 1981

RICHARDS, ALLAN

Pseudonym von Richard A. Rosenthal (1925–

TOD MIT RABATT
(To market, to market, 1961)
RTH 2037, 1963

RICHARDS, M.R.

SPIEL DES TODES (OA)
KEL 849, 1976

RICHARDSON, MOZELLE (GRONER) (1914–

DIE FRAU DES MAHARADSCHAS
(The song of India, 1973)
HRO 1989, 1977

DAS GEHEIMNIS DER PUPPE
(The masks of Thespis, 1973)
HRO 1977, 1976

RICHARTZ, W. E.

NOFACE – NIMM WAS DU BRAUCHST
DTV 1142, 1976

RIDGWAY, JASON

Pseudonym von Stephen Marlowe (1928–
Geburtsname: Milton Lesser
Weitere Pseudonyme: Andrew Frazer, C.H. Thomes. Siehe auch: R.S. Prather

ADAMS FALL
(Adam's fall, 1960), GK 1125, 1962

SCHWEIG ODER STIRB
(The treasure of the Cosa Nostra, 1966), GK 3011, 1967

DAS SELTSAME SANATORIUM
(Hardly a man is now alive, 1962)
GK 1158, 1962

RIEDEL, HELGA

EINE MUSS TOT (OA)
RTH 2656, 1983

WIEDERGÄNGER (OA)
RTH 2682, 1984

RIFKIN, SHEPARD (1918–

HEISSE NACHT ÜBER DER STADT
(McQuaid in August, 1979)
SCHE 836, 1982

DER KELCH DER MÖRDER
(The murderer vine, 1970)
SCHE 431, 1973

LADYFINGER
(Ladyfingers, 1969)

HK 1934, 1970

MORD GETEILT DURCH ZWEI
(McQuaid, 1974)
NRK 45, 1977

DIE SCHNEESCHLANGE
(The snow rattlers, 1977)
GK 4863, 1979

RINECKER, WOLFGANG (1931–

WARUM STARB ANGÈLE?
GREI o. Nr., 1979

RINEHART, MARY R(OBERTS) (1876–1958)

DAS ALBUM
(The album, 1933)
BLG 29, 1959; SM 2125, 1964

ALPTRAUM UM MITTERNACHT
(The confession, 1921)
UK 1885, 1978

DIE ALTE DAME
(Haunted Lady, 1942)
SCHE 57, 1953

DUNKLE WASSER DES VERDERBENS
(The case of Jennie Brice, 1913)
UK 1851, 1977

DIE FURCHTSAME GATTIN
(The frightened wife, 1953)
BLG 42, 1960

DAS GELBE ZIMMER
(The yellow room, 1945)
SCHE 48, 1952

KEINE SPUR
(Miss Pinkerton, 1932)
UK 10004, 1979
vgl. *Miss Pinkerton*

DER KLUB ZUR WEISSEN KATZE
(The window at the white cat, 1910)
SCHE 86, 1956

DER MANN IN NUMMER ZEHN
(The man in Lower Ten, 1909)
BLG 11, 1956; SM 218, 1963

MISS PINKERTON
(Miss Pinkerton, 1932)
SCHE 151, 1961
vgl. *Keine Spur*

DIE ROTE LAMPE
(The red lamp, 1925)
SCHE 112, 1959

SKANDAL UM JULIETTE
(The wall, 1938)
SCHE 63, 1954

TEUFEL AN BORD
(The after house, 1914)
UK 1826, 1977

DAS WANDERNDE MESSER
(Episode of the wandering knife, 1950)
BLG 3, 1955; SM 188, 1963

DIE WENDELTREPPE
(The circular staircase, 1908)
BLG 24, 1958; SM 2143, 1964

RIPLEY, JACK

Pseudonym von John (William) Wainwright (1921–

DIE ABRECHNUNG
(My word you should have seen us, 1972)
MIT 597, 1972

DAS GEHEIMNIS DER SCHWARZEN MESSE
(My God how the money rolls in, 1972)
MIT 656, 1974

DAS GESETZ DER UNTERWELT
(The pig that got up and slowly walked away, 1971)
MIT 585, 1972
vgl. John Wainwright: *Das Gesetz der Unterwelt*

DIE LEICHE VOR DER TÜR
(Davis doesn't live here any more, 1971)
MIT 576, 1972
vgl. John Wainwright: *Die Leiche vor der Tür*

RTTER, MARGARET
DAS GEFÄNGNIS IM SCHLOSS
(The Lady in the tower, 1972)
HRO 2137, 1983

RITTER, WOLFPETER
EIN NEBENBUHLER FÜHRT REGIE (OA)
BK 36011, 1978

RIVERA, DON
(Pseudonym)
Autor der Kriminalroman-Serie:
»Kommissar«; s. *Anhang*.
Autor der Nummern: 492, 497, 499, 502, 504, 508, 510, 511, 514, 518, 519, 525, 527, 530, 533, 535, 539, 544, 548, 551, 555, 562, 569, 570, 574, 575, 577, 579, 583, 585, 588, 594, 595, 602, 610, 614, 616, 618, 622

RIVES, ANNE
ZIMMER MIT BLICK AUF DEN SEE
(n. e.)
GAR 2897, 1971
ZWISCHENFALL BEI SANARY
(L'incident, 1961)
RAR 548, 1963

RJNDT, PHILIPPE VAN
DOKUMENT DES TODES
(The Tetramachus Collection, 1976)
HK 1805, 1978

ROBBINS, HAROLD (1916–
DIE PROFIS
(Stiletto, 1960)
UAR 2946, 1973
vgl. *Stiletto*
STILETTO
(Stiletto, 1960)
PHOE 25, 1967
vgl. *Die Profis*

ROBERT, JACQUES
IM MANTEL DER NACHT
(Le désordre et la nuit, o. J.)
HAR 114, 1961; HK 1032, 1962

ROBERTS, DAVID
Pseudonym von Willo Davis Roberts (1928–
DEN TOD IM KOPF
(A long time to hate, 1982)
BTH 19029, 1983

ROBERTS, JAMES HALL
Pseudonym von Robert L(ipscomb) Duncan (1927–
DIE FEBRUAR-VERSCHWÖRUNG
(The February Plan, 1967)
FAR 1207, 1971

ROBERTS, JANET LOUISE (1925–
Pseudonyme: Louisa Bronte, Rebecca Danton, Janette Radcliffe
DAS DUNKLE MOOR
(Castlereagh, 1975)
GAS 16, 1977
DER FAMILIENFLUCH
(The curse of Kenton, 1972)
HRO 1897, 1973

ROBERTS, LEE
Pseudonym von Robert (Lee) Martin (1908–1976)
KLEINE HEXE
(Little murder, 1952)
PAN 68, 1956

ROBERTS, WILLO DAVIS (1928–
Pseudonym: David Roberts
KESSELTREIBEN
(Expendable, 1976)
GK 4666, 1977
MILLIONEN AUGENZEUGEN
(Key witness, 1975)

GK 4705, 1977

TATMOTIV: ANGST
(Act of fear, 1977)
GK 4776, 1978

DIE TÖDLICHE NUMMER
(Didn't anybody know my wife, 1974)
SCHE 642, 1978

DAS SCHLOSS AUF DEN KLIPPEN
(The watchers, 1971)
HRO 1898, 1973; HRO 2145, 1984

ROBERTSON, COLIN (1906–1980)

DIE GRÜNEN DIAMANTEN
(The green diamonds, 1970)
MIT 569, 1972

DER MÖRDER KAM IM NEBEL
(Dead on time, 1964)
ZEX 164, 1969

DER PSYCHO-KILLER
(Sinister moonlight, 1965)
ZEX 156, 1969

DER TOD HAT SEINEN PLATZ
(A lonely place to die, 1969)
MIT 549, 1971

ROBERTSON, KAY
(Pseudonym)

DER MÖRDER WARTET SCHON (OA)
PAN 159, 1960

ROBERTSON, KEITH

DREI AUSGESTOPFTE EULEN
DTVJ 7161, 1975

DAS RÄTSEL VON BURNT HILL
DTVJ 7006, 1971

ROBERTSON, LILIAN (M.)

HERRN COOPERS FREDERIKA
(Mr. Cooper's Frederika, 1965)
FAR 1149, 1970

ROBESON, KENNETH
(Verlagspseudonym)
Unter diesem Namen schrieb Lester Dent (1905–1969) die meisten der Romane aus der Serie: *»Doc Savage«*; s. *Anhang.*

ROBINSON, ARTHUR

NACH DEM DRITTEN MORD
(The jungle murder, 1971)
PBK 8, 1977

ROBINSON, DAVID (1915–

MORGEN WERDE ICH ERMORDET
(The confession of Andrew Clare, 1968)
MIT 363, 1967

ROBINSON, TIMOTHY (MICHAEL) (1934–

TÖDLICHE LOGIK
(When scholars fall, 1961)
RTH 2039, 1964

ROBY, MARY LINN (1930–
Pseudonyme: Elizabeth Welles, Mary Wilson

SAG MIR, WO DIE DOLLARS SIND
(Cat and mouse, 1967)
BRA 7, 1969

DAS SCHRECKLICHE GEHEIMNIS
(Lie quiet in your grave, 1970)
HRO 1905, 1973

DER VERRÄTERISCHE TAGEBUCH
(Pennies on her eyes, 1969)
HRO 1900, 1973

ROCK, C.V.
Pseudonym von Kurt Roecken (1915–1985)

BEI LEBENDIGEM LEIBE (OA)
PAN 171, 1960

FÜNF TAGE FRIST (OA)
PANS 13, 1960

DIE GOLDPUPPEN-GANG (OA)
KEL 1128, 1980

HÄNDE HOCH! (OA)
KTR 2, 1957
DIE KUGEL IM GLAS (OA)
KTR 4, 1957
DIE SCHWEIGSAMEN DREI (OA)
PAN 160, 1960
VIER ROTE SPRITZER (OA)
BL 1, 1961
DER 4. GRAD (OA)
BL 6, 1962

ROCK, PHILIP (1927–
DIRTY HARRY
(Dirty Harry, 1971)
HK 1541, 1973

ROCKER, FERRY
ENTSCHEIDUNG AM KREUZWEG
BBA 72, 1954
DAS GEHEIMNIS DES TURMS
GK 27, 1953
IN EINER NEBELNACHT
GK 22, 1953
JOHN KENNEDYS GÄSTE
GK 29, 1953
MORD IN KENSINGTON
GK 25, 1953
SCHATTEN ÜBER HAUS FLEURY
SM 34, 1961
SCHÜSSE IM QUARTIER LATIN (1938)
GK 129, 1958

RODGERS, STAN
(Pseudonym)
HEISSES GOLD FÜR GELBE GAUNER (OA)
KEL 812, 1971

RODRIAN, IRENE (1937–
BIS MORGEN, MÖRDER! (OA)
RTH 2173, 1969; RTH 2467, 1978
EIN BISSCHEN FÖHN, UND DU BIST TOT (OA)
RTH 2334, 1975
BLÖD, WENN DER TYP DRAUFGEHT (OA)
ROT 113, 1976
DU LEBST AUF ZEIT AM ZUCKERHUT (OA)
RTH 2372, 1976
FINDERLOHN (OA)
RTH 2213, 1971; RTH 2526, 1980
KÜSSCHEN FÜR DEN TOTENGRÄBER (OA)
RTH 2307, 1974; RTH 2630, 1974
DER MANN IM SCHATTEN (1972)
ARE 1320, 1977
DIE NETTEN MÖRDER VON SCHWABING (OA)
RTH 2347, 1975
SCHLAF, BÜBCHEN, SCHLAF (1980)
RAR 5084, 1983
SCHLAGSCHATTEN (OA)
HAR 6209, 1983
DER TOD HAT HITZEFREI (OA)
RTH 2389, 1976
TOD IN ST. PAULI (OA)
GK 2298, 1967; RTH 2432, 1977
TOTE KATZEN (OA)
(Kriminalstories)
RTH 2407, 1977
... TRÄGT ANSTALTSKLEIDUNG UND IST BEWAFFNET (OA)
RTH 2419, 1978
VIELLIEBCHEN (OA)
HAR 6035, 1982
WER BARFUSS ÜBER SCHERBEN GEHT (OA)
RTH 2194, 1970; RTH 2578, 1981

ROEBURT, JOHN (1908?–1972)
DER ENDLOSE ALPTRAUM
(The long nightmare, 1958)
WKTH 1001, 1966
DIE FRAU MIT DEN DREI GESICHTERN
(Case of the hypnotized virgin, 1950)
BRA 57, 1973; XEN 31, 1977; DOQ 7, 1979
NEW YORK JIGGER
(There are dead men in Manhattan, 1946)

auch: (Triple cross, 1962)
TK 4, 1972

WER SUCHT, DER FINDET
(Tough cop, 1949)
GK 299, 1961

ROFFMAN, JAN
Pseudonym von Margaret Summerton

EIN GRAB AUS GRÜNEM WASSER
(Grave of green water, 1968)
MIT 415, 1969; HLK 1761, 1977

DIE JAGD NACH DEM MÖRDER
(A bad conscience, 1972)
MIT 621, 1973

SAAT DER VERLEUMDUNG
(Seeds of suspicion, 1968)
MIT 457, 1969; HLK 1699, 1976

DAS SCHICKSAL HERAUSGEFORDERT
(Likely to die, 1964)
MIT 297, 1966

TOD IN DER NACHT
(A dying in the night, 1974)
HLK 1663, 1975

TRAUERKRANZ MIT LIEBESGRUSS
(One wreath with love, 1978)
GK 4881, 1980

DIE WAHRHEIT ÜBER MISS JONES
(Why someone had to die, 1975)
GK 4526, 1976

ROHDE, WILLIAM L(AURENCE)
Pseudonym: Nick Carter

ROHMER, SAX
Pseudonym von Arthur Henry Sarsfield Ward (1883–1959)
Weiteres Pseudonym: Michael Furey

DIE FEUERZUNGE
(Fire-tongue, 1921)
HCC 1948, 1981

DAS GEHEIMNIS DES DR. FU-MANCHU
engl. T. (The mystery of Dr. Fu-Manchu, 1913)
am. T. (The insidious Dr. Fu-Manchu, 1913)
BAR 12109, 1980

DER KAISER VON AMERIKA
(The Emperor of America, 1929)
GK 57, 1954

DIE MUMIENKÄFER
(Brood of the Witch Queen, 1918)
VAMP 11, 1974

ROLAND, M.
s. *P. Alexandre*

ROMAN, ERIC (1926–

DAS HERZ IST EINE MÖRDERGRUBE
(After the trial, 1968)
SCHE 343, 1970

ROMBERG, HANS
Pseudonym von Rudolf Sobczyk (1916–

HARRY HOPPER JAGT DEN SCHWARZEN GOTT (OA)
UEB 241, 1977

HARRY HOPPER UND DER GROSSE BRAND (1968)
UEB 237, 1976

HARRY HOPPER UND DIE HOCHHAUSKINDER (1970)
UEB 239, 1976

MUCK ODER DER EHRLICHE DIEB (1961)
UEB 203, 1969

NUMMERNSCHLOSS 7 – 1 – 7 (OA)
HJU 18, 1973

ROME, ANTHONY
Pseudonym von Marvin H(ubert) Albert (1924–
Weitere Pseudonyme: s. d.

FÜR MORD WIRD NICHT GEHAFTET
(My kind of game, 1962)
HK 1110, 1963

LADY IM ZEMENT
(The Lady in cement, 1961)
HAR 138, 1961; HK 1040, 1962
SIEBEN TOTE HAT DIE WOCHE
(Miami Mayhem, 1960)
auch: (Tony Rome, 1967)
HAR 102, 1961; HK 1028, 1962
vgl. *M. H. Albert: Der Schnüffler*

RONALD, E. B.
Pseudonym von Ronald (Ernest) Barker (1920–1976)
NACHTCLUB IM HOCHHAUS
(The cat and the fiddle murders, 1954), UK 854, 1961

RONALD, JAMES (1905–
Pseudonym: Kirk Whales
MORDFAMILIE
(Murder in the family, 1936)
TK 11, 1972

RONNS, EDWARD
Pseudonym von Edward S(idney) Aarons (1916–1975)
Weiteres Pseudonym: Paul Ayres
FLUCHT INS UNGEWISSE
(Ican't stop running, 1951)
PAN 23, 1955
LOCKENDES DUNKEL
(The decoy, 1951)
PAN 4, 1954
DIE RACHE SCHLÄFT NIE
(Dark destiny, 1953)
KRA 21, 1956
SEIN MODELL MUSSTE STERBEN
(The art studio murder, 1950)
PAN 57, 1956
DER TIEFE HASS
(Say it with murder, 1954)
WET 1, 1968
WEG DES SCHRECKENS
(Passage to terror, 1952)
KRA 17, 1956

ROOS, KELLEY
Gemeinsames Pseudonym von Audrey (Kelley) Roos (1912–1982) und William Roos (1911–
DAMEN UNTER SICH
(If the shroud fits, 1941)
MIT 146, 1963
ERPRESSER UNTER SICH
(There was a crooked man, 1945)
MIT 244, 1965
ES GEHT UM VIEL GELD
(Ghost of a chance, 1947)
MIT 294, 1966
DIE FRAU AM FENSTER
(What did Hattie see? 1970)
MIT 593, 1972
FREUNDIN IN ALLEN TODESLAGEN
(Cry in the night, 1966)
SCHE 299, 1968
GEH NICHT IN FREMDE HÄUSER
(Who saw Maggie Brown? 1967)
HK 1318, 1968
HEISSE TAGE IN MADRID
(A few days in Madrid, 1965)
PHOE 16, 1967; KK 51, 1981
KEINE FALSCHE BEWEGUNG!
(One false move, 1966)
MIT 407, 1968
DER LETZTE SCHREI IST KILLING
(To save his life, 1968)
PHOE 74, 1970
EINE NETTE ALTE DAME
(Bad trip, 1971)
SCHE 464, 1974
PERFEKTER MORD KANN TÖDLICH SEIN
(Grave danger, 1965)
SCHE 284, 1967
SIE STARB BEIM TANZ
(She died dancing, 1947)
GK 1133, 1962
TODESFIESTA
(Suddenly one night, 1970)

SCHE 439, 1974; KK 76, 1982
DER UNBERECHENBARE ZEUGE
(Necessary evil, 1965)
SCHE 265, 1966

ROOTE, MIKE
Pseudonym von Leonore Fleischer
Weitere Pseudonyme: Alexander Edwards, Philip Fenty
SCORPIO – DEIN FREUND – DEIN TÖTER
(Scorpio, 1973)
SCHE 632, 1977
UNS TRENNT NOCH EINE KUGEL
(Badge 373, 1973)
NRK 34, 1976

ROPP, MARIO
DAS HAUS MEINES MANNES
(Et la neige tombait..., 1962)
GK 2102, 1965
EIN SCHLAG INS LEERE
(Un coup pour rien, 1961)
GK 2075, 1965

ROSENBERG, J(OHN) (1931– und E(LIZABETH)
WER WAR »L«?
(Out brief candle, 1959)
UK 826, 1961

ROSENBLUM, ROBERT (J.) (1938–
WER KLAUT WIRD SELIG
(The good thief, 1974)
SCHE 607, 1977

ROSENFELD, LULLA
DAS CHINESISCHE ORAKEL
(Death and the I Ching, 1981)
BTH 19010, 1982

ROSS, ALBERT
Pseudonym von Arthur D(avid) Goldstein (1937–
DENK SCHNELLER, BEN LOMAX
(If I knew what I was doing, 1974)
GK 4651, 1977

ROSS, CLARISSA
Pseudonym von W. E. D. Ross (1912–
Weitere Pseudonyme: s. d.
BESUCH VON EINEM TOTEN
(Mists of Dark Harbor, 1974)
UAR 3237, 1976
FLUCH DER ALTEN GÖTTER
(The corridors of fear, 1971)
UAR 3407, 1978
FLÜSTERNDE SCHATTEN
(Satan whispers, 1981)
GAS 76, 1982
DAS GESICHT IM SPIEGEL
(Ghost of Dark Harbor, 1974)
UAR 3262, 1976
DAS GESPENST VON GRANTMERE
(The ghosts of Grantmere, 1972)
UAR 3204, 1975
INSEL DES BÖSEN
(A hearse for Dark Harbor, 1974)
UAR 3224, 1976
DAS MEDIUM
(Gemini in darkness, 1970)
GAS 64, 1981
NÄCHTLICHE BESUCHER
(Dark Harbor haunting, 1975)
UAR 3295, 1976
SCHATTEN ÜBER DEM GARTEN
(Shadow over the garden, 1971)
HRO 1935, 1975
SCHLAFLOSE NÄCHTE
(Face in the pond, 1968)
HRO 1865, 1972
DER TEUFEL FÜHRT REGIE
(Terror at Dark Harbor, 1975)
UAR 3325, 1977
TODESTROMMELN
(Dark is my shadow, 1969)
UAR 3382, 1977

DIE WEISSE FRAU VON MOORGATE
(Jennifer by moonlight, 1973)
KEL 1141, 1980

ROSS, IVAN T.
Pseudonym von Robert Rossner (1932–
ICH BEWUNDERE IHN
(Requiem for a schoolgirl, 1961)
GK 1095, 1962
DER PLAN
(The man who would do anything, 1963)
GK 2064, 1964
DIE RECHNUNG GEHT NICHT AUF
(Old students never die, 1962)
GK 1181, 1962
DIE SCHRIFT AN DER WAND
(Teacher's blood, 1964)
GK 2079, 1965
SIE GLAUBEN ALLES
(Murder out of school, 1960)
GK 1089, 1962

ROSS, JONATHAN
Pseudonym von John Rossiter (1916–
BIS ZUM ROTEN STRICH
(The blood running cold, 1968)
GK 4134, 1971
HIER RUHT NANCY FRAIL
(Here lies Nancy Frail, 1972)
GK 4222, 1972
ICH WEISS, WAS STERBEN HEISST
(I know what it's like to die, 1976)
GK 4672, 1977
DER MANN IM BAUM
(The deadest thing you ever saw, 1969)
GK 4118, 1971
DER MORDFALL JUDITH QUINT
(A rattling of old bones, 1979)
GA 5460, 1984
SCHARTEN AUF DER SCHNEIDE
(Diminished by death, 1968)
GK 4127, 1971
STRIPTEASE IN SCHWARZ
(The burning of Billy Toober, 1974)
GK 4413, 1974

ROSS, MARILYN
Pseudonym von W. E. D. Ross (1912–
Weitere Pseudonyme: s. d.
DIE CAMERON-FAMILIE
(Cameron Castle, 1967)
HRO 1854, 1971
DER FLUCH DER GEISTERBUCHT
(Fog Island horror, 1978)
GAS 45, 1980
DAS GEHEIMNIS DER NEBELINSEL
(Fog Island secret, 1975)
GAS 11, 1977
DAS HAUS DER TRÄNEN
(Ravenhurst, 1975)
GAS 6, 1977
DAS HAUS DES TODES
(Cellars of the dead, 1976)
GAS 71, 1982
INSEL DER WEISSEN NEBEL
(Ghost ship of Fog Island, 1975)
GAS 50, 1980
DIE SELTSAME HOCHZEIT
(Phantom wedding, 1976)
GAS 43, 1980

ROSS, PAUL
(Pseudonym)
HIGHWAY-KILLER
(The hitchhike killer, 1972)
SCHE 560, 1976
DER MORDEXPERTE
(The assassin, 1974)
BRA 32075, 1974

ROSS, SAM (1912–
DER GELBE JAGUAR

(Hang-up, 1968)
MIT 456, 1969; GA 5411, 1980

EIN KILLER IN DER FAMILIE
»He ran all the way, 1947)
HTH 1369, 1969

DIE KUGEL ROLLT
(The fortune machine, 1970)
MIT 497, 1970

DIE VERDORBENEN
(Ready for the tiger, 1964)
WAR 4007, 1966

ROSS, THOMAS (1927–

DIE ERPRESSUNG (1975)
BEX 12080, 1978

TANZ AUF DEM VULKAN (OA)
BAR 10108, 1980

ROSS, W(ILLIAM) E(DWARD) D(ANIEL) (1912–
Pseudonyme: Laura Frances Brooks, Rose Dana, Jan Daniels, Ellen Randolph, Clarissa Ross, Dan Ross, Dana Ross, Marilyn Ross

WEISSER MOND
(The dark of the moon, 1968)
UAR 30006, 1979

ROSSITER, JOHN (1916–
Pseudonym: Jonathan Ross

GRÜNER TOD
(The deadly green, 1970)
PHOE 123, 1973

RACHE AUS ZARTER HAND
(The villains, 1974)
SCHE 575, 1976

DAS SYNDIKAT KENNT KEIN PARDON
(The murder makers, 1970)
PHOE 115, 1972; KK 62, 1982

ROSSNER, ROBERT (1932–
Pseudonym: Ivan T. Ross

KEINER KANN AUS SEINER HAUT
(The end of someone else's rainbow, 1974)
RTH 2397, 1976

ROSTAND, ROBERT
Pseudonym von Robert (S.) Hopkins

DAS D'ARTAGNAN-VERMÄCHTNIS
(The d'Artagnan signature, 1976)
UK 1957, 1979

FINALE IN ROM
(A killing in Rome, 1977)
UK 1932, 1978

DIE KILLER-ELITE
(The killer elite, 1973)
HAC 13, 1974

ROSTEN, LEO (CALVIN) (1908–
Pseudonym: Leonard Ross

SCHÖNHEIT SCHÜTZT VOR RACHE NICHT
(King Silky!, 1980)
HK 1974, 1982

DIE TOCHTER DES MILLIONÄRS
(Silky!, 1979)
HK 1929, 1981

ROSTON, LESTER (1937–
(Pseudonym)

DAS AUGE DES TEUFELS (OA)
KEL 825, 1972

ROTH, HOLLY (1916–1964)
Pseudonyme: K.G. Ballard, P.J. Merrill

AGENTEN SIND HART
(The mask of glass, 1954)
GK 1070, 1961

DER FALL CONTENT
(The content assignment, 1954)
GK 1053, 1961

ICH GLAUBE IHNEN KEIN WORT
(The sleeper, 1955)
GK 1101, 1962

DAS TESTAMENT DES GRANDEN

(Bar sinister, 1960)
SCHE 195, 1963

DER VORHANG FÄLLT
(The crimson in the purple, 1956)
SCHE 177, 1962

... WIRD ABGEHOLT
(Shadow of a Lady, 1957)
SCHE 155, 1961

ROTHBERG, ABRAHAM (1922–

DER TOD HAT TAUSEND TÜREN
(The thousand doors, 1965)
RAR 1362-1363, spätere Aufl. 1362, 1970

ROTHE, HANS

ANKUNFT BEI NACHT
BPAL 14027, 1975

ROTHWELL, UNA

SCHUSS IN DEN RÜCKEN
(Death on the run, 1965)
GK 2198, 1966

ROTSLER, WILLIAM

DIE GIERIGEN VON HOLLYWOOD
(Vice squad, 1982)
BTH 19023, 1983

ROUDYBUSH, ALEXANDRA (BROWN) (1911–

EIN GROSSES VERBRECHEN
(A capital crime, 1969)
MIT 504, 1970

DAS HAUS DER KATZE
(The house of the cat, 1970)
UK 1438, 1971

HOCHZEIT ÜBER LEICHEN
(Suddenly in Paris, 1975)
UK 1821, 1977

PANNE VOR BURSA
(A sybaritic death, 1972)
UK 1543, 1973

TOTENTANZ UMS CAPITOL
(Before the ball was over, 1965)
UK *1297*/1298, 1970

EINE VERRÜCKTE FAMILIE
(Death of a moral person, 1967)
MIT 547, 1971

ROUECHÉ, BERTON (1911–

DAS DOUBLE
(Fago, 1979)
RTH 2501, 1979

DIE KATZEN
(Feral, 1974)
RTH 2522, 1980

DER LETZTE FEIND
(The last enemy, 1956)
RTH 2459, 1978

ROULAND, JEAN-PAUL und CLAUDE OLIVIER

DIE KOMMISSARIN UND DER MANN, DER WITWER WERDEN WOLLTE
(Poulet à l'italienne, 1980)
RTH 2591, 1982

MEIN PAPA, DER MÖRDER
(La fouine, 1977)
RTH 2482, 1979

MORD VOR 1000 ZEUGEN
(Le prélon, 1976)
RTH 2440, 1978

ROULET, DOMINIQUE

ANTOINES VERBRECHEN
(Le crime d'Antoine, 1979)
RTH 2566, 1981

GEGENMASSNAHMEN
(Une mort en trop, 1982)
RTH 2669, 1984

ROUSSEAU, J(EAN) L(OUIS) (1932–

SPAZIERGANG AM ABEND
(Conduite de nuit, o. J.)
GK 2053, 1964

TODESFAHRT NACH ORLÉANS

(Freinage à mort, o. J.)
GK 1248, 1963

DAS ROWOHLT LESEBUCH DER MORDE
s. *Schmidt-Walk, Jutta (Hrsg.)*
RAR 5212, 1984

DAS ROWOHLT THRILLER-LESEBUCH
s. *Flesch, Richard K. (Hrsg.)*
RAR 5201, 1983

ROYCE, KENNETH
Pseudonym von Kenneth Royce Gandley (1920–
Weiteres Pseudonym: Oliver Jacks

BUSTILLO
(Bustillo, 1976)
UK 1843, 1977

FLUCHTCHANCE NULL
(The long corridor, 1960)
UK 1833, 1977

DIE FLÜSSE UNTER LONDON
(Spider underground, 1973)
UK 1581, 1974

HARTER JOB FÜR HELDEN
(Autumn heroes, 1977)
UK 1953, 1979

KÖDER AN KURZER LEINE
(Man on a short leash, 1974)
UK 1687, 1975

DER MANN IM MÜLL
(Trap spider, 1974)
UK 1699, 1975

NICHTS WÄSCHT WEISSER ALS GELD
(The miniatures frame, 1972)
UK 1495, 1972

OPERATION KAHLSCHLAG
(The Woodcutter Operation, 1975)
UK 1734, 1976

DER SCHUSS DANEBEN
(Assassination day, 1976)
UK 1800, 1977

DER XYY-MANN
(The XYY-man, 1970)
UK 1480, 1972

ZEHN ZEHEN IM ZEMENT
(The concrete boot, 1971)
UK 1486, 1972

ZUR HÖLLE VIA HONGKONG
(A single to Hongkong, 1969)
UK 1465, 1972

RUBEL, JAMES L(YON) (1894–

KEIN GESCHÄFT FÜR EINE DAME
(No business for a lady, 1950)
PAN 17, 1954

RUCK, ROBERT (1921–

HÖR AUF DEINE FRAU! (1959)
GK 286, 1961

MEINE SCHWÄGERIN BIGGY (1960)
GK 1229, 1963

MODENSCHAU IN VADUZ (1962)
GK 1075, 1962

SCHAU UNTERS BETT, BEVOR DU SCHLÄFST (1961)
GK 1105, 1962

SCHWIEGERMÜTTER SIND ENTZÜCKEND (1961)
GK 1051, 1961

DER TEUFEL SPRICHT IM FLÜSTERTON (1963)
GK 2035, 1964

VIELE FRAUEN SIND BERECHNEND (1959), GK 222, 1960
zuwenig zärtlichkeit (1961)
GK 1246, 1963

RUDOLPH, HORST

MORD IN DER MÜHLE VON MODRYSKAL
MV 118, 1969

RUDORF, GÜNTER (1921–

MORD PER ROHRPOST (OA)
GDA 5603, 1980

RUDORFF, RAYMOND (1933–

MORD IN VENEDIG
(The Venice plot, 1976)
HK 1780, 1978

RUHM, HERBERT

DIE BESTEN STORIES AUS DEM WELTBERÜHMTEN »BLACK MASK MAGAZINE« (HRSG.)
(The hard-boiled Detective, 1977)
GK 4818, 1979

RUNYON, CHARLES (W.) (1928–

JOHNNY, HOL DAS GELD ZURÜCK
(To kill a dead man, 1976)
HK 1889, 1980

MORD NACH ALLEN REGELN DER KUNST
(The prettiest girl I ever killed, 1965)
NRK 42, 1976
vgl. *Tote Mädchen lieben nicht*

EIN SCHÖNER PLATZ ZUM STERBEN
(No place to hide, 1970)
HK 1448, 1971

DIE SCHWARZE MOTTE
(The black moth, 1967)
HK 1339, 1969

TOTE MÄDCHEN LIEBEN NICHT
(The prettiest girl I ever killed, 1965)
HK 1202, 1966
vgl. *Mord nach allen Regeln der Kunst*

RUNYON, DAMON (1880–1946)

SCHWERE JUNGEN, LEICHTE MÄDCHEN
(Grotesken vom Broadway)
(Guys and dolls, 1931)
RAR 197, 1956

STORIES VOM BROADWAY
(Auswahl aus: Blue plate special und Money from home, 1931–1935)
RAR 566, 1963

RUSSELL, ENID

SCHWARZE SPITZENHÖSCHEN
(The fortunate island, 1973)
GK 4446, 1975

RUSSELL, ERIC FRANK (1905–1978)

DIE RAUHE WIRKLICHKEIT
(With a strange device, 1964)
GK 2174, 1966

RUSSELL, MARTIN (JAMES) (1934–

Pseudonym: Mark Lester

DER BESCHEIDENE ERPRESSER
(Double hit, 1973)
RTH 2367, 1976

DAS BLUT AN MEINEN KLEIDERN
(Hunt to kill, 1969)
RTH 2225, 1971

BLUTIGER BETON
(Concrete evidence, 1972)
RTH 2332, 1975

DOPPELTES SPIEL
(Double deal, 1976)
GK 4685, 1977

KEINE SCHLAGZEILEN FÜR MR. HOBBS
(Danger money, 1968)
RTH 2185, 1970

DIE MANDANTIN
(The client, 1975)
GK 4535, 1976

MEINE LEICHE, DEINE LEICHE
(Backlash, 1981)
GK 4925, 1982

MISTER T.
(Mr. T., 1977)
GK 4736, 1978

OHNE RÜCKFAHRKARTE
(No return ticket, 1966)
RTH 2133, 1968

DIE SCHLÄGER
(Crime wave, 1974)
RTH 2382, 1976
STIMME OHNE GESICHT
(Advisory Service, 1971)
RTH 2293, 1973
TOT AM STRASSENRAND
(No through road, 1965)
RTH 2118, 1967
VOR REDAKTIONSSCHLUSS
(Deadline, 1971)
RTH 2284, 1973

RUST, ROBERT
DER TOD SETZT EINE GALGENFRIST (OA)
KEL 850, 1976

RUTHERFORD, DOUGLAS
Pseudonym von James Douglas Rutherford McConnell (1915–
DAS FERNE ECHO
(The long echo, 1957)
GK 4301, 1973
KEIN ZOLL FÜR GEISELN
(Return load, 1977)
UK 1944, 1979
KICKSTART
(Kick start, 1973)
UK 1611, 1974
KOPFGELD FÜR DEN FALSCHEN MANN
(Porcupine basin, 1981)
KNK 4936, 1983
DIE LEDERJACKEN
(The black leather murders, 1966)
PHOE 38, 1968; KK 46, 1981
DAS RENNEN IST GELAUFEN
(The gilt-edged cockpit, 1969)
GK 3258, 1970
SARG MIT 500 PS
(Clear the fast lane, 1971)
UK 1464, 1972
DER TOD VON LE MANS
(Grand Prix murders, 1955)
GAB 43, 1971
TOUR DES GRAUENS
(Mystery tour, 1975)
UK 1754, 1976
TURBO
(Turbo, 1980)
KNK 4919, 1981
DIE UHR GING NACH
(The creeping flesh, 1963)
GK 2011, 1964
ZUM VERBRECHEN VERFÜHRT
(Skin for skin, 1968)
GK 3171, 1969

RUTLEDGE, NANCY
Pseudonym: Leigh Bryson
MORD UM MILLIONEN
(Murder for millions, 1949)
BLG 5, 1955

RYCK, FRANCIS (1920–
ALLE FÄDEN IN IHRER HAND
(Le cimetière des durs, 1968)
RTH 2254, 1972
EHRLICH WÄHRT AM KÜRZESTEN
(Prière de se pencher au-dehors, 1978)
RTH 2518, 1980
EINE FALLE FÜR DREI PERSONEN
(Le piège, 1981)
RTH 2647, 1983
FLIEH NICHT MIT FREMDEN
(Le compagnon indésirable, 1973)
RTH 2335, 1975
DER PREIS DER DINGE
(Le prix des choses, 1973)
RTH 2374, 1976
EIN SENDER IM GEPÄCK
(Drôle de pistolet, 1969)
RTH 2222, 1971
STERBEN, DAS IST NICHT SO WICHTIG
(Effraction, 1975)
RTH 2426, 1977
DIE TESTAMENTSVOLLSTRECKER
(Le testament d'Amérique, 1974)

RTH 2410, 1977
ÜBERLEBEN SOLL KEINER . . .
(Paris va mourir, 1970)
PHOE 118, 1972
WIE SAND ZWISCHEN DEN FINGERN
(Les chasseurs de sable, 1971)
RTH 2313, 1974
WOLLEN SIE MIT MIR STERBEN?
(Voulez-vous mourir avec moi?, 1973)
RTH 2353, 1975

RYDELL, FORBES
Gemeinsames Pseudonym von Stanton Forbes (1923– und Hellen B. Rydell
IN BESTEN KREISEN
(If she should die, 1961)
MIT 171, 1963
IN DER HAND DES TEUFELS
(They're not home yet, 1962)
MIT 214, 1964

RYDER, CHARLES
(Pseudonym)
WARUM STERBEN SIE NICHT IN WIEN? (OA)
NON 141, 1972

RYDER, JONATHAN
Pseudonym von Robert Ludlum (1927–
Weiteres Pseudonym: Michael Shepherd
DAS GENESSEE-KOMPLOTT
(Trevayne, 1974)
HAR 6348, 1984

SABOTT, EDMUND
DIE GOLDENE DREIZEHN
NBR 1, 1952

SABRE, DIRK
Pseudonym von John (Alfred Charles) Laffin (1922–
MORD DURCH BAMBUS
(Murder by bamboo, 1958)
BL 10, 1963

SADLER, MARK
Pseudonym von Dennis Lynds (1924–
Weitere Pseudonyme: William Arden, Nick Carter, Michael Collins, John Crowe, Carl Decker, Maxwell Grant
IM FEUERKREIS
(Circle of fire, 1973)
GK 4326, 1974; GA 5455, 1984
DER LANGE SCHREI
(The falling man, 1970)
GK 4424, 1975
DAS SPIEGELBILD
(Mirror image, 1972)
GK 4313, 1973; GUK 4795, 1978
ZERTRETENE BLÜTEN
(Here to die, 1971)
GK 4433, 1975

SAFIRE, WILLIAM (1931–
DER ANSCHLAG
(Full disclosure, 1977)
GAR 6376, 1981

SAFJAN, ZBIGNIEW (1922–
ANGST (1975)
KOMP 199, 1975; RTH 2478, 1979
BRIDGE OHNE TRUMPF (1971)
KOMP 149, 1971

SAGOLA, MARIO J.
(Pseudonym)
PARADIES FÜR EINEN MÖRDER
(The manacle, 1978)
SCHE 794, 1981

SAILOR, CHARLES
GOTTES ZWEITER SOHN
(The second son, 1979)
PLAY 6130, 1982

SAINT-LAURENT, CECIL
s. *Cecil St. Laurent*

SAINT-ROMAIN, MICHEL
FLUCHT OHNE AUSWEG
(L'enfant muet, o. J.)
TK 14, 1972

SALE, RICHARD (BERNARD) (1911–
GALAVORSTELLUNG
(Benefit performance, 1946)
UAR 175, 1957; UK 737, 1958; GK 3040, 1967
LAZARUS NR. 7
(Lazarus 7, 1942)
UAR 117, 1956; UK 719, 1958; GK 3076, 1968; HCC 1804, 1978
... UND DRÜCKTE SANFT ZWEI AUGEN ZU
(Passing strange, 1942)
HTH 1385, 1970; HK 1841, 1979

SALISBURY, CAROLA (ISOBEL JULIEN) (1943–
SCHLOSS MALLION
(Mallion's Pride, 1979)
RAR 4310, 1979
EINE UNHEIMLICHE KREUZFAHRT
(The dolphin summer, 1977)
MTB 2160, 1982
DIE WINTERBRAUT
(The winter bride, 1978)
RAR 4927, 1982

SALMON, FRED
ES GESCHAH AM TOTEN MEER
SM 196, 1963

SALTER, ELIZABETH (FULTON) (1925–1980)
DIE HEISSE QUELLE
(Death in a mist, 1957)
KRÄ 2, 1965
DIE RÄTSEL VON MARRABRI
(Will to survive, 1958)
GK 2243, 1967
DIE ZEUGIN
(There was a witness, 1960)
GK 2283, 1967

SALVA, PIERRE
DREI NÄCHTE IN DER HÖLLE
(Mes trois nuits infernales, 1980)
HK 1977, 1982
FEINE LEUTE MIT VERGANGENHEIT
(Pas de crédit avec le diable, 1976)
SCHE 622, 1977

SAMMLUNG KRIMI
DIE BESTEN KRIMINALGESCHICHTEN 1
ERB 41, 1975 (?)
DIE BESTEN KRIMINALGESCHICHTEN 2
ERB 43, 1975 (?)
DIE BESTEN KRIMINALGESCHICHTEN 3
ERB 45, 1975 (?)
DIE BESTEN KRIMINALGESCHICHTEN 4
ERB 47, 1975 (?)
DIE BESTEN KRIMINALGESCHICHTEN 5
ERB 49, 1975 (?)

SAN ANTONIO
Pseudonym von Fréderic Dard, s. d.

SANBORN, B. X.
Pseudonym von Bill S(anborn) (1912–1980)
Weiteres Pseudonym: Frederic Freyer
DER WAHRSAGER
(The doom-maker, 1959)
MIT 113, 1962

SANDER, ERNST
DIE SCHULD DES JONATHAN BRADFORD (UND DER KUPFERSTECHER UND DER TOD)
(zwei Kriminalnovellen aus dem engl. Rokoko)
GAR 2739, 1970

SANDER, PETER
BLUES FÜR KITTY
(Blues for Kitty, 1962)
RTH 2124, 1967
TOD BEI TISCH
(Døden kommer til middag, 1962)
RTH 2061, 1964

SANDERS, BRUCE
Pseudonym von Leonard (Reginald) Gribble (1908–
DER NEGER MIT DER PEITSCHE
(Mystery Manor, 1951)
AUF 42, 1953

SANDERS, LAWRENCE (1920–
Pseudonym: Lesley Andress
23 UHR, YORK AVENUE
(The Anderson Tapes, 1970)
FAR 1375, 1973
DIE ERSTE TODSÜNDE
(The first deadly sin, 1973)
MTB 2195, 1982
DAS SECHSTE GEBOT
(The sixth commandment, 1979)
BAR 10443, 1984
DIE TANGENT-VERSCHWÖRUNG
(The Tangent factor, 1978)
HAR 6460, 1984
DIE ZWEITE TODSÜNDE
(The second deadly sin, 1977)
MTB 2232, 1982

SANDS, LESLIE (1921–
ICH TÖTETE JULIE MARSDEN
(Something to hide, 1965)
GK 2196, 1966

SANDRA KING
s. *Spencer Spratt*

SANGSTER, JIMMY (1927–
DIE LADY FLIEGT ZUR HÖLLE
(Touchfeather, 1968), UK 1349, 1970
DIE LADY IM GOLDSARG
(Touchfeather, too, 1970)
UK 1355, 1970

SARGENT, LYNDA
GEFANGEN IM HERRENHAUS
(Judith Duchesne, 1979)
HRO 2113, 1982

SARIOLA, MAURI
GIFTIGE BLÜTEN
(Punaisen kukon laulu, 1972)
HK 1726, 1977
DER MORD AN DEM MILLIONÄR
(Lavean tien laki, 1970)
HK 1662, 1975

SAUL, JOHN R(ALSTON)
DER TODESFLUG
(The birds of prey, 1977)
PLAY 6115, 1981

SAVAGE, JAMES
SABOTAGE IN ABTEILUNG R I.
(Girl in a jam, o. J.), PAN 162, 1960

SAWITZKY, WALTER
SAVEUR MACHT FEHLER
AUF 35, 1953

SAYERS, DOROTHY L(EIGH) (1893–1957)
ÄRGER IM BELLONA-CLUB
(The unpleasantness at the Bellona

Club, 1928)
RAR 5179, 1983
vgl. *Es geschah im Bellona Club*

DIE AKTE HARRISON
(mit Robert Eustace, Pseudonym von Robert Eustace Barton, 1868–1943)
(The documents in the case, 1930)
RAR 5418, 1984
vgl. *Der Fall Harrison*

AUFRUHR IN OXFORD
(Gaudy night, 1935)
UAR 292/293, 1960; BAR 11068, 1974; RAR 5271, 1983

DISKRETE ZEUGEN
(Clouds of witness, 1926)
RAR 4783, 1981
vgl. *Lord Peters schwerster Fall*

EINES NATÜRLICHEN TODES
engl. T. (Unnatural death, 1927)
am. T. (The Dawson Pedigree, 1928)
SCHE 44, 1952; SCHE 780, 1980
vgl. *Keines natürlichen Todes*

EIN TOTER ZU WENIG
(Whose body?, 1923)
FAR 1368, 1973
vgl. *Der Tote in der Badewanne*

ES GESCHAH IM BELLONA CLUB
(The Unpleasantness at the Bellona Club, 1928)
UAR 62, 1955; UK 703, 1958; GK 3067, 1968
vgl. *Ärger im Bellona Club*

DER FALL HARRISON
(The documents in the case, 1930)
SCHE 307, 1968; SCHE 755, 1980; SCHE 977, 1984
vgl. *Die Akte Harrison*

FEUERWERK
(12 Stories)
aus: (In the teeth of the evidence, 1939)
SCHE 204, 1963; SCHE 802, 1981; KK 031, 1983
vgl. *Rendezvous zum Mord*

FÜNF FALSCHE FÄHRTEN
engl. T. (The five red herrings, 1931)
am. T. (Suspicious charakters, 1931)
RAR 4614, 1980

DIE GEHEIMNISVOLLE ENTFÜHRUNG UND ACHT ANDERE KRIMINALGESCHICHTEN
aus: (Lord Peter views the body, 1928)
FAR 1093, 1970

GEHEIMNISVOLLES GIFT
(Strong poison, 1930)
UAR 120, 1956; UK 720, 1958; GK 3068, 1968
vgl. *Starkes Gift*

DER GLOCKENSCHLAG
(The nine tailors, 1934)
RAR 4547, 1980
vgl. *Die neun Schneider*

DIE KATZE IM SACK
(6 Stories)
aus: (Lord Peter views the body, 1928)
SCHE 126, 1959; SCHE 430, 1973; WKR 8, 1974; SCHE 699, 1979
vgl. *Der Mann ohne Gesicht*

KEINES NATÜRLICHEN TODES
(Unnatural death, 1927)
RAR 4703, 1981
vgl. Eines natürlichen Todes

KRIMINALGESCHICHTEN
aus: (Lord Peter views the body, 1928 und In the teeth of evidence, 1939)
FAR 739, 1966

LORD PETER UND DER NARRENTURM
(7 Stories)
aus: (Lord Peter: A collection of all the Lord Peter Wimsey stories, 1972)

HCC 1613, 1974

LORD PETER UND DIE ROTE KÖNIGIN
(9 Stories)
aus: (Lord Peter: A collection of all the Lord Peter Wimsey Stories, 1972)
HCC 1640, 1975

LORD PETERS HOCHZEITSFAHRT
(Busman's honeymoon, 1937)
FAR 1159, 1971

LORD PETERS SCHWERSTER FALL
(Clouds of witness, 1926)
SCHE 144, 1961; FAR 1433, 1974; SCHE 581, 1977; SCHE 910, 1983; KK 030, 1983
vgl. *Diskrete Zeugen*

DER MANN, DER BESCHEID WUSSTE
(12 Stories)
(Hangman's holiday, 1933)
SCHE 273, 1967; SCHE 887, 1983

DER MANN MIT DEN KUPFERFINGERN U. A. KRIMINALGESCHICHTEN
KVW o. Nr., 1976

DER MANN OHNE GESICHT UND (3) ANDERE GESCHICHTEN
aus: (Lord Peter views the body, 1928)
KK 032, 1983 (aus: *Die Katze im Sack*, SCHE 126, 1959)

MEIN HOBBY: MORD
(Have his carcase, 1932)
FAR 897, 1968
vgl. *Zur fraglichen Stunde*

MORD BRAUCHT REKLAME
(Murder must advertise, 1933)
UAR 136, 1957; UK 724, 1958; GK 3066, 1968; bb 241, 1972; RAR 4895, 1982

DIE NEUN SCHNEIDER
(The nine tailors, 1934)
FAR 641, 1965
vgl. *Der Glockenschlag*

RENDEZVOUS ZUM MORD
(11 Stories)
aus: (In the teeth of the evidence, 1939)
FAR 1077, 1970
vgl. *Feuerwerk*

STARKES GIFT
(Strong poison, 1930)
RAR 4962, 1982
vgl. *Geheimnisvolles Gift*

DER TOTE IN DER BADEWANNE
(Whose body?, 1923)
SCHE 51, 1953; SM 8, 1960; SM 2102, 1964; SCHE 623, 1977; KK 24, 1980
vgl. *Ein Toter zu wenig*

ZUR FRAGLICHEN STUNDE
(Have his carcase, 1932)
RAR 5077, 1983
vgl. *Mein Hobby: Mord*

SAXON, PETER
Verlagspseudonym u. a. für W(illiam Arthur) Howard Baker (1925–, Wilfred (Glassford) McNeilly (1921–, Thomas Hector Martin (1913–

EWIGE SCHREIE / DER TOTE IM GEPÄCK
(2 Erzählungen)
(The torturer, 1967 / My strongest case, 1966)
HEL 4, 1971

DER IRRE
(The disoriented man, 1966)
GHC 4, 1972

DAS NEUE GESICHT
(Corruption, 1968)
HEL 23, 1972

DIE SCHWÄRZESTE NACHT
(The darkest night, 1966)
HEL 7, 1971

SCANNELL, VERNON (1922–

RUF DES BÖSEN
(The shadowed place, 1961)
MIT 211, 1964

SCERBANENCO, GIORGIO (1911–1969)

AMORE OHNE GNADE
(30 Stories)
aus: (Il centodelitti, 1970)
SCHE 523, 1975; SCHE 877, 1982

AN EINEM KÜHLEN TAG UM FÜNF
(Ladro contro assassino, 1971)
SCHE 449, 1974; KK 034, 1983

DAS BESTE VOM BÖSEN
(41 Stories)
aus: (Il centodelitti, 1970)
SCHE 500, 1975; SCHE 951, 1984
vgl. *Rififi auf italienisch*

DOPPELT GEKILLT HÄLT BESSER
(Traditori di tutti, 1966)
SCHE 331, 1969; SCHE 834, 1982

EINE FEINE DAME
(23 Stories)
aus: (Il centodelitti, 1970)
SCHE 543, 1976
vgl. *Von Beruf: Verbrecher*

IN MAILAND MORDET MAN SAMSTAGS
(I milanesi ammazzano al sabato, 1969)
RTH 2409, 1977

EIN KLEINES HOTEL FÜR SADISTEN
(7 Stories)
aus: (Milano calibro 9, 1969)
RTH 2283, 1973

LEICHTE MÄDCHEN STERBEN SCHWERER
(Venere privata, 1966)
SCHE 316, 1969; SCHE 752, 1980
vgl. *Verboten*

MIT DEN AUGEN EINER TOTEN
(Al mare con la ragazza, 1975)
SCHE 706, 1979

MORD STAND NICHT IM STUNDENPLAN
(I ragazzi del massacro, 1968)
SCHE 381, 1971; SCHE 782, 1980

DIE NACHT DES TIGERS
(8 Stories)
(La notta della tigre, 1975)
UK 1819, 1977

RIFIFI AUF ITALIENISCH
(41 Stories)
aus: (Il centodelitti, 1970)
KK 033, 1983
vgl. *Das Beste vom Bösen*

DIE SIGNORINA OHNE REVOLVER
(8 Stories)
aus: (Milano calibro 9, 1969)
RTH 2269, 1973

STIRB BEI TIEFGEKÜHLTEN FISCHEN
(7 Stories)
aus: (Milano calibro 9, 1969)
RTH 2259, 1972

VENEDIG SEHEN UND STERBEN
(La sabbia non ricorda, 1963)
SCHE 600, 1977

VERBOTEN
(Venere privata, 1966)
PHOE 32, 1968
vgl. *Leichte Mädchen sterben schwerer*

VON BERUF: VERBRECHER
(23 Stories)
aus: (Il centodelitti, 1970)
KK 035, 1983
vgl. *Eine feine Dame*

ZU REICH ZUM LEBEN
(L'antro dei filosofi, 1942)
SCHE 572, 1976; SCHE 799, 1981

SCHADECK, PETER

Pseudonym von Rolf Kalmuczak

DAS HORNISSENNEST (OA)
BK 36033, 1980

MACHTRAUSCH (OA)
BK 36051, 1981

TODESTRIP NACH NIRGENDWO (OA)
BK 36042, 1980

SCHAEFFER, MAX PIERRE

LIEBESPOKER (1968)
BKEL 37013, 1975; HK 1912, 1980

DAS MÖRDERSPIEL (1961)
UK 941, 1963; BKEL 37030, 1977;

HK 1896, 1980
DIE VIER SCHLÜSSEL (1962)
auch: VIER SCHLÜSSEL
UK 948, 1964; BKEL 37034, 1977; HK 1904, 1980

SCHAUER, HERBERT (1924–
BEGEGNUNG IN ZÜRICH
MIV o. Nr., 1980
DIE STADT, DIE DER TEUFEL SCHUF
MIV o. Nr., 1981

SCHEFF, MICHAEL und DAVID SPECTOR
AIRPORT 77 »VERSCHOLLEN IM BERMUDA-DREIECK«
(Airport 77, 1977)
GTH 4691, 1977

SCHEFFLER, URSEL (1938–
CONNY FUX – ALARM IM HAFEN (OA)
SCHN 203, 1979
CONNY FUX – DIE SPUR FÜHRT NACH TUNIS (OA)
SCHN 247, 1980

SCHEIDELER, J. H. (1939–
Alle Romane sind aus der Reihe: *»Kommissar Guido Bertschi ist auf der Spur«*
DIE DAME KAM ZU FRÜH
TEL 102, 1970 (?)
DIE GELIEBTE LEICHE
TEL 110, 1970 (?)
DAS HEISSE GESCHÄFT
TEL 108, 1970 (?)
INSEL DER BLAUEN BOHNEN
TEL 107, 1970 (?)
DER MÖRDER IM TRENCHCOAT
TEL 105, 1970 (?)
MÖRDER SIND MIR UNSYMPATHISCH
TEL 101, 1970 (?)
MORD IM WÜSTENSAND
TEL 109, 1970 (?)
MORD IST KEIN GESCHÄFT
TEL 104, 1970 (?)
DIE SIEBEN SCHLÜSSEL
TEL 106, 1970 (?)
STAATSANWÄLTE LEBEN KURZ
TEL 111, 1970 (?)
DIE TOTEN VON CASTELLO GIORGINA
TEL 103, 1970 (?)

SCHENK, DIETER (1937–
DER DURCHLÄUFER (1978)
FAR 8094, 1983

SCHERF, MARGARET (LOUISE) (1908–1979)
AUF GLATTEM PARKETT
(Dead: Senate Office Building, 1953)
GK 157, 1958
DAS GOLDENE KLAVIER
(The Diplomat and the gold piano, 1963)
GK 1283, 1964
HÖCHST VERDÄCHTIG, DR. BUELL!
(Always murder a friend, 1948)
GK 184, 1959
IM MITTELPUNKT DIE EULE
(The owl in the cellar, 1945)
GK 296, 1961
JAGD AUF EINEN MILLIONÄR
(To cache a millionaire, 1972)
GK 422, 1972
LÜGT MISS KATY?
(The elk and the evidence, 1952)
GK 239, 1960
DER MÖRDER BLEIBT ÜBER NACHT
(The beautiful birthday cake, 1971)
GK 4176, 1972
MORD MACHT MICH NERVÖS
(Murder makes me nervous, 1948)
GK 259, 1960
TÖDLICHE LECKERBISSEN
(Judical body, 1957)

GK 4586, 1976

DER TOLEDANER DEGEN
(The green plaid pants, 1951)
GK 153, 1958

DER TOTE IM SAND
(The banker's bones, 1968)
GK 4152, 1972

EIN TOTER FREI HAUS
(Never turn your back, 1959)
GK 4562, 1976

DER VERSTECKTE REVOLVER
(The gun in Daniel Webster's bust, 1949)
UK 742, 1958; GK 4329, 1974

VORSICHT, DR. BUELL!
(The curious custard pie, 1950)
GK 288, 1961

WAS GEHT DAS SIE AN, DR. BUELL?
(Gilbert's last toothache, 1949)
GK 270, 1960

WENN EIN MORD GELINGEN SOLL
(If you want a murder well done, 1974)
GK 4546, 1976

ZERBROCHENES GLAS
(Glass on the stairs, 1954)
GK 251, 1960

SCHERFLING, GERHARD (1913–

EIN BLONDES HAAR (OA)
DIE 281, 1976

DER GOLDENE SCHUSS (OA)
MIV o. Nr., 1983

KONZEPTION FÜR EINEN MORD (OA)
MIV o. Nr., 1980

VON EINEM TAG ZUM ANDEREN (OA)
MIV o. Nr., 1983

DIE ZEITUNGSNOTIZ
MIV o. Nr., 1973

SCHILLER, FRIEDRICH VON (1759–1805)

ERZÄHLUNGEN
darin: (Der Verbrecher aus verlorener Ehre, 1792)
GAR 904, 1962; RES 8891, 1964

SCHIRK, HEINZ (1931–

RUBECKS TRAUM (OA)
RTH 2645, 1983

DER SOHN DES BULLEN (OA)
RTH 2541, 1980

SCHMIDT, ECKHART (1938–

DIE STORY (OA)
KNAR 2455, 1984

SCHMIDT, PETER (1944–

AUGENSCHEIN (OA)
UK 10196, 1983

EISZEIT FÜR MAULHELDEN (OA)
UK 10234, 1984

MEHNERTS FALL (OA)
UK 10121, 1981

DIE REGELN DER GEWALT (OA)
RTH 2686, 1984

DIE TROPHÄE (OA)
UK 10157, 1982

SCHMIDTHÜS, KARLHEINZ

KRIMINALGESCHICHTEN (HRSG.)
NEUN MEISTERDETEKTIVE IN AKTION (OA)
HER 127, 1962

SCHMIDT-RAVEN, J(ÜRGEN) (1934–

SCHWEIGEN, ZAHLEN, LEBEN (OA)
GK 4278, 1973

SCHMIDT-WALK, JUTTA (Hrsg.)

DAS ROWOHLT LESEBUCH DER MORDE
(15 Stories)
RAR 5212, 1984

SCHMIEDER, MEIKE

ICH HABE EINEN MORD GESEHEN (OA)

DIE 481, 1981; RTH 2596, 1982
NACHTFROST (OA)
DIE 266, 1975

SCHMITZ, WERNER (1948–
NAHTLOS BRAUN (OA)
WELT 323, 1984

SCHNEIDER, HANS (1927–
FLUCHT INS VERBRECHEN (1977)
GREI o. Nr., 1982
DER LETZTE FALL (OA)
DIE 256, 1975; HK 1916, 1980
NACHT OHNE ALIBI (1968)
GREI o. Nr., 1982
TATORT CENTRUM
(n. e.)
GREI o. Nr., 1980
TOTE SCHWEIGEN NICHT (1965)
GREI o. Nr., 1982

SCHNEIDER, ROLF (1932–
DIE TAGE IN W. (OA)
HNL 1, 1981

SCHNEIDER-SCHELDE, RUDOLF (1890–1956)
EIN MANN IM SCHÖNSTEN ALTER (1955)
FAR 391, 1961

SCHÖFFLING, KLAUS (Hrsg.)
GENTLEMAN-GAUNER
(Kriminalgeschichten)
IT 648, 1982

SCHÖNAU, GERT
AM TELEFON DER CHEF (OA)
DIE 79, 1971

SCHÖNAU, PETER
KAI WOLLTE VERGESSEN (OA)
GK 1054, 1961

SCHOLEFIELD, ALAN (1931–
LAUTLOS UND TÖDLICH
(Venom, 1977)
RTH 2515, 1980
TERROR IN BERLIN
(Berlin blind, 1980)
UK 10233, 1984

SCHOTTE, PAULUS
Pseudonym von Paul Elbogen (1894–
EIN MANN VERFOLGT SICH SELBST (OA)
GK 32, 1953

SCHREIBER, PETER
DEINES NÄCHSTEN WITWE (OA)
BK 36029, 1979

SCHREITER, HELFRIED (1935–
WERFEN SIE DAS HANDTUCH, HERR STAATSANWALT (OA), DIE 317, 1977

SCHREYER, WOLFGANG (1927–
DER GELBE HAI (1969)
DTV 827, 1972
GROSSGARAGE SÜDWEST (1952)
NBR 41, 1962

SCHROERS ROLF (1919–
IN FREMDER SACHE
LIST 160, 1960

SCHWEIGER, WOLFGANG (1951–
DURCH DIE NACHT (OA)
HK 2111, 1984

SCHWEITZER, GERTRUDE (1909–
DIE BESESSENEN
(The obsessed, o. J.)
PAN 60, 1956

SCHWINDT, BARBARA
Pseudonym von Edeltraut Schwindt (1914–

WER IST CAROLINE CROSS? (OA)
RAV 408, 1977

SCIASCIA, LEONARDO (1921–

DER FALL MAJORANA
(La scomparsa di Majorana, 1975)
UAR 20062, 1980

DIE MACHT UND IHR PREIS
(EA-Titel: Tote Richter reden nicht)
(Il contesto, 1971)
UAR 3524, 1978

TODO MODO ODER DAS SPIEL UM DIE MACHT
(Todo modo, 1974)
UAR 3560, 1979

TOTE AUF BESTELLUNG
(A ciascuno il suo, 1966)
DTV 766, 1971

SCOTLAND, JAY

Pseudonym von John (William) Jakes (1932–

DER SIEBENTE MANN
(The seventh man, 1958)
PAN 132, 1958

SCOTT, ANNJEANETTE

Pseudonym von Scott Wright

DER UNHEIMLICHE GRAF
(The count of Van Rheeden Castle, 1976)
HRO 2143, 1983

SCOTT, DEBORAH

ROSEN AUF DEM TOTENBETT
(Deathbed of roses, 1976)
HRO 2005, 1978

SCOTT, GAVIN (1950–

ZWISCHEN CIA UND KGB
(Hot pursuit, 1977)
GTH 4754, 1978

SCOTT, JACK S.

Pseudonym von Jonathan Escott (1922–

DER BASTARD HIESS BRISTOW
(A better class of business, 1976)
RTH 2570, 1981

DEN MACHEN WIR FERTIG!
(A clutch of vipers, 1979)
RTH 2599, 1982

INSPEKTOR AUS LEIDENSCHAFT
(The poor old Lady's dead, 1976)
GK 4671, 1977
vgl. *Tod einer alten Dame*

KEIN GRAB FÜR ELLIE BEAVIS
(The shallow grave, 1977)
RTH 2555, 1981

KEIN LORBEER FÜR ROSHER
(An uprush of Mayhem, 1982)
RTH 2660, 1984

DIE LOKALMATADORE
(The local lads, 1982)
RTH 2678, 1984

MIT EIGENEN AUGEN
(A distant view of death, 1981)
RTH 2636, 1983

TOD EINER ALTEN DAME
(The poor old Lady's dead, 1976)
RTH 2585, 1982
vgl. *Inspektor aus Leidenschaft*

DAS WERKZEUG
(The gospel lamb, 1980)
RTH 2628, 1983

SCOTT, JEREMY (1915–

KOPFPREIS FÜR EINEN KRÖSUS
(The king of money, 1982)
SCHE 919, 1983

SCOTT, JUSTIN (BLAZER)

Pseudonym: J. S. Blazer

ALLER BÖSEN DINGE SIND DREI
(Many happy returns, 1973)

RTH 2362, 1975

GOLD IM DRECK
(Treasure for treasure, 1974)
RTH 2406, 1977

SCOTT, MARY (EDITH CLARKE) (1888– und JOYCE (TARLTON) WEST

DAS GEHEIMNIS DER MANGROVEN-BUCHT
(The mangrove murder, 1964)
GAR 3354, 1973

LAUTER REIZENDE MENSCHEN
(Such nice people, 1962)
GAR 1465, 1965

DAS RÄTSEL DER HIBISKUS-BROSCHE
(No red herrings, 1964)
GAR 3492, 1977

TOD AUF DER KOPPEL
(Fatal Lady, 1960)
GAR 3419, 1976

DER TOTE IM KOFFERRAUM
(Who put it there? 1965)
GAR 3369, 1975

SCOTT, MICHAEL

ADAM UND DIE UNTERWELT
(Adam and evil, o. J.)
PAN 175, 1960

SCOTT, STEVE

Pseudonym von William (Elbert) Crawford (1929–
Weitere Pseudonyme: Roger Brandt, Jim Peterson, Paul Ross

DIE COP-KILLER
(The Cop-Killers, 1972)
BRA 32069, 1974

SCOTT, TARN

VOM STERBEN REDEN WIR SPÄTER
(Don't let her die, 1957)
HTH 1227, 1966

SEAMARK

Pseudonym von Austin J. Small (?–1929)

DAS KOKAINSCHIFF
(Down River, 1929)
GK 8, 1952

DIE VANTINE-DIAMANTEN
(The Vantine diamonds, 1930)
GK 18, 1953

SEDERBERG, ARELO (CHARLES) (1930–

TERROR IN LAS VEGAS
(60 hours of darkness, 1974)
GTH 4707, 1977

SEELIGER, EWALD GERHARD (1877–1959)

PETER VOSS, DER MILLIONENDIEB (1913)
GAR 1826, 1966

SEELEY, MABEL (HODNES-FIELD) (1903–

FLÜSTERNDE SCHATTEN
(The whistling shadow, 1954)
LIST 191, 1961

DAS HORCHENDE HAUS
(The listening house, 1938)
LIST 204, 1961; HCC 1656, 1975

SEIBERT, ELIZABETH (G.)

IM GARTEN DES TODES
(Death follows the flower show, 1958), PAN 134, 1959

SEILAZ, AILEEN

UNTER DEM SCHLEIER DES SCHWEIGENS
(The veil of silence, 1965)
HRO 1998, 1977

SELBER, MARTIN (1924–

GEHEIMKURIER A (1968)
ROT 123, 1976

SELLERS, MICHAEL
ZUM ERSTEN, ZUM ZWEITEN, ZUM LETZTEN
(Leonardo others, 1980)
SCHE 823, 1981

SELWYN, FRANCIS (1935–
GAUNER AUF SAMT
(Cracksman on velvet, 1974)
BAR 12085, 1978

SEMJONOW, JULIAN (SEMENOVICH) (1931–
AUFTRAG: MORD
(Petrovka, 38, 1964)
KVW o. Nr., 1965; GK 4265, 1973

ŠENTJURC, IGOR (1927–
DER TEUFEL BRAUCHT LIEBE
(OA)
HK 1489, 1972

SERGENT, HELENE
DIE GOLDENE WILDTAUBE
BBA 43, 1951
DIE SCHWARZE GLASMASKE
BBA 27, 1950

SERLING, ROBERT J(EROME) (1918–
ALARM IM PENTAGON
(The President's plane is missing, 1967)
FAR 1229, 1971

SERNER, WALTER (1889–1942)
DER ELFTE FINGER (1923)
(37 erotische Kriminalerzählungen; Stories aus: DTV 1741/1791/10176 und 25 weitere Stories)
DTV 1240, 1977
DER ISABELLE HENGST (1923)
(25 Kriminalgeschichten aus: Der elfte Finger)
DTV 10113, 1983
DER PFIFF UM DIE ECKE (1925)
(22 Kriminalgeschichten)
DTV 1741, 1982
DIE TÜCKISCHE STRASSE (1927)
(19 Kriminalgeschichten)
DTV 1791, 1982
ZUM BLAUEN AFFEN (1921)
(33 Kriminalgeschichten)
DTV 10176, 1983

SETON, ANYA
SCHLOSS DRACHENFELS
(Dragonwyck, 1943)
HRO 1812, 1967; HRO 2128, 1983

SEWARD, JACK (JOHN NEIL SEWARD) (1924–
STONE, GAIL UND ROSE
(The Eurasian virgins, 1969)
TER 6, 1972

SEYMOUR, (WILLIAM HERSCHEL KEAN) GERALD (1941–
DER AUFTRAG
(The contract, 1980)
GAR 6462, 1982
FLIEGENPILZ
(The Glory Boys, 1976)
BAR 12114, 1980
DER RUF DES EISVOGELS
(Kingfisher, 1977)
GAR 3930, 1980
DAS TÖDLICHE PATT
(Harry's game, 1975)
BAR 11134, 1979

SEYMOUR, HENRY
Pseudonym von Helmut (Henry) Hartmann (1931–
Weiteres Pseudonym: Henry Hart
AUF ABWEGEN
(The big steal, 1971)

GK 4457, 1975; XEN 94, 1980
ENDSTATION ORIENT (OA)
UEB 231, 1974
DIE FALSCHE MADONNA (OA)
UEB 213, 1970
FLUCHT NACH MEXIKO
(The deadly elopement, 1971)
MIT 560, 1972; GK 4581, 1976
DIE GEFÄHRLICHE FRACHT
(In the still of the night, 1966)
MIT 488, 1970; GK 4558, 1976;
XEN 118, 1981
DAS GEHEIMNIS VON PORTQUIN (OA)
HJU 106, 1976
GESCHENK DES TEUFELS
(Gift from the devil, 1967)
MIT 360, 1967
DAS GESPENSTERHAUS (OA)
UEB 238, 1976
KEIN GLÜCK MIT DIAMANTEN
(Hot ice, 1966)
MIT 348, 1967; GK 4588, 1976
EIN KÖDER ZUM ANBEISSEN
(The big bite, 1968)
MIT 399, 1968
EIN KÖDER ZUM ANBEISSEN
(Cold wind of death, 1972)
GK 4541, 1976
DER MAFIA-BOSS
(The funeral plot, 1970)
MIT 511, 1971; GK 4573, 1976;
XEN 95, 1980
DIE NACHT DER LANGEN MESSER
(The night of the long knives, 1969)
MIT 471, 1970; GK 4525, 1976;
XEN 116, 1981
NACHTS IN MAZATLAN (OA)
MIT 374, 1968; GK 4517, 1976
EIN PEKINESE NAMENS HORATIO (OA)
UEB 235, 1975
DER SCHATZ DER MCDOUGALS (OA)
UEB 228, 1973
DIE SCHMUGGLERBUCHT (OA)
UEB 217, 1971
EIN TOTER ZUVIEL
(One corpse too many, 1969)
MIT 453, 1969; GK 4533, 1976;
XEN 117, 1981
UNTER GÖTZEN UND GANGSTERN
(The eye of Vira-Cocha, 1969)
MIT 441, 1969; GK 4549, 1976
VERABREDUNG MIT DEM TODE
(Appointment with murder, 1962)
PAN 204, 1963
VORSICHT VOR ALTEN DAMEN (OA)
UEB 208, 1969

SHAGAN, STEVE (1927–
DIE GEHEIME FORMEL
(The formula, 1979)
MTB 2162, 1981
STRASSEN DER NACHT
(City of angels, 1975)
HK 1718, 1976

SHANNON, DELL
Pseudonym von (Barbara) Elizabeth Linington (1921–
Weitere Pseudonyme: Anne Blaisdell, Lesley Egan
ALLES BÖSE ZU WEIHNACHTEN
(No holiday for crime, 1973)
GK 4419, 1974
AN EINEM MONTAG IM MÄRZ
(Spring of violence, 1973)
GK 4423, 1975
DAS BILD IN DER ZEITUNG
(Double bluff, 1963)
GK 2076, 1965
DIE DAMENPARTY
(Death of a busybody, 1963)
GK 1242, 1963
DIE FLASCHE MADEIRA
(Root of all evil, 1964)
GK 2096, 1965
GEFÄHRLICHE COCKTAILS
(Rain with violence, 1967)

GK 3128, 1968

DIE GOLDBLONDE PUPPE

(Case pending, 1960)

GK 1108, 1962

HALLO – MORDDEZERNAT

(Coffin corner, 1966)

GK 2247, 1966

HEISSES GELD

(The death-bringers, 1965)

GK 2149, 1965

INFERNO LOS ANGELES

(Crime file, 1974)

GK 4466, 1975

EINE KUGEL FEHLT

(Crime on their hands, 1969)

GK 4002, 1970

LEUTNANT MENDOZAS NEUER FALL

(Death by inches, 1965)

GK 2175, 1966

MORPHIUM IM ZUCKER

(Mark of murder, 1964)

GK 2137, 1965

EIN NETTER JUNGER MANN

(Knave of hearts, 1962)

GK 1182, 1962

NYMPHEN UND DELPHINE

(The ace of spades, 1961)

GK 1130, 1962

OHNE RÜCKSICHT AUF VERLUSTE

(Unexpected death, 1970)

GK 4040, 1971

POKER MIT JOKER

(Deuces wild, 1975)

GK 4488, 1975; GUK 4805, 1978

DIE STRASSE DER VERGELTUNG

(With a vengeance, 1966)

GK 3272, 1970

DER TISCH STEHT FALSCH

(Extra kill, 1962)

GK 1185, 1962

SHARK, ROLF

(Pseudonym)

DER SARG WIRD PROMPT GELIEFERT

OTB 4228, 1979

DER TOD KOMMT UM MITTERNACHT

OTB 4229, 1979

WER STIRBT, HAT MEHR VOM LEBEN

OTB 4230, 1979

SHARKEY, JACK (JOHN MICHAEL SHARKEY) (1931–

MORD UND MUSIK

(Murder, Maestro, please, 1960)

SM 149, 1963

SHARP, ALAN (1934–

WER SICH IN GEFAHR BEGIBT . . .

(Night moves, 1975)

GK 4663, 1977

SHARP, MARILYN

UNTERNEHMEN SONNENBLUME

(Sunflower, 1979)

KNAR 830, 1982

SHATTUCK, DORA (RICHARDS)

Pseudonym: Richard Shattuck

DAS VERSCHWUNDENE TESTAMENT

(The wailing woman, 1973)

HRO 2029, 1979

SHAW, HERBERT

s. *Anthony Armstrong*

SHAW, IRWIN (1913–1984)

DER WOHLTÄTER

(Bread upon the waters, 1981)

GAR 6644, 1983

SHECKLEY, ROBERT (1928–

DUELL IN DER HITZE

(The man in the water, 1962)

GA 5428, 1981

KALIBER .50

(Calibre .50, 1961)

UK 1033, 1965

LAUF UM DEIN LEBEN
(Dead run, 1961)
UK 1048, 1966

SPAGHETTI MIT BLAUEN BOHNEN
(The game of X, 1965)
GK 3038, 1967; GA 5427, 1981

DAS 10. OPFER
(The tenth victim, 1965)
HAR 451, 1966

SHELDON, ANN

LINDA UND DIE DIAMANTEN-SCHMUGGLER
(Linda Craig and the mystery in Mexico, 1964)
ARE 1192, 1972

SHELDON, SIDNEY (1917–

DER ARZT UND DIE UNSICHTBAREN
(The naked face, 1970)
RTH 2273, 1973
vgl. *Das nackte Gesicht*

BLUTSPUR
(Bloodline, 1978)
GAR 6342, 1981

EIN FREMDER IM SPIEGEL
(A stranger in the mirror, 1976)
GAR 6314, 1981

JENSEITS VON MITTERNACHT
(The other side of midnight, 1974)
UAR 20005, 1979; GAR 6325, 1982

DAS NACKTE GESICHT
(The naked face, 1970)
GAR 6680, 1984
vgl. *Der Arzt und die Unsichtbaren*

ZORN DER ENGEL
(Rage of angels, 1980)
GAR 6553, 1983

SHELLEY, MARY W(OLLSTONECRAFT GODWIN) (1797–1851)

FRANKENSTEIN
(Frankenstein, 1818)
HAR 577, 1968

SHENKIN, ELIZABETH (SHOEMAKER) (?–1975)

ZWEI KRAWATTEN
(Midsummer's nightmare, 1960)
GK 2253, 1966

SHEPHERD, ERIC (1892–

MORD IM NONNENKLOSTER
(Murder in a nunnery, 1940)
HER 87, 1961

NOCH EIN MORD IM NONNENKLOSTER
(More murder in a nunnery, 1954)
HER 143, 1963

SHERIDAN, ANNE-MARIE (1948–

IM SCHATTEN DER DUNKELHEIT
(Summoned to darkness, 1978)
HRO 2042, 1979

SHERRY, EDNA (?–1967)

IN ZWEITER INSTANZ
(Call the witness, 1961)
GK 2092, 1965

LOCKENDES GELD
(Tears for Jessie Hewitt, 1958)
GK 2074, 1965

DAS PERFEKTE ALIBI
(Backfire, 1956)
GK 2098, 1965

TOD ZUM FRÜHSTÜCK
(Strictly a loser, 1965)
GK 2207, 1966

. . . UND LARRY WAR MEIN FREUND
(The defense does not rest, 1959)
GK 2106, 1965

ZEUGEN GESUCHT
(The survival of the fittest, 1960)
GK 2059, 1964

SHERWOOD, HENRY
(Pseudonym)
TEUFEL IM LANGEN KLEID
KTR 1, 1957

SHERWOOD, JOHN (HERMAN MULSO) (1913–
ERFOLG MACHT TOT
(The hour of the Heyenas, 1979)
SCHE 811, 1981
GAUNER WILL GELERNT SEIN
(Honesty will get you nowhere, 1977)
SCHE 704, 1979
STIRB SCHNELLER, BOSS . . .
(The Limericks of Lachasse, 1978)
SCHE 797, 1981

SHIMER, R(UTH) H.
DAS SCHIFF DES PIRATEN
(Squaw point, 1972)
HAC 6, 1974

SHIRLEY, JOHN
DIE WOCHENENDMORDE
(The brigade, 1981)
HK 1982, 1982

SHIVELLEY, ANGELA
STIMMEN AUS DEM DUNKEL
(Dread of night, 1966)
HRO 1824, 1968

SHOCKER, DAN
Pseudonym von Jürgen Grasmück (1940–
DIE ANGST ERWACHT IM TODESSCHLOSS
(Larry Brent-Serie)
ZAU 35, 1979
DIE BESTIE MIT DEN BLUTHÄNDEN
(Larry Brent-Serie)
ZAU 11, 1974
BIS DIE RATTEN DICH ZERFETZEN
(Larry Brent-Serie)
ZAU 4, 1973
DÄMONENBRUT
(Larry Brent-Serie)
ZAU 7, 1973; RK o. Nr. und o. J.
DER DÄMON MIT DEN TOTENAUGEN
(Larry Brent-Serie)
ZAU 41, 1980
DR. SATANAS DRACHENSAAT
(Larry Brent-Serie)
ZAU 21, 1976
DRACULAS LIEBESBISS
(Larry Brent-Serie)
ZAU 13, 1974
DAS GRAUEN VON BLACKWOOD CASTLE
(Larry Brent-Serie)
ZAU 9 1974
DAS GRAUEN SCHLEICHT DURCH BONNARDS HAUS
(Larry Brent-Serie)
ZAU 34, 1979
HEXENSABBAT
(Larry Brent-Serie)
ZAU 53, 1981
DAS HÖLLENBIEST
(Larry Brent-Serie)
ZAU 8, 1973; RK o. Nr. und o. J.
DIE HORROR-BRAUT VON BURG FRANKENSTEIN
ZAU 78, 1983
IM KABINETT DES GRAUENS
(Larry Brent-Serie)
ZAU 3, 1972; ZAU 40, 1980
IM TODESGRIFF DER SCHRECKENSMUMIE
(Larry Brent-Serie)
ZAU 17, 1974
IM WÜRGEGRIFF DES NACHTMAHRS
(Larry Brent-Serie)
ZAU 6, 1973
MAROTSCH, DER VAMPIR-KILLER
(Larry Brent-Serie)
ZAU 10, 1974
DIE MÖRDERPUPPEN DER MADAME WONG
(Larry Brent-Serie)
ZAU 46, 1980

MONSTER-TESTAMENT VON BURG FRANKENSTEIN
ZAU 66, 1982
DIE MÜLL-MONSTER
(Larry Brent-Serie)
ZAU 14, 1974
DAS SANATORIUM DER TOTEN
(Larry Brent-Serie)
ZEX 160 (zugleich ZAU 1), 1969
SCHRECKENSMAHL
(Larry Brent-Serie)
ZAU 52, 1981
SCHRECKENSNACHT AUF BURG FRANKENSTEIN
ZAU 62, 1981
DAS TOTENHAUS DER LADY FLORENCE
(Larry Brent-Serie)
ZAU 5, 1973
DIE TREPPE INS JENSEITS
(Larry Brent-Serie)
ZAU 15, 1974
ZUR HERBERGE DER TAUSEND SCHRECKEN
(Larry Brent-Serie)
ZEX 170 (zugleich ZAU 2), 1969;
ZAU 12, 1974

SHOLS, W. W.
Pseudonym für Winfried Scholz (1925–
Autor der Kriminalroman-Serie: *»Kommissar X«*; s. *Anhang*.
Autor der Nummern: 407, 433, 493, 507, 534, 556

SHORT, (CHARLES) CHRISTOPHER (DUDLEY)
EIN SHERIFF FÜR DEN SÜDEN
(The blue-eyed boy, 1966)
RTH 2200, 1970

SHRYACK, DENNIS
s. *Michael Butler*

SHULMAN, MILTON (1913–
DIE EHRBAREN MÖRDER
(Kill 3, 1967)
RTH 2140, 1968

SHULMAN, SANDRA (DAWN) (1944–
DIE BRAUT DES UNHEIMLICHEN LORDS
(The bride of devil's leap, 1968)
HRO 1888, 1973
DAS SCHLOSS DES VERDERBENS
(The Lady of Arlac, 1969)
HRO 1893, 1973
DER VERHÄNGNISVOLLE GEBURTSTAG
(Castlecliff, 1967)
HRO 1899, 1973

SIEBE, HANS (1919–
DER FEUERSPRUNG (1972)
KOMP 182, 1974
DIE GLÄSERNE SPINNE (1973)
(mit Horst Girra, s. d.)
KOMP 175, 1973
NAHTLOSE STRÜMPFE (1966 = EA; revidierte Ausgabe 1970)
KOMP 99, 1966

SIEGL, I.
WILDE NARZISSEN
TAL 1, 1972

SILLER, HILDA VAN
DER BERMUDA-MORD
(Bermuda murder, 1956)
GK 4734, 1978
EIN FAIRER PROZESS
(Pammy, 1977)
GK 4635, 1977
EIN FAMILIENKONFLIKT
(Sudden storm, 1968)
GK 4767, 1978
DAS FERNGESPRÄCH
(The Biltmore call, 1967)
GK 4758, 1978

EIN GUTER ALTER FREUND
(The old friend, 1973)
GK 4686, 1977

DER HILFESCHREI
(The mood for murder, 1966)
GK 4702, 1977

EINE HÜBSCHE WITWE
(Deception of death, 1973)
GK 4429, 1975

KÜSS MICH UND STIRB
(The lonely breeze, 1965)
GK 4743, 1978

EINE KURZE AFFÄRE
(It had to be you, 1970)
GK 4680, 1977

DIE MÖRDERIN
(One alone, 1946)
GK 4720, 1978

MORD IST MEIN GESCHÄFT
(Murder is my business, 1957)
SM 37, 1961

NIEMAND KENNT MALLORY
(A complete stranger, 1965)
GK 4751, 1978

PAULS APPARTMENT
(Paul's apartment, 1948)
GK 4725, 1978

DIE SCHÖNE LÜGNERIN
(The Sloane divorce, 1977)
GK 4621, 1977

TELEFON AUS TEHERAN
(The watchers, 1969)
GK 4711, 1978

ZUM TEUFEL MIT ELAINE
(The hell with Elaine, 1974)
GK 4496, 1975

SILONE, IGNAZIO (1900–
Pseudonym von Secondo Tranquilli (1900–

DAS GEHEIMNIS DES LUCA
(Il segreto di Luca, 1955)
DTV 35, 1962; FAR 5755, 1983

SIMENON, GEORGES (1903–
Pseudonym: Victor Kosta

I. Non-Maigret-Romane:

DIE ANDEREN
(Les autres, 1962)
KKR 70, 1963; HGS 70, 1973

ANKUNFT ALLERHEILIGEN
(Le voyageur de la Toussaint, 1941)
DIO 135/14 = 20674, 1979
vgl. *Der Passagier vom 1. November*

ANTOINE UND JULIE
(Antoine et Julie, 1953)
DIO 21047, 1983

DER AUSBRECHER
(L'évadé, 1936)
DIO 135/25 = 20686, 1981

AUSGESTOSSEN
(L'outlaw, 1941)
KKR 38, 1959; HGS 38, 1967
vgl. *Der Outlaw*

DAS BEGRÄBNIS DES HERRN BOUVET
(L'enterrement de Monsieur Bouvet, 1950)
HGS 95, 1967

BELLAS TOD
(La mort de Belle, 1952)
KKR 26, 1958; HGS 26, 1968; DIO 135/6 = 20376, 1977

BETTY
(Betty, 1961)
KKR 66, 1962; DIO 21057, 1983

DAS BLAUE ZIMMER
(La chambre bleue, 1964)
KKR 83, 1964; HGS 83, 1969; DIO 21121, 1983

BRIEF AN MEINEN RICHTER
(Lettre à mon juge, 1947)
KKR 54, 1961; HGS 54, 1969; DIO 135/1 = 20371, 1977

DIE BRÜDER RICO
(Les frères Rico, 1952)

HGS 92, 1966; DIO 21020, 1983
DER BÜRGERMEISTER VON FURNES
(Le Bourgmèstre de Furnes, 1939)
DIO 21209, 1984
DREI ZIMMER IN MANHATTAN
(Trois chambres à Manhattan, 1946)
KKR 32, 1959; HGS 32, 1967; DIO 135/8 = 20378, 1978
DIE EHE DER BÉBÉ DONGE
(La vérité sur Bébé Donge, 1940)
KKR 36, 1959; HGS 36, 1968
vgl. *Die Wahrheit über Bébé Donge*
ES GESCHAH AN EINEM SONNTAG
(Dimanche, 1958)
KKR 42, 1960
vgl. *Sonntag*
ES GIBT NOCH HASELNUSSSTRÄUCHER
(Il y a encore des noisetiers, 1969)
DIO 21192, 1984
vgl. *Der Haselnußstrauch*
DIE FANTOME DES HUTMACHERS
(Les fantômes du chapelier, 1949)
DIO 21001, 1982
DIE FLUCHT DES HERRN MONDE
(La fuite de M. Monde, 1945)
HGS 120, 1972
DIE GERETTETEN DER »TELEMACH«
(Les rescapés du Télémaque, 1938)
HGS 106, 1970
vgl. *Die Überlebenden der Télémaque*
DER GLASKÄFIG
(La cage de verre, 1971)
HGS 124, 1974
DIE GLOCKEN VON BICÊTRE
(Les anneaux de Bicêtre, 1963)
DTV 388, 1966; DIO 72, 1974 = 135/18, 1979 = 20678, 1984
DER GROSSE BOB
(Le grand Bob, 1954)
KKR 46, 1960; HGS 46, 1968; DIO 135/11 = 20585, 1978
DIE GROSSMUTTER
(La vielle, 1939)
KKR 44, 1960; DIO 135/9 = 20379, 1978
DIE GRÜNEN FENSTERLÄDEN
(Les volets verts, 1950)
KKR 78, 1964; HGS 78, 1976; DIO 135/3 = 20373, 1977
DIE HAND
(La main, 1968)
HGS 121, 1972
DER HASELNUSSSTRAUCH
(Il y a encore des noisetiers, 1969)
HGS 119, 1972
vgl. *Es gibt noch Haselnußsträucher*
IM BEICHTSTUHL
(Le confessionnal, 1966)
HGS 116, 1970
IM FALLE EINES UNFALLS
(En cas de malheur, 1956)
DIO 135/4 = 20374, 1977
vgl. *Mit den Waffen einer Frau*
DER KATER
(Le chat, 1967)
HGS 118, 1971
KEINE SPUR VON ODILE
(La disparation d'Odile, 1971)
HGS 125, 1974
DER KLEINE DOKTOR
(Le petit docteur, 1943)
DIO 21025, 1982
DER KLEINE HEILIGE
(Le petit Saint, 1965)
HE 7, 1968; DIO 135/16 = 20676, 1979
DER KLEINE MANN AUS (bei DIO: VON) ARCHANGELSK
(Le petit homme d'Archangelsk, 1956)
KKR 75, 1963; HGS 75, 1970; DIO 135/10 = 20584, 1978
DIE KOMPLICEN (bei DIO: KOMPLIZEN)
(Les complices, 1955)

KKR 30, 1959; HGS 30, 1968; DIO 135/23 = 20684, 1980

MAN LERNT NIE AUS
(Les 13 mystères, 1932)
KKR 86, 1964

DER MANN AUS LONDON
(L'homme de Londres, 1933)
HGS 105, 1970; DIO 20813, 1981

DER MANN, DER DIE ZÜGE VORBEIFAHREN SAH (bei DIO: ..., DER DEN ZÜGEN NACHSAH)
(L'homme qui regardait passer les trains, 1938)
HGS 109, 1970; DIO 20815, 1981

DER MANN MIT DEM KLEINEN HUND
(L'homme au petit chien, 1964)
KKR 85, 1964; DIO 135/7 = 20377, 1978

MIT DEN WAFFEN EINER FRAU
(En cas de malheur, 1956)
KKR 28, 1958; HGS 28, 1967
vgl. *Im Falle eines Unfalls*

DER MÖRDER
(L'assassin, 1937)
DIO 135/21 = 20682, 1980

DER NEGER
(Le nègre, 1957)
KKR 34, 1959; HGS 34, 1967; DIO 21118, 1983

DER OUTLAW
(L'outlaw, 1941)
DIO 135/17 = 20677, 1979
vgl. *Ausgestoßen*

DER PASSAGIER VOM 1. NOVEMBER
(Le voyageur de la Toussaint, 1941)
KKR 52, 1961; HGS 52, 1972
vgl. *Ankunft Allerheiligen*

DER PLÜSCHBÄR
(L'ours en peluche, 1960)
HGS 104, 1969

DER PRÄSIDENT
(Le Président, 1958)
KKR 50, 1961; HGS 50, 1972; DIO 135/15 = 20675, 1979

DER REICHE MANN
(Le riche homme, 1970)
HGS 127, 1976

RÜCKFAHRT VON VENEDIG
(Le train de Venise, 1965)
HGS 103, 1969

DAS SCHICKSAL DER MALOUS
(Le destin des Malous, 1947)
HGS 113, 1970

SCHLUSSLICHTER
(Feux rouges, 1953)
DIO 21010, 1982

DER SCHNEE WAR SCHMUTZIG
(La neige était sale, 1948)
KKR 40, 1960; HGS 40, 1975; DIO 135/2 = 20372, 1977

DIE SCHWARZE KUGEL
(La boule noire, 1955)
KKR 62, 1962; HGS 62, 1968; DIO 21011, 1982

DIE SCHWESTERN
(La prison, 1968)
HGS 111, 1970

SONNTAG
(Dimanche, 1958)
DIO 135/5 = 20375, 1977
vgl. *Es geschah an einem Sonntag*

DAS TESTAMENT DONADIEU
(Le testament Donadieu, 1937)
DIO 21256, 1984

DER TOD DES AUGUSTE MATURE
(La mort d'Auguste, 1966)
DIO 20987, 1982

TROPENFIEBER (bei DIO: TROPENKOLLER)
(Le coup de lune, 1933)
KKR 48, 1960; HGS 48, 1974; DIO 135/13 = 20673, 1979

DIE TÜR
(La porte, 1962)
KKR 68, 1963; HGS 68, 1972; DIO 21114, 1978

DIE ÜBERLEBENDEN DER TÉLÉMAQUE

(Les rescapés du Télémaque, 1938)
DIO 20814, 1981
vgl. *Die Geretteten der Télémaque*

DER UMZUG
(Le déménagement, 1967)
HGS 117, 1971

DIE UNBEKANNTEN IM EIGENEN HAUS
(Les inconnus dans la maison, 1940)
DIO 135/24 = 20685, 1981

DER UNTERMIETER
(Le locataire, 1934)
DIO 21255, 1984

DER VERDÄCHTIGE
(Le suspect, 1938)
DIO 135/19 = 20679, 1980

DIE VERLOBUNG DES MONSIEUR HIRE
(Les fiançailles de M. Hire, 1933)
DIO 135/20 = 20681, 1980; REL 823, 1980

DIE WAHRHEIT ÜBER BÉBÉ DONGE
(La vérité sur Bébé Donge, 1940)
DIO 135/12 = 20586, 1978
vgl. *Die Ehe der Bébé Donge*

WELLENSCHLAG
(Le coup de vague, 1939)
DIO 135/26 = 20687, 1981

DIE WITWE COUDERC
(La veuve Couderc, 1942)
DIO 21002, 1982

DER WITWER
(Le veuf, 1959)
HGS 102, 1969

DIE ZEUGEN
(Les témoins, 1954)
HGS 94, 1967; DIO 135/22 = 20683, 1980

DER ZUG
(Le train, 1961)
KKR 72, 1963; HGS 72, 1978

ZUM WEISSEN ROSS
(Le Cheval Blanc, 1938)
DIO 20986, 1982

II. Kommissar Maigret-Romane:

DREI FÄLLE AUS DEM LEBEN DES KOMMISSARS MAIGRET: MAIGRETS ERSTE UNTERSUCHUNG / MAIGRET UND DAS VERBRECHEN IN HOLLAND / MAIGRET UND DER MINISTER
KVW o. Nr., 1982

DREI ZUFÄLLE IM LEBEN DES KOMMISSAR MAIGRET: MAIGRET HAT ANGST / MAIGRET WIRD WÜTEND / HIER IRRT MAIGRET
KVW o. Nr., 1984

FRAU MAIGRET ALS DETEKTIV
(L'amie de Madame Maigret, 1950)
KIWI 19 (später KKR 5), 1954; HGS 5, 1966
vgl. *Madame Maigrets Freundin*

HIER IRRT MAIGRET
(Maigret se trompe, 1953)
KKR 8, 1955; HGS 8, 1966; DIO 155/10 = 20690, 1979

MADAME MAIGRETS FREUNDIN
(L'amie de Madame Maigret, 1950)
DIO 155/14 = 20713, 1979
vgl. *Frau Maigret als Detektiv*

MAIGRET ALS MÖBLIERTER HERR
(Maigret en meublé, 1951)
KKR 9, 1957; HGS 19, 1967; DIO 155/13 = 20693, 1979

MAIGRET ALS ZUSCHAUER
(Maigret s'amuse, 1957)
KKR 23, 1958; HGS 23, 1966
vgl. *Maigret amüsiert sich*

MAIGRET AM TREFFEN DER NEUFUNDLANDFAHRER
(Au rendéz-vous des Terre-Neuvas, 1931)
DIO 155/18 = 20717, 1980
vgl. *Maigret und das Verbrechen an Bord*

MAIGRET AMÜSIERT SICH
(Maigret s'amuse, 1957)

DIO 155/9 = 20509, 1978
vgl. *Maigret als Zuschauer*

MAIGRET AUF REISEN
(Maigret voyage, 1958)
KKR 33, 1959; HGS 33, 1966

MAIGRET BEI DEN FLAMEN
(Chez les Flamands, 1932)
KKR 79, 1964; HGS 79, 1977; DIO 155/19 = 20718, 1980

MAIGRET BEIM CORONER
(Maigret chez le Coroner, 1949)
DIO 155/23 = 20811, 1981
vgl. *Maigret in Arizona*

MAIGRET CONTRA PICPUS
(Signé Picpus, 1944)
DIO 20736, 1982

MAIGRET ERLEBT EINE NIEDERLAGE
(Un échec de maigret, 1956)
KKR 20, 1957; HGS 20, 1967; bb 296, 1974; DIO 21120, 1983

MAIGRET ET L'INSPECTEUR MALGRACIEUX
(Maigret und der brummige Inspektor, 1947)
Französisch/Deutsch
DTVZ 9014, 1970 (?)
vgl. *Maigret und Inspektor Lognon*

MAIGRET GERÄT IN WUT
(La colère de Maigret, 1963)
DIO 21113, 1983
vgl. *Maigret ist wütend*

MAIGRET HAT ANGST
(Maigret a peur, 1953)
KKR 18, 1957; HGS 18, 1971; bb 296, 1974; DIO 21062, 1983

MAIGRET HAT GEDULD
(La patience de Maigret, 1965)
HGS 99, 1967
vgl. *Maigret läßt sich Zeit*

MAIGRET HAT SKRUPEL
(Les scrupules de Maigret, 1958)
KKR 31, 1959; HGS 31, 1966

MAIGRET IM HAUS DES RICHTERS
(La maison de juge, 1942)
DIO 21238, 1984

MAIGRET IM LUXUSHOTEL
(Maigret et les caves du ›Majestic‹, 1942)
KKR 59, 1962; HGS 59, 1974
vgl. *Maigret und die Keller der Majestic*

MAIGRET IN ARIZONA
(Maigret chez le Coroner, 1949)
KKR 16, 1957; HGS 16, 1966
vgl. *Maigret beim Coroner*

MAIGRET IN DER LIBERTY BAR
(Liberty Bar, 1932)
KKR 51, 1961; HGS 51, 1966

MAIGRET IN HOLLAND
(Un crime en Hollande, 1931)
KKR 39, 1960; HGS 39, 1966
vgl. *Maigret und das Verbrechen in Holland*

MAIGRET IN KUR
(Maigret à Vichy, 1968)
HGS 110, 1970

MAIGRET IN NEW YORK
(Maigret à New York, 1947)
KKR 12, 1956; HGS 12, 1967

MAIGRET IN NÖTEN
(L'écluse No. 1, 1933)
KKR 45, 1960; HGS 45, 1966

MAIGRET IST WÜTEND
(La colère de Maigret, 1963)
KKR 77, 1964; HGS 77, 1972
vgl. *Maigret gerät in Wut*

MAIGRET KÄMPFT UM DEN KOPF EINES MANNES
(La tête d'un homme, 1931)
DIO 155/15 = 20714, 1979
vgl. *Maigret riskiert seine Stellung*

MAIGRET LÄSST SICH ZEIT
(La patience de Maigret, 1965)
DIO 20755, 1982
vgl. *Maigret hat Geduld*

MAIGRET, LOGNON UND DIE GANGSTER
(Maigret, Lognon et les gangsters, 1952)

DIO 155/24 = 20812, 1981
vgl. *Maigret und die Gangster*

MAIGRET NIMMT URLAUB
(Les vacances de Maigret, 1948)
KKR 17, 1957; HGS 17, 1968

MAIGRET REGT SICH AUF
(Maigret se fâche, 1947)
DIO 20820, 1981

MAIGRET RISKIERT SEINE STELLUNG
(Le tête d'un homme, 1931)
KKR 22, 1958; HGS 22, 1971
vgl. *Maigret kämpft um den Kopf eines Mannes*

MAIGRET STELLT EINE FALLE
(Maigret tend un piège, 1955)
KKR 25, 1958; HGS 25, 1966

MAIGRET TAPPT IM DUNKELN
(Le charretier de la Providence, 1931)
HGS 93, 1967
vgl. *Maigret und der Treidler der ›Providence‹*

MAIGRET UND DAS DIENSTMÄDCHEN
(Félicie est là, 1941)
HGS 100, 1969; DIO 21220, 1984

MAIGRET UND DAS GEHEIMNIS IM SCHLOSS
(L'affaire Saint Fiacre, 1932)
KKR 24, 1958; HGS 24, 1966

MAIGRET UND DAS PHANTOM
(Maigret et la fantôme, 1964)
KKR 87, 1965; HGS 87, 1973

MAIGRET UND DAS SCHATTENSPIEL
(L'ombre chinoise, 1932)
DIO 20734, 1982
vgl. *Maigret und der Schatten am Fenster*

MAIGRET UND DAS VERBRECHEN AN BORD
(Au rendéz-vous des Terre-Neuvas, 1931)
HGS 96, 1967
vgl. *Maigret am Treffen der Neufundlandfahrer*

MAIGRET UND DAS VERBRECHEN IN HOLLAND
(Un crime en Hollande, 1931)
DIO 155/21 = 20809, 1980
vgl. *Maigret in Holland*

MAIGRET UND DER CLOCHARD
(Maigret et le clochard, 1963)
KKR 81, 1964; HGS 81, 1971

MAIGRET UND DER DIEB
(Le voleur de Maigret, 1967)
HGS 107, 1970

MAIGRET UND DER FALL JOSSET
(Une confidence de Maigret, 1959)
KKR 41, 1960; HGS 41, 1966
vgl. *Maigrets Geständnis*

MAIGRET UND DER FALL NAHOUR
(Maigret et l'affaire Nahour, 1967)
HGS 108, 1970; DIO 21250, 1985

MAIGRET UND DER FAULE DIEB
(Maigret et le voleur paresseux, 1961)
KKR 61, 1962; HGS 61, 1967

MAIGRET UND DER GEHÄNGTE VON SAINT-PHOLIEN
(Le pendu de Saint-Pholien, 1931)
DIO 20816, 1981
vgl. *Maigret unter den Anarchisten*

MAIGRET UND DER GEHEIMNISVOLLE KAPITÄN
(Le port des brumes, 1931)
HGS 97, 1967; DIO 21180, 1984
vgl. *Nebel über dem Hafen*

MAIGRET UND DER GELBE HUND
(Le chien jaune, 1931)
KKR 27, 1958; HGS 27, 1967; DIO 155/11 = 20691, 1979

MAIGRET UND DER KOPFLOSE
(Maigret et le corpse sans tête, 1955)
KKR 13, 1957; HGS 13, 1966
vgl. *Maigret und die kopflose Leiche*

MAIGRET UND DER MANN AUF DER BANK
(Maigret et l'homme du banque,

1952)
KIWI 11 (später KKR 1), 1954; HGS 1, 1968; DIO 155/4 = 20504, 1978

MAIGRET UND DER MANN VON WELT
(La nuit du carrefour, 1931)
KKR 89, 1965; HGS 89, 1976
vgl. *Maigrets Nacht an der Kreuzung*

MAIGRET UND DER MINISTER
(Maigret chez le ministre, 1954)
KKR 11, 1956; HGS 11, 1967; DIO 155/5 = 20505, 1978

MAIGRET UND DER MÖRDER
(Maigret et le tueur, 1969)
HGS 115, 1971

MAIGRET UND DER POLE
(3 Kurzromane)
(MAIGRET UND DER POLE / DER HARTNÄCKIGSTE GAST DER WELT / ARME LEUTE TÖTET MAN NICHT)
(Stan, le tueur, 1944 / Le client le plus obstine du monde, 1944 / On ne tue pas les pauvres types, 1947)
HGS 126, 1975

MAIGRET UND DER SCHATTEN AM FENSTER
(L'ombre chinoise, 1932)
KKR 29, 1959; HGS 29, 1971
vgl. *Maigret und das Schattenspiel*

MAIGRET UND DER SPION
(La danseuse du Gai-Moulin, 1931)
KKR 63, 1962; HGS 63, 1966

MAIGRET UND DER TOTE HERR GALLET
(Mr. Gallet décédé, 1931)
KKR 55, 1961; HGS 55, 1969
vgl. *Maigret und der verstorbene Monsieur Gallet*

MAIGRET UND DER TREIDLER DER ›PROVIDENCE‹
(Le charretier de la Providence, 1931)
DIO 21029, 1983
vgl. *Maigret tappt im Dunkeln*

MAIGRET UND DER VERRÜCKTE
(Le fou de Bergerac, 1932)
KKR 67, 1963; HGS 67, 1971

MAIGRET UND DER VERSTORBENE MONSIEUR GALLET
(Monsieur Gallet décédé, 1931)
DIO 20817, 1981
vgl. *Maigret und der tote Herr Gallet*

MAIGRET UND DER WEIHNACHTSMANN
(Un noël de Maigret, 1951)
KKR 65, 1962

MAIGRET UND DER WEINHÄNDLER
(Maigret et le marchand de vin, 1970)
HGS 123, 1972

MAIGRET UND DIE ALTE DAME
(Maigret et la vieille dame, 1950)
KIWI 13 (später KKR 3), 1954; HGS 3, 1967; DIO 155/3 = 20503, 1978

MAIGRET UND DIE ALTEN LEUTE
(Maigret et les viellards, 1960)
KKR 53, 1961; HGS 53, 1966; DIO 21200, 1984

MAIGRET UND DIE BOHNENSTANGE
(Maigret et la grande perche, 1951)
KKR 15, 1956; HGS 15, 1966; DIO 155/20 = 20808, 1980

MAIGRET UND DIE BRAVEN LEUTE
(Maigret et les braves gens, 1962)
KKR 69, 1963; HGS 69, 1971

MAIGRET UND DIE GANGSTER
(Maigret, Lognon et les gangsters, 1952)
KIWI 20 (später KKR 6), 1954; HGS 6, 1966
vgl. *Maigret, Lognon und die Gangster*

MAIGRET UND DIE GROSCHENSCHENKE
(La guinquette à deux sous, 1932)
KKR 9, 1955; HGS 9, 1967

MAIGRET UND DIE JUNGE TOTE

(Maigret et la jeune morte, 1954)
DIO 155/8 = 20508, 1978
vgl. *Maigret und die Unbekannte*

MAIGRET UND DIE KELLER DER MAJESTIC
(Les caves du Majestic, 1942)
DIO 20735, 1982
vgl. *Maigret im Luxushotel*

MAIGRET UND DIE KOPFLOSE LEICHE
(Maigret et le corpse sans tête, 1955)
DIO 155/16 = 20715, 1980
vgl. *Maigret und der Kopflose*

MAIGRET UND DIE SCHRECKLICHEN KINDER
(Maigret à l'école, 1953)
KKR 7, 1955; HGS 7, 1966

MAIGRET UND DIE SPINNERIN
(La folle de Maigret, 1970)
HGS 122, 1972

MAIGRET UND DIE TÄNZERIN ARLETTE
(Maigret au Picratt's, 1951)
KIWI 14 (später KKR 4), 1954, HGS 4, 1966

MAIGRET UND DIE UNBEKANNTE
(Maigret et la jeune morte, 1954)
KKR 21, 1958; HGS 21, 1967
vgl. *Maigret und die junge Tote*

MAIGRET UND DIE WIDERSPENSTIGEN ZEUGEN
(Maigret et les témoins récalcitrants, 1959)
KKR 37, 1959; HGS 37, 1966; DIO 155/17 = 20716, 1980

MAIGRET UND DIE ZWILLINGE
(Pietr-le-Letton, 1929)
KKR 35, 1959; HGS 35, 1966
vgl. *Maigret und Petr der Lette*

MAIGRET UND INSPEKTOR LOGNON
(Maigret et l'Inspecteur malgracieux, 1947)
KKR 90, 1965; HGS 90, 1972
vgl. *Maigret et L'Inspecteur malgracieux*

MAIGRET UND PIETR DER LETTE
(Pietr-le-Letton, 1929)
DIO 155/2 = 20502, 1978
vgl. *Maigret und die Zwillinge*

MAIGRET UND SEIN JUGENDFREUND
(L'ami d'enfance de Maigret, 1968)
HGS 112, 1970

MAIGRET UND SEIN NEFFE
(Maigret, 1934)
KKR 43, 1960; HGS 43, 1966

MAIGRET UND SEIN REVOLVER
(Le revolver de Maigret, 1952)
KKR 14, 1956; HGS 14, 1966

MAIGRET UND SEIN RIVALE
(L'inspecteur cadavre, 1944)
KKR 57, 1962; HGS 57, 1968

MAIGRET UND SEIN SONNABEND-BESUCHER
(Maigret et le client du samedi, 1962)
KKR 71, 1963; HGS 71, 1968

MAIGRET UND SEIN TOTER
(Maigret et son mort, 1948)
KIWI 12 (später KKR 2), 1954; HGS 2, 1966; DIO 155/22 = 20810, 1981

MAIGRET UNTER DEN ANARCHISTEN
(Le pendu de Saint-Pholien, 1931)
HGS 91, 1966
vgl. *Maigret und der Gehängte von Saint-Pholien*

MAIGRET VERLIERT EINE VEREHRERIN
(Cécile est mort, 1942)
HGS 101, 1969

MAIGRET VERSCHENKT SEINE PFEIFE
(Signé Picpus, 1944)
KKR 49, 1961; HGS 49, 1966
vgl. *Maigret contra Picpus*

MAIGRET VERTEIDIGT SICH
(Maigret se défend, 1964)
HGS 98, 1966; DIO 21117, 1983

MAIGRET VOR DEM SCHWURGERICHT
(Maigret aux assises, 1960)
KKR 47, 1960; HGS 47, 1966; DIO

155/12 = 20692, 1979

MAIGRET ZÖGERT
(Maigret hèsite, 1968)
DIO 20757, 1982

MAIGRETS ERSTE UNTERSUCHUNG
(La première enquête de Maigret, 1949)
KKR 64, 1962; HGS 64, 1966; DIO 155/1 = 20501, 1978

MAIGRETS GESTÄNDNIS
(Une confidence de Maigret, 1959)
DIO 20756, 1982
vgl. *Maigret und der Fall Josset*

MAIGRETS MEMOIREN
(Les mémoires de Maigret, 1950)
KKR 73, 1963; HGS 73, 1972; DIO 155/7 = 20507, 1978

MAIGRETS NACHT AN DER KREUZUNG
(La nuit du carrefour, 1931)
DIO 21050, 1983
vgl. *Maigret und der Mann von Welt*

MEIN FREUND MAIGRET
(Mon ami Maigret, 1949)
KKR 10, 1955; HGS 10, 1966; DIO 155/6 = 20506, 1978; bb 434, 1979

NEBEL ÜBER DEM HAFEN
(Port des brumes, 1931)
DC 6, 1955 (?)
vgl. *Maigret und der geheimnisvolle Kapitän*

SIMMEL, JOHANNES MARIO (1924–

AFFÄRE NINA B. (OA)
RAR 359, 1960

ALLE MENSCHEN WERDEN BRÜDER (1967)
KNAR 262, 1971

DIE ANTWORT KENNT NUR DER WIND (1973)
KNAR 481, 1977

BEGEGNUNG IM NEBEL (1968)
(7 Erzählungen)
RAR 1248, 1970; BAR 10395, 1984

ES MUSS NICHT IMMER KAVIAR SEIN (1960), KNAR 29, 1964

ICH GESTEHE ALLES (1953)
HAR 1, 1958; KNAR 193, 1969

LIEB VATERLAND MAGST RUHIG SEIN (1965)
KNAR 209, 1969

MAN LEBT NUR ZWEIMAL
BBA 21, 1950; BBD 13, 1950

DER MÖRDER TRINKT KEINE MILCH
BBA 19, 1950; BBD 11, 1950

UND JIMMY GING ZUM REGENBOGEN (1970)
KNAR 397, 1975

SIMMONS, MARY KAY (1933–

IM BANN DES SCHRECKENS
(The Captain's house, 1970)
HRO 1891, 1973

GEHEIME TÜREN
(The hermitage, 1970)
HRO 1850, 1971

SIMON, ROGER L(ICHTENBERG) (1943–

DAS GESCHÄFT MIT DER MACHT
(The big fix, 1973)
GK 4874, 1979

HECHT UNTER HAIEN
(Wild turkey, 1975)
GK 4880, 1980

DIE PEKING-ENTE
(Peking Duck, 1979)
GLIT 5202, 1980

SIMONIN, ALBERT

WENN ES NACHT WIRD IN PARIS
(Touchez pas au grisbi!, 1958)
MIT 4, 1958

SIMONS, ROGER

Gemeinsames Pseudonym von

Margaret Punnett (1932–
und Ivor Macaulay Punnett
DAPHNE WUSSTE ZUVIEL
(Dead reckoning, 1965)
MIT 342, 1967
GEJAGT VON SCOTLAND YARD
(The killing chase, 1962)
MIT 223, 1965
PROMINENZ LEBT GEFÄHRLICH
(Murder joins the chorus, 1960)
SCHE 188, 1963; KK 10, 1980
SCHWEIGEN IST SILBER
(Silver and death, 1963)
SCHE 228, 1965
TODESREIGEN
(Reel of death, 1970)
MIT 505, 1970
TOD IN DER SCHRECKENSKAMMER
(Death on display, 1968)
MIT 416, 1969

**SIMPSON, GEORG E(DWARD) (1944–
und NEAL R. BURGER**
SPURLOS VERSCHWUNDEN
(Thin air, 1978)
BAR 10146, 1982

SIMPSON, M. E.
DUELL AUF DER KLIPPE
(And one for the pot, 1973)
GK 4374, 1974

SIMS, GEORGE (FREDERICK ROBERT) (1923–
GRÜSSE AUS DER UNTERWELT
(The terrible door, 1964)
SCHE 324, 1969
RACHE IN RATEN
(Sleep no more, 1966)
SCHE 303, 1968

SINCLAIR, DENNIS
GIFTIGES WASSER
(The Temple dogs guard my fate, 1969)
HAC 12, 1974

SINCLAIR, FONA
DROHBRIEFE OHNE UNTERSCHRIFT
(Dead of a physician, 1961)
GK 1118, 1962

SINCLAIR, MICHAEL
WIE KLAUT MAN EINE MILLION?
(How to steal a million, 1966)
HAR 488, 1967

SINIAC, PIERRE
EIN MÖRDER KOMMT, EIN MÖRDER GEHT
(Un assassin, ça va, ça vient, 1981)
HK 2042, 1983
DER UNVERWÜSTLICHE
(L'increvable, 1970)
HK 2098, 1984

SINN, DIETER (1931–
BESONDERE KENNZEICHEN: AUGEN KATZENGRÜN (1975)
BAR 12124, 1981

SITTE, FRITZ (1924–
HASCHISCH (OA)
SIT 2, 1965

**SJÖWALL, MAJ (1935–
und PER WAHLÖÖ (1926–1975), s. d.**
ALARM IN DER SKÖLDGATAN
(Brandbilen som försvann, 1969)
KVW o. Nr., 1984
vgl. *Alarm in Sköldgatan*
ALARM IN SKÖLDGATAN
(Brandbilen som försvann, 1969)
RTH 2235, 1972
vgl. *Alarm in der Sköldgatan*
DAS EKEL AUS SÄFFLE

(Den vedervärdige mannen fran säffle, 1971)
RTH 2294; 1973; KVW o. Nr., 1980

ENDSTATION FÜR NEUN
(Den skrattande polisen, 1968)
RTH 2214, 1971
vgl. *Der lachende Polizist*

DER LACHENDE POLIZIST
(Den skrattande polisen, 1968)
KVW o. Nr., 1973
vgl. *Endstation für neun*

DER MANN AUF DEM BALKON
(Mannen pa balkongen, 1967)
RTH 2186, 1970; KVW o. Nr., 1983

DER MANN, DER SICH IN LUFT AUFLÖSTE
(Mannen som gick upp i rök, 1966)
RTH 2159, 1969

DER POLIZISTENMÖRDER
(Polismördaren, 1974)
RTH 2390, 1976

DIE TERRORISTEN
(Terroristerna, 1975)
RTH 2412, 1977

DIE TOTE IM GÖTAKANAL
(Roseanna, 1965)
RTH 2139, 1968; KVW o. Nr., 1981
Anmerkung zu KVW o. Nr.: Die gekürzte deutschsprachige Ausgabe des Rowohlt Verlages wurde von Werner Hennig nach dem schwedischen Original vervollständigt.

UND DIE GROSSEN LÄSST MAN LAUFEN
(Polis, polis, potatismos! 1970)
RTH 2264, 1972

DER VERSCHLOSSENE RAUM
(Det slutna rummet, 1972)
KVW o. Nr., 1977
vgl. *Verschlossen und verriegelt*

VERSCHLOSSEN UND VERRIEGELT
(Det slutna rummet, 1972)
RTH 2345, 1975
vgl. *Der verschlossene Raum*

SKATTER, KURT

HERR KONTAX RECHNET FALSCH
NBR 8, 1953

SKEHAN, EVERETT M.

DER DRITTE MANN
(A bullet for Georgie, 1979)
PLAY 6119, 1981

SKIRROW, DESMOND (?–1973)

AUSGEPUNKTET
(I'm trying to give it up, 1968)
PHOE 81, 1970

DIE FAULE MASCHE
(I was following this girl, 1967)
PHOE 88, 1970

IM WÜRGEGRIFF
(It won't get you anywhere, 1966)
PHOE 95, 1971

SKULSKA, WILHELMINA (1918–

EIN VAGER VERDACHT
(Stowo inspektora, 1979)
KOMP 310, 1983

SLADEK, JOHN T(HOMAS) (1937–

s. *Thomas M. Disch*

SLATTERY, KEVIN M:
(Pseudonym)

VERBRECHER IM BOXRING (OA)
PAN 185, 1961

SLAWTSCHEW, SWETOSLAW

IM ZEICHEN DES SKORPIONS
DIE 606, 1983

NEUN, DIE ZAHL DER KOBRA
DIE 394, 1979

SLESAR, HENRY (1927–

AKTION LÖWENBRÜCKE
(The bridge of lions, 1963)
DIO 77/6 = 20656, 1980

EIN BÜNDEL GESCHICHTEN FÜR LÜSTERNE LESER
(A crime for mothers and others, 1962), DIO 77/4 = 20275, 1976

COOLE GESCHICHTEN FÜR CLEVERE LESER
(Erzählungen, 1977)
DIO 21046, 1982

ERLESENE VERBRECHEN UND MAKELLOSE MORDE
(A bouquet of clean crimes and neat murders, 1960)
DIO 77/3 = 20225, 1975

FIESE GESCHICHTEN FÜR FIXE LESER
(Erzählungen, 1982)
DIO 21125, 1982

DAS GRAUE DISTINGUIERTE LEICHENTUCH
(The grey flannel shroud, 1959)
DIO 77/1 = 20139, 1974
vgl. *Wer nicht wirbt, der stirbt*

HINTER DER TÜR
(The thing at the door, 1974)
DIO 77/5 = 20540, 1978

RUBY MARTINSON
(14 Geschichten um den größten erfolglosen Verbrecher der Welt, erzählt von einem Freunde)
(EA 1976 Diogenes/1957–1968)
DIO 20657, 1981

SCHLIMME GESCHICHTEN FÜR SCHLAUE LESER
(Erzählungen, 1977)
DIO 21036, 1982

DIE SIEBTE MASKE
(The seventh mask, 1969)
GK 4108, 1971

VORHANG AUF, WIR SPIELEN MORD
(Enter murderers, 1960)
DIO 77/2 = 20216, 1975

WER NICHT WIRBT, DER STIRBT
(The grey flannel shroud, 1959)
GK 1029, 1961
vgl. *Das graue distinguierte Leichentuch*

SMART, RALPH

GEHEIMAUFTRAG FÜR JOHN DRAKE, 1: MORD AUF BESTELLUNG
(Dangerman, o. J.)
SM 105, 1962

SMITH, CHARLES M(ERRILL)

DIE GNADE GMBH
(Reverend Randollph and the Fall From Grace, Inc., 1978)
GK 4905, 1981

REVEREND RANDOLLPH UND DER RACHEENGEL
(Reverend Randollph and the avenging angel, 1977)
GK 4860, 1979

REVEREND RANDOLLPH UND DIE 6. TODSÜNDE
(Reverend Randollph and the unholy Bible, 1983)
GK 4957, 1984

SCHWARZE ENGEL – EIN NEUER FALL FÜR REVEREND RANDOLLPH
(Reverend Randollph and the holy terror, 1980)
GK 4926, 1982

SMITH, DON(ALD TAYLOR) (1909–

BLUT IN DEN WOLKEN
(The payoff, 1973)
SCHE 527, 1975

LEICHTE KOST MIT BLAUEN BOHNEN
(The Dalmation tapes, 1976)
SCHE 669, 1978

RHAPSODIE DER GEWALT
(Secret Mission: Prague, 1968)
SCHE 582, 1977

STUNK IM MILIEU
(Corsican takeover, 1974)
SCHE 790, 1981

VOLLE PULLE
(Full flash, 1972)
SCHE 562, 1976

SMITH, F(REDERICK) E(SCREET) (1922–
Pseudonym: David Farrell

IN DIE LUFT GESPRENGT
(The storm knight, 1966)
PHOE 40, 1968

DER TURM DES UNHEILS
engl. T. (The other cousin, 1962)
am. T. (The dark cliffs, 1966)
HRO 1876, 1972

SMITH, GAIL
(Pseudonym)

SCHRITT INS DUNKEL (OA)
PAN 181, 1960

SMITH, GEORGE MALCOLM (1901–
s. *George Malcolm-Smith*

SMITH, HOWLAND
(Pseudonym)

DAS DING MIT DEM MÄRCHEN
KEL 798, 1970

NEUMOND ÜBER HAMMERSHAUS
LICH 97, 964

SMITH, MARTIN CRUZ (1942–
Pseudonyme: Nick Carter, Simon Quinn

DAS CAPITOL
(The analog bullet, 1972)
HAR 6000, 1982; HJB 1, 1984

DUELL IM DOM
(Canto for a gypsy, 1972)
RTH 2336, 1975
vgl. *Totentanz um eine Königskrone*

GORKI-PARK
(Gorky Park, 1981)
KNAR 1147, 1984

DIE HÖRNER DES BOCKES
(Gypsy in amber, 1971)
RTH 2297, 1974
vgl. *Sing, Zigeuner, sing*

SING, ZIGEUNER, SING
(Gypsy in amber, 1971)
SCHE 986, 1984
vgl. *Die Hörner des Bockes*

TOTENTANZ UM EINE KÖNIGSKRONE
(Canto for a gypsy, 1972)
SCHE 966, 1984
vgl. *Duell im Dom*

SMITH, NAOMI G(WLADYS ROYDE)
Pseudonym für Naomi (Gwladys) Royde-Smith (1875?–1964)

DIE SCHRECKLICHE REISE
(Buried remembrance, 1976)
HRO 2077, 1981

SMITH, SHELLEY
Pseudonym von Nancy Hermione Bodington (1912–

EIN DICKES DING
(A grave affair, 1971),
SCHE 519, 1975

DAS GIFT DER BOSHEIT
(An afternoon to kill, 1953)
UK 10154, 1982

DAS HAUS AUF DER APOSTELINSEL
(This is the house, 1945)
MIT 221, 1964

HERR, ERBARME DICH DER SCHWACHEN
(The Lord have mercy, 1956)
UK 10169, 1982

SPIEL DER KONSEQUENZEN
(A game of consequences, 1978)
UK 10181, 1982

DER ZWEITE MANN
(The ballad of the running man, 1961), MIT 174, 1964

SMITH, WILBUR (ADDISON) (1933–
ENTSCHEIDUNG DELTA
(Wild justice, 1979)
BAR 10346, 1984
DAS GEHEIMNIS DER MORGENRÖTE
(The eye of the tiger, 1975)
HAR 5520, 1979

SNOW, CHARLES PERCY (1905–1980)
MORD UNTERM SEGEL
(Death under sail, 1932)
RAR 1691, 1974

SNYDER, GEORGE
Pseudonyme: Nick Carter, Patrick Margan, Paul Richards, s. d.

SOBERGK, CORA
DIE CONNERYS UND IHRE MÖRDER (OA)
PTB 16, 1960
MANN OHNE SPRACHE (OA)
PTB 24, 1960

SOLDATI, MARIO
DIE GESCHICHTEN DES KRIMINALKOMMISSARS
(I racconti del Maresciallo, 1967)
KÖN 23, 1973; HK 2018, 1983

SOLO, FRANCO
s. Anhang Serien: Franco Solo

SOLTIKOW, MICHAEL GRAF (1902–
DER AUTOBAHNMÖRDER (OA)
PTB 91, 1963
EMPFANG UM MITTERNACHT
HAR 88, 1961
EINE FRAU GENÜGT NICHT (OA)
PTB 103, 1963
GEHEIMAGENTIN NICOLE (OA)
PTB 95, 1963
DIE KATZE MELDET . . . (1977)
HAR 5722, 1980
MORD BEI NIZZA (OA)
PTB 194, 1965
DER MORD VON DIGNE (OA)
PTB 79, 1962

SOMMERS, FRANK
Pseudonym von Werner Niehaus
STIRB – WIE ICH WILL (OA)
KEL 770, 1968

SONNENBERG, JUTTA VON
Pseudonym von Jutta Liebermann von Sonnenberg (1928–
LETZTE LIEBE IN LONDON (OA)
HRO 2131, 1983
PARIS IST EINE SÜNDE WERT (OA)
HRO 2162, 1984
VENEDIGS LÖWEN SCHIELEN NICHT
(1977), HRO 2039, 1979

SPAFFORD, ROBERT
DER TOD WAR MEINE GELIEBTE
(My mistress, death, o. J.)
PAN 82, 1957

SPANN, WELDON (OMA) (1924–
FLECKEN AUF DER WEISSEN WESTE
(The stink of murder, 1969)
GK 4357, 1974

SPARKIA, ROY BERNARD (1924–
UNTER DEM GALGEN
(Build my gallows high, 1956)
PAN 96, 1957

SPECTOR, DAVID
s. *Michael Scheff*

SPENCER, ELIOT
(Pseudonym)
Autor der Kriminalroman-Serien: *»Kommissar X«* (a) und *»Plutonium Police«* (b); s. *Anhang Serien*.
Autor der Nummern: a) 550 b) 1–12, 14–16, 22, 25, 26

SPEYER, WILHELM (1887–1952)
ROMAN EINER NACHT (1932)
RAR 727, 1965

SPICER, BART (1918–
Gemeinsames Pseudonym von Bart Spicer und Betty Coe Spicer: Jay Barbette, s. d.
GLÜCKSSPIEL IST GEFÄHRLICH
(Black sheep, run, 1951)
GK 1094, 1962
ZUM ABSCHIED BLUMEN
(Exit, running, 1959)
GK 1117, 1962

SPICER, BETTY COE
s. Jay Barbette

SPICER, DOROTHY (GLADYS)
SCHATTEN DES SCHWARZEN TURMS
(The witch's web, 1975)
UAR 3258, 1976
VERLORENE ERBSCHAFT
(Eye of the cat, 1973)
UAR 30010, 1979

SPILKEN, ARON (1939– und O'LEARY
FÜNF JÄGER FÜR DIE BEUTE
(Burning moon, 1978)
RTH 2674, 1984

SPILLANE, MICKEY (FRANK MORRISON SPILLANE) (1918–
BLUT IN DER SONNE
(Bloody sunrise, 1965)
UK 1066, 1966
COMEBACK EINES MÖRDERS
(The long wait, 1951)
HK 1152, 1965; HK 1518, 1973; HK 1816, 1978
DER DELTA-FAKTOR
(The delta factor, 1967)
UK 1149, 1967
DER EIN-MANN-KRIEG
(The by-pass control, 1966)
UK 1117, 1967
FLUCHT IST SINNLOS
(Survival zero, 1970)
UK 1367, 1971; UK 10092, 1982
GANGSTER
(2 Kriminalerzählungen)
(Me, hood, 1963 / Return of the hood, 1964)
UK 10278, 1984; UK 1041, 1965
GELIEBTE LEICHE
(The body lovers, 1967)
UK 1129, 1967
ICH – DER RICHTER
(I, the Jury, 1947)
HK 1694, 1976; HAR 6017 (ungekürzt), 1982
vgl. *Das Todeskarussell*
EINE KUGEL KOMMT SELTEN ALLEIN
(2 Kriminalstories)
(The flier / The seven year kill, 1964)
UK 1080, 1966
EIN LOCH ZUVIEL IM KOPF
(2 Kriminalstories)
(Killer mine / Man alone, 1965)
UK 1094, 1966
DIE MÄDCHENJÄGER
(The girl hunters, 1962)
UK 940, 1963; UK 10029, 1980
MENSCHENJAGD IN MANHATTAN
(One lonely night, 1951)
HK 1228, 1967; HK 1794, 1978

DER PANTHER KEHRT ZURÜCK
(The deep, 1961)
HK 1114, 1964; HK 1768, 1977
DIE RACHE IST MEIN
(Vengeance is mine! 1950)
HK 1552, 1973
vgl. *Späte Gäste*
RHAPSODIE IN BLEI
(Kiss me, deadly, 1952)
HK 1201, 1966; HK 1742, 1977
DIE SCHLANGE
(The snake, 1964)
UK 1012, 1965; UK 10026, 1979
DIE SCHWARZEN NÄCHTE VON MANHATTAN
(The big kill, 1951)
HK 1188, 1965; HK 1587, 1974; HK 1862, 1979
SEXBOMBER
(The erection set, 1972)
UK 1488, 1972; UK 10028, 1982
SPÄTE GÄSTE
(Vengeance is mine, 1950)
HK 1179, 1965
vgl. *Die Rache ist mein*
DER TIGER IST LOS
(Day of the guns, 1964)
UK 1060, 1966
TOD EINER UNSTERBLICHEN
(2 Kriminalerzählungen: Tod einer Unsterblichen / Der Bastard Bannermann)
(The veiled woman / The bastard Bannerman, 1952)
UK 10052, 1980
DAS TODESKARUSSELL
(I, the Jury, 1947)
HK 1218, 1966
vgl. *Ich – der Richter*
TODESSCHWADRON
(The last Cop out, 1973)
UK 1602, 1974
DAS UNDING
(The twisted thing, 1966)
UK 1103, 1967
UNTER DREI AUGEN
(The death dealers, 1965)
UK 1089, 1966
DAS WESPENNEST
(My gun is quick, 1950)
HK 1167, 1965; HK 1611, 1974; HK 1845, 1979
WO AAS IST
(3 Kriminalstories) (Diese Stadt gehört mir / Hinter der Hecke / Wo Aas ist)
(Every body's watching me / The girl behind the hedge / Kick it or kill, 1953)
UK 1166, 1968

SPOERL, ALEXANDER (1917–

DER MANN, DER KEINEN MORD BEGING (1951)
DTV 467, 1968

SPRANGER, GÜNTER (1921–

DAS LÜGENSPIEL
(Der Kriminalfall Grete Beier)
GREI o. Nr., 1980

SPRATT, SPENCER

(Pseudonym)
(Titelheldin aller Romane: Sandra King)
AGENTIN OHNE GNADE
ZAU 29, 1979
DICK WIE HENKERSBLUT
ZAU 47, 1980
DOPPELT KILLT BESSER
ZAU 30, 1979
FLUCHT AUS MOSKAU
ZAU 63, 1982
GEFAHR FÜR FLUG 338
ZAU 55, 1981
GEHEIMAKTION BORGLAND
ZAU 49, 1980
GEHEIMAUFTRAG ALWANIEN

ZAU 73, 1983
GEHEIMNIS UM MIRANDA
ZAU 79, 1983
DER HEROIN-BOSS
ZAU 36, 1979
HEUSCHRECKEN DES TODES
ZAU 38, 1979
INSEL DER MORDENDEN MÄDCHEN
ZAU 31, 1979
INVASION AUS DEM WELTRAUM
ZAU 57, 1981
JAGD AUF PRUDENCE BROWN
ZAU 50, 1980
DER KANDIDAT AUS WASHINGTON
ZAU 76, 1983
KENNWORT »RHEINGOLD«
ZAU 74, 1983
DIE KILLERHUNDE
ZAU 33, 1979
DER KÜNSTLICHE KILLER
ZAU 68, 1982
LUPO SPIELT VABANQUE
ZAU 67, 1982
DER MANN, DEN ES NIE GAB
ZAU 71, 1983
DER MANN, DER KEINEN MORD BEGING
ZAU 80, 1983
DIE MÖRDERKLINIK
ZAU 75, 1983
DIE MÖRDERPILOTEN
ZAU 60, 1981
DAS MONSTER-ATOLL
ZAU 37, 1979
DAS MONSTRUM VON LOCH NESS
ZAU 51, 1981
MORDBEFEHL PARIS
ZAU 77, 1983
MORD MAL VIER
ZAU 70, 1983
PROFESSOR BRAVOS GEHEIMNIS
ZAU 61, 1981
PRUDENCE BROWNS TEUFLISCHER PLAN
ZAU 69, 1983
DER RIPPER VON LIVERPOOL
ZAU 64, 1982
DIE SCHATZTAUCHER
ZAU 59, 1981
SPUR NACH CASABLANCA
ZAU 72, 1983
SUMPF-SPIONE
ZAU 32, 1979
EINE TOTE TOCHTER ERBT NICHT
ZAU 56, 1981
UNTERNEHMEN TRESORINSEL
ZAU 39, 1980
DIE V-BOMBE DARF NICHT ZÜNDEN
ZAU 54, 1981
DIE VERSCHWÖRER
ZAU 48, 1980

SPROULE, WESLEY (R.)
DIE IM TRÜBEN FISCHEN
(Violent death, 1967)
BRA 60, 1973
TÖDLICHER NACHMITTAG
(Hell in the afternoon, 1967)
BRA 32064, 1973

SQUERENT, WILL
Pseudonym von Will (Wilbur) Bradbury
EIN STRICK FÜR DEINEN ZARTEN HALS
(Your golden jugular, 1970)
HK 1437, 1971

STACKELBERG, FREDA VON
Pseudonym von Freda Baronin Stackelberg-Treutlein (1929–
MORDFALL AM STACHUS (OA)
GK 3006, 1967

STADLEY, PAT
DIE JAGD GEHT LOS
(Autumn of a hunter, 1970)
GK 4042, 1971

STAGGE, JONATHAN
Gemeinsames Pseudonym von Ri-

chard Wilson Webb (1901–
und Hugh Callingham Wheeler
(1912–
Weitere gemeinsame Pseudonyme: Q. Patrick, Patrick Quentin

ANGST UM DAPHNE
(The three fears, 1949)
SCHE 38, 1951; KK 42, 1981

BARMHERZIGER TOD
(Murder by prescription, 1938)
SM 48, 1961

DIE BELLENDEN HUNDE
(The dogs do bark, 1937)
SCHE 33, 1950; KK 60, 1981

FRAU HILTONS SCHÖNE TÖCHTER
(Death, my darling daughters, 1945)
SM 71, 1962; HLK 1625, 1974

DAS LIED DES TODES
(Death's old sweet song, 1946)
SM 2130, 1964

DIE UNHEIMLICHE TAFELRUNDE
(Turn of the table, 1940)
SCHE 18, 1948; GK 4302, 1973;
KK 18, 1980

STANDISH, ROBERT
Pseudonym von Digby George Gerahty

DER BOSS STEIGT AUS
(The big one got away, 1960)
LICH 122, 1965

STANFORD, DON(ALD KENT) (1918–

VERFLUCHTE HEXE
(Bargain in blood, 1951)
PAN 12, 1954

VERLORENE SCHÖNHEIT
(The slaughtered lovelies, 1950)
PAN 3, 1954

STANGERUP, HELLE

DIE GELBEN HANDSCHUHE
(Gule handsker, 1968)
UK 1525, 1973

STANLEY, MICHAEL

DIE TODESZAHLEN
(The Swiss conspiracy, 1976)
HK 1717, 1976

STANTON, KEN
Pseudonym von Manning Lee Stokes
Weitere Pseudonyme: Paul Edwards, Nick Carter

COUNT-DOWN BIS NULL
(Ten seconds to zero, 1970)
PHOE 122, 1972

STANTON, PAUL
Pseudonym von (Arthur) David Beaty (1919–, s. d.

STARK, RICHARD
Pseudonym von Donald E(dwin) Westlake (1933–
Weitere Pseudonyme: Curt Clark, Tucker Coe, Timothy J. Culver

BLUTIGER MOND
(Butcher's moon, 1974)
UK 1663, 1975

EINE FALLE FÜR PARKER
(The sour lemon score, 1969)
UK 1260, 1969; PBK 5, 1977

DIE GORILLAS
(The outfit, 1963)
UK 1182, 1968; NRK 44, 1977

HARTE ZEITEN – WEICHE KNIE
(Plunder squad, 1972)
UK 1582, 1973

ICH BIN DIE DRITTE LEICHE LINKS
(Slayground, 1971)
UK 1478, 1972

JETZT SIND WIR QUITT
am. T. (The hunter, 1962)
engl. T. (Point blank, 1967)

UK 1177, 1968; NRK 41, 1976

EIN JOB FÜR PARKER
(The mourner, 1963)
HK 1282, 1968

DAS KASINO VOR DER KÜSTE
am. T. (The handle, 1966)
engl. T. (Run lethal, 1972)
UK 1695, 1975

KEIN RUM IN PUERTO RICO
(The Dame, 1969)
UK 1279, 1970; PBK 20, 1978

MÄDCHENRAUB IN MEXIKO
(The Damsel, 1967)
UK 1272, 1969

PARKERS RACHE
(The man with the getaway face, 1963)
NRK 23, 1975

PARKERS URTEIL
(The jugger, 1965)
NRK 30, 1976

PARKER UND DER AMATEUR
am. T. (The seventh, 1966)
engl. T. (The split, 1969)
UK 1736, 1976

SEIN GEWICHT IN GOLD
(The rare coin score, 1967)
UK 1202, 1968; NRK 46, 1977

DIE SINGDROSSEL
(The blackbird, 1969)
UK 1331, 1970

STADT IM WÜRGEGRIFF
am. T. (The score, 1964)
engl. T. (Killtown, 1971)
UK 1683, 1975

UNTERNEHMEN GRÜNER SCHNEE
(The green eagle score, 1967)
UK 1234, 1969; PBK 1, 1977

UNTERNEHMEN SCHWARZES EIS
(The black ice score, 1968)
UK 1240, 1969; PBK 17, 1978

EIN WUNDER PUNKT KANN TÖTEN
(Deadly edge, 1971)
UK 1426, 1971; PBK 3, 1977

ZUNDER, ZASTER UND ZITRONEN
(Lemons never lie, 1971)
UK 1428, 1971

STARNES, RICHARD (1922–

IM HINTERHALT
(The flypaper war, 1969)
PHOE 96, 1971

KEIN PARDON FÜR EINZELGÄNGER
(Requiem in Utopia, 1967)
PHOE 70, 1969

ST. CLAIR, LEONARD (1916–

BOHRLOCH IN DIE HÖLLE
(A fortune in death, 1972)
SCHE 688, 1978

ST. CLAIR, MIKE

NUR EIN GANZ KLEINER MORD
(Daddy's gone a'hunting, 1969)
RTH 2252, 1972

ST. CYR, MELANIE
(Pseudonym)

EIN OPFER FÜR TARANIS (OA)
GAS 88, 1984

STEELEY, ROBERT DEREK
Pseudonym: Nick Carter

STERBEN KANNST DU IMMER NOCH
(Hot ice, 1978)
BK 36028, 1979

STEEMAN, A. S.
S. Stanislaus André Steeman
(1908–1970)

DOPPELTES SPIEL
(Des cierges au diable, 1965)
MIT 353, 1967

EIN GENIALER TRICK
(Crimes à vendre, 1964)
MIT 362, 1967

DIE GROSSE VERWIRRUNG
(Légitime défense, 1938)

MIT 400, 1968

DIE LIEBEN KLEINEN BESTIEN
(Dix-huit fantômes, 1961)
GK 3228, 1969

DER MÖRDER WOHNT NR. 21
(L'assassin habite au 21, 1965)
MIT 430, 1969

DIE NACHT VOM 12. ZUM 13.
(La nuit du 12. au 13., 1931)
GK 36, 1953; MIT 378, 1968

DIE SCHLAFENDE STADT
(Le doit volé, 1930)
GK 31, 1953

DIE STRASSE ZUM SCHAFOTT
(Autopsie d'un viol, 1964)
MIT 274, 1966

UM 5 UHR MUß ER STERBEN
(Le condamné meurt à cinq heures, 1940)
MIT 445, 1969

HERR WENZ SPIELT AUS
(Les atouts de M. Wenz, 1932)
GK 20, 1953

EINE WITWE SCHLÄFT EIN
(Une veuve dort seule, 1940)
MIT 411, 1968

STEIB, DAN
Pseudonym: Nick Carter, s. d.

STEIN, AARON MARC (1906–
Pseudonyme: George Bagby, Hampton Stone

AUFTRAG MIT HEISSEN KURVEN
(The rolling heads, 1979)
GA 5412, 1980

AUS MANGEL AN GELEGENHEIT
(Lock and key, 1973)
GK 4385, 1974

ES GESCHAH IN ACAPULCO
(Blood on the stars, 1964)
GK 2240, 1966

DER KÄLTE-FAKTOR
(Chill Factor, 1978)
GK 4841, 1979

KALT WIE EINE HUNDESCHNAUZE
(A nose for it, 1980)
GA 5443, 1983

MATT IN AMSTERDAM
(Hangman's row, 1982)
GA 5458, 1984

EIN PÄCKCHEN AUS SIZILIEN
(Lend me your ears, 1976)
GTH 4706, 1977

REISE NIE INKOGNITO
(Coffin country, 1976)
GK 4665, 1977

UND IMMER SO HILFSBEREIT . . .
(I fear the Greeks, 1966)
SCHE 345, 1970

UNTERWEGS IN DEN TOD
(Nowhere?, 1978)
GK 4835, 1979

STEIN, PETER (1932– und RICHARD LIPEZ (1938–

ENDSTATION SAN DIEGO
(Grand scam, 1979)
RTH 2631, 1983

STEIN, SOL (1926–

AUS HEITEREM HIMMEL
(The childkeeper, 1975)
KNAR 672, 1980

TÜR AN TÜR
(Other people, 1979)
KNAR 795, 1982

STEINBERG, WERNER (1913–

DER HUT DES KOMMISSARS (1966)
DIE 108, 1971; MIV o. Nr., 1979

DER LETZTE FALL DES KOMMISSARS (OA)
MIV o. Nr., 1982

EIN MANN NAMENS NOTTRODT (OA)
DIE 133, 1972

STEINIGER, KURT (1928–

RAUSCH (OA)

GREI o. Nr., 1980
SIEBENSCHLÄFER (OA)
MIV o. Nr., 1982

STEMMLE, ROBERT ADOLF (1903–1974)
AFFÄRE BLUM (1956)
RAR 486, 1962
DER MANN, DER SHERLOCK HOLMES WAR (o. J.)
GAR 1837, 1966; KNAR 730, 1981

STEPHAN, KLAUS (1927–
EIN FEINER PATRIOT (1976)
GAR 3495, 1977

STEPHENSON, (WILLIAM) RALPH (EWING) (1910–
FESTIVAL DES TODES
(Festival death, 1966)
KEL 763, 1967

STERLING, STEWART
Pseudonym von Prentice Winchell (1895–
Weitere Pseudonyme: Jay de Bekker, Spencer Dean, Dexter St. Clare
ALARM IN DER NACHT
(Alarm in the night, 1949)
GK 1282, 1964
ES STAND NICHT IN DER ZEITUNG
(Dead sure, 1949)
GK 1213, 1963
FEUERMELDER 815
(Fire on fear street, 1958)
GK 1241, 1963
DER HORCHER AN DER WAND
(Dead right, 1956)
GK 1090, 1962
LÖSCHZUG 58 KOMMT ZU SPÄT
(Too hot to handle, 1961)
GK 1145, 1962
DER NACHTREITER
(Nightmare at noon, 1951)
GK 1169, 1962
UNTER IHREM KOPFKISSEN
(Alibi Baby, 1955)
GK 1120, 1962

STERLING, THOMAS (L.) (1921–
DER FUCHS IN VENEDIG
(The evil of the day, 1955)
RTH 2009, 1962

STERN, RICHARD M(ARTIN)
CASA FLORA
(Murder in the walls, 1971)
GK 4312, 1973
COCKTAILS FÜR DEN MÖRDER
(These unlucky deeds, 1960)
MIT 141, 1963; GK 4596, 1976; GK 4940, 1984
DU BRAUCHST KEINEN FEIND
(You don't need an enemy, 1972)
GK 4320, 1973
ENDSTATION: MORD
(Merry go round, 1969)
MIT 478, 1970
FRAUEN IN GEFAHR!
(Cry havoc, 1963)
GK 4336, 1974
DIE HIMMELSMASCHINE
(I hide, we seek, 1965)
BAR 10207, 1983
KEIN WEG ZURÜCK
(The bright road to fear, 1958)
UK 820, 1961; GK 4455, 1975
MANUSKRIPT FÜR EINEN MORD
(Manuscript for murder, 1970)
GK 4239, 1973
TOD IM SCHNEE
(Death in the snow, 1973)
GK 4328, 1974
DAS WEISSE GRAB
(The search for Tabitha Carr, 1960)
GK 4515, 1975

STEVENS, FRANK
s. *Warren B. Murphy*

STEVENS, SHANE (1941–
DER KILLER
(By reason of insanity, 1979)
PLAY 6116, 1981
UNS GEHÖRT DIE NACHT
(Go down dead, 1967)
FAR 1119, 1970

STEVENSON, ANNE (ANNE KATHARINE STEVENSON ELVIN) (1933–
TÜRKISCHER TODESTANZ
(Turkish Rondo, 1981)
HRO 2139, 1983

STEVENSON, FLORENCE
OPHELIA – DIE GEHEIMNISVOLLE
(Ophelia, 1969)
HRO 1941, 1975

STEVENSON, ROBERT LOUIS (1850–1894)
DR. JEKYLL UND MR. HYDE
(The strange case of Dr. Jekyll and Mr. Hyde, 1896)
REL 6649/50, 1947
vgl. *Der seltsame Fall des Dr. Jekyll und Mr. Hyde*
DR. JEKYLL UND MR. HYDE
(Sowie die 2 Erzählungen: Der Pavillon auf den Dünen / Des Sire de Malétroits Tür)
(Dr. Jekyll and Mr. Hyde, 1896 / The pavilion on the links, 1880 / The Sire de Malétroits mousetrap, 1886)
DIO 199/6 = 20706, 1979
DR. JEKYLL UND MR. HYDE und (3) andere schauergeschichten
(u. a. Der Leichenräuber)
(Dr. Jekyll and Mr. Hyde, 1896 / The body snatcher, 1895)
BPH 72005, 1981
DIE FALSCHE KISTE
(Zusammen mit Lloyd Osbourne, 1868–1947)
(The wrong box, 1889)
DTV 788, 1971
DER LEICHENRÄUBER
(und andere Geschichten)
(The body snatcher, 1895)
DIO 199/10 = 20710, 1979
DER SELBSTMÖRDERKLUB
(The Suicide Club, 1895)
DTV 2014, 1976; DIO 199/7 = 20707, 1979
DER SELTSAME FALL DES DR. JEKYLL UND MR. HYDE
(und andere Erzählungen)
(The strange case of Doctor Jekyll and Mr. Hyde, 1896)
UAR 2668, 1968
vgl. *Dr. Jekyll und Mr. Hyde*
THE STRANGE CASE OF DR. JEKYLL AND MR. HYDE (1896)
(Der seltsame Fall des Dr. Jekyll und Mr. Hyde)
Englisch/Deutsch
DTVZ 9200, 1983
THE STRANGE CASE OF DR. JEKYLL AND MR. HYDE (1896)
(Englischer Text)
RES 9167, 1984
THE SUICIDE CLUB (1895)
(Der Selbstmord-Klub)
Englisch/Deutsch
DTVZ 9096, 1975
DIE TOLLEN MÄNNER UND ANDERE GESCHICHTEN
(The merry men and other tales, 1887)
DIO 199/8 = 20708, 1979

STEWARD, DWIGHT
DIE AKUPUNKTUR-MORDE

(The acupuncture murders, 1973)
HK 1595, 1974

STEWART, EDWARD (1938–

SIE HABEN AUF DIE TOCHTER DES PRÄSIDENTEN GESCHOSSEN!
(They're shot the President's daughter! 1973)
KNAR 737, 1981

STEWART, FRED M(USTARD) (1936–

LUZIFERS EINGRIFF
(The Methuselah Enzyme, 1970)
FAR 1416, 1973

MEPHISTO-WALZER
(The Mephisto-Waltz, 1969)
KNK 4909, 1980

STEWART, KERRY

Pseudonym von Linda Stewart

AIRPORT 80 CONCORDE
(The Concorde – Airport 80, 1979)
GAR 3899, 1979

STEWART, LINDA

Pseudonyme: Nick Carter, Kerry Stewart

STEWART, MARY (FLORENCE ELINOR) (1916–

BEGEGNUNG IN DELPHI
(My brother Michael, 1960)
HAR 447, 1966

DIE BUCHT DER DELPHINE
(The moon-spinners, 1962)
HAR 620, 1968

DELPHIN ÜBER SCHWARZEM GRUND
(This rough magic, 1964)
HAR 878, 1971

DER EFEUBAUM
(The ivy tree, 1961)
HAR 372, 1965

FRAU IM ZAUBERFEUER
(Wildfire at midnight, 1956)
HAR 5075, 1974

DIE GEISTERHUNDE
(The Gabriel hounds, 1967)
HAR 817, 1971; KNAR 633, 1979

DAS JAHR AUF VALMY
(Nine coaches waiting, 1958)
HAR 466, 1966

REISE IN DIE GEFAHR
(Madam, will you talk? 1955)
HAR 957, 1972

RUBIN MIT KALTEN AUGEN
(Thunder on the right, 1957)
HAR 920, 1972

RÜHR NICHT DIE KATZE AN
(Touch not the cat, 1976)
HAR 5703, 1980

SCHATTEN IM NEBEL
(Airs above the ground, 1965)
HAR 708, 1970

STEWART, RAMONA (1922–

BESESSEN
(The possession of Joel Delaney, 1970)
RTH 2356, 1975

STIERAND, G. P.

KALTBLÜTIG (OA)
KEL 785, 1969

STINSON, JOSEPH C.

DIRTY HARRY KOMMT ZURÜCK
(Sudden impact, 1983)
HAR 6413, 1984

ST. JAMES, IAN

DIE BALFOUR-VERSCHWÖRUNG
(The Balfour conspiracy, 1981)
UK 10245, 1984

BETRÜGERQUARTETT
(The money stones, 1980)
UK 10225, 1983

ST. JOHN, DAVID
Pseudonym von (Everette) Howard Hunt (1918–
Weitere Pseudonyme: Gordon Davis, Robert Dietrich

AUF DEN TÜRMEN DES SCHWEIGENS
(The towers of silence, 1966)
UK 1360, 1970

ERST SCHIESSEN – DANN WEINEN
(On hazardous duty, 1965)
UK 1404, 1971

MAGIE DER SCHWARZEN KERZEN
(Diabolus, 1971)
UK 1545, 1973

EIN SARG AUF DEM MEERESGRUND
(Enthalten im Jubiläumsband: Übung macht den Mörder)
(The Venus probe, 1966)
UK 1400, 1971

SHININBATA – DES TOTEN MANNES BLUME
(One of our agents is missing, 1967)
UK 1354, 1970

TREFFPUNKT WEISSE PAGODE
(Festival for spies, 1966)
UK 1372, 1971

ST. JOHN, GENEVIEVE

DAS GEHEIMNIS DER DRESDEN-FARM
(The secret of Dresden Farm, 1971)
HEL 24, 1972

DAS LABYRINTH
(The ghost of Channing House, 1969)
HRO 1853, 1971

DER STACHEL DES SKORPIONS
(Death in the desert, 1966)
GK 4142, 1972

ST. LAURENT, CECIL
Pseudonym von Jacques Laurent-Cely (1919–

DIE TOCHTER DER MATA HARI
(La fille de Mata Hari, o. J.)
MOEA 50, 1968

ST. MICHAELS, DONELLA

DIE GEFANGENEN
(The prisoner, 1966)
GAS 58, 1981

ST. MOORE, ADAM

DER TEUFELSKREIS
(Le cercle visieux, o. J.)
TK 18, 1973

STÖVER, HANS DIETER (1937–

ALEXANDER UND DIE GLADIATOREN (OA)
(C.V.T. im Dienste der Caesaren/ Bd. 5)
KNAR 1040, 1983

ATTENTAT IN POMPEII (OA)
(C.V.T. im Dienste der Caesaren/ Bd. 6)
KNAR 1097, 1984

DIE FRAU DES SENATORS (OA)
(C.V.T. im Dienste der Caesaren/ Bd. 2)
KNAR 834, 1982

ICH KLAGE AN (OA)
(C.V.T. im Dienste der Caesaren/ Bd. 3)
KNAR 835, 1982

MORD AUF DER VIA APPIA (OA)
(C.V.T. im Dienste der Caesaren/ Bd. 1)
KNAR 833, 1982

SKANDAL UM NAUSIKAA (OA)
(C.V.T. im Dienste der Caesaren/ Bd. 4)
KNAR 1026, 1983

DER VERRAT DES AMBIORIX (OA)
(C.V.T. im Dienste der Caesaren/ Bd. 7)
KNAR 1169, 1984

STOKER, BRAM (ABRAHAM STOKER) (1847–1912)

DRACULA
(Dracula, 1897)
HAR 526/527 (spätere Auflagen: 526), 1967

DRACULAS GAST
(Sechs Gruselgeschichten)
(Dracula's guest, 1914)
DIO 73 = 20135, 1974

DAS GEHEIMNIS DES SCHWIMMENDEN SARGES
(The Lady of the shroud, 1909)
BPH 72017, 1982

IM HAUS DES GRAFEN DRACULA
(10 Erzählungen)
DTV 1854, 1980

STOKES, MANNING LEE
Pseudonyme: Nick Carter, Paul Edwards, Ken Stanton

DER KRUMME KREIS
(The crooked circle, 1951)
WKTH 1005, 1966

MEINE SCHÖNE KOMPLICIN
(The grave's in the meadow, 1959)
BRA 26, 1971

STONE, AUSTIN

DER EULENSCHREI
(Murders in the mortuary, 1935)
SB 14, 1957

HENKERS ERNTE
(Hangman's harvest, o. J.)
SB 3, 1957; MET o. Nr., 1965?

STONE, GEORGE

BLIZZARD
(Blizzard, 1978)
KNAR 731, 1981

STONE, HAMPTON
Pseudonym von Aaron Marc Stein (1906–, s. d. und Anhang Serien für: Die Detektive des Staatsanwalts

DAS MÄDCHEN, DAS NICHT NEIN SAGEN KONNTE
(The Babe with the twistable arm, 1962)
RTH 2076, 1965

STONE, SCOTT C(LINTON) S(TUART) (1932–

DRACHENAUGE
(The dragon's eye, 1969)
GAB 63, 1973

STONE, THOMAS H.
Pseudonym für Terry Harknett (1936–
Weitere Pseudonyme: Joseph Hedges, William Pine, William Terry

COCKTAILS MIT SCHUSS
(Dead set, 1972)
UK 1546, 1973

SCHÜSSE IN DER DISKOTHEK
(One horse race, 1972)
UK 1552, 1973

ZWISCHENLANDUNG IN DER HÖLLE
(Stopover for murder, 1973)
UK 1618, 1974

STOUT, REX (1886–1975)

ALIBI NACH MASS
(enthält 2 Erzählungen: Alibi nach Maß / Der nächste Zeuge
(A window for death, 1957 / The next witness, 1956)
XEN 37, 1977
vgl. *Das Fenster für den Tod; Tod in zwei Raten; Verworrene Fäden*

AUFRUHR IM STUDIO
am. T. (And be a villain, 1948)
engl. T. (More deaths than one, 1949)
BLG 43, 1960; SM 2122, 1964; HK

1285, 1968; HK 1786, 1978; HK 1989, 1982

BLEI IST UNGESUND
(Trouble in triplicate, 1949)
SM 170, 1963; HK 1654, 1975

BLUTIGE BLAUBEEREN
(Death of a Dude, 1969)
UK 1308, 1970; UK 10027, 1979

DIE CHAMPAGNERPARTY
(Champagne for one, 1958)
UK 859, 1962; GK 4062, 1971

ERSTENS KOMMT ES ANDERS
(The final deduction, 1961)
UK 961, 1964; UK 10073, 1980

DIE EXPLOSIVE ANANAS
(enthält 2 Erzählungen: Das blaue Halstuch / Die explosive Ananas)
(Not quite dead enough, 1944 / Booby trap, 1942)
UK 1537, 1973

DAS FENSTER FÜR DEN TOD
(enthält 2 Erzählungen: Das Fenster für den Tod / Mittagsschlaf ins Jenseits)
(A window for death, 1957 / The squirt and the monkey, 1952)
KK 037, 1983
vgl. *Tod in zwei Raten; Verwünschte Geschichten*

GAMBIT
(Gambit, 1962)
HK 1190, 1965; GK 4038, 1971; HK 1852, 1979

GAST IM 3. STOCK
am. T. (Prisoner's base, 1952)
engl. T. (Out goes she, 1953)
UAR 97, 1956; UK 710, 1958; GK 2284, 1967

DAS GEHEIMNIS DER BERGKATZE
(The mountain cat murders, 1939)
GK 3052, 1967

DIE GEHEIMNISVOLLE MELONE
am. T. (The hand in the glove, 1937)
engl. T. (Crime on her hands, 1939)
BLG 30, 1959; SM 2116, 1964; HK 1556, 1973

GIFT À LA CARTE
(enthält 2 Erzählungen: Gift à la Carte / Methode 3)
(aus: Three at Wolfe's door, 1960)
UK 972, 1964

GIFT À LA CARTE
(enthält 3 Erzählungen: Methode 3 / Gift à la Carte / Mord beim Rodeo)
(Method three for murder / Poison à la carte / Three at Wolfe's door, 1960)
GK 4349, 1974

DIE GLÄSERNE FALLE
(enthält 2 Erzählungen: Die gläserne Falle / Mittagsschlaf ins Jenseits)
(Door to death, 1950 / The squirt and the monkey, 1952)
KK 17, 1980
vgl. *Verwünschte Geschichten; Wenn ein Mann mordet; Ein Zeuge verstummt*

DIE GOLDENEN SPINNEN
(The golden spiders, 1953)
UK 797, 1960; GK 3031, 1967

DAS GROSSE FRAGEZEICHEN
(The mother hunt, 1963)
UK 1326, 1970; UK 10222, 1983

DIE GUMMIBANDE
(The Rubber Band, 1936)
BLG 14, 1957; SM 197, 1963; HK1520, 1973; HK 1865, 1979

HEIKLE GÄSTE
(enthält 2 Erzählungen: Der geflügelte Revolver / Ein Zeuge verstummt)
(The gun with wings, 1963 / Too many detectives, 1957)
SCHE 214, 1963; SCHE 735, 1979

vgl. *Wenn ein Mann mordet, Nero Wolfe kommt auf den Hund; Ein Zeuge verstummt*

JEDERMANNS BOMBE
(Please pass the guilt, 1973)
UK 1626, 1974; UK 10244, 1983

KENNZEICHEN WILDE ROSE
(Where there's a will, 1940)
UK 1501, 1972; UK 10244, 1983

DIE LANZENSCHLANGE
(Fer-de-lance, 1934)
BLG 10, 1956; SM 157, 1963; HK 1310, 1968; HK 1693, 1976

LEICHE IN BESTEM VERHÄLTNIS
(Death of a Doxy, 1966)
UK 1140, 1967; UK 10017, 1979

DIE LIGA DER FURCHTSAMEN MÄNNER
(The league of frightened men, 1935)
SM 179, 1963; HK 1297, 1968; HK 1729, 1977; HK 1989, 1982

MORDE JETZT – ZAHLE SPÄTER
(enthält 3 Erzählungen: Morde jetzt – zahle später / Die offene Tür / Treffpunkt Sackgasse)
(Trio for blunt instruments, 1964)
UK 1100, 1967; GK 3124, 1968

MORD IM BUNGALOW
(Double for death, 1939)
BLG 46, 1960; SM 2107, 1964; HK 1586, 1974

MORD IM WALDORF-ASTORIA
(The silent speaker, 1946)
SM 127, 1963; HK 1322, 1968; HK 1806, 1978; HK 1989, 1982

NERO WOLFE IN MONTENEGRO
(The Black Mountain, 1954)
UK 1548, 1973

NERO WOLFE KOMMT AUF DEN HUND
(enthält 3 Erzählungen: Die gläserne Falle / Nero Wolfe kommt auf den Hund / Ein Zeuge verstummt)
(Three doors to death, 1950: Door to death / Die like a dog / Too many detectives)
XEN 13, 1976
vgl. *Wenn ein Mann mordet; Die gläserne Falle; Heikle Gäste; Wolfe kommt auf den Hund; Ein Zeuge verstummt*

NUR ÜBER MEINE LEICHE
(Over my dead body, 1940)
BLG 39, 1960; SM 2129, 1964; HK 1346, 1969; HK 1755, 1977; HK 2034, 1983

ORCHIDEEN FÜR SECHZEHN MÄDCHEN
(Murder by the book, 1951)
UK 774, 1959; GK 3002, 1967

PER ADRESSE MÖRDER X
(The doorbell rang, 1965)
UK 1167, 1968; KVW o. Nr., 1971; GK 4389, 1974

P. H. ANTWORTET NICHT
(Might as well be dead, 1956)
UK 839, 1961; GK 3024, 1967

DAS PLAGIAT
am. T. (Plot it yourself, 1959)
engl. T. (Murder in style, 1960)
UK 911, 1963; GK 3108, 1968

DER ROTE BULLE
(Some buried Caesar, 1939)
auch: (The red bull, 1945)
UAR 167, 1957; UK 735, 1958; GK 2269, 1967

DIE ROTE SCHATULLE
(The red box, 1937)
BLG 35, 1959; SM 227, 1963; HK 1331, 1969; HK 1833, 1979; HK 2034, 1983

DER ROTE WOLLFADEN
(Red threads, 1939)
BLG 50, 1961; SM 2134, 1964; HK 1677, 1976

DER SCHEIN TRÜGT
(If death ever slept, 1957)
UK 879, 1962; GK 3300, 1970

SCHWARZE ORCHIDEEN

(enthält 2 Erzählungen: Schwarze Orchideen / Der Tod gibt sich die Ehre)
(Back orchids, 1942 / Cordially invited to meet death, 1942, separat: 1945 erschienen)
UK 991, 1964; UK 10050, 1980

SIE WERDEN DEMNÄCHST STERBEN
(Help wanted, male, 1944)
SM 139, 1963; HK 1710, 1976

SOGAR IN DEN BESTEN FAMILIEN
am. T. (In the best families, 1950)
engl. T. (Even in the best families, 1951)
SM 212, 1963; HK 1273, 1967; HK 1606, 1974; HK 1947, 1981; HK 2034, 1983

DIE SPRECHENDEN BLEISTIFTE
(enthält 3 Erzählungen: Herausforderung zum Mord / Foulspiel in der Kabine / Die sprechenden Bleistifte)
(Three men out, 1954: Invitation to murder / This won't kill you / The zero clue)
UK 1512, 1973

DIE SÜNDEN DER VÄTER
(The father hunt, 1968)
UK 1209, 1968

TOD EINES DÄMONS
(enthält 2 Erzählungen: Ene mene Mörder mo / Tod eines Dämons)
(Eeny meeny murder mo, 1962 / The death of a demon, 1962)
UK 1003, 1965; UK 10117, 1981

TOD IN ZWEI RATEN
(enthält 2 Erzählungen: Das Fenster für den Tod / Alibi nach Maß)
(A window for death, 1957 / Bullet for one, o. J.)
SCHE 247, 1965; SCHE 758, 1980
vgl. *Das Fenster für den Tod*

TÖDLICHE ZIGARREN
(A family affair, 1975)
UK 1741, 1976; UK 10244, 1983

DAS TÖNENDE ALIBI
(Alphabet hicks, 1941)
auch: (The sound of murder, 1965)
SCHE 158, 1961; SCHE 692, 1979; KK 036, 1983

VERWORRENE FÄDEN
(enthält 2 Erzählungen: Der nächste Zeuge / Wenn ein Mann mordet)
(The next witness, 1956 / When a man murders, 1956)
SCHE 257, 1966; SCHE 717, 1979
vgl. *Alibi nach Maß; Wenn ein Mann mordet*

VERWÜNSCHTE GESCHICHTEN
(enthält 3 Erzählungen: Die gläserne Falle / Mittagsschlaf ins Jenseits / Wolfe kommt auf den Hund)
(Door to death, 1950 / The squirt and the monkey, 1952 / Die like a dog, 1956)
SCHE 186, 1963; SCHE 675, 1978
vgl. *Das Fenster für den Tod; Die gläserne Falle*

VOR MITTERNACHT
(Before midnight, 1955)
UK 816, 1961; GK 4048, 1971

WENN EIN MANN MORDET
(enthält 2 Erzählungen: Wenn ein Mann mordet / Der geflügelte Revolver)
(When a man murders, 1956 / The gun with wings, 1963)
XEN 38, 1977
vgl. *Heikle Gäste; Wenn ein Mann mordet*

WENN EIN MANN MORDET
(enthält 2 Erzählungen: Wenn ein Mann mordet / Die gläserne Falle)
(When a man murders, 1956 / Door to death, 1950)
KK 038, 1983
vgl. *Die gläserne Falle; Nero Wolfe*

kommt auf den Hund; Verworrene Fäden; Wenn ein Mann mordet

WENN LICHT INS DUNKEL FÄLLT
(A right to die, 1964)
K 1138, 1967; GK 4358, 1974

WOLFE KOMMT AUF DEN HUND
(enthält 2 Erzählungen: Wolfe kommt auf den Hund / Ein Zeuge verstummt)
(Die like a dog, 1956 / Too many detectives, 1957)
KK 19, 1980
vgl. *Nero Wolfe kommt auf den Hund; Heikle Gäste; Ein Zeuge verstummt*

DIE ZERBROCHENE VASE
(The broken vase, 1941)
SCHE 130, 1960; KK 5, 1980; SCHE 846, 1982

EIN ZEUGE VERSTUMMT
(enthält 3 Erzählungen: Die gläserne Falle / Nero Wolfe kommt auf den Hund / Ein Zeuge verstummt)
(Door to death, 1950 / Die like a dog, 1956 / Too many detectives, 1957)
XEN 11, 1976
vgl. *Wolfe kommt auf den Hund; Nero Wolfe kommt auf den Hund; Das Fenster für den Tod; Die gläserne Falle; Heikle Gäste*

ZU VIELE FRAUEN
(Too many women, 1947)
BLG 25, 1958; SM 2152, 1965; HK 1366, 1969; HK 1738, 1977

ZU VIELE KLIENTEN
(Too many clients, 1960)
UK 933, 1963; GK 3290, 1970; GUK 4821, 1979

ZU VIELE KÖCHE
(Too many cooks, 1938)
UK 765, 1959; GK 2262, 1967

DAS ZWEITE GESTÄNDNIS
(The second confession, 1949)
UK 744, 1959; GK 4056, 1971

STRAKER, J(OHN) F(OSTER) (1904–

DIE ANHALTERIN
(Arthur's night, 1976)
GK 4712, 1978

EINE FRAU VERSCHWINDET
(Death of a good woman, 1961)
MIT 122, 1962

DIE INSEL DES TODES
(A coil of rope, 1962)
MIT 194, 1964

MISS EMILY GREIFT EIN
(Murder for Miss Emily, 1961)
MIT 160, 1963

MORD UNTER BRÜDERN
(Death on a sunday morning, 1978)
GK 4870, 1979

EIN PLATZ IN DER HÖLLE
(Hell is empty, 1958)
MIT 143, 1963

DIE ROTE UHR
(The ginger horse, 1956)
MIT 133, 1963

DIE WAFFE IN FALSCHER HAND
(A gun to play with, 1956)
MIT 98, 1962

WOCHENENDE DER RACHE
(Swallow them up, 1977)
GK 4742, 1978

STRANGE, JOHN STEPHEN
Pseudonym von Dorothy Stockbridge Tillett (1896–

DIE GESCHWORENEN BERATEN NOCH
(Reasonable doubt, 1951)
GK 1179, 1962

NACHT DER ABRECHNUNG
(Night of reckoning, 1958)
GK 1121, 1962

RENDEZVOUS MIT EINER BLONDINE

(Eye witness, 1961)
GK 1193, 1962

STRATTON, ROY (OLIN) (1909(?)–
DREI KREUZE MIT LIPPENSTIFT
(The decorated corpse, 1962)
GK 4066, 1971

STRATTON, TED (JOHN THEODORE STRATTON) (1902–
Pseudonym: Terry Spain
TOURISTENFALLE
(Tourist trap, 1975)
GK 4622, 1977

STRAUB, HEINZ (1921–
GEFÄHRLICHES WISSEN (1969)
ARE 1217, 1973

STRAUB, PETER (FRANCIS) (1943–
GEISTERSTUNDE
(Ghost story, 1979)
GAR 6667, 1984

STRONG, MICHAEL (1929–
KEINE JUNGFRAU IN ORLÉANS
(Danger feeds my fear, 1980)
BTH 19003, 1981

STRUTTON, BILL (WILLIAM HAROLD STRUTTON) (1918–
GONDELN, DIE SICH NACHTS BEGEGNEN
engl. T. (The Carpaccio caper, 1973)
am. T. (A glut of virgins, 1974)
SCHE 591, 1977

STUART, ANNE
GEFÄHRLICHES VERLANGEN
(The demon count, 1980)
BAR 10142, 1981

STUART, DEE
Pseudonym: Nick Carter

STUART, IAN
Pseudonym von Alistair MacLean, (1922–, s. d.
DIE SCHWARZE HORNISSE
am. T. (The black shrike, 1961)
engl. T. (The dark crusader, 1961)
HAR 371, 1965

STUART, IAN (1927–
DIE SKRUPELLOSEN
(The Renshaw strike, 1981)
PLAY 6146, 1983
DIE TODESKLIPPE
(End on the rocks, 1981)
PLAY 6150, 1984

STUBBS, JEAN (1926–
LIEBE LAURA
DAS TÖDLICHE GEHEIMNIS EINER VIKTORIANISCHEN EHE
(Dear Laura, 1973)
DTV 1245, 1977
TÖDLICHE LIEBE
(Dear Laura, 1973)
HRO 1958, 1976

STYRON, WILLIAM (1925–
UND LEGTE FEUER AN DIES HAUS
(Set this house on fire, 1960)
KNAR 832, 1982

SUE, (MARIE JOSEPH) EUGENE (1804–1857)
DIE GEHEIMNISSE VON PARIS
(Les mystères de Paris, 1842-43)
HBDW 11, 1969; DTV 1004-1005, 1974; DTV 2103, 1982; KNAR 2008, 1982

SUMMERTON, MARGARET
Pseudonym: Ian Roffman

BEI SONNENUNTERGANG
(The sunset hour, 1957)
GAR 3313, 1973
DIE GEHEIMNISVOLLE VILLA
(A dark and secret place, 1977)
HRO 2011, 1978
NACHTIGALL AM MITTAG
(Nightingale at noon, 1963)
GAR 3308, 1973

SUNESON, VIC
Pseudonym von Sune Lundquist
FALL NR. 44
(Fallet 44: an, o. J.)
KVW o. Nr., 1966
DER FALSCHE ADRESSAT
(Mord är mitt mal, o. J.)
KVW o. Nr., 1975
UM MITTERNACHT MIT VIC SUNESON
(13 Kriminalgeschichten)
(Mot midnatt med Vic Suneson, o. J.)
KVW o. Nr., 1978
WER VON DEN SIEBEN?
(Vem av de sju?, o. J.)
KVW o. Nr., 1971

SVEDELID, OLOV
ALS VERMISST GEMELDET
(Anmäld forsvunnen, o. J.)
KVW o. Nr., 1976
FAHNDUNG NACH MONSIEUR FONTAINE
(Guds rötter, o. J.)
KVW o. Nr., 1979
SKLAVENHÄNDLER
(n. e.)
KVW o. Nr., 1982

SWANN, FRANCIS (1913–
SCHLÜSSEL OHNE SCHLOSS
(The brass key, 1964)
GK 2191, 1966

SWARTHOUT, GLENDON (FRED) (1918–
DAS WAHRHEITSSPIEL
(Skeletons, 1979)
GLIT 5218, 1981

SYMONS, JULIAN (GUSTAVE) (1912–
AM ENDE WAR ALLES UMSONST
(The progress of a crime, 1960)
GK 1119, 1962; GK 4396, 1974; GK 4773, 1978
AUF DEN ZAHN GEFÜHLT
(Fünfzehn Detektivgeschichten mit Francis Quarles)
aus: (Francis Quarles investigates, 1965 / Murder! Murder!, 1961)
DIO 193 = 20601, 1979
BILLARD MIT DEM MÖRDER
(The detling murders, 1982)
GLIT 5235, 1983
DAMALS TÖDLICH
(The Blackheath poisonings, 1978)
GK 4855, 1979
DROHENDE SCHATTEN
engl. T. (The gigantic shadow, 1958)
am. T. (The pipe dream, 1959)
GK 3297, 1970
ENTSCHEIDUNG IM KREUZVERHÖR
(The end of Solomon Grundy, 1964), GK 4098, 1971
DER FALL ADELAIDE BARTLETT
(Sweet Adelaide, 1980)
GLIT 5220, 1981
DER KREIS WIRD ENGER
(The narrowing circle, 1954)
GK 4104, 1971
MIT NAMEN ANNABEL LEE
(The name of Annabel Lee, 1983)
GLIT 5247, 1983
NICHT ZUR VERÖFFENTLICHUNG
engl. T. (The killing of Francie Lake, 1962)

am. T. (The plain man, 1962)
GK 1234, 1963

EIN PEKINESE AUS GIPS
(21 Kriminalgeschichten)
(Murder! Murder!, 1961)
DIO 20740, 1982

ROULETT DER TRÄUME
(The man whose dreams came true, 1968)
GK 4086, 1971; GK 4792, 1978

SCHNITZELJAGD
engl. T. (The paper chase, 1956)
am. T. (Bogue's fortune, 1957)
RTH 2003, 1961; GK 4406, 1974

SHERLOCK IN DER KLEMME
(A three-pipe problem, 1975)
GK 4457, 1975

DIE SPIELER UND DER TOD
(The players and the game, 1972)
GK 4469, 1975

VILLA VICTORIA
(The plot against Roger Rider, 1973)
GK 4548, 1976

DIE VORSTADT-TIGER
(11 Stories)
(The tigers of Suptopia, 1982)
GLIT 5242, 1983

WAS GESCHAH MIT VIRGINIA?
(The man who lost his wife, 1970)
GAR 2827, 1971

WENN ICH EINMAL TOT BIN
(The man who killed himself, 1967)
GK 3271, 1970

SZENESSY, MARIO (1930–

DER HUT IM GRAS (1973)
KNAR 398, 1975

TÄTER UNBEKANNT

DETEKTIVGESCHICHTEN, AUSGEWÄHLT VON »THE TIMES«
(Band 1)
(The Times Anthology of Detective Stories, 1972)
RTH 2352, 1975
vgl. Band 2 = *Fahndung läuft* (RTH 2376)

TAIBO II, PACO IGNACIO (1949–

EINE LEICHTE SACHE
(Cosa facil, 1977)
GK 5229, 1982

DAS NIMMT KEIN GUTES ENDE
(No habra final feliz, 1981)
GLIT 5252, 1984

DIE ZEIT DER MÖRDER
(Djas de combate, 1976)
GLIT 5222, 1981

TANNENBAUM, BARRY (1944–

s. *Linda J. La Rosa*

TANUGI, GILBERT

REQUIEM FÜR WOONA
(Requiem pour Woona, 1970)
MIT 545, 1971

TÖTET DEN CLOWN!
(Crazy Capo, 1972)
KÖN 25, 1973

TARANSENKOW, DMITRI

MORD AM VORMITTAG
bb 235, 1971

TARMEY, MARTIN (1932–

MORDGELD
(Outrage, 1970)
HAC 16, 1975

TATE, RICHARD

Pseudonym von Anthony Masters (1940–

DIE SCHULE DES SCHRECKENS

(Birds of a bloodied feather, 1974)
SCHE 544, 1976

TATTERSALL, (HONOR) JULL (BLUNT) (1931–

DAS GEHEIMKABINETT
(Lady Ingram's retreat, 1970)
HRO 1920, 1974

DAS GEHEIMNIS DER ABTEI
(Lyonesse Abbey, 1968)
HRO 1930, 1974

DIE HOCHZEIT MIT DEM MÖRDER
(Chanter's chase, 1978)
HRO 2028, 1979

DIE UNHEIMLICHE HEXE
(Midsummer masque, 1972)
HRO 1904, 1973

TAYLOR, B. M.
(Pseudonym)

DER FALL ETHEL BRENT (OA)
AS o. Nr., 1955 (?)

TAYLOR, ELIZABETH ATWOOD

ENDSTATION MORD
(The cable car murder, 1981)
KNK 4943, 1983

TAYLOR, LAWRENCE

LETZTE REISE EINER LADY
(Trail of the fox, 1980)
FAR 8087, 1983

TAYLOR, SAM S.

KEIN KOPF FÜR IHR KISSEN
(No head for her pillow, 1952)
KRA 1, 1955

MIT VERDECKTEN KARTEN
(So cold, my bed, 1953)
SB 6, 1957

TAYLOR, SAMUEL W(OOLLEY) (1907–

DER MANN MIT MEINEM GESICHT
(The man with my face, 1948)
UAR 64, 1955; UK 704, 1958; GK 2270, 1967

TECUCEANU, HORIA

WENN ES SEIN MUSS: DOPPELMORD
(Surprizele capitanului Apostolescu, 1975), DIE 528, 1982

TEMME, J(ODUCUS) D(ONATUS) H(UBERTUS) (1798–1881)

MORD BEIM SANDKRUG
(alter Titel: Im Amtshause zu Sinningen, 1876), HER 867, 1981

TENDRJAKOW, WLADIMIR

DIE ABRECHNUNG
KOMP 311, 1983

TENNISSCHLÄGER UND KANONEN
Romane zur Fernsehserie: s. *John Tiger*

TERMAN, DOUGLAS (1933–

DER ERSTE SCHLAG
(First strike, 1978)
BAR 10221, 1983

VOGELFREI
(Free flight, 1980)
BAR 10258, 1983

TEWS, LYDIA (1951–

LEICHEN BRAUCHEN KEIN MAKE-UP (OA)
KNK 4941, 1983

SIE SIND EIN SCHLECHTER BULLE, GNÄDIGE FRAU! (OA)
KNK 4932, 1982

STÖRUNG DER TOTENRUHE (OA)
KNK 4951, 1984

TEY, JOSEPHINE
Pseudonym von Elizabeth MacKintosh (1896–1952)
Weiteres Pseudonym: Gordon Daviot

DER ERBE VON LATCHETTS
(Brat Farrar, 1949), UK 751, 1958

DER GROSSE VERDACHT
(The Franchise affair, 1948)
UK 775, 1959

KLIPPEN DES TODES
(A shilling for candles, 1936)
HCC 2052, 1983

DER MANN IN DER SCHLANGE
(The man in the queue, 1927)
HCC 1487, 1972; HCC 1867, 1980

TOD IM COLLEGE
(Miss Pym disposes, 1946)
HLK 1573, 1974

THAMES, C. H.
Pseudonym von Stephen Marlowe (1928–, weitere Pseudonyme: s. d.

VERFLUCHTES GOLD
(Violence is golden, 1956)
PAN 113, 1958

THATCHER, JULIA
Pseudonym von Donald R. Bensen (1927–

VERLORENE TRÄUME
(Tower in the sea, 1979)
GAS 80, 1983

THAYER, CHARLES WHEELER (1910–1969)

ZWEI WODKA ZUVIEL
(Moscow interlude, 1962)
RAR 1264, 1970

THEODOR, PETER
Autor der Serie: »*Fledermaus*«; s. *Anhang Serien.*
Autor der Nummern: 334, 337, 351

THOM, ROBERT (1929–1979)

BLOODY MAMA
(Bloody Mama, 1970)
BSV o. Nr., 1971

THOMAS, BOB (ROBERT THOMAS)

DER SCHWARZE KREIS
(Dead ringer, 1964)
HAR 301, 1964

THOMAS, CRAIG (1942–
Pseudonym: Donald Grant

FIREFOX
(Firefox, 1977)
HAR 6132, 1982

JADE-TIGER
(Jade-Tiger, 1982)
HAR 6210, 1983

SCHNEEFALKE
(Snow falcon, 1979)
HAR 6408, 1984

WOLFSJAGD
(Wolfsbane, 1978)
HAR 6312, 1984

THOMAS, LOUIS C. (1921–

ABER DIE REUE IST LANG
(Les trente deniers, 1968)
HTH 1393, 1970

BITTE NICHT TÖTEN!
(Manie de la persécution, 1962)
HTH 1238, 1967

DAS FRAGMENT
(Les écrits restent, 1969)
HK 1405, 1970

FREIES GELEIT
(Le sauf-conduit, 1980)
RTH 2608, 1982

KARUSSELL DER ANGST
(Par cruauté mentale, 1962)
RTH 2107, 1966

... LIEBEN, ACHTEN UND EHREN
(Pour le meilleur et pour le pire, 1976)
RTH 2453, 1978

EIN MÄDCHEN STIRBT ZUM ZWEITENMAL
(Malencontre, 1972)
RTH 2470, 1978

NACHT IM NIRGENDWO
(La nuit de nulle part, 1967)
RTH 2163, 1969; RTH 2651, 1983

OTHELLO STAND NICHT IM PROSPEKT
(Coup de sang, 1967)
HTH 1341, 1969

TOD PER EINSCHREIBEN
(A vos souhaits – la mort, 1963)
HTH 1254, 1967

VIER OPFER UND KEIN MÖRDER
(La place du mort, 1975)
RTH 2429, 1977

ZAHLEN, SCHWEIGEN, STERBEN
(La mort en chantier, 1978)
RTH 2512, 1980

DER ZWEITE MANN
(La mort au cœur, 1961)
HTH 1275, 1967

THOMAS, ROSS (1926–

Pseudonym: Oliver Bleeck

DER BAKSCHISCHMANN
(The Mordida man, 1981)
UK 10173, 1982

DER EIN-WEG-MENSCH
(The cold war swap, 1966)
UK 1277, 1969; UK 10152, 1982

GEHEIMOPERATION GELBER HUND
(Yellow-dog contract, 1977)
UK 1872, 1978

DIE MILLIONENERNTE
(The money harvest, 1975)
UK 1740, 1975

NUR LASS DICH NICHT ERWISCHEN
(If you can't be good, 1973)
UK 1603, 1974; UK 10294, 1984

SING SING SINGAPUR
(The Singapore wink, 1969)
UK 1287, 1970; UK 10214, 1983

DER TOD WIRFT GELBE SCHATTEN
(Cast a yellow shadow, 1967)
UK 1281, 1970; UK 10198, 1983

UMWEG ZUR HÖLLE
(Chinaman's chance, 1978)
UK 10232, 1984

UNSERE STADT MUSS SAUBER WERDEN
(The fools in town are on our side, 1970)
UK 1440, 1971; UK 10294, 1984

URNE ODER SARG, SIR?
(The seersucker whipsaw, 1967)
UK 1358, 1970; UK 10251, 1984

VIERZIG RIESEN FÜR DEN ZWERG
(The eighth dwarf, 1979)
UK 10060, 1980

WAHLPAROLE: MORD
(The porkchoppers, 1972)
UK 1530, 1973; UK 10294, 1984

WAS ICH NICHT WEISS, MACHT MICH NICHT KALT
(The backup men, 1971)
UK 1447, 1972; UK 10272, 1984

THOMAS, SUSANNE (1944–

ALTWEIBERSOMMER (OA)
BKR 37028, 1984

THOMEY, TEDD (1920–

MÖRDER IM WEISSEN KITTEL
(Killer in white, 1956)
PAN 65, 1956

THOMPSON, ANNE ARMSTRONG (1939–

LIEBESGRÜSSE DER TOTEN SEELEN
(Message from Absalom, 1975)
SCHE 640, 1978

EIN NUMMERNKONTO IN DER SCHWEIZ
(The Swiss legacy, 1974)
SCHE 596, 1977

THOMPSON, CARLOS (1923–
DIE UMKLAMMERUNG
(n. e.)
KNAR 777, 1981

THOMPSON, ESTELLE
DER BLINDE JÄGER
(Hunter in the dark, 1978)
SCHE 835, 1982
EINE FEINE FAMILIE
(The meadows of Tallon, 1974)
SCHE 871, 1982
EINE SEELE VON SCHUFT
(The edge of nowhere, 1965)
SCHE 327, 1969
TÖDLICHER HASS
(Three woman in the house, 1973)
HRO 1945, 1975
WAS DU NICHT WEISST, MACHT DICH NICHT TOT
(A twig is bent, 1961)
SCHE 855, 1982

THOMPSON, (EU)GENE (ALLEN) (1924–
MORD FÜR MORD
(Murder mystery, 1980)
PLAY 6139, 1983
DAS TEUFELSWEIB
(Lupe, 1977)
PLAY 6129, 1982

THOMPSON, JIM (JAMES MYERS THOMPSON) (1906–1977)
1280 SCHWARZE SEELEN
(Pop. 1280, 1964)
KÖN 1, 1973; UK 10201, 1983
GEFÄHRLICHE STADT
(Wild town, 1957)
UK 10241, 1984
GETAWAY
(The getaway, 1959)
HAC 15, 1975; UK 10186, 1983
KALTE FÜSSE AUF HEISSEM BODEN
(Texas by the tail, 1965)
KÖN 10, 1973
LIEBE IST KEIN ALIBI
(Cropper's cabin, 1952)
HK 1470, 1972
LIEBLING, WARUM BIST DU SO KALT?
(The killer inside me, 1952)
HEK 1411, 1970
vgl. *Der Mörder in mir*
DER MÖRDER IN MIR
(The killer inside me, 1952)
UK 10170, 1982
vgl. *Liebling, warum bist du so kalt?*
NACH EINBRUCH DER DUNKELHEIT ...
(After dark, my sweet, 1955)
UK 10266, 1984

THOMPSON, L.
s. *C. Boswell*

THOMPSON, L(LOYD) S.
DAS VERRIEGELTE HAUS
(Hear not my steps, 1953)
SM 187, 1963

THOMSON, JUNE (1930–
ALTER SARG FÜR NEUE LEICHE
(A question of identity, 1978)
SCHE 789, 1981
KARUSSELL DES TODES
(Alibi in time, 1980)
SCHE 937, 1983
PILZE AUS DES TEUFELS KÜCHE
(Death cap, 1973)
SCHE 768, 1980
DIE SEHR EHRBAREN BRÜDER
(Case closed, 1977)
SCHE 709, 1979

THORNBURG, NEWTON (KENDALL) (1930–
GEH ZUR HÖLLE, WELT!
(Cutter and bone, 1976)

PLAY 6125, 1982
DIE MÄUSE BRINGT DER NIKOLAUS
(Knockover, 1968)
HK 1416, 1970; BKEL 37029, 1976

THORPE, EDWARD (1926–
UNTERWEGS NACH SANTA FÉ
(The night I caught the Santa Fé Chief, 1972)
GK 4287, 1973

THUM, MARCELLA
DAS GEHEIMNIS DES LORDS
(Abbey Court, 1976)
HRO 2002, 1977
DIE PLANTAGE AUF DER INSEL
(Fernwood, 1973)
HRO 1946, 1975; HRO 2122, 1981

THURZO, GABOR
ATTENTAT IM MORGENGRAUEN
(Biatorbágy, o. J.)
RFA 122, 1962

TIDYMAN, ERNEST (1928–
GREIFER, RICHTER, HENKER
(Line of duty, 1974)
UK 1716, 1975
SHAFT
(Shaft, 1970)
UK 1496, 1972
SHAFT BEIM KONGRESS DER TOTENGRÄBER
(Shaft's big score, 1972)
UK 1572, 1973
SHAFT LÄSST DIE PUPPEN TANZEN
(Shaft has a ball, 1973)
UK 1596, 1974
SHAFT UND DIE SIEBEN RABBINER
(Shaft among the Jews, 1972)
UK 1536, 1973
SHAFT UND DIE VERLORENEN SÖHNE
(Good-bye, Mr. Shaft, 1973)
UK 1632, 1974
SHAFTS KARNEVAL FÜR KILLER
(Shaft's carnival of killers, 1974)
UK 1662, 1975

TIGER, JOHN
Pseudonym von Walter (Herman) Wager (1924–
Weiteres Pseudonym: Walter Hermann
Alle Romane aus der Serie: *Mit Tennisschläger und Kanonen*
FINALE FÜR ZWEI PISTOLEN
(Wipeout, 1967)
MOEK 49, 1969
DER MEISTERCOUP
(Masterstroke, 1966)
MOEK 35, 1968
TURNIER DER MÖRDER
(I spy, 1965)
MOEK 33, 1968
UNTERNEHMEN SCHMETTERBALL
(Countertrap, 1967)
MOEK 41, 1968

TOBIEN, W. J.
DIE GRAUENVOLLE NACHT
ZAU 19, 1976

TODD, W.
(Pseudonym)
a) Autor der Kriminalroman-Serie: *»Kommissar X«*; s. *Anhang*. Autor der Nummern: 554, 564, 573, 592, 600, 615
b) Autor der Serie: *»Plutonium Police«*; s. *Anhang*. Autor der Nummer: 19, 23

TOELCKE, WERNER (1930–
DIE CHANCE (1978)
DIE 382, 1978
DAS GESICHT DES MÖRDERS (OA)
DIE 477, 1981
DIE OPERATION (OA)

DIE 432, 1980

TÖTEN IST SO LEICHT (OA)

DIE 393, 1979

TOTE REDEN NICHT (OA)

NBR 50, 1964

TOMA, DAVID und PEARL, JACK

TOMA: TOMA IN DER SCHLANGENGRUBE

(The affair of the unhappy hooker, 1976)

BFK 38028, 1977

TOMA: TOMA UND DIE AIRPORT-GANGSTER

(The airport affair, 1975)

BFK 38026, 1977

TOMS, BERNARD (1931–

GANGSTER IN UNIFORM

(The strange affair, 1966)

RTH 2154, 1968

TONDERN, HARALD (1941–

COLOMBIAN CONNECTION (OA)

RAR 4455, 1979

TOPOR, ROLAND (1938–

DER MIETER

(Le locataire chémérique, 1964)

DIO 126 = 20358, 1977

TOPOR, TOM (1938–

VERBLICHENER RUHM

(Bloodstar, 1978)

GA 5424, 1981

TOWNEND, PETER (ROBERT GASCOIGNE) (1935–

SCHNEE AUF KORSIKA

(Fisheye, 1974)

RTH 2393, 1976

STIRB AUF SARDINIEN

(Zoom! 1972)

RTH 2299, 1974

TOD DURCH DIE LINSE

(Out of focus, 1971)

PHOE 130, 1973; KK 84, 1982

TRACY, DON(ALD FISKE) (1905–1976)

Pseudonym: Roger Fuller

DER GROSSE HASS

(The hated one, 1963)

RTH 2051, 1964

DER MORD ZUM SONNTAG

(A corpse can sure louse up a weekend, 1973)

GTH 4690, 1977

TRACY, HUGH

TOD IN RESERVE

(Death in reserve, 1976)

GK 4655, 1977

TRAFALGER, SALVATORE

Autor der Serie: *»Der stumme Detektiv«*; s. *Anhang*

TRAUBEL, HELEN

TOD IN DER METROPOLITAN

(The Metropolitan Opera murders, 1951)

GK 218, 1960

TRAVIS, GRETE (GRETCHEN A.)

SIE FIEL UNTER DIE RÄUBER

(She fell among thieves, 1963)

GK 1255, 1963

TREAT, LAWRENCE

Pseudonym von Lawrence Arthur Goldstone (1903 –

HOCHZEIT ODER LEICHENSCHMAUS

(Weep for a wanton, 1956)

GK 4341, 1974

M WIE MORD

(T as in trapped, 1947)

SCHE 202, 1963; KK 57, 1981

STURZ IN DEN ABGRUND
(Over the edge, 1948)
SCHE 182, 1962

TREMONTE, JULIA

DAS TEUFELSOPFER
(The devil's house, 1974)
GAS 49, 1980

TREMPER, WILL (1928–

DAS TALL-KOMPLOTT (1973)
FAR 1672, 1976; GAR 6705, 1984

TRENHAILE, JOHN

EINER ZAHLT IMMER DRAUF
(Kyrill, 1981)
SCHE 908, 1983

TRENTER, STIEG (1914–

ABENTEUER IN KOPENHAGEN
(Skuggan, 1960)
GK 1197, 1963

NACHTS AUF DEM FÄHRSCHIFF
(Färjkarlen, 1961)
GK 1180, 1962

DIE ROTE PERÜCKE
(Dockan till Samarkand, 1959)
GK 1259, 1964

RUNEN IN GRANIT
(Ristat i Sten, 1952)
GK 1216, 1963

DER TANZ DER KLEINEN FISCHE
(Kalla Handen, 1957)
GK 1218, 1963

WAS GESCHAH IN GUSTAFSBERG?
(Springaren, 1958)
GK 1243, 1963

TREVANIAN

Pseudonym von Rodney W. Whitaker (1925–

DER EXPERTE
(The Loo sanction, 1973)
KNAR 535, 1978

EIN HERZSCHLAG BIS ZUR EWIGKEIT
(The Main, 1976)
KNAR 663, 1980

IM AUFTRAG DES DRACHEN
(The Eiger sanction, 1972)
KNAR 461, 1977

SHIBUMI ODER DER LEISE TOD
(Shibumi, 1979),
KNAR 1064, 1983

TREVOR, ELLESTON (1920–

Richtiger Name: Trevor Dudley Smith. Pseudonyme: Mansell Black, Trevor Burgess, Adam Hall, Howard North, Simon Rattray, Warwick Scott, Caesar Smith

AGONIE IM SANDSTURM
(The pargon, 1975)
UK 1771, 1976

TREVOR, MERIOL

DER GEZEICHNETE MANN
(The marked man, 1974)
HRO 2040, 1979

FLUCHT IN DEN TOD
(The fugitives, 1973)
HRO 2044, 1979

FLUCHT IN DIE GEFAHR
(The forgotten country, 1975)
HRO 2018, 1978

WARTEN AUF DEN TOD
(The treacherous paths, 1976)
HRO 2034, 1979

TREWIN, J. C.

s. *Harry Hearson*

TRINIAN, JOHN

LAUTLOS WIE DIE NACHT
(The big grab, 1960)
HK 1149, 1964

MILLIONENRAUB IN SAN FRANCISCO
(Scratch a thief, 1961)
UK 1032, 1965

TRIPP, MILES (BARTON) (1923–
Pseudonyme: John Michael Brett, Michael Brett
ALLEINGANG DURCH DIE HÖLLE
(Going solo, 1981)
SCHE 881, 1982
DUELL ZU DRITT
(Kilo forty, 1963)
RTH 2065, 1965
FÜNF MINUTEN MIT EINEM FREMDEN
(Five minutes with a stranger, 1971)
GK 4195, 1972
JEDER SCHUSS EIN AGENT
(The once a year man, 1977)
SCHE 678, 1978
MORD STAND NICHT IM HOROSKOP
(A man without friends, 1970)
HK 1436, 1971
REQUIEM IN MARSEILLE
(High heels, 1980)
SCHE 833, 1981
DER SCHATTEN DES DRITTEN MANNES
(One is one, 1968)
HTH 1356, 1969
TODESKÜSSE AUS WARSCHAU
(The wife-smuggler, 1978)
SCHE 757, 1980
TOTE LADIES KÜSSEN NICHT
(Woman at risk, 1974)
SCHE 587, 1977

TROTTMANN, GEORG (1920–
AM ENDE NOCH DER SCHORNSTEINFEGER (1975)
(Elf und eine halbe Zürcher Kriminalgeschichte)
DTV 1372, 1978

TROY, SIMON
Pseudonym von Thurman Warriner
Weiteres Pseudonym: John Kersey
BEIM SATAN ZU GAST
(Sup with the devil, 1967)
MIT 393, 1968
EINLADUNG ZUM MORD
(Half-way to murder, 1955)
LIST 186, 1961
FLIEH, WENN DU KANNST
(Cease upon the mitnight, 1964)
MIT 328, 1967
WARTEN AUF OLIVER
(Waiting for Oliver, 1962)
MIT 310, 1966

TRUMAN, (MARY) MARGARET (1924–
DIE MAUER DES SCHWEIGENS
(Murder on Capitol Hill, 1981)
GK 4924, 1982
MORD AN HÖCHSTER STELLE
(Murder in the Supreme Court, 1982)
GK 4943, 1983
MORD IM MUSEUM
(Murder at the Smithsonian, 1983)
GK 4955, 1984
MORD IM WEISSEN HAUS
(Murder in the White House, 1980)
GK 4907, 1981

TRUSS, (LESLIE) SELDON (1892–
Pseudonym: George Selmark
AUF EINEM KAHLEN HÜGEL
(The high wall, 1954)
SCHE 187, 1963
DOCH AM ALTER FEHLTE DIE BRAUT
(The bride that got away, 1967)
SCHE 340, 1970
FLUCHT AUS DARTMOOR
(Footsteps behind them, 1937)
HCC 1728, 1977
FRAUEN REDEN ZUVIEL
(Ladies always talk, 1950)

SCHE 171, 1962
EIN TOTER MELDET SICH
(One man's death, 1960)
SCHE 220, 1964

TSCHECHOW, ANTON (PAWLOWITSCH) (1860–1904)
EIN DRAMA AUF DER JAGD
bb 496, 1982
vgl. *Die Tragödie auf der Jagd*
DIE TRAGÖDIE AUF DER JAGD
HBDW 14, 1969
vgl. *Ein Drama auf der Jagd*

TSCHERNJONOK, MICHAIL (1931–
VERSUNKENE BRILLANTEN
KOMP 313, 1984

TUCKER, (ARTHUR) WILSON (1914–
DER FREMDE IM ABTEIL
(Last stop, 1963)
GK 2013, 1964
DER SCHATZ ZWISCHEN DEN FRONTEN
(This witch, 1971)
HAC 10, 1974

TURNER, BILL (1927–
FÜR DIE KATZ
(Bound to die, 1967)
RTH 2147, 1968
DAS LETZTE GRAB FÜR DICH
(Another little death, 1970)
RTH 2253, 1972
SOLDEN UND DIE DAMEN
(Solden's women, 1972)
RTH 2300, 1974
TRAU KEINEM UNTER DREISSIG
(Circle of squares, 1969)
RTH 2208, 1971
ZWEI KÖDER FÜR DIE FALLE
(Sex trap, 1968)
RTH 2193, 1970

TURNER, JOHN
DER STRÄFLING UND DIE JUNGFRAU
(The captive, 1969)
BRA 2, 1969

TURNER, ROBERT (HARRY) (1915–1980)
ICH HASSE EUCH ALLE
(The night is for sreaming, 1960)
PAN 174, 1960
vgl. *Sechs Stunden bis Mitternacht*
SECHS STUNDEN BIS MITTERNACHT
(The night is for screaming, 1960)
HTH 1212, 1966
vgl. *Ich hasse euch alle*

TWAIN, MARK
Pseudonym von Samuel Langhorne Clemens (1835–1910)
DETEKTIV AM MISSISSIPPI
(Tom Sawyer, Detective, 1896)
ARE AB 12, 1976

TYLER, ANNE (1941–
NUR NICHT STEHENBLEIBEN
(Earthly possessions, 1977)
FAR 5154, 1981

TYLER, WILLIAM T.
DOPPELSPIEL IN BERLIN
(The man who lost the war, 1980)
PLAY 3135, 1982

TYNAN, KATHLEEN
AGATHA
(Agatha, 1978)
GLIT 5204, 1980

UFORNELLI
(Pseudonym)
DIE PHANTASTISCHE SEERÄUBEREI
ZEB 1, 1975(?)

ZEB AUF DER SPUR
ZEB 2, 1975(?)

UHNAK, DOROTHY (1933–

DAS GESTÄNDNIS
(The investigation, 1977)
KNAR 719, 1980

DIE HARTNÄCKIGE ZEUGIN
(The witness, 1969)
SCHE 389, 1972

MÄDCHENMORD MIT VORANMELDUNG
(The bait, 1968)
SCHE 375, 1971

WAS ZU BEWEISEN WAR . . .
(The ledger, 1970)
SCHE 413, 1973

ULLMANN, ALLAN (1909(?)–1982), und FLETCHER, LUCILLE (1912–

FALSCH VERBUNDEN
(Sorry, wrong number, 1948)
HAR 150, 1961; HK 1043, 1962; HLK 1695, 1976

DER MANN IM LIFT
(Night man, 1951), HK 1058, 1962

ULLMANN, JAMES MICHAEL

AN DUNKLEN STRASSENECKEN
(The neon haystack, 1963)
MIT 285, 1966

DIE ENTSCHEIDENDE SEKUNDE
(Lady on fire, 1968)
MIT 429, 1969

GUTE NACHT, IRENE
(Good night, Irene, 1965)
MIT 334, 1967

DIE VENUSFALLE
(The Venus trap, 1966)
MIT 346, 1967

ULLMER, RENE

DAS TÖDLICHE LICHT (OA)
BAR 10250, 1983

ULLRICH, KLAUS

MURPHYS LETZTER KAMPF
MV 210, 1983

ULLSTEIN KRIMINALMAGAZIN

BAND 1
UK 1006, 1965

BAND 2
UK 1017, 1965

BAND 3
(Darin: Ed McBain: Zwischen Tag und Tod)
(aus: The empty hours, 1962)
UK 1031, 1965

BAND 4
UK 1053, 1966

BAND 5
UK 1072, 1966

BAND 6
UK 1093, 1966

BAND 7
UK 1109, 1967

BAND 8
(enthält 8 phantastische Horrorstories)
UK 1124, 1967

BAND 9
UK 1143, 1967

BAND 10
(enthält 7 Horrorstories)
(aus: Weird Tales, 1966)
UK 1163, 1968

BAND 11
(enthält 5 Horrorstories)
aus: (Unknown, 1964)
UK 1183, 1968

BAND 12
(enthält 12 Geschichten berühmt gewordener Verbrecher und ihrer Taten)
(Scoundrels, fiends, and human

monsters, 1958)
UK 1193, 1968
BAND 13
UK 1213, 1968
BAND 14
(enthält 19 Horrorstories)
(Monsters Galore, 1965)
UK 1223, 1969
BAND 15
(enthält 8 Horrorstories)
UK 1243, 1969
BAND 16
UK 1273, 1969
BAND 17
UK 1325, 1970
BAND 18
UK 1377, 1971
BAND 19
UK 1402, 1971
BAND 20
UK 1450, 1972
BAND 21
(enthält 9 Tatsachenberichte über die Bosse der Mafia)
(The racketeers, 1971)
UK 1463, 1972
BAND 22
UK 1523, 1973
BAND 23
UK 1535, 1973
BAND 24
(enthält 4 Fälle für Shell Scott von R. S. Prather)
(The Shell Scott Sampler, 1969)
UK 1595, 1974
BAND 25
(enthält 2 Kriminalstories mit dem 87. Polizeirevier von Ed McBain: Der Feiertagsmörder / Keine Schonzeit für Skihasen)
(J, 1962/Storm, 1962)
UK 1613, 1974
BAND 26
UK 1667, 1975
BAND 27
UK 1691, 1975
BAND 28
UK 1739, 1976
BAND 29
UK 1752, 1976
BAND 30
UK 1805, 1977
BAND 31
UK 1823, 1977
BAND 32
UK 1859, 1977
BAND 33
UK 1895, 1978
BAND 34
UK 1931, 1978
BAND 35
UK 1967, 1979
BAND 36
UK 10012, 1979
BAND 37
UK 10047, 1980
BAND 38
UK 10074, 1980
BAND 39
UK 10102, 1981
BAND 40
UK 10135, 1982

ULRICH, HEINZ (1912–
DIE ROTE HAND (OA)
PTB 26, 1961

ULRICH, MAX (1923–
AUSGESPIELT, MR. CROFTIE! (OA)
GK 1295, 1964
COSA NOSTRA (OA)
GK 2043, 1964
DECKNAME ALBERT (OA)
GK 2028, 1964
KLEINE MORDE ERHALTEN DIE FREUNDSCHAFT (OA)
GK 2282, 1967
MANN OHNE ANGST (OA)

GK 1272, 1964
RACHE MUSS MAN KALT GENIESSEN (OA)
GK 2084, 1965
RAUB IN DER MÜNCHNER LOMBARD-BANK (OA)
GK 2080, 1965
STELLVERTRETER FÜRS KITTCHEN (OA)
GK 3014, 1967
DER TOD SPIELT DIE ERSTE GEIGE (OA)
GK 2210, 1966

ULRICI, ROLF
Pseudonym von Rolf Stitz-Ulrici (1922–
Weiteres Pseudonym: Rex Corbett, s.d.
DIE DIAMANTEN VON SOHO
GJU 20281, 1979
EINE KLASSE IST VERSCHWUNDEN
GJU 20287, 1980
vgl. Rex Corbett: *Der verschwundene Bus*
DAS TESTAMENT DES MILLIONÄRS
GJU 20286, 1980
DER TOTE KOMMT AM DONNERSTAG (OA)
GK 1279, 1964

UNDERWOOD, MICHAEL
Pseudonym von John Michael Evelyn (1916–
EHRLICH LEBT GEFÄHRLICH
(Murder with malice, 1977)
UK 1863, 1977
ICH VERWEIGERE DIE AUSSAGE
(Murder made absolute, 1955)
SCHE 285, 1967
IRRTUM INBEGRIFFEN
(Cause of death, 1960)
SCHE 271, 1967
KURZER PROZESS MIT GESCHWORENEN
(The juror, 1975)
UK 1692, 1975
LEBENSLÄNGLICH
(The crime of Colin Wise, 1964)
SCHE 244, 1966
DER MANN, DER ZU SCHNELL SCHOSS
(The man who killed too soon, 1968)
UK 1561, 1973
NUR NICHT DIE WAHRHEIT
(Anything but the truth, 1978)
UK 10016, 1979
SCHEINMANÖVER BUMERANG
(Reward for a defector, 1973)
UK 1587, 1974
SCHLUMMERTRUNK MIT LSD
(The fatal trip, 1977)
UK 1886, 1978
SCHARFER ZUCKER
(Menaces, menaces, 1976)
UK 1772, 1976
SCHWARZPULVER IST KEIN SCHNUPFTABAK
(A pinch of snuff, 1974)
UK 1650, 1974
DIE SCHWEIGENDEN LÜGNER
(The silent liars, 1970)
UK 1573, 1973
SPITZEL SPIELEN MIT DEM LEBEN
(Crooked wood, 1978)
UK 1951, 1979
DER TEUFEL STECKT IM DETAIL
(The case against Philip Quest, 1962)
GK 3017, 1967
DIE TOTE AUS DEM WIENERWALD
(The anxious conspirator, 1965)
SCHE 306, 1968
VOR DEM URTEIL
(Murder on trial, 1954)
GK 2246, 1966

UNEKIS, RICHARD
AUF RISIKO IST KEIN RABATT
(The chase, 1962)
SCHE 312, 1969

UNGER, FRED

DIE NACHT, IN DER ICH STARB
NBR 34, 1960

DAS PHANTOM MIT DER MASKE
MV 109, 1969

DIE PUPPEN DES DR. ECKLOFF
NBR 36, 1960

DER SCHARLACHROTE DOMINO
NBR 43, 1962

UPFIELD, ARTHUR W(ILLIAM) (1888–1964)

BONY KAUFT EINE FRAU
(Bony buys a woman, 1957)
GK 263, 1960; GK 4781, 1978

BONY STELLT EINE FALLE
(Winds of evil, 1937)
GK 1168, 1962

BONY ÜBERNIMMT DEN FALL
(Madman's bend, 1963)
GK 2031, 1964

BONY UND DER BUMERANG
(The Barrakee mystery, 1929)
GK 2215, 1966

BONY UND DIE MAUS
(Bony and the mouse, 1959)
GK 1011, 1961; bb 356, 1976

BONY UND DIE SCHWARZE JUNGFRAU
(Bony and the black virgin, 1959)
GK 1074, 1962

BONY UND DIE TODESOTTER
(Bushranger of the skies, 1940)
GK 2088, 1965

BONY UND DIE WEISSE WILDE
(Bony and the white savage, 1961)
GK 1135, 1962

BONY WIRD VERHAFTET
(Death of a swagman, 1946)
GK 1281, 1964

FREMDE SIND UNERWÜNSCHT
(Bony and the Kelly Gang, 1960)
GK 1230, 1963

GEFAHR FÜR BONY
(The lake Frome monster, 1966)
GK 2289, 1967; bb 356, 1976

DIE GIFTVILLA
(Venom House, 1953)
GK 180, 1959

EIN GLÜCKLICHER ZUFALL
(The sands of Windee, 1931)
GK 1044, 1961

DIE JUNGGESELLEN VON BROKEN HILL
(The bachelors of Broken Hill, 1958)
GK 241, 1960

DER KOPF IM NETZ
(The mystery of Swordfish Reef, 1939)
GK 167, 1959

DIE LEUTE VON NEBENAN
(An author bites the dust, 1948)
GK 198, 1959

MR. JELLYS GEHEIMNIS
engl. T. (Mr. Jelly's business, 1937)
am. T. (Murder down under, 1943)
GK 2141, 1965

DER NEUE SCHUH
(The new shoe, 1952)
GK 219, 1960

DER SCHWARZE BRUNNEN
engl. T. (Cake in the hat box, 1955)
am. T. (Sinister stones, 1954)
GK 224, 1960

DER STERBENDE SEE
(Death of a lake, 1954)
GK 214, 1959; GUK 4744, 1978

DER STREITBARE PROPHET
(The battling prophet, 1956)
GK 232, 1960

TODESZAUBER
(The bone is pointed, 1938)
GK 2111, 1965

VIERMAL BEI NEUMOND

(Murder must wait, 1953)
GK 276, 1960; GK 4756, 1978

WER WAR DER ZWEITE MANN?
(The will of the tribe, 1962)
GK 1208, 1963

DIE WITWEN VON BROOME
(The widows of Broome, 1951)
GK 142, 1958

UPTON, ROBERT

WER WOLLTE DEN ALTEN GEORGE UMBRINGEN
(Who'd want to kill Old George, 1977)
HK 1773, 1977

URQUHART, MACGREGOR

EIN CALLGIRL ZUVIEL
(Frail on north circular, 1962)
RTH 2121, 1967

KOPF OHNE LEICHE
(Dig the missing, 1963)
RTH 2060, 1964

MÄDCHENKILLER
(The open mouth, 1967)
RTH 2207, 1970

REQUIEM FÜR EINE KURZSICHTIGE
(Contact lens, 1964)
RTH 2095, 1966

USHER, GRAY (1903–

DIE MAULWÜRFE
(Death goes caving, 1959)
GK 238, 1960

DER VOGEL IST AUSGEFLOGEN
(Death sped the plough, 1956)
GK 244, 1960

USHER, JACK

IM LETZTEN AUGENBLICK
(Brothers and sisters have I none, 1958)
MIT 32, 1959

IN FREMDER GEWALT
(The fix, 1959)
MIT 58, 1960

UTECHIN, NICHOLAS

s. *Austin Mitchelson*

VALENTE, J. M.

FLEISCH UND BLUT
TK 12, 1972

VALIN, JONATHAN (LOUIS) (1948–

AM TAG DER RACHE
(Day of wrath, 1982)
HK 2067, 1983

BIS AUF DIE KNOCHEN
(The lime pit, 1980)
HK 1946, 1981

LETZTE WARNUNG
(Final notice, 1980)
HK 1978, 1982

VERSIEGELT UND GEKLAUT
(Dead letter, 1981)
HK 2097, 1984

NATÜRLICHE UMSTÄNDE
(Naturel causes, 1983)
HK 2112, 1984

VALLET, RAF

ADIEU, BULLE
(Adieu, Poulet!, 1974)
HK 1995, 1982

AUF INS GEFECHT
(Aux armes mégalos!, 1982)
HK 2110, 1984

VALLEY, MEL

DIE TÖDLICHEN SAUBERMÄNNER
(Magnum Force, 1974)
SCHE 609, 1977

VALMY, MARCEL

HÄNDE HOCH VOR JULISKA
PTB 15, 1960

DAS HAUS IN LA CHAPELLE
ILL 2, 1977(?)

DIE SPUR FÜHRT NACH PARIS
ILL 1, 1977(?)

VANCE, JOHN HOLBROOK (1917–
Pseudonyme: Peter Held, Ellery Queen, Jack Vance, Alan Wade

DIE FEINEN LEUTE VON PLEASANT GROVE
(The Pleasant Grove murders, 1967), RTH 2181, 1969

DER MANN IM KÄFIG
(The man in the cage, 1960)
GK 1207, 1963

DIE TÖDLICHEN INSELN
(The deadly isles, 1969)
GK 4069, 1971; GK 4969, 1984

DAS TÖDLICHE TAL
(The Fox Valley murders, 1966)
RTH 2157, 1968

VANCE, WILLIAM E. (1911–

KLEEBLATT DES VERBRECHENS
(Homicide lost, 1956)
PAN 125, 1958

VANDERCOOK, JOHN W(OMACK) (1902–1963)

DAS GEHEIMNIS DER FIDSCHI-INSEL
(Murder of Fiji, 1936)
GK 191, 1959

DER SUMPF AUF TRINIDAD
(Murder in Trinidad, 1933)
GK 133, 1958

VANDERGRIFF, (LOLA) AOLA (1920–

DAS HAUS DER TANZENDEN TOTEN
(House of the dancing dead, 1974)
GAS 61, 1981

PLANTAGE DES SCHRECKENS
(Sisters of sorrow, 1974)
HRO 2059, 1980

DER TOD IST MEIN SCHATTEN
(Wyndspelle, 1975)
HRO 1986, 1977

DAS TODESLIED
(The bell tower of Wyndspelle, 1975)
GAS 84, 1983

WO KEINE BLUMEN BLÜHEN
(Wyndspell's child, 1976)
GAS 7, 1977

VAN DINE, S. S.
Pseudonym von Willard Huntington Wright (1888–1939)

DER FALL DER MARGARET ODELL
(The Canary Murder Case, 1927)
RFJ 5, 1949
vgl. *Mordakte Kanarienvogel*

MORDAKTE BENSON
(The Benson Murder Case, 1926)
HCC 1450, 1971

MORDAKTE BISCHOF
(The Bishop Murder Case, 1929)
HCC 1468, 1972

MORDAKTE DRACHENSEE
(The Dragon Murder Case, 1933)
HCC 1491, 1972

MORDAKTE GREEN
(The Greene Murder Case, 1928)
HCC 1635, 1975

MORDAKTE KANARIENVOGEL
(The Canary Murder Case, 1934)
HCC 1515, 1973
vgl. *der Fall der Margaret Odell*

MORDAKTE KASINO
(The Casino Murder Case, 1934)
HCC 1603, 1974

MORDAKTE SCOTCHTERRIER
(The Kennel Murder Case, 1933)
HCC 1700, 1976

MORDAKTE SKARABÄUS
(The Scarab Murder Case, 1930)
HCC 1564, 1973
MORDAKTE SWIFT
(The Garden Murder Case, 1935)
HCC 1807, 1978

VAROUX, ALEX
HEUTE ABEND NICHT, LIEBLING
(Tête à claques, 1982)
HK 2069, 1983

VASSILIKOS, VASSILIS (1913–
»Z«
(»Z«, 1968), RAR 1722, 1974

VAUGHAN, CHARLES
(Pseudonym)
FLUG INS VERHÄNGNIS
ZAU 24, 1977
WAYNE COOPER UND DIE BLONDE
ZAU 26, 1978

VAUTRIN, DENYSE
AUTOR IM KREUZVERHÖR
(On demande l'auteur, 1971)
RTH 2298, 1974
STIRB SCHNELLER, COUSIN
(Voyage à fortfait, 1973)
RTH 2368, 1976

VEILLOT, CLAUDE
100000 DOLLAR IN DER SONNE
(Nous n'irons pas en Nigeria, o. J.)
HAC 23, 1975

VERALDI, ATTILIO (1925–
NEAPOLITANISCHE GESCHÄFTE
(La mazzetta, 1976)
FAR 5142, 1981

VERMANDEL, JANET G(REGORY)
DAMALS IN SAMARA
(Last seen in Samarra, 1972)
GK 4282, 1973
DINER MIT DEM TEUFEL
(Dine with the devil, 1970)
GK 4089, 1971
DAS KARNEVALSDINER
(Scratch a lover, 1969)
GK 4161, 1972
KASTANIEN MIT DEM FEUER
(So long at the Fair, 1968)
GK 4150, 1972
DIE PERLE DES HAUSES
(The Claverse affair, 1974)
SCHE 662, 1978

VERNBERG, MAXIMILIAN
DER LETZTE ZEUGE (OA)
UK 830, 1961

VERNER, GERALD
Pseudonym von Donald Stuart
1897–1980)
BEGEGNUNG IN DER NACHT
(Alias the ghost, 1933)
EDEN 15, 1954?
DIE BLITZKOLONNE
(The Q squad, 1935)
PAN 139, 1959
DER HENKER
(The hangman, 1934)
DRT 49, 1958
LOWE SPIELT HOCH
(The river house mystery, 1938)
PAN 122, 1958
DER ROTE SCHNEE
(Mr. Whipple explains, 1936)
EDEN 12, 1954?

VERNON, EL(IZABETH)
LIEBE IST GEFÄHRLICH
(Truth is strange, o. J.)
DC 4, 1955

VIAL, PIERRE
DIE BEIDEN MAFIOSI
(Les deux Mafiosi, o. J.)
SEPK 12, 1968
16 PÄCKCHEN IM TRESOR
(La rogne, o. J.)
SEPK 7, 1968
URTEIL LEBENSLÄNGLICH
(La virgule d'acier, o. J.)
SEPTH 13, 1969

VIDOCQ, FRANCOIS E(UGENE) (1775–1857)
DER MANN MIT 100 NAMEN
(Erinnerungen eines Geheimagenten unter Napoleon)
(Mémoires de Vidocq, 1828–29)
DTV 683, 1970

VILLIERS, GÉRARD DE
Serienheld Malko in allen Romanen. Siehe auch Anhang Serien: *Malko*.
AMOK AUF BALI
(SAS - Amok à Bali, 1970)
UK 1376, 1971
GEHEIMMISSION IN SAIGON
(SAS – Mission à Saigon, 1970)
UK 1443, 1972; MALKO 32
DER PANTHER VON HOLLYWOOD
(SAS – Le panthère d'Hollywood, 1969)
UK 1348, 1970; MALKO 61
DIE REBELLIN VON BAGDAD
(SAS – Les pendus du Bagdad, 1969)
UK 1366, 1970
ZYKLON IN DER UNO
(SAS – Cyclone à l'ONU, 1970)
UK 1413, 1971; MALKO 46

VILLUN, K.
Pseudonym von Kjartan Flögstad (1944–
EINER FÜR ALLE
(Ein for alle, 1976)
EVF 7, 1980

VINCENT, RICHARD
DAS GEHEIMNIS DER DAME IN SCHWARZ
(Portrait in black, 1960)
HAR 70, 1960; HK 1017, 1962

VINTER, MICHAEL (1927–
ATTENTAT IN SAN FELICE
(A place of execution, 1969)
MIT 533, 1971

VIOLAN, LO
DER SCHATTEN VOR DEM FENSTER (OA)
GK 2082, 1965

VOIGT, JO
DER TODFEIND (OA)
GDA 5620, 1982

VOILIER, CLAUDE
s. *Enid Blyton*

VOS, ANDRÉ DE
DER MITTELSMANN
(Tous frais payés, o. J.)
GK 2060, 1964

VOSS, WILLI (1948–
DER STIRBT VON SELBST! (OA)
BKR 37022, 1984
FROST IM BLUT (OA)
BKR 37016, 1983
KEIN PLATZ AN DER SONNE (OA)
BKR 37003, 1982
SO SCHÖN, SO TOT (OA)
BRK 37027, 1984
TRÄNEN SCHÜTZEN NICHT VOR MORD (OA)
BK 36059, 1982
WO RAUCH IST . . . (OA)
BKR 37008, 1983

VRING, GEORG VON DER (1889–?)

SPUR IM HAFEN (OA)
KIWI 5, 1954; UAR 82, 1955; UK 708, 1958

WADE, ALAN

Pseudonym von John Holbrook Vance (1917–, weitere Pseudonyme, s.d.

WÖLFE IM PARADIES
(Isle of peril, 1957)
PAN 144, 1959

WADE, HENRY

Pseudonym von Henry Lancelot Aubrey-Fletcher (1887–1969)

EINER ERBT IMMER
(Heir presumptive, 1935)
HCC 2024, 1983

EINSAME MAGDALENA
(Lonely Magdalen, 1940)
HCC 1784, 1978

FÜNF TOTE UND KEIN TÄTER
(New graves at Great Norne, 1947)
HCC 1883, 1980

TOD AUF DER TREPPE
(The Duke of York's Steps, 1929)
HCC 1736, 1977

VORSICHT VOR ECHTEN GAUNERN
(Constable guard thyself!, 1934)
HCC 1964, 1982

WADE, ROBERT (1920–1961)

Gemeinsame Pseudonyme mit Bill Miller (1920–1961): Will Daemer, Whit Masterson, Wade Miller, Dale Wilmer

EIN HAI AN DER ANGEL
(Knave of eagles, 1969)
PHOE 116, 1972; KK 66, 1982

WAGER, WALTER (HERMAN) (1924–

Pseudonyme: Walter Hermann, John Tiger

FLUCHTHILFE AUF ISRAELISCH
(Swap, 1972)
UK 1597, 1974

KRIEG PER TELEFON
(Telefon, 1975), UK 1747, 1976

ROTHAUT IN VIPER 3
(Viper three, 1971)
UK 1491, 1972

WAGNER, F(RANZ) J(OSEPH) (1945–

BIG STORY (1982)
GAR 6728, 1984

DAS DING (1978)
GAR 3921, 1980

IM SEPTEMBER, WENN ICH NOCH LEBE (1979)
GAR 6394, 1982

WAGNER, GÜNTER (1925–

DREI JAGEN DAS PHANTOM (OA)
SCHN 253, 1980

WAGNER, INGEBORG (1941–

MAKABRE GESCHICHTEN (OA)
ZAU 18, 1976; ZAU 58, 1981

DIE TODESSPUR (OA)
ZAU 65, 1982

WAGNER, SHARON B(LYTHE) (1936–

DAS ERBE DER EINSAMKEIT
(Legacy of loneliness, 1974)
HRO 1969, 1976

DIE STUMME ZEUGIN
(Moonwind, 1971)
GAS 60, 1981

DIE VERGESSENE ERBIN
(Havenhurst, 1975)
HRO 2084, 1981

WAHLÖÖ, PER (PETER) (1926–1975)
s. auch: *Maj Swöwall*

FOUL PLAY
(Hövdingen, 1959)
RTH 2588, 1982

DIE GENERALE
(Generalerna, 1965)
RTH 2569, 1981

DAS LASTAUTO
(Lastbilen, 1962)
RTH 2513, 1980

LIBERTAD!
(Uppdraget, 1963)
RTH 2521, 1980

MORD IM 31. STOCK
(Mord pä 31: a vaningen, 1964)
RTH 2424, 1977

UNTERNEHMEN STAHLSPRUNG
(Stalspranget, 1968)
RTH 2539, 1980

WIND UND REGEN
(Vinden och regnet, 1961)
RTH 2625, 1983

WAINER ARKADI (1931– und GEORGI (1938–

MEDIZIN GEGEN DIE ANGST
(OA-Titel: n. e.)
DIE 344, 1977; HK 1924, 1981

RENNEN AN DER TODESWAND
(Gonki po vertikali, o. J.)
KVW o. Nr., 1977

DIE SCHWARZE KATZE
(Era miloserdija, o. J.)
KVW o. Nr., 1978; HK 1981, 1982

STADT ÜBERNOMMEN
(OA-Titel: n. e.)
KOMP 280, 1981

UHREN FÜR MR. KELLY
(OA-Titel: n. e., 1970)
DIE 220, 1974

WEISSE AUGEN
(Oscupju v poldén, o. J.)
VKF o. Nr., 1970

WAINWRIGHT, JOHN (WILLIAM) (1921–
Pseudonym: Jack Ripley

DIE ABRECHNUNG
(My word you should have seen us, 1972)
BKEL 37038, 1977

ACHT GEWEHRE UND KEIN MÖRDER
(Dig the grave and let him lie, 1971)
MIT 601, 1972

AGENTEN UNTER SICH
(Web of silence, 1968)
MIT 532, 1971

DAS EMPFANGSKOMITEE
(Square Dance, 1975)
GK 4505, 1975

FAKTOR FEMININ
(The distaff factor, 1982)
GK 4947, 1983

EIN FOLGENSCHWERER PLAN
(The big tickle, 1969)
MIT 503, 1970

DIE GANZ BESONDERE NACHT
(Kill the girls and make them cry, 1974)
GK 4626, 1977

GEGEND MIT GEWALT
(Landscape with violence, 1975)
GK 4593, 1976

GEHIRNWÄSCHE
(Brainwash, 1979)
GK 4903, 1981

DAS GESETZ DER UNTERWELT
(The pig that got up and slowly walked away, 1971)
BK 36024, 1979
vgl. *Jack Ripley: Das Gesetz der Unterwelt*

GUTSCHEIN FÜR MORD

(Thief of time, 1978)
GK 4848, 1979

IN EINER NACHT DES GRAUENS
(Freeze thy blood less coldly, 1970)
MIT 552, 1971

JEDES MITTEL IST ERLAUBT
(Prynter's devil, 1970)
MIT 540, 1971

JOEY
(The day of the Peppercorn kill, 1977)
GK 4810, 1979

DIE JUWELENBANDE
(The crystallized carbon pig, 1966)
MIT 523, 1971

KOPF ODER ZAHL
(Man of law, 1980)
GK 4928, 1982

DIE LEICHE VOR DER TÜR
(Davis doesn't lieve here any more, 1971)
BK 36016, 1978
vgl. *Jack Ripley: Die Leiche vor der Tür*

DAS MESSER AN DER KEHLE
(The bastard, 1976)
GK 4704, 1977

MORD IN DER BESTEN GESELLSCHAFT
(High-class kill, 1973)
GK 4617, 1977

NACHTS STIRBT MAN SCHNELLER
(Night is a time do die, 1972)
MIT 616, 1973; GA 5407, 1980

DER ORGANISIERTE MORD
(The take-over man, 1969)
MIT 512, 1971

DER PREIS DER FREIHEIT
(Acquittal, 1976)
GK 4633, 1977

RACHE IN ZWEI MINUTEN
(Ten steps to the gallows, 1965)
GK 2192, 1966

REQUIEM FÜR EINEN VERLIERER
(Requiem for al loser, 1972)
MIT 637, 1973; GK 4733, 1973

DIE SCHWARZE GRÄFIN
(Death in a sleeping city, 1965)
GK 2165, 1965

DER SCHWARZE HIMMEL
(The darkening glass, 1968)
MIT 484, 1970

SECHS RICHTIGE UND EIN TOTER
(Pool of tears, 1977)
GK 4719, 1978

TALENT ZUM MORDEN
(Talent for murder, 1967)
HTH 1364, 1969

TEUFLISCHE RACHE
(The devil you don't, 1973)
MIT 663, 1974

DER TOD DES ALTEN HASEN
(Death of a big man, 1975)
GK 4544, 1976

TREFFPUNKT MARSEILLE
(Cause for a killing, 1974)
GK 4648, 1977

VORSATZ GEHÖRT ZUM MORD
(A touch of malice, 1973)
GK 4483, 1975

DIE WÜRMER MÜSSEN WARTEN
(The worms must wait, 1967)
HK 1338, 1969

WALDHOFF, WERNER (1943–

AUSBRUCH (OA)
RTH 2671, 1984

DES EINEN ODER ANDEREN GLÜCK (OA)
RTH 2648, 1983

DER SCHATTENBOXER (OA)
RTH 2692, 1984

WALKER, DAVID (HARRY) (1911–

IM HEXENKESSEL
(Devil's plunge, 1968), PHOE 71, 1970

WALKER, GERTRUDE

DIAMANTEN BRENNEN NICHT

(Diamonds don't burn, 1955)
GK 5232, 1982

TEUFLISCH SCHÖN
(So deadly fair, 1948)
GLIT 5227, 1982

WAS GESCHAH IN SAN FRANZISKO?
(An unfamiliar man, 1983)
GLIT 5258, 1984

WALKER, IRA

DER KLEINE SPIEGEL
(Someon's stolen Nellie Grey, 1963)
GK 2023, 1964

MR. X FLIEGT MIT
(The man in the driver's seat, 1964)
GK 2065, 1965

WALLACE, BRYAN EDGAR (1904–

DUELL MIT DEM TEUFEL
(Murder in Touraine, 1966)
GK 2179, 1966

GEORGE UND JOJO
(The white carpet, o. J.)
GK 1249, 1963

DER MANN, DER NICHT SCHWIMMEN WOLLTE
(The man who would not swim, 1963)
GK 1183, 1962

MIT MORD BEGANN ES
(Murder ist not enough, 1964)
GK 2029, 1964

MORD IM SCHLAFWAGEN
(Murder on the night ferry, 1965)
GK 2156, 1966

DER TOD PACKT SEINEN KOFFER
(Death packs a suitcase, 1961)
GK 1100, 1962

DIE WELT STEHT AUF DEM SPIEL
(The device, 1962)
GK 1151, 1962

WALLACE, (RICHARD HORATIO) EDGAR (1875–1932)

DIE ABENTEUERIN
(Four square Jane, 1929)
GK 164, 1958; GEW 1, 1982

A. S. DER UNSICHTBARE
(The valley of ghosts, 1922)
GK 126, 1957; GEW 2, 1982; SCHE 905, 1983

DIE BANDE DES SCHRECKENS
(The terrible people, 1926)
GK 11, 1952; GEW 3, 1982; SCHE 931, 1983; HK 2061, 1983

DER BANKNOTEN-FÄLSCHER
(The forger, 1927)
GK 67, 1955; GEW 4, 1982

BEI DEN DREI EICHEN
(The Three Oaks mystery, 1924)
GK 100, 1956; GEW 5, 1982

DIE BLAUE HAND
(Blue hand, 1925)
GK 6, 1952; GEW 6, 1982; SCHE 959, 1984

DER BLUTROTE KREIS
(The crimson circle, 1922)
HK 2060, 1983
vgl. *Der rote Kreis*

DER BRIGANT
(The brigand, 1927)
GK 111, 1957; GEW 7, 1982

DER CLAN DER GUMMIMÄNNER
(The India-rubber men, 1929)
HK 2060, 1983
vgl. *Das Gasthaus an der Themse*

DER DERBYSIEGER
(Down under Donovan, 1918)
GK 242, 1961; GEW 8, 1982

DIE DIAMANTENBROSCHE
(enthält zwei Erzählungen: Die Diamantenbrosche / Der Fall Joe Attymar)
(Kennedy the Con. Man / The case of Joe Attymar)
SCHE 923, 1983

DER DIAMANTENFLUSS
(The river of stars, 1913)
GK 16, 1953; GEW 9, 1982

DER DIEB IN DER NACHT
(enthält 2 Erzählungen: Der Dieb in der Nacht / Die Schatzkammer)
(The thief in the night, 1928 / The treasure house, o. J.)
GK 1060, 1961; GEW 10, 1982

DER DOPPELGÄNGER
(Double Dan, 1924)
GK 95, 1956; GEW 11, 1982; SCHE 895, 1983

DIE DREI GERECHTEN
(The three just men, 1926)
GK 1170, 1962; GEW 12, 1982

DIE DREI VON CORDOVA
(The just men of cordova, 1917)
GK 160, 1958; GEW 13, 1982

DER ENGEL DES SCHRECKENS
(The angel of terror, 1922)
GK 136, 1958; GEW 14, 1982

FEUER IM SCHLOSS
(The coat of arms, 1931)
GK 1063, 1961; GEW 15, 1982

DER FROSCH MIT DER MASKE
(The felloship of the frog, 1925)
GK 1, 1952; GEW 16, 1982; SCHE 975, 1984
vgl. *Der Geheimbund des Frosches*

GANGSTER IN LONDON
(When the Gangs came to London, 1932)
GK 178, 1959; GEW 17, 1982

DAS GASTHAUS AN DER THEMSE
(The India-rubber men, 1929)
GK 88, 1956; GEW 18, 1982; SCHE 935, 1983
vgl. *Der Clan der Gummimänner*

DIE GEBOGENE KERZE
(The clue of the twisted candle, 1916)
GK 169, 1959; GEW 19, 1982; SCHE 922, 1983

DIE GEFIEDERTE SCHLANGE
(The feathered serpent, 1927)
bb 213, 1970
vgl. *Gucumatz*

GEHEIMAGENT NR. 6
(enthält 2 Erzählungen: Geheimagent Nr. 6 / Mary Ferrera spielt System)
(Number six, 1922 / We shall see, 1926)
GK 236, 1960; GEW 20, 1982

GEHEIMAGENT NR. 6 / MR. REEDER WEISS BESCHEID
(Number six, 1922 / Red aces, 1929)
SCHE 945, 1984

DER GEHEIMBUND DES FROSCHES
(The fellowship of the frog, 1925)
HK 2059, 1983
vgl. *Der Frosch mit der Maske*

DAS GEHEIMNIS DER GELBEN NARZISSEN
(The daffodil mystery, 1920)
GK 37, 1954; GEW 21, 1982; SCHE 901, 1983

DAS GEHEIMNIS DER STECKNADEL
(The clue of the new pin, 1923)
GK 173, 1959; GEW 22, 1982

DAS GEHEIMNISVOLLE HAUS
(The secret house, 1917)
GK 113, 1957; GEW 23, 1982

DIE GELBE SCHLANGE
(The yellow snake, 1926)
GK 33, 1953; GEW 24, 1982; HK 2065, 1983; SCHE 987, 1984

EIN GERISSENER KERL
(The twister, 1928)
GK 28, 1953

DAS GESETZ DER VIER
(The law of the four just men, 1921)
GK 230, 1960; GEW 26, 1982

DAS GESICHT IM DUNKEL
(The face in the night, 1924)
GK 139, 1958; GEW 27, 1982;

SCHE 983, 1984

DER GOLDENE HADES
(The golden Hades, 1929)
GK 226, 1960; GEW 28, 1982

DIE GRÄFIN VON ASCOT
(The Lady of Ascot, 1930)
GK 1071, 1962; GEW 29, 1982; GGR 7220, 1983

GROSSFUSS
(Big foot, 1927)
GK 65, 1955; GEW 30, 1982

DER GRÜNE BOGENSCHÜTZE
(The green archer, 1923)
GK 150, 1958; GEW 31, 1982; HK 2062, 1983; SCHE 963, 1984

DER GRÜNE BRAND
(The green rust, 1919)
GK 1020, 1961; GEW 32, 1982

GUCUMATZ
(The feathered serpent, 1927)
GK 248, 1960; GEW 33, 1982
vgl. *Die gefiederte Schlange*

HANDS UP!
(The gunner, 1928)
GK 13, 1952; GEW 34, 1982; SCHE 925, 1983

DAS HAUS OHNE FENSTER
(n. e.)
BBA 48, 1952

DER HEXER
engl. T. (The Ringer, 1926)
am. T. (The gaunt stranger, 1925)
GK 30, 1953; GEW 35, 1982; SCHE 897, 1983
vgl. *Der Unsichtbare*

IM BANNE DES UNHEIMLICHEN
(The hand of power, 1926)
GK 117, 1957; GEW 36, 1982

IN DEN TOD GESCHICKT
(On the spot, 1931)
GK 252, 1960; GEW 37, 1982

DAS INDISCHE TUCH
(The frightened Lady, 1933)
GK 189, 1959; GEW 38, 1982; SCHE 979, 1984

JOHN FLACK
(Terror keep, 1927)
GK 51, 1954; GEW 39, 1982

DER JOKER
(The joker, 1926)
GK 159, 1958; GEW 40, 1982

DAS JUWEL AUS PARIS
(enthält 7 Erzählungen)
GK 2128, 1966; GEW 41, 1982

KÄTHE UND IHRE ZEHN
(Kate plus ten, 1919)
EDEN 3, 1953(?); WTB o. Nr., 1956(?); PAN 118, 1958; UK 979, 1964; HCC 1589, 1974; HCC 1851, 1979

KERRY KAUFT LONDON
(The man who bought London, 1915)
GK 215, 1960; GEW 42, 1982

DER LÄCHLER
(n. e.)
BBA 62, 1953

DER LEUCHTENDE SCHLÜSSEL
(The clue of the silver key, 1930)
GK 91, 1956; GEW 43, 1982

LOTTERIE DES TODES
(The green pack, 1933)
GK 1098, 1962; GEW 44, 1982

LOUBA, DER SPIELER
(Flat 2, 1924)
GK 163, 1958; GEW 45, 1982

DER MANN DER ALLES WUSSTE
(The man who knew, 1918)
GK 86, 1956; GEW 46, 1982

DER MANN, DER SEINEN NAMEN ÄNDERTE
(The man who was nobody, 1927)
GK 1194, 1963; GEW 47, 1982

DER MANN IM HINTERGRUND
(enthält 2 Erzählungen: Der Mann im Hintergrund / Der Lügendektor)

(The shadow man / The man who passed)
GK 1155, 1962; GEW 48, 1982
DER MANN VON MAROKKO
(The man from Morocco, 1925)
GK 124, 1957; GEW 49, 1982
DIE MELODIE DES TODES
(The melody of death, 1915)
GK 207, 1959; GEW 50, 1982
DIE MILLIONENGESCHICHTE
(The million Dollar story, 1926)
GK 194, 1959; GEW 51, 1982
MR. REEDER WEISS BESCHEID
(Red aces, 1929)
GK 1114, 1962; GEW 52, 1982
NACH NORDEN, STROLCH
(The northing tramp, 1926)
GK 221, 1960; GEW 53, 1982
NEUES VOM HEXER
(Again the Ringer, 1929)
GK 103, 1956; GEW 54, 1982; HK 2065, 1983; SCHE 967, 1984
PENELOPE VON DER »POLYANTHA«
(Penelope of the Polyantha, 1926)
GK 211, 1959; GEW 55, 1982
DER PRELLER
(The Mixer, 1927)
GK 116, 1957; GEW 56, 1982
DER RÄCHER
(The avenger, 1925)
GK 60, 1955; GEW 57, 1982; SCHE 921, 1983
DER REDNER
(The orator, 1928)
GK 183, 1959; GEW 58, 1982
RICHTER MAXELLS VERBRECHEN
(Mr. Justice Maxell, 1922)
GK 41, 1954; GEW 59, 1982
DER ROTE KREIS
(The crimson circle, 1922)
GK 35, 1953; GEW 60, 1982; SCHE 950, 1983
vgl. *Der blutrote Kreis*
DER SAFE MIT DEM RÄTSELSCHLOSS
(Angel esquire, 1908)
GK 47, 1954; GEW 61, 1982
DIE SCHULD DES ANDEREN
(A debt discharged, 1916)
GK 1055, 1961; GEW 62, 1982
DER SCHWARZE ABT
(The black abbot, 1926)
GK 69, 1955; GEW 63, 1982; HK 2061, 1983; SCHE 940, 1984
DER SECHSTE SINN DES MR. REEDER
(The mind of Mr. J. G. Reeder, 1925)
GK 77, 1955; GEW 64, 1982
DIE SELTSAME GRÄFIN
(The strange Countess, 1925)
GK 49, 1954; GEW 65, 1982; SCHE 924, 1983
vgl. *Die unheimliche Gräfin*
DER SENTIMENTALE MR. SIMPSON
(9 Kriminalerzählungen)
GK 1214, 1963; GEW 66, 1982
DAS SILBERNE DREIECK
(Again the three just men, 1928)
GK 154, 1958; GEW 67, 1982
DAS STECKENPFERD DES ALTEN DERRICK
(The double, 1928)
GK 97, 1956; GEW 68, 1982
DER TEUFEL VON TIDAL BASIN
(White face, 1930)
GK 80, 1956; GEW 69, 1982
TÖCHTER DER NACHT
(The daughters of the night, 1925)
GK 1106, 1962; GEW 70, 1982; GGR 7224, 1984
DIE TOTEN AUGEN VON LONDON
(The dark eyes of London, 1924)
GK 181, 1959; GEW 71, 1982; HK 2062, 1983
TREFFBUBE IST TRUMPF
(Jack O'Judgement, 1920)
UK 919, 1963
DIE TÜR MIT DEN SIEBEN SCHLÖSSERN
(The door with seven locks, 1926)
GK 21, 1953; GEW 72, 1982;

SCHE 926, 1983; HK 2059, 1983
TURFSCHWINDEL
(The green ribbon, 1929)
GK 155, 1958; GEW 73, 1982
ÜBERFALLKOMMANDO
(The Flying Squad, 1928)
GK 75, 1955; GEW 74, 1982
DER UNHEIMLICHE
(The sinister man, 1924)
GK 55, 1954; GEW 75, 1982
DIE UNHEIMLICHE GRÄFIN
(The strange Countess, 1925)
HK 2060, 1983
vgl. *Die seltsame Gräfin*
DIE UNHEIMLICHEN BRIEFE
(The missing million, 1923)
GK 1139, 1962; GEW 76, 1982
DER UNHEIMLICHE MÖNCH
(The terror, 1929)
GK 203, 1959; GEW 77, 1982
DER UNSICHTBARE
(The Ringer, 1925)
HK 2059, 1983
vgl. *Der Hexer*
DAS VERRÄTERTOR
(The Traitor's Gate, 1927)
GK 45, 1954; GEW 78, 1982; SCHE 896, 1983
DER VIERECKIGE SMARAGD
(The square emerald, 1926)
GK 195, 1959; GEW 79, 1982
DIE VIER GERECHTEN
(The four just men, 1905)
GK 39, 1954; GEW 80, 1982; HK 2062, 1983; SCHE 971, 1984
ZIMMER 13
(Room 13, 1924)
GK 44, 1954; GEW 81, 1982; HK 2061, 1983; SCHE 955, 1984
DER ZINKER
(The squeaker, 1927)
GK 200, 1959; GEW 82, 1982; SCHE 894, 1983; HK 2065, 1983

WALLACE, IRVING (1916–
DOPPELSPIEL MIT DAME
(The second Lady, 1980)
BAR 10210, 1983
GEHEIMAKTE R
(The R document, 1976)
BAR 11129, 1978
PALAIS ROSE
(The plot, 1967)
KNAR 482, 1977
DAS SERUM
(The Pigeon Project, 1979)
BAR 11176, 1982

WALLACE, PAMELA
DIE FEUER VON BELTANE
(The fires of Beltane, 1978)
HRO 2050, 1979

WALLACE, PENELOPE (1923–
FAMILIENBANDE
(Death and holly, 1982)
GK 4929, 1982
DAS GEHEIMNIS DES SCHLAFWANDELNDEN AFFEN
(The sleep-walking monkey, 1979)
GK 4849, 1979
TOTER ERBE – GUTER ERBE
(A clutch of bastards, 1980
GK 4893, 1980

WALLDORF, HANS
DER GRÜNE ZETTEL
NBR 60, 1967
MIT KLEINSTEM KALIBER
MIV o. Nr., 1973
DER MÖRDER SASS IM WEMBLEY-STADION
MIV o. Nr., 1967
ROTES ELFENBEIN
MIV o. Nr., 1975
DAS WAFFENKARUSSELL
MIV o. Nr., 1968

WALLER, LESLIE (1923–
Pseudonyme: C. S. Cody, Patrick Mann
MORD KENNT KEINE FERIEN
(The coast of fear, 1974)
GK 4728, 1978

WALLING, R(OBERT) A(LFRED) J(OHN) (1869–1949)
DIE ENTSCHEIDENDEN FÜNF MINUTEN
(The fatal five minutes, 1932)
HCC 1569, 1974

WALLMANN, JEFFREY M(INER) (1941–
Pseudonym: Nick Carter
EISIGER HAUCH
(Judas cross, 1974)
HAC 20, 1975

WALPOLE, HORACE (1717–1797)
SCHLOSS OTRANTO
(The Castle of Otranto, 1765)
BPH 72034, 1984

WALSH, J(AMES) M(ORGAN) (1897–1952)
Pseudonyme: H. Haverstock Hill, Stephen Maddock, George M. White
MÄNNER IM DUNKELN
(The company of shadows, 1926)
AMS 4, 1953
DIE NEBELBANDITEN
(Lady incognito, 1932)
GK 17, 1953
DAS SCHWARZE GESPENST
(The black ghost, 1930)
AMS 6, 1953
STIRB, SIMEON HEX!
(Exit Simeon Hex, 1930)
AMS 8, 1953
DIE WEISSE MASKE
(The white mask, 1925)
AMS 1, 1953

WALSH, THOMAS (FRANCIS MORGAN) (1908–
DAS EISKALTE MÄDCHEN
(The tenth point, 1965)
GK 2157, 1965
HOTEL IMPERIAL
(The dark window, 1956)
GK 202, 1959
KIDNAPPER IN MANHATTAN
(Nightmare in Manhattan, 1950)
GK 63, 1955; GK 4444, 1975
DER LETZTE PASSAGIER
(The face of the enemy, 1966)
GK 3054, 1967
NACHTPOSTEN VOR NR. 1775
(The night watch, 1952)
GK 90, 1956
NACHTS IM CENTRAL PARK
(Dangerous passenger, 1959)
GK 1065, 1961; GK 4325, 1974; GUK 4795, 1978
DAS NADELÖHR
(The eye of the needle, 1961)
GK 1159, 1962; GK 4412, 1974
DIE PRANKE DES TIGERS
(The action of the tiger, 1968)
GK 3156, 1969
RACHE FÜR JACKIE
(To hide a rogue, 1964)
GK 2143, 1965
DER SCHWARZE VORHANG
(The resurrection man, 1966)
GK 2248, 1967
DAS VERBRECHEN DES JAHRHUNDERTS
(A thief in the night, 1962)
GK 1223, 1963

WALTARI, MIKA (1908–
DIE BLUTSPUR
(alter Titel: Warum haben Sie Frau Kroll ermordet? 1943)
(Kuka murhasi, 1939)

SM 180, 1963

GEFÄHRLICHES SPIEL
(Komisario Palmun erehdys, 1940)
SM 31, 1961

KOMMISSAR PALMUN
(Tähdet Kertovat, Komisario Palmun, 1940)
BAR 14092, 1980

WALTER, HENRY

DAS GRAB IM MICHIGAN-SEE
PAN 173, 1960

WAMBAUGH, JOSEPH (1937–

EIN GUTER POLIZIST
(The black marble, 1978)
HAR 6122, 1982

DIE CHORKNABEN
(The choirboys, 1975)
HAR 6321, 1984

DER MÜDE BULLE
(The blue knight, 1972)
HAR 6221, 1983

TOD IM ZWIEBELFELD
(The onion field, 1973)
HAR 6416, 1984

WANTON, ROLPH G.

ROSA TEDDYS BEI MARINA (OA)
UK 894, 1962

WARD, (DOROTHY) DEWEY (COMSTOCK)

DIE FRAU, DIE SICH NICHT ERINNERN WOLLTE
(Reception at High Tower, 1969)
HRO 1911, 1974

TÖDLICHE TRÄUME
(The house in Paris, 1971)
HLK 1563, 1973

WARE, JUDITH

Pseudonym von Ware Torrey (Budlong) (1905–1967)
Pseudonyme: Lee Crosby, Meg Padget, Joan Winslow

DAS SCHWARZE WASSER
(Thorne House, 1965)
HRO 1811, 1967

WARNER, DOUGLAS

Gemeinsames Pseudonym von John Desmond Currie und Elizabeth Warner

POLIZEISPITZEL X 2
(Death of a snout, 1961)
MIT 189, 1964

TOD EINES GREIFERS
(Death of a bogey, 1962)
HK 1113, 1963

TOD EINES LEICHTEN MÄDCHENS
(Death of a tom, 1963)
HK 1119, 1964

TOD EINES TRÄUMERS
(Death of a dreamer, 1964)
HK 1126, 1964

DIE TOTE VENUS
(Death of a nude, 1964)
GK 2145, 1965

WARREN, GEORGE

Pseudonym: Nick Carter

WARREN, PAULETTE

Pseudonym von Paul W. Fairman (1916–1977)
Weiteres Pseudonym: Ivar Jorgensen

DIE UNHEIMLICHE LADY
(Lady sinister, 1976)
GAS 52, 1980

DIE VERSTEINERTE FRAU
(Apprentice in terror, 1976)
GAS 56, 1981

WARREN, VERNON

Pseudonym von George Warren Vernon Chapman (1925–

FLUG INS VERDERBEN
(Stop-over danger, 1959)
PAN 179, 1960

WARWICK, JOHN
TELEKILLER
(Telekiller, 1978)
PBK 33, 1980

WASSERMANN, (CARL) JAKOB (1873–1934)
DER FALL MAURIZIUS (1928)
RAR 1907, 1975; MTB 2168, 1981

WATERS, T(HOMAS) A. (1938–
LIEBE, SEX UND DESPERADOS
(The psychodelic spy, 1967)
PHOE 69, 1969; KK 77, 1982
MÄDCHEN MIT SCHWACHEM GEDÄCHTNIS
(The lost victim, 1973)
GK 4461, 1975

WATSON, COLIN (1920–
DISKRETION KEINE EHRENSACHE
(Lonelyheart 4122, 1967)
MIT 647, 1973

WATSON, GEOFFREY (1942–
BLACK JACK
(Black Jack, 1979)
SCHE 857, 1982

WATTS, A. C.
(Pseudonym)
WESTEND 7428 (OA)
LL 6, 1960(?)

WAUGH, HILLARY (BALDWIN) (1920–
Pseudonyme: Elissa Grandower, H. Baldwin Taylor, Harry Walker
DIE BESTIE
(Death and circumstance, 1963)
MIT 229, 1965; GK 4716, 1978
BLAUBARTS ACHTE FRAU
(The eighth Mrs. Bluebeard, 1958)
HAR 36, 1960; HK 1007, 1962; HK 1514, 1973
DER BÖSE VOR DER TÜR
(Madman at my door, 1978)
HK 1870, 1979
EINE BRAUT FÜR DEN TOTEN
(A bride for Hampton House, 1975)
HRO 1991, 1977
DAS ENDE EINER PARTY
(End of a party, 1965)
MIT 305, 1966
DIE ENTFÜHRUNG
(The con game, 1968)
MIT 418, 1969
vgl. *Die Entlarvung*
DIE ENTLARVUNG
(The con game, 1968)
GK 4684, 1977
vgl. *Die Entführung*
ES WAR DIE FALSCHE DAME
(Run, when i say go, 1969)
MIT 480, 1970
FÜNF JAHRE SPÄTER . . .
(A rag and a bone, 1954)
MIT 287, 1966; GK 4875, 1979
GIFT IN FALSCHEN HÄNDEN
(Pure poison, 1966)
MIT 343, 1967
IN DER MASKE DES WOLFES
(The girl who cried wolf, 1958)
HK 1408, 1970
KEIN PLATZ FÜR ZUHÄLTER
(Finish me off, 1970)
MIT 507, 1970; GK 4708, 1978
DER LETZTE APPELL
(Prisoner's plea, 1963)
MIT 254, 1965; GK 4700, 1977
EIN MÄDCHEN MUSS FLÜCHTEN
(Girl on the run, 1965)
MIT 330, 1967

EIN MANN WIRD GESUCHT
(The missing man, 1964)
MIT 275, 1966; GK 4724, 1978
DIE NACHT, IN DER ES REGNETE
(That night it rained, 1961)
MIT 159, 1963
EINE PERFEKTE INDIZIENKETTE
(Last seen wearing, 1952)
MIT 134, 1963
SEINE DRITTE FRAU
(The late Mrs. D., 1962)
MIT 181, 1964
TOD EINES PLAYBOYS
(Rich man, murder, 1956)
MIT 126, 1962
TOD IN HARLEM
(The young prey, 1969)
MIT 491, 1970; GK 4695, 1977
TÖDLICHE DOPPELROLLE
(30 Manhattan East, 1968)
MIT 442, 1969; GK 4732, 1978
UNTER FALSCHEM NAMEN
(Sleep long, my love, 1959)
MIT 111, 1962
VERMISST WIRD . . .
(Born victim, 1962)
SCHE 250, 1966
VORHANG AUF FÜR DEN MÖRDER
(The shadow guest, 1971)
HK 1494, 1972
ZAHLTAG
(Road block, 1960)
KRÄ 7, 1965; GK 4031, 1970

WAY, PETER

FALLEN FÜR STÄHLERNE VÖGEL
(Super-Celeste, 1977)
UK 1920, 1978
DAS ROTE TELEFON
(Belshazzar's feast, 1982)
GA 5440, 1983
DER TÖDLICHE IRRTUM
(Icarus, 1980)
GA 5421, 1981

WAYER, FRED M.

(Pseudonym)
a) Autor der Kriminalroman-Serie: »*Kommissar X*«; s. *Anhang*.
Autor der Nummern: 396, 398, 402, 410, 414, 425, 429, 430, 436, 438, 447, 459, 470, 484, 488, 496
b) Autor der Serie: »*Fledermaus*«; s. *Anhang*.
Autor der Nummer: 336

WEATHERLY, (JOHN) MAX

MOTTEN IM LICHT
(The mantis and the moth, 1964)
HTH 1304, 1968

WEBB, JACK (1920–

Pseudonym: John Farr
DER ABENTEURER
(The delicate darling, 1959)
MIT 53, 1960
ALLES FÜR CARLA
(One for my Dame, 1961)
MIT 140, 1963
CHARME MACHT BLIND
(Make my bed soon, 1963)
MIT 260, 1965
GEFÄHRLICHE STEINE
(The deadly sex, 1959)
MIT 100, 1962
GEHETZTE SCHÖNHEIT
(The damned lovely, 1954)
PAN 32, 1955
DER NACKTE ENGEL
(The naked angel, 1953)
KRA 2, 1955
DAS RÄCHENDE FLORETT
(The brass halo, 1957)
SB 18, 1958; MET o. Nr., 1965(?)
DIE SÜNDERIN VON LA MARIMBA
(The big sin, 1952)
PAN 29, 1955
DER TOD WARTET NICHT
(The bad Blonde, 1956)

SB 16, 1958; MET o. Nr., 1965(?)
DIE ZERBROCHENE PUPPE
(The broken doll, 1955)
SB 13, 1957; MIT 233, 1965

WEBB, JEAN FRANCIS (1910–
Pseudonym: Roberta Morrison
EIN GEIST NAMENS DANIEL
(The empty attic, 1983)
SCHN 8783, 1984
EIN LABYRINTH VOLLER LÜGEN
(The Craigshaw curse, 1968)
GAS 5, 1977
ROSEN AUS DEM TODESGARTEN
(Roses from a haunted garden, 1971)
HRO 1890, 1973
DAS SCHLOSS DER TAUSEND AUGEN
(Carnavaron 's Castle, 1969)
GAS 2, 1976

WEBER, KARL HEINZ (1928–
DER FALL ERIKA GROLLER (1966)
DIE 178, 1973
ILLUSIONEN (OA)
DIE 429, 1980
MORD MIT KLEINEN HINDERNISSEN (OA)
NBR 49, 1964
MUSEUMSRÄUBER (OA)
DIE 226, 1976

WEEKS, JACK
OPERATION CALYPSO
(The Limbo touch, 1968)
MIT 501, 1970

WEES, FRANCES S(HELLEY) (1902–
EINE BITTERE ORANGE
(The country of the strangers, 1960)
GK 1165, 1962
DER DUFT VON PARMAVEILCHEN
(This unnecessary murder, 1957)
GK 1076, 1962
DAS GEFÄNGNIS SEINER WAHL
(The keys to my prison, 1956)
UK 805, 1960
MYLORD, ICH BIN NICHT SCHULDIG
(M'Lord, I am not guilty, 1954)
GK 1238, 1963
DER UNBEKANNTE GAST
(Faceless enemy, 1966)
GK 2250, 1967
WO IST JENNY?
(Where ist Jenny now, 1958)
GK 1222, 1963

WEESE, JEAN DE
DIE SPUREN DER KATZE
(The Carnelian cat, 1975)
HRO 2092, 1981

WEGENER, M(ANFRED) (1935–
a) Autor der Kriminalroman-Serie: *»Kommissar X«*; s. *Anhang*.
Autor der Nummern: 397, 400, 401, 405, 408, 409, 413, 416, 417, 419, 422, 424, 426, 432, 435, 439, 442, 444, 448, 451, 456, 463, 465, 467, 471, 476, 477, 482, 486, 487, 490, 494, 598, 612
b) Autor der Serie: *»Fledermaus«*; s. *Anhang*.
Autor der Nummern: 330, 331

WEGENER, WILLI
TÖDLICHE OLIVEN
(Kriminalerzählungen) (OA)
ARE 1259, 1975

WEIDENMANN, ALFRED (1918–
DER GELBE HANDSCHUH (1970)
RAV 887, 1983

WEINERT-WILTON, LOUIS
Pseudonym von Alois Weinert (1875–1945)

DIE CHINESISCHE NELKE (1936)
GK 53, 1954
DER DRUDENFUSS (1931)
GK 233, 1960
DIE KÖNIGIN DER NACHT (1930)
GK 281, 1961
DIE PANTHER (1930)
GK 5, 1952
DER TEPPICH DES GRAUENS (1929)
GK 106, 1957
DER SCHWARZE MEILENSTEIN (1934)
GK 50, 1954; GK 4741, 1978
DIE WEISSE SPINNE (1929)
GK 2, 1952

WEINHOLD, SIEGFRIED (1934–
ANGST IN FREMDEN BETTEN (OA)
(Streiche, Morde, Diebereien in vier Erzählungen
MIV o. Nr., 1976
LIEBE MIT TÖDLICHEM AUSGANG
(Mord, Neid, Gier und Niedertracht in drei Erzählungen)
MIV o. Nr., 1981

WEISS, ERNST (1882–1940)
ARZT UND MÖRDER
(OA-Titel: Georg Letham, Arzt und Mörder, 1931)
BÜR 16, 1953; UAR 16, 1955
DER FALL VUKOBRANKOVICS (1924)
RAR 1622, 1973

WEISS, RUDOLF
DIE SPUR FÜHRT NACH BOMBAY
MV 129, 1970

WEISSFLOG, PETER
TOD IM ELEFANTENHAUS (OA)
HK 1993, 1982

WELLS, LEE
ZUVIEL FINDERLOHN
(Night of the running man, 1981)
BTH 19027, 1983

WELLS, TOBIAS
Pseudonym von Deloris Florine Stanton Forbes (1923–
DIE ALTE DAME UND DER MÖRDER
(A die in the country, 1972)
HLK 1612, 1974
EIN GANZER UND EIN HALBER MORD
(What should you know of dying? 1967), HK 1415, 1970
IM NETZ DER ANGST
(A matter of love and death, 1966)
HK 1236, 1967)
JUNGE FRAUEN STERBEN FRÜH, WENN SIE NICHT ALT WERDEN
(The foo dog, 1971)
HK 1502, 1972
KNIE NIEDER UND STIRB
(Hark, hark, the watchdogs bark, 1975)
GK 4638, 1977
NUR DER MOND WAR ZEUGE
(Dead by the light of the moon, 1967)
HK 1334, 1969
PARTYS, BRIDGE UND MORD
(Brenda's murder, 1973)
GK 4598, 1976
PRÄMIEN FÜR DEN TOD
(Have mercy upon us, 1974)
HLK 1731, 1977
ZUM BEISPIEL DER MORD AN DORINDA
(Murder most fouled up, 1968)
HK 1375, 1969

WELLSLEY, JULIE
Pseudonym von W. Howard Baker (1925–
Weitere Pseudonyme: William Arthur, W. A. Ballinger, Peter Saxon, Richard Williams
DAS SCHLOSS AUF DEM BERG

(The castle on the mountain, 1972)
HRO 1916, 1974
vgl. *Das Schloß im Nebel*

DAS SCHLOSS IM NEBEL
(The castle on the mountain, 1972)
GAS 34, 1979
vgl. *Das Schloß auf dem Berg*

WENDLAND, MARTIN
Pseudonym von Wilhelm Strube (1925–

MIT FALSCHER MÜNZE (OA)
DIE 359, 1978

WENTWORTH, PATRICIA
Pseudonym von Amy Dillon Turnbull (1878–1961)

DAS DAMENHAUS
(Ladie's bane, 1952)
LIST 195, 1961

DIE GRAUE MASKE
(Grey mask, 1928)
LIST 706, 1962

DIE HAND AUS DEM WASSER
(The watersplash, 1951)
GK 1102, 1962

MISS SILVER BLEIBT LÄNGER
(Miß Silver comes to stay, 1949)
BAR 10489, 1984

MISS SILVER UND DER CHINESISCHE SCHAL
(The chinese shawl, 1943)
HLK 1723, 1976

MISS SILVERS WOCHENENDE
(The Catherine wheel, 1949)
GK 1270, 1964

WERKKREIS LITERATUR DER ARBEITSWELT
Werkstätten Mannheim u. Stuttgart (Hrsg.)

KRIMINALGESCHICHTEN (OA)
(enthält 12 Erzählungen)
FAR 2076, 1978

WERNICK, SAUL (1921–
Pseudonym: Nick Carter

WERREMEIER, FRIEDHELM (1929–
Pseudonym: Jacob Wittenbourg

EIN EKG FÜR TRIMMEL (OA)
RTH 2234, 1972; HK 2088, 1984

HÄNDE HOCH, HERR TRIMMEL! (OA)
RTH 2258, 1976; HK 2046, 1984

ICH VERKAUFE MICH EXKLUSIV (1968)
RTH 2526, 1980; HK 2035, 1983
s. Jacob Wittenbourg

OHNE LANDEERLAUBNIS (OA)
RTH 2220, 1971; HK 2009, 1982

PLATZVERWEIS FÜR TRIMMEL (OA)
RTH 2260, 1972

DER RICHTER IN WEISS (OA)
RTH 2210, 1971; HK 1985, 1982

TAXI NACH LEIPZIG (OA)
HK 2021, 1983
s. Jacob Wittenbourg

TREFF MIT TRIMMEL (OA)
(5 Kriminalstories)
RTH 2274, 1974

TRIMMEL HÄLT EIN PLÄDOYER (OA)
RTH 2395, 1976; HK 2075, 1983

TRIMMEL HAT ANGST VOR DEM MOND (OA)
(3 Kriminalstories)
RTH 2425, 1977; HK 2107, 1984

TRIMMEL MACHT EIN FASS AUF (OA)
RTH 2282, 1973; HK 2131, 1984

TRIMMEL UND DAS FINANZAMT (OA)
HK 2000, 1982

TRIMMEL UND DER TULPENDIEB (OA)
RTH 2322, 1974

TRIMMEL UND ISOLDE (1980)
HK 2063, 1983

WERY, ERNESTINE
Pseudonym von Erna Wery-Fentsch

ALS GESTOHLEN GEMELDET (OA)

GDA 5602, 1980
AUF DÜNNEM EIS (OA)
GK 4830, 1979
DIE HUNDE BELLTEN DIE GANZE NACHT (OA)
GDA 5608, 1981
KALT WIE DER MOND (OA)
GDA 5636, 1984
NACHTKERZE (OA)
GDA 5623, 1982
SIE HIESS CINDY (OA)
GDA 5606, 1981
DIE WARNUNG (OA)
GK 4857, 1979

WESHINOW, PAWEL
ALLES SUCHT WASKO
KOMP 70, 1963
DAS GESTÄNDNIS
DIE 297, 1976
DIE GROSSE FUSSPUR
KOMP 96, 1966

WESSON, CLARK
MICH ERPRESST MAN NICHT
(Murder hunt, o. J.)
PAN 154, 1959

WEST, CHARLES
DAS RATTENNEST
(The destruction man, 1976)
GK 4676, 1977

WEST, JOYCE (TARLTON)
s. *Mary Scott*

WEST, MORRIS L(ANGLO) (1916–
Pseudonym: Michael East
DER BOTSCHAFTER
(The Ambassador, 1965)
KNAR 217, 1970; FAR 1620, 1975
HARLEKIN
(Harlequin, 1974)
KNAR 527, 1978
DIE KONKUBINE
(The concubine, 1958)
KNAR 487, 1977
KUNDU
(Kundu, 1957)
KNAR 1030, 1983
NACKTES LAND
(The naked country, 1960)
KNAR 554, 1978
PROTEUS
(Proteus, 1979)
KNAR 716, 1980
DER ROTE WOLF
(Summer of the red wolf, 1971)
RAR 1639, 1973; KNAR 627, 1979
DER SALAMANDER
(The Salamander, 1973)
KNAR 443, 1976
DER SCHATZ DER »DONA LUCIA«
(Gallows in the sand, 1956)
KNAR 594, 1979
DIE STUNDE DES FREMDEN
(The big story, 1957)
KNAR 75, 1965
TOCHTER DES SCHWEIGENS
(Daughter of silence, 1961)
KNAR 117, 1966
DES TEUFELS ADVOKAT
(The devil's advocate, 1959)
KNAR 44, 1964
DER TURM VON BABEL
(The Tower of Babel, 1968)
KNAR 246, 1970
DER ZWEITE SIEG
(Backlash, 1958)
FAR 1670, 1976; KNAR 671, 1980

WESTLAKE, DONALD E(DWIN) (1933–
Pseudonyme: Curt Clark, Tucker Coe, Timothy J. Culver, Richard Stark
BAHN FREI FÜR EINE FUHRE GOLD

Zusammen mit Brian Garfield
(Gangway! 1973)
PTB 315, 1978

EINER VON SIEBEN
(Killing time, 1961)
MIT 135, 1963

EINMAL REICHT NOCH LANGE NICHT
(Enough!, 1977)
HK 1793, 1978

FINGER WEG VON HEISSEM EIS!
(The hot rock, 1970)
UK 1373, 1971

FÜNF GEGEN EINE BANK
(Bank shot, 1972)
UK 1524, 1973

DAS GANGSTERSYNDIKAT
(The mercenaries, 1960)
MIT 112, 1962

GELD MACHT DOCH GLÜCKLICH!
(God save the Mark, 1967)
MIT 381, 1968

HELD WIDER WILLEN
(The spy in the ointment, 1966)
MIT 390, 1968

HEROIN UND VIELE DOLLARS
(The busy body, 1966)
MIT 372, 1968

HILFE – MAN HÄLT MICH GEFANGEN!
(Help, I am being held prisoner, 1974)
UK 1676, 1975

HÖLLENFAHRT
(361, 1962)
MIT 169, 1963

ICH WILL MEIN GELD!
(Somebody owes me money, 1969)
UK 1329, 1970

EIN IRRER MACHT »URLAUB«
(Pity him afterwards, 1964)
MIT 278, 1966

JEDER HAT SO SEINE FEHLER
(Nobody's perfect, 1977)
HK 1828, 1979

JIMMY THE KID
(Jimmy the Kid, 1974)
UK 1694, 1975

EIN LUFTSCHLOSS WIRD GEJAGT
(Castle in the air, 1980)
UK 10127, 1981

RÄUBER IN UNIFORM
(Cops and robbers, 1972)
UK 1608, 1974

ÜBUNG MACHT DEN MÖRDER
(Killy, 1963)
UK 1400, 1971

WEM DIE SEKUNDE SCHLÄGT
(The fugitive pigeon, 1965)
MIT 308, 1966

WER STAHL SASSI MANOON?
(Who stole Sassi Manoon?, 1969)
UK 1322, 1970

ZWEI SIND ZUVIEL
(Two much!, 1975)
UK 1735, 1976

WESTMACOTT, MARY
Pseudonym von Agatha Christie

EIN FRÜHLING OHNE DICH
(Absent in the spring, 1944)
HLK 1621, 1974

DIE ROSE UND DIE EIBE
(The rose and the yew tree, 1947)
HLK 1655, 1975

SIE IST MEINE TOCHTER
(A daughter's a daughter, o. J.)
HLK 1756, 1977

SINGENDES GLAS
(Giant's bread, 1930)
HLK 1643, 1975

SPÄTES GLÜCK
(The burden, 1956)
HLK 1683, 1976

DAS UNVOLLENDETE PORTRÄT
(Unfinished portrait, 1947)
HLK 1617, 1975

WESTON, CAROLYN (1921–

GRUPPENTHERAPIE

(Rouse the demon, 1976)
RTH 2465, 1978

KEIN ALIBI FÜR MR. FARR
(Poor, poor Ophelia, 1972)
HK 1566, 1973

SIE HAT NOCH GESCHRIEN
(Susannah screaming, 1975)
RTH 2447, 1978

WETERING, JANWILLEM VAN DE (1931–

DER BLONDE AFFE
(The blond Baboon, 1978)
RTH 2495, 1979

DER COMMISSARIS FÄHRT ZUR KUR
(Streetbird, 1983)
RTH 2653, 1983

DIE KATZE VON BRIGADIER DE GIER
(Kriminalstories)
(De Kat van brigadier de Gier / En vrouw van Zeven voet, 1983)
RTH 2693, 1984

KETCHUP, KARATE UND DIE FOLGEN
(The mind murders, 1981)
RTG 2601, 1982

MASSAKER IN MAINE
(The Maine massacre, 1979)
RTH 2503, 1979

OUTSIDER IN AMSTERDAM
(Outside in Amsterdam, 1975)
RTH 2414, 1977

DER SCHMETTERLINGSJÄGER
(De vlinderjager, 1982)
RTH 2646, 1984

TICKET NACH TOKIO
(The Japanese corpse, 1977)
RTH 2483, 1979

TOD EINES STRASSENHÄNDLERS
(Death of a hawker, 1977)
RTH 2464, 1978

DER TOTE AM DEICH
(The corpse on the dike, 1976)
RTH 2451, 1978

EINE TOTE GIBT AUSKUNFT
(Buitelkruid, 1975)
RTH 2442, 1978

WEVERKA, ROBERT (1926–
Pseudonym: Robert MacMahon

SEKUNDEN BIS ZUR EWIGKEIT
(One minute to eternity, 1969)
PHOE 120, 1972

WHEATLEY, DENNIS (YATES) (1897–1977)

DER AGENT, DER DEN TEUFEL JAGTE
(The satanist, 1960)
HAC 25, 1975

DIENER DER FINSTERNIS
(The devil rides out, 1935)
BHOR 70002, 1978

DIE HÖLLE RUFT
(Gateway to hell, 1970)
BHOR 70019, 1979

MEER DER ANGST
(Uncharted seas, 1938)
BHOR 70015, 1979

DER SCHWARZE PFAD
(To the devil – a daughter, 1953)
BHOR 70009, 1978

WHEELER, KEITH (1911–

DAS LETZTE SIGNAL
(The last Mayday, 1968)
HAR 891, 1971

WHITE, ALAN (1924–
Pseudonyme: James Fraser, Alec Whitney

DAS KILLER-KONZERT
(Armstrong, 1973)
SCHE 501, 1975

DER PERFEKTE SELBSTMORD
(Death in duplicate, 1974)
GK 4471, 1975

STUNDENPLAN DES TODES
(Death in darkness, 1975)
GK 4576, 1976

WHITE, ETHEL LINA

EINE DAME VERSCHWINDET
(The well spins, 1936)
auch: (The Lady vanishes, 1966)
HCC 1631, 1975

DIE NACHT IM KABINETT DER WACHSFIGUREN
(Wax, 1935)
HLK 1791, 1978

WHITE, JOHN
(Pseudonym)

DAS GANGSTER-BALLETT (OA)
DLV 756, 1966

KEINE ZEIT ZU STERBEN (OA)
KEL 791, 1969

WHITE, LIONEL (1905–
Pseudonym: Nick Carter

DAS BESTATTUNGSINSTITUT
(A grave undertaking, 1961)
HK 1084, 1963

FLUCHT IN DEN SCHRECKEN
(Flight into terror, 1955)
PAN 109, 1958
vgl. *Flucht in die Gefahr*

FLUCHT IN DIE GEFAHR
(Flight into terror, 1955)
HK 1117, 1964
vgl. *Flucht in den Schrecken*

GEFÄHRLICHE NACHBARN
(The house on K Street, 1965)
HTH 1203, 1966

GIFTIGE TRÄUME
(The Mexico run, 1974)
SCHE 577, 1976

DER GROSSE JOB
(Steal big, 1960)
HAR 125, 1961; HK 1035, 1962

DAS HAUS NEBENAN
(The house next door, 1956)
HK 1066, 1962

HEISSER SCHMUCK
(Invitation to violence, 1958)
HK 1051, 1962

DIE 100-DOLLAR-STIMME
(The Crimshaw Memorandum, 1967)
HK 1302, 1968

KEIN WEG ZURÜCK
(Obsession, 1962)
HK 1128, 1964

LÖSEGELD FÜR EINE MADONNA
(The ransomed Madonna, 1964)
HK 1164, 1965

MANCHE MÖGEN MORD
(The money trap, 1963)
HK 1191, 1966

DER MILLIONENCOUP
(The killing, 1955)
HK 1105, 1963
vgl. *Totenschein im Handgepäck*

MIT VOLLGAS INS VERDERBEN
(Hijack, 1969)
PHOE 114, 1972

MÖRDER UNTER SICH
(The Merriweather file, 1959)
HAR 93, 1961; HK 1024, 1962

DIE NACHT DER GEWALT
(The night of the rape, 1967)
SCHE 397, 1972

POKER MIT DEM SATAN
(To find a killer, 1954)
HK 1073, 1962

REQUIEM IN MANHATTAN
(Right for murder, 1955)
HK 1092, 1963

DIE SCHWARZEN UND DIE WEISSEN RATTEN
(Death of a city, 1970)
BRA 42, 1972; BKEL 37028, 1976

TERROR
(The time of terror, 1960)
HAR 144, 1961; HK 1041, 1962

DIE TODESFAHRT
(A rich and dangerous game, 1974)
HK 1722, 1976

DER TODESSCHREI IM MORGENGRAUEN

(The snatchers, 1953)
BRA 46, 1972

TOTENSCHEIN IM HANDGEPÄCK
(The killing, 1955)
NRK 28, 1975
vgl. *Der Millionencoup*

DIE WEIHNACHTSPARTY
(A party to murder, 1966)
HK 1278, 1967

WER VON UNS IST MORGEN DRAN?
(Coffin for a hood, 1958)
NRK 8, 1974; XEN 148, 1982

WHITE, OSMAR (EGMONT DORKIN) (1909–

BUSCHJAGD
(A silent reach, 1978)
GAR 6690, 1983

WHITE, R(EGINALD) J(AMES) (1905–1971)

DAS ENDE EINES GENTLEMANS
(The smartest grave, 1961)
GK 1092, 1962

WHITMAN, CHARLES (1916–

MORD MIT FALSCHER BRENNWEITE
(Death out of focus, 1970)
GK 4175, 1972

SPRECHSTUNDE BEI DR. TOD
(Doctor Death, 1970)
GK 4167, 1972

WHITNEY, PHYLLIS A(YME) (1903–

AUF DER SPUR DER STEINERNEN HAND
(n. e.)
HJU 49, 1974

BLAUES FEUER
(Blue fire, 1961)
HRO 1856, 1971

COLUMBELLA
(Columbella, 1966)
HRO 1813, 1967

DER DRACHENSTOCK
(Vermillion, 1981)
HAR 6212, 1983

DER GARTEN DES BÖSEN
(Thunder heights, 1960)
HRO 1827, 1969; HRO 2036, 1979

GEFANGENE DER INSEL
(Lost island, 1970)
HRO 1862, 1972

DAS GEHEIMNIS DES ZERBROCHENEN RINGS
(Red is for murder, 1943)
HLK 1527, 1973

DAS GESPENST IM PARK
(n. e.)
HJU 66, 1974

DAS GOLDENE EINHORN
(The golden unicorn, 1980)
BAR 10312, 1983

DIE GRÜNE MASKE
(The turquoise mask, 1974)
HRO 2015, 1978

DAS HAUS AM WASHINGTON SQUARE
(Window on the Square, 1962)
HAR 361, 1965

DAS HAUS IM NEBEL
(Silverhill, 1967)
HRO 1817, 1968

LIEBE, DIE TÖDLICH IST
(The trembling hills, 1956)
HRO 1884, 1973

DIE MONDBLUME
(The moonflower, 1958)
HRO 1957, 1976

DER SCHARLACHROTE GEIST
(The mystery of the crimson ghost, 1969)
HJU 114, 1976

DIE SCHATTEN DER VERGANGENHEIT
(Skye Cameron, 1957)
HRO 1872, 1972

DAS SCHIFF DER GEISTER
(Sea jade, 1964)
HRO 1809, 1967; HRO 1982,

1977; HRO 2061, 1980

SCHNEEFEUER
(Snowfire, 1973)
HRO 1922, 1974

SCHWARZER BERNSTEIN
(Black amber, 1964)
SCHE 272, 1967

SIEBEN TRÄNEN FÜR APOLL
(Seven tears for Apollo, 1963)
HRO 1844, 1970

STIMMEN IN DER NACHT
(Listen for the whisperer, 1972)
HRO 1931, 1975; HRO 2072, 1980

DAS TURMZIMMER
(Spindrift, 1975)
BAR 10214, 1983

DER UNSICHTBARE SPIELER
(Hunter's green, 1968)
HRO 1836, 1969; HRO 2136, 1983

DAS VERHÄNGNISVOLLE JAHR
(The Quicksilver pool, 1955)
HRO 1859, 1971

DER VERSCHWUNDENE TALISMANN
(The secret of the emerald star, 1964)
HJU 91, 1975

DIE WEISSE LADY
(The winter people, 1969)
HRO 1840, 1970

WHITTINGTON, HARRY (BENJAMIN) (1915–
Pseudonym: Whit Harrison

ADAM BURDENS MISSION
(Burden's mission, 1968)
MIT 525, 1971

FREITAGS IN EINER FREMDEN STADT
(Strangers on Friday, 1959)
HAR 126, 1961; HK 1036, 1962

GEFÄHRLICHE TRÄUME
(Fires that destroy, 1951)
PAN 9, 1954

ICH SOLL DER MÖRDER SEIN
(Call me killer, 1951)
PAN 46, 1956

JÄGER ODER GEJAGTER?
(One got away, 1955)
PAN 58, 1956

JAGD AUF JOYCE
(The woman is mine, 1954)
BRA 39, 1971
vgl. *Mir gehört die Frau*

JEDER STIRBT AUF SEINE WEISE
(The humming box, 1956)
BRA 4, 1969

LIEBLING, ICH BRING DICH UM!
(Murder is my Mistress, 1951)
BRA 59, 1973

DER MANN IN DER TOTENZELLE
(Brute in brass, 1956)
PAN 94, 1957
vgl. *Die Zwickmühle*

MARMORKALT UND LEICHENBLASS
(Married to murder, 1951)
HK 1355, 1969
vgl. *Toter Mann, was nun?*

MIR GEHÖRT DIE FRAU
(The woman is mine, 1954)
KRA 18, 1956
vgl. *Jagd auf Joyce*

MORD IST KEINE LÖSUNG
(Slay ride for a Lady, 1950)
PTB 336, 1968
vgl. *Todestanz um Mitternacht*

TODESTANZ UM MITTERNACHT
(Slay ride for a Lady, 1950)
BRA 12, 1969
vgl. *Mord ist keine Lösung*

TOTER MANN, WAS NUN?
(Married to murder, 1951)
KEL 1125, 1980
vgl. *Marmorkalt und leichenblaß*

TRÄNEN FÜR DEN HENKER
(Mourn the hangman, 1952)
KRA 5, 1955

WEISSE SKLAVEN
(Desire in the dust, 1956)
PAN 90, 1957

DIE ZWICKMÜHLE
(Brute in brass, 1956)
BRA 35, 1971
vgl. *Der Mann in der Totenzelle*

WHYMER, MAC

DIE SECHS TABATIEREN
BBA 13, 1950; BBD 4, 1950

WICK, CARTER

Pseudonym von Collin Wilcox (1924–

SCHWARZES LEDER
(The faceless man, 1975)
GK 4553, 1976

WIDBORG, MIKE

MISTER 10 % (1968)
MOEA 58, 1969

WIDOC, E. N.

(Pseudonym)

EIN GESICHT WIE TAUSEND ANDERE (OA)
UK 756, 1958

MARSEILLE IST KEINEN KOGNAK WERT (OA)
UK 796, 1960

WIESELBERG, HELEN

FLUCH ÜBER DEM SCHLOSS
(The Lords of Dair, 1978)
HRO 2062, 1980

WIESNER, C. U. (1933–

DAS MÖWENNEST (OA)
DIE 392, 1979; RTH 2652, 1983

WILCOX, COLLIN (1924–

Pseudonym: Carter Wick

DAS DRITTE OPFER
(The third victim, 1976)
GK 4689, 1977

GEBUNDENE HÄNDE
(Aftershock, 1975)
GK 4545, 1976

HINTER DER FASSADE
(The disappearance, 1970)
GK 4184, 1972

ICH HASSE EUCH ALLE
(Doctor, Lawyer..., 1976)
GK 4735, 1978

ICH ÜBERNEHME DIE VERANTWORTUNG
(Dead aim, 1971)
GK 4197, 1972

DER MÖRDER WARTET IM PARK
(Hiding place, 1973)
GK 4345, 1974

DER PROFI-KILLER
(Power plays, 1979)
GA 5405, 1980

RYAN'S BLUT
(Stalking horse, 1982)
GA 5453, 1984

DER STAR-KILLER
(Mankiller, 1980)
GA 5430, 1982

DER TÖDLICHE BISS
(The watcher, 1978)
GA 5401, 1980

DIE ZERDRÜCKTE CHRYSANTHEME
(The lonely hunter, 1969)
GA 4159, 1972

DER ZWEITE MORD, DER ALLES ÄNDERT
(Long way down, 1974)
GK 4448, 1975

WILDE, OSCAR (FINGAL O'FLAHERTY WILLS) (1854–1900)

DAS BILDNIS DES DORIAN GRAY
(The picture of Dorian Gray, 1891)
LEH 29/30, 1954; GAR 743, 1961; UAR 568, 1966; GKL 733, o. J.; GKL 12733, o. J.; DTV 2083, o. J.; GKL 7580, 1978

LORD ARTHUR SAVILE'S CRIME (1891)
(Lord Arthur Saviles Verbrechen)

Englisch/Deutsch
DTVZ 9048, 1972 (?)

LORD SAVILES VERBRECHEN
(in: Sämtliche Erzählungen)
DIO 20985, 1971

SÄMTLICHE WERKE IN ZEHN BÄNDEN
(Herausgegeben von N. Kohl)
IT 582, 1981

WERKE IN ZWEI BÄNDEN

UAR 3210/3211, 1976

WILDER, ROBERT (INGERSOLL) (1901–1974)

DIE DUNKLEN EHRENMÄNNER
(An affair of honor, 1969)
BEX 12047, 1975

IN SONORA BLÜHT DER MOHN
(Fruit of the poppy, 1965)
BEX 12039, 1975

WILES, DOMINI (1942–

GANGWAY INS INFERNO
(Death flight, 1977)
SCHE 737, 1979

EIN SCHÖNER HALS IN DER SCHLINGE
(Pay-off, 1982)
SCHE 904, 1983

VERRAT IST ALLER LASTER ANFANG
(The betrayer, 1979)
SCHE 810, 1981

WILHELM, HELEN

WIE EISKALT IST DEIN GRAB . . .
(Grimmialp, 1982)
SCHE 886, 1983

WILK, MAX (1920–

OSCAR FÜR GANOVEN
(The moving picture boys, 1978)
PLAY 6143, 1983

WILKINSON, (JOHN) BURKE (1913–

NARZISSEN UND PISTOLEN
(Night of the short knives, 1964)
HTH 1200, 1966

WILKINSON, G(EOFFREY) K(EDINGTON) (1907–

LEBE GEFÄHRLICH MIT PORNO
(Nick the Click, 1968)
UK 1430, 1971

WILKINSON, LAURENCE

DIE CALIBAN-BANDE
(A touch of Judas, 1952)
AUF 67, 1955

DAS SALAMANDERSCHWERT
(The salamander sword, 1953)
AUF 59, 1954

WILKINSON, (WILLIAM) RODERICK (1917–

EIN HAAR IM WHISKY
(The network, 1969)
GK 4017, 1970

MORD IST MEIN GESCHÄFT
(Murder belongs to me, 1956)
AWA 57, 1958
vgl. *Wer kennt den Boss?*

WARTEN AUF DEN GROSSEN FISCH
(The big still, 1958)
GK 4095, 1971

WER KENNT DEN BOSS?
(Murder belongs to me, 1969)
MIT 476, 1970
vgl. *Mord ist mein Geschäft*

WILLIAMS, ALAN (EMLYN) (1935–

BLUTIGER SAND
(Barbourze, 1964)
PHOE 13, 1966; KK 52, 1981

KONJUNKTUR FÜR KILLER
(The brotherhood, 1968)

PHOE 65, 1969

DIE MILLIARDENFALLE
(The tale of the lazy dog, 1970)
PHOE 108, 1971

SCHLANGENBRUT
(Snake water, 1965)
PHOE 7, 1966; KK 33, 1981

ZUR HÖLLE MIT LEILA
(Long run south, 1962)
PHOE 52, 1969; KK 48, 1981

WILLIAMS, ANDREW

MAFIA-HERRSCHER OHNE ERBARMEN
(The origins of the Mafia, 1976)
DOMK 3, 1977

WILLIAMS, BARNABY

AGENT MIT ÜBERSCHALL
(The comeback, 1974)
SCHE 534, 1976

WILLIAMS, BRAD (1918–

GRUSS AUS SANTA ROSALIA
(The well-dressed skeleton, 1962)
GK 1239, 1963

ICH BIN MEINE SCHWESTER
(A stranger to herself, 1964)
GK 2150, 1966

MORD IN CHINATOWN
(zusammen mit J. W. Ehrlich)
(A matter of confidence, 1973)
GK 4459, 1975

MORD NACH HOROSKOP
(zusammen mit J. W. Ehrlich)
(A conflict of interest, 1971)
GK 4669, 1977

EIN MORDGESCHÄFT
(Make a killing, 1961)
GK 1300, 1964

WILLIAMS, CHARLES (1886–1945)

KRIEG IM HIMMEL
(War in heaven, 1930)
UKK 39073, 1983

WILLIAMS, CHARLES (1909–1975)

AUF LIEBE UND TOD
(The long saturday night, 1962)
HK 2106, 1984
vgl. *Die lange Samstagnacht*

BEGRÄBNIS AUF HOHER SEE
(And the deep blue sea, 1971)
HK 1504, 1972

BIS DASS DER MORD EUCH SCHEIDET
(The hot spot, 1953)
HTH 1216, 1966; HK 1882, 1980

DER DIAMANTEN-BIKINI
(The diamond bikini, 1956)
HAR 194, 1962

DER DOLLARBAUM
(Operator, 1958)
HTH 1244, 1967; HK 2113, 1984

DREIMAL STERBEN IST ZUVIEL
(The sailcloth shroud, 1960)
HK 1064, 1962; HK 1522, 1973

DREI TAGE AUFENTHALT
(Talk of the town, 1958)
HK 1093, 1963

DIE FALSCHE VENUS
(The wrong Venus, 1966)
HAR 754, 1970

DER FLAMINGO-MÖRDER
(The concrete Flamingo, 1958)
HTH 1177, 1965; HK 1984, 1981

DER GROSSE DREH
(Nothing in her way, 1953)
HTH 1257, 1967

HEISS WEHT DER WIND VON YUKATAN
(Scorpion reef, 1955)
auch: (Gulf Coast girl, 1956)
HAR 15, 1959; HK 1002, 1962; HK 1490, 1972; HK 1812, 1978; HK 2011, 1982

100 MEILEN ANGST
(A touch of death, 1954)

HTH 1271, 1967

KEIN ALIBI
(Man on the run, 1958)
HK 1115, 1964; HK 2113, 1984

DER KÖDER
(The big bite, 1956)
HK 1083, 1963; HK 1601, 1974; HK 2113, 1984

DIE LANGE SAMSTAGNACHT
(The long saturday night, 1962)
HK 1108, 1963
vgl. *Auf Liebe und Tod*

DIE LIEBE DER BRÜDER
(Hill girl, 1951)
LICH 32, 1963; HAR 459, 1966

DAS MÄDCHEN AUS DER GROSSSTADT
(Big city girl, 1951)
HAR 741, 1970

DAS MÄDCHEN VOM FLUSS
(River girl, 1951)
HTH 1156, 1965

DER MANN AN DER LEINE
(Man on a leash, 1973)
HK 1642, 1975

MONDSCHEIN-WHISKY
(Uncle Sagamore and his girls, 1959), HAR 515, 1967

NUR DIE TOTEN WUSSTEN ES
(Go home, stranger, 1954)
ATR 12, 1957
vgl. *Sein großer Bluff*

SEIN GROSSER BLUFF
(Go home stranger, 1954)
HK 1069, 1962; HK 1474, 1972; HK 1918, 1980
vgl. *Nur die Toten wußten es*

TÖDLICHE FLAUTE
(Dead calm, 1963)
HTH 1325, 1968; HK 1840, 1979

WESTLICH DER BAHAMAS
(Aground, 1960)
HAR 101, 1961; HK 1027, 1962; HK 1562, 1973

WILLIAMS, DAVID (1926–

MORD FÜR TREASURE
(Copper, gold & Treasure, 1982)
KNK 4949, 1982

TREASURE UND DER PAPAGEI
(Murder for Treasure, 1980)
KNK 4942, 1983

ZIGARREN FÜR TREASURE
(Treasure up in smoke, 1978)
KNK 4933, 1982

WILLIAMS, EDGAR
(Pseudonym)

DIE VERSCHWUNDEN URÄUSSCHLANGE
(OA)
BBA 5, 1949

WILLIAMS, GORDON M(ACLEAN) (1934–

DIE BELAGERUNG VON TRENCHERS FARM
(The siege of Trencher's Farm, 1969)
RTH 2243, 1972; RTH 2651, 1983

WILLIAMS, JAY (1914–1978)
Pseudonym: Michael Delving

EINBRUCH BEI TAGE
(The burglar next door, 1976)
RAV 590, 1980

WILLIAMS, T. JEFF

DER JUNGE, DER DIE FRAUEN HASSTE
(The strangler, 1979)
HK 1930, 1981

WILLIAMS, (GEORGE) VALENTINE (1883–1946)

DAS GEHEIMNIS DER DIAMANTEN
(Skeleton out of the cupboard, 1946)
DC 2, 1955

KURIER NACH MARRAKESCH
(Courir to Marrakesh, 1944)
DC 10, 1955

WILLING, MARTIN (1943–
DIE BLINDEN IN PLATONS HÖHLE (OA)
RTH 2550, 1981

WILLIS, TED (EDWARD HENRY WILLIS) (1918–
DER RING DES LETZTEN ZAREN
(The Buckingham Palace Connection, 1978)
RAR 5408, 1984
SPION AUF EIS
(The left-handed sleeper, 1975)
RAR 4503, 1980
STAKKATO
(Death may surprise us, 1974)
RAR 4113, 1977

WILLOCK, COLIN (DENNISTOUN) (1918–
DREIMAL SCHLUG DAS SCHICKSAL ZU
(Death at the strike, 1957)
MIT 44, 1960
GESCHENK DES GRAUENS
(Death at flight, 1956)
MIT 13, 1959

WILLOCK, RUTH (1904–
DIE GEFÄHRLICHE REISE
(I, Victoria Strange, 1975)
HRO 2161, 1984
SCHRITTE IN DER NACHT
(The night of the visitor, 1965)
HRO 1803, 1967; HRO 2118, 1982

WILLS, THOMAS
Pseudonym von William (Thomas) Ard (1922–1960)
Weitere Pseudonyme: Ben Kerr, Mike Moran
EIN MANN ALLEIN
(Mine to avenge, 1955)
PAN 92, 1957

WILSON, CAROLYN (SCHISLER) (1938–
DER HAUCH DES TODES
(The scent of lilacs, 1966)
HRO 1868, 1972

WILSON, COLIN (HENRY) (1931–
ALLES FÜR DIE KUNDSCHAFT
(The Schoolgirl Murder Case, 1974), GK 4431, 1975

WILSON, DAVID
Pseudonym von D(avid) Wilson MacArthur (1903 –
DIE VERSCHWUNDENE JACHT
(Murder in Mozambique, 1963)
GK 2012, 1964

WILSON, G(ERTRUDE) M(ARY BRYANT) (1899–
DER BUS KAM ZU SPÄT
(The bus ran late, 1971)
MIT 635, 1973
DAS KOMPLOTT
(A deal of death caps, 1970)
MIT 515, 1971
DIE SCHLINGEN WERDEN GELEGT
(Three fingered death, 1961)
MIT 164, 1963
SCHUSS IM MORGENGRAUEN
(Shot at dawn, 1964)
MIT 312, 1966
DES TEUFELS MESSER
(The devil's skull, 1965)
MIT 331, 1967

WILSON, JACQUELINE (1945–
DIE FALLE DES BÖSEN
(Snap, 1974)
HLK 1739, 1977
DAS SPIEL MIT DEM TOD
(Truth or dare, 1973)
HLK 1617, 1974

DER TRAUMMÖRDER
(Let's pretend, 1976)
HLK 1769, 1977

WILSON, RONNY
(Pseudonym)
ALAN HARDYS HEISSER JOB (OA)
TER 8, 1972

WILSON, STUART
(Pseudonym)
EIN GRAB FÜR 90 TAGE (OA)
KEL 855, 1977
MÖRDER AG CO. (OA)
KEL 856, 1978

WILSON, T(REVOR) E(DWARD)
KLOPFE LEISE AN DAS TOR DES TODES
(Knock softly on death's door, 1971)
HK 1610, 1974
DIE PARASITEN
(The parasites, 1973)
GK 4366, 1974

WILTON, ALLAN
s. *Anhang Serien: »Kommissar Wiltons Kriminalberichte«*

WINGATE, WILLIAM
Pseudonym von Ronald Ivan Grbich (1939–
CRYSTAL
(Crystal, 1983)
UK 10274, 1984
FEUERSPIEL
(Fireplay, 1977)
KNAR 670, 1980
DIE VERGELTUNG DES FREMDEN
(Hardacre's way, 1980)
UK 10166, 1982

WINN, PATRICK (1906–
MÄDCHEN OHNE ALIBI
(Fact X, 1966)
GK 2271, 1967
RÄTSEL UM LAURA
(Colour of murder, 1965)
GK 3007, 1967

WINNINGTON, ALAN
GULLET UND DIE TODESKURVE
(Police alibi, o. J.)
NBR 58, 1966; NB o. Nr., 1974
HERZVERSAGEN
(The Fairfax millions, 1974)
DIE 184, 1974; HK 1702, 1976
RIDLEY SON
(Ridley & Son, o. J.)
DIE 482, 1981

WINSLOW, DORIAN
Pseudonym von Daoma Winston (1922–
DIE HEXEN VON WALKER HILL
(The sorceres, 1973)
GAS 33, 1979

WINSOR, DIANA (1946–
ANGST IN AMSTERDAM
(The death convention, 1974)
SCHE 556, 1976
DIE PUPPE TANZT
(Red on wight, 1972)
SCHE 424, 1973; KK 81, 1982

WINSOR, ROY (1912–
RACHE IST NICHT IMMER SÜSS
(The corpse that walked, 1974)
HK 1750, 1977
WENN NUR DER EINE MORD NICHT WÄR'
(Three motives for murder, 1976)
BK 36022, 1979

WINSTON, DAOMA (1922–
Pseudonym: Dorian Winslow
DAS ERBE DER HAVERSHAMS
(The Haversham Legacy, 1974)

RAR 4342, 1978
DER FLUCH DER MAYAS
(The Mayeroni Myth, 1972)
GAS 54, 1980
IN DER TIEFE LAUERT DER TOD
(The return, 1972)
HRO 1909, 1974
MARA – DAS MÄDCHEN AUS DEM NICHTS
(Pity my love, 1967)
BOUL 52, 1972

WINTERSTEIN, AXEL
FREIER FALL (OA)
HK 2072, 1984
TOD IN DER DÄMMERUNG (OA)
HK 2057, 1983

WINWARD, (RICHARD) WALTER (1938–
LETZTER POKER UNTER WASSER
(Rough deal, 1977)
SCHE 754, 1980

WISE, ARTHUR (1923–
DIE BÖSEN KLEINEN MÄDCHEN
(The naughty girls, 1972)
GK 4552, 1976
vgl. *Zwei kleine Luder*
KETTENREAKTION
(Blood red rose, 1981)
BTH 19017, 1982
TÖDLICHES RENDEZVOUS
(The little fishes, 1961)
MIT 180, 1964
ZWEI KLEINE LUDER
(Naughty girls, 1972)
BTH 19022, 1983
vgl. *Die bösen kleinen Mädchen*

WISSMANN, RUTH (LESLIE) (1914–
DER SCHATTEN VON SHEILA ANN
(The shadow of Sheila Ann, 1974)
GAS 73, 1982

WITHERS, E. L.
Pseudonym von George William Potter, Jr. (1930–
DIE MÖRDERPARTY
(Dimishing returns, 1960)
HK 1131, 1964

WITHERS, JULIA
NÄCHTE OHNE MOND
(Echo in a dark wind, 1966)
HRO 1820, 1968

WITTENBOURG, JACOB
Pseudonym von Friedhelm Werremeier, s. d.
ICH VERKAUFE MICH EXKLUSIV (OA)
RTH 2151, 1968
TAXI NACH LEIPZIG (OA)
RTH 2188, 1970

WITTGEN, TOM
Pseudonym von Ingeburg Siebenstädt (1932–
DIE FALSCHE MADONNA (OA)
DIE 526, 1982
HERBSTZEITLOSE (OA)
DIE 480, 1981
INTIMSPHÄRE (OA)
DIE 173, 1973
DAS SANFTE MÄDCHEN (OA)
DIE 228, 1975
DAS SCHWARZE-PETER-SPIEL (OA)
DIE 573, 1983
TIEFENPRÜFUNG (OA)
DIE 383, 1978
DER ZWEITE RING (OA)
DIE 074, 1970

WLASCHIN, KEN(NETH)
KEIN KIES FÜR KILLER
(zusammen mit Troy Kennedy Martin)
(The Italian job, 1969)
SCHE 356, 1970

WOHL, BURTON

ACHTERBAHN
(Rollercoaster, 1977)
GTH 4786, 1978

BLUTIGES GOLD
(The ten Tola Bars, 1975)
GTH 4762, 1978

DAS CHINA-SYNDROM
(China Syndrome, 1979)
HAR 5616, 1980

WOHL, LOUIS DE

DER FALL YBARRA
LIST 708, 1962

WOLF, STEFAN

Alle Romane sind aus der Reihe: »Ein Fall für TKKG«

DAS GESCHENK DES BÖSEN (1984)
PEL 20, 1984

DIE NACHT DES ÜBERFALLS (1983)
PEL 16, 1983

VAMPIR DER AUTOBAHN (1983)
PEL 12, 1983

WER RAUBTE DAS MILLIONENPFERD? (1983)
PEL 11, 1983

WILDDIEBE IM TEUFELSMOOR (1983)
PEL 10, 1983

WOLFF, DETLEF (1934–

AUCH GELD HINTERLÄSST SPUREN (OA)
RTH 2485, 1979

EIN BLONDES RISIKO (OA)
RTH 2532, 1980

DAMENOPFER (OA)
RTH 2593, 1982

KATENKAMP, DEIN FREUND UND HELFER (OA)
RTH 2634, 1983

KATENKAMP IN KENIA (OA)
RTH 2603, 1982

KATENKAMP SAMMELT HALBE WAHRHEITEN (OA)
RTH 2511, 1980

KATENKAMP UND DER TOTE BRIEFTRÄGER (OA)
RTH 2556, 1981

DIE UNGELIEBTE LEICHE (OA)
RTH 2472, 1978

WOLFSON, VI

VERSTÄNDIGEN SIE NICHT DIE POLIZEI
(Nothing happens to children in Beverly Hills, 1975)
SCHE 617, 1977

WOLODARSKI, EDUARD und NIKOLAI MICHALKOW

GEFÄHRLICHES DOPPELSPIEL
KOMP 227, 1977

WOLTER, CHRIS

(Pseudonym)

WER SINGT – STIRBT
WV 355, 1960 (?)

WOLTER, UDO

MARIGNY SIE WERDEN HÄNGEN
BBA 70, 1953

PROZESS WESTERHOLT
BBA 46, 1951

DAS SATANSSPIEL (1951)
HAR 221, 1963

WOLTERS, RUDOLF (1903–

DER EINBRUCH IN DIE METROPOLBANK (OA)
GK 1163, 1962

WOOD, BARBARA (1947–

DAS GEHEIMNIS DER PYRAMIDEN
(Hounds and jackals, 1978)
HRO 2127, 1983

RENDEZVOUS IM TOTENREICH
(Yesterday's child, 1979)
HRO 2079, 1981

WOOD, BARI (1936–

TÖDLICHE AUGENBLICKE
(The killing gift, 1975)
FAR 2402, 1978

WOOD, CHRISTOPHER (HOVELLE) (1935–

JAMES BOND UND SEIN GRÖSSTER FALL
(James Bond, the spy who loved me, 1977)
GTH 4746, 1978

MOONRAKER – STRENG GEHEIM
(James Bond and Moonraker, 1979)
GAR 3888, 1979

WOOD, MARGARET

DIE VERGESSENE INSEL
(The forgotten island, 1978)
XTR 1010, 1978

WOODHOUSE, MARTIN (CHARLTON) (1932–

Pseudonym: John Charlton

DIE BLAUEN KNOCHEN
(Blue bone, 1973)
UK 1600, 1974

DIE BOMBE PLATZT
(Rock Baby, 1968)
PHOE 68, 1969

DAS DING
(Tree frog, 1966)
PHOE 54, 1969

DIE FERNGESTEUERTE MÖRDERIN
(Mama Doll, 1972)
UK 1502, 1972

PICKNICK FÜR ZWEI PISTOLEN
(Phil and me, 1970)
UK 1416, 1971

WOODS, GEORGE A.

DU SOLLST NICHT TÖTEN
(Catch a killer, o. J.)
GK 4317, 1974

WOODS, SARA

Pseudonym von Sara Hutton Bowen-Judd (1922–
Weitere Pseudonyme: Anne Burton, Mary Challis, Margaret Leek

ALIBI-GMBH
(Tarry and be hanged, 1969)
GK 3249, 1970

DER ALTE SÜNDER
(Enter the corpse, 1973)
GK 4371, 1974

ANGST VOR DER WAHRHEIT
(Malice domestic, 1962)
GK 1296, 1964

ATTENTAT AUF ANTONY
(Most grievous murder, 1982)
GK 4960, 1984

AUFTRITT EINER DAME
(Enter a gentle woman, 1982)
GK 4941, 1983

AUS UND VORBEI
(Past praying for, 1968)
GK 3231, 1969

DAS BLATT HAT SICH GEWENDET
(The case is altered, 1967)
GK 3101, 1968

EIN DIEB ODER ZWEI
(A thief or two, 1977)
GK 4784, 1978

DOCH STERBEN MUSS SIE
(Yet she must die, 1973)
GK 4273, 1973

DAS GERÜCHT
(They love not poison, 1972)
GK 4204, 1972

DES GESETZES LANGER ARM
(The law's delay, 1977)
GK 4674, 1977

GIFT AUS INDIEN
(This little measure, 1964)
GK 2197, 1966

DAS HAUS ZUM SANFTEN MORD
(They stay for death, 1980)
GK 4915, 1981

ICH WEISS, DASS SIE LÜGT
(Though I know she lies, 1965)
GK 2188, 1966
IHRE TRÄNEN WAREN TOD
(Weep for her, 1980)
GK 4921, 1982
KOMMT NUN ZUM SPRUCH
(Proceed to judgment, 1979)
GK 4913, 1981
LADY IM KREUZVERHÖR
(Cry guilty, 1981)
GK 4923, 1982
LIEBSTER FEIND
(Dearest enemy, 1981)
GK 4949, 1984
DER MANN AUF DEM RÜCKSITZ
(Enter certain murderes, 1966)
GK 2223, 1966
MEHR DISTELN ALS GRAS
(Done to death, 1974)
GK 4408, 1974
MESSER HABEN SCHARFE KLINGEN
(Knives hav edges, 1968)
GK 3220, 1969
MILDERNDE UMSTÄNDE
(Serpent's tooth, 1971)
GK 4100, 1971
EIN MÖRDER FÜR MILLIONEN
(An improbable fiction, 1970)
GK 4029, 1970
DER MÖRDER IST MEIN FREUND
(A show of violence, 1975)
GK 4475, 1975
DER MÖRDER TRITT AB
(Exit murderer, 1978)
GK 54878 (später 4878), 1980
MORD NACH PROZESSBEGINN
(Let's choose executors, 1966)
GK 3093, 1968
NICHT UMDREHEN, MISTER!
(The windy side of the law, 1965)
GK 2160, 1966
DER SCHWARZE AKTENKOFFER
(Villains by necessity, 1982)
GK 4956, 1984
TANZ DER KRÄHEN
(The knavish crows, 1971)
GK 4189, 1972
DAS TÖDLICHE HOBBY
(Trusted like the fox, 1964)
GK 4536, 1976
DIE VERHANDLUNG IST ERÖFFNET
(Bloody instructions, 1962)
GK 1200, 1963
VERRAT MIT MORD GARNIERT
(This fatal writ, 1979)
GK 4882, 1980
DIE ZEUGEN WIDERSPRECHEN SICH
(And shame the devil, 1967)
GK 3111, 1968

WOOLFOLK, DOROTHY

WENN DIE MOORHEXE TANZT
(Murder by moonlight, 1983)
SCHN 8784, 1984

WOOLFOLK, WILLIAM

LAUF, SOLANG DU KANNST
(Run, while you can, 1956)
HAR 62, 1960; HK 1014, 1962;
MOEK 37, 1968
RACHE FÜR SAM HOWELL
(The naked hunter, 1954)
KRA 13, 1955

WOOLRICH, CORNELL (GEORGE HOPLEY) (1903–1968)

Pseudonyme: George Hopley, William Irish
ADRESSE: FRIEDHOF
(The black angel, 1943)
HK 1432, 1971
AM ENDE DIESER LANGEN NACHT
(Deadline at dawn, 1944)
HCC 1936, 1981
DIE BRAUT TRÄGT SCHWARZ
(The bride wore black, 1940)
HK 1146, 1964; HK 1577, 1974

DER DUNKLE PFAD DER ANGST
(The black path of fear, 1944)
HCC 1915, 1980
DER SCHWARZE VORHANG
(The black curtain, 1941)
HK 1454, 1971
DIE TOTE VOM 31. MAI
(Rendezvous in black, 1948)
HTH 1392, 1970; HK 1616, 1974

WORBOYS, ANNE(TTE ISOBEL)
Pseudonym: Vicky Maxwell
DER LÖWE VON DELOS
(The lion of Delos, 1974)
HRO 2102, 1982
DER SCHATZ DES HÖHLENGOTTES
(The Bhunda Jewels, 1980)
HRO 2083, 1981
DIE SPUREN DER VERGANGENHEIT
(Every man a king, 1975)
HRO 2115, 1982

WORMSER, RICHARD (EDWARD) (1908–1977)
DIE PERFEKTE TAUBE
(Perfect pigeon, 1962)
HK 1080, 1963

WORTIS, AVI
DAS GRÜNE FAHRRAD
(No more magic, 1975)
ARE 1399, 1981

WRASMANN, MICHAEL (1942–
Autor von Krimis, überwiegend auf dem Gebiet der Heftromane. Ausnahme: BJC 31272, s. Anhang Serien.

WREN, M. K.
Pseudonym von Martha Kay Renfroe (1938–
ES BLEIBT IN DER FAMILIE
(A multitude of sins, 1975)
GK 4714, 1978
GEWISS IST NUR DER TOD
(Nothing's certain but death, 1978)
GK 4839, 1979
ICH, DAS NÄCHSTE OPFER
(Oh, bury me not, 1976)
GTH 4699, 1977
NEUGIER BRINGT DIE KATZ' NICHT UM
(Couriosity didn't kill the cat, 1973)
GK 4679, 1977

WRIGHT, WADE
Pseudonym von John Wright
DEN BESTSELLER SCHRIEB DER TOD
(Until she dies, 1965)
SCHE 333, 1969
EIN DRINK MIT FOLGEN
(Two faces of death, 1970)
SCHE 401, 1972
KEINE KARRIERE ÜBER LEICHEN
(The sharp edge, 1968)
SCHE 353, 1970
MORD EINMAL TÄGLICH
(No haloes in hell, 1969)
SCHE 376, 1971
PARTIES, PLAYGIRLS UND PISTOLEN
(Blood in the ashes, 1964)
SCHE 341, 1970
PROFIS KENNEN KEIN PARDON
(Suddenly you're dead, 1964)
SCHE 365, 1971
WEHE, WENN DU WIEDER KOMMST
(Don't come back! 1973)
SCHE 552, 1976
WENN MORD MODE MACHT
(A hearse waiting, 1965)
SCHE 346, 1970
WER ANGIBT, MEHR VOM STERBEN
(Blonde target, 1966)
SCHE 318, 1969
ZWISCHEN DEN KILLERN
(The girl from yesterday, 1973)
SCHE 515, 1975

WÜRTZ, BRIGITTE (1918–

DIE AFFÄRE PASCAL (1964)
EHÜ 3, 1978
vgl. *Die Zaubertricks des Monsieur Pascal*

LAMUR UNTER MORDVERDACHT (OA)
KEL 815, 1971

DIE ZAUBERTRICKS DES MONSIEUR PASCAL (OA)
GK 1271, 1964
vgl. *Die Affäre Pascal*

WYNNE, ANTHONY

Pseudonym von Robert McNair Wilson (1882–1963)

DER RINGFINGER
(The fourth finger, 1929)
GK 48, 1954

WYNNE-JONES, TIM (1948–

DER UNGEBETENE DRITTE
(Odd's end, 1980)
BTH 19016, 1982

WYSSOTZKI, SERGEJ

SCHARFE KURVE
KOMP 302, 1983

YARDLEY, JAMES

ZWEI VOR ZWÖLF
(Kiss the boys and make them die, 1970)
PHOE 117, 1972

YERBY, FRANK (GARVIN) (1916–

COSTA VERDE
(Hail the conquering hero, 1977)
BAR 17064, 1982

EINE ROSE FÜR ANA MARIA
(A rose for Ana Maria, 1976)
BAR 11132, 1979

YORK, ANDREW

Pseudonym von Christopher Robin Nicole (1930–
Weiteres Pseudonym: Robin Cade

AGENTENKILLER
(The captivator, 1973)
UK 10015, 1979

BEUTE FÜR DEN HENKER
(The predator, 1968)
UK 1958, 1979

EIN FALL FÜR DEN HENKER
(The eliminator, 1966)
UK 1887, 1978

EIN KILLER IN DEN EIGENEN REIHEN
(The infiltrator, 1971)
UK 1911, 1978

KLAR SCHIFF ZUM MORD
(Dark passage, 1976)
UK 1839, 1977

MIX MIR EINEN DRINK
(The fascinator, 1975)
UK 1827, 1977

EIN STREICHHOLZ ANS PULVERFASS
(Tallant for trouble, 1977)
UK 1862, 1977

TAUCHGANG IN DEN TOD
(Tallant for disaster, 1978)
UK 1982, 1979

YORK, JEREMY

Pseudonym von John Creasey (1908–1973)
Weitere Pseudonyme: s. d.

DIE ENTFÜHRUNG
(Missing from home, 1959)
MIT 168, 1963

DIE GALGENFRIST
(Sentence of death, 1950)
MIT 232, 1965

DER LETZTE COUP
(Sight of death, 1956)
MIT 116, 1962

SO FRÜH SCHON STERBEN
(So soon to die, 1955)

HAR 60, 1960; HK 1013, 1962; MOEK 40, 1968

TOD EINER UNBEKANNTEN
(Death of a stranger, 1957)
MIT 131, 1963

DER TOD DER WITWE FORTESCUE
(Run away to murder, 1947)
MIT 188, 1964

EIN TÖRICHTES MÄDCHEN
(Kill a wicked man, 1957)
MIT 152, 1963

YORK, JOANA
(Pseudonym)

BEWEINE DIE BLAUE TOTE (OA)
SM 99, 1962

YORKE, MARGARET
Pseudonym von Margaret Beda Larminie Nicholson (1924–

ABER DAS FLEISCH IST SCHWACH ...
(The hand of death, 1981)
SCHE 969, 1984

ANGST ÜBER DER STADT
(The cost of silence, 1977)
SCHE 722, 1979

DER HASS DER SELBSTGERECHTEN
(No medals for the Major, 1974)
SCHE 583, 1977

IN NACHT UND GRAUEN
(The scent of fear, 1980)
SCHE 854, 1982

EINE LASTERHAFTE FRAU
(The small hours of the morning, 1975), GK 4630, 1977

DIE LEICHE MIT DEN ROTEN HAAREN
(Cast for death, 1976)
SCHE 656, 1978

DER TÖDLICHE TRAUM
(Death on account, 1979)
SCHE 820, 1981

BEI TREFFPUNKT MORD
(The point of murder, 1978)
SCHE 791, 1981

YOUNG, COLLIER (1908–1980)

DIE AKTE TODD
(The Todd Dossier, 1969)
SCHE 382, 1971

YOUNG, GEORGE (1919–

GEHEIMCODE: CARUSO
(Code-name Caruso, 1961)
MIT 105, 1962

YOUNG, KENDAL
Pseudonym von Phyllis Brett Young

MEIN MÖRDER KOMMT UM 8
(The ravine, 1961)
HTH 1208, 1966

YOUNG, ROBERT MALCOLM und WILLIAM P. MCGIVERN

KOJAK: KOJAK UND DER STAATSANWALT
(A shield for murder, 1976)
BFK 38034, 1977

YURICK, SOL

DIE WARRIORS
(The warriors, 1965)
PBK 31, 1979

ZAKE, S. JOSHUA L.

GOLD-SAFARI
(Truckful of gold, 1980)
GK 4920, 1982

ZANGWILL, ISRAEL (1864–1926)

AUCH HEILIGE SIND STERBLICH
(The big bow mystery, 1892)
HCC 1668, 1975

ZBYCH, ANDREJ

EIN DUMMER SCHERZ
KOMP 288, 1981

ZECH, ALFONS
LADYKILLERS (OA)
(nach einer Story von William Rose)
BRS 33, 1962

ZEINDLER, PETER (1934–
DIE RINGE DES SATURN (OA)
KNK 4947, 1984
TAROCK (OA)
KNK 4934, 1982

ZEYDLER-ZBOROWSKI, ZYGMUNT
EIN SEHR GUTER PROFI
(Bardzo Dobry Fachoowiec, o. J.)
HK 1969, 1982

ZIBASO, W(ERNER P.) (1910–
ORDEN FÜR DIE WUNDERKINDER, 1965)
BUNT 13035, 1973; KEB 21, 1983

ZOCHERT, DONALD (PAUL, JR.) (1938–
DER MANN AUS GLAS
(The man of glass, 1981)
GA 5449, 1983

ZÖLS, K(ARL)-H(EINZ) (1922–
DIE TÖDLICHE SCHLINGE (OA)
(Der Fall Elisabeth Kusian)
PANS 1, 1959

ZOLA, EMILE (1840–1902)
THÉRÈSE RAQUIN
(Thérèse Raquin, 1867)
GAR 3310, 1973; RES 9782, 1975; DTV 2106, 1976; REL 519, 1977

ZOORN, MICHAEL VAN
DAS ZIMMER OHNE BODEN (OA)
BL 7, 1967

ZWERENZ, GERHARD (1925–
AUF DEN TOD IST KEIN VERLASS (OA)
GAR 6479, 1982
DIE QUADRIGA DES MISCHA WOLF
GAR 3652, 1978
DIE TIERSCHUTZLADY
(OA-Titel: Die Tochter des Boxers)
MTB 2281, 1984

Anhang

Kriminalroman-Serien(-helden)

COXEMAN

Sexforscher und potenzstarker Geheimdienst-Agent.
Autor: Troy Convay
Verlag: Bildschriftenverlag GmbH, Aachen, 1970–1972

1 SCHARFE BOMBEN IN BELGRAVIA
(It's getting harder all the time)

2 MAKE LOVE NOT WAR
(A good peace)

3 DIE MILLIONEN-DOLLAR-NUMMER
(n. e.)

4 EINE NUMMER ZUVIEL
(The best laid plans)

5 ROD UND DIE FLIESSBAND-PUPPEN
(The sex-machine)

6 BIS ZUM ALLERLETZTEN TROPFEN
(n. e.)

7 HEXEN TÖTEN UM MITTERNACHT
(The son of a witch)

8 TÖDLICHE LUST
(n. e.)

9 LIEBE MICH – DANN FAHR ZUR HÖLLE
(Last licks)

DIE DETEKTIVE DES STAATSANWALTS

Autor: Hampton Stone; s. *Autoren-Alphabet*
Verlag: Bastei-Verlag Gustav H. Lübbe, Bergisch-Gladbach, 1972

1 DAS ALIBI DES LIEBESPÄRCHENS
(The corpse was no bargain at all, 1968)

2 EIN GRAMM GEHIRN ZUVIEL
(The funniest killer in town, 1967)

3 NICHT SO LUSTIG WIE SONST
(The corpse who had too many friends, 1953)

4 HAPPENING MIT MORD IM SINN
(The real serendipitious kill, 1964)

5 VIEL GIFT UND BÖSE WORTE
(The corpse in the corner saloon, 1948)

6 EIN VIEL ZU MUNTERER KNABE
(The kid was last seen hanging ten, 1966)

7 DAS MORDHOTEL
(The murder that wouldn't stay solved, 1951)

8 HEISSGELIEBT UND KALTGEMACHT
(The man who looked death in the eye, 1961)

9 ES GING ALLES VIEL ZU GLATT
(The man who was three jumps ahead, 1959

10 SO SCHÖN UND TOT
(The girl who kept knocking them dead, 1957

11 EINE KLEINE MORDMUSIK
(The corpse that refused to stay dead, 1952)

12 AUF DIE LAUTLOSE TOUR
(The strangler who couldn't let go, 1956)

DOC SAVAGE

Der Bronzemann
Autor: Kenneth Robeson; s. *Autoren-Alphabet.*
Verlag: Erich Pabel Verlag, Rastatt, 1972–1980

1 DER CHEF, 1972
(The man of bronze, 1935)

2 DREI SCHWARZE SCHLÜSSEL, 1973
(The thousand-headed man,

1964)
3 DER BLAUE METEOR, 1973
(Meteor menace, 1964)
4 DAS WRACK IM EIS, 1973
(The polar treasure, 1965)
5 IM ZEICHEN DES WERWOLFS, 1973
(Brand of the werewolf, 1965)
6 INSEL DER SKLAVEN, 1973
(The fantastic island, 1966)
7 DIE GLOCKE DES GRAUENS, 1973
(The czar of fear, 1968)
8 DIE UNSICHTBARE LEGION, 1973
(The spook legion, 1967)
9 FEUERZEICHEN AM HIMMEL, 1973
(The secret in the sky, 1967)
10 DIE STADT IM MEER, 1973
(Mystery under the sea, 1968)
11 DOC IN DER FALLE, 1973
(The phantom city, 1966)
12 LAND DES SCHRECKENS, 1973
(The land of terror, 1935)
13 DER SILBERNE TOD, 1973
(The death in silver, 1968)
14 OASE DER VERLORENEN, 1973
(The lost oasis, 1965)
15 DAS MEER DES TODES, 1974
(The Sargasso ogre, 1967)
16 DIE FESTUNG DER EINSAMKEIT, 1974
(The fortress of solitude, 1968)
17 IM TAL DES ROTEN TODES, 1974
(The red skull, 1967)
18 DIE TEUFELSINSEL, 1974
(Fear cay, 1966)
19 DIE TODESSTRAHLEN, 1974
(The motion menace, 1971)
20 DIE TOMAHAWKS DES TEUFELS, 1974
(The devil's playground, 1968)
21 DER GRÜNE ADLER, 1974
(The green eagle, 1968)
22 DIE MONSTERBANDE, 1974
(The monsters, 1965)
23 TERROR IN DER NAVY, 1974
(The terror in the navy, 1969)
24 DER SUPERKILLER, 1974
(The annihilist, 1968)
25 DIE UNHEIMLICHEN AUGEN, 1974
(Mad eyes, 1969)
26 DER INKA IN GRAU, 1974
(Dust of death, 1969)
27 DER MÖRDER AUS DEM JENSEITS, 1975
(The squeaking goblin, 1969)
28 DAS GOLD DER MAYAS, 1975
(The golden peril, 1970)
29 DIE AUFERSTEHNG, 1975
(Resurrection day, 1969)
30 HANNAH, DIE HEXE, 1975
(Hex, 1968)
31 ROTER SCHNEE, 1975
(Red snow, 1969)
32 INVASION AUS DER TIEFE, 1975
(The man who shook the earth, 1969)
33 DIE BLUTFALKEN, 1975
(The flaming falcons, 1968)
34 DER FLAMMENDE DOLCH, 1975
(The dagger in the sky, 1969)
35 DIE GELBE WOLKE, 1975
(The yellowcloud, 1971)
36 DER GESPENSTERKÖNIG, 1975
(The sea magician, 1970)
37 SÜDPOL-TERROR, 1975
(The south pole terror, 1974)
38 LAND DER ANGST, 1975
(The land of fear, 1973)
39 PAZIFIKPIRATEN, 1975
(Pirate of the Pacific, 1967)
40 DER TODESZWERG, 1976
(The vanisher, 1970)
41 DER SCHRECKLICHE MULLAH, 1976
(The mystic mullah, 1965)
42 DIE WIKINGER VON QUI, 1976
(Quest of Qui, 1965)
43 DER GEFIEDERTE KRAKE, 1976
(Land of always-night, 1966)
44 DAS HÖHLENREICH, 1976
(The feathered octupus, 1970)
45 DIE MACHT DES SHIMBA, 1976

(Land of long Juju, 1970)
46 TOD AUS DEM VULKAN, 1976
(The deadly dwarf, 1968)
47 DER DSCHUNGELGOTT, 1976
(The mental wizard, 1970)
48 DIE ARMEE DER LEBLOSEN, 1976
(The man who smiled no more, 1970)
49 DAS MONSTER AUF DER KUPPEL, 1976
(World's Fair goblin, 1969)
50 GEFAHR UNTER DEM EIS, 1976
(The haunted ocean, 1970)
51 DER GEFLECKTE HAI, 1976
(The freckled shark, 1972)
52 DER MANN VOM MOND, 1976
(Devil on the moon, 1970)
53 TOD IM EWIGEN SCHNEE, 1976
(The mystery on the snow, 1972)
54 STAUSEE DES TODES, 1977
(Mad mesa, 1972)
55 DER ALLWISSENDE, 1977
(Murder mirage, 1972)
56 DER SCHWARZE TOD, 1977
(The black spot, 1974)
57 DIE GRÜNEN MUMIEN, 1977
(The green death, 1971)
58 DAS UNGEHEUER AUS DEM MEER, 1977
(The sea angel, 1970)
59 DER LACHENDE TOD, 1977
(The giggling ghosts, 1971)
60 DIE STADT UNTER DEM MEER, 1977
(The red terrors, 1976)
61 DIE GEDANKENMASCHINE, 1977
(The Midas man, 1970)
62 DAS UNHEIMLICHE KÖNIGREICH, 1977
(The king maker, 1975)
63 DER BOSS DES SCHRECKENS, 1977
(The boss of terror, 1976)
64 DER MASKENMANN, 1977
(The spotted man, 1977)
65 ANGRIFF AUS DEM DUNKEL, 1977
(The angry ghost, 1977)
66 DIE TODESSPINNE, 1977
(The mountain monster, 1976)
67 DIE GIFTINSEL, 1978
(Poison island, 1971)
68 DAS GEHEIMNISVOLLE TAL, 1978
(The stone man, 1976)
69 DIE HÖHLENMÄNNER VON CRESCENT CITY, 1978
(The gold ogre, 1969)
70 DIE WELT DER UNTERIRDISCHEN, 1978
(The living fire menace, 1971)
71 DIE HÖHLEN DES SATANS, 1978
(The roar devil, 1977)
72 DIE ZAUBERINSEL, 1978
(The magic island, 1971)
73 DER FLIEGENDE TOD, 1978
(The flying goblin, 1977)
74 DER TEUFLISCHE PLAN, 1978
(The evil gnome, 1976)
75 DER KALTE TOD, 1978
(Cold death, 1968)
76 ANGRIFF AUS DER TIEFE, 1978
(The submarine mystery, 1971)
77 DER SCHATZ DES PIRATEN, 1978
(The pirate's ghost, 1971)
78 DAS SPUK-LOCH, 1978
(Spook hole, 1972)
79 IN EINER ANDEREN WELT, 1978
(The other world, 1968)
80 DIE ROTE SCHLANGE, 1979
(The crimson serpent, 1974)
81 DIE GEISSEL DES DSCHINGIS-KHAN, 1979
(The devil Genghis, 1974)
82 DIE INDISCHE VERSCHWÖRUNG, 1979
(The Majii, 1971)
83 DAS HÖHLENMONSTER, 1979
(The awful egg, 1978)
84 DER METALL-MEISTER, 1979
(The metal monster, 1973)
85 DER ACHAT-TEUFEL, 1979

(The seven agate devils, 1973)
86 DAS BOHRLOCH-MONSTER, 1979
(The derrick devil, 1973)
87 DER PURPURNE DRACHE, 1979
(The purple dragon, 1978)
88 DER TODES-TUNNEL, 1979
(Tunnel terror, 1979)
89 DER TEUFLISCHE TOD, 1980
(The merchants of diaster, 1969)

ED NOON

Autor: Michael Avallone; s. *Autoren-Alphabet*
Verlag: Bastei-Verlag Gustav H. Lübbe, Bergisch-Gladbach, 1973–1975

1 DIE LEBENDE BOMBE
(The living bomb, 1972)
2 PLAYBOYS STERBEN SCHNELLER
(The horrible man, 1968)
3 BLUMENKINDER MORDEN NICHT
(The flower-covered corpse, 1969)
34004 MORD À LA SHAKESPEARE
(There is something about a Dame, 1963)
34005 DER FALSCHE ENGEL
(The crazy mixed-up corpse, 1957)
34006 DER ZAUBER MIT DEN TOTEN PUPPEN
(The Voodoo murders, 1957)
34007 DER LOOPING-MÖRDER
(The brutal kook, 1964)
34008 DIE NIXEN UND DER NASSE TOD
(Death dives deep, 1971)
34009 EIN ZWILLING ZUVIEL
(The splitting image, 1953)
34010 DYNAMIT UND HÄKELDECKCHEN
(Little Miss Murder, 1971)
34011 SCHADE UM DIE SCHÖNE DIVA
(Meanwhile back at the morgue, 1960)
34012 DIE MODE-MÖRDER
(The fat death, 1966)
34013 DAS LUDER AUS LONDON
(London, bloody London, 1972)
34014 DIE WHISKY-FALLE
(The February doll murders, 1966)
34015 EIN BETT IN DER LEICHENHALLE
(The case of the bouncing Betty, 1957)
34016 DIE MORD-MARIONETTE
(Shoot it again, Sam, 1972)
34017 EINE LADY TICKT FALSCH
(The alarming clock, 1961)
34018 SÜSSES LEBEN – SCHNELLER TOD
(The girl in the cockpit, 1972)
34019 DAS FALSCHE SPIEL DER ROTEN KITTY
(Dead game, 1954)
34020 SATAN IN SAMT
(Violence in velvet, 1956)
34021 DER MORD-EXPRESS
(The case of the violent virgin, 1957)
34022 DOLORES TRICKST DIE PROFIS AUS
(The tall Dolores, 1953)
34023 ZUM AUFTAKT EINE BOMBE
(Killer's Highway, 1969)
34024 TÖDLICHER STRIP
(Kill her – you'll like it, 1973)

FLEDERMAUS

Autoren: Larry Carr, George P. Gray, Fred Henry, G. W. Jones, Noel Kane, Kelly Kevin, Peter Theodor, Fred M. Wayer, M. Wegener; s. *Autoren-Alphabet*
Verlag: Erich Pabel Verlag, Rastatt, 1965–1973
Zuerst erschienen die Bände innerhalb der Pabel-Taschenbuch-Reihe, ab Band 330 wurde gesondert und fortlaufend mit der Bezeichnug FL numeriert.

220 ICH STERBE AN CURARE
271 DER ROTE JAGUAR
287 DIE GEISTERMACHER VON ORLAND PARK
304 MORD IM »RED TURKEY«
317 SATANS TOCHTER
329 DIE NACKTE LEICHE
330 EIN COMPUTER SPIELT FALSCH
331 PARKPLATZ FREI IM JENSEITS
332 KANNIBALEN
333 DER BOSS IM DUNKELN
334 INDUSTRIEGEIER
335 GANGSTERDÄMMERUNG
336 MORD AM 7. LOCH
337 KUNST AUS DEM REICH DER TOTEN
338 COMEBACK ÜBER LEICHEN
339 DER BOSS IM FADENKREUZ
340 REPTILIEN
341 EIN TOTER KAM ZUR GALA-PARTY
342 DAS SCHEUSAL
343 DER KORRIGIERTE MORD
344 TODESFLUG
345 GIFT FÜR DIE BLONDE SCHLANGE
346 PANIK
347 DER SCHRECKLICHE
348 AUSGESPIELT
349 FEUERGESICHT
350 EINGESARGT
351 LARGAS ERBEN LASSEN STERBEN
352 KILLEN IST KEIN KINDERSPIEL
353 DER TOD FÄHRT CADILLAC
354 DER GIFTTOD SCHLEICHT DURCH CHICAGO
355 HEISSE SPUR – FALSCHE SPUR
356 TRIO DES VERDERBENS
357 TOD AUS DER KALAHARI
358 DER BOSS HAT IRRE JOBS FÜR SANDRA
359 BEI 13 KNALLT'S
360 URLAUB MIT DIVERSEN TOTEN
361 ENGEL DER GRAUSAMEN LUST
362 DER KILLER MACHT SICH NICHTS AUS EIS

FRANCO SOLO

Ein Mann allein gegen die Mafia
Autor: Franco Solo (Verlagspseudonym), Verlag: Erich Pabel Verlag, Rastatt, 1977–1980

1 DER TOD IST SEIN SCHATTEN
2 IN VENEDIG WIRST DU STERBEN
3 DER EINZELGÄNGER
4 UNTERNEHMEN FEUERBALL
5 GEHEIMAUFTRAG HONGKONG
6 DER MILLIARDEN-COUP
7 DAS SYNDIKAT DER TÖDLICHEN TRÄUME
8 GEHEIMAUFTRAG IN MARRAKESCH
9 DIE GELBE MAFIA
10 MILLIONENPOKER IN MANHATTAN
11 DER TERROR-CLAN
12 KILLERFRÜHLING IN ATHEN
13 TODESFLUG NACH MEXICO
14 OPERATIONSZIEL SANTO DOMINGO
15 DAS SUPER-DING
16 DAS TODES-SCHIFF
17 DER TODESKREISEL
18 DER MESSINA-COUP
19 GEHEIMEINSATZ KOLUMBIEN
20 URLAUB IN DER HÖLLE
21 DAS ROLLKOMMANDO
22 DER LAUTLOSE TOD
23 DIE GOLDENE HÖLLE
24 DER KANSAS-CITY-HIT
25 EIN DON STEIGT AUS
26 DIE MORDBRENNER
27 DIE DOPPELGÄNGER
28 DAS MORDKOMPLOTT
29 HEISSE SPUR ZUM GOLF VON MEXIKO
30 DER KÖNIG VON NEW YORK

JERRY COTTON

– 1. Auflage –
Autoren werden nicht genannt.
Verlag: Bastei-Verlag Gustav H. Lübbe, Bergisch-Gladbach, erscheint seit 1963

1 ROTES LICHT FÜR EINEN TEUFEL

2 MORDNACHT IN MANHATTAN
3 ICH UND DER 20-DOLLAR-MÖRDER
4 DER FEIND IM DUNKELN
5 DER TOD IM FERNSEHSTUDIO
6 MORGEN STIRBT MAC KING
7 DER LOCKVOGEL
8 RAUSCHGIFT-HAIE
9 GASTSPIEL DES TODES
10 HEISSE JUWELEN
11 SEIN AUFTRAG WAR MORD
12 BITTERER WHISKY
13 EIN TOTER TAUCHT AUF
14 DER MÖRDER KAM NACH DEM APPLAUS
15 DER ERBARMUNGSLOSE
16 DIE WÜRGER
17 TREIBJAGD AUF EINEN TOTEN
18 DAS DUELL DER SPIONE
20 DIE HÖLLENMASCHINE
21 KÖDER MIT BLONDEN LOCKEN
22 MEIN JOB ALS ERPRESSER
23 DER TOD DES PLAYBOYS
24 DYNAMIT IN SCHWARZER SEIDE
25 HEROIN UND ROTE KRALLEN
26 DIE MORD GMBH
27 SEIN GRAUSAMER KOMPLICE
28 ZEIT DER MÖRDER
29 BESTIEN UNTER SICH
30 MEIN GEFÄHRLICHSTER BLUFF
31 LOHN EINES KILLERS
32 MORDSAISON
33 HÖLLE AM RAKETEN-CAMP
34 EIN TOTER KAM NACH HOLLYWOOD
35 ERSTER KLASSE ZUM SCHAFOTT
36 HENKER SIND EINSAM
37 EIN TOTER WAR NICHT EINGEPLANT
38 SCHNELLER ALS DER FBI
39 EINE HEXE NAMENS JESSY
40 ERPRESSER KONTRA WEISSES HAUS
41 UNTERNEHMEN TODESSTUHL
42 ZUM GEBURTSTAG EINEN TOTEN
43 HÖLLENTAGE IN LAS VEGAS
44 SPITZE ABSÄTZE
45 MORDVEREIN DER MILLIONÄRE
46 GALGENFRIST FÜR JOHNNY FINCH
47 SÜSSER TOD IN HEISSEN NÄCHTEN
48 ATOMSTADT IN DER UNTERWELT
49 KEIN PARDON FÜR EINEN KILLER
50 DER GOLDENE SCHLAGRING
51 APARTMENT DES GRAUENS
52 ICH UND DER RÄCHER
53 HEISSES WOCHENENDE
54 HÄNDE WEG VON EVELYN
55 STADT DER MÖRDER
56 VOM TEUFEL GEKÜSST
57 HÖLLEN-KOMMANDO
58 BEGNADIGT ZUM SCHAFOTT
59 BLUTIGES PFLASTER
60 DOLLAR-BABY
61 TÖDLICHER BROADWAY
62 ZU HEISS FÜR CAT
63 STERBEN MUSS, WER JOSSY KÜSST
64 DIE BESTIE VON BROOKLYN
65 TODES-BLUES
66 HEISSE ORCHIDEE
67 FÜR MEIN LEBEN KEINEN CENT
68 DÄMON DER NÄCHTE
69 IN DER SIEBENTEN HÖLLE
70 DIE FLORIDA-KILLER
71 DU MUSST STERBEN, LADY
72 WILD WIE EINE HARLEMKATZE
73 KLINIK DER GRAUSAMEN FRAUEN
74 HEROIN AUF NACKTER HAUT
75 NACHRUF AUS DER HÖLLE
76 MAFIA-MELODIE
77 GRAUSAME ENGEL
78 TÖDLICHER MORGEN
79 DOLLY LÄSST DAS TÖTEN NICHT
80 KILLER-CAMP
81 KENNTWORT ROTER DRACHE
82 ALASKA-TEUFEL
83 EIN TOTER AUF PIER 17
84 GOLD IN BLUTIGEN FÄUSTEN
85 TODESRAUSCH
86 DIE HINRICHTUNG
87 DIE BITTEREN TRÄUME VON HARLEM
88 SECHS MÖRDER UND FÜNF MASKEN
89 UND NICHTS ALS DIE WAHRHEIT

90 DIE LÄNGSTE NACHT HAT KEINEN MORGEN
91 DIE TODESWOLKE
92 DER SILBERBLONDE TEUFEL
93 TODESBLÜTEN IM PARADIES
94 DIE NACHT DER MENSCHENHAIE
95 WIR JAGTEN DAS MASKENGESICHT
96 DER ENTFÜHRTE ASTRONAUT
97 DIE PARTY-KILLER VON LOS ANGELES
98 DIE COSA NOSTRA LÄSST GRÜSSEN
99 NACH ALL DIESEN MORDEN
100 TÖDLICHER DONNERSTAG
101 SEIN NAME WAR CAPELLO
102 DIE RACHE DES GESTEINIGTEN
103 IM ZUCHTHAUS GELERNT
104 DIE ENTFÜHRUNG
105 DIE ROTE HEXE VON MANHATTAN
106 ICH UND DER MÄDCHENMÖRDER
107 SILVER-JET INS JENSEITS
108 HEISSER JOB MIT JANE
109 SCHATZMEISTER DER COSA NOSTRA
110 DIE TUPAMAROS VON NEW YORK
111 DIE FLUGZEUG-FÄNGER
112 STUNDE DER MÖRDER
113 DIE UNTERWASSER-KILLER
114 FÜNF FINGER
115 DIE GIERIGEN
116 MADAME – IHR MÖRDER STEHT ZU DIENSTEN
117 DER HYPNOSE-MÖRDER
118 KENNEDY AIRPORT NULL UHR DREIZEHN
119 MONDBASIS – MORDBASIS
120 NICHT ZU JUNG ZUM STERBEN
121 DIE PEITSCHEN-ENGEL
122 MANHATTAN-WESTSIDE, MITTERNACHT . . .
123 NACHTS, ALS DER G-MAN STARB . . .
124 TOD IM FRISCO-EXPRESS
125 VON MANHATTAN NACH BERLIN
126 TODESFLUG FÜNF-SIEBEN-NULL
127 REICHER MANN – TOTER MANN
128 DER SCHINDER
129 WER DEN HASS SÄT . . .
130 HAIE AN DER WASSERFRONT
131 MORD-KARRIERE
132 ENGEL DER RACHE
133 DIE INSEL DES WÜRGERS
134 MORDLAWINE
135 DIE SKLAVINNEN VON MANHATTAN
136 DIE GEISEL-LADY
137 TERROR AN DER THEMSE
138 MEIN GROßER BLUFF
139 DER STÄHLERNE SARG
31140 MORDGESPENSTER
31141 DIE DENKENDE BOMBE
31142 STADT DER KILLER
31143 DIE MILLIONENJAGD
31144 DIE JUWELEN-GANG
31145 DIE HAFENRATTE
31146 MISTER MILOS TODESPARTY
31147 DER BLUTIGE KREIS
31148 DER UNHEIMLICHE RICHTER
31149 MORDKOMMANDO B-25
31150 DIE RAKETENGANGSTER
31151 KILLER FÜR PARIS GESUCHT
31152 TERROR UNTER HEISSEM HIMMEL
31153 TODESGRÜSSE VON DER LIEBESFARM
31154 DIE BOMBE
31155 GANGSTERHÖLLE MEXIKO
31156 KONFERENZ DER KILLER
31157 DIE LEIBWÄCHTER
31158 KREUZFAHRT IN DIE HÖLLE
31159 DER TÖTER
31160 DER TODESKUSS
31161 BLUTNACHT IN LAS VEGAS
31162 SATANS ERSTE GARNITUR
31163 DAS MÄDCHEN AUS DER MORDFABRIK
31164 DIE MAFIA-FALLE
31165 CLUB DER HENKERINNEN
31166 BLÜTEN ROT WIE BLUT
31167 DAS TODES-ROULETT
31168 DIE MÖRDER-BRUT
31169 DER LAUTLOSE TOD
31170 DER TIGER VON MANHATTAN

31171 DIE BASTION
31172 DER BOMBEN-JET
31173 AKTION SCHWARZER TOD
31174 MÖRDER-SHOW AM SUNSET STRIP
31175 MISTER OVERKILL
31176 DIE AMOK-GANG
31177 GEHEIMFALL PSI
31178 EIN MORD ZUVIEL . . .
31179 DIE MIETKILLER
31180 DIE NAPALM-BANDE
31181 MORD IM SERVICE INBEGRIFFEN
31182 ÜBERLEBENSCHANCE NULL
31183 HIGHWAY-WÖLFE
31184 CLAN DER RATTEN
31185 DES TEUFELS SCHWACHE SEITE
31186 DIE VENUS UND DAS SUPERDING
31187 TRANSPORT ZUR HÖLLE
31188 TOTENSCHIFF DER MILLIONÄRE
31189 DAS GROSSE ENTFÜHRERSPIEL
31190 DAS ZWEITE LEBEN EINES KILLERS
31191 BLUTSPUREN IM SCHNEE
31192 DER SCHRECKENSFLUG
31193 DIE RAUBKATZEN
31194 DIE RACHE DER SCHWARZEN MAFIA
31195 DIE NACHT DER TODESENGEL
31196 SCHON SO GUT WIE TOT
31197 MIT HYÄNEN HEULT MAN NICHT
31198 BOMBEN ZUR CHAMPAGNER-PARTY
31199 HÖLLENFEUER
31200 LIEBLING DER NATIONEN
31201 ATTENTAT IN WASHINGTON
31202 RATTEN IM GOLDENEN NEST
31203 DIE FÜNF-MILLIONEN-GEISEL
31204 TOD EINES FERNSEHSTARS
31205 MANHATTAN NULL UHR NULL
31206 EIN MÖRDER FEIERT SEIN COMEBACK
31207 DAMENOPFER IN LAS VEGAS
31208 MORD IM AKKORD
31209 DAS ERBE DES PATEN
31210 NACH BEWÄHRTER METHODE
31212 RIFFIFI BEI TIFFANY
31213 IM PARADIES DER KILLER
31214 STERBEN IST MENSCHLICH
31215 HEROIN IM WEISSEN HAUS
31216 BEIFALL FÜR EINEN TOTEN
31217 CLAN DER MÖRDER
31218 DER UNVERWUNDBARE
31219 UNSER KRONZEUGE, DER KILLER
31220 MISS UNTERWELT
31221 STRASSE DER TRÄNEN
31222 DAS MÖRDER-COLLEGE
31223 DER G-MAN DES JAHRES
31224 ALS DER BROADWAY STARB
31225 DER WITWEN-CLUB
31226 DIE HORROR-GANG
31227 DER KÖNIG VON ACAPULCO
31228 NICHTS GEHT MEHR – AUSSER MORD
31229 LETZTE PARTY IM PENTHOUSE
31230 DER MANN, DER MICH KAUFEN WOLLTE
31231 DIE 30-DOLLAR-LADY
31232 BLUTIGER ZAHLTAG
31233 VIER GEGEN NEW YORK
31234 DIE HARLEM-QUEEN
31235 KEIN LÖSEGELD FÜR PRÄSIDENTEN
31236 SEINE LETZTE AFFÄRE
31237 EIN GANZ BESONDERER MORD
31238 ICH, DER REPORTER
31239 DIE PRIVATDETEKTIVIN
31240 SEIN SECHSTER RIVALE
31241 DAS THEMA EINS DER MAFIA
31242 DIE DEN TOD VERKAUFEN
31243 DIE COCKPIT-PIRATIN
31244 DAS GEGENGIFT
31245 FAST WIE EIN WELTUNTERGANG
31246 ENGEL MIT BLUTIGEN HÄNDEN
31247 FRONTWECHSEL
31248 DIE ASTROLOGIN VOM BROADWAY
31249 SEINE ERSTE HENKERSMAHLZEIT
31250 DIE ANTI-MAFIA
31251 UNSER FREUND, DER MÖRDER
31252 DES SATANS SCHWACHE STUNDE

31253 DAS KILLER-AUGE
31254 PLAYGIRL DER MAFIA
31255 MORD NACH ART DES HAUSES
31256 MISTER BRUTALO
31257 KREUZFAHRT DURCH DIE UNTERWELT
31258 EISKALT IN DIE HÖLLE
31259 MITTERNACHTS-LADY
31260 KILLER-CITY
31261 DAS UNVORSTELLBARE VERBRECHEN
31262 DIE VENUS VOM BROADWAY
31263 MEINE STUNDE WIRD KOMMEN
31264 DIE REPUBLIK DER MAFIA
31265 DER TOD DER WEISSEN DAME
31266 RICHTER THOMPSONS LETZTER FALL
31267 JET-SET-KILLER
31268 DIE FÜNFTE TODSÜNDE
31269 DIE GOLDENEN WITWEN
31270 DIE SCHÖNE KUNST DES ÜBERLEBENS
31271 BALLETT IN SING-SING
31272 STELLVERTRETER EINES KILLERS
31273 DIE JACKPOT-KÖNIGIN
31274 DER DOMPTEUR DES SYNDIKATS
31275 KALTER KUSS
31276 NEUES VOM MAULWURF
31277 WUNDERKIND DER MAFIA
31278 DER COP, DEN ALLE HASSTEN
31279 SKANDAL IM PENTAGON
31280 TÖDLICHES DREIECK
31281 DAS VERSCHWÖRER-SYNDIKAT
31282 MÖRDER-QUIZ MIT CORA

JERRY COTTON

– Neuauflage –

Autoren werden nicht genannt. Verlag: Bastei-Verlag Gustav H. Lübbe, Bergisch-Gladbach, erscheint seit 1981

32001 ROTES LICHT FÜR EINEN TEUFEL
32002 MORDNACHT IN MANHATTAN
32003 DER 20-DOLLAR-MÖRDER
32004 DER FEIND IM DUNKELN
32005 DER TOD IM FERNSEH-STUDIO
32006 MORGEN ABEND STIRBT MAC KING
32007 DER LOCKVOGEL
32008 RAUSCHGIFT-HAIE
32009 GASTSPIEL DES TODES
32010 HEISSE JUWELEN
32011 SEIN AUFTRAG WAR MORD
32012 BITTERER WHISKY
32013 EIN TOTER TAUCHT AUF
32014 DER MÖRDER KAM NACH DEM APPLAUS
32015 DER ERBARMUNGSLOSE
32016 DIE WÜRGER
32017 TREIBJAGD AUF EINEN TOTEN
32018 DAS DUELL DER SPIONE
32019 DAS TÖDLICHE NETZ
32020 DIE HÖLLENMASCHINE
32021 KÖDER MIT BLONDEN LOCKEN
32022 MEIN JOB ALS ERPRESSER
32023 DER PLAYBOY UND SEIN MÖRDER
32024 DYNAMIT IN SCHWARZER SEIDE
32025 HEROIN UND ROTE KRALLEN
32026 DIE MORD-GMBH
32027 SEIN GRAUSAMER KOMPLICE
32028 ZEIT DER MÖRDER
32029 BESTIEN UNTER SICH
32030 MEIN GEFÄHRLICHSTER BLUFF
32031 LOHN EINES KILLERS
32032 MORDSAISON
32033 HÖLLE AM RAKETEN-CAMP
32034 EIN TOTER KAM NACH HOLLYWOOD
32035 ERSTER KLASSE ZUM SCHAFOTT
32036 HENKER SIND EINSAM
32037 EIN TOTER WAR NICHT EINGEPLANT
32038 SCHNELLER ALS DAS FBI
32039 EINE HEXE NAMENS JESSY
32040 ERPRESSER KONTRA WEISSES HAUS
32041 UNTERNEHMEN TODESSTUHL
32042 ZUM GEBURTSTAG EINEN TOTEN
32043 HÖLLENTAGE IN LAS VEGAS

32044 SPITZE ABSÄTZE
32045 MORDVEREIN DER MILLIONÄRE
32046 GALGENFRIST FÜR JOHNNY FINCH
32047 SÜSSER TOD IN HEISSEN NÄCHTEN
32048 ATOMSTADT IN DER UNTERWELT
32049 KEIN PARDON FÜR EINEN KILLER
32050 DER GOLDENE SCHLAGRING
32051 APARTMENT DES GRAUENS

JERRY COTTON

– Filmsonderband –
Autoren werden nicht genannt.
Verlag: Bastei-Verlag Gustav H. Lübbe, Bergisch-Gladbach, 1965–1969

1 SCHÜSSE AUS DEM GEIGENKASTEN
2 FALL 2 (MORDNACHT IN MANHATTAN)
3 DER ERBARMUNGSLOSE
4 DIE RECHNUNG EISKALT SERVIERT
5 DER MÖRDER-CLUB VON BROOKLYN
6 DYNAMIT IN GRÜNER SEIDE
7 DER TOD IM ROTEN JAGUAR
8 TODESSCHÜSSE AM BROADWAY

KARWENNA

Autor: Herbert Reinecker; s. *Autoren-Alphabet.*
Verlag: Bastei-Verlag Gustav H. Lübbe, Bergisch-Gladbach, 1977–1978

39001 MORD IM HOFGARTEN
39002 DIE NACHT DES JAGUARS
39003 SPIEL MIT BEI MORD
39004 MÜNDUNGSFEUER
39005 HINTER DER LETZTEN TÜR
39006 KARWENNA UND DIE MUSIKER
39007 DER STRANDLÄUFER

DER KOMMISSAR

Autor: Herbert Reinecker; s. *Autoren-Alphabet.* Verlag: Bastei-Verlag Gustav H. Lübbe, Bergisch-Gladbach, 1977–1979

35001 DER KOMMISSAR UND DIE TÄNZERIN
35002 RISKANTER ALLEINGANG
35003 DER KOMMISSAR UND DER DESPOT
35004 DER FALL QUIMPER
35005 MANN AUS DEM JENSEITS
35006 DAS TOR ZUR HÖLLE
35007 EIN DENKMAL WIRD ERSCHOSSEN
35008 DER KOMMISSAR UND DIE SÜCHTIGE
35009 DIE WAHRHEIT IM MORDFALL GOOS
35010 DER KOMMISSAR UND DIE ZUHÄLTER
35011 DIE MÄDCHEN VOM CAFÉ LEOPOLD
35012 WIE KRIEGEN WIR BODETZKI?

KOMMISSAR (ALLAN) WILTONS KRIMINALBERICHTE

Autoren: Roland Berry, Jules Charpentier, Fred Martens; s. *Autoren-Alphabet.*
Hiro Verlag, Wien, 1955–1962

1 DIE JAGD OHNE GNADE
2 IM SCHATTEN DES GALGENS
3 SLIPPERY JOHN
4 DER STEINERNE TOD
5 DIE ROSAROTE PERLE
6 MIT DER BLOSSEN HAND
7 RAZZIA IM PAPPELHAUS
8 PANIK ÜBER LONDON
9 DER MANN MIT DEM GRAUEN GESICHT
10 VERSTEIGERUNG IN BORDEAUX
11 MEISTER DER MASKE
12 DAS BÜRO DER FIRMA GERCANTILLE
13 FAHRKARTE INS JENSEITS
14 KEINER BLIEB ÜBER
15 DER DRITTE MUSS STERBEN
16 SPRUNG VOM EIFFELTURM
17 TODESREIGEN

18 DIE RECHNUNG GING NICHT AUF
19 DREI KONSTABLER . . .
20 GEFÄHRLICHES WISSEN
21 BIS ZUM BITTEREN ENDE
22 EINER HATTE ANGST
23 TAT OHNE LOHN
24 SPÄTE GÄSTE
25 PAKT MIT DEM SENSENMANN
26 REISE OHNE RÜCKKEHR
27 DIE LANGE NACHT
28 AN DER BRÜCKE VON POPLAR
29 DAS HAUS AUF DEM HÜGEL
30 DIE TEESTUBE IN DER REGENT STREET
31 DAS FENSTER ZUR NACHT
32 WER WAR DER DRITTE?
33 DER DUNKLE PUNKT
34 SIEBEN KREUZE
35 DAS MÄDCHEN AUS DEM STROM
36 ER GING DEN WEG ALLEIN
37 DER ANGELPUNKT
38 WILDER RITTERSPORN
39 AN EINEM HAAR
40 »LE VIOLON«
41 DIE FAMILIE CARUTHER
42 VOR SONNENAUFGANG
43 RENDEZVOUS IM »CARLTON«
44 EINE SEKUNDE LANG
45 AM FUß DER TREPPE

KOMMISSAR X

Autoren: Hal Boston, Michael Brennan, John Brix, Barney Brooks, Red Burger, George W. Burton, Al Cann, Cliff Carpenter, Clark Conelli, Oatis Doyle, Brian Ford, Al Frederic, Rex Gordon, Henry Hart, Fred Henry, Bert F. Island, Noel Kane, Kelly Kevin, Ralph Malorny, Steve McCoy, Dave Morris, Harry Porter, Harper Pratt, Don Rivera, W. W. Shols, Elliot Spencer, W. Todd, Fred M. Wayer, Manfred Wegener; s. *Autoren-Alphabet*

Verlag: Erich Pabel Verlag, Rastatt, erscheint seit 1961. Zuerst erschienen die Bände innerhalb der Pabel-Taschenbuch-Reihe, ab Band 354 wurde gesondert und fortlaufend mit der Bezeichnung KX numeriert.

27 EINER WEISS ALLES
31 VERSCHWÖRUNG DES SCHWEIGENS / IM RAUSCH DER MACHT
33 MORD AUF HIGHWAY 40
36 ER WAR EIN SO GUTER JUNGE
39 MEUTEREI IM BLOCK C
41 KEINEN CENT FÜR MR. RILEY
42 SPIELPLATZ FÜR FLOTTE MÄDCHEN
43 ENDSTATION TODESZELLE
44 DER DICKE AUS OHIO
45 WER ZUERST SCHIESST . . .
46 ZUM ERSTEN, ZUM ZWEITEN UND ZUM . . .
47 DER KILLER MIT DER WEICHEN TOUR
48 DER MÖRDERCLUB
49 FLUCHT IN DEN TOD
50 DEN MÖRDER, NICHT DIE KUGEL
51 KEIN GANZ GEWÖHNLICHER FALL
52 DER NIGGER MUSS STERBEN
53 MORD IN DOSEN
54 . . . ERLEDIGT IN SAN FRANZISKO
55 EINER RECHNET AB
56 WO BLIEB MR. DEMPSEY?
57 DER GELBE TEUFEL
58 KALIBER 6,35
59 DIE JURY HAT GESPROCHEN
60 DA WAR ES AUS MIT SULLIVAN
61 DER MANN IM SCHATTEN
62 EIN POSTEN IN DER HÖLLE
63 DER SOHN DES GANGSTERS
64 DER FALSCHE TOTE
65 99 JAHRE ZUCHTHAUS
66 EXPORT IN GIFT
67 NUR EIN BLATT PAPIER
68 DAS BÖSE WOCHENENDE
69 AUCH TOTE KÖNNEN SPRECHEN

248 DREI GELBE KATZEN
251 DER SCHLEICHENDE TOD
255 DER MÖRDER DES MÖRDERS
257 DER HENKER VERSCHMÄHT KEINEN
262 MÖRDERISCHER URLAUB
265 DREI KUGELN FÜR DEN CHEF
268 DIE GRAUSAMEN TAGE
270 STIRB MIT TANTE POLLY
273 DER SCHWARZE TOD
276 LIEBESBRIEFE AUS DER HÖLLE
279 VOR MORD WIRD GEWARNT
281 IN DEN KLAUEN DES GOLDENEN DRACHEN
284 PER LIFT INS JENSEITS
286 GALGENVÖGEL ZWITSCHERN NICHT
289 DER TOD BEVORZUGT BLOND
291 TOD FÜR EINEN DOLLAR
294 HEISSE NÄCHTE IN ARABIEN
299 DREI GRÜNE HUNDE
303 ABENDSTUND' HAT BLEI IM MUND
307 BANKGEHEIMNIS
310 NACHTS SIND ALLE MÖRDER GRAU
312 TOTE FRAUEN MORDEN NICHT
316 DIE GNADENLOSEN
321 RÄTSEL UM RHO PHUMA
324 REGIE FÜHRT DER TEUFEL
328 AGENTENKILLER
331 RIFIFI AUF HAWAII
332 DREI BLAUE PANTHER
334 TOTE SOLL MAN BEGRABEN
336 MORD IST KEINE LÖSUNG
337 SUMPF DES GRAUENS
339 DAS AUGE DES KHAN
341 MANCHE MÖGENS KALT
344 DER DREIFACHE TOTE
347 LIEBEN SIE MORD?
349 INSEL DER LASTER
353 TERROR IN MANAGUA
354 EXPLOSIV WIE DYNAMIT
355 DREI GOLDENE SCHLANGEN
356 KAMPF DER SYNDIKATE
357 EISKALT UNTER HEISSER SONNE
358 MORDE, DIE DER TEUFEL PLANT
359 ZU ZWEIT STIRBT SICH'S LEICHTER
360 EINEN SARG FÜR WALKER
361 ALS KÖDER NACH WAIKIKI
362 DER ATEM DES TODES
363 DREI TOTE NACH BALTIMORE
364 DREIZEHN STUFEN BIS ZUM GALGEN
365 ZUR HÖLLE MIT MANHATTAN
366 RACHE IN BLEI
367 EIN TOTER WIRD GEJAGT
368 DIE DREI GESICHTER DES TODES
369 SONNTAGS KILLT MAN NICHT
370 DER UNSCHULDIGE MÖRDER
371 TÖDLICHES ARRANGEMENT
372 BIG BOSS LONGOS ERBE
373 UM ZWEI UHR GEHT DIE BOMBE HOCH
374 MÖRDER MIT ALIBI
375 HEIMTÜCKISCH ERMORDET
376 DER FALL M 7
377 ERSTER KLASSE IN DEN TOD
378 ERDROSSELT
379 GIFT MIT LANGEN WIMPERN
380 KOPFÜBER IN DIE HÖLLE
381 BESUCH AUS CHICAGO
382 BLONDINEN IN BETON
383 DIE RACHE DER RATTE
384 AUSGESPIELT MONA!
385 TÄTOWIERT IN DEN TOD
386 DER MIKADO
387 TODESENGEL OHNE FLÜGEL
388 EINER VON ZWÖLF
389 BLUT UND ÖL
390 DER RITT AUF DER BOMBE
391 NACKT IN KETTEN
392 MORD IN DER GRÜNEN HÖLLE
393 EIN DING FÜR ZWEI
394 RACHE AUF SIZILIANISCH
395 TOTE ZAHLEN NICHT
396 DAS WASSERDICHTE ALIBI
397 BLUTIGER SCHNEE
398 THEATER DES TODES
399 MANN OHNE GESICHT
400 MILLIONEN AUS DER CENTRAL BANK

401 BURT MARLOWS TEUFELSPLAN
402 JAGD OHNE GNADE
403 DIE NEBELBANDE
404 KEIN WACHS IN ZARTEN HÄNDEN
405 MORDE, DIE DER TEUFEL PLANT
406 HEXENTANZ IN HAITI
407 HIGHWAY-HYÄNEN
408 EIN TOTER IST KEIN ALIBI
409 DER TOD KREIST ÜBER BOSTON
410 LEISE SINGT DIE TOMMYGUN
411 ZU BESUCH BEI EINER TOTEN
412 MAKLER DES TODES
413 KOMMISSAR X JAGT DIE ROTEN TIGER
414 MIT EKRASIT ZUR HÖLLE
415 DAS QUARTETT AUS DER HÖLLE
416 LEICHE IN RESERVE
417 UM DREI UHR WIRST DU STERBEN
418 DER TOTE IM NETZ
419 DIE AURA DES GRAUENS
420 BLUT AUF FRISCHEN BLÜTEN
421 DIE GOLDENE FORMEL
422 DAS KLEINE LIED VOM GROSSEN TOD
423 IM DREIECK DES TODES
424 IN ZINKSARG GEFÄLLIG
425 EIN SCHUSS VOR DEN BUG
426 DAS ERBE DES SATANS
427 DOPPELT GESTORBEN
428 DIE MORD EXPORT GMBH
429 EIN SCHUSS ZUVIEL
430 DER LEITSTRAHL ZUR HÖLLE
431 SPUREN AUF HEISSEM ASPHALT
432 KALT UND TOT IN SINGAPUR
433 EINLADUNG ZUM DOPPELMORD
434 EIN GRAB FÜR EINEN GRINGO
435 EIN STEHPLATZ IN DER HÖLLE
436 DER KILLER LÄCHELTE UND SCHOSS
437 WILLKOMMEN IN DER HÖLLE
438 DIENSTAGS KILLT DIE BLONDE SUE
439 IM JAYPUR LAUERT DER TOD
440 LOCKVOGEL INS VERDERBEN
441 TRIBUNAL DES TEUFELS
442 EIN SARG VOLL DIAMANTEN
443 NACKT IN EINEM WESPENNEST
444 NACHT DER BLAUEN BOHNEN
445 KUGELN FÜR COSTA
446 HEISSER TRIP INS JENSEITS
447 ALIBI MIT MOTTENLÖCHERN
448 HEISSE LEICHEN – KALT SERVIERT
449 APPETITHAPPEN FÜR HAIE
450 DER REST IST FÜR DIE RATTEN
451 EIN DOUBLE FÜR DEN HEISSEN STUHL
452 VIER MÜSSEN STERBEN
453 LAUTLOS ZU DEN FISCHEN
454 DIAMANTEN FÜR DAS TIGER-GIRL
455 EINE LADY FÄHRT ZUR HÖLLE
456 BEI MORD GIBT'S KALTE FÜSSE
457 PISTENKILLER
458 GELIEBT, GEHASST UND ABSERVIERT
459 BLONDES FUTTER FÜR DEN LÖWEN
460 BLONDINEN STERBEN NICHT IM BETT
461 INS JENSEITS OHNE RÜCKFAHRKARTE
462 SANFTER TOD IM LUXUSNEST
463 LACHEND STARB DER GROSSE BOSS
464 TANGO IN DEN TOD
465 EISGEKÜHLT INS JENSEITS
466 MORD MIT PLATZPATRONEN
467 SIT-IN MIT DEM SENSENMANN
468 ZYANKALI-COCKTAILS
469 LASS IHN IM RING VERRECKEN!
470 BLONDE MIEZEN SINGEN NICHT
471 EINEN GRUSS AN DEN KILLER
472 EISKALT FÜR PROFIT
473 DIE KARRIERE-KILLER
474 DER BOSS WIRD ABSERVIERT
475 VIEL ZU SEXY, UM ZU STERBEN
476 HAUPTGEWINN: EIN LUXUSSARG
477 ZUR HENKERSMAHLZEIT DIAMANTEN
478 DIE ROTE SHEILLA STRIPPT NICHT MEHR
480 ES LEBT SICH SCHLECHT ALS LEICHE
481 KÜSS MICH, BEVOR DER KILLER

KOMMT

482 KILLER HEISSEN SELTEN MILLER
483 BLEI FÜR DIE KLEINEN, DYNAMIT FÜR DEN BOSS
484 EIN KILLER LÄSST DAS MORDEN NICHT
485 IMMER WENN DIE BESTIE LACHT
486 KILLER IN DER NACHT
487 ... DA SPUCKTE MICKEYS MAGNUM BLEI
488 WILLKOMMEN IN DER HÖLLE
489 BLEI GESÄT UND BLUT GEERNTET
490 FÜR DEN RÜCKFLUG STEHEN SÄRGE BEREIT
491 TOD DURCH ZARTE HÄNDE
492 KALT UND STARR WIE MODEPUPPEN
493 WIR KOMMEN SCHNELL UND TÖTEN LEISE
494 SEIN SANFTER TODESENGEL
495 VERSCHNÜRT FÜR DIE EWIGKEIT
496 FABA BESTIMMT DIE TODESART
497 REDEN IST SILBER – SCHWEIGEN IST TOT
498 WITWE AUF BESONDEREN WUNSCH
499 SAMMELN SIE DIE LEICHEN EIN
500 EIN TOTER MANN BRAUCHT KEINE MÄUSE
501 EINE LEICHE KOSTET NICHTS
502 HEISS GELEBT UND SCHNELL GESTORBEN
503 MORD HAT NOCH KEINER ÜBERLEBT
504 IN JEDEM GRAB IST PLATZ FÜR ZWEI
505 NA UND, AUCH KATZEN STERBEN IRGENDWANN
506 EIN TOTER SCHWIMMT NACH GERMANY
507 DARF ICH AUF IHR BALDIGES ABLEBEN HOFFEN
508 JETZT KNALLT ES SCHON IM PARADIES
509 AUFTAKT ZUR MORDSAISON
510 ÜBRIGENS – MAN REIST NICHT MEHR OHNE SARG
511 DER DAUERSCHLAF IST GANZ UMSONST
512 BRINGEN SIE JO WALKER UM
513 SEIN ENGEL STARB IM FALSCHEN BETT
514 BITTE NOCH EINMAL DIE SZENE MIT DER LEICHE
515 DAS MAFIA-KOMPLOTT
516 DREIMAL STUMMER MANN
517 AUCH EIN TOTER HAT'S NICHT LEICHT
518 ZUR HÖLLE IMMER GERADEAUS
519 AUF DIE PLÄTZE, FERTIG, TOT!
520 DIE ZARTE LADY WAR EIN HARTER BROCKEN
521 DIE KILLER-KOBRA
522 EIN LUDER WIE JUANITA
523 SÄRGE KAUFT MAN IM NOVEMBER
524 HERR ÜBER LEBEN UND TOD
525 FLORIDA – PARADIES DER TOTEN
526 DIE ROTE LADY UND DIE SCHWARZE ROSE
527 KX UND DIE FLIEGENDEN LEICHEN
528 SARGNÄGEL MIT TOTENKÖPFEN
529 VORBEREITUNG FÜR EINE HINRICHTUNG
530 STIRB SCHÖN AUF DEN BAHAMAS
531 EIN BÖSER TAG BEGINNT MIT ZYANKALI
532 IM FADENKREUZ DER KILLER
533 WER DIE SCHWARZE MAMBA WECKT
534 HEISSE PUPPEN FÜR CASABLANCA
535 HETZT WALKER IN DIE HÖLLE!
536 MÖRDERSPIEL UM VIER MILLIONEN
537 DER KILLER LÄDT ZUM STERBEN EIN
538 CELIA UND DIE KIDNAPPER
539 TODESFALLE IN LAS VEGAS
540 NACHSCHUB FÜR DIE LEICHENHALLE
541 HEUTE STIRBT NEW YORK
542 ENDSTATION: JO WALKER
543 HEISSE TAGE IN SAN ANTONIO
544 SECHS KREUZE AUF DER TOTENLISTE
545 HINRICHTUNG IN KINGS POINT

546 EIN SCHUSS INS ROTE
547 TODESRALLYE IN MONTANA
548 ABRECHNUNG IN MEXIKO
549 DIE MÖRDERFALLE
550 DER GRAUE TOD
551 DER TEUFEL SUCHT EIN ALIBI
552 MORD IST KEINE LÖSUNG
553 ABSERVIERT VON ZARTER HAND
554 DIE GRÜNE HÖLLE VON EL YAGA
555 DER SATAN MIT DEN SANFTEN AUGEN
556 DIE LETZTE REISE BUCHT DER TOD
557 EIN TOTER LÄSST DIE HÖLLE LOS
558 DU SOLLST NICHT TÖTEN
559 DIE FLUGZEUG-BANDE
560 DER SCHARLACHROTE TODESKREIS
561 UM EINE KUGEL SCHNELLER
562 DER TOD HAT ZWEI GESICHTER
563 DER MÖRDERISCHE TRICK
564 TODESEINSATZ DELTA
565 EIN KUGEL FÜR DEN GENERAL
566 DIE STUMME VON NANTUCKET
567 DAS MORD-QUARTETT
568 DER CALLGIRL-KRIEG
569 IN FRISCO ENDEN TRÄUME TÖDLICH
570 GRAND PRIX DES TODES
571 SÄRGE AUS HONGKONG
572 DAS MILLIONEN-KARUSSELL
573 UNTERNEHMEN METEOR
574 SEI NETT UND STIRB . . .
575 DIE RECHNUNG WIRD MIT BLEI BEZAHLT
576 DER LACHENDE TOD
577 AUF DER TAGESORDNUNG: MORD
578 FAHR ZUR HÖLLE, WALKER!
579 SEIN AUFTRAGGEBER WAR DER TOD
580 DIE GEISEL
581 DER TODSICHERE PLAN
582 EIGENTOR FÜR EINEN KILLER
583 SEIN LETZTER JOB
584 DER SOCCER-KÖNIG
585 DIE PUPPE STIRBT, WENN DU NICHT SPURST
586 ABRECHNUNG IN FORT LAUDERDALE
587 DAS TODESLIED DER SCHWARZEN HAIE
588 RENDEZVOUS MIT DEM TOD
589 DIE KATZE
590 TODESFALLE SANTA BARBARA
591 DIE MENSCHENHÄNDLER
592 EINGEKREIST IN RIO
593 DER TODESKANDIDAT
594 TODESFRACHT AUS TEXAS
595 DER TOD FÜHRT DIE REGIE
596 ABRECHNUNG MIT DEN GENTLEMEN
597 EIN HÖLLENJOB FÜR JO
598 DIE TODESBLUME VON RIO XINGU
599 MANHATTAN DOWNTOWN 9.05
600 DAS TÖDLICHE GEHEIMNIS VON ROYBON
601 DIE SCHWARZEN ENGEL
602 DIE TODES-SCHWADRON
603 HEISSE SPUR NACH ST. ANDRÉS
604 EISKALT OHNE GNADE
605 VERRÄTER MÜSSEN STERBEN
606 DREI GRÄBER IN QUEENS
607 DIE TODESINSELN
608 DIE INSEL DER KARATE-GIRLS
609 UND WENN SIE NICHT GESTORBEN SIND . . .
610 DER FALL GOLDSTONE
611 DAS TODES-SYNDIKAT
612 DAS SELBSTMORD-KOMMANDO
613 DAS GOLD DES KÖNIGS MIDAS
614 MORD IM SERVICE INBEGRIFFEN
615 GEHEIMFALL BARRAKUDA
616 SPÄTE RACHE
617 DIE TODESGÄRTEN AM RIO PARANA
618 WER GEWALT SÄT . . .
619 AUSGETRICKST IN RIO
620 MORD IM RAMPENLICHT
621 DAS MORDKOMPLOTT
622 GIFTHAUCH ÜBER MANHATTAN
623 MORDKOMPLOTT IN DALLAS
624 GOLDFIEBER
625 DER BOSS DER UNTERWELT

626 DIE KILLER-COMPANY
627 GANGSTERKRIEG AM GOLDEN GATE

LARRY KENT
Der Privatdetektiv.
Autor wird nicht genannt.
Verlag: Winters Verlag, o. O. und o. J. (1969 ?)
1 DAMEN HABEN EINEN SCHWEREN TOD
(Dames don't scorch).
2 LIEBEN SIE GELD
(Hot fingers)
3 WER HILFT SCHON BEI BEERDIGUNGEN
(Dame on a drumbeat)
4 QUIZ UM MORD
(Legacy Lady)
5 NUR MIT EINER PISTOLE BEKLEIDET
(Hot tamale)
6 BLONDINEN MACHEN ES BESSER
(Honey Blonde Blues)
7 STRIPTEASE MIT KLEINEN KANONEN
(Peel me a peach)

MALKO
Autor: Gérard de Villiers; s. *Autoren-Alphabet.* Verlag: Cora Verlag, Berlin, seit 1977
1 ATTENTAT AUF KISSINGER
(SAS – Kill Henry Kissinger)
2 ABRECHNUNG IN RHODESIEN
(SAS – Compte rebourse en Rhodésie)
3 TERROR IN BELFAST
(SAS – Furie à Belfast)
4 MORDFALLE IN ATHEN
(SAS – Meurtre à Athènes)
5 TOD AM RIVER KWAI
(SAS – L'or de la rivière Kwai)
6 DER GOLDSCHATZ DES NEGUS
(SAS – Le trésor du Négus)
7 DIE ERBEN DES TERRORS
(SAS – Que viva Guevara)
8 DIE TÖDLICHE SPUR ZU »CARLOS«
(SAS – Marathon à Spanish Harlem)
9 DER BALL DER GRÄFIN ADLER
(SAS – Le bal de la Comtesse Adler)
10 DIE GEISELN VON TOKIO
(SAS – Les otages de Tokyo)
11 MORD GMBH LAS VEGAS
(SAS – Murder Inc., Las Vegas)
12 SAFARI DES GRAUENS
(SAS – Broie du noir)
13 HÖLLENFRACHT NACH ISTANBUL
(SAS à Istanbul)
14 AGENTEN-ROULETT IN WARSCHAU
(SAS – Le printemps de Varsovle)
15 DER MANN AUS KABUL
(SAS – L'homme de Kabul)
16 HURRIKAN ÜBER DER KARIBIK
(SAS aux Caraïbes)
17 HEIẞES PFLASTER DJAKARTA
(n. e.)
18 DIE HEXER VON LISSABON
(SAS – Les sorciers du tage)
19 DIE SPUR FÜHRT INS WEISSE HAUS
(SAS – Le dossier Kennedy)
20 DER ENGEL VON MONTEVIDEO
(SAS – L'ange de Montevideo)
21 TÖDLICHE FINSTERNIS ÜBER NEW YORK
(SAS – Embargo)
22 HETZJAGD AUF SAMOA
(SAS – Escale à Pago-Pago)
23 TOD AUF DER THEMSE
(SAS – Protection pour Teddy Bear)
24 DIE REBELLIN VON BAGDAD
(SAS – Les pendus de Bagdad)
25 VERSCHOLLEN IN SINGAPUR
(SAS – Le disparu de Singapur)
26 VERSCHWÖRUNG AM KONGO
(SAS – Panique en Zaïre)
27 ENTFÜHRUNG NACH SARDINIEN
(SAS – A l'ouest de Jerusalem)
28 KILLER-KOMMANDO AUF MALTA

(SAS – Voir Malte et mourir)
29 AGENTEN-DUELL AM POLARKREIS
(SAS – Rendez-vous à Boris Gleb)
30 ANSCHLAG IM SCHANGHAI-EXPRESS
(SAS – Shanghaï Express)
31 HÖLLISCHE MISSION IN SOMALIA
(SAS – Mission impossible en Somalie)
32 INFERNO IN SAIGON
(SAS – Mission à Saigon)
vorher: UK 1443, 1972
33 LETZTE ABRECHNUNG AUF HAWAII
(SAS – Opération Matador)
34 TODES-ROULETT DER ROTEN KHMER
(SAS – Roulette Cambodgienne)
35 DIE GUERILLA VON BARRANQUILLA
(SAS – Duel à Barranquilla)
36 APOKALYPSE IM AUGUST
(SAS – Opération apokalypse)
37 MACHT – POKER IM INDISCHEN OZEAN
(SAS – Les parias de Ceylon)
38 TÖDLICHE JAGD IN HONGKONG
(SAS – Les trois veuves de Hongkong)
39 WAFFEN FÜR NICARAGUA
(SAS – Croisade à Managua)
40 AGENTENFALLE BUDAPEST
(SAS – Piège à Budapest)
41 TODESZAUBER AUF HAITI
(SAS – Réquiem pour Tontons Macoutes)
42 RENDEZVOUS IN SAN FRANZISCO
(SAS – Rendez-vous à San Francisco)
43 ÖLKRIEG IN ABU DHABI
(SAS – Carnage à Abu Dhabi)
44 HEROIN AUF LAOS
(SAS – L'héroïne de Vientiane)
45 TERROR IN SAN SALVADOR
(SAS – Terreur à San Salvador)
46 STURM IN DER UNO
(SAS – Cyclone à l'ONU)
vorher: UK 1413, 1971
47 DAS KOMPLOTT VON KAIRO
(SAS – Le complot du Caires)
48 DIE TODES-SAMBA VON RIO
(Samba pour SAS)
49 STERBEN FÜR SANSIBAR
(SAS – Mourir pour Zanzibar)
50 PUTSCH IN PERSIEN
(S. A. S. contre C. I. A.)
51 DIE LÖWIN VON AMMAN
(SAS – Massacre à Amman)
52 BRENNPUNKT BEIRUT
(SAS – Mort à Beyrouth)
53 FINALE IN DER EWIGEN STADT
(SAS – Vengeance romaine)
54 GUERILLAS GEGEN GADDAFI
(SAS – Des armes pour Khartoum)
55 OPERATION: SEYCHELLEN
(SAS – Naufrage aux Seychelles)
56 ATTENTAT IN MANILA
(SAS – Tornade sur Manille)
57 TÖDLICHE JAGD IN HAMBURG
(SAS – Le fugitif de Hambourg)
58 MORD-ROULETTE AUF ZYPERN
(SAS – Objectif Reagan)
59 RAKETEN GEGEN VENEZUELA
(SAS – Rogue Grenade)
60 DER TODES-ENGEL VON TUNIS
(SAS – Commando sûr Tunis)
61 DIE KILLER VON HOLLYWOOD
(SAS – Le panthère d'Hollywood)
vorher: UK 1348, 1970
62 BITTERER SCHNEE AUS PUERTO RICO
(SAS – Le tueur de Miami)
63 MASSAKER IN ANGOLA
(SAS – Guêpier en Angola)
64 DIE TOTE VON LA PAZ
(SAS – Safari à La Paz)
65 FLUCHT AUS BULGARIEN
(SAS – La filière Bulgare)
66 COUNTDOWN DES TODES IN SURINAM
(SAS – Aventure au Surinam)
67 HINTERHALT AM KHAIBERPASS

(SAS – Embuscade à la Khyber Pass)
68 HEIMTÜCKISCHES KOMPLOTT IN NEW YORK
(SAS – Magie noir à New York)
69 FLUG 007 ANTWORTET NICHT MEHR
(SAS-Le vol 007 ne répond plus)
70 TODESFALLE FÜR EINEN SPION
(SAS-L'abominable sirène)

MR. DYNAMIT

Autor: C. H. Guenter;
s. *Autoren-Alphabet*
Verlag: Erich Pabel Verlag, Rastatt, erscheint seit 1965
Zuerst erschienen die Bände innerhalb der Pabel-Taschenbuch-Reihe, ab Band 357 wurde gesondert und fortlaufend mit der Bezeichnung MD numeriert.

212 MORGEN KÜSST EUCH DER TOD (s. 386)
230 CODE 18 JAGT GRAUAUGE (s. 388)
250 DREITAUSEND SÄRGE (s. 400)
268 DIE GRAUSAMEN TAGE (s. 396)
285 CAPTAIN MONTECHRISTO
298 VERRAT AM NIL (s. 394)
309 IN MOSKAU IST ES AUS MIT DIR
314 DIE UNSICHTBARE TRUPPE (s. 392)
322 MEIN GRAB IN MAROKKO (s. 405)
327 KURIER INS DUNKEL (s. 398)
333 MEIN TOD AUF JAMAIKA (s. 390)
335 STAHLHAND (s. 403)
338 STIRB MIT MIR HEUT NACHT
340 BIS UNS DER TEUFEL HOLT (s. 412)
342 DUELL IN DER SÜDSEE (s. 418)
345 LAND DER 1000 HENKER (s. 408)
348 DAS LOCH IM KOPF DES KÖNIGS (s. 415)
351 FISCH IM FREMDEN NETZ (s. 424)
354 DAS KALTE GEFÜHL IM NACKEN (s. 421)
357 DAS PARADIES DES SATANS (s. 428)
358 ICH VERFÜHRTE DIE SILBERNE GÖTTIN (s. 430)
359 AUS DER TRAUM (s. 432)
360 LEB WOHL, SCHWARZER PANTHER (s. 434)
361 DER SPION AM GALGEN (s. 436)
362 STERBEN MUSS AUCH MAL SEIN (s. 438)
363 KALTE SPUR NACH BABYLON (s. 441)
364 EIN STAUBKORN IN TOKIO
365 ZEHN KOSAKEN FÜR ANUSCHKA
366 GOOD BYE, EISENFRESSER!
367 SCHATTENJAGD
368 DUNKELBLAUER HURRIKAN
369 DAS SCHWARZE HUNDERT
370 GRENZFORT MARITZA
371 DREI ALTE KAMERADEN
372 MEIN GEHEIMSTER AUFTRAG
373 HORCHPOSTEN SÜDPOL
374 DER GIGANT VON MESSINA
375 DIE PEST AM HALS
376 LEIBREGIMENT SATAN
377 NACHTANGRIFF AUF SULEIKA
378 DIE CHICAGO-BRÜDER
379 MORDAGENTIN
380 DAS LETZTE SIGNAL
381 GEHEIMPROJEKT ZERO
382 DURCHBRUCH NACH MAHABAD
383 DIE FRAU AUS DEM VULKAN
384 DIE SUPERBÖSEN
385 FEUERKÜSSE VON MISS WONG
386 MORGEN KÜSST EUCH DER TOD (s. 212)
387 DIE SIZILIANISCHE FALLE
388 CODE 18 JAGT GRAUAUGE (s. 230)
389 MEIN EISKALTER DARLING
390 MEIN TOD AUF JAMAIKA (s. 333)
391 EIN HUNDESOHN WIE DU
392 DIE UNSICHTBARE TRUPPE (s. 314)
393 ALI BABAS VERSCHWÖRUNG
394 VERRAT AM NIL (s. 298)
395 NEUNFINGER
396 DIE GRAUSAMEN TAGE (s. 268)
397 MEIN LEICHNAM IN ISTANBUL

398 KURIER INS DUNKEL (S. 327)
399 ZU SPÄT IST ZU SPÄT
400 3000 SÄRGE (S. 250)
401 EIN TANGO AM HIMALAJA
402 DER BLUTSAUGER
403 STAHLHAND (S. 335)
404 DREI TORPEDOS FÜR NELSON
405 MEIN GRAB IN MAROKKO (S. 322)
406 STRAFKOMMANDO
407 STERBEN TUT WEH
408 LAND DER TAUSEND HENKER (S. 345)
409 DER MANN OHNE GEFÜHL
410 SCHLAF, MEIN TEUFEL, SCHLAF EIN
411 EIN BASTARD IM VISIER
412 BIS UNS DER TEUFEL HOLT (S. 340)
413 GELDMANNS ENDE
414 DEN TEUFEL AN DIE WAND
415 DAS LOCH IM KOPF DES KÖNIGS (S. 348)
416 ALLES GEHT EINMAL KAPUTT
417 SCHLUPFWINKEL YPSILON
418 DUELL IN DER SÜDSEE (S. 342)
419 SO BRUTAL WAR MEIN AUFTRAG
420 DER CHINESISCHE KILLER
421 DAS KALTE GEFÜHL IM NACKEN (S. 354)
422 ... DANN LIEBER ARM UND TOT
423 LEICHENHAUS ... UND AUS
424 FISCH IM FREMDEN NETZ (S. 351)
425 TODESENGEL WEINEN NICHT
426 MEUTEREI IN DER HÖLLE
427 DER MANN MIT DER LUPARA
428 DAS PARADIES DES SATANS (S. 357)
429 STAATSGEHEIMNIS
430 ICH VERFÜHRTE DIE SILBERNE GÖTTIN (S. 358)
431 ROTEN MOHN AUF DEIN GRAB
432 AUS DER TRAUM (S. 359)
433 TOTER MANN IN ABADAN
434 LEB WOHL, SCHWARZER PANTHER (S. 360)
435 DIE RHEINGOLD-OPERATION
436 DER SPION AM GALGEN (S. 361)
437 KRUMME TOUR IN SINGAPUR
438 STERBEN MUSS AUCH MAL SEIN (S. 362)
439 WER WIRD DENN WEINEN, MONSIEUR
440 IN SATANS DIENSTEN
441 KALTE SPUR NACH BABYLON (S. 363)
442 ... DERZEIT UNAUFFINDBAR
443 FLUCHTPUNKT BOSPERUS
444 TOTALVERLUST
445 MEIN SANFTER WEG ZUR HÖLLE
446 ES WAR MEIN JOB, MADAM
447 TOD AUF RATEN
448 DECKNAME ZEFANO
449 RUHE SANFT IN MONTE CARLO
450 AGENTEN AUF TÖDLICHER SPUR
451 BRICH DEN HALS IN HAVANNA
452 IM SCHATTEN DES FALKEN
453 RAUBZUG NACH LAMPEDUSA
454 KONTERSCHLAG GEGEN KOBRA
455 VIER IM WÜRGEGRIFF
456 HEISSER TOD IM KÜHLEN SARG
457 DER UNHEIMLICHE CHARLY
458 DIE LETZTE SPUR VON LEO
459 DAS GEHEIMNIS DER PALLA
460 TAGE DER RACHE
461 GROSSER BANDITO
462 SCHLEICHWEG NACH NOWGOROD
463 DER TAG, ALS JOE GESCHLACHTET WURDE
464 MANN IM FADENKREUZ
465 DAS KORSISCHE SYNDIKAT
466 FANGSCHUSS IN AKABA
467 STIRB NIE AN EINEM MONTAG
468 SPION IM SCHWEIGENETZ
469 DER LETZTE HAMMER
470 DER SCHWARZE BALLERMANN
471 ZUM LETZTENMAL DIE SONNE
472 SCHWER ZU SIEGEN, LEICHT ZU STERBEN
473 DIE LÖWEN VOM LÖWENCLUB
474 IN DER ZANGE
475 EIN ALTER PROFI

564 SUPERMACKER
565 DIE DRITTE KRISE
566 BLAUER RITTER DER WÜSTE
567 DAS MALLORY-PROJEKT
568 SÜDKAP-EXPRESS
569 EIN MANN WIE EIN WOLF
570 KAMPFNAME DORA
571 SIMONS GARDE

MR. DYNAMIT

Erfolgsnachdruck, bzw. 2. Auflage. Autor und Verlag wie vorher, erscheint seit 1974

1 ZEHN KOSAKEN FÜR ANUSCHKA
2 EIN STAUBKORN IN TOKIO
3 GOOD-BYE, EISENFRESSER
4 SCHATTENJAGD
5 DUNKELBLAUER HURRIKAN
6 DAS SCHWARZE HUNDERT
7 GRENZFORT MARITZA
8 DREI ALTE KAMERADEN
9 MEIN GEHEIMSTER AUFTRAG
10 HORCHPOSTEN SÜDPOL
11 DER GIGANT VON MESSINA
12 DIE PEST AM HALS
13 LEIBREGIMENT SATAN
14 NACHTANGRIFF AUF SULEIKA
15 DIE CHICAGO-BRÜDER
16 MORDAGENTEN
17 DAS LETZTE SIGNAL
18 GEHEIMPROJEKT ZERO
19 DURCHBRUCH NACH MAHABAD
20 DIE FRAU AUS DEM VULKAN
21 DIE SUPERBÖSEN
22 FEUERKÜSSE VON MISS WONG
23 DIE SIZILIANISCHE FALLE
24 MEIN EISKALTER DARLING
25 EIN HUNDESOHN WIE DU
26 ALI BABAS VERSCHWÖRUNG
27 NEUNFINGER
28 MEIN LEICHNAM IN ISTANBUL
29 ZU SPÄT IST ZU SPÄT
30 EIN TANGO AM HIMALAJA
31 DER BLUTSAUGER
32 DREI TORPEDOS FÜR NELSON
33 STRAFKOMMANDO
34 STERBEN TUT WEH
35 DER MANN OHNE GEFÜHL
36 SCHLAF, MEIN TEUFEL, SCHLAF EIN
37 EIN BASTARD IM VISIER
38 GELDMANNS ENDE
39 DEN TEUFEL AN DIE WAND
40 ALLES GEHT EINMAL KAPUTT
41 SCHLUPFWINKEL YPSILON
42 SO BRUTAL WAR MEIN AUFTRAG
43 DER CHINESISCHE KILLER
44 ... DANN LIEBER ARM UND TOT
45 LEICHENHAUS UND AUS ...
46 TODESENGEL WEINEN NICHT
47 DER MANN MIT DER LUPARA
48 STAATSGEHEIMNIS
49 ROTEN MOHN AUF DEIN GRAB
50 TOTER MANN IN ABADAN
51 DIE RHEINGOLD-OPERATION
52 KRUMME TOUR IN SINGAPUR
53 WER WIRD DENN WEINEN, MONSIEUR
54 IN SATANS DIENSTEN
55 ... DERZEIT UNAUFFINDBAR
56 FLUCHTPUNKT BOSPORUS
57 TOTALVERLUST
58 MEIN SANFTER WEG ZUR HÖLLE
59 ES WAR MEIN JOB, MADAM
60 TOD AUF RATEN
61 DECKNAME ZEFANO
62 RUHE SANFT IN MONTE CARLO
63 AGENTEN AUF TÖDLICHER SPUR
64 BRICH DEN HALS IN HAVANNA
65 IM SCHATTEN DES FALKEN
66 RAUBZUG NACH LAMPEDUSA
67 KONTERSCHLAG GEGEN KOBRA
68 VIER IM WÜRGEGRIFF
69 HEISSER TOD IM KÜHLEN SARG
70 DER UNHEIMLICHE CHARLY
71 DIE LETZTE SPUR VON LEO
72 DAS GEHEIMNIS DER PALLA
73 TAGE DER RACHE
74 GROSSER BANDITO

75 SCHLEICHWEG NACH NOWGOROD
76 DER TAG, ALS JOE GESCHLACHTET WURDE
77 MANN IM FADENKREUZ
78 DAS KORSISCHE SYNDIKAT
79 FANGSCHUSS IN AKABA
80 STIRB NIE AN EINEM MONTAG
81 SPION IM SCHWEIGENETZ
82 DER LETZTE HAMMER
83 DER SCHWARZE BALLERMANN
84 ZUM LETZTENMAL DIE SONNE
85 SCHWER ZU SIEGEN, LEICHT ZU STERBEN
86 DIE LÖWEN VOM LÖWENCLUB
87 IN DER ZANGE
88 EIN ALTER PROFI
89 POKER BRUTAL
90 VIERECK DES TODES
91 EIN MANN MACHT TERROR
92 FEUERSTURM
93 BLUTIGE FREUNDSCHAFT
94 IN DER TODESZONE
95 ORDER AUS TOKIO
96 INDISCHER SAND
97 EXPRESS NACH MADRID
98 ZWEI TOTE ADLER
99 GOLDSCHAKAL
100 DER NIBELUNGENCOUP
101 DER CLUB DER MARROKANER
102 DIE MAURITIUS-KRISE
103 DIE SPUR INS INFERNO
104 DER KILLER-AGENT
105 DRÜBEN IN PARIS
106 LETZTER TERMIN: GESTERN
107 SPION, TOD UND TEUFEL
108 DIE HENDERSON-PATROUILLE
109 EIN COUP AM ENDE DER WELT
110 DAS VERSTECK
111 GEHEIMSTUFE I
112 VERBRANNTE SPUREN
113 BILLYS SCHNELLE TRUPPE
114 DER TOTE NUMMER VIER
115 DER HERR DER INSELN
116 DAS DOMINO-RÄTSEL
117 SÜDSEEBLITZ
118 JAGD-PLAN 44
119 DER TOD WAR MEIN BEGLEITER
120 EIN KREUZ SÜDLICH BAGDAD
121 TÜRKENBLUT
122 DIE ROTE FESTUNG
123 ARMER ALTER JOE
124 HÖLLENFAHRT DURCHS INFERNO
125 JEDER KÄMPFT UM SEINE HAUT
126 BOMBENSERENADE
127 DES TEUFELS ABENDSTERN
128 DIE GOLDMASCHINE

PLUTONIUM POLICE

Der neue Atomkrimi.
Autoren: B. Davies, Al Frederic, Kelly Kevin, Steve McCoy, Fred McMason, Eliot Spencer, W. Todd; s. *Autoren-Alphabet.*
Verlag: Erich Pabel Verlag, Rastatt, 1978–1980

1 ALARMEINSATZ PLUTONIUM-BOMBE
2 GEHEIMGESELLSCHAFT LOTUS 7
3 PUNKTZIEL KERNKRAFTWERK
4 STRAHLENTOD IN TOKIO
5 DER KRITISCHE PUNKT
6 ATOM-DIAMANTEN
7 TODESJOB B 32
8 DER KILLER-SATELLIT
9 ATOLL OHNE WIEDERKEHR
10 GEHEIMPROJEKT EISBERG
11 DIE ENTSORGER
12 ATOM-ALARM AM GANGES
13 ANGRIFFSZIEL POSEIDON
14 MORDPLAN ATOMEXPLOSION
15 DER TOD IM WEISSEN HAUS
16 STRAHLENDES GOLD
17 DER TOD KAM NACH FLORENZ
18 DIE BOMBENDROHUNG
19 SOS – ATOMJET IN GEFAHR
20 OPERATION OMEGA
21 TODESKREIS TAIWAN
22 GAU-ALARM
23 ATOMANSCHLAG AUF RIO

24 EINSATZCODE CERN
25 DIE ATOMFALLE
26 DER KRIEG DER EIERKÖPFE
27 PLANQUADRAT DES TODES
28 OPERATION ATOMSCHIFF

SAN ANTONIO

Der Kommissar aus Paris – ein Krimi wie Champagner.
Autor: wird nicht genannt, ist aber Frédéric Dard; s. *Autoren-Alphabet.*
Verlag: Bastei-Verlag Gustav H. Lübbe, Bergisch-Gladbach, 1973–1975

36001 GANZ PARIS HAT ANGST VOR LOUIS
(Le fin des haricots, o. J.)
36002 DIE ELEGANTE MÖRDER-TOUR
(De »A« jusqu' à »Z«, 1961)
36003 DIE BULLEN WAREN MIT DABEI
(Du poulet au ménu, 1971)
36004 MADAME RUFT EINEN TOTEN AN
(Ça tourne au vinaigre, 1971)
36005 RENDEZVOUS IM HAUS DER LEICHEN
(Tu vas trinquer, San Antonio, 1972)
36006 HEISSE TAGE IM SERAIL
(Bérurier au Serail, 1972)
36007 DIE FALLE AM PIGALLE
(Le fil à couper le beurre, 1955)
36008 DIAMANTEN FÜR DENISE
(Des dragées sans baptême, 1953)
36009 DIE SIRENE VON NIZZA
(Du siroup pour les Guêpes, 1960)
36010 PARIS IST EINE LEICHE WERT
(Des clients pour la morgue, 1954)
36011 GANZ SCHÖN ABGEBRÜHT
(En long, en large et en travers, 1958)
36012 OPERATION GELUNGEN – ARZT TOT
(Bravo, Docteur Béru! 1968)
36013 DAS SPIEL IST AUS, CHÉRIE!
(Le gala des emplumés, 1969)
36014 MORDGEFLÜSTER MIT MADAME
(San Antonio Polka, 1969)
36015 RAFFINIERT GEMACHT, SCHWESTER
(On t'enverra du monde, 1971)
36016 DER GÄNSEHAUT-COUP
(Faut être logique, 1967)
36017 PARDON, WO IST DIE LEICHE?
(La vérité en salade, 1958)
36018 TODESGRÜSSE AUS PARIS
(San Antonio met le pâquet, 1971)
36019 MONSIEUR, DIE SCHAU IST AUS!
(Berceuse pour Bérurier, 1967)
36020 DIE CHARMANTE HYÄNE
(Y'a de l'action, 1967)
36021 UNTERNEHMEN LUZIFER
(C'est mort et ça ne sait pas, 1955)
36022 DODO SPIELT FALSCH
(Zéro pour la question, 1968)

SANDRA KING

Agentin ohne Gnade. Die Serie erschien innerhalb der Zauberkreis-Taschenbücher
Verlag: Zauberkreis-Verlag, Rastatt, 1979–1983
(Hinweis: Die Taschenbücher erschienen vorher als Heftromane)
s. *Autoren-Alphabeth*: Spencer Spratt

SHELL SCOTT

Der berühmte Privatdetektiv
Autor: Richard S. Prather;

s. *Autoren-Alphabet.*
Verlag: Bastei-Verlag Gustav H. Lübbe, Bergisch-Gladbach, 1970–1971
Hinweis: Von dieser Serie erschien 1977–1978 eine Nachauflage mit den Nummern: 33001–33023

1 MORD IM SEXCLUB
(Gat heat, 1967)
2 DER GORILLA SCHICKTE SEINE PUPPE
(Darling, it's death, 1952)
3 DIE MAFIA BITTET ZUM TANZ
(Kill the clown, 1962)
4 DAS HEISSE MÄDCHEN
(The meandering corpse, 1965)
5 STRIPTEASE POKER
(Joker in the deck, 1964)
6 DIE BIENEN AUS DEM MONSTERFILM
(Kill him twice, 1965)
7 DER WOLF UND DIE SIEBEN MÄDCHEN
(Take a murder, Darling!, 1958)
8 ZIEH DICH AUS, SONST KNALLT'S!
(The Cheim Manuscript, 1969)
9 ALICE IM MÖRDERLAND
(The Trojan Hearse, 1964)
10 DES KILLERS TÖCHTERLEIN
(The wailing frail, 1956)
11 MORD AUF DER RENNBAHN
(Dead heat, 1963)
12 COWGIRLS KÜSSEN KESSER
(The cockeyed corpse, 1964)
13 DOLLAR-KÄTZCHEN
(Way of a wanton, 1952)
14 DIE GANGSTERMOLLY
(The scrambled yeggs, 1958)
15 KLEINES LUDER JUANITA
(Pattern for panic, 1954)
16 RUHE SANFT, DARLING
(Slab happy, 1958)
17 DIE HEXE MIT DEM HEISSEN HÖSCHEN
(Dead man's walk, 1965)
18 DAS SCHÄTZCHEN AUS DEM SHOWHOTEL
(The Kubla Khan caper, 1966)
19 LULU UND DIE MAFIA
(Kill me tomorrow, 1969)
20 SCHRÄGE VÖGEL IN LAS VEGAS
(Find this woman, 1951)
21 DAS LUXUSWEIBCHEN
(Too many crooks, 1953)
22 DAS GALGENVÖGLEIN
(Case of the vanishing beauty, 1950)
23 AUF WIEDERSEHEN IM HIMMELBETT
(Dead-bang, 1971)

SPIONAGE

Autor: Edward S. Aarons;
s. *Autoren-Alphabet*
Verlag: Bastei-Verlag Gustav H. Lübbe, Bergisch-Gladbach, 1972–1974

1 GEHEIMAUFTRAG TOKIO
(Assignment-Tokyo, 1979)
2 GEHEIMAUFTRAG ATOMMÄDCHEN
(Assignment-Nuclear nude, 1968)
3 GEHEIMAUFTRAG, PEKING
(Assignment-Peking, 1969)
4 SEIN BLONDER KÖDER
(Assignment-Sorrento Siren, 1963)
5 VERRAT IN WASHINGTON
(Assignment-Treason, 1956)
6 HÖLLENJOB FÜR SAM DURRELL
(Assignment-White Rajah, 1970)
7 DIE SCHLANGE VON PAKURO
(Assignment-Golden Girl, 1971)
8 DER BOMBENCOUP DES GENERALS
(Assignment-Carlotta Cortez, 1959)
9 DIE PUPPE AUS DER MANDSCHUREI
(Assignment-Manchurian Doll, 1959)
10 SLAGO, DER UNHEIMLICHE
(Assignment-Angelina, 1958)
11 DER MANN IM BAMBUSKÄFIG

(Assignment-Burma Girl, 1959)
33012 DER SCHWARZE WIKINGER
(Assignment-Black Viking, 1959)
33013 SAM DURELL UND DIE BALLERINA
(Assignment-Lili Lamaris, 1959)
33014 OPERATION CASSANDRA
(Assignment-Lowlands, 1959)
33015 TANYA IN DER TIGERGRUBE
(Assignment-Moon Girl, 1968)
33016 UNTERNEHMEN SELBSTMORD
(Assignment-Suicide, 1956)
33017 DUELL DER DUNKELMÄNNER
(Assignment-School for spies, 1966)
33018 KATIB, DER MÖRDER
(Assignment-Helene, 1959)
33019 DIE HEXE VON BANGKOK
(Assignment-Bangkok, 1972)
33020 DER SILBERNE SKORPION
(Assignment-Silver Scorpion, 1973)
33021 DURELL UND DER TODESENGEL
(Assignment-Sulu Sea, 1964)
33022 EIN GRAB IM SCHWARZEN MEER
(Assignment-Ankara, 1961)
33023 DIE BRUDERSCHAFT DER NACHT
(Assignment-Palermo, 1966)
33024 DER IRRE VON CEYLON
(Assignment-Ceylon, 1973)
33025 DURELL UND DIE MILLIONENWITWE
(Assignment-Star stealers, 1970)
33026 DIE AMAZONAS-KÖNIGIN
(Assignment-Amazon Queen, 1973)
33027 SCHEICHE, ÖL UND HEISSES BLEI
(Assignment-Zoraya, 1960)

DER STUMME DETEKTIV
Autor: Salvatore Trafalgar; s. *Autoren-Alphabet*
Verlag: Alsatia Colmar-Freiburg, 1954–1955
1 DAS DOPPELTE TESTAMENT
2 VERZEIHUNG, MEIN NAME IST CHICAGO
3 DIE KATZEN DES HERRN YPSILON
4 TOD IN DER LINKEN HAND
5 SIEBENSCHLÄFER SCHWEIGT
6 DER MÖRDER WOHNT IM SCHLOSS
7 ZUM TODE VERURTEILT
8 ROULETTE TÖTET
9 BRIEFE VON UNBEKANNT
10 STERBEN IM HOTEL
11 GIFT KANN WARTEN
12 X IST IM HAUS

Ross Thomas

Was ich nicht weiß, macht mich nicht kalt

Ullstein Buch 10272

ein Ullstein Krimi

Der letzte Band der vielgerühmten McCorkle & Padillo-Trilogie.
»Ross Thomas hat dem Kriminalroman der Gegenwart eine Qualität erschrieben, die ich demokratischen Realismus nennen möchte.«

Jörg Fauser, F.A.Z.

William Wingate

Crystal

Ullstein Buch 10274

Kaum ist Hardacre, der sich jetzt Crystal nennt, der Hölle von Baptist's Fire entkommen, nagt er fast am Hungertuch, weil die CIA das vereinbarte Honorar mit Blei bezahlen wollte. So greift er widerstrebend zu, als Harry Wheeler, ein hohes Tier bei den amerikanischen Rauschgiftfahndern, ihm eine Million Dollar für ein gutes Dutzend Morde anbietet . . .

ein Ullstein Krimi